4.0시대
국제운송론

박 영 태

三 英 社

머리말

Preface

무역과 물류의 가장 필요한 부분을 고른다면 물류의 시발점이자 물류의 3요소 중 하나인 운송이라 할 수 있다. 특히 국제운송은 육상, 해상, 항공, 철도와 이들을 연계한 복합운송을 위주로 인프라가 구축되어져 있고, 규칙이 개정되어져 오고 있어, 물류의 큰 핵심인 비용을 낮추고 서비스를 올리는 행위와 물류의 효율화 측면에서 아주 중요한 분야라 할 수 있다. 이에 우리나라에서는 근대화 이후 운송을 수출입과 관련시켜 "운송보국(運送保國)"이라는 4자성어까지 만들어 운송의 중요성을 강조하고 있다.

실제 운송은 그 특성상 일반적으로 재화가 생성되는 장소와 생산된 재화가 소비되는 장소 간에 지리적 차이 또는 거리상의 장애를 완화 시켜 주는 경제적 효용(Utility)을 창출한다. 이는 경제적 측면의 단편적인 운송의 효용에 그치지 않고 국제적으로 여러 나라 전반에 영향을 미치는 중요한 산업 분야이기 때문에 많은 물류, 무역 기업들이 어떤 방식의 운송을 이용하는가에 따라 물류비가 달라질 수 밖에 없다. 이에 따라, 국내외 운송의 트렌드 또한 급변하고 있다.

실제 우리나라는 안전운임제로 인해, 대형화물운송 시장은 빠르게 기술을 진화시켜오는 자율주행이 가능한 운송방법을 찾아가고 있으며 기계화, 자동화를 위주로 발전이 될 전망이다. 이와 함께 산업시장에서의 '소화물 다빈도' 형태의 온라인과 모바일 유통시장 급성장에 따른 화물운송 채널 변화는 더욱 다양한 서비스 수단을 선보일 것으로 사료되며, 컨테이너 부문을 시작으로 소화물 운송시장인 택배부문의 기존 전통 서비스 방식은 전체 배송과정에서 서비스 체계를 세분화하고, 수배송 운송시스템 역시 고도화될 전망이다.

따라서, 앞으로의 운송시스템은 현재와 비교하여 해상운송에서 다양한 수단의 복합운송 전환, 기계화 자동화를 통한 인공지능 기술의 발전과 다양화된 소비자들의 욕구 변화에 대처하기 위한 글로벌 운송시스템 변화를 겪게 될 것으로 판단된다. 일례로 운송수단을 친환경적 방식의 수단으로 전환하는 의미인 Modal shift로 바뀌어 가고 있기도 하다.

또한 4.0시대를 맞이하여 국제운송 분야에서도 단순히 물품만을 전달하는 시스템이 아닌 4차 산업의 주력 핵심 분야인 IoT, AI, 자율 주행 및 자동화의 적용과 활용성이 더욱 확대될 것으로 판단되며, 다양한 첨단기술의 접목으로 인해 이전보다 효율적이며 더 많은 정보량을 전달하고 보관할 필요성이 있을 것으로 생각되고, 스마트쉬핑 및 스마트물류 산업 역시 활성화 될 것으로 예측된다.

머리말

Preface

이에, 본인은 이러한 글로벌 운송산업의 변화와 글로벌 4.0시대에 부응하기 위해 전문학술서 성격인 『4.0시대 국제운송론』을 저술하게 되었다. 본교에서만 1995년 3월 이후 30여년 가까이 강의를 하고 있는 저자의 입장에서는 빠르게 변화하고 있는 글로벌 국제운송환경의 중요성을 충분히 설명하고, 근래 무역학도들이 각종 국가고시와 자격증 시험에서 반드시 공부하여야 할 내용들로만 구성되어져 있는 전문학술서가 부족하다 판단되어 본서를 출간하게 되었다.

금번 본서에서는 정형무역거래조건의 해석에 관한 국제규칙(Incoterms 2020)의 개정 부분 외 국내외 운송 분야의 주요 트렌드 부분을 중점 수록하였으며, 총 10장으로 구성되어져 있다. 제1장은 물류의 이해, 제2장은 자동차운송물류, 제3장은 철도운송물류, 제4장은 해상운송물류, 제5장은 항공운송물류, 제6장은 복합운송물류, 제7장은 소화물일관운송물류, 제8장은 파렛트운송물류, 제9장은 컨테이너운송물류, 제10장은 운송물류거점으로 구성하였다.

그러나 본서의 경우 전문학술서의 성격이 강하여, 어느 부에서는 필요 이상의 내용이 기술되어져 있고 어느 부에서는 다소 내용이 부실치 않나 판단되어져 무거운 마음 금할 길이 없다. 다만 추후 수정본에서는 보다 나은 책자가 될 수 있도록 최대한 노력을 경주토록 하겠으며, 본서가 발간되기까지 물심양면으로 많은 지원과 격려를 해 주신 지인들께도 머리 숙여 감사드린다. 특히 본서의 출판을 흔쾌히 허락하여 주신 도서출판 삼영사 고성익 사장님께도 감사의 마음을 전하며 독자제현의 아낌없는 질책과 격려 바라마지 않는다.

2020년 8월
가야골 연구실에서

Contents

Chapter 1 물류의 이해

Contents

Contents

Contents

Contents

Chapter 9 컨테이너운송물류

Chapter 10 운송물류거점

Contents

Chapter 1
물류의 이해

1 물류의 이해

제1절 물류의 개념

1.1 물류[1])의 의의

한 나라의 국민경제가 균형있는 발전을 하려면 경제순환의 모든 요소인 생산·유통·소비가 원활하게 이루어져야 한다. 이 중에서 유통은 생산과 소비 사이에 형성된 경제적 분리에 가교역할을 수행함으로써 물자의 수급을 조절하며, 생산과 소비 사이에 발생하는 지리적·시간적·사회적 간격[2])을 좁혀주는 동시에 품질이나 성능 또는 수량상의 변화가 없도록 수요와 공급을 원활히 조절함으로써 생산자와 소비자를 함께 보호하는 역할을 수행한다.

물적유통은 상적유통(이하 상류라 약칭함)[3])과 물적유통(이하 물류라 약칭함)으로 구분되는 유통의 한 부분으로서 마케팅의 「physical distribution」에 해당하는 물리적 유통을 의미한다.

물류(物流)라는 용어의 기원은 1922년 미국의 마케팅 학자인 클라크(F. E. Clark) 교수가 유통기능을 교환기능(function of exchange)과 물적공급기능(function of physical supply) 및 보조

1) 물적유통(Physical Distribution)을 줄인 말로 생산자로부터 소비자까지의 물의 흐름을 가리킨다. 일반적으로 유통개념은 생산자로부터 소비자에게 재화와 서비스를 이전시키고 장소와 시간·소유의 효용을 창조하는 활동을 포함하고 있다.

2) 사회적 간격이란 경제발전으로 분업화가 진행되어 생산자와 소비자가 다른 데 따른 사회적 분리현상을 말한다.

3) 생산제품이 소비자에게 제공될 때까지 여러 단계의 거래활동이 이루어지며 이 거래활동에 수반되어 발생되는 활동들, 즉 계약이 성립되어 상품대금을 지불하고 소유권을 이전하는 단계를 총칭하여 상적유통이라 한다. 물류는 이러한 상류활동이 완료된 후 전개된다.

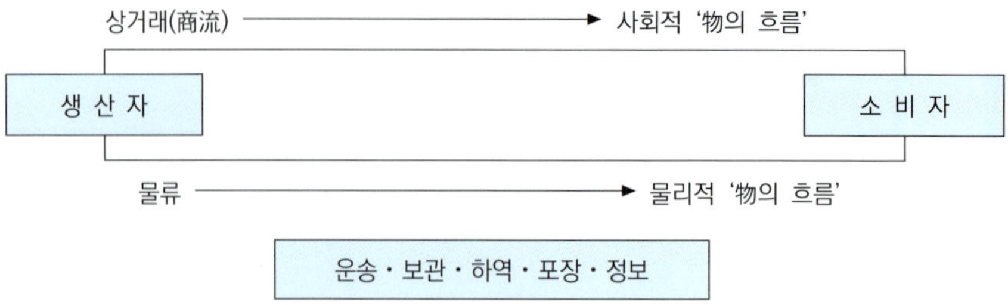

자료 : 土井左侑, 「物流の意義とその實態」, 八千代出版, 1986, p.4.

[그림 1-1] 유통활동의 분류

기능(auxiliary function)으로 분류하면서 물류를 교환기능에 상대되는 유통의 기본적 기능이라고 설명한 것이 그 시초이다.

물류에 대한 또 다른 정의들을 살펴보면 다음과 같다.

① 미국 AMA(미국마케팅협회, American Marketing Association)[4]의 정의: 물류란 생산의 단계에서부터 소비 또는 사용의 단계에 이르기까지 재화의 이동 및 취급을 관리하는 일이다.

② 미국 NCPDM(National Council of Physical Distribution Management)[5]: 물류는 원료, 반제품, 완제품을 시발점에서 소비지까지 효율적으로 이동시키는 것을 계획, 실현, 통제하기 위하여 이루어지는 둘 또는 그 이상의 활동을 말한다.

③ R. H. Ballou의 정의: 물류란 재화와 용역의 이동과 관련된 주로 시간과 공간을 극복하기 위한 고객서비스를 제공하기 위해 원자재의 조달에서부터 생산과정을 거쳐 완제품이 최종 소비지점에 이르는 제품의 흐름을 용이하게 하는 이동 및 보관활동의 전부와 이에 수반하는 정보를 계획, 조직, 통제하는 모든 활동을 말한다.

④ 일본 산업구조심의회의 정의: 물류란 유형, 무형의 물리적인 재화를 공급자로부터 수요자에 이르게 하는 실물적인 흐름이다. 구체적으로 운송, 보관, 하역, 포장 및 통신의 모든 활동을 가리키며, 물류활동은 상거래에서 물리적인 재화의 시간적 · 공간적인 가

4) 미국마케팅협회는 미국의 마케팅 전문가들로 구성된 비영리 단체이다.
5) 미국의 물자유통관리 연구단체로서 학자, 고문, 재계인 등이 개인자격으로 회원이 되며, 산학협동하에 PDM이론을 연구, 산업계에 큰 도움을 주는 단체이다.

치창조에 공헌하고 있다.

물류에 관한 정의는 국가마다 서로 다르고 여러 가지로 표현되고 있으며, 미국은 개별경제적인 관점에서 일본은 국민경제적인 관점에서 정의를 다루고 있으나 일반적으로 보았을 때 "물리적인 「물품의 흐름」에 관한 경제활동으로서 시간, 공간 그리고 일부의 형질변경을 통한 효용창출이 주된 임무이며, 생산된 재화를 수요자에게 이동시키는 과정과 관련되는 운송, 보관, 하역, 포장 및 이들 활동을 지원하는 정보 등의 활동들"로 정의할 수 있다.

1.2 물류의 중요성과 역할

1. 물류의 중요성

기업활동에 있어 제품・가격・판매촉진・유통경로[6] 등은 마케팅 믹스(marketing mix)[7]의 발전을 통하여 상당한 진전을 가져왔으나, 제품의 물적 흐름에 관해서는 단지 기업활동의 보조나 지원수단으로 인식하여 왔다. 그러나 기업활동에서 제조부문에서의 원가절감은 기계화 및 원가관리의 합리화 그리고 자본의 고정화에 따른 고정자산의 증대로 인하여 제조원가의 절감은 어떤 한계점 이상은 어려운 것이 현실이다.

그 동안 제품의 운송・보관・재고통제 등의 물류분야는 관리의 혁신을 통하여 대폭적인 비용절감을 기대할 수 있었으나 관심부족으로 타 분야에 비하여 미개척분야로 남아 있었다. 이러한 물류의 중요성에 대하여 미국의 드럭커(P. F. Drucker) 교수는 「경제의 암흑대륙」으로, 파커(D. D. Parker) 교수는 「비용절감을 위한 최후의 미개척분야」로 표현하고 있으며, 일본에서도 1965년부터 물류에 대하여 「제3의 이윤원」,[8] 「비용절감의 보고」, 「암흑대륙」 등의 표현으로 나타내고 있다.

6) 유통경로란 생산자로부터 소비자에게로 제품과 그 소유권을 이전시키기 위하여 수행되는 각 활동을 담당하는 중간상들의 상호연락과정을 말한다.

7) 한 기업이 시장표적(marketing tarket)에 가장 효과적으로 도달하기 위한 마케팅의 여러 구성요소의 배합을 말한다. 맥카시(E. G. McCarthy) 교수는 마케팅 구성요소 중 기업이 통제 가능한 요소로서 4P(product, price, place, promotion)를 들고 통제 불가능한 요소로서 문화적・사회적 환경, 정치적・법률적 환경, 경제적 환경, 기업이 놓여 있는 상황, 자본 및 기업의 목적 등 5가지를 들고 있다.

8) 제1의 이윤원을 생산, 제2의 이윤원을 판매라 한다면 제3의 이윤원은 물류라 할 수 있다. 이는 업종에 따라 차이가 있으나 물류비는 판매액에서 평균 20~30%의 높은 구성 비율을 보이고 있기 때문이다.

근래 들어 기업들이 물류에 대하여 높은 관심을 갖고 이에 대한 합리화를 적극적으로 검토하여 이를 실행하고 있는 이유는 다음과 같다.

첫째, 생산부문의 합리화를 통한 생산비의 절감에는 한계가 있다.

둘째, 물류비는 고정되어 있는 것이 아니라 매년 상승하는 추세에 있어 기업경영의 압박요인이 되고 있다.

셋째, 고객의 요구는 갈수록 다양화, 전문화, 고도화되어 고객서비스의 향상이 중시되고 있다.

넷째, 기업 간의 경쟁에서 우위를 확보하기 위해서는 그동안 등한시하여 왔던 물류분야에서의 합리화가 무엇보다 요구되고 있다.

다섯째, 기술혁신으로 운송, 보관, 하역, 포장기술이 발전되었고, 정보면에서의 발전 속도가 현저하게 높다.

물류비의 10% 절감이 제조업 매출액을 2배 늘리는 것과 동일한 효과가 발생하므로, 최근 많은 기업들이 물류전담부서의 설치와 물류자회사의 설립을 추진하고 있다.

2. 물류의 역할

경제활동에 있어 생산과 소비는 각종 간격에 의해 구분되기 때문에 생산과 소비가 연결되지 않으면 최종 가치의 실현이 불가능하다. 생산과 소비의 지리적·시간적 간격을 극복하여 연결시켜주는 물류의 역할은 다음과 같다.

(1) 국민경제적 관점에서의 역할

첫째, 산업전반에 걸친 유통효율의 향상으로 물류비를 절감하여 기업의 체질개선과 소비자물가와 도매물가의 상승을 억제한다.

둘째, 각종 상품의 품질을 유지·향상하며 정시 배송의 실현을 통한 서비스 향상에 이바지하여 수요자들에게 질적으로 향상된 서비스를 제공하게 한다.

셋째, 노동생산성이 낮거나 불필요한 사용을 억제하고 자재와 자원의 낭비를 방지하는 등 자원의 효율적인 이용에 기여하게 한다.

넷째, 물류의 개선을 위하여 사회자본의 증강과 각종 설비투자를 필요로 하게 되며, 이는 결과적으로 국민경제의 개발을 위한 투자기회를 부여하게 된다.

다섯째, 지역 및 사회개발문제 해결에 도움이 되는 물류의 개선은 지역경제발전의 기회를 주게 되어 인구의 지역적 편중을 막을 수 있게 한다.

여섯째, 도시의 재개발과 도시교통의 침체완화를 통해서 도시생활자의 생활환경개선에 이바지하게 한다.

일곱째, 물류의 합리화는 상류의 합리화를 가져와 상거래의 대형화를 유발한다.

(2) 사회 · 경제적 관점에서의 역할

물류는 생산·소비·금융·노동 등의 활동과 같이 우리 인간이 주체가 되어 수행하는 물리적 흐름에 관한 경제활동의 일종으로서 그 범위는 운송통신활동과 상업활동을 주체로 하며 이들을 지원하는 모든 활동을 포함한다. 유·무형을 불문하고 일체의 경제재의 흐름인 물류는 산업구조상 커다란 비중을 차지하고 있다.

[표 1-1] 유통산업의 범위

법률	조항	유통산업의 범위
물류정책기본법	제2조	"물류사업"이란 화주(貨主)의 수요에 따라 유상(有償)으로 물류활동을 영위하는 것을 업(業)으로 하는 것으로 다음 각 목의 사업을 말함 가. 자동차·철도차량·선박·항공기 또는 파이프라인 등의 운송수단을 통하여 화물을 운송하는 화물운송업 나. 물류터미널이나 창고 등의 물류시설을 운영하는 물류시설운영업 다. 화물운송의 주선(周旋), 물류장비의 임대, 물류정보의 처리 또는 물류컨설팅 등의 업무를 하는 물류서비스업 라. 가목부터 다목까지의 물류사업을 종합적·복합적으로 영위하는 종합물류서비스업
유통산업발전법	제2조	도매배송업이란 집배송시설을 이용하여 자기의 계산으로 매입한 상품을 도매하거나 수수료를 받고 위탁받은 상품을 도매점포 또는 소매점포에 공급하는 사업자로, 통상적으로 물류산업으로 분류됨
조세감면규제법 동 법 시행령	제6조 3 제6조 7	• 화물운송업 • 화물취급업 • 보관 및 창고업 • 화물터미널 시설운영업 • 화물운송대행업 • 화물중개 및 대리업 • 화물포장, 검수 및 유사대리업

국가물류비는 화물의 수송, 보관, 하역 등 국민 경제의 물류활동 과정에서 발생한 거시경제적 비용으로, 국가물류비는 한국교통연구원에서 국가교통DB, 운수업통계조사 등을 근거로 매년 하반기에 조사, 발표하기 때문에 2년간의 시차가 발생한다.

우리나라의 국내물류활동 과정에서 발생한 국가물류비(물류시장 규모)는 2001년 이후 실질 가치 기준으로 연평균 2.66%의 증가율을 보이고 있으며 2013년 기준 국가물류비는 145조 8000억원이며, 이는 GDP 대비 10.2%를 차지하였다. 2014년에는 전년 대비 3.6% 증가한 162조 8,321억 원이었다.

미국의 경우 1조 4310억 달러로 GDP 대비 8.05%, 중국은 10조 2000억 위안과 GDP 대비 17.9%, 일본은 12년 기준 42조 5254억 엔으로 GDP 대비 9.21%이다.

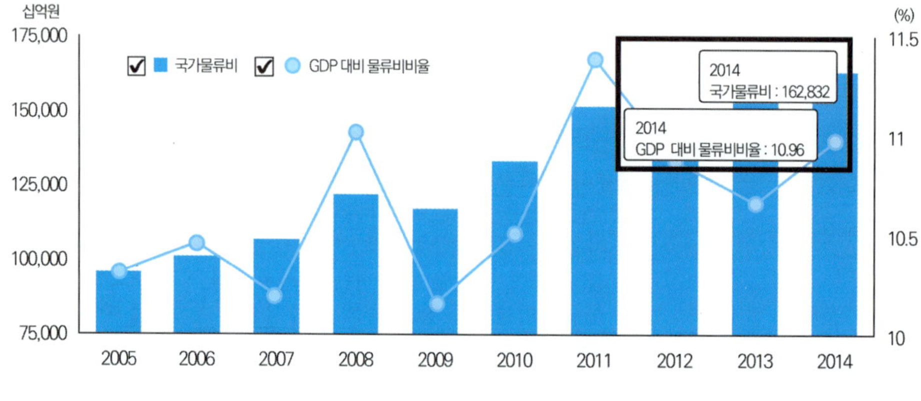

[그림 1-2] 국가물류비 추이

(3) 개별기업 관점에서의 역할

기업에서 물류활동은 상품의 이동에 관한 물리적인 활동을 말한다. 물류활동과 관련 개별 기업은 마케팅 분야에서 상품을 제조 또는 판매하기 위한 원재료 구입과 제품판매와 관련된 물류 업무들을 종합적으로 총괄하는 물류관리(physical distribution management)에 중점을 두게 된다.

물류관리[9]란 고객에 대한 서비스 수준의 향상, 물류비의 절감, 구매, 생산, 판매부문의 활동을 지원하는 정보의 피드백(feedback)을 통하여 경영의 효율화를 기한다. 또한, 타사와의 경쟁에서 제품의 품질, 가격 및 판매촉진 활동은 점차 차이가 없어지기 때문에, 서비스의 경

9) 물류관리 또는 물적유통관리는 보통 PDM이라고 불리며, 물품의 흐름을 종합적으로 관리하는 것으로, 그 대상은 하역, 포장, 보관, 운송, 유통가공, 정보 등이다.

쟁, 즉 소비자의 욕구에 합치되는 물류서비스의 제공이 판매경쟁의 수단으로서 위치가 중요시되고 있다.

1.3 물류관련 용어

물적유통에 관한 용어는 여러 학자에 의해 임의로 사용되고 있으며, 이들 용어는 그 의미나 범위에 차이가 있어 개념상 혼란이 생기고 있다. 이 중 널리 사용되고 있는 용어는 다음과 같다.

[표 1-2] 물류관련 용어

• physical distribution	• material management
• physical distribution systems	• marketing logistics
• physical distribution management	• rhochrematics
• distribution engineering	• distribution
• business logistics	• logistics
• business logistics management	• logistical management
• distribution logistics	• industrial logistics

자료 : Douglas M. Lambert & James R. Stock, Strategic Physical Distribution Management, Homewood, Illinois, Richard D. Irwin Inc., 1982, p.9.

(1) 로지스틱스

로지스틱스(logistics)[10]는 제2차 세계대전 중 오퍼레이션 리서치(operation research)[11]와 함께 군사목적의 수행을 위하여 사용된 개념이다. 로지스틱스는 프랑스어로 병참을 의미하는 군사용어에서 유래되었으며 군수자재의 발주, 구입, 재고관리, 배급, 운송, 통신 등과 규격화, 품질관리 등 작전활동에 필요한 자재관리의 내용을 포함하고 있다.

10) 원재료에서 최종 제품이 소비자에게 넘겨질 때까지 채널을 합리적으로 형성함과 동시에, 그 효율을 최대로 하려는 모든 조치이다.

11) 관리상 문제해결을 위하여 상황을 보다 계량적이고 과학적으로 해석함으로써 합리적인 결정을 위하여 이용되는 수법들을 말한다. 이는 제2차 세계대전 중 연합군측이 적의 잠수함 공격으로부터 상선을 보호하기 위한 작전 등 군사적 목적에서 생겨난 것이다.

1950년대부터 로지스틱스는 미국 등의 다양한 주요 기업에 인식이 되어 비즈니스 로지스틱스로 발전하였으며, 1980년대에 들어서면서 기업에서 제조, 판매과정의 상호보완적인 과정으로서 더욱 부각되었다.

로지스틱스에 관하여 미국의 로지스틱스관리협회(CLM : Conference on Logistics Management)는 "목표, 계획 및 업무활동을 지원하기 위해 필요한 여러 자원의 요건·설계·보급·유지와 관련되는 관리, 엔지니어링 및 기술적 활동에 관한 기법과 과학"이라고 정의하고 있다.

원자재, 부품 및 완제품 재고를 판매자로부터 기업내 시설을 거쳐 고객까지 전략적으로 이동시키는 데 필요한 모든 활동을 관리하는 과정으로 이해되고 있는 로지스틱스는, 마케팅관리 측면에서 물류와 비슷한 의미로 사용되고 있으나 물류보다는 넓은 의미의 개념으로 해석되고 있다.

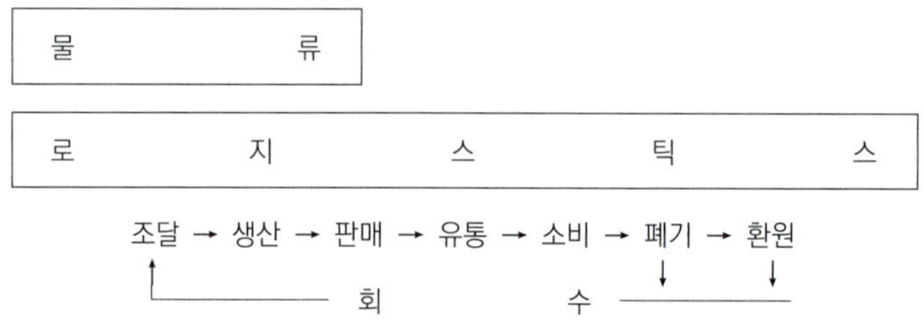

자료 : 横山 保編, 「物流システムと意思決定」, 中央經濟社, 1981, p.3.

[그림 1-3] 물류와 로지스틱스의 활동단계 비교

(2) 로크레매틱스

로크레매틱스(rhochrematics)는 1960년 워싱턴 대학의 브레어와 존슨(S. H. Brewer & R. A. Johnson) 교수에 의한 「물자유통관리의 과학적 접근」이라는 논문에서 처음 사용되었다.

로크레매틱스는 희랍어의 흐름을 나타내는 "rhoe"와 자재 또는 물자를 나타내는 "chrema"에 학술과 과학을 의미하는 "tics"을 합성시켜 만든 용어로서 물자의 유통을 관리하는 과학이라는 의미이다.

로크레매틱스라는 개념이 등장하게 된 배경은 종래의 자재관리와 물류가 여러 가지 면에서 중복되고 있을 뿐 아니라 기존의 총 유통비용의 개념과 일치하지 않으며, 자재의 흐름에 대한 관리에서도 컴퓨터를 이용하게 됨으로써 정보를 정량화하여야 할 필요성의 증대에 따라 등장하게 되었다.

로크레매틱스는 기업에 있어서 원재료의 단계로부터 그 처리 및 최종 제품의 배분까지의 과정을 물자의 흐름으로 파악하는 입장에서 관리나 조직을 분석 연구하려는 것으로 로지스틱스의 내용과 거의 일치한다. 다만 로지스틱스가 경영학적 용어인 반면 로크레매틱스는 공학적 용어로 구별되기도 한다.

1.4 물류의 원칙과 목적

물류의 목표를 국민경제적 관점과 개별경제적 관점 그리고 물적유통활동 관점에서 나누어 보면 다음과 같다.

먼저 국민경제적 관점에서 물류의 목표는 원가절감과 이를 통한 물가상승의 억제에 있다. 이는 물류합리화와 물류생산성의 제고를 통해 이루어지며 경제활동상 유통사이클을 지원하는 기능이라 할 수 있다. 개별경제적 관점에서의 물류의 목표는 최소의 비용으로 고객서비스를 극대화하는 기능이며, 물적유통활동 관점에서의 목표는 운송, 보관, 하역, 포장 및 정보활동에서 사람의 노동력을 배제하고 성력화하는 데 있다. 이를 종합해 봤을 때 물류의 목표는 서비스 향상(service up)과 물류비 절감(cost down) 그리고 인간을 노동력으로부터 해방시키고 인간의 사회생활수준을 향상시키는 데 있다.

서비스 수준의 향상과 관련 기업의 물류목표는 전통적인 물류관리의 원칙으로 3S1L의 원칙이 있으며, 미시간대학교의 스미키(Smykey) 교수가 주장한 현대적 마케팅관점에 입각한 7R의 원칙이 있다.

여기서 3S1L의 원칙이란 신속하게(speedy), 저렴하게(low), 안전하게(safely), 확실하게(surely)를 의미하며, 7R의 원칙이란 적절한 상품을(right commodity), 적절한 품질로(right quality), 적절한 수량을(right quantity), 적절한 시간과(right time), 적절한 장소에(right place), 적절한 가격으로(right price), 좋은 인상(right impression)으로 고객에게 서비스하는 것을 뜻한다.

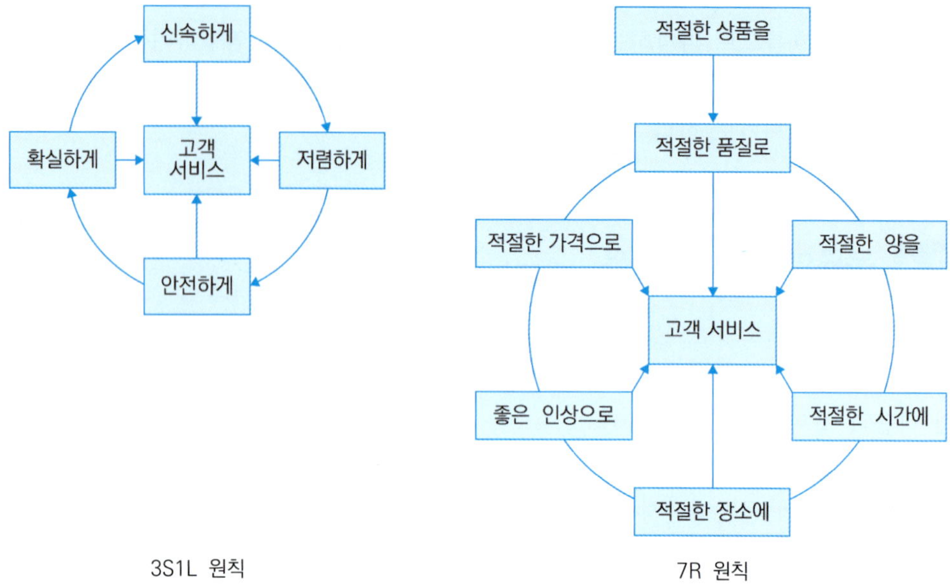

[그림 1-4] 3S1L의 원칙과 7R의 원칙

이 중 적절한 상품이란 고객이 원하는 것과 일치하는 상품을 의미하며, 적절한 품질이란 상품자체의 질은 물론 수배송시 상품의 보존까지도 포함한다. 적절한 수량은 구매수량과 일치하는 숫자를 공급하는 것을 말하며, 적절한 시간이란 소비자가 원하는 시간에 맞추어 도착하도록 하는 것을 말한다. 적절한 장소란 소비자가 원하는 장소에, 적정한 가격이란 소비자가 쓰기에 적당한 가격으로 그리고 좋은 인상이란 상품자체 뿐만 아니라 개장, 외장, 공급하는 판매원의 인상까지 포함하는 개념이다.

이러한 7R의 원칙 실행이 잘 되기 위해서는 물류의 활동인 운송, 보관, 하역, 포장, 정보, 유통가공 등의 모든 업무가 통합되어 운영되어야 한다.

1.5 물류의 영역과 기능

1. 물류의 영역

경제사회에서 유통은 재화와 서비스 등의 경제재가 공급자로부터 소비자에 이르기까지의 경제활동을 그 내용으로 하고 있으며, 생산과 소비 사이의 시간적·장소적 차이를 유기적으로 결합하는 기능을 가지고 있다. 이러한 유통은 통상 경제재의 사용가치를 실현하기 위하여 우선 화폐라는 형태전환으로서의 상거래활동이 발생하고, 이에 대한 반대급부로서 경제재의 이동인 물류활동이 진행되고 있다.[12)]

유통이라는 경제활동은 상류와 물류라는 2가지 면으로 분류된다. 이의 차이는 상류의 소비자가 생산자에게 상품대금을 지불함으로써 소비자에게 소유권이 이전되는 것을 말하는 반면, 물류는 상거래의 성립 이후 상품을 생산자로부터 소비자에게 인도시켜 시간적·공간적(장소적)인 가치를 창조하는 경제활동을 의미한다.

물류는 일반적으로 원자재, 제품, 반품, 폐기물 등의 물리적 이동단계에 따라 조달물류, 생산물류, 판매물류, 반품물류, 회수물류, 폐기물류 등 6가지 기본 형태로 구분되며 이외에도 사내물류가 있다.

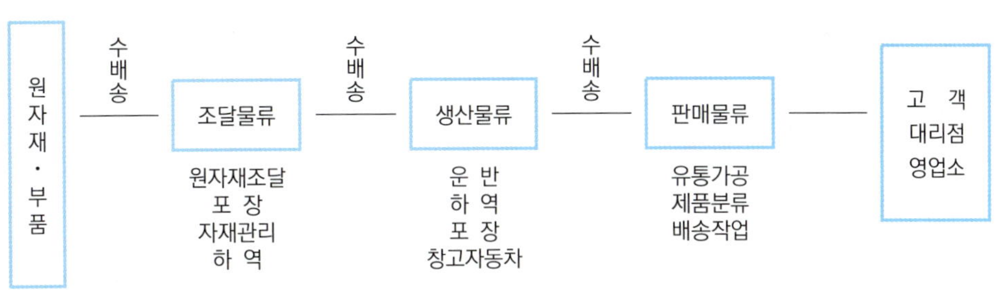

[그림 1-5] 물류의 기본형태

12) 市來青也, 「國際物流要論」, 東洋經濟新報社, 1989, p.3.

(1) 조달물류

조달물류는 외주공장으로부터 원자재・부품 및 중간가공품을 포장하고 단위화하여 기업 내의 자재창고에 투입하기 전까지의 물류활동이다. 사외물류활동인 조달물류에서는 원・부자재의 조달에서부터 자재창고에서의 보관 및 자재관리의 효율성 제고에 중점을 두게 된다.

(2) 생산물류

생산물류는 자재창고의 출고작업에서부터 생산공정으로의 운반・하역・창고의 입고작업까지의 물류활동이다. 생산물류에서는 생산과정의 단축, 생산리드타임의 단축 및 재고량 감축이 핵심과제로서 운반・하역・창고의 자동화가 가장 중요한 관심의 초점이 된다. 또 조달물류와 판매물류를 연결하는 제품 생산과정의 물류단계로서 생산과 반품에 의해 재입고되는 상품의 수리 및 포장, 보관 등을 포함한다.

(3) 판매물류

판매물류는 물류의 최종단계로서 제품을 소비자에게 전달하는 일체의 수・배송활동으로 제품창고에서 출고하는 과정과 중간의 물류거점인 배송센타(distribution center)[13]까지의 운송, 배송센타 내에서의 유통가공 및 제품분류작업, 각 대리점 및 소비자에게 배송하는 작업 등이 포함된다.

(4) 반품물류

물품의 상이 및 파손 등으로 인하여 판매된 제품의 반품에 따른 물류활동이다. 반품물류는 판매물류와 반대방향으로 이루어지는 것으로, 정확한 물품을 공급하여 반품이 발생되지 않도록 유의하여야 한다.

(5) 회수물류

물류활동과정에서 사용되는 빈 컨테이너, 빈 파렛트 등의 재활용을 위한 회수활동과 관계되는 물류활동으로 앞으로 효율적인 회수를 위한 판매물류망의 활용이나 회수물류망의 구축이 요구된다.

---

13) 다종 대량의 물품을 공급자로부터 회수하여 분류, 보관, 유통가공, 정보처리 등을 행함으로써 다수의 수요자에게 주문한 물품을 만족할 만한 서비스 수준으로 배송하기 위한 시설을 말한다.

(6) 폐기물류

판매활동을 통해 소비자에게 공급된 제품의 포장재와 수배송용기 등에서 발생한 폐기물을 처리하기 위한 물류활동이다. 폐기물류는 최근의 환경문제 대두와 함께 물류활동의 중요한 영역으로 등장하고 있다.

(7) 사내물류

생산업자의 완제품 출하 시부터 고객으로의 판매가 최종적으로 확정되어 출고되기 전까지의 물류활동을 말하며, 주로 공장의 저장창고나 물류센터에서의 완제품의 재고관리가 주요 핵심사항이 된다. 사내물류는 보통 생산물류나 판매물류에 포함시켜 설명되는 경우도 있다.

2. 물류의 기능

물류의 기능은 상품이 생산자에서 소비자에 이르는 과정에서 물류요인인 운송・보관・하역・포장・정보활동의 결합에 의하여 경제적 효과가 나타난다.

판매물류의 사회・경제적 기능은 다음과 같다.

(1) 장소적 조정기능

생산장소와 소비장소의 상이에 따른 거리격차가 경제사회의 분화와 국제화에 따라 점차 확대되고 있다. 생산과 소비의 장소적 격차는 운송기능에 의해 조정된다.

(2) 시간적 조정기능

물품의 생산시기와 소비시기의 불일치를 조정하는 기능으로 과잉생산과 과소비를 억제하고 생산활동과 소비활동이 적기에 이루어지도록 하며 보관기능을 통해 저장된다.

(3) 수량적 조정기능

생산단위수량과 소비자의 소비단위수량의 불일치를 서로 분할, 결합시키고 소비량을 예측하여 기업의 생산규모를 결정하도록 하는 기능으로 집화, 중계, 배송을 통해 조정된다.

(4) 품질적 조정기능

생산자가 제공하는 물품과 소비자가 소비하는 물품의 불일치를 소비자의 다양한 요구에 맞는 품질의 상품을 적기에 공급하도록 하는 기능으로 가공, 조립, 포장기능을 통하여 조정된다.

(5) 가격적 조정기능

생산자와 소비자 간의 장소적·시간적 효용을 높여 제품의 원가를 절감하며, 물류비용의 절감을 통해 제품가격이 효율적으로 조정되게 한다. 생산자와 소비자를 매개하는 물류는 운송에서 정보활동에 이르기까지 여러 단계의 합리화정도에 따라 가격조정기능과 밀접한 관련이 있다.

(6) 인적 조정기능

생산자와 소비자는 서로 다르고 분업화되어 있어 생산된 제품의 소비자에게 이르기까지에는 여러 단계의 유통조직을 통해 이루어진다. 물류활동은 생산자와 소비자를 유기적으로 결합시켜 고객서비스를 향상시킨다.

제 2 절 물류활동

2.1 물류의 구성과 제 활동

물류는 물품의 물리적(장소적·시간적) 이동에 관계되는 기능의 총칭으로 상거래의 성립에서부터 수요자에게 인도할 때까지의 모든 활동을 말한다.

물류활동은 크게 물자유통활동과 정보유통활동으로 구분되며, 이를 세분하면 물자유통활동은 운송기초활동, 운송활동, 보관활동, 하역활동, 포장활동, 유통가공활동 등으로 구분되며, 정보유통활동은 통신시설기초활동과 전달활동으로 구분된다.

여기에서 유통경로는 운송수단인 기차, 자동차, 항공기, 선박 등이 이동하는 경로이며, 물류거점은 운송수단이 유통경로상에서 원활한 작업이 이루어질 수 있도록 제공되는 장소를 말한다.

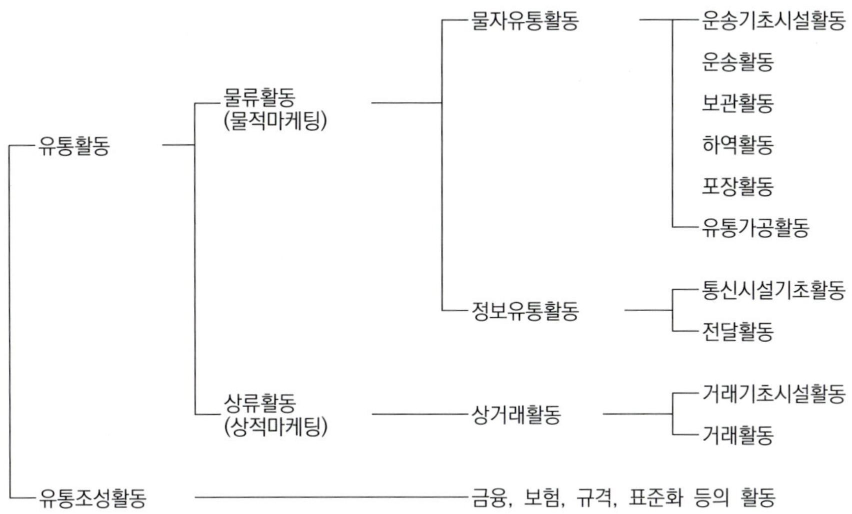

자료 : 松田降盛, 「輸送革新産業」, 東洋經濟新報社, 1972, p.4.에서 일부 수정.

[그림 1-6] 물류활동의 체계

물류활동을 원할하게 하기 위한 물류의 구성요소는 [그림 1-7]과 같다.

유통경로(link)	⇒	도로, 철도, 항로, 해로
운송수단(mode)	⇒	자동차, 기차, 항공기, 선박
물류거점(node)	⇒	터미널, 역, 공항, 항만

[그림 1-7] 물류의 구성요소

2.2 물자유통활동

1. 운송기초시설활동

운송기초시설활동이란 철도·도로 등의 통로시설 및 항만·공항·화물역·자동차터미널 등의 터미널 시설을 제공하는 활동을 말한다.

2. 운송활동

운송활동이란 운송기능시설(운반구)인 자동차·화차·선박·항공기 등의 시설을 이용하여 물품을 장소적으로 이동시키는 활동을 말한다. 운송은 마케팅활동의 필수기능으로서 우리나라의 경우 전체 물류비의 절반 이상을 차지하고 있기 때문에 일반적으로 물류란 곧 운송이라고까지 인식되고 있다.

운송수단의 선택에 있어서 고려되어야 할 사항은 ① 물품의 가격, ② 품질, ③ 운송량, ④ 발송인과 수취인의 입지여건, ⑤ 운송거리, ⑥ 운송비용 등이 있으며, 이 외에 일반적인 선택조건으로 ① 경제성, ② 신속성, ③ 정확성, ④ 안정성, ⑤ 편리성 등이 있다.

3. 보관활동

보관이란 창고를 제공하는 활동과 그 시설을 사용하여 보관하는 활동을 말한다. 보관활동은 운송 다음으로 물류의 중요한 역할을 담당하고 있으며, 그 영역으로는 물품을 단순히 저장하고 관리하는 행위 뿐만 아니라 물품의 가치를 유지시켜 유통의 최전선인 고객에게 서비스하는 기능까지도 포함하고 있다.

보관은 물류의 관점에서 보면 생산에서 소비에 이르는 「물품의 흐름」에 있어 적시에 원료 및 부품을 공급하여 생산을 원활히 하고 또한 제품을 적기에 수요에 따라 공급할 수 있는 기능을 가지고 있다. 따라서 운송이 공간의 극복인 데 반하여 보관은 시간의 극복과 수급조정에 의한 가격조정이라는 2가지 기능을 가지고 있다.

보관의 일반적인 수단은 창고이며, 종래의 시간적 조절을 위한 보관의 주기능은 기업활동에서 마케팅 지향이 강해지고 재고투자에 관한 인식이 높아짐에 따라 정태적이고 수동적인 위치에서 유동화·활성화 또는 고회전화라는 동태적이고 적극적인 지위로 탈바꿈하여 경영관리면에서 그 중요성이 더해가고 있다.

물류활동에서 보관은 단순히 저장이 아닌 비용과 서비스의 트레이드 오프(trade-off)[14]를 전제로 운송과 배송간의 윤활유 역할을 수행할 뿐 아니라 생산과 판매와의 조정 또는 완충기능을 수행하며 집산, 분류, 검사장소 등의 역할도 수행한다.

전동모빌랙

파렛트랙

슬라이딩랙

핸들식중량모빌랙

암랙

적층식랙

[그림 1-8] 여러 가지 랙의 형태

14) 2개의 목적이 서로 상충될 때 한 쪽의 목적을 달성하려면 다른 한 쪽의 목적 달성에 일부 희생이 따르는 목적간의 이율배반적인 관계가 형성되는 것을 말한다.

보관활동의 대상은 보관장소인 창고(또는 물류센터)와 그 설비로써 제품의 특성에 맞는 창고의 위치, 종류 및 그 시설의 선택 등에 있다. 보관의 대표적인 방법으로는 파렛트보관, 고정 랙(rack)에 의한 산보관(散保管), 산적재보관(散積載保管), 운송기보관 등이 있다.

4. 하역활동

하역이란 보관과 운송의 양단에 있는 물품을 취급하는 활동을 말하며, 하역활동이란 하역시설을 제공하는 활동과 그 설비를 이용하여 직접 하역을 행하는 활동을 말한다. 하역은 하역자체가 갖는 가치보다는 운송이나 보관능력의 효율 향상을 지원하는 역할이 크다.

운송이 공간적 효용을 창출하고 보관이 시간적 효용을 창출하는 데 비하여 하역은 그 자체로서는 아무런 가치도 창출하지 않는 것으로 보인다. 그러나 생산에서 소비에 이르는 전 물류과정에서 수많은 하역이 이루어지고 있으므로 하역작업의 합리화는 물류비의 절감에 직접적인 영향을 미치며, 하역의 합리화는 물류의 합리화에 있어서 큰 의미가 있다.

5. 포장활동

포장은 생산의 종점인 동시에 물류의 시발점으로 상품의 운송·보관·거래 사용 등에 있어서 적절한 재료·용기 등을 이용하여 그 가치 및 상태를 유지하기 위한 기술 및 보호상태를 말한다.

포장의 기능은 제조자로부터 목적지까지 이동하는 과정에서 예상되는 조작이나 외력으로부터 상품을 보호하고, 적당한 단위로 묶어 운송과 보관 및 하역이 용이하도록 하는 한편 상품의 외형을 미화시켜 소비자로부터 구매의욕을 불러일으키는 판매촉진기능을 갖는다. 이러한 포장은 그 동안 물류의 일부로서 굳건한 위치를 확보하지 못한 채 유지되어 왔으나 최근에는 물류 가운데서 중요한 영역으로 부각되고 있다.

6. 유통가공활동

유통가공활동이란 유통가공설비의 제공과 그 설비를 사용해서 유통가공을 실시하는 활동으로 물자유통의 과정에 있어서 물자에 부가가치를 부여하는 것을 말한다.

2.3 정보유통활동

무형의 물자로서 정보를 유통시키는 경제활동을 총칭하여 정보유통활동이라 하며 구체적으로는 상품의 유통활동을 촉진시키기 위해 필요한 각종 정보를 뜻한다. 정보의 의의는 물류의 주요 요소인 운송·보관·포장·하역 등 각 기능들을 서로 연결시켜 전체적인 물류관리를 효율적으로 수행하는 데 있다. 물류 각 활동의 기본목적은 최소비용으로 제품을 원형 그대로 최종수요자에게 유통시키는 것이다. 여기서 단순히 각 활동에서 발생하는 물류비를 최소화하는 것도 중요하지만 상호 유기적인 시스템 하에서 체계적인 수행이 이루어질 때 물류의 합리화가 이루어질 수 있다.

정보물류가 가능하게 된 것은 컴퓨터를 이용한 전산화로서 컴퓨터와 통신회선을 결합한 온라인 시스템(on-line system)[15]을 통하여 생산부터 재고, 판매에 이르는 전 유통과정이 일관된 정보의 흐름으로 연결되어, 신속하고 정확하게 물류기능을 지원할 수 있게 되었기 때문이다. 정보활동은 물류의 제 기능을 효율적으로 작용하도록 연결시켜 주는 역할을 담당함으로써 물류관리의 핵심적인 기능을 수행한다고 볼 수 있으며, 정보화시대를 맞아 앞으로 그 활용 및 중요성은 더욱 증대될 것으로 보인다.

1. 통신기초시설활동

통신기초시설활동은 물자유통활동 중에서 운송기초시설활동에 대응하는 개념으로 전신·전화·우편 등 주로 산업용 통신의 기본시설 및 그 부대시설을 제공하는 활동을 말한다.

2. 전달활동

전달활동은 물자유통활동 중에서 운송활동에서부터 유통가공활동에 이르기까지의 정보활동을 의미한다.[16] 즉, 전달활동이란 메시지 및 메시지의 담당자에 의한 정보의 시간적·공간적 전달 및 정보통신의 유통가공을 말한다.

15) 중앙의 전자계산기와 원격지에 있는 단말기를 전송회선으로 직접 연결하는 체계로 데이터 발생지에서 데이터를 직접 전자계산기에 입력하면 중앙의 전자계산기에서 입력된 데이터를 바로 처리 자료로 유지하며, 필요시 데이터를 이용하려는 곳에 직접 출력 데이터를 전송하는 방식을 말한다.

16) 土井佐侑, 「物流の意義とその實態」, 八千代出版, 1986. p.3.

제 3 절 국제물류

3.1 국제물류의 개념

국제물류(international physical distribution)는 생산과 소비가 2개국 이상에 걸쳐 이루어지는 경우 그 생산과 소비의 시간적·공간적 차이를 극복하기 위한 유형, 무형의 재화에 대한 물리적인 국제 경제활동이라 할 수 있다. 이러한 국제물류는 국내물류보다 확대된 영역으로 원료조달, 생산가공, 제조판매활동 등이 생산지와 소비지가 동일국내가 아닌 국경을 초월하여 이루어지고 물품의 이동과 관련하여 수출입 수속 및 통관절차, 운송방법의 다양화로 인하여 물류관리가 국내물류보다 훨씬 복잡하며, 운송영역이 넓고 대량화물을 운송하여야 하기 때문에 환경적 제약을 많이 받게 된다. 국제물류의 개념에 대해서 미국의 물류관리협의회(NCPDM)에서는 완성된 제품을 생산원료에서부터 시작하여 소비자에게 가장 효율적으로 이전시키기 위하여 직접·간접으로 관련되는 여러 활동으로 정의하고 있다. 국제물류의 합리화를 위해서는 운송·재고·포장·하역·정보 등 다양한 물류기능들을 적절히 통합하여 각 기능들의 상호작용이 효율적으로 이루어질 수 있는 최적의 물류시스템 구축이 필요하다.

국제물류는 물자의 시간적·공간적인 효용의 창조가 중요함으로 각 기능들 중에서 특히 운송부분이 차지하는 비중이 크다. 따라서 각종 운송수단의 효율적인 연결과 각 운송수단의 연결점인 항만, 공항, 내륙 터미널에서 시간과 비용을 줄일 수 있도록 운송효율의 제고가 도모되어야 한다. 이러한 점에서 현재 항구에서 항구까지(port to port)의 해상운송과 항공운송의 합리화에서 나아가 문전에서 문전(door to door)[17]까지의 복합일관운송이 국제물류의 주도적 역할을 수행하고 있다.

17) house to house라고도 하며, 컨테이너선사가 제공하는 운임률 또는 서비스의 한 형태로서 송화인의 공장에서 화물이 컨테이너에 적입되어 수화인의 공장에서 적출작업이 이루어지는 운송형태를 말한다.

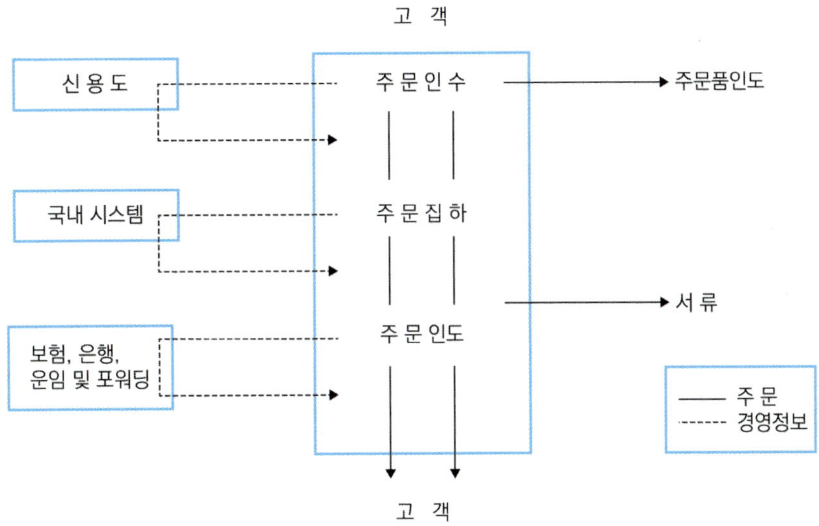

[그림 1-9] 국제물류의 개념

3.2 국제물류의 특성

국제물류는 국내물류와 비교하면 다음과 같은 특성이 있다.

1. 서류(documentation)의 복잡성

국제물류는 국내물류와는 달리 선화증권, 신용장, 내륙운송 및 통관서류 등 국내에서는 불필요한 서류와 절차에 대한 이해가 필요하며, 완전한 서류작성과 원활한 업무진행을 위해서는 이 분야에 대한 전문적인 기술과 지식을 필요로 한다. 국제물류에서는 언어, 적용법규, 국제관습 등에 대한 정확한 이해부족에서 기인하는 분쟁이 발생될 가능성이 국내물류보다 훨씬 높다.

2. 중개자(intermediary)의 존재

화주와 운송업자 사이에 존재하여 화주를 대신해 물품서류의 취급, 운송업자 선정 등의 업무를 수행하는 중개자가 존재한다. 그 대표적인 중개자로 운송인(forwarder)을 들 수 있다.

3. 주문절차의 복잡

수출주문은 보통 현지판매나 마케팅을 수행하는 해외자회사나 대리인에게 위임되므로 본사의 생산공정과 주문절차 및 처리가 복잡하며, 평균 주문규모도 국내의 경우보다 크므로 이로 인한 주문상의 어려움이 존재한다.

4. 요소별 기능상의 차이

운송에 있어 국내물류는 배송시스템에 의하여 움직이나, 국제물류는 항만이나 공항터미널에서 이루어지기 때문에 선박이나 항공기의 개량과 발전이 중요한 역할을 하게 된다. 최근에는 복합일관운송의 발달로 인하여 육(주로 철도)・해・공의 최적 조합을 통한 운송활동이 핵심이 되고 있다.

하역과 보관기능에서는 국내물류가 유통센터나 자동창고 시스템과 화물을 유통기지 중심으로 배송하는 활동이 중요한 데 반하여, 국제물류의 경우에는 복합 화물터미널의 범주 내에서 항만, 공항, 내륙거점(트럭 및 기차 터미널) 등에서 하역이나 보관에 대한 시간단축과 비용절감이 중요한 역할을 하게 된다.

포장기능에서는 국내물류는 포장의 생산성, 편리성, 경제성을 염두에 두고 포장의 기계화, 간이화, 자동화에 중점을 두지만, 국제물류에서는 운송상의 포장단위가 중요해짐에 따라 컨테이너 및 파렛트의 활용과 이들을 복합운송과 어떻게 효율적으로 이용할 수 있느냐가 중요한 과제가 된다.

현재 정보기능의 경우 국내물류는 화주, 운송업체, 운송주선업체 등 독자적인 정보시스템을 가지고 있다. 그러나 국제물류의 경우에는 특정 터미널을 통하여 특정 운송수단을 조합하여 단시간 내에 최저비용으로 화물을 운송해야 하기 때문에, 국내화주로부터 해외고객에 이르는 과정이 일목요연하게 파악되어야 한다.

5. 물류전개의 다양성

각국의 특성에 따라서 다양한 물류활동 전개가 이루어진다. 각국별로 가지고 있는 특성들이 다른 만큼 물류활동 전개의 절차들 또한 다르다. 그렇기에 나라별 특성에 따라 각각의 다양한 물류활동의 전개가 이루어지게 된다.

6. 국경이동의 복잡성

각국 간에 교통수단의 상이함으로 인한 복잡성이 존재한다. 각 나라별로 발전된 교통수단이 다르기 때문에 어느 나라는 철도로, 어느 나라는 해상 편으로, 어느 나라는 기차를 사용하기도 한다. 이렇게 각기 교통수단이 다른 만큼 물품의 운송에 대한 복잡성이 존재한다.

7. 긴 리드타임

생산에서 소비에 걸리는 시간이 길어지게 된다. 물품의 생산부터 배송을 통하여 소비자에게 도달하여 물품이 소비되기까지의 시간이 길어지게 되는 것을 뜻한다. 한 국가에서 또 다른 국가로 물품이 옮겨져 보세구역이나 창고에 보관되었다가, 다시 화주, 소비자에게 닿기까지의 시간은 국내에서 물품이 소비자에게 닿기까지의 시간보다 몇 배로 더 길어지게 된다.

8. 문화의 중요성

각 나라별로 상이한 문화의 중요성을 인식하여야 한다. 각 국가별로 존중하고 숭상하는 문화가 다르다. 그러한 문화들을 무시한 채 자국의 문화만을 중시한다면 글로벌 무역환경에서 살아남을 수 없을 것이다. 각 국가별로 존중하는 문화와 전통적인 관습들을 잘 알아보고 존중하는 무역 태도를 가져야 할 것이다.

3.3 국제물류의 중요성

국제물류는 다음과 같은 중요한 역할을 담당하고 있다.

첫째, 국제물류는 국제간의 물품의 생산과 소비를 연결하는 역할을 수행하고 생산력을 증대시켜 국제시장의 발전에 기여하는 효과가 있다.

둘째, 국제물류는 운송시간의 단축 및 조기인도나 적기인도 등을 통하여 해외고객에 대한 서비스 활동을 향상시킴으로써 신뢰감을 높이고 판매기능을 촉진한다.

셋째, 국제물류는 생산과 수출 뿐만 아니라 총비용이라는 경제적 측면에서 제3의 이윤원의 역할을 하게 된다. 국제물류는 국내물류와는 달리 해외운송비의 비중이 크기 때문에 제품단가의 인하를 통한 국제경쟁력에 기여하게 된다.

넷째, 국제물류는 수요자인 기업으로서는 물류비 절감과 서비스의 향상을 통한 판매증진으로 기업의 발전을 기대할 수 있으며, 공급자인 기업으로서는 양질의 서비스를 제공하게 되어 기업의 기반을 확립할 수 있다.

다섯째, 국제물류는 국민경제적인 입장에서는 수출입 물품의 최적유통과 물류비의 절감을 가능케 하며, 국제화시대에 따른 경제발전과 물가안정을 가져오게 한다.

여섯째, 제품다양화, 제품수명주기단축 등으로 물류의 신속성과 유연성이 요구되고 있다는 점을 들 수 있다. 다양한 제품을 만들기 위해서는 생산에 더 많은 시간이 소요된다는 것을 의미하며, 제품수명주기 단축 역시 새로운 제품을 지속적으로 개발하고 새로운 생산체제를 구축할 필요가 있기 때문에 이 역시 제품의 출시를 지연시키는 원인이 된다. 그러나 소비자들은 새로운 제품을 신속하게 구매하고자 하기 때문에 이를 가능하게 하기 위해서는 원자재의 조달에서부터 시장의 출시, 고객에 대한 배송 등에서 신속한 물류 관리가 필수적이다.

일곱째, 제품의 경쟁력을 위해서 완제품과 함께 중간재, 부품 등의 신속, 정확한 글로벌적인 공급이 필수적이다. 기업 경쟁력을 유지하기 위해서는 전 세계적으로 가장 경쟁력 있는 생산 요소를 투입해야 하는데, 이를 위해서는 국내 조달보다는 전 세계를 대상으로 한 소싱이 필수적이다. 전 세계적인 조달에는 공간적, 시간적 차이의 한계를 극복해야 하는데 이를 지원해주는 것이 국제물류 서비스이다.

여덟째, 고객의 충성도 확보가 중요하다. 시장이 생산자 주도에서 소비자 주도로 옮겨가면서 고객의 요구를 충족시키지 않고는 매출의 신장을 기대할 수 없는 상황으로 진행되고 있다. 고객들은 과거 저렴한 제품에 대한 선호도가 높았던 반면, 이제는 제품의 품질 및 고객서비스의 수준에 민감하게 되었다. 이는 곧 고객맞춤형제품의 제공과 물류서비스의 차별화가 고객의 재구매에 가장 중요한 요소로 등장하고 있다는 것을 의미한다.

아홉째, 기술혁신에 의한 포장, 하역, 보관, 수송기술, 정보기술이 발전하면서 이를 적극적으로 채용하여 경쟁력 제고에 활용하여야 한다. 교통과 관련된 인프라, 기기 등이 빠르게 발달되고 있을 뿐 아니라, 정보 기술에서도 가격은 저렴해진 반면 기술수준은 높아지고 있기 때문에, 이러한 기술을 활용해 물류 서비스 수준을 향상시킬 수 있기 때문이다.

3.4 국제물류의 기능

국제물류의 활동영역은 기본적으로 운송 · 보관 · 하역 · 포장 및 정보의 5가지 기능에 의하여 이루어진다. 이 중에서도 국제물류는 두 나라 이상에 걸쳐 수행되기 때문에 활동내용에 있어 운송이 주체가 되며, 이것에 수반하여 운송을 기계화하는 형태로서 보관 · 하역 · 포장 및 정보의 여러 활동이 수행된다. 국제물류의 활동영역별 기능을 살펴보면 다음과 같다.

1. 운송기능

운송은 물자의 공간적 차이를 극복하기 위해서 장소적 이동을 통하여 물자의 장소적 효용이 창출된다. 운송은 물류의 핵심 요소로서 실질적으로 보관, 하역, 포장, 정보 등과 밀접한 관련을 맺고 있으며, 이러한 비운송 요소는 운송과 배송을 원활히 해주는 보조적인 요소로 볼 수 있다.

국내물류의 경우에는 배송활동에 중점을 두기 때문에 화차를 이용하여 화물을 이전시키거나 자사의 유통센터나 타화물자동차업체의 운송 및 배송네트워크를 통하여 고객에게 화물을 이전시키는 경우가 많다. 그러나 국제물류의 경우에는 선박회사, 항공회사, 트럭운송회사, 운송주선업자 등을 통하여 화물선이나 항공기로 운송을 하거나 최적운송을 위해 육 · 해 · 공을 복합한 일관복합운송으로 수행한다. 따라서 국내물류는 마지막 단계의 보조운송으로서 역할을 하게 된다.

2. 하역기능

하역기능은 선적과 양륙으로 짐을 싣고 내리는 작업을 말하며, 하역은 원래 운송과 보관 및 포장 사이에서 그 전후에 수행되는 취급 작업으로 운송과 보관의 종속적 존재로 위치해 있다. 그러나 국제물류에 있어서는 그 중요성이 높으며 하역의 합리화가 종합적인 물류합리화를 좌우하고 있는 경우도 적지 않다.

국내물류의 경우에는 유통 및 배송센터의 자동창고로부터 포크 리프트(fork lift)와 같은 기기를 동원하여 트럭에 상·하차 작업정도를 수행한다. 그러나 국제물류의 경우에는 공산품일 때 이를 컨테이너에 적입하는 작업과정에서부터 철도역 또는 트럭터미널 등의 내륙거점이나 공항 및 항만에서의 하역작업까지 각종 하역차량 및 포크 리프트를 이용하고 있다. 또한 원재료일 경우에는 기초하역시설 등 많은 하역기기가 동원되어 항만 및 공항의 창고시설과 연계되어 운영된다.

3. 포장기능

포장기능은 생산의 종점인 동시에 판매물류의 시발점으로 물품의 가치 및 상태를 유지하기 위한 기술 및 보호의 상태를 뜻한다. 포장은 물류 중 화물을 안전하게 보호하고 적당한 단위로 묶어서 운송과 보관 및 하역이 용이하도록 하며, 그 이후의 물류활동과 많은 관련을 지니고 있다.

국제물류에 있어서 포장기능은 국내물류의 경우와 큰 차이는 없다. 다만 원거리운송과 해외시장에서 판촉을 위해 상품품질이나 가치를 손상하지 않고 보호하여야 한다는 관점에서 유통과정 중 내용물을 보호하고, 가벼운 용기로 비용을 절감하는 입장에서 포장활동이 이루어져야 한다. 따라서 수출포장은 제품특성에 따라 포장 재료를 적절히 선택하고 생산성, 편리성, 경제성을 염두에 두고 판매상의 효율을 제고하는 동시에 판촉을 위하여 포장되어야 한다. 이를 위해 물류과정 중에서 생산물류는 제외하더라도 조달물류에서는 포장을 모듈화[18] 또는 간이화하여야 하며, 판매물류에서는 여기에 기계화도 추가되어야 한다.

최근의 포장활동은 국내의 경우 파렛트(pallet)[19]를 이용하며 국제화물은 항공기를 제외하고는 공산품의 경우 대부분 컨테이너(container)를 이용하기 때문에 포장의 내장과 외장이 간편하고 비용도 절감되는 추세에 있다.

18) 하역, 보관, 수·배송 등의 합리화를 도모하기 위해서는 포장의 표준화, 규격화 등 포장자체의 근대화, 합리화가 이루어져야 한다. 이를 위해 포장의 길이를 물류시스템 가운데서 계열화 하는 것을 말한다.
19) 화물을 일정 수량 단위로 모아 하역, 보관, 운송하기 위하여 사용되는 하역받침을 말한다.

4. 보관기능

보관기능은 물자의 시간적 차이를 극복함으로써 효용을 창출한다. 보관은 운송이 공간적 장애 극복인 데 비해 시간적 장애 극복이라고 할 수 있다. 국내물류에서 창고기능은 화물을 시간적, 장소적으로 이전시키기 위하여 일시적으로 보관하는 기능과 유통창고나 유통센터로서 수·배송을 위한 기지로서의 기능을 갖기도 한다.

국제물류에서 창고는 수출지에서 수입지까지 화물운송에 필요한 수출자의 창고 및 공장, 창고나 내륙거점 또는 트럭 및 기차 터미널, 항구나 공항 등지의 보관기능이 우선한다. 즉, 화물을 집화하여 이를 조립·포장·분류하여 배송하는 유통창고로서의 국내물류기능보다는 보세구역이나 보세구역 이외의 지역에서 화물을 일시보관하여 운송하는 기능이 국제물류의 주된 기능이 된다.

국내물류의 경우 보관활동은 주로 생산자로부터 조달물류, 생산물류, 판매물류를 통해 소비자에게 물품의 효율적 배송을 위한 유통센터 및 배송센터나 생산자의 창고에서 파렛트 풀(pallet pool)[20]을 통한 창고자동화시스템이 중요한 역할을 하게 된다. 그러나 국제물류에서는 창고자동화시스템을 통한 컨테이너 적입뿐 아니라 항만 또는 공항의 보세창고 운영시스템의 자동화 및 개선책이 하역작업과 병행하여 중요한 역할을 담당하게 된다.

5. 정보기능

국제물류를 종합적으로 기능화하고 총체적인 활동을 원활히 추진하기 위해서 정보는 중요한 요소이다. 물류정보는 국내물류의 경우 대부분 국내유통에 중점을 두기 때문에 물품이 생산자로부터 중간상인 도·소매업자를 통하여 소비자로 이전되므로 수주정보시스템, 재고정보시스템, 생산지시정보시스템, 출하정보시스템 등의 물류관리정보시스템에 의하여 그 흐름이 통제된다. 또한, 특정 터미널을 축으로 국내화주로부터 해외고객에 이르는 과정을 EDI나 인터넷을 통해서도 추적이 가능하다

그러나 국제물류의 경우에는 운송활동의 경제화 및 복합운송의 최적화, 하역작업의 기계화 및 자동화를 통한 신속화, 보관 그리고 배송작업의 신속화 및 효율화, 포장작업의 표준화 및 최적화를 통하여 총비용을 절감하고 고객서비스를 향상시켜야 한다. 이를 위하여 총괄적

20) 파렛트의 규격과 척도를 표준화하여 이를 상호 교환하여 사용할 수 있도록 함으로써 물류의 합리화를 가져오게 하는 것을 말한다.

인 국제물류기능을 전화, 팩시밀리(facsimile), 컴퓨터를 이용한 온라인 시스템(on-line system),[21] 지역물류를 연계시키는 근거리정보통신망(LAN : local area network)[22] 또는 전국이나 전 세계를 연결할 수 있는 부가가치통신망(VAN : value added network)[23] 등이 이용되어 중앙통제방식으로 물류정보의 지시 및 통제가 이루어지고 있다.

3.5 국제물류의 형태

최근 국제물류는 지역 간 분업의 확대, 국가 간 활발한 자본이동, 세계교역량의 확대와 지역주의 심화 등이 주요 특징으로 나타나고 있는 가운데 다품종소량화로의 변환에 의한 상품의 유동량이 증가하고 있다.

국제물류의 형태는 크게 수출물류와 수입물류로 구분된다. 여기서 수출물류란 대외판매의 목적물이 되는 물품을 대상으로 하여 외화 또는 그에 상응하는 물품을 대가로 외국에 물품을 판매하는 것과 관련된 물류활동을 말하며, 수입물류란 매매・교환・임대차・사용대차・증여 등을 원인으로 외국으로부터 국내로 물품을 이동하거나 유상으로 외국에서 외국으로 물품을 인수하는 것과 관련된 물류활동을 뜻한다.

(가)형태 : 제조업자로부터 수출자, 수입자를 거쳐 판매자로 유통되는 전통적인 간접무역 형태

(나)형태 : 수출자가 수입국에 지점 및 기타 기관을 설치, 유통단계를 합리화한 형태

(다)형태 : 수입자가 수출국에 진출하여 유통단계를 합리화한 형태

(라)형태 : 제조자가 수입지의 수입자와 직거래하는 직접무역형태

(마)형태 : 제조자가 수입국에 출장소 또는 대리점을 설치하고 거기에 제품이나 부품을 조립부품(knock-down) 방식 등으로 수출[24]하여 현지에서 조립 등의 유통가공을 행한 후, 판매자에게 유통시키는 형태

---

21) 컴퓨터의 입출력장치 또는 주변기기가 통신회선으로 직접 접속되어 있는 시스템으로 은행의 보통예금처리, 호텔예약시스템, 항공망 시스템 등으로 실용화되고 있다.

22) 근거리정보통신망 또는 기업 내 정보통신망으로 불리는 것으로 공장단지 내부나 빌딩 안에서 활용되는 컴퓨터를 비롯한 팩스밀리나 워드 프로세서 등 각종 정보시스템을 유기적으로 연결하여 막대한 양의 정보를 신속하게 소통시키는 첨단 데이터 통신망을 말한다.

23) 제3자인 데이터 통신처리업자 또는 회사를 매개로 하여 기업 간 자료를 교환하는 통신망을 말한다.

24) 조립할 수 있는 설비와 능력을 가지고 있는 거래처에 상품을 반제품으로 수출하여 실수요지에서 제품을 완성시키도록 하는 현지조립수출방식을 말한다.

(바)형태 : 제조자가 수입국에 공장을 설치하고 수입국에서 생산으로부터 유통, 판매까지 일관하여 수행하는 형태

		수출국				수입국	
(가) 제조자	→	수출자	→	수입자	→		판매자
(나) 제조자	→	수출자	→	수출자의 지점 또는 기타 기관	→		판매자
(다) 제조자	→	수입자	→	수입자	→		판매자
(라) 제조자	→		→	수입자	→		판매자
(마) 제조자	→		→	제조자 지점 또는 대리점	→		판매자
(바) 제조자	→		→	제조자	→		판매자

[그림 1-10] 국제물류의 형태

상기 형태에서 수입국의 마케팅이 불안한 경우나 상표의 선호도가 낮은 상품에 대해서는 (가)-(나)의 형태를 취하는 경우가 많으며, 그 반대의 경우에는 (라)-(바)의 형태를 취하는 경우가 많다. 특히 가전제품, 전자기구, 카메라, 자동차 등 브랜드의 선호도가 높은 내구성 소비재의 경우에는 (마)나 (바)의 형태가 전략적으로 전개되는 경향이 강하다. 또한 (바)의 해외공장설치의 경우 국제물류의 변화는 그림 (가), (나)에 나타난 바와 같이 해외공장을 중심으로 부품수출, 제품수입 및 3국간 물류가 새로운 흐름으로 전개된다.

제 4 절 수출입물류

4.1 수출물류

1. 수출절차의 개념

수출절차란 국제적 매매계약으로 수출업자가 외국의 수입업자에게 물품의 소유권을 양도하여 물품을 인도할 것을 약속한다. 수입업자는 이를 받아들이고 그에 상응하는 대금을 지급할 것을 약정하는 계약으로, 수출절차는 국내 무역관련법규(대외무역법, 외국환거래법, 관세법 등)와 국제상관습(Incoterms, 신용장통일규칙 등)의 상호연관 속에서 유기적으로 적용된다.

수출자는 국내 무역관련 법규와 국제상관습 등에 대하여 명확한 이해를 통해 수출거래의 형태나 수출절차의 각 단계별로 가장 적합한 법규나 상관습을 선택함으로써 수출에 따른 문제점을 해소하고 원활한 수출을 할 수 있다. 수출계약에는 계약관계에 대한 당사자의 합의가 중요하며, 특별한 형식이 요구되지 않는다. 그러나 계약관계에 확실성을 기하고 추후의 분쟁을 예방하기 위해서는 계약목적물인 상품의 종류, 품질, 수량, 가격, 인도(운송, 보험), 대금결제 방법 등의 계약조건을 명시한 계약서를 작성해 두는 것이 바람직하다.

2. 수출절차의 주요 내용

(1) 수출계약체결

수출을 하고자 하는 자는 취급하고자 하는 물품에 대하여 국내 무역관련 법규에 의해 수출이 허용되고 있는 물품인지 여부를 확인한 다음, 거래시장에 대한 시장조사단계를 거쳐 가장 적절한 거래선을 물색한 후, 거래관계 개설을 위한 수출계약을 체결하게 된다.

수출계약은 거래상대방이 확정되면 신용조회를 거쳐 수출자가 수입자에게 수출에 따른 무역거래조건을 제시한 청약(offer)에 대하여 수입자가 이를 승낙(acceptance)하는 과정 또는 수입자의 주문을 수출자가 승낙함으로써 계약이 체결된다. 오퍼는 보통 전신, 텔렉스(Telex), 팩시밀리(Fascimile) 등으로 발송하고 그 내용을 확인하기 위하여 확인서신(Confirmation)을 송부한다. 승낙은 절대적(Absolute), 무조건(Unconditional)적이어야 한다.

(2) 수출신용장 수취

수출계약이 체결된 후 계약조건에 따라 수입자는 수출자를 수익자로 한 신용장을 개설하고 수출자는 신용장을 수취한 후 동 대금회수의 안전을 위하여 계약내용과 일치여부, 취소불능여부, 양도가능여부, 기타 특수한 신용장조건으로 대금회수의 위험을 초래하는 조건이 없는지 검토하게 된다.

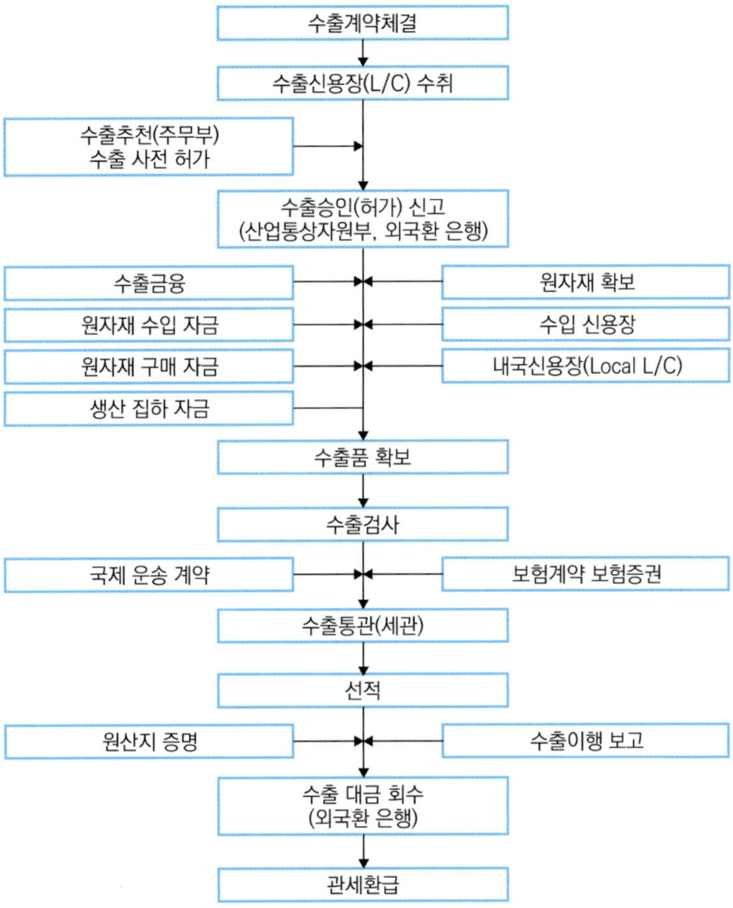

[그림 1-11] 신용장방식에 의한 수출절차

(3) 수출요건

수출계약을 체결한 자가 물품을 수출하기 위해서는 우선 수출하고자 하는 품목이 수출입공고[25)]나 통합공고[26)] 등에서 제한되는 품목인지 여부를 파악하여야 한다.

우리나라 수출입 품목관리체계는 크게 대외무역법에 근거한 수출입공고에 의한 관리와 54개 특별법상의 제한내용을 반영하는 통합공고에 의한 관리로 대별된다. 따라서 어떤 물품을 수출하기 위해서는 당해 물품의 수출입공고상 수출제한품목인지 수출자동승인품목인지 여부와 통합공고상의 사전허가 등이 요구되는 품목인지의 여부를 확인하여야 한다. 수출대상 물품의 대외무역법에 의한 수출입공고상으로 수출물품 금지품목이나 수출제한 품목일 경우에는 해당기관이나 단체로부터 수출승인(E/L)을 받아야 하며, 통합공고상으로 수출이 규제되고 있는 품목인 경우에는 해당 기관으로부터 확인을 받는다. 해당물품이 2개 이상의 법령에 관련되어 요건기관이 수출입공고나 통합공고에 의한 제한이나 규제 대상 품목이 아닌 대부분의 품목들은 수출승인이나 수출요건 확인이 필요 없다.

(4) 수출승인

품목을 수출하고자 하는 자는 무역법의 허가를 받았다 하더라도 개개의 수출거래마다 거래품목이 수출이 가능한 품목인지 여부를 주무부서인 산업통상자원부장관으로부터 검토를 받아야 하나 이 업무는 대부분 외국환은행장에게 위임되어 있다. 이렇게 수출승인을 받은 수출업자는 승인된 내용에 따라 수출을 이행하여야 하며, 동 수출승인을 유효기간 내에 수출물품의 선적이 이루어지도록 한다.

(5) 수출물품 확보

외국으로부터 수출신용장을 수취하고 난 후 외국환은행장의 수출승인을 받았으면 수출물품을 확보한다. 수출물품을 확보하는 방법으로는 수출물품을 수출자의 자가 공장에서 직접 제조·생산하는 방법과 수출물품 자체를 국내에서 구매하는 방법이 있다. 또한 수출물품을 제조·생산하기 위해서는 당해 물품의 생산에 소요되는 원료를 확보하여야 하며, 그 원료를 확보하는 방법 역시 외국에서 원료를 수입하는 방법과 동 원료를 국내에서 구매하는 방

25) 수출입공고란 대외무역법 제14조 제1항, 제2항 및 제4항 규정에 의하여 산업통상자원부장관이 개별적인 수출이나 수입물품에 대한 제한 및 그 절차 등을 규정하는 고시이다.

26) 통합공고는 대외무역법의 규정에 의하여 대외무역법 이외의 다른 법령에서 수출입의 요건, 절차 등 무역에 대한 관리를 규정하고 있는 경우 수출입 요건확인 및 통관업무의 간소화와 무역질서유지를 위하여 산업통상자원부장관이 이를 통합하여 고시하는 것을 말한다.

법이 있다.

(6) 수출검사

수출물품에 대한 생산이 완료되면 수출통관절차를 밟기 전에 검사를 받아야 한다. 수출검사란 수출품의 제조, 생산이 완료되면 수출통관 절차에 앞서 수출검사 과정을 거치게 되며, 여기서 합격판정을 받아야만 수출이 가능한 제도이다. 이는 수출물품의 대외성과를 유지하고 위장, 불법 수출을 방지하며 관세 환급의 적정성을 유지하기 위하여 대상품목과 검사기관을 별도 법령으로 정하고 있다. 검사기관은 정부검사기관과 민간검사기관이 있으며 품질이 우수한 품목, 품질관리 우수업체, 소액수출, 바이어 검사물품 등은 수출검사를 면제 또는 제외하여 간편하게 수출할 수 있도록 하고 있다. 검사 방법은 수출자의 신용도 및 물품의 성질, 수량, 가격 등을 참고하여 무작위 추출 불규칙 검사와 전량 필수검사로 나뉘어 실시되며, 검사 결과 수입국의 요구조건에 있을 경우 검사합격증명서가 발급된다.

(7) 운송계약과 해상보험

수출물품에 대한 검사가 완료되면 수출업자는 수출물품을 수출계약조건이나 신용장 등에서 정한 소정의 선적기한 내에 물품을 선적하여야 한다. 계약조건이 CIF나 CFR이면 수출자는 적합한 선박회사를 선정, 운송계약을 체결하여 이 계약에 따라 수출화물을 선적하게 되며, FOB 조건일 경우에는 수입자가 지정하는 선박에 수출화물을 선적하게 된다.

또한 수출자는 계약조건이 CIF 조건일 경우에는 수출계약서 및 수출물품의 특성 등을 감안하여 적합한 해상보험약관을 선택하여 해상보험계약을 체결하게 된다. 이러한 절차가 끝나게 되면 수출자는 관세법규정에 의한 수출통관절차를 이행하고, 당해 수출물품을 선박(또는 항공기)에 적재하고 선화증권(또는 air waybill)을 수취하게 된다.

(8) 수출통관

수출물품의 생산이 완료되거나 수출물품의 구매 등을 통하여 수출물품을 확보한 수출자는 당해 수출물품을 지정된 선박(또는 항공기)에 선적하기 전에 관세법에 의한 수출통관절차를 밟아야 한다. 수출통관절차란 수출면허의 의미로서 내국물품을 외국으로 반출하는 것을 허용하는 세관장의 행정처분으로 세관에서는 이러한 통관절차를 통하여 각종 수출규제에 대한 법규의 이행사항을 수출품과 대조, 확인하여 수출물품의 실제 확인과 부정수출방지 등을 하게 된다. 수출통관의 순서는 수출물품 제조 - 수출신고(EDI 신고) - 세관의 신고수리(수출신고가 수리된 물품은 수출신고 수리일로부터 30일 이내에 선(기)적 해야 한다) - 보세구역반입 - 선적의 순서로 진행된다.

(9) 수출대금회수

세관통관절차를 거쳐 선적이 완료되면 수출자는 제반 운송서류를 갖추어 수출대금을 회수하게 된다. 수출대금을 회수하기 위하여는 먼저 거래외국환은행과 화환어음거래약정을 체결하고 선적 후, 수출신용장 또는 계약서의 조건에 따라 환어음과 운송서류를 작성하여 이의 매입 또는 추심을 거래외국환은행에 의뢰하게 된다.

외국환은행은 화환어음을 지급인 앞으로 송부함으로써 수출대금의 회수가 이루어지며, 수출대금은 수출이 승인된 결제방법에 의하여 수출승인의 유효기간 내에 전액을 회수하여야 한다.

(10) 관세환급

관세환급이란 수출촉진과 국산원자재의 사용을 유도하기 위하여 수출용 원재료를 수입할 때 일단 관세 등을 납부하였거나 징수유예를 받은 물품 또는 이를 원자재로 하여 제조한 물품을 수출 등에 사용하였을 경우 수입 시 징수한 관세 등을 수출자에게 되돌려주는 것을 말한다. 현행법상 납세의무의 형평과 징수행정의 공정을 위한 관세법상의 환급(과오납 환급과 위약물품의 환급)과 수출지원을 위한 환급특례법상의 환급으로 구분하고 있으며, 일반적으로 관세환급은 후자를 의미한다. 관세환급제도는 수출용 원자재의 국산화를 촉진하여 외화가득률을 높이고 국제경쟁력을 향상시키며 나아가 사후관리를 간소화하는 데 그 목적이 있다. 이의 효과는 수입물품에 대한 관세부과로 관세액 만큼 물품가격을 인상시킴으로써 국내 산업을 보호하게 되고, 수출자에게는 수입 시부터 환급받을 때까지 환급액 만큼 이자부담을 주게 되어 불필요한 외국원재료의 수입을 억제하게 된다.

4.2 수입물류

1. 수입절차의 개념

수입절차의 개념은 수입대상 물품과 거래처를 선정하여 수입 계약을 체결하고 수입 허가(승인)를 받아 수입 신용장을 개설한 후에 수입화물과 선적서류가 도착하면 수입대금을 결제하고 통관하는 일련의 절차이다. 물품을 수입하려면 기본적으로 수입할 수 있는 자격취득과 수입가능한 품목인지 여부를 사전에 검토하여야 한다. 수입자격은 사업자등록이 있는 업체가 무역업허가 요건을 갖추어 본사 소재지 시·도청(개인은 주사업자 소재지)에 허가 신청하여 무역업허가증을 발급받아야 한다.

수입가능여부는 수출입공고와 통합공고에 따라 검토되어야 한다. 수입하려는 물품의 수출입공고상 수입제한품목에 해당하는 경우에는 관련 부처, 협회 또는 조합 등의 수입추천 등 제한조치에 따른 합당한 요건을 충족시켜야 하며, 수입하려는 물품의 통합공고상 특별법으로 제한되는 경우에는 수출입공고 등과는 별도로 당해 품목의 수출입을 주관하는 주무부처로부터 사전허가를 받아야 한다.

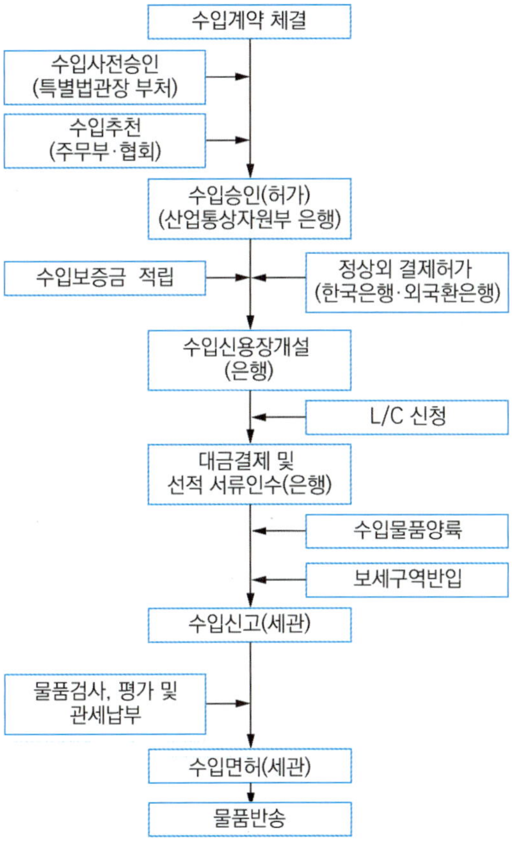

[그림 1-12] 신용장방식에 의한 수입절차

2. 수입절차의 주요 내용

(1) 수입계약체결

수입계약이란 국적을 달리하는 당사자들 간에 수출자가 물품의 소유권을 양도하여 물품을 인도할 것을 약속하고, 수입자는 이를 수령하여 물품대금의 지급을 약속함으로써 성립하는 국제간의 매매계약을 말한다. 수입업자는 필요한 물품을 수입하고자 할 경우에, 해외시장조사 및 조회 등을 통하여 신뢰성 있는 물품 공급업자를 물색하고, 외국의 수출업자로부터 직접 또는 외국의 국내 대리점을 통하여 간접적으로 전달받은 청약(Selling Offer)에 대하여 승낙(Acceptance)하거나 수입업자의 반대청약(Counter Offer)을 수출업자가 승낙함으로써 성립시킨다.

수입계약은 국제간의 복수 당사자 간의 서로 대립되는 의사표시로 합치되어 일정한 채권관계의 발생을 목적으로 성립되는 법률행위로서 국내 상거래와는 달리 독특한 무역용어, 무역거래조건, 국제관습 등이 적용된다. 수입자가 수출자로부터 청약을 받고 수입자가 이에 대한 승낙을 하게 되면 계약이 성립된다. 국제매매거래는 격지 간의 물품과 대금의 이전이기 때문에 당사자의 의무, 책임의 범위 및 한계, 가격조건 등을 양당사자가 명확히 정하여 두는 것이 사후에 발생될 수 있는 분쟁을 막을 수 있다.

(2) 수입요건

물품의 수출입에 대해서는 수출입고시, 공고 등에서 세부적으로 규정하고 있다. 우리나라의 품목관리체계는 크게 수출입공고 등과 54개 특별법에 의한 통합공고 등으로 구분하고 수출입공고는 다시 별도공고[27]로 세분하여 운용하고 있다. 물품을 수입하기 위해서는 각 공고 등에서 요구하는 모든 요건을 충족시켜야 하며, 동일 품목이 각 공고간의 제한내용 등이 동시에 적용될 경우에도 모두 충족시켜야 한다.

(3) 수입사전승인

수입승인은 산업통상자원부장관이 수입행위 이전에 대외무역법상 수입승인요건인 수입자격, 수입품목, 수입지역, 거래형태 등 제반사항의 적법성에 관해 심사하여 신청자에게 최종

27) 대외무역법령 또는 수출입공고에서 수출입승인절차 등에 대해 별도조치를 필요로 하는 사항에 대하여 산업통상자원부장관이 고시하는 것으로 별도공고에는 수출입절차 간소화를 위한 수출입승인 등의 별도조치, 항공기 및 동 부분품의 수입, 산업피해조사품목의 수입, 통상정책상 제한이 필요하다고 인정하는 물품의 수출입 등에 대하여 규정하고 있다.

적으로 동의 또는 승낙하는 것으로 수입승인을 얻으려면 우선 수입요건을 충족하는 품목에 수입승인 신청서류를 작성하여 수입승인기관장에게 신청하여야 한다.

(4) 수입신용장 개설

수입자는 수입물품에 대한 수입승인을 받은 후 유효기간 내에 신용장개설을 신청하게 된다. 신용장개설은행은 신용장개설에 관한 심사 및 기타 절차를 완료하고 개설의뢰인이 제출한 의뢰서의 내용을 점검하여 타당하다고 인정되면 담보확보 후 신용장을 개설해 주게 된다. 개설은행은 신용장을 개설한 후 이를 통지은행을 통하여 수출자에게 통지요청하고 이에 따라 통지은행은 수익자에게 신용장이 개설되었음을 통지하게 된다.

신용장 내용에 따라 수익자인 수출자는 상품의 선적을 완료하고 신용장에서 요구하는 서류 등을 준비하고 지정된 매입은행에 제시하면 매입은행은 수입대금을 지불하고 이 서류를 개설은행으로 송부하게 된다. 서류를 송부받은 개설은행은 신용장의 조건과 일치되는 서류를 제시받은 경우 매입은행에게 지급을 이행하고 개설신청인에게 서류를 인도한 후 대금을 회수하게 된다.

(5) 대금결제 및 운송서류 인수

수입자가 거래 외국환은행을 통하여 수입신용장을 개설하면 신용장 수혜자는 당해 신용장 조건에 따라 물품을 선적한 후, 수입자 또는 개설은행 등을 지급인으로 하는 환어음을 발행하여 관계 운송서류를 지급 또는 매입은행에 제시하고 물품대금을 회수하게 된다. 선적서류 및 환어음을 매입한 은행은 신용장에 제시된 바에 따라 이 운송서류들을 개설은행 앞으로 송부하며 개설은행은 접수한 후 수입자에게 운송서류의 도착을 통지하게 된다. 운송서류를 인수받은 수입자는 자기자금이나 일반수입금융 및 거래 약정시 제공한 담보 등을 처분하여 수입 대금을 결제한 후 선적서류를 인도받아 수입통관 절차를 밟게 된다.

(6) 수입통관

수입통관은 외국물품을 우리나라에 인취하는 일련의 과정으로 수입물품을 장치장소에 반입한 후 수입신고를 하고 소정의 절차를 거쳐 수입면허를 받은 후 장치장소로부터 물품을 반출하는 절차이다.

제5절 물류의 합리화

5.1 물류합리화의 개념

기업의 유통활동은 원료의 조달로부터 물품의 생산·판매에 이르기까지 기업의 전반적인 활동과 상호관계를 가지고 있다. 즉, 원료조달에 의해 생산이 이루어지며, 생산에 의하여 물품이 제조되고, 마케팅에 의하여 판매가 촉진된다.

물류활동은 생산의 합리화 및 생산비절감에 기여하며, 판매에 있어서는 고객이 만족할 수 있는 가격과 서비스를 제공하는 동시에 기업이 이익을 얻을 수 있는 비용으로 물품을 제공하는 활동에 도움을 주고 있다. 이 경우 물류합리화[28]가 순조롭게 이루어지지 못하면 비용이 증가하게 되고, 고객서비스가 충분하지 못하면 마케팅면에서 불리하게 되어 판매저하를 초래하게 된다.

기업활동에 있어서 물류의 역할이 부각되기 시작한 것은 1980년대 중반부터이다. 생산된 제품을 최종소비자에게 전달하는 과정에서 발생되는 물류비가 매년 상승하여 기업에게 부담을 주는 요인으로 작용하게 됨에 따라 물류의 중요성이 기업내에 급속히 확산되었다. 그 이유는 기업내적으로는 물류합리화를 추진하지 않고는 기업의 물류비는 상승할 수 밖에 없고 결국 이는 매출과 이윤 특히 이윤증대에 직접적으로 부의 효과를 초래하게 되고 이윤감소의 원천이 됨에 따라 기업의 관리대상으로부터 무시되어 왔던 물류부문은 중요한 관리대상의 영역으로 부각되었다.

한편 기업 외적으로는 1980년 중반부터 고임금과 생산성 저하로 경제성장속도가 둔화되면서, 이를 극복하기 위한 방법의 일환으로 기업경영에서 물류합리화를 본격적으로 추진하는 기업들이 등장하게 되었다. 물류합리화의 대상으로는 물류표준화, 물류공동화, 물류자동화, 물류정보화로 요약할 수 있으며, 이 중 가장 기본이 되는 것이 물류표준화와 물류공동화이다.

28) 매출액 대비 물류비를 10%, 영업이익을 3%로 가정했을 때 물류비의 10% 절감은 매출액 33.3%를 증가시키는 것과 동일한 효과를 가져 온다.

5.2 물류표준화

1. 표준화의 의의

표준화는 합리적인 기준을 설정하여 사람들이 그 기준에 맞추어 행동하여 전체로서 이익을 얻을 수 있는 활동을 말한다. 표준화의 목적은 품질의 개선, 생산능률의 증진 및 기타 생산의 합리화와 거래의 단순화를 통해 공공의 복지를 증진하는 데 있다. 표준화와 관련 국제표준화기구(ISO : International Organization for Standard)[29]에서 제시하는 표준화원리는 다음과 같다.

첫째, 표준화는 사회에서의 단순화의 결과로 현재의 복잡한 것을 줄이는 것만 아니라 미래에 불필요하고 복잡하게 되는 것을 예방하는 것을 포함한다.

둘째, 표준화는 총체적인 합의에 따라 관계 당사자들의 협력 하에 추진되어야 한다.

셋째, 표준화는 제정보다도 그것을 시행함으로써 가치가 있다.

넷째, 규격의 제정은 본질적으로 선택적이고 계속성이 있어야 한다.

다섯째, 규격은 계속해서 검토되고 필요에 따라 개정되어야 한다.

여섯째, 제품의 성능이나 특성을 규정할 때에는 시험방법과 기술이 사양에 포함되어야 한다.

일곱째, 법적 강제의 경우에는 규격의 성질, 공업화의 정도 그리고 사회에서 적용되는 법률이나 정세에 유의하여 신중하게 취급되어야 한다.

물류의 표준화는 물류의 시스템화를 전제로 단순화, 전문화, 규격화를 통하여 물류활동에 공통의 기준을 부여함으로써 전체적인 효율성을 높이는 데 그 목적이 있다. 즉, 운송·보관·하역·포장·정보 등 각각의 물류의 기능 및 단계에서 사용되는 기기, 용기, 설비, 용어 등을 대상으로 규격, 강도 및 재질 등을 단순화, 전문화, 규격화시키는 작업을 말한다. 이 중 가장 중요한 것은 규격의 통일화라 할 수 있다.

물류표준화의 내용으로는 소프트웨어 부문의 표준화로 물류용어의 통일, 거래단위와 전표의 표준화, 표준코드의 활용 및 포장치수의 표준화 등이 있다. 한편 하드웨어 부문의 표준화로는 물류과정에서 이용되는 장비나 기기, 설비 등을 대상으로 하며, 주요 대상은 파렛트의 표준화, 지게차의 표준화, 트럭적재함의 표준화, 보관시설의 표준화, 기타 물류기기의 표준화 등이 대상이 되고 있다.

29) 국제적으로 통용되도록 모든 나라의 공업규격을 표준화·규격화하기 위해 설립된 국제기구이다.

우리나라의 표준화사업은 1961년 산업합리화법의 제정으로 출발하여 본격적으로 추진되었으며, 분류표준화가 정책과제로 등장하게 된 것은 1989년 당시 교통부에서 물류업무를 담당하기 시작하면서부터이다.[30] 이후 1992년 7월 화물유통촉진법의 제정공포로 인해 물류부문의 표준화사업이 가시화되기 시작하였다.

2. 파렛트의 표준화

물류의 표준화란 운송·보관·하역·포장 등 화물유통의 각 단계에서 기계화·자동화를 촉진하고 일관운송이 가능하도록 화물유통장비와 외부포장의 규격·구조 등을 통일하고 단순화하는 것을 말한다. 즉, 물동량의 거래단위나 규격 또는 중량 등 포장단위를 표준화하고 이를 기본단위화하는 파렛트 및 컨테이너를 규격화함으로써 물동량의 흐름 전 과정을 단위적재시스템으로 구축할 수 있도록 하는 것을 말한다.

[표 1-3] 물류 표준화의 효과

효 과	내 용	
자원·에너지의 절약	• 재료의 경량화 • 적재효율의 향상 • 운송수단의 연계성 용이 • 작업의 기계화 및 표준화 • 물류생산성의 향상	
물류 공동화	• 화주·기업 간의 지역적·계절적 시설 및 장비의 상호이용 가능 • 영업차량, 임대장비, 영업창고 등 물류전문업체의 시설·장비의 활용가능 • 배송차량, 물류센터 등 협업체제에 의한 공동화 가능 • 거래기업 간 창고·하역장비·전산시스템 연계체제의 용이	
물류기기 표준화	• 각 회사의 사양통일 • 주변기기와의 연계용이 • 물류비 절감	• 호환성 및 교체성 향상 • 부품의 공용성 향상 • 작업조건의 향상
포장 표준화	• 포장공정의 단순화 • 제품의 보관효율 증가 • 물류비 절감	• 인건비 절감 및 생산성 향상 • 제품파손의 감소

30) 서병륜, 「물류의 길」, 물류신문사, 2000, pp.74~75.

과도한 물류비를 절감하고 국가경쟁력을 강화하기 위해서는 물류의 일관성 및 경제성을 확보하기 위한 물류의 표준화가 필요하다. 물류표준화에 있어 중요한 비중을 차지하고 있는 일관 파렛트화를 통한 물류 합리화가 원활하게 이루어지기 위해서는 파렛트의 표준화부터 시작되어야 한다.

파렛트 풀 시스템을 위한 표준화된 파렛트의 사용은 하역방식을 정형화시키고 이에 따라 적재효율을 급속히 향상시켜 줌으로써 파렛트의 표준화는 일관 파렛트를 위한 선결과제가 되고 있다. 이제 파렛트는 단순히 보관용 깔판으로만 사용되는 것이 아니라 한 장으로 하역·보관·운송을 일관하여 활용함으로써 기업 간, 국가 간의 물류시스템에서 컨테이너와 함께 단위적재시스템을 구축할 수 있는 중요한 수단이 되고 있다.

우리나라의 표준 파렛트는 1973년 KS A 2155 규격의 일관운송용 평파렛트로서 일명 T-11형인 1,100㎜(가로)×1,100㎜(세로)×144㎜(높이)가 채택되었으며, T-11형의 보조 치수로 1,100㎜×800㎜인 T-8형을 보조치수로 정해 사용하도록 하고 있다. 또한 2014년 T-12형인 1,200mm×1,000mm 파렛트 또한 KS표준 규격으로 제정되면서 국내표준파렛트는 두 가지가 되었다.

[표 1-4] KS표시 규격 파렛트의 크기와 하중

목재 평파렛트		일관 운송용 파렛트	
크기	하중	크기	하중
800×1,000㎜ 800×1,100㎜ 1,000×1,100㎜ 1,000×1,200㎜ 1,100×1,100㎜ 1,100×1,400㎜ 1,200×1,500㎜ 1,200×1,600㎜ 1,200×1,800㎜	0.5t, 1t 2t	800×1,100㎜ 1,000×1,100㎜	1t

주) 800×1,000㎜ 및 800×1,100㎜는 주로 화물자동차용이고, 1,200×1,500㎜, 1,200×1,600㎜는 주로 화차용이며, 1,100×1,100㎜, 1,100×1,400㎜는 주로 컨테이너용이며, 200×1,800㎜는 주로 부두 하역용으로 사용되고 있다.

그러나 우리나라 기업의 활용 정도는 자사의 제품규격에 맞춰 표준화되지 않은 파렛트의 제작 및 사용으로 일관 파렛트 시스템의 구축이 불가능하고, 이는 결과적으로 막대한 물류비의 손실을 야기하고 있으므로 파렛트의 표준화가 시급히 요구되고 있다. 현재 파렛트의 표준화는 규격과 강도와 재질에 대한 문제점 등으로 인해 물류 표준화를 추구하는 데 장애가 되고 있다. 이러한 물류표준화의 미비는 화물의 운송과 상·하차 작업 시 기계화·자동화의 한계로 인건비의 상승, 적재율의 저하, 공차율의 증가, 화물의 파손, 공동 수·배송의 곤란에 따른 물류비의 가중을 가져옴은 물론 나아가 파렛트 풀 시스템의 확대에 장애요인이 되고 있다.

우리나라 국가표준인 표준파렛트 T-11형을 사용하는 경우 장점은 다음과 같다.

첫째, 표준파렛트는 8톤 이상의 대형트럭의 안치수가 2,350㎜로 2열 적재가 가능하며 적재 효율이 90% 이상 뛰어나다. 다만 4.5~5톤 트럭은 적재함의 안치수가 2,120㎜로 2열 적재가 불가능하여 적재효율이 떨어진다.[31]

둘째, 국제성에 있어서 우리나라와 같은 무역국가로서는 국제해상컨테이너의 내치수와의 적재효율이 중요하다. 해상컨테이너의 내치수는 2,330㎜로 표준파렛트가 가장 효율이 뛰어나기 때문이다.

셋째, 국가표준파렛트는 주 운송수단에 대한 정합성이 뛰어나고 국제성이 있어도 파렛트 위에 적재할 화물의 포장규격이 파렛트 규격과 정합성을 가져야 한다. 표준 파렛트는 수송포장 모듈화(modulization)[32]에 있어 T-11의 경우 69개의 수송포장 모듈이 있는 반면 T-12형(1,000㎜×1,200㎜)은 40개의 수송모듈이 있어 기업들이 일관파렛트화를 추진하는 데 선행되어야 할 포장모듈화에 유리한 이점이 있다.

넷째, 정사각형의 파렛트와 직사각형의 파렛트는 작업 시 정사각형의 파렛트가 6 : 4 정도로 작업안전성이 양호하다.

우리나라 국가표준인 표준파렛트는 원래 T-11형만 인정했으나, 유닛로드 시스템 통칙에 T-12형 일관 수송용 파렛트가 추가되었다. T-12형은 1,200mm(가로)×1,000mm(세로)로 규정해 사용하고 있다.

31) 그럼에도 불구하고 표준 파렛트를 채택한 이유는 우리나라의 주된 국내 화물의 수송수단은 도로운송이며(약 90%) 도로운송의 주 운송수단은 5톤 이상의 화물자동차이고, 이 화물자동차의 적재함에 대한 적재효율이 가장 중요한 기준이 되기 때문이다.

32) 포장의 표준화, 규격화 등 포장자체의 근대화, 합리화를 이룩하기 위하여 포장의 길이를 물류시스템 가운데 계열화하는 것을 말한다.

5.3 물류공동화

1. 물류공동화의 의의

공동화는 물류시스템의 일환으로 동일지역과 동일업종을 중심으로 하는 것을 원칙으로 수배송의 효율을 높이고 비용을 절감하기 위해 2인 이상 공동으로 수행하는 물류활동을 말한다. 물류공동화가 필요한 이유는 물품의 흐름은 생산지에서 소비지로 움직이는 한 방향의 흐름으로 하위단계로 갈수록 물동량이 소량화되며, 이러한 물동량의 규모는 항상 변화하고 있어 계절적인 변동을 예측하기 어렵기 때문이다.

따라서 물동량이 큰 대기업이라도 단독으로 독자적인 물류체계를 구축하기 위해서는 비용과 효율측면에서 많은 낭비를 초래하게 되며, 이러한 물류문제를 효과적으로 해결하기 위한 방안이 물류공동화이다. 물류공동화의 구체적인 방안으로는 생산지와 소비자가 다른 기업들의 수송차량의 공동사용, 성수기와 비수기가 서로 반대인 기업들의 창고공동사용, 물동량이 소규모인 중소기업들의 물류시스템 공동구축 등이 구체적인 방안이다.

공동물류의 구축을 통한 구조조정전략은 업종에 관계없이 또는 적대적 기업까지 포함하여 '영업은 경쟁하되 물류는 공동으로'의 캠페인과 같이 공동수·배송, 공동보관, 공동하역 등을 통하여 이룩할 수 있다.

물류공동화는 물류비의 절감, 물류서비스의 안정공급, 물류서비스 수준(품질)의 유지, 향상을 가져오나 이의 도입에 있어 기업이 당면한 가장 커다란 걸림돌은 참여기업들이 상호경쟁관계에 있어 영업상의 기밀 누설(납품가격, 매상고 등 거래조건과 고객명단 등)로 효율적인 전개가 곤란하다는 점이다. 또한 상품관리상 애로점(재고상품의 혼재, 발주방식의 차이, 결품관리 등), 발주착오와 서비스 저하, 화물파손 및 오염우려, 공동물류시설 및 관리비용의 증대, 투자비와 관리비 배분 등 채산성문제 등에서 분쟁이 발생할 소지가 있으며, 공동수·배송 시 주최자의 관리상 애로와 공동수·배송을 위한 전문가의 부족 및 공동배송화를 위한 교통환경 개선비 부담 등을 열거할 수 있다.

그러나 물류공동화는 물류비절감에 기여할 뿐 아니라 화물자동차 적재율 향상, 공차율 감소와 불필요한 차량보유로 인한 수송비용의 과다발생방지를 통해 물류생산성이 향상된다. 또한 배달 소요기간, 차량주행거리, 근무인원 감소, 출하작업의 시스템화 가능, 하역작업, 검품 등의 간소화, 차량 및 설비의 유지, 검품사고 등의 처리 불필요, 설비투자 감소 등에 있어 큰 효과가 있다.

[표 1-5] 물류공동화의 추진배경

구 분	내 용
산업환경	• 고객요구의 다양화 : 다품종 소량, 다빈도 배송 • 지가상승 : 물류거점구축 곤란 • 3D업종 기피 : 물류인력확보 곤란 • 유통시장 개방 : 경쟁치열 • 신유통업태의 확산 : 양질의 물류 서비스 요구 • 교통문제 : 도심진입 곤란
경영환경	• 물류서비스 수준이 기업경쟁력으로 등장 • 물류비의 증가 • 전국적인 물류정보 네트워크 구축 시 투자비 과다 • 전략 물류정보시스템 구축 필요

[표 1-6] 물류공동화의 장점

공동배송센터 설치 후 공동배송 실시		차량 · 화물 · 화차화물 수배송의 공동화	
효 과	내 용	효 과	내 용
수배송 효율의 향상	• 수배송트럭 대수감소와 대형화	도매업자의 효과 (참가기업 측의 효과)	• 차량 적재율 향상에 의한 배송비 절감 • 일손부족 해소 • 배송작업의 간소화 • 차량 · 시설투자액의 억제
물류작업 생산성의 향상	• 입출고 시 센터 내 일관 물류 시스템의 최적화 가능 • 분류, 집품, 유통가공작업의 능력향상 • 기계화 투자로 인한 채산성 향상	소매업자의 효과 (수화주 측의 효과)	• 납품차량에 의한 점두혼잡 해소 · 납품회수 감소로 수하 · 검품 소요시간 절약 • 쾌적한 쇼핑 공간 창조
정보망 구축에 의한 효율 향상	• 수발주업무의 자동화나 경감도모 • 사무의 효율화 • 검품생략 가능성 증대	운송업자의 효과	• 가동률 향상 • 공차율 감소 • 적재율 향상
물류서비스의 유지 향상	• 물류전문가 양성용이 • 물류전문가 기용으로 작업 안정적 공급과 작업수준의 안정화 도모 • 정보전문가 육성 용이 • 정보시스템요원의 안정적 확보와 시스템유지 용이	소비자의 효과 (사회적 효과)	• 물류비 절감에 의한 물가 안정 • 트럭교통량 감소에 의한 환경 보존 • 주택가 · 상점가 등의 교통 체증 완화

이 외에도 운전기사의 직접고용 불필요, 요금체계의 명확화 및 요금계산 간편, 중복교차 배송배제로 교통난 완화에 기여, 복잡한 도심을 매일 운행하는 데서 오는 시간적 손실과 위험부담의 완화, 사무처리의 합리화, 환경에 대한 악영향 감소 등에서 오는 유형, 무형의 효과를 기대할 수 있다. 이에 물류공동화의 적극적인 도입이 요구된다.

2. 물류공동화의 추진과 형태

(1) 물류공동화의 추진

물류공동화는 단순히 복수의 기업이 단체행동하는 것으로써 끝나는 것이 아니라 다수 기업의 집합으로 그 화물취급량이 증가하게 되고, 나아가 적재율의 향상, 가격 교섭력의 향상, 수송빈도의 감소, 교통혼잡의 완화, 배기가스의 감소 등 환경문제에 이르기까지 영향을 미칠 수 있도록 하나의 시스템으로써 요소관계를 명확히하여 추진할 필요가 있다.

공동화의 일반적인 추진절차는 가능성의 검토 → 참가구성원의 의사통일 → 물류공동화 추진주체의 확립 → 시스템의 검토 → 행정수속 → 자금 조달 → 사업출발의 검토 → 운영주체의 활동개시 → 실시 후의 검토사항 순으로 이루어지게 된다([그림 1-13] 참조).

(2) 물류공동화의 형태

물류공동화를 추진하는 경우 추진형태는 크게 주체자별 형태, 공동화대상의 기능별 형태, 발화주, 착화주의 특성에 따른 공동화형태 등 3가지로 대별할 수 있으며, 구체적인 형태와 절차를 도표를 통하여 살펴보면 [그림 1-14]와 같다.

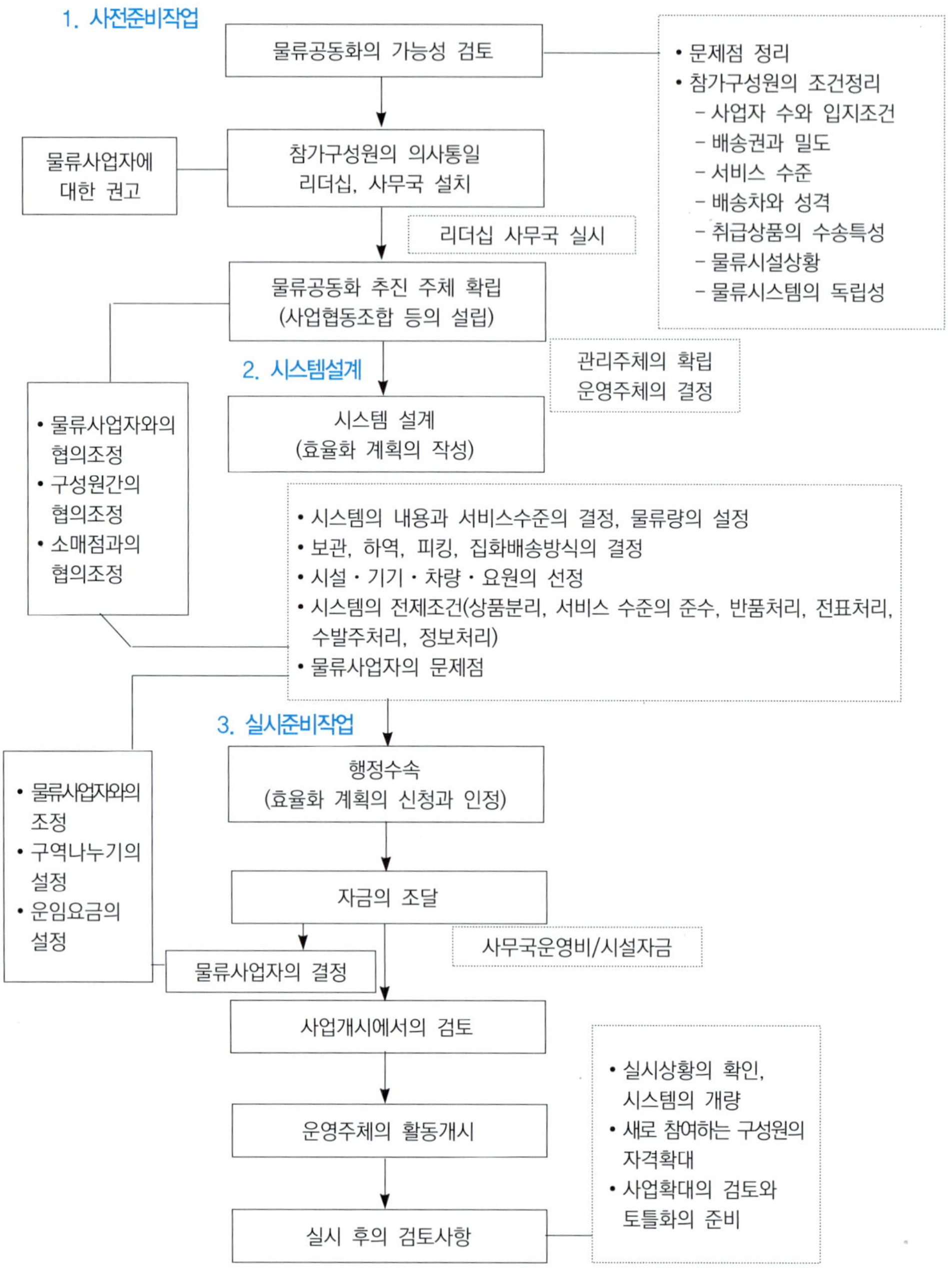

[그림 1-13] 물류공동화 도입 절차도

[표 1-7] 물류공동화의 형태

<table>
<tr><th>구 분</th><th>내 용</th><th>형태 및 도식</th></tr>
<tr><td>주체자별 형태</td><td>화주나 물류전업자가 주체가 되거나 협동조합, 자회사 등을 설립하여 실시</td><td>• 자사에서 직접 실시하는 경우
• 물류자회사를 통해 실시하는 경우
• 공동물류자회사를 설립하여 실시하는 경우
• 협동조합을 설립하여 실시하는 경우
• 업계의 단체, 기관을 이용해 실시하는 경우</td></tr>
<tr><td>공동화대상의 기능별 형태</td><td>수배송, 보관, 유통가공, 정보처리중 1이상의 조합, 종합물류 등 기능에 따라 분류하여 실시</td><td>• 수배송의 공동화 형태
– 간선수송의 차량유통, 화물유통에 의한 공동화 형태
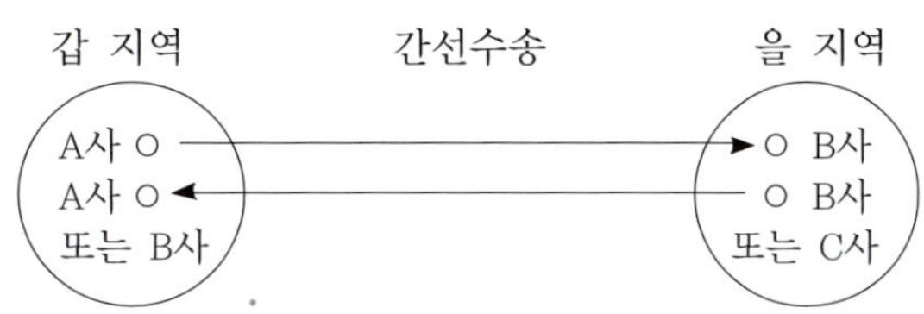

– 공동배송센터가 불필요한 공동배송 형태, 순회혼재 공동배송 형태
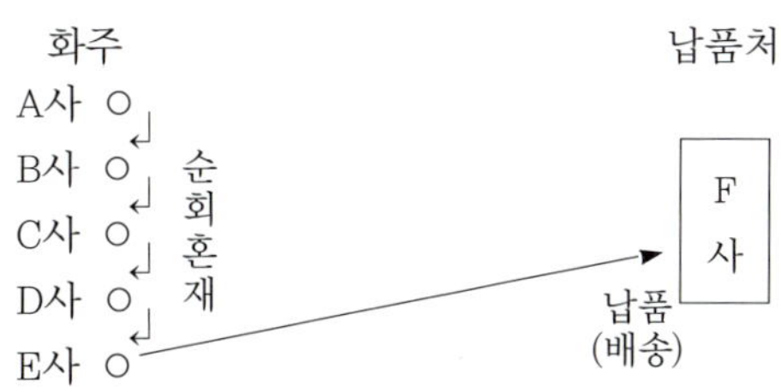
</td></tr>
<tr><td>공동화대상의 기능별 형태</td><td>수배송, 보관, 유통가공, 정보처리 중 1 이상의 조합, 종합 물류 등 기능에 따라 분류하여 실시</td><td>지정도매상에 의한 공동배달 형태
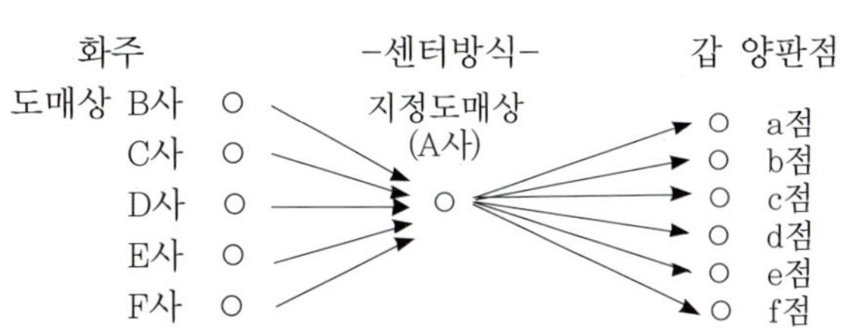
</td></tr>
</table>

<table>
<tr><th>구 분</th><th>내 용</th><th>형태 및 도식</th></tr>
<tr><td>공동화대상의 기능별 형태</td><td>수배송, 보관, 유통가공, 정보처리 중 1 이상의 조합, 종합 물류 등 기능에 따라 분류하여 실시</td><td>
– 공동배송센터 설치에 의한 공동형태, 공동집화형태
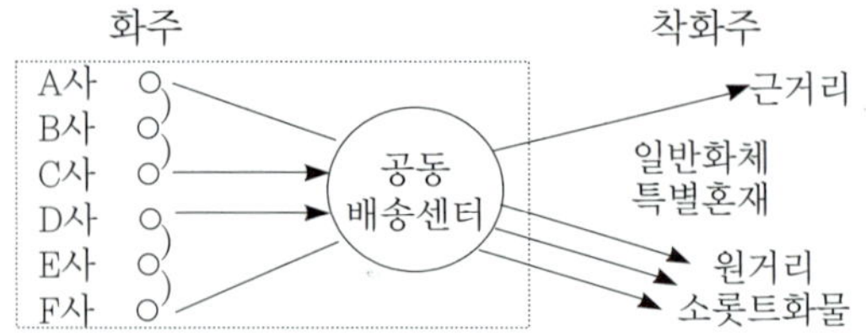

공동배송 형태
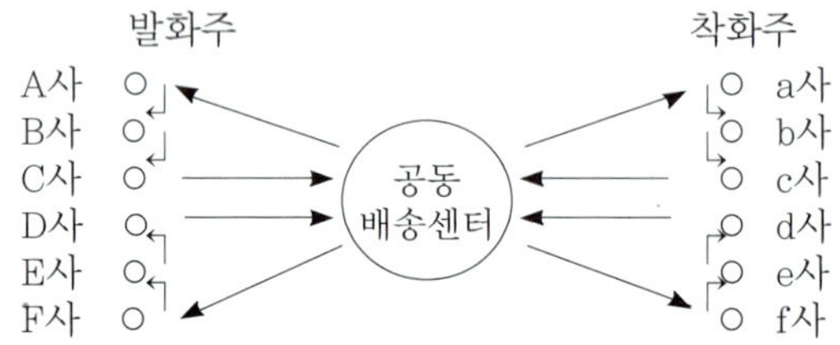

공동집배 형태
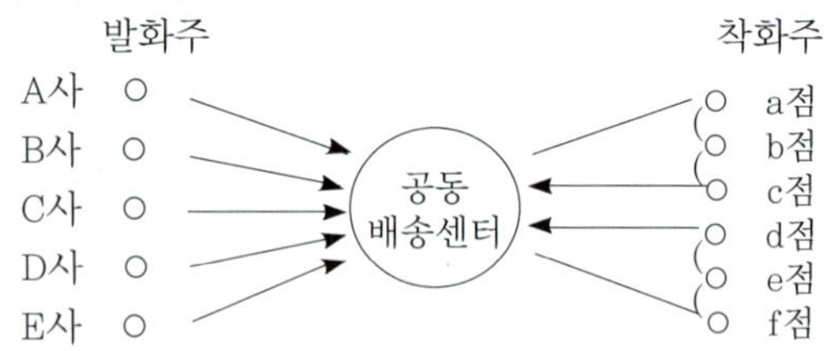

• 보관공동화 형태
• 유통가공의 공동화 형태
• 정보처리의 공동화 형태
• 효율화가 적용되는 공동화 형태
</td></tr>
<tr><td>발화주, 착화주의 특성에 따른 형태</td><td>발화주, 착화주의 특성에 따라 업종, 영역, 화물특성, 지역 등의 형태로 분류</td><td>
• 업종별 특성에 따른 형태
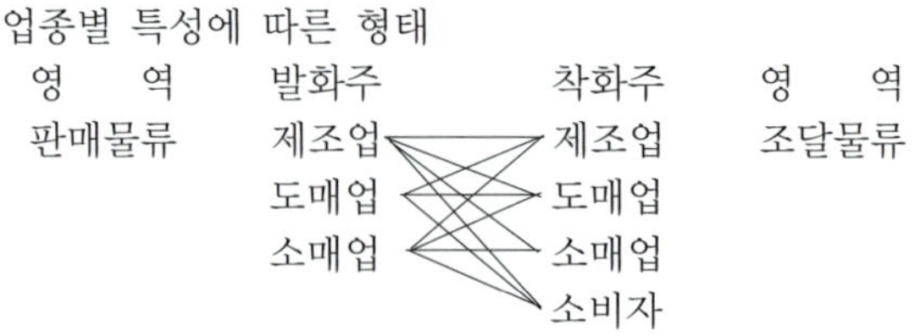

• 화물특성에 따른 분류
• 지역특성에 따른 분류
– 동일 지역 및 다른 지역 여부
– 지역의 넓고, 좁음 여부
</td></tr>
</table>

(3) 물류공동화 사례

1) 일본

① 남왕유통주식회사

남왕유통주식회사에서는 출하측 선사, 수하측 고객, 운송사업자 각각 응분의 장점을 누릴 수 있는 삼위 일체형 공동물류 시스템을 구축하여 물류공동화를 실시하였다. 적합운송업무와 유통가공업무, 백화점 납품대행업무와 더불어 검품대행업무, 냉장식품 백화점 납품대행업무, 가공식품의 백화점 납품대행업무, 도심형 검품대행업무를 실시하였다.

또한 납품대행서비스의 요금을 기본요금, 집하요금, 운반 수수료, 검품 수수료 등으로 세분화하여 제공하는 요금체계 세분화 서비스로 요금을 구분하였는데, 이에 나타난 효과로는 인력 20.8% 감소, 공간면적 19.2% 감소, 집배회수 74.1% 감소로 총 물류비 10~20%가 절감되는 효과를 얻었다.

② 일본 기업의 새로운 물류공동화 방안 마련

일본 기업은 심각한 트럭 운전자 부족이 2030년 이후까지도 지속될 것으로 예상하여 복합운송, 공동배송, 배송차량 공동이용, 공동납품 확대 등 트럭이용을 최소화하는 물류로 전환하려는 움직임을 보이고 있다. 저출산, 고령화 등 사회구조 변화를 생각하면 적어도 2030년 이후까지도 이러한 동향에 변화가 없을 것으로 전망되어 대형 화주들은 철도나 내항해운을 활용한 복합운송 등 간선 수송수단을 변경하고 있으며, 수송거점·배송차량 공동이용, 공동납품 확대 등을 진행하고 있다.

경제의 글로벌화로 대형 화주들이 일본에서 활동하는 영역은 계속 줄어들고 있지만, 운전자 부족 등을 배경으로 한 물류비 증가는 각 기업 입장에서는 앞으로도 큰 문제일 수 밖에 없다. 따라서 운전자 부족을 배경으로 공동배송, 공동납품 등 대형 화주를 중심으로 한 물류공동화 시도는 앞으로 다양한 형태로 발전할 것으로 예상된다.

이 외에도 일본에서 도시물류 토탈플랜은 도시물류 정책과 교통계획, 도로계획, 토지이용계획 등을 연계해 도시물류체계의 효율화를 꾀하고 있다. 빌딩 등 물류수요 유발원에 상하역 시설과 화물차 주차장 정비는 물론, 도시 내 배송거점 및 공동 배송시설 등을 지원하고, 부설주차장 의무화, 집배시간 규제 및 고단적재차 우선통행, 공동수배송 등 다각도의 시스템으로 운영하고 있다.

2) 우리나라

① 아모레퍼시픽

아모레퍼시픽(구 태평양)은 기존에 물류거점을 전국적으로 25개소를 배치하여 거점마다 재고를 보관・운영하였다. 하지만 지역마다 판매량이 다르고 재고량의 차이가 발생하여 이에 부족한 재고를 보충하기 위해 발생한 상품의 증가로 전체 유통재고가 상승하게 되었다. 또한 센터 간 빈번한 수송과 다수의 소규모 센터운영에 따른 물류비 상승과 더불어 유통재고의 증가로 부진재고가 발생하여 저효율, 고비용의 문제가 발생하게 되었다.

이에 아모레퍼시픽은 기존 물류거점 25개를 4개의 물류센터와 4개의 배송센터로 8개의 거점으로 정비하였고, 재고보충수송 방식을 채택하여 부족한 만큼의 보충량을 수송과 연계하여 재고량의 조절과 이를 통한 수송비 절감을 할 수 있게 되었다. 또한 인접지역과 연동하여 공동배송을 하고 배송 스케줄링 시스템을 도입하였다. 배송 스케줄링 시스템은 거래처 위치, 차량 가동시간 및 적재율을 계산하여 컴퓨터가 자동 배차하는 시스템이다.

이러한 물류공동화를 하게 됨으로써 아모레퍼시픽은 분산 배치된 재고를 집약하여 관리하기 때문에, 전체적인 부진재고율이 저하되었고 낮은 재고로 효율적인 고객대응이 가능해졌으며, 주문부터 고객납품까지 물류의 핸들링 횟수가 감소하게 되었다. 또 열악한 물류업무를 아웃소싱하여 마케팅 등의 핵심 업무에 집중할 수 있게 되었다.

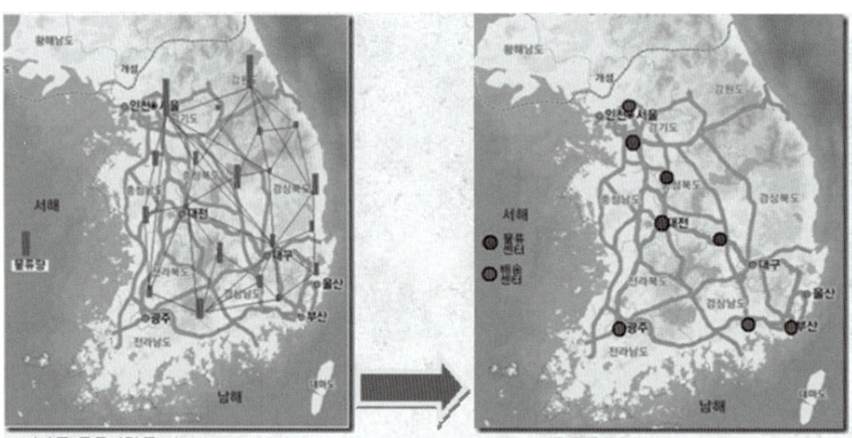

(기존 물류거점구조) (물류공동화)

② 제주공동물류센터

제주특별자치도는 '제주공동물류센터'를 통한 물류공동화로 매년 30% 이상의 물류비를 절감했다. 섬이라는 지역적 특성으로 인해 선박에 의존하는 문제와 물동량 부족이라는 문제를 가지고 있던 제주도는 물류비 부담을 해소하기 위해, 일정 장소에 원·부자재 및 제품을 집하해 물동량을 집적화, 대형화, 공동화하여 물류비를 절감하기 위해 2011년부터 물류공동화 사업을 추진해 왔다.

제주특별자치도 화북 공업지구에 있는 제주공동물류센터를 물류 허브로 하고, 경기도 안성의 유한 D&S의 물류센터, 부산항 CFS와 네트워크를 구축하여 운영 중이다. 이에 따라 경기 안성에서는 서울 등 수도권 지역에 제주지역 제품을 수배송하고 수도권 지역의 원부자재나 상품으로 집하해 제주로 수배송하고 있으며, 부산항에서는 보세구역 CFS를 이용하여 수출물류를 전담하고 있다. 특히 일정규모가 되지 않아 수출 물류비 부담이 큰 화물의 경우 공동물류화를 통해 상당한 비용을 절감해, 제주우다 등 8개 기업이 공동물류사업을 통해 26회의 소량 수출을 선적한 바 있다.

제주특별자치도는 앞으로도 공동물류센터의 물동량 처리 효율화 및 물류서비스 강화, 물동량 회전 효율화 및 보관, 입·출하, 재고관리 등을 지속적으로 지원하고, 제주공동물류센터의 개별기업의 물류센터 기능을 강화하고 이용기업의 수도권 지역본부 또는 지사(지점)화 기능을 확대할 수 있도록 지원해 물류처리의 부담을 해소해 나갈 계획을 수립하고 있다. 또한 24시간 운영체계 구축으로 판매기능 및 배송·회수 등 지원, 공동물류에 따른 적재율향상 등을 위한 파렛트 표준화 등 물류체계 효율화를 위한 사업도 검토해 가는 중이다.

③ 부산조선해양 기자재공업 협동조합

2006년 부산 녹산국가산업단지 유통업무단지 내에 조선기자재 공동물류센터를 구축했다. 이 사업에는 현대중공업, 삼성중공업, 대우조선해양 등 국내 대형 7대 조선소를 포함해 조선, 해양기자재 업체 약 600개사가 참여했으며, 조선분야 대중소기업 상생협력사업으로 추진되었다. 공동물류센터는 조선소에 납품될 조선기자재의 공동집화와 보관, 공동 납품 및 운송, 보세장치장 운영 등을 주요 업무 내용으로 한다.

또한 조선소 품질검사관이 공동물류센터에 상주하면서 품질검사 업무 신속성을 제고하며, 집적지에서의 품질지도와 선급검사를 통해 검사비도 절감하고 있다. 보관은 시중요율 대비 약 40~50% 수준의 저렴한 보관요율로 원자재 및 납품대기 화물의 보관 공간 확보를 지원하고 있으며, 조선, 해양기자재에 최적화된 보관서비스를 제공한다. 운송사는 차량을 대형화하고 혼적 등 차량적재율을 높여 10~15%의 납품 운송비를 절감하고 있으며, 지역별 공동운송,

중량 장척화물 전문운송을 하고 있다.

중량 장척화물의 전문운송을 위해 전용 장비 확보로 안전하고 차별화된 육상 및 해상 중량물 운송서비스를 제공하고 있다. 공동물류센터 운영으로 공장 내 대기물량 적치문제 해소에 따른 생산 공간이 확보됐으며, 조선소 및 선급 검사 관계자의 상주로 원활하고 신속한 검사, 출하 업무 수행으로 생산성이 향상됐다. 이 공동물류센터 운영으로 생산성은 20% 향상됐으며, 보관비는 50~60%를 절감하는 성과를 올렸다.

3) 유럽

유럽은 Last mile Logistics의 줄임말로 도심 내 물류를 공동화하는 LAMILO 프로젝트(참여국: 영국, 프랑스, 네덜란드, 벨기에)를 통해 전기자전거와 전기차를 활용하여 효율성을 확보하고 환경오염을 방지하고 있다.

4) 싱가포르

싱가포르도 고부가가치 산업을 국가 경제발전의 신성장 동력으로 삼고, 최첨단 산업에 다양한 투자 및 지원정책을 시행할 수 있는 Smart Nation 정책 하에 클라우드 기반의 혁신적 물류 인프라 도입 및 도심 물류 고도화 전략을 추진 중이다.

5) 프랑스

프랑스는 UCC(Urban Consolidation Center), 집배송 포인트(Pick-up Point) 확산 사업 등을 통해 도시권 배송 물량 공동처리에 센(Seine) 강 수운, 건물 주차장 등을 활용한 다양한 시도를 하고 있다.

제6절 물류의 발전과 환경변화

6.1 물류의 발전

물류에 관한 용어의 개념은 1912년 미국의 마케팅 개척자인 쇼(A. W. Shaw) 교수가 그의 논문에서 경영활동을 생산활동, 유통활동 및 조성활동으로 구분하고 다시 유통활동 속에 상류와 물류의 2가지 활동으로 대별하면서 물류를 유통활동의 구성요소로 인식하고 물류활동의 중요성을 강조한데서 비롯된다.

이와 같이 물류라는 용어가 최초로 사용된 것은 마케팅분야였으나 1941~1945년의 제2차 세계대전 중 전쟁의 보급면에서 로지스틱스(Logistics)가 연구되기 시작하였으며, 1950년경에는 비즈니스에 응용되어 비즈니스 로지스틱스로 발전하게 되었다. 그 당시 물류, 자재관리(material management), 공급관리(supply management) 또는 유통관리(distribution management)라는 용어가 많이 사용되고, 이에 대한 기본적인 연구가 시작되었다.

그 후 1960년대에는 기업 조직 내에 물류부와 자재부가 등장하기 시작하여 기업에서 물류에 대한 관심이 집중되기 시작하였다. 또한 마케팅 로지스틱스, 인더스트리얼 로지스틱스(industrial logistics), 로지스틱스 관리(logistics management), 비즈니스 로지스틱스 혹은 로크레매틱스 등의 용어가 사용되었으나, 현재에는 물류와 로지스틱스 또는 비즈니스 로지스틱스라는 용어가 일반적으로 사용되고 있다.

이러한 로지스틱스라는 개념의 도입은 단순히 운송・배송・보관・포장・하역 등의 기능에 국한되지 않고 판매물류의 범위를 넘어서 원재료 및 부품의 조달・납입・관리・검토까지 확대되고 있다. 또한 물자가 장소적, 시간적으로 이전된 후에도 유통・소비・폐기・환원・회수까지 광범위한 분야를 총괄하여 고객의 서비스 부문까지 물류가 광범위하게 적용되고 있다.

한편 일본에서는 제2차 세계대전 전인 1930년에 물류에 대한 용어를 클라크(F. E. Clark)의 「Principles of Marketing(1922, MaCmillan)」을 번역한 「매매조직론-화물배급의 원리(상, 하)」에서 "Function of Physical Distribution"을 실질적 분배기능으로 번역하였다. 그러나 제2차 대전을 전후하여 경제난국의 영향으로 이에 대한 연구가 미루어지다가 1955년부터 서서히 연구가 재개되기 시작하여 근대적인 물류기법을 미국으로부터 도입하여 물류근대화를 이룩하기 시작하였다.

우리나라에서는 1980년대부터 물류의 중요성을 본격적으로 인식하기 시작하였다. 그 동안 1970년대에 고도의 경제성장을 이룩한 경제력을 바탕으로 성장 및 확대된 기업경영의 영역을 유지함과 동시에 지속적인 이익의 확보를 위한 과정에서 점차 관심을 갖게 되었다.

우리나라의 물류 발전과정을 보면 다음과 같다.

1. 물류의 전근대기(1970년 이전)

1970년대 이전은 우리나라에서 물류에 대한 인식이 거의 없었던 시기였다. 1945년 해방 후

약 15년간은 경제가 무질서했던 시기로서 정치・경제・사회 등 제반 부분이 혼란한 상황이었다. 따라서 물류에 대한 인식을 포함하여 유통기구 또는 유통구조가 미비하여 기본적인 유통산업의 전근대성을 면할 수 없는 시기였다. 이같이 물류의 기본이 되는 유통산업의 발달이 낙후된 배경은 다음과 같다.

첫째, 전통적인 농경문화와 유교의 영향으로 사・농・공・상의 고질적인 계층의식에 의해서 건전한 상업문화의 정착은 물론 상업자본의 축적이 이루어지지 않았다.

둘째, 해방 이후의 사회, 경제적인 혼란과 6·25동란으로 인하여 구조적이고 만성적인 인플레이션 현상으로 유통구조에 관한 관심을 쏟을 여지가 없었다.

셋째, 유통산업을 기반으로 한 물류산업의 육성과 성장을 위한 조성정책마다 경제개발 우선정책에 밀려나서 상업자본의 기반을 다질 수가 없었다.

넷째, 유통시설이 6·25동란으로 인하여 거의 파괴된 실정이었기 때문에 복구에 많은 시간이 필요하게 되었다.

그러나 1960년대에 들어서서 정부의 주도하에 제1, 2차 경제개발 5개년 계획 추진을 바탕으로 공급 면에서의 물량의 확대와 수요 면에서 소비구조의 향상을 유도하는 과정에서 기본적인 유통질서의 개선을 위한 검토가 점차적으로 이루어지기 시작하였다. 이 기간 중 특기할 만한 것으로는 1968년과 1969년을 기점으로 수퍼마켓이 등장하기 시작하였으며, 물류의 기본이라 할 수 있는 경인고속도로가 개통되었다. 따라서 이 시기는 물류의 자생적이고 주도적인 발전의 여지는 없었으며, 유통산업에 대한 기반마저도 정립되지 못해 거의 발전이 없는 실정이었다.

2. 물류의 맹아기(1970년대)

1970년대는 우리나라 경제가 고도성장을 이룩한 기간으로 수출중심의 경제개발, 중공업 중심의 제3차와 제4차의 경제개발을 정부 주도하에 수행하면서 국내의 유통시설 및 유통경제에 대한 정책을 시도하기 시작한 시기라고 할 수 있다. 특히 1970년은 유통근대화 5개년 계획이 수립된 해로서 1970년대에 있어서 유통경제에 대한 관심을 표명한 해라고 할 수 있다. 이는 경제개발 5개년 계획을 성공적으로 수행해 나가는 과정에서 생산중심의 사고방식에서 소비부문에서의 관심이 높아져감에 따라 유통에 대한 관심을 표명한 것이었다.

1970년대에는 유통조성, 사업기구의 신설이나 상류 중심으로 한 백화점, 연쇄점의 발달이 현저하였으며 물류면에 있어서는 1970년 경부고속도로의 개통에 이어 1971년 영동고속도로,

1973년 호남·남해고속도로, 1979년 동해고속도로와 구마고속도로의 개통에 따른 교통면에서의 발달이 있었다. 특히 1971년 최초로 고속도로변에 농산물 집화장(충북 옥산)이 설치됨으로써 물류와 상류의 통합을 통하여 체계적이고 효율적인 유통개선에 기여하게 되었다. 1975년 화물운송에 컨테이너화를 촉진시키는 방안의 일환으로서 트럭터미널의 개장과 유통정보에 관심이 높아지면서 농협 가격정보의 제공이나 1979년 수협의 수산물 유통정보센터의 설치는 물류발전에 진일보되는 중요한 사건이라 할 수 있다.

3. 물류의 개화기(1980년대)

1980년은 우리나라 물류 근대화의 원년에 해당되는 해이다. 즉, 1980년에 들어와서는 유통에 관한 기본법규를 정비하는 계획의 일환으로 유통근대화촉진법, 소비자보호법, 독점규제 및 공정거래에 관한 법 등이 포괄적이고 전반적으로 제정·보완되었다. 유통관련 법규의 제정 및 보완은 그동안 일어났던 유통구조의 비능률적인 요소를 개선하여 유통의 사회·경제적 기능을 보다 능률적으로 수행할 수 있도록 물류시설을 확충함과 동시에 종래의 거래방식이나 제도 등을 바꾸어 나가는 유통근대화를 주목표로 하였다.

1980년대 물류는 상류와 연결되는 운송·하역·포장·보관 등에 관한 제반시설을 체계적으로 확충해서 유통에 영향을 주는 내외적인 여건을 개선해 나갈 수 있도록 환경적, 제도적인 기반이 조성된 시기라 할 수 있다.

4. 물류의 도약기(1990년 이후)

1990년 이후의 물류는 정보기술의 발달과 보급 및 국제물류의 필요성 등에 부응하여 지금까지의 발전과정을 기초로 하여 제3의 이익확보 내지는 이익의 증대를 목표로 급진적으로 발전하였다.

2000년대 우리나라의 물류는 물류관리의 수요급증, 사회의 고밀도화, 산업구조의 고도화에 따른 원자재의 수입증대 및 산업폐기물의 발생, 소비형태의 다양화 및 소비자 욕구의 차별화, 개성화 및 개방화 등에 따라 민간부문의 적극적인 참여와 함께 물류전담기구의 설치, 토탈 시스템으로서의 종합물류단지의 조성 및 정부와 민간차원에서 공동으로 물류정보시스템의 개발을 통한 정부의 적극적인 역할이 요구되고 있다.

6.2 물류의 환경변화

1. 경제적 환경의 변화

(1) 경제의 글로벌화

최근 세계는 WTO의 자유무역주의 기조 하에 국제화(internationalization)되고 있다. 세계무역량은 1980년대 이후 5%선의 증가세를 유지하고 있으며, 2016년 수출은 15,928,200달러(기준: 단위 100만 달러), 수입은 16,001,800달러(기준: 단위 100만 달러)에 이르고 있다 .

이러한 세계경제의 흐름 속에 부존자원이 부족한 우리나라는 2015년 기준 88.1%의 높은 무역의존도를 보이고 있다. 세계무역에서 수출 규모 6위, 국민 총생산량 규모는 세계 11위, 해외 투자액은 총 7조 6천억 달러이다. 진출분야도 다양하고 대상국도 거의 모든 국가로 다각화되는 등 국제화의 폭이 넓어지고 있다.

(2) 경제의 블럭화

세계경제는 경제의 국제화와 더불어 경제적 민족주의와 지역화 추세가 강화되고 있다. 이러한 경제지역화의 현상은 자본이동의 효율성을 제고하고 규모의 경제이익을 극대화하는 데 있으나 앞으로 물류관리에 경제적 환경요인으로 커다란 영향을 미칠 것으로 보인다.

2. 기술적 환경의 변화

(1) 기술혁신

경제환경변화와 더불어 기술환경이 급격히 변화하고 있다. 최신 전자부품의 급속한 개발에 따라 다기능, 고기술 신제품의 개발에 의한 공장자동화 및 기계화에 의한 기술혁신은 물류관리의 성력화[33)]와 물류개선에 직접적인 영향을 미칠 것으로 보인다.

(2) 통신기술의 발달

물류의 효율화를 위한 물류정보시스템의 역할이 중요시되고 있다. 이러한 물류정보시스템의 발전에 영향을 미치는 요인은 통신기술의 발달이라 할 수 있다. 정보통신의 발달에 따라

33) 성력화는 성인력과 성에너지에 의한 생산성 향상으로 총비용을 절감하는 것을 의미한다.

물류관리에 영향을 주는 것으로는 부가가치통신망(VAN : Value Added Network)과 전자문서교환(EDI : Electronic Data Interchange)을 들 수 있다.

EDI의 출현은 외국환은행, 무역업체, 각종 협회, 창고업자, 운송회사, 보험사, 세관 및 관세사 등 물류관련 관계기관들을 유기적으로 연결, 데이터[34]교환을 용이하게 하고 앞으로의 국제물류 부문에 커다란 변화를 가져올 것으로 예상된다.

[표 1-8] VAN 과 EDI의 비교

구 분	VAN	EDI
용어	부가가치통신망	전자문서교환
정의	회선을 직접 보유하거나 임차 또는 이용하여 다양한 부가가치를 부여한 음성 또는 데이터정보를 제공하는 광범위하고 복합적인 서비스의 집합	사업용 문서를 구조화하고 기계처리가 가능한 일정한 형태로 정형화된 명료한 내용의 거래 및 행정관련 정보를 당사자 자체가 합의한 구문규칙에 맞추어 컴퓨터 통신회신을 통해 사업자 간 상호전송하는 시스템
기능	전송기능, 교환기능, 통신처리, 정보처리	합의된 규격에 의한 전자데이터 교환
물류에의 적용	각 물류경로의 강화, 정보전달의 효율화·고속화 및 화물추적 등 대고객서비스향상	물류기관 간의 컴퓨터에 의한 주문, 배송, 보고 등
관계	EDI를 수행하는 가장 효율적인 수단 EDI를 담는 용기	VAN이 활용될 수 있는 무한한 시장 VAN을 이용하는 내용물

3. 소비자 환경의 변화

(1) 소비자 욕구의 개성화 · 다양화

정보화시대를 맞아 소비자의 욕구가 변화하고 있다. 소비자들은 자신만의 만족감을 중시하는 개성화, 고정관념에서 탈피하고자 하는 다양화와 함께 사치와 여가를 추구하려 한다. 이러한 욕구는 생산자로 하여금 다품종 소량생산방식의 도입을 요구하게 되었으며, 이에 따른 물류관리와 고객서비스수준의 고급화에 대한 적절한 대응을 필요로 하고 있다.

34) 사람 또는 자동화 수단에 의한 통신·해설 또는 처리에 적합하도록 정형화된 사실이나 개념 또는 지시의 표현을 말한다.

(2) 소비자 욕구의 고급화

소득수준이 높아짐에 따라 소비자들의 욕구가 고급화되고 있다. 최근 소비자의 구매 의사결정의 우선 순위는 ① 제품의 품질, ② 고객서비스, ③ 의사소통 및 정보, ④ 고객과 기업 간의 신뢰, ⑤ 가격 순으로 변화하고 있다.

물류측면에서 고객서비스는 소비자가 구매한 물품을 인도받는 과정에서 이루어지는 모든 활동으로 물류과정에서 고객서비스와 의사소통 및 정보만이 고객에게 부가가치를 제공하고 이로 인해 기업은 판매증가와 시장증가율 향상을 기대할 수 있다.

4. 사회간접자본의 변화

사회·경제구조가 고도화되고 국민소득수준이 향상됨에 따라 국가경제에서 사회간접자본이 차지하는 중요성이 커지고 있다. 사회간접자본이 기업의 물류관리에 미치는 영향은 절대적이나 개별기업이 통제할 수 없는 요인으로 그 영향력은 어느 환경요인보다 크다.

부문별 변화에 따른 내용을 보면 다음과 같다.

(1) 도로부문

우리나라의 1993년 도로부문의 운송톤수는 289,450천 톤으로 1992년 대비 8.8% 증가하였으며 매년 90% 이상씩 증가하고 있다. 1980년대 중반부터 수도권을 중심으로 발생하기 시작한 교통체증현상은 최근 전국적으로 모든 교통시설이 한계를 나타내고 있어 산업발전에 커다란 장애는 물론 사회·경제적 비용의 증가를 야기시키고 있다.

우리나라의 2015년 도로부문의 운송톤수는 1,761,291톤(단위: 천톤 기준)으로 2014년 대비 248,591톤(단위: 천톤 기준)이 증가하였다. 교통시설의 부족은 단순히 이용상의 불편만이 아니라 산업생산성의 저하와 사회적 비용부담의 과중을 초래한다.

(2) 철도부문

철도운송은 교통혼잡 없이 일정시간에 운송서비스를 제공할 수 있으며, 대량으로 승객과 화물을 안전하게 운송할 수 있고, 국가의 기간 운송망으로 활용도가 크기 때문에 철도운송 능력의 부족은 국가경제 발전의 위협요소가 된다.

최근 화물운송은 국제적으로 컨테이너화되어 철도운송을 중심으로 이루어지고 있어 산업 지배적인 기능이 점차 커지고 있으며, 운송효율면에서도 다른 교통수단에 비해 10~100배까지 월등하여 에너지절약에도 크게 기여할 수 있어 그 중요성이 크다. 그러나 우리나라의 철도부문의 투자는 기존 철도노선의 개량과 복선화가 대부분으로 신규노선의 투자가 거의 없어 연계운송체계의 미비와 근접성의 불편으로 도로부문 이용 편중을 초래하고 있다.

(3) 항만시설

우리나라는 항만물동량의 급속한 증가에 비해 부산, 인천 등 대규모 항만시설에 대한 투자 부족으로 약 20%의 시설부족현상이 발생하고 있으며 이는 항만의 체선·체화로 이어지고 있다. 또한 내륙연계운송시설의 부족은 화물의 체화시간을 증가시켜 수출입화물의 원활한 유통을 막고 있어 항만애로의 요인이 되고 있다. 항만 내 유통망 정비는 물론 항만배후지를 연결하는 유통망의 정비 없이는 내륙운송 원가상승을 초래하고 화물적체로 항만하역 효율도 낮아지게 되어 물류비의 증가를 가져온다.

(4) 항공부문

항공부문은 국민소득 수준향상과 국제교역량의 증대로 가장 빠르게 증가하는 분야로 도로 및 철도부문의 낮은 서비스 수준으로 항공수요는 급증할 것으로 전망되며, 국제정세의 완화는 국가 간 항공운송수요를 급증시키는 요인으로 작용하고 있다. 기존 우리나라의 국제공항은 시설용량의 한계에 이르고 있어 이에 대한 적절한 대책수립이 요구되고 있다.

(5) 생산인력의 감소

최근 근로자의 '3D(Difficult, Dangerous, Dirty) 기피현상'에서 비롯된 생산직 근로자의 감소는 중소기업의 인력난을 가중시키고 있다. 물류활동에는 많은 부분이 육체노동이 요구되는 3D작업이 대부분으로 생산직 근로자의 감소현상은 물류합리화에 부정적인 영향을 미치고 있다.

6.3 물류환경변화에 대한 대응

경제활동은 생산, 소비 그리고 이것을 연결하는 유통활동으로 구성된다. 이러한 구조는 상호 유기적인 관련을 맺고 경제구조를 창출하고 있으므로, 한 구조의 변화는 연쇄적으로 다른 구조의 변화를 요구하게 된다. 경제성장과정에서 사회적·경제적 조건은 끊임없이 변화가 이루어지고 있으며, 이러한 구조변화와 유통을 둘러싼 환경조건의 변화에 적응하기 위한 유통의 효율화는 유통시스템을 사회적인 면과 기업적인 면에서 조정하여 형성된다고 할 수 있다.

물류환경의 변화와 이에 대한 대응을 살펴보면 다음과 같다.

1. 경제규모의 확대에 따른 대응

경제규모가 확대되면 물류에 대한 수요도 증대된다. 따라서 물류기초시설을 구성하는 사회자본의 충실화가 뒷받침되어야 하며, 이것이 지연될 때 물류비의 상승을 가져오고 공해, 환경보전의 문제 등과 같은 외부불경제의 증가를 초래한다. 또한 지역거점 간을 연결하는 국도 및 고속도로 등의 개선정비가 이루어져야 하며, 물자별 종합운송 및 협동일관운송 등의 운송혁신과 기술이 도입되어 대량고속운송에 의한 규모의 이익이 실현될 수 있도록 한다.

2. 소비형태의 다양화와 질적 고도화에 따른 대응

소비의 증대에 따라 소비자의 요구는 다양화, 고도화되고 있다. 소비면에서 생활행동의 광역화, 레저화 등으로 인해 지출증대와 함께 소비재, 고급품 등에 대한 지출도 증가하여 풍부하고 다양한 상품을 요구하게 되고 동일 종류의 상품에 있어서도 특색 있는 상품을 구하려는 취향을 나타내게 된다.

한편 생활관련 물자를 중심으로 하는 대량생산품, 일상품에 대해서는 가격의 저렴성과 안정성을 향한 욕구가 강해지고 있다. 생산면에서는 이러한 소비성격의 변화로 점차 소비시장 지향성이 강해지고, 제품 생산주기의 단축이 불가피하기 때문에 규모이익을 추구하고 제품라인과 생산기간의 장기화에 따른 생산비의 삭감을 추구하는 노력을 기울여야 한다. 이를 위하여 소비자의 요구(needs)를 정확히 파악하는 수요정보의 신속성과 정확성을 요구하게 되고, 합리적인 생산과 재고관리를 위해서 자재조달물류와 제품물류시스템의 전체적인 시스템을 추구하게 됨으로, 물자유통의 정확성과 수・발주 시스템의 확립을 이룩하여야 한다.

소비자행동의 변화는 직・간접적으로 물류활동에 영향을 미치므로 배송단위의 소량화, 배송의 신속화, 배송과 관련된 서비스 제고, 재고보관량의 증대, 폐기물의 증대에 따른 물류비의 상승요인에 대한 적절한 대응이 요구된다.

3. 고밀도사회에 있어서의 대응

대도시의 인구 및 산업의 집중은 물류면에서 심각한 문제를 제기하고 있다. 도시 내 물류활동의 유일한 수단인 자동차운송은 심한 교통정체현상을 일으켜 이에 따른 배기가스 및 소음은 국민생활 환경개선을 악화시키는 요인이 되고 있다. 따라서 이에 대한 조치로서 교통규제의 강화와 물류거점의 공동이용, 협업화에 의하여 대처될 수 있도록 유도하여야 할 것이다.

물류의 협업화는 도시의 과밀화와 교통사정의 악화, 대형차량의 통행제한 등으로 화물자동차 운송업자, 창고업자의 물류기능이 현저히 비효율화되어가고 있으므로 교외로의 이전과 트럭 터미널, 공동창고, 공동하역 및 배송시설 등의 공동시설을 중심으로 물류 협업화가 이루어져야 한다.

4. 산업구조의 변화에 대한 대응

우리나라도 1980년대부터 재래의 중화학공업화 대신 부가가치가 높은 지식집약적 산업화에 의한 산업구조의 고도화가 이루어짐에 따라 운송·보관·하역·포장·정보 등을 비롯한 물류기능의 고도화가 점차 요구되어 유통센타 및 유통가공 등을 중시하게 되었다. 이처럼 산업구조의 변화에 따라 물자활동의 양상도 크게 변화가 예상되기 때문에, 이것에 대비하여 새로운 물류망의 형성과 물류거점 정비의 합리적인 배치가 요구된다.

도시공간 중심의 생활물류가 급속도로 확산되고 있기 때문에 국민생활 밀착형 물류 연구의 개발 및 확대가 예상되고, 중앙정부 및 각 지자체 물류 연구 협력네트워크를 활용한 새로운 물류정책 거버넌스가 발전되고 지원이 예상된다.

5. 국제화의 진전에 대한 대응

경제의 국제화는 여러 가지 문제를 내포하여 금후에도 점차 진전 속도가 빨라지고 있다. 더욱이 1983년도부터 시행되고 있는 수입자유화와 전자상거래의 등장으로 국제적 물류량이 증대되고 있어, 종래와 같은 원재료수입, 제품수출이라고 하는 단순한 물류형태에 커다란 변화가 예상되고 있다. 이에 따라 다양한 물류형태를 개발하여 국제화의 진전에 대한 준비를 하여야 한다. 국제 간 물류의 효율화는 우리나라 경제활동에서 점점 중요한 문제로 인식해야 할 부분으로, 이를 위하여 현재 물류활동의 모든 수단, 거점 및 제도의 재검토가 요망된다.

Chapter 2

자동차운송물류

2 자동차운송물류

제 1 절 육상운송의 개념

1.1 육상운송의 의의와 특징

1. 운송물류의 의의

상품이 생산된 장소와 그것을 필요로 하는 장소간에는 언제나 거리(공간)가 존재하며 이러한 거리간의 격차를 조정하기 위해서는 상품의 장소적인 이동을 담당하는 운송[1)]이 필요하다. 운송은 물품을 운송수단인 자동차, 철도, 선박, 항공기 등을 이용하여 그 효용가치가 낮은 곳에서 높은 곳으로 이동시킴으로써 장소적 효용을 창출하는 생산에 포함되는 경제활동이다.

오늘날 경제규모가 커지면서 대량생산, 대량소비의 현상이 나타나고 있으며 그 결과 대량유통, 대량운송의 필요성이 높아지고 있다. 현대의 운송은 보다 많은 수량을, 보다 빠른 속도로, 보다 높은 안전도와 저렴한 가격으로 운송시켜야 그 기능을 충분히 발휘할 수 있기 때문에[2)] 종래의 생산지와 생산지간, 생산지와 소비지간, 소비지와 소비지간의 물품의 장소적

1) 운송의 동의어로는 수송, 교통, 운수, 운반, 배송, 배달 등이 있다. 운송(transport)은 물품의 이동을 서비스공급측면에서 해석한 사업법상의 용어이며, 수송(transportation)은 운송과 동의어로 사용되고 있다. 교통(communication transportation)은 물품의 이동을 현상적으로 파악한 개념으로 수송기관을 표시하는 용어이다. 운수(transportation)는 행정관청에서 사용되는 행정상의 용어로 법률상 운송과 동의어이며, 운반(material handing)은 한정된 범위내에서 이루어지는 단거리 물품의 이동을 뜻하며, 배송(delivery)은 상거래 성립 후 고객이 정하는 수화인에게 화물을 배달 및 발송하는 것을 뜻한다. 배달(delivery)은 도착지의 수화인에게 물품을 보내어 인도하는 것을 말한다.

이전이나 공간적 거리의 극복에서 벗어나 운송 외의 보관·하역·포장·유통가공 등을 포함하여 마케팅비용의 절감과 고객서비스 향상이라는 관점에서 다루어지고 있다.

운송의 종류로는 철도와 자동차를 이용한 육상운송, 선박을 이용한 해상운송, 항공기를 이용한 항공운송 그리고 육상, 해상, 항공운송 중 2가지 이상의 운송수단을 동시에 이용한 복합운송으로 구분된다. 이 중 우리나라의 경우 정치적·지정학적인 위치로 인하여 국제운송에는 해상운송과 항공운송, 복합운송이, 국내운송에는 자동차운송과 철도운송이 주로 이용되고 있다.

각 운송수단의 특징은 자동차운송은 주로 근거리운송을 담당하고 있고 취급품목이 다양한 반면, 철도운송은 중량이 무겁거나 중거리운송에 적합하며, 해상운송은 대량화물을 장거리 운송 시 가장 저렴하게 운송할 수 있으며, 항공운송은 부가가치가 높은 정밀전자제품이나 귀금속류 또는 신선도가 요구되거나 긴급화물의 운송에 이용되고 있다.

[표 2-1] 각 운송수단의 특징

지 역	운송수단	거 리	속 도	운 임	일회 수송	정확성과 안정성
국내운송	자동차	근거리	보통	보통	적음	보통
	철도	장거리	빠름	저렴	많음	아주 높음
국제운송	선박		느림	아주 저렴	아주 많음	적음
	항공기		아주 빠름	비쌈	적음	

오늘날 운송은 단위적재시스템(unit load system)[3]의 핵심이 되고 있는 일관 파렛트적재(pallet load) 및 일관 컨테이너적재(container load)를 통하여 협동일관운송, 나아가 국제복합운송으로 발전되고 있다. 운송물류와 관련 화물의 운송과정은 다음과 같이 분류된다.

첫째, 자가창고나 공장(도착항)에서 선적항(자가창고나 공장)까지의 국내운송부문

둘째, 선적항(수출지 선적항)에서 수출지 도착항(수입지 도착항)까지의 국제운송부문

셋째, 수출지 도착항에서 최종 수입자에게 화물이 인도되기까지의 해외현지운송부문

이러한 운송의 합리화를 위해서는 각 운송부문 및 국제복합운송의 현황을 분석하고 각 운

2) 阿保營司, 「物流の基礎」, 税務經理協會, 1983, p.79.

3) 운송의 합리화를 도모하기 위한 체제로서 화물을 일정한 표준의 중량 또는 용적으로 단위화하여 기계적인 힘에 의하여 일관적으로 운송하는 물류시스템이다. 이의 대표적인 방법으로는 파렛트와 컨테이너를 사용하는 방법이 있으며, 이를 위해서는 ① 단위규격의 적정화·표준화, ② 화물의 단위화, ③ 협동일관운송체계의 확립 등이 요구된다.

송수단간의 장단점을 파악하여 적합한 운송수단의 선택과 운송기관 각각의 기능을 효과적으로 연결하여 운송시스템의 합리화를 도모하여야 하며 단순한 물품의 장소적 또는 공간적 이동이라는 개념을 탈피하여 마케팅 관리상 물류시스템 합리화의 한 요소로서 인식전환이 필요하다.

2. 육상운송의 기능

운송의 기능은 생산지와 소비자간 또는 송화주와 수화주간에 존재하는 거리를 연결하기 위한 것으로 기업에서 운송이 갖는 기능은 다음과 같다.

첫째, 정해진 시간내에 고객에게 정확한 상품의 전달

둘째, 생산계획을 원활하게 추진하기 위한 판매와 생산의 조정역할수행

셋째, 적절한 유통재고량의 유지와 물류계획의 올바른 수행

넷째, 수주에서 출하까지의 작업의 표준화와 효율화

이러한 운송이 원활하게 이루어짐으로써 국내에서 또는 국가와 국가간에 물품의 교환(무역)이 촉진되고 가격의 안정이 이루어지게 된다. 나아가 지역간 분업화가 이루어지고, 국가와 기업간에 경쟁이 이루어지게 됨으로써 대량생산과 대량소비가 가능하게 되는 것이다. 운송을 통하여 지역간, 국가간 유대가 강화되고 궁극적으로 문명의 발달과 원활한 물품공급으로 인하여 소비자들의 삶의 질을 향상시키는 데 기여하게 되는 것이다.

3. 육상운송의 결정

여러 운송수단 중 어떠한 수단을 적절히 결합, 선택하여 운송업무를 수행하여야 하는가를 결정하는 것은 매우 중요한 과제가 되고 있다.

[표 2-2] 거리에 따른 운송수단별 원가구성 비율

운송거리 / 운송수단	10km	20km	50km	100km	200km	500km	800km	1,000km
공로운송	100	84.7	72.8	68.5	67.0	66.1	65.0	65.8
철도운송	100	53.4	25.6	16.4	11.6	7.7	6.9	6.2
해상운송	100	50.2	20.6	10.8	5.8	2.9	2.1	1.9

운송수단의 선택이란 적정한 서비스수준을 유지하면서 비용을 절감할 수 있는 운송수단을 선택하는 것을 뜻하며, 운송수단을 결정할 때에는 상품의 종류, 운송비, 운송물량, 운송거리, 화물의 중량과 용적, 운송경로, 거리 및 운송일수, 배차 및 배선, 제품의 납기, 안전성, 신속성, 일관운송과 국제복합운송의 가능여부 외에 운송수단의 장단점과 효율성 등을 다각적으로 비교·검토하여야 한다.

운송수단을 결정할 때 고려되어야 할 사항은 다음과 같다.

첫째, 상품의 종류, 운송물량, 화물의 중량과 용적, 납기 등 화물과 관련되는 요소

둘째, 운송비, 포장비, 보험료 등 경제적 요소

셋째, 화물의 운송거리, 운송경로, 운송일수, 배차와 배선 등 운송수단에 관계되는 요소

넷째, 안전성, 신속성, 일관운송 및 국제복합운송의 가능성 여부 등 기타 요소

[표 2-3] 운송수단의 형태

트 럭	철 도	선 박	항공기
• 전세 또는 구역취급 – 근거리운송(100km 이내) – 중거리운송(101~300km) – 장거리운송(301km 이상) • 노선운송 – 정기편, 자동차편 화물취급	• 직행운송 • 컨테이너운송 • 쾌속화물열차 • 야드 집결운송	• 정기선 • 부정기선 • 컨테이너운송 • 페리운송	• 여객기운송 • 화물전용기운송

운송수단의 결정은 운송거리와 운임을 고려하였을 때 일반적으로 약 300km 이하의 운송구간은 자동차, 300~500km 구간은 철도, 500km 이상의 구간은 선박을 사용하는 것이 경제적이다.[4)]

한편 운송의 장단점과 효율성 검토에 있어서는 화물의 운송은 가능한 대량운송하는 것이 경제적이므로 인도시기에 문제가 없다면 대형화된 운반수단을 이용하는 것이 바람직하다. 또한 정해진 시간동안 운행시간(또는 운행거리)을 최대한 확대함으로써 운송단위당 고정비 원가를 낮출 수 있으므로 회전율을 극대화할 필요가 있다. 특히 자동차운송의 경우 효율화를 극대화하기 위하여 정보시스템의 정비를 통하여 전체 운행거리에서 화물을 적재하고 운행하는 비율인 공차율을 최소화하여야 한다.

4) 阿保營司, 前揭書, p.84.

일반적으로 운송수단들은 각각의 특징을 가지고 있으므로 장점을 살리고 단점을 보완할 수 있는 종합운송시스템화를 실현시키는 것이 중요하다.

[표 2-4] 운송유형별 적합운송수단

유 형	고려사항	적합한 운송수단
공장 → 물류거점 간 간선 운송	• 충분한 납기여유 • 차량단위 규모 • 계획운송	• 대형트럭 • 컨테이너 • 선박(원거리, 대량인 경우)
공장 → 대규모 소비자 직송	• 불충분한 납기여유 • 정확성 유지	• 중형트럭 • 소형 컨테이너 • 카페리(원거리인 경우)
물류거점 → 소규모 소비자 배송	• 납기임박 • 정확성 유지 • 소량 · 다품종	• 중 · 소형 트럭 • 승용화물 차량 • 항공(소량, 납기임박한 경우)

[표 2-5] 주요 운송수단별 기능비교

<table>
<tr><th>구 분</th><th>자동차</th><th>철 도</th><th>선 박</th><th>항공기</th></tr>
<tr><td>화물중량</td><td>소 · 중량화물</td><td>대량화물</td><td>대 · 중량화물</td><td>소 · 경량화물</td></tr>
<tr><td>운송거리</td><td>근거리</td><td colspan="3">장거리</td></tr>
<tr><td>운송비용</td><td>단거리운송 시 유리</td><td>중거리운송 시 유리</td><td>장거리운송 시 유리</td><td>가장 높음</td></tr>
<tr><td>일관운송체제</td><td>용이</td><td>미흡</td><td colspan="2">어려움</td></tr>
<tr><td>중량제한</td><td>있음</td><td colspan="2">없음</td><td></td></tr>
<tr><td>화물수취의 용이성</td><td>편리</td><td colspan="3">불편</td></tr>
<tr><td>운송시간</td><td colspan="2">길다</td><td>아주 길다</td><td>아주 짧다</td></tr>
<tr><td>하역 및 포장비</td><td colspan="2">보통</td><td>비쌈</td><td>저렴</td></tr>
<tr><td>안정성</td><td>조금 낮음</td><td>높음</td><td colspan="2">낮음</td></tr>
</table>

[표 2-6] 주요 운송수단별 장 · 단점

구 분		장 점	단 점
도로운송	자동차	• 문전에서 문전까지 일관운송가능 • 근거리운송에 적합하고 운임이 경제적 · 탄력적임 • 배차가 용이하여 적기운송가능 • 간단한 포장으로 운송가능	• 장거리운송 시 운임이 비싸며, 안정성이 떨어짐 • 대량운송에 부적합하며, 중량제한을 받음 • 공해문제와 도로체증 유발
	철도	• 대량 · 중량물품의 효율적 운송가능 • 중장거리 운송 시 운임이 저렴함 • 높은 안정성과 낮은 사고율 • 계획운송가능	• 근거리운송 시 운임이 상대적으로 높음 • 적기배차가 곤란하며, 작업 시 장기간 체류 • 화물수취가 불편하며, 문전수송을 위해 자동차 등에 의한 화물집배 필요
해상운송(선박)		• 대량화물의 장거리운송에 적합하고 단위당 운임이 저렴함 • 중량 · 용적화물의 운송에 적합 • 전용선에 의한 운송 및 일괄하역 작업 가능 • 육상운송과 연계하여 복합운송형태로 이용 가능 • 도로나 선로설비가 불필요	• 운송속도가 늦어 운송기간이 김 • 항만시설비와 하역비가 비쌈 • 항구에서 선적 · 하역하기 때문에 불편함 • 일관운송이 곤란하고 다른 연계 수단이 필요함 • 운행회수가 적고, 항만시설에 많은 비용 필요 • 기후의 영향을 많이 받음
항공운송(비행기)		• 고가 · 긴급 · 소량 · 경량화물의 장거리 운송에 적합 • 물품의 파손율이 낮고, 포장이 간단하며, 보험료가 저렴함 • 운송속도가 빠르며, 긴급물품, 계절 · 유행 · 신선도유지 품목의 운송에 적합	• 운임이 가장 비쌈 • 중량 · 용적제한이 있고 대량수송이 불가능 • 일관운송이 곤란하고 다른 연계 수단이 필요함 • 물품의 수취가 불편하고, 공항시설에 많은 비용 필요 • 기후의 영향을 받음

1.2 운송시장의 환경변화

우리나라는 인구증가와 산업발전에 따라 유통화물의 취급량이 매년 크게 증가하고 있으며, 국민소득의 향상은 소비자의 수요를 다양화시켜 화물이 다품종소량화 또는 가볍고, 얇고, 짧고, 작아지는 경향을 보이고 있다. 이에 따라 운송수단과 운송시스템도 여기에 부합되게 변화하고 있는 추세이다.

국내운송에 있어 공로운송은 도로의 혼잡과 운송수단의 한계로 인하여 철도운송의 활성화와 연안해상운송의 필요성이 증대되고 있으나 시설확대가 이에 못미쳐 추가적인 비용을 발생시키고 있다.

운송수단의 개발은 궁극적으로 운송비의 절감을 통하여 고객의 서비스를 제고하는데 그 목적이 있다. 따라서 단계적으로 화주와 운송업자간에 협동운송망을 형성함으로써 정시성(定時性), 편리성, 저운임을 제공할 수 있는 새로운 차원의 부가가치를 창출하여야 하며, 이를 위해서는 구조적인 운송시스템의 도입이 검토되어야 할 것이다.

2000년대 이후 미래 운송시장의 환경변화는 다음과 같이 예견되고 있다.

(1) 정보화사회의 진전

산업계에서의 정보화 및 정보망의 구성은 물류작업을 가속화, 효율화, 일체화(제조업)시킴으로써 기업경영을 효율화시키고 양질의 운송서비스를 요구하게 될 것이다.

(2) 화주요구의 다양화

화주의 물류에 대한 기대가 변화함에 따라 기업에서의 재고조정 및 물류전략화가 필수적인 관리기능으로 부상할 것이며, 배달지연, 잘못 배달되는 사례, 파손 등이 사라지게 될 것이다.

(3) 물류의 다품종소량화

화물운송형태가 다품종소량화됨에 따라 운송서비스가 다양화되고 또한 유통부가가치를 조합한 운송서비스와 정보서비스도 강화될 것이다.

(4) 운송기업의 국제화

세계경제환경의 양상이 국제화 및 개방화로 진전됨에 따라 국제복합운송이 국제운송의 주역을 담당하게 되며, 이로 인해 외국의 경쟁력을 갖춘 운송회사가 국내시장에 참여하게 될 것이며 우리나라 운송회사의 해외진출도 활발하게 진행될 것이다.

(5) 운송회사간의 경쟁심화

운송정보, 운송기술, 운송서비스의 질적인 향상과 물품이 가볍고, 얇고, 짧고, 작아짐에 따른 운송량의 양적인 감소에 따라 운송업체간의 경쟁이 더욱 심화될 것이다.

(6) 전자상거래를 이용한 운송업무의 변화

최근 전자상거래의 증가는 필연적으로 이를 뒷받침할 운송업무의 변화를 요구하고 있다.

기존의 전화와 팩스를 이용한 작업요청과 운송주문은 컴퓨터 네트워크를 이용한 작업요청과 주문방식으로 변화하게 되었다. 이러한 업무형태의 변화는 공차운행의 감소, 적재효율의 향상 등을 가져오고 고객에 대한 서비스도 좋아지게 될 것이다.

(7) 제3자물류의 활성화

제3자물류란 물류업무를 자사가 직접 수행하지 않고 전문업체인 제3자에게 물류업무를 대행하게 하는 것을 말한다. 이는 많은 기업들이 물류관리를 전문물류업체와 제휴함으로써 점차 고급화되는 소비자의 물류욕구를 충족할 수 있고 업무의 효율성과 비용절감을 할 수 있기 때문이다.

제 2 절 자동차운송

2.1 자동차운송의 의의

자동차운송은 공로망의 확충과 운반차량의 발전 및 대형화 추세에 따라 종합운송체계의 핵심적인 역할을 수행할 뿐 아니라 우리나라 거의 모든 지역에 서비스는 물론 일관운송이나 국제복합운송에서 문전까지 역내운송, 즉 마감운송을 담당하고 있다. 특히 역내운송에서는 전세 및 구역운송을 담당하는 동시에 노선운송에서의 정기 및 부정기 화물취급을 통해 국내운송에 있어 핵심적인 역할을 담당하고 있다.

자동차운송은 원활한 기동성과 신속한 배송(high mobility and delivery)은 물론 다양한 고객요구에 대응하여 신속하고 정확한 문전에서 문전운송(door to delivery)을 실현할 수 있고, 운송단위가 소량이면서 에너지 과소비형의 운송기관이라는 특징을 가지고 있다.

이러한 특징으로 자동차운송은 증가추세에 있으며, 그 비중을 보면 자동차운송이 72%, 철도운송이 8%, 항공운송이 0.06% 그리고 해상운송이 20%를 차지하여 화물운송의 대부분이 화물자동차에 의하여 이루어지고 있음을 알 수 있다. 우리나라 국내화물수송량은 2015년 약 19.2억톤에 이르고 있으며 2007년부터 연평균 13.8%의 높은 증가추세를 보이고 있다. 이 중 자동차에 의한 화물운송의 증가추세는 17.1%, 해상화물 수송량 또한 같은 기간 동안 연평균

0.8% 증가추세를 보이고 있으나 자동차운송에 비해 낮은 치수이고, 철도 및 항공의 경우는 감소하는 추세에 있다.

[표 2-7] 국내화물수송수단별 화물수송실적

(단위 : 천톤)

구분		합계	철도	공로	해운	항공
2007	수송량	715,190	44,530	550,264	120,079	316
	분담률	100.0	6.2	76.9	15.7	0.1
2009	수송량	766,676	38,897	607,460	120,031	268,678
	분담률	100.0	5.1	79.2	15.7	0.1
2011	수송량	1,605,506	40,011	1,439,625	125,588	281,133
	분담률	105	3	90	8	0
2013	수송량	1,704,342	39,822	1,546,406	117,860	252,686
	분담률	100	2	91	7	0
2015	수송량	1,927,283	37,093	1,761,290	128,611	287,782
	분담률	100	1.9	91.4	6.7	0.1
연평균 증가율		13.8	-1.0	17.1	0.8	-2.1

주) 공로: 2011년부터 비영업용 화물차 통계 포함, 공로 비영업용 월별 통계 비포함.
자료) 국토교통부, 「국토교통통계연보」, 2017.

이와 같이 우리나라의 자동차운송이 급증하는 이유는 다음과 같다.

첫째, 대규모 고정자본을 투입하지 않고도 도심지, 공업 및 상업단지의 문전까지 운송을 할 수 있는 편의성을 갖추고 있다.

둘째, 소량화물(less than a carload)을 전국 각지에 신속하게 운송할 수 있다.

셋째, 단거리운송에서 철도보다 높은 경제성(정거장 비용, 1회 발차시 소요되는 동력비, 간접비, 1회 운송시의 한계비 등)을 갖고 있다.

넷째, 규모의 경제에서 오는 이익과 관련 없이 투자가 용이하다.

다섯째, 단거리 문전운송으로 화물파손을 극소화할 수 있다.

여섯째, 국가에서 사회간접자본의 일환으로 도로망을 확충할 때 운송상의 경제성과 용이성이 가속화된다.

이러한 자동차운송의 급증은 극심한 교통체증을 유발하는 한 요인이 되고 있으며, 그 이유는 다음과 있다.

첫째, 차량의 대형화와 물동량의 증가에 비해 철도운송의 수용능력부족으로 화물이 자동차운송으로 전환되고 있다.

둘째, 운송시간이 철도에 비해 단축되고 문전까지 운송이 가능하여 화주들의 선호도가 높다.

셋째, 국도 및 지방도 그리고 고속도로가 전국적으로 확장되고 있다.

넷째, 철도운송에서 문전배송이 가능한 통운의 소화물일관수송시스템이 미숙하여 자동차로 화물이 이전되고 있다.

2.2 자동차운송의 발전[5)]

(1) 세계 자동차의 발전

자동차의 탄생은 기원전 6천년경으로 추정된다. 처음에는 소달구지로 소화물을 운반하였으나 더 빨리 달리고 싶은 인간의 욕망은 야생말을 가축으로 키워 마차를 만들어 사용하게 되었다. 1765년에는 영국의 제임스 와트가 증기기관을 발명하여 증기엔진시대를 열었고, 1769년 프랑스의 포병장교인 니콜라스 죠셉 뀌뇨는 2기통 증기엔진을 탑재한 3륜 증기자동차를 세계 최초로 발명하였다.

1801년 영국의 리처드 트레비식이 증기마차를 만들었고 그 후 10년 동안 영국에서는 변속기, 핸드브레이크, 조향장치 등이 발견되었다. 이후 실린더 내에서 직접 연료를 연소시켜 동력을 얻는 내연기관이 실용화된 것은 1862년 프랑스의 르노아르의 2기통 석탄가스 엔진이었다.

그 후 1870년 독일의 오토가 가솔린을 이용하여 열효율이 높은 4기통 엔진을 발명한 데 이어 1885년 독일의 고트리브 다임러(G. Daimler)에 의하여 자동차용 가솔린엔진이 개발되었고, 1886년에는 2인승 4륜마차의 탑재에 성공함으로써 세계 최초의 가솔린자동차가 발명되었다. 또한 같은 해 칼 벤츠(K. Benz)에 의해 가솔린 엔진을 탑재한 3륜 자동차가 개발되었는데, 이들이 세운 회사는 1926년 합병하여 유럽 최대 복합기업인 다임러 벤츠그룹(Daimler Benz)과 세계적인 자동차 제조업체인 메르세데스 벤츠(Mercedes Benz AG)로 성장하였다.

세계 자동차사업의 역사는 1886년 독일에서 자동차발명으로 시작되어 100여년에 걸친 변화와 경쟁을 거듭하면서 20세기 근대산업발전을 선도하였고 현대 과학문명의 꽃을 피웠다. 그 과정에서 독일은 자동차를 발명했음에도 불구하고 위험물로 취급하여 여러 규제를 가함

5) 자동차발전사에 관한 자세한 내용은 http://myhome.shinbiro.com/~dwcij/history/auto_history.html 참조.

으로써 발전할 수 없었고, 1889년 프랑스 파나르 르바소가 독일 다임러사로부터 제작권을 획득하여 세계최초의 자동차 제조업체가 되었다.

1890년 이후 프랑스의 르노, 푸조, 이탈리아의 피아트 등 소규모 제조업체가 등장하였으나 소규모 수공업형태를 벗어나지 못하였다. 1895년에는 프랑스의 미쉐린 형제가 더 나은 승차감과 속도 그리고 정비 편의성을 갖춘 공기압 타이어를 발명하였다. 이를 계기로 자동차의 역사는 급격한 변화를 맞이하였다. 또한, 1908년 포드 사는 컨베이어 벨트로 대표되는 대량생산방식을 개발하였다. 대량생산체제로의 진입은 1909년 세계 자동차사상 초유의 단일모델인 「포드 T-Model」을 개발하여 1,500만대 생산기록을 갖게 되었는데 미국의 포드사에 의해서다.

1920년대 초반 영국 소형차 시장에서 가장 인기 있는 자동차 중 하나로 영국의 포드 모델 T로 유명하다. 실제 전 세계의 많은 자동차 회사들이 오스틴 7 모델을 라이센스하여 복제 모델을 생산하기도 하였다. 1934년 프랑스에서 일체구조식 차체 기술과 전륜구동 방식으로 대량 생산된 최초의 자동차였으며 자동차 기술 역사에 걸작으로 대표되는 자동차이다. 1950년대에는 전 세계로 자동차가 보급되기 시작했다. 아울러 엔진의 힘과 주행 속도가 크게 증가하였고, 자동차 외형도 점점 우아하게 바뀌어 갔다. 이 시기에는 소형자동차가 크게 유행했다.

2005년에는 현대기에 들어서 자동차 외형은 실용성을 강조하는 추세로 포드의 토러스와 지프의 그랜드 체로키가 등장했다. 현재 세계 자동차시장은 미국의 소위 빅 3(GM, FORD, CHRYSLER)와 제품차별화와 시장세분화전략을 통해 세계 자동차산업의 강자로 등장하고 있는 유럽 그리고 한국전쟁에 따른 특수경기, 군수산업기술자의 민수사업 대거참여, 정부와 업계의 외국차 진출제한, 승용차중심의 산업전환 등으로 비약적인 성장기반을 잡은 일본의 3극화 체제를 형성하고 있는 가운데 1980년대부터 한국, 멕시코, 브라질 등 개발도상국과 동구제국이 저임금과 양산체제를 바탕으로 새로운 세력으로 등장하고 있다.

(2) 우리나라 자동차의 발전

우리나라 최초의 자동차는 1903년 고종 황제 즉위 40주년에 미국 공관을 통해 「포드 A형 리무진」 승용차 1대를 의전용 어차로 들여온 것이 최초였다. 이때 들여온 차는 총 4대로 1911년 조선 초대 총독 데라우찌가 고종의 환심을 사기 위해 들여온 것으로 본격적으로 자동차시대가 개막하게 된 것은 1913년경부터 일본인들과 국가대신들이 자가용을 몰고 다니기 시작하면서부터이다.

우리나라 최초의 자동차공업육성시책은 1950년 3월 정부의 자동차 업계의 자구적 노력을 지원하고 자동차부품공업의 육성을 위하여 피스톤 등 13개 부품을 국산장려품으로 지정하여 군납하도록 하면서 부터이다. 자동차산업은 1950년 전후 폐차로 있던 군수용품인 트럭, 짚

차, 쓰리쿼터와 미군으로부터 불하받은 차량을 전국에 있던 운수업자나 정비업자들이 판금 작업을 해서 버스나 트럭으로 개조하여 사용하는 재생산업에서 출발하였다.

이후 1952년 10월에 기아산업(현재 기아자동차로 1944년 설립된 경성정공의 사명을 개칭)이 설립되었고, 첫 지프형 승용차는 1955년 서울에서 정비업을 하는 최무성에 의해 미군으로부터 불하받은 지프의 엔진과 변속기, 차축 등을 이용하여 드럼통을 펴서 만든 '시발'이다. 이 차는 1963년까지 1,000대를 만들어 시판하였으나 1962년 '새나라' 자동차가 나오면서 자취를 감추게 되었다. 당시 시발 자동차는 혁신과 자긍심의 타이틀이었지만, 한 대를 만드는데 약 4개월이 소요되었고, 판매 단가가 매우 비쌌다는 이면도 존재하였다.

1961년에는 공업표준화법, 도로법, 자동차운수사업법 등이 제정되었고, 1962년 1월 재일교포 박노정의 넛산과 기술제휴로 새나라자동차가 설립되었다. 그후 1962년 5월 자동차공업보호육성법이 제정되고, 기아산업(현재, 기아자동차)이 최초의 경3륜화물차인 K-360을 생산하였다. 이후 1962년 12월 하동환자동차공업(현재, 쌍용자동차)이 설립되었고, 1965년 7월 아시아 자동차(1969년 동국제강(주)에서 1976년 기아자동차(주)가 인수), 1967년 12월 현대자동차가 차례로 설립되었다.

최초의 국산차 「시발」

최초의 경3륜화물차 「K-360」

최초의 고유모델 「포니」

최초의 전륜구동방식 승용차 「엑셀」

최초의 경승용차 「티코」

[그림 2-1] 우리나라 최초의 자동차들

1975년 12월 현대자동차는 국내 최초로 설계부터 생산까지 국내 기술진에 의해 이루어낸 첫 고유 모델 승용차인 「포니」를 개발하여 1984년 단일차종으로는 처음으로 50만대 생산을 돌파하였다. 1976년에는 신진자동차와 미국 G.M.이 합작으로 G.M.K를 설립(후에 새한자동차로 명칭변경 후 1983년 대우자동차로 통합)하였으며, 1982년 2월 현대자동차는 전륜구동형인 '엑셀'을 생산 판매하였다. 이후 1991년 5월 대우에서 최초의 경승용차인 티코를 선보이게 되었으며, 2018년 6월말 국내 자동차의 등록대수는 2,288만대를 넘어서고 있으며 자동차수는 매년 증가 추세에 있다.

2.3 화물자동차의 종류

화물자동차의 종류는 화물자동차운수사업법, 도로교통법, 차량등록번호, 구조 및 국토교통부에서 정하는 구분기준에 따라 여러 가지로 분류할 수 있으나 구조와 자동차 종별을 기준으로 분류하면 다음과 같다.

(1) 구조를 기준으로 한 분류

1) 보통(평보데) 트럭

트럭 중에서 가장 일반적인 자동차로서 차종은 적재량 1톤 미만의 소형차로부터 12톤의 대형차에 이르기까지 그 종류가 다양하다.

2) 트레일러

자동차의 동력부분(견인차 또는 트랙터)과 적하부분(피견인차)을 분할할 경우 자체의 동력을 갖추지 않은 적하부분을 지칭하며, 일반적으로 세미 트레일러, 풀 트레일러, 폴 트레일러의 3가지로 대별할 수 있으나 종류와 형태가 다양하기 때문에 운송하려는 화물에 따라 적합한 트레일러를 선택하여야 한다. 이러한 트레일러는 운송부문의 합리화 뿐만 아니라 물류 전분야의 합리화에 크게 기여하고 있으며 그 장점은 다음과 같다.

첫째, 트랙터의 효율적인 이용이 가능하기 때문이다. 트레일러가 하역을 위해 체류하고 있는 중이라도 트랙터 부분을 사용할 수 있으므로 회전율을 높일 수 있다.

둘째, 효과적인 적재량 때문이다. 트럭의 총중량 톤은 20톤으로 제한되어 있으나 트레일러의 경우 트랙터, 트레일러의 각 부분이 20톤으로 합계 40톤을 적재할 수 있다.

셋째, 탄력적인 작업이 가능하다. 트레일러를 별도로 분리하여 화물을 적재하거나 하역할 수 있다.

넷째, 트랙터와 운전기사의 효율적인 운용이 가능하다. 트랙터 1대에 대해 복수의 트레일러를 운영할 수 있으므로 장비와 인적자원의 이용효율을 제고할 수 있다.

다섯째, 일시보관기능의 실현이 가능하다. 트레일러 부분에 일시적으로 화물을 적재한 상태로 보관할 수 있다.

여섯째, 중계지점에서의 탄력적 이용이 가능하다. 중계지점을 중심으로 각각의 트랙터가 기점에서 중계점까지 왕복운송함으로써 차량운용효율을 높일 수 있다.

[표 2-8] 각종 트레일러의 형태와 내용

구 분	형 태	내 용
평상식 (flat bed)	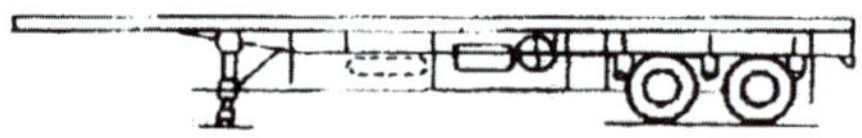	전장의 프레임 상면이 평면의 화대를 가진 구조로 일반화물이나 강재 등의 운송에 적합
저상식 (low bed)		전재시 전고(全高)가 낮은 화대를 가진 트레일러로 기중기 등 건설장비의 운반에 적합
중저상식 (drop bed)		저상식 트레일러 가운데 프레임 중앙 화대부가 낮은 트레일러로 핫 코일(hot coil) 등의 운반에 적합
스케레탈식 (skeletal)		컨테이너 운송을 위해 제작된 트레일러로 전후단에 컨테이너 고정장치가 부착되어 있음

3) 전용 특장차

자동차의 동력을 취하여 적하작업, 기타의 작업을 행하는 기계장치를 설치한 차량을 말하며, 덤프차, 믹서차, 분립체운송차, 액체운송차, 냉동차 등이 있다.

[표 2-9] 화물자동차 구조에 의한 분류

자동차종류	세부종류	특 징
트레일러	트레일러	1톤 미만에서 12톤까지의 보통트럭
	세미 트레일러	트레일러 하중의 일부를 트럭이 부담
	풀 트레일러	트랙터 자체에도 보데가 있고 트레일러도 견인
	폴 트레일러	장척물 운반용 트레일러
	기타	세미 트레일러 2량을 연결한 더블트레일러
전용특장차	덤프차	평보데나 밴형차가 일반적
	믹서차	생콘크리트믹서차 등
	분립체 운송차	벌크차, 음료나 곡물 등을 자연상태로 적재 운반
	액체 운송차	탱크로리차 등
	냉동차	단열보데에 차량냉동장치 장비
	기타	컨테이너운송차, 행거차, 가축운반차 등

자료: 東洋經濟新報社, 「運送業務の基礎」「はこぶ」, 産業能率大學 通信教育, p.4.

덤프차

믹서차

분립체운송차

액체운송차

냉동차

[그림 2-2] 전용특장차의 종류

4) 합리화특장차

전용특장차의 차량자체에 화물을 적재하거나 하역할 때 작업을 합리화하기 위하여 설비기기를 차량자체에 설치하고 있는 차량으로 실내하역기기장비차, 측면전개차, 적화・하역합리화차 그리고 시스템 차량 등이 있다.

[표 2-10] 합리화특장차의 구분

합리화 특장차	실내하역기기 장비차	리프트 플로아차량 : 하대마루바닥에 로더용 레일장비
		파렛트 로더용 레일장치비치차 : 하대마루위에 레일장비
		파렛트 라이더 장치차 : 팔레스라이더를 장비
		오토컴 부착차 : 하대마루바닥에 컨베이어 장비
	측면 전개차	밸런스 보데차 : 보데의 측면 상하분할 및 전개
		걸윙 보데차 : 하실천정의 중앙지점으로 유압되고 열리는 차
		토터 라이너 : 측면의 특수한 커튼을 당김으로 열리는 차
		측면전면 셔터밴 : 측면에 셔터를 장착하여 전개하는 차
		프리오픈벤 : 측면에 관음비를 사용하여 전개하는 차
		아코디온벤 : 측면에 아코디온 커튼방식을 이용하여 전개
		측면 뛰어올리기식 비치차
		스태이빌라이저 비치차
		수동 걸윙 보데차
		아코디온 시트차
	적하・하역 합리화차	리프트 게이트부 트럭 : 후부에 리프트게이트를 장비한 차
		하이드로 오토 : 체인 컨베이어를 장치한 차
		승강 2단상 보데차 : 하실내에 상단상이 승강하는 구조차
		크레인부 트럭 : 크레인이 장비되어 있는 트럭
	시스템차량	체인지어블 보데차 : 보데를 탈착할 수 있는 차(기계식, 유압식)
		탈착 보데차

자료: 東洋經濟新報社, 「運送業務の基礎」「はこぶ」, 産業能率大學 通信教育, p.4.

리프트 플로아차량

파렛트 로더용 레일장치비치차

파렛트 라이더 장치차

프리오픈벤

아코디온벤

아코디온 시트차

스태이빌라이저 비치차

리프트 게이트부 트럭

하이드로 오토

체인지어블 보데차

[그림 2-3] 합리화특장차 종류

40'평판 트레일러
– 적재량 : 35톤

40'컨테이너 샤시
– 적재량 : 35톤

풀 트레일러(Full Trailer)
– 적재량 : 10톤

25톤 저상식 트레일러
– 적재량 : 25톤

40톤 저상식 트레일러
– 적재량 : 40톤

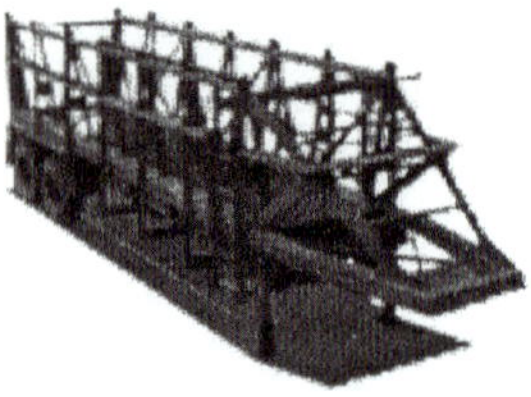

장벽 트레일러
– 적재량 : 25톤

60톤 저상식 트레일러
– 적재량 : 60톤

키본블랙 트레일러
– 적재량 : 21톤

40'컨테이너 샤시
– 적재량 : 27톤

20'컨테이너 샤시
– 적재량 : 23톤

40'구즈넥 컨테이너 샤시
– 적재량 : 28톤

25톤 저상식 트레일러
– 적재량 : 25톤

32톤 저상식 트레일러
– 적재량 : 32톤

40톤 저상식 트레일러
– 적재량 : 40톤

25톤 저상식 트레일러(25LST)
– 적재량 : 25톤

3축 평판 트레일러

풀 트레일러(Full Trailer)

25FT 컨테이너 샤시

40FT 구즈넥 컨테이너 샤시

40FT 콤바인 샤시

롤 트레일러

멀티 로우배드 트레일러

사이드 덤프트레일러

스케레탈

로우배드 트레일러

중저상 트레일러

[그림 2-4] 여러 가지 형태의 트레일러

자료 : http://www.smotor.com/korean/introduce/history/content8.html

(2) 자동차 종별을 기준으로 한 분류

1) 승용자동차

10인 이하의 사람이나 화물을 수송하기 위하여 제작된 자동차로 일반형, 승용겸 화물용, 다목적형, 기타형이 있다.

2) 승합자동차

11인 이상을 수송하기 위하여 제작된 자동차로 일반형과 특수형이 있다.

3) 이륜자동차

1인 또는 2인의 사람을 수송하기에 적합하도록 제작된 2륜의 자동차를 말한다.

4) 특수자동차

다른 자동차를 견인, 구난 또는 특수한 작업을 수행할 수 있도록 제작된 자동차로 승용차, 승합자동차, 화물자동차를 제외한 차량을 말한다.

[표 2-11] 자동차의 종별 분류

자동차 종류	유 형	특 징
승용자동차	일반형	2~4개의 문이 있고, 전후 2열 또는 3열의 좌석을 구비한 유선형의 것
	승용겸화물형	외관이 일반형과 유사하나 차안에 화물을 적재하도록 장치를 갖춘 것
	다목적형	4륜구동장치 또는 자동제한장치 등 운행이 용이한 구조를 갖춘 자동차로 일반형 및 승용겸 화물형이 아닌 것
	기타형	위 어느 것에도 속하지 않는 승용자동차
승합자동차	일반형	여객수송용의 것
	특수형	특정한 용도로 제작된 것
이륜자동차	일반형	자전거로부터 진화된 구조로 사람 또는 소량화물을 수송하기 위한 것
	특수형	경주 또는 오락 등을 즐기기 위한 구조를 갖춘 것
	기타형	3륜 이상으로 승차정원 1인, 최대적재량 100kg 이하, 배기량 125cc 이하인 것
특수자동차	견인형	피견인차의 견인을 위한 구조를 갖춘 것
	구난형	운행이 곤란한 자동차를 구난, 견인할 수 있는 구조를 갖춘 것
	특수작업형	위의 어느 형에도 속하지 않는 특수작업용의 것

5) 화물자동차

주로 화물을 수송하거나 화물을 수송하는 기능을 갖추고 자체적하 등 작업을 수행할 수 있는 설비를 갖춘 자동차를 말한다.

[표 2-12] 화물자동차의 종류

<table>
<tr><th>자동차의 종류</th><th>유 형</th><th colspan="2">세부 유형</th><th>특 징</th></tr>
<tr><td rowspan="36">화물
자동차</td><td rowspan="8">일반형</td><td colspan="2">픽업형 소형화물</td><td rowspan="8">보통의 화물수송용의 것</td></tr>
<tr><td rowspan="7">카고형</td><td>1톤 이하</td></tr>
<tr><td>3톤 이하</td></tr>
<tr><td>5톤 미만</td></tr>
<tr><td>8톤 미만</td></tr>
<tr><td>10톤 미만</td></tr>
<tr><td>12톤 미만</td></tr>
<tr><td>12톤 이상</td></tr>
<tr><td rowspan="4">덤프형</td><td colspan="2">1톤 미만</td><td rowspan="4">적재함을 원동기의 힘으로 기울여 중력에 의하여 쉽게 미끄러뜨리는 구조의 화물수송용의 것</td></tr>
<tr><td colspan="2">5톤 미만</td></tr>
<tr><td colspan="2">12톤 미만</td></tr>
<tr><td colspan="2">12톤 이상</td></tr>
<tr><td rowspan="3">벤형</td><td colspan="2">1톤 이하</td><td rowspan="3">지붕구조의 덮개가 있는 화물수송용의 것</td></tr>
<tr><td colspan="2">5톤 미만</td></tr>
<tr><td colspan="2">5톤 이상</td></tr>
<tr><td rowspan="21">특수
용도형</td><td colspan="2">청소차</td><td rowspan="21">특정한 용도를 위해 특수한 구조로 제작되었거나 기구를 장착한 것으로 어느 형에도 속하지 않는 화물수송용의 것</td></tr>
<tr><td colspan="2">노면청소차</td></tr>
<tr><td colspan="2">살수차</td></tr>
<tr><td colspan="2">소방차</td></tr>
<tr><td colspan="2">냉장・냉동차</td></tr>
<tr><td colspan="2">곡물・사료운반차</td></tr>
<tr><td rowspan="5">유조차</td><td>항공유</td></tr>
<tr><td>휘발유</td></tr>
<tr><td>등유・경유</td></tr>
<tr><td>벙커 C유</td></tr>
<tr><td>기타</td></tr>
<tr><td rowspan="4">탱크로리</td><td>식수음료</td></tr>
<tr><td>압축가스</td></tr>
<tr><td>화공약품</td></tr>
<tr><td>기타용도</td></tr>
<tr><td rowspan="5">피견인차</td><td>적재함형</td></tr>
<tr><td>저상형</td></tr>
<tr><td>평판형</td></tr>
<tr><td>컨테이너샤시</td></tr>
<tr><td>기타 특수용도</td></tr>
<tr><td colspan="2">기타</td></tr>
</table>

2.4 화물터미널

(1) 화물자동차운송사업의 종류

현행 우리나라 화물자동차운송사업은 「화물자동차운수사업법」에 의거 화물자동차운송사업 및 화물자동차운송주선사업으로 구분된다. 화물자동차운송사업은 타인의 수요에 응하여 화물자동차를 사용하여 화물을 유상으로 운송하는 사업을 말하며, 화물자동차운송주선사업은 타인의 수요에 응하여 유상으로 화물운송계약을 대리하거나 화물자동차운송사업을 경영하는 자의 화물운송수단을 이용하여 자기의 명의와 계산으로 화물을 운송하는 사업을 말한다. 화물자동차 운송가맹은 다른 사람의 요구에 응하여 자기 화물자동차를 사용하여 유상으로 화물을 운송하거나 수속 화물자동차 운송가맹점에 의뢰하여 화물을 운송하게 하는 사업을 말한다.

화물자동차운송사업은 일반화물자동차운송사업, 개별화물자동차운송사업, 용달화물자동차운송사업으로 구분된다.

[표 2-13] 화물자동차운송사업의 종류

운송사업의 종류	내 용
일반화물자동차운송사업	일정대수 이상의 화물자동차를 사용하여 화물을 운송하는 사업
개별화물자동차운송사업	화물자동차 1대를 사용하여 화물을 운송하는 사업
용달화물자동차운송사업	소형의 화물자동차를 사용하여 화물을 운송하는 사업

[표 2-14] 화물자동차운송사업의 허가기준(제13조 관련, 개정 2016.01.07.)

업 종 / 구 분	일반화물자동차 운송사업	개별화물자동차 운송사업	용달화물자동차 운송사업
허가 기준 대수	1대 이상	1대	1대 이상. 다만, 집화등만을 위해 허가를 받으려는 경우는 1대
최저 자본금	1억원(소유대수가 2대 이상인 경우만 해당)	없음	5천만원 (2대 이상인 경우)
사무실 및 영업소	• 주사무소 : 20m² 이상 • 영업소 : 영업에 필요한 면적(소유대수가 2대 이상인 경우만 해당)	없음	• 주사무소 : 20m² 이상 • 영업소 : 영업에 필요한 면적(소유대수가 2대 이상인 경우만 해당)

최저보유 차고 면적	화물자동차 1대당 당해 자동차의 길이와 너비를 곱한 면적	당해 자동차의 길이와 너비를 곱한 면적	화물자동차 1대 당 당해 자동차의 길이와 너비를 곱한 면적
자동차의 종류	화물자동차 및 특수자동차	• 최대적재량 1톤 초과 5톤 미만의 화물자동차 • 중형특수자동차 • 이사화물 또는 이와 유사한 화물의 운송을 위한 최대적재량 5톤의 밴형화물자동차 • 이사화물 또는 이와 유사한 화물의 운송을 위한 고정식 사다리형 장비를 갖춘 최대적재량 1톤 초과 화물자동차와 중형, 대형 특수자동차	최대적재량 1톤 이하인 화물자동차

자료 : ① http://net-in.co.kr/logition/legal/fvtb3/fvb2.html
② http://www.law.go.kr/lsInfoP.do?lsiSeq=178202&efYd=20160630#0000

수출입화물을 자동차로 운송할 경우 운송수단별 비율을 보면 대부분의 업체가 화물운송업체의 차량을 이용하고 있으며, 자사소유차량을 이용하는 업체는 대기업이 6%, 중소기업이 15%를 점유하여 중소기업일수록 자사차량의 이용률이 높다.

화주가 자사소유차량을 이용할 경우와 화물운송업체의 차량을 이용했을 경우의 장단점은 다음과 같다.

[표 2-15] 자사 및 화물운송업체 차량이용시의 장단점 비교

구 분	자사소유 차량 이용	화물운송업체 차량 이용
장점	• 오지나 격지에 배송 가능 • 안정적 운송능력의 확보 • 높은 고객서비스와 가동성 • 운임의 장기적 안정 도모 • 화물파손 및 도난 감소 • 시스템의 일관성 유지	• 운송수요변동에 탄력적 대응가능 • 설비와 인력투자에 따른 고정비절감 • 설비 및 인적 투자 불필요 • 자사운송과 비교 시 운송효율 상승 • 공차회송율의 감소
단점	• 급격한 운송량의 변화에 신속한 대처 곤란 • 설비 및 인건비의 고정화 • 타사운송과 비교 시 운송효율 저하 • 사용하는 차종 및 차량에 한계 • 수송능력의 한계	• 운임인상 시 대응곤란 • 기동성의 저하 • 관리기능의 저하 • 일괄운송시스템의 구축곤란

(2) 화물터미널

화물터미널이란 도로 등 일반교통에 사용되는 장소 외에 화물의 집화·하역·분류·포장·보관 또는 통관 등에 필요한 시설을 갖춘 화물유통의 중심이 되는 지역으로 터미널의 종류는 그 이용자에 따라 타인의 이용에 제공하기 위하여 설치한 공용화물터미널과 화물자동차운송사업자가 자기의 사업에 이용하기 위하여 설치한 전용화물터미널로 구분된다. 화물터미널의 기능은 운송수단 간의 연계운송을 할 수 있는 규모 및 시설을 갖춘 복합화물터미널과 복합화물터미널 이외의 일반화물터미널로 구분된다.

화물터미널의 주요 기능은 ① 화물운송의 중개지, ② 정기노선화물업체의 화물기지, ③ 개별생산업체들의 배송센터역할, ④ 도매시장의 기능, ⑤ 화물트럭 및 터미널 이용자에 대한 서비스기능 등을 가지고 있다. 현재 화물터미널의 수는 복합터미널 7개소, 일반터미널 31개소, 전용터미널 2개소 등 총 40개소에 이르고 있다.

[표 2-16] 우리나라 화물터미널 현황

(2018. 현재)

구 분	시 도	터미널명	비 고
복합터미널	경기(2)	의왕 ICD, 군포복합화물터미널	
	부산(2)	양산복합화물터미널, 양산 ICD	
	세종(1)	중부복합물류터미널	
	경북(1)	칠곡복합물류터미널	
	전남(1)	장성복합물류터미널	
일반터미널	서울(2)	한국트럭터미널, 서부트럭터미널	
	부산(1)	부산물류터미널	
	인천(3)	영창화물터미널, 한진전용화물터미널, 인천화물터미널	
	광주(2)	광주화물터미널, 풍암물류터미널	
	대전(2)	대전화물터미널, 중부대전물류터미널	
	대구(3)	서부물류터미널, 북부물류터미널, 동부물류터미널	
	울산(1)	울산화물터미널	
	경기(8)	안산화물터미널, 서부공용화물터미널, 시화공단공용화물터미널, 중부공용화물터미널, 한진화물터미널, 평택물류터미널, 안산물류터미널, 한샘물류터미널	

	충북(1)	보은화물터미널	
	충남(2)	아산공용화물터미널, 중부화물터미널	
	전북(1)	신익산화물터미널	
	전남(2)	여천트럭터미널, 여천화물터미널, 여수일반물류터미널	
	경북(2)	삼일물류터미널, 구미화물터미널	
	경남(1)	진주화물터미널	
전용터미널	부산(2)	사설컨테이너장치장	ODCY

자료 : http://www.nlic.go.kr/nlic/WhsGudeHtm9.action 참조.

2.5 화물자동차운송과 지능형교통시스템

지능형교통시스템(ITS : Intelligent Transport Systems)[6]은 도로, 교통, 신호시스템 등 기존의 첨단차량도로시스템(IVHS : Intelligent Vehicle Highway System)[7]에 전자, 통신, 제어, 기계 등의 기술을 적용함으로써 교통정보 흐름을 원활히 하고 구성요소들이 상호 유기적으로 작동하게 하여 교통시설을 효율적으로 이용하고 운전자의 편의성과 안전성을 극대화하는 새로운 개념의 교통체계이다.

지능형교통시스템의 궁극적인 목표는 교통시설, 운전자, 차량 간의 정보와 제어의 흐름을 원활히 함으로써 소통애로 및 교통사고의 증가 등 교통문제를 해결하고자 하는 데 있으며, 이의 도입을 통하여 교통시스템의 안전증진, 효율성 증진, 환경비용의 절감, 생산성의 향상, 개인교통수단의 질적 향상과 교통시스템의 편의성 증진 등의 편익을 얻을 수 있다.

지능형교통시스템은 새로운 도로를 건설하지 않고 기존에 구성되어 있는 도로나 신호체계에서 인력에 의존하는 부품 첨단기술을 이용하여 자동화하고 다각적 통신수단을 이용하여 교통정보를 제공, 사람, 자동차, 교통신호 등 교통관련 대상들이 좀 더 부드럽게 연결되어 작동되고 다양한 교통서비스가 일반인이나 관련자에게 제공되는 신교통관리기술을 말한다.

6) ITS는 기존 교통시설의 효율을 극대화하기 위하여 첨단의 전자, 통신, 기계, 제어기술을 기존의 교통체계에 적용한 시스템으로 교통체계의 운영, 관리, 정보, 제공 등을 위해 필요한 각각의 하위체계정보의 수집, 처리, 제공 및 제어라는 일련의 과정 속에 연관된 자동차, 전자산업 및 교통인프라의 혼합물이다.

7) ITS의 전신으로 도로 이외의 교통 분야를 모두 포괄한다는 의미에서 ITS로 바뀌었다.

이러한 지능형교통시스템의 특성은 첫째, 여러 하부체계들이 결합된 통합시스템으로 여러 기술적인 요소들이 결합되어 다양한 서비스를 동시에 제공한다. 둘째, 교통혼잡 해소를 위해 교통관리체계의 구축 및 운영으로 차량소통을 증진시킨다. 셋째, 첨단차량 및 도로체계의 안전관련 서비스체계의 구축과 돌발사고관리 서비스체계를 운영한다. 넷째, 대중교통에 관한 각종 정보를 제공하여 이용자 서비스 수준을 향상시킨다. 다섯째, 화물운송체계를 구축하여 화물운송의 과학화와 전문화를 추구한다.

지능형교통시스템의 도입 시 기대되는 효과는 다음과 같다.

- 교통혼잡 완화
  - 교통량의 변화에 따른 실시간 교통류 제어, 교통위반 단속 및 요금수수 등의 자동화
  - 실시간 교통정보 및 우회경로 정보를 제공함으로써 교통체증의 감소
- 교통서비스 획기적 개선
  - 최적 이동시간, 이동수단 및 이동경로에 대한 선택권 부여로 합리적인 시간 공간 활용 가능
  - 대중교통의 정시 운행 향상, 정류장 대기시간 감축, 차내 혼잡 감소 등 대중교통의 서비스 향상[8)]
- 교통 안전성 향상(교통사고 60% 감소)
  - 교통사고 상황, 도로공사, 기상변화 등 차량과 도로의 위험상황에 대하여 자동경고 및 제어 등을 통해 교통안전 증대[9)]
  - 과적 등 교통위반 단속의 자동화를 통한 교통위반의 감소
- 물류비 절감을 통한 국가 경쟁력 제고
  - 혼잡완화와 화물차 운행 최적화로 물류비 절감
  - 혼잡대기 및 교통사고 감소로 개인과 기업의 사회적 생산성 증대

---

8) 1997년 과천 ITS시범구축으로 구축전보다 통행속도가 28.6km/h에서 35.8km/h로 25.5%가 개선되었으며, 교차로에서의 자체도 3.656초/대에서 1.584초/대로 56% 감소하였다. 이후 설, 추석 등 교통수요 급증기간, 대규모 재해, 재난 발생기간, 대규모 행사 개최기간 등에 특별교통대책본부 운영이 지원되고 있는데 2011년 설 명절기간 378만 건의 교통정보를 제공했는데 인터넷은 335만건(스마트폰 175만건), ARS 43만건(2010년 설 334만건 대비 13.2% 증가)을 제공하였다 ; (국토교통부, 「자동차도로교통 분야 지능형교통체계(ITS) 계획 2020」, 일부 참조).

9) 1997년 4월 경찰청이 무인단속시스템 도입에 따라 교통사고 사망률이 107명에서 43명으로 60% 감소하였으며, 교통사고는 801건에서 576건으로 28%가 감소하였다. 이후에는 도로위험요소를 관리하는 교통사고예방체계를 도입하여 악천후, 공사구간, 장애물 등 교통사고 유발요인을 감지하여 알려주는 주의운전구간 관리 서비스를 도입하기도 하였다 ; (국토교통부, 「자동차도로교통 분야 지능형교통체계(ITS) 계획 2020」 일부 참조).

• 첨단산업의 국제경쟁력 강화
  - 전자, 통신, 제어, 시스템 통합 등 첨단핵심기술의 자체확보
  - 정보수집용 검지기[10], 차량항법장치(네비게이션), 차량안전시설, GPS 단말기 등 ITS 관련 첨단의 국제경쟁력 제고
• 환경보전 및 에너지 절감
  - 동일한 교통수요 처리를 위해 상대적으로 작은 도로시설로 가능하므로 SOC 확충에 따른 자연파괴 감소
  - 교통혼잡 완화로 차량 매연발생 감소(CO2 배출량 13%)
  - 혼잡완화, 대중교통으로의 전환을 통해 에너지 절감효과

1980년대 후반부터 선진외국은 지능형교통체계를 국책과제로 선정하여 연구개발을 추진 중이며, 우리나라의 경우 건설교통부(현, 국토교통부)가 주관이 되어 국민생활의 편의를 증진하고 국가경제의 발전에 이바지함을 목적으로 1999년 2월 18일 법률 제5891호로 교통체계효율화법을 제정하는 한편 국가 기본계획을 수립하고 그에 근거한 단계적인 시스템 구축을 추진하고 있다.

이러한 지능형교통정보시스템의 추진 흐름과 3단계 추진 계획은 다음과 같다.[11]

1단계 기반구축단계(1996년~2000년) : 지능형교통시스템의 시범사업, 핵심기술개발, 표준화 등의 본격적인 구축을 위한 기반을 조성하고 단기에 실용화가 가능한 기존, 기술로 기초적인 서비스를 제공하는 것을 목표로 하고 있다. 지역적으로는 수도권 지역을 대상으로 시스템을 구축・운영하게 된다.

2단계 성장・확산단계(2001년~2005년) : 지능형교통시스템에 대한 각종 시행착오를 보완하고 발전시켜 우리 현실에 맞는 시스템을 구축하는 것이다. 개발된 기술을 바탕으로 다양한 부가가치서비스를 추가로 제공하고 구축범위도 주요 광역시 권역으로 확대・구축하게 된다.

3단계 성숙・고급화단계(2006년~2010년) : 기본 시스템들의 기능을 효율적으로 연계・통합하며, 고수준의 차세대 서비스를 도입하여 전국적으로 구축지역을 확대하게 된다.

10) 첨단도로교통정보시스템(ATIS)이나 첨단도로교통운영시스템(ATMS)이 정상가동하기 위해서는 도로소통, 주차, 사고 상황 등에 대해 다양한 정보가 체계적으로 수집되어 정보센터로 집중돼 지역단위의 교통정보로 분석되어야 한다. 이렇게 가공된 정보는 차량내 주행안내장치, 도로정보판, TV방송, 인터넷, 가변 정보판, 자동응답전화(ARS) 등을 통한 통합교통정보안내 및 관제에 활용된다. 이 과정에서 사용되는 교통검지기는 차량속도, 차량종류, 통행량, 차량번호판 등을 감지하면서 다양한 첨단교통시스템을 구축하는 데 중요한 역할을 하게 된다 ; (http://www.itskorea.com/news/itsnews990914.html).

11) http://www.itskorea.or.kr/menu8.html

[표 2-17] 지능형교통정보시스템의 단계별 기술개발 목표

단 계	주요 추진 목표
단기 (1996년~2000년) ITS 도입 및 근거법 마련	• ITS사업의 효율적 추진을 위한 지원방안 강구 • 기술개발 대상 분야의 기초이론 및 기반기술개발 • ITS설비 및 통신기준안 제시 • 기존 국내기술력과 해외기술력 활용 • 기존서비스로 실시 가능한 시스템 개발
중기 (2001년~2005년) ITS 성장 및 확산	• 개발된 시스템의 안정화 • 핵심기술의 국산화율 극대화 • 서비스기능의 다양화
장기 (2006년 이후) 차세대 ITS	• 차세대기술의 실용화 • 유관 정보시스템과 통합화구현

또한 2013년 기준 ITS의 성과달성 정도를 정리하여 보면 아래와 같다.

1. 교통혼잡개선

최적의 교통정보 제공을 통해 개별운전자의 통행 시간 및 비용을 절감하였으며 이는 국가적 차원의 교통혼잡비용 감소 효과를 나타내었다. 또한 반복 정체 뿐만 아니라 돌발상황에 대한 신속한 대응으로 비반복 정체로 인한 교통 혼잡을 최소화하였다.

ITS 구축을 통한 교통혼잡 개선효과로는 연간 11.8조 원 이상의 사회적 편익이 발생하였으며 도로 위 차량의 평균 통행속도가 15~20% 증가하였다. 궁극적으로 ITS 도입을 통해 도로 건설비용(4차로 일반국도 296억 원/km)의 1% 투자로 교통혼잡 20% 감소의 높은 효과를 얻을 수 있었다.

2. 교통안전개선

사고위험요소에 대한 사전 경고를 통해 사고 예방 및 사고 발생 시 인명피해를 최소화 하였으며 돌발 상황에 대한 신속한 대응을 통해 피해규모 절감 및 2, 3차 유발사고를 예방하였다.

전국 도로 주요 지점에 설치된 차량 검지기와 CCTV를 통해 사고위험요소경고, 돌발상황 관리, 과속단속 등 실시간 교통상황 모니터링이 가능해졌으며 국토교통부, 한국도로공사, 경찰청, 지방자치단체(33개 도시) 등 주요기관이 교통정보센터 구축·운영을 통해 교통 정보 분석, 사고다발지역을 선정하고 지속적으로 관리하게 되었다.

3. 교통환경개선

교통환경개선의 경우 교통정체·공회전 등에 의한 연료소모와 온실가스 배출을 감소시켜 녹색교통체계 실현을 가능케 하였으며 대중교통 서비스개선을 통한 대중교통 수단분담률 향상과 승용차 이용을 억제하여 통행비용 절감 및 녹색교통수단 이용을 활성화했다.

ITS 구축을 통해 국도 1,000km 구축 시 연간 1.9만 톤, 고속도로는 연간 2.3만 톤의 이산화탄소감소 효과가 발생하였다. 2012년 발표된 ITS기본계획2020에서는 사고를 예방하는 안전한 교통체계 구축과 수단 간 문턱 없는 편리한 교통서비스 제공, 상황에 대응하는 스마트 교통 기반 조성을 목표로 하고 있다.

2.6 남북한 통합도로망의 구축

해방 이후 50년 동안 분단 상태의 남북교류가 6·15남북공동선언 이후 점차 가시화되고 있다. 그동안 남북 교통망 통합의 필요성은 국제무역에 있어 해상운송과 항공운송에 지나치게 의존하고 있는 점을 감안해 볼 때 앞으로 비용절감을 통한 대외경쟁력의 강화는 물론 수송능력이나 수송의 질적인 면에서 우위에 있는 양호한 육상교통수단의 이용이 필요하기 때문이다.

남북한 통합도로망의 구축과 관련 북한 도로망의 특징을 보면 다음과 같다.

첫째, 북한은 1970년대에 이르러 철도운송의 폭주로 도로는 철도의 보조적 운송수단으로만 활용되고 있다. 이는 북한의 주철보도정책(主鐵補道政策)에 기인한 것으로 북한의 도로는 총길이 23,000km이며, 대부분 비포장도로일 뿐 아니라 도로포장율도 6.4%에 불과한 실정이다.

둘째, 북한의 도로는 비교적 지형이 평탄한 서북해안지구에 주로 분포되어 있으며, 특히 평양을 중심으로 한 범위 내에 비교적 잘 발달되어 있다. 그것은 1급도로가 평양을 중심으로 신의주, 이주, 만포, 원산, 평강, 개성, 해주, 남포와 원산을 중심으로 청진, 고성 그리고 북청, 해산, 평산, 회천 등으로 발전한 것을 통해 알 수 있다.

셋째, 북한의 도로운영은 30㎞ 이내의 단거리수송을 위주로 하고, 철도가 없는 지역만 장거리수송을 하며, 중량이 무겁거나 부피가 큰 화물은 주로 철도와 선박으로 운송이 이루어지고 있다.

넷째, 간선도로와 철도가 기본적으로 평행하게 연결되어 있다. 이에 따라 남북한이 처한 현재의 문제점은 남북 분단 지속으로 국제 육상교통망 연계가 곤란하고 지정학적 잠재력이 있지만 대륙과의 육상교통 연결을 위한 기반이 미흡하다. 또한 남북 경제협력을 위한 안정적인 교류 여건 및 기반이 미성숙하다는 점인데 정치, 군사적 여건변화에 따른 갑작스런 사업중단 위험성과 비핵화문제로 인한 국제사회와의 갈등 등이 대표적이라 할 수 있다. 이와 함께, 한반도의 지정학적 이점을 활용한 글로벌 교통거점 개발이 미흡하다는 점을 들 수 있는데 유라시아와 태평양을 잇는 역할을 수행할 수 있는 지리에 위치하고 있으나 이러한 교통개발의 미흡이 또한 문제이다.

현재 남북에는 여러 단절된 도로망이 있으며 국도 등 주요 노선을 살펴보면 총 13개의 연결도로가 있다. 지역별로는 서부지역에 4개, 중부지역에 5개, 동부지역에 4개 등이 분포되어 있다. 정부에서는 2000년 제4차 국토종합계획을 수립, 앞으로 남북 7개축의 국가간선도로망을 계획하고 있어 이들의 효율적인 연결이 남북교류활성화의 기초가 될 전망이다.

그 내용을 보면 제1축은 강화도-해주, 제2축은 경부고속도로-개성, 제3축은 중부고속도로-연천-장풍, 제4축은 중부내륙고속도로-철원-평강(철원), 제5축은 중앙고속도로-화천-김화, 제6축은 태백산줄기로서 영월-금강 그리고 제7축은 동해고속도로로서 간성-고성 축이다. 이 중 제2축과 제7축은 대륙연결을 위한 간선축으로 역할이 기대되며, 제2축은 아시아 하이웨이[12]의 간선노선으로 역할될 전망이다.

---

12) 아시아하이웨이란 아시아 대륙 31개국을 연결하는 국제 자동차도로망을 말한다. 협정 내용에 따르면, 아시아고속도로는 32개국에 있는 기존 55개 노선의 도로를 국경을 초월해 이용할 수 있도록 되어 있다. 이 가운데 한국을 관통하는 노선은 AH1과 AH6의 2개 노선이다.

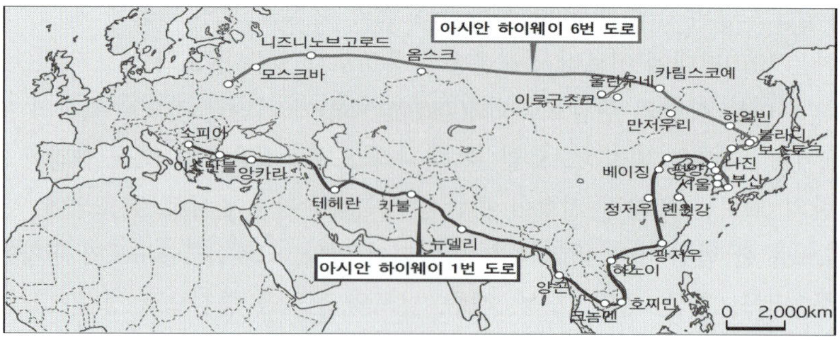

[표 2-18] 제4차 국토종합계획 상의 주요 노선

구분	주요 노선	간선도로 연결방안
제1축	강화도-해주	남포-신의주를 거쳐 고속도로로서 중국과 연결가능
제2축	경부고속도로-개성	평양까지 연결되어 가장 중요한 중심축 형성
제3축	중부고속도로-연천-장풍	북한에서 하나의 축으로 통합되어 북철원-강동-희천-강계-만포까지 고속도로로 연결
제4축	중부내륙고속도로-철원-평강(철원)	
제5축	중앙고속도로-화천-김화	북한에서 고규격 국도수준으로 연결가능
제6축	영월-금강	고속화도로로는 불가능하며, 고규격 국도급 도로로 북한에서의 연결 필요
제7축	간성-고성	러시아와 연결되는 주요 노선 역할가능

이 중 남북한 협력증진으로 도로이용이 가능하게 된다면 가장 먼저 이용가능한 노선은 다음과 같다.

① 제2축

경부고속도로-문산-판문점-개성 간의 국도 1호선과 연결하는 노선으로 문산과 개성간의 국도가 연결되면 남한의 생필품, 전자제품, 철강, 기계품 등 공산품을 북한의 평양지역으로 운송이 가능하게 될 것이다.

② 제4축

중부내륙고속도로-철원-평강 간의 국도 3호선과 연결하는 노선으로 철원과 평간간의 국도가 연결되면 남한의 경인지역과 강원도지역의 화물을 북한의 동해안지역으로 운송하고, 북한의 동해안 지역화물을 남한으로 운송이 가능하게 될 것이다.

③ 제7축

동해고속도로의 간성-고성-장전 간의 국도 7호선과 연결하는 노선으로 남북한의 동해안을 연결하여 동해안의 각종 수산물 등의 운송이 가능하고, 현재 해상을 이용한 금강산관광이 육로로서 가능하게 될 것이다.

현재 남북한의 도로체계는 남한의 도로가 격자형을 지향하며, 기존의 경부축·호남축·영동축·남해안축에 최근 동해안축·서해안축이 추가되어 교통축의 다변화가 이루어지고 있다. 한편 북한은 신의주-평양-개성을 중심으로 서해안축이 발달되어 있으며, 여기에 평양-원산의 동서연결축과 고성-원산-호령의 동해안축이 주요 축을 형성하는 H자형을 취하고 있다.

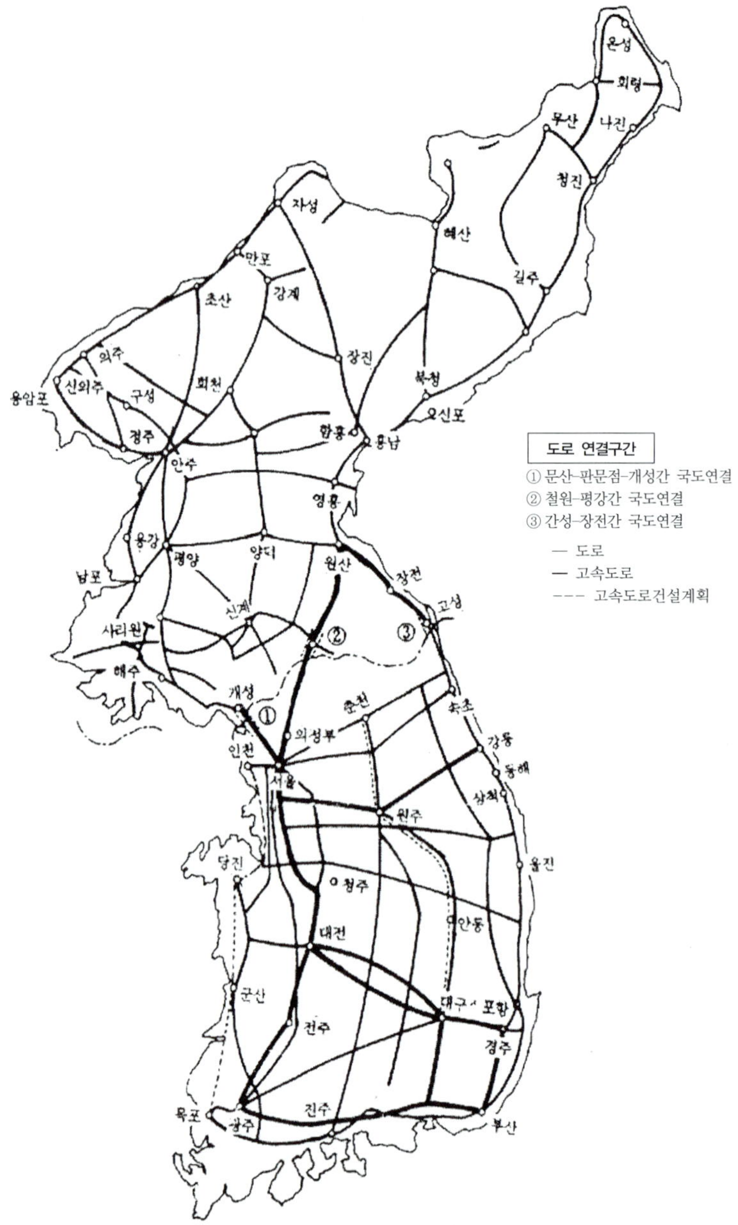

[그림 2-5] 남북한 도로 연결방안

남북도로망의 통합이 이루어지는 경우 가장 중요한 효과로는 수송비의 절감[13)]을 가져오는 것은 물론 수송시간 절감,[14)] 북한의 경제회생, 남북경제통합의 가속화, 남북한 대외경쟁력의 강화 등을 가져올 수 있을 것이다.

한반도의 종합도로망은 일차적으로 남북간의 단절된 도로연결과 남한의 국가간선도로망의 북한지역 연장확충 그리고 이들 간선축의 중국대륙과 연결에 의해 완성될 수 있을 것이다.

2.7 컨테이너화물의 육상운송

1. 컨테이너 육상운송의 개요

컨테이너운송은 자동차, 철도, 선박, 항공기에 컨테이너를 적재하여 운송하는 것을 말하며 컨테이너 육상운송은 자동차와 철도를 이용하여 선적지나 도착지로 이동하는 것을 말한다. 컨테이너 육상운송은 1956년 미국의 Sea-Land사가 해상컨테이너운송을 처음 시작한 이래 빠른 속도로 발전하여 현재 수출입화물운송의 일반적인 방식이 되어 항공운송까지 확대되어 이용되고 있다. 특히 우리나라의 경우 내륙운송거리가 비교적 길며 자동차운송을 대체할 철도 등 운송수단의 미비로 자동차를 이용한 컨테이너 내륙운송의 비중이 크다.

컨테이너를 육상운송하기 위해서는 기본적으로 동력장치인 트랙터와 컨테이너를 적재하는 부분으로써 차축, 차륜, 제동장치를 보유하고 있는 트레일러가 필요하다. 이러한 컨테이너 육상운송방식은 크게 세미 트레일러[15)]방식(semi-trailer combination), 풀 트레이너[16)]방식

13) 예로 서울-평양간 컨테이너 운송비를 순수수송비와 시간가치를 고려하여 계산하면 도로 이용시(35,229원/TEU), 해운과 도로 이용시(75,673원/TEU)보다 수송비가 약 47% 수준이며, 서울-단동구간은 57.2% 수준이다.

14) 남북교역에 있어 해상운송대신 도로를 이용함으로써 발생하는 시간절감효과는 도로가 해운보다 훨씬 저렴한 것으로 나타났다(인천 남포항 기준, 도로 : 8시간, 해운 : 48시간) ; (「남북연결도로, 철도의 교통수요 및 비용 분석 연구」, p.25. 일부 참조).

15) 연결 장치를 사이에 둠으로써 차중과 적하의 상당 부분을 세미트레일러 트랙터에도 부담시킬 수 있는 1축 또는 그 이상의 차축을 가진 트레일러를 말한다. 세미트레일러는 운송의 효율성과 대량화물차 중량화물의 운송상의 편의성으로 해상컨테이너 운송에 많이 이용되고 있다.

16) 차중과 적하의 전중량을 자기의 전후 차축만으로 받게 되어 있는 구조를 가진 트레일러로 견인자동차에는 풀 트레일러를 견인할 수 있는 적합한 구조와 장치를 가지고 있다. 세미트레일러에 비해 운전조작이 어려우나 차량의 최대 확장과 적재량이 큰 장점이 있다.

(full-trailer combination) 그리고 더블 바틈[17]방식(double bottom trailer combination) 3가지가 있다.

컨테이너육상운송과 관련 현재 국토교통부에서는 도로보전과 통행의 위험방지 및 교통소통의 원활화를 위해 차량 중 총중량 40톤, 축중 10톤을 초과하는 컨테이너 화물차량을 대상으로 과적차량단속을 실시하고 있다. 컨테이너 육상운송운임의 적용은 국토교통부 신고요금이며, 컨테이너 특성상 크기별, 거리별 및 운송구간별로 기본요금이 적용되고 있다. 화주는 컨테이너 반환이 원칙적으로 최초에 수령한 장소에서 이루어져야 하므로 그 컨테이너를 수령한 장소를 기점으로 왕복요금을 적용하여야 하나, 경부간 혹은 선박회사가 인정하는 CY가 종점일 경우에는 편도요금이 적용된다.[18]

2. 수출컨테이너화물의 내륙운송절차

수출자가 수출물품을 확보하게 되면 이를 선적지 개항에서 선적하기 위하여 내륙운송수단을 선택하여 운송하게 된다. 통상 FCL(Full Container Load) 화물은 수출자 문전에서 통관절차를 필한 후 운송되며, LCL(Less than Container Load) 화물은 미통관된 상태로 내륙운송 후 선적지에서 컨테이너에 혼재작업을 거친 다음 통관절차를 필하게 된다.

FCL화물이 내륙운송과정을 거친 후 선적지에서 혼재작업을 하는 과정은 다음과 같이 3가지로 구분된다.

① 전용부두에 직반입 : 허치슨부산컨테이너터미널(Hutchison Busan Container Terminal : HBCT), 부산동부산컨테이너터미널(Pusan East Container Terrminal : PECT)에 직반입하여 혼재작업 후 선적하는 방법

② ODCY CFS에 반입 : 수출자가 화물자동차를 직접 수배하거나 운송주선인(forwarder)을 통하여 ODCY의 CFS까지 운송하는 방법

③ 보세창고 CFS에 반입 : 선적되기까지 일정기간의 여유가 있는 경우 일반 보세창고에 반입하여 보관 후 해당 기일에 선적하는 방법

17) 제1세미트레일러와 제2세미트레일러를 연결하여 운송하는 것으로 도시 간 운송에 많이 이용된다.

18) http://www.bizlove.com/pb4/무역교실/내륙%20운송.html

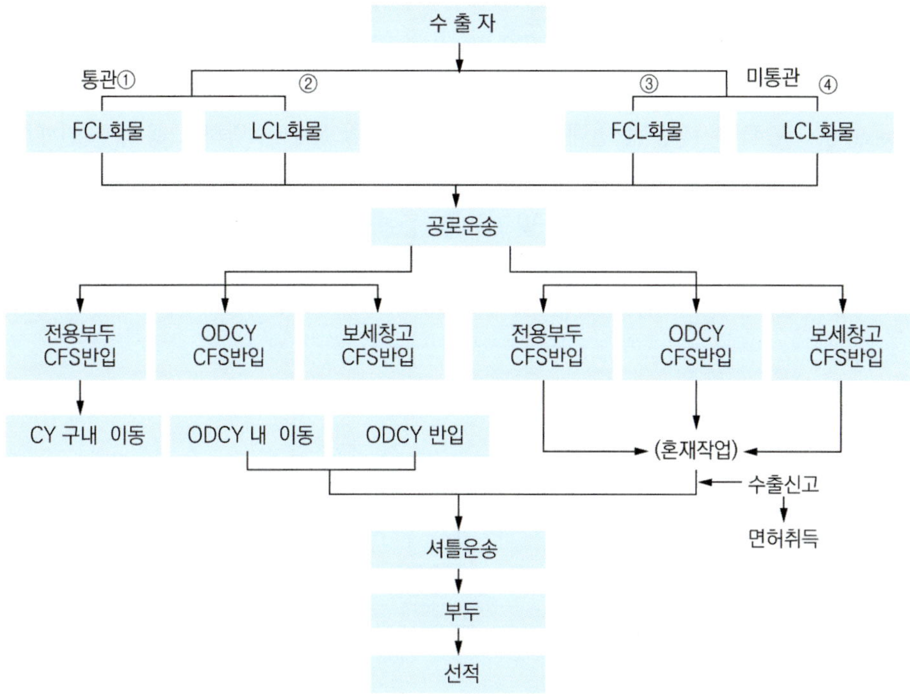

[그림 2-6] 수출화물의 내륙운송절차

주) 1. 생산지에서 통관절차를 필한 상태로 보세운송되는 FCL화물
2. 생산지에서 통관절차를 필한 상태로 보세운송되어 선적지에서 도착보고와 함께 컨테이너에 화물의 혼재작업으로 적립된 후 선적되는 LCL화물
3. FCL화물이나 컨테이너에 적립이 안된 벌크상태로 공로운송되어 선적지 ODCY에 반입되어 장치된 후 화주, 관세사, 운송주선인 등에 의해 수출통관업무 수행
4. 생산지에서 미통관된 상태로 운송되어 선적지에서 수출면허를 득한 후 선적되는 LCL화물

(1) FCL 수출화물의 절차

FCL 컨테이너화물의 운송절차를 흐름별로 보면 다음과 같다.[19]

① 트럭회사는 화주, 선박회사, 운송주선인(Forwarder)[20]으로부터 운송신청을 접수

19) 日本ユンテナ協會 編, 「國際ユンテナ實務要覽」, 成山當, 1984, p.118.
20) 화주를 대신하여 화물의 통관・입출고・집화・선적・인도 등의 서비스를 제공하고 그에 따른 수수료를 취하는 개인 및 법인을 말한다.

② 트럭회사는 운송신청을 기준으로 선박회사에 대해 빈 컨테이너의 인도 요청

③ 선박회사로부터 기기양도지시서(EDO : Equipment Dispatch Order)[21]를 교부 받음

④ 트럭회사는 컨테이너 터미널에 기기양도지시서 1통을 제시하고 기기수도증(ER : Equipment Receipt)[22] 반출용 1통, 빈 컨테이너 반입표, seal[23] 등을 수령하고 동시에 컨테이너 야드(CY : Container Yard)[24]에서 관리하는 빈 컨테이너 인수

⑤ 빈 컨테이너에 컨테이너 반입표 및 seal을 동봉한 후 다음 화물의 발송지(화주의 창고, 공장, 야적장)로 송부

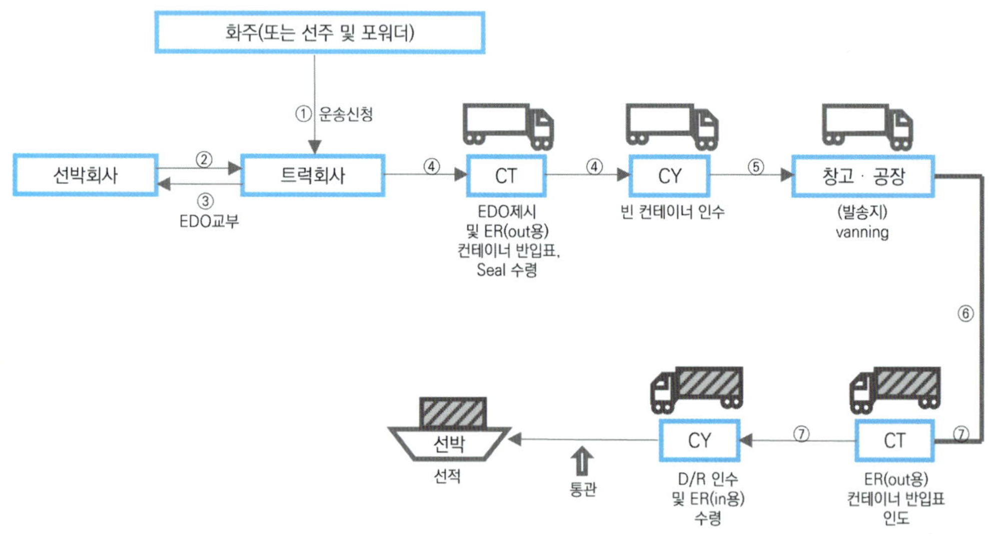

[그림 2-7] 컨테이너 수출화물의 육상운송절차

21) 기기양도지시서(EDO : equipment dispatch order) : 선사가 화주에게 공동컨테이너 등의 기기를 대출할 때에 기기의 보관자인 Container Yard(CY) Operator 앞으로 이서장 지참인에게 기기를 인도하라는 취지를 지시한 서류이다.

22) 기기수도증(ER : equipment receipt) : 컨테이너 기기류를 받았음을 증명하는 서류이다. 간략히 줄여 E/R이라고도 하고, 기기인수도증 또는 EIR이라고도 한다. 컨테이너를 소유하지 않은 수출업자가 물품을 컨테이너에 적입하여 수출하고자 할 때에 컨테이너를 임대하는데, 이때 주고받는 서류이다.

23) 해상컨테이너의 입구에 붙여지는 안전장치로 검사기관에서 합격했음을 나타낸다.

24) 컨테이너를 싣고 내리거나 선박회사와 화주 간에 화물을 인수・인도하는 장소를 말한다.

⑥ 화물반입이 완료된 후 seal을 부착하고 컨테이너 반입표에 필요한 사항(본선명, 도착지 등)을 가입 서명한 후 컨테이너 터미널(container terminal)[25]까지 운송

⑦ 컨테이너 터미널에 도착하면 컨테이너 반입표, 기기수도증(반출용) 1통을 터미널에 제출하며, 터미널에서는 기기수도증을 기준으로 하여 컨테이너를 검사한 후 인수용 기기수도증(반입용) 1통을 트럭기사에게 인도

(2) LCL 수출화물의 절차

LCL화물[26]의 경우는 화주가 직접 컨테이너 프레이트 스테이션(CFS : Container Freight Station)[27]에 화물을 운송하거나 내륙 데포(inland depot)[28]에 화물을 운송하기 때문에 FCL화물의 운송과는 절차상 차이가 있다.

① 화주로부터 CFS나 내륙 데포까지 운송신청 접수

② 트럭회사와는 화주와의 운송계약에 따라 발송지(창고·공장·야적지)에서 화물을 싣고 CFS나 내륙 데포까지 운송

③ 트럭회사는 CFS나 내륙 데포까지는 일반트럭이나 트레일러로 운송

④ 내륙 데포에 도착한 다음에는 화물을 행선지별로 분류하여 공 컨테이너에 적입한 후 FCL화물과 동일한 절차 수행

3. 수입컨테이너화물의 내륙운송절차

수입자가 수입한 컨테이너화물이 부산항에 도착하게 되면 사전 수입신고절차를 필한 후 통상 부두직통관절차를 위해 검사대상 컨테이너는 세관검사장으로, 검사생략 컨테이너는 해당 부두 통관장으로 운송된다. 통관이 끝난 화물은 내국물품화되어 부두창고에서 반출되어 화주가 지정하는 창고까지 내륙운송수단을 이용하여 운송하게 된다.

또한 화주가 요청하는 경우에는 도로나 철도를 이용하여 내륙 ICD나 ODCY까지 운송하거

25) 해상운송과 육상운송의 접지로서 항만 앞쪽에 위치하여 본선하역과 하역준비·화물보관·컨테이너 및 컨테이너화물의 인수 및 각종 기계의 관리·보관 등을 다루는 시설을 갖춘 지역을 말한다.

26) 컨테이너 1개를 채우기에 부족한 소량화물을 말하며 컨테이너 프레이트 스테이션에서 FCL작업을 하게 된다.

27) 선박회사나 그 대리점이 선적할 화물을 인수하거나 양화된 화물을 화주에게 인도하기 위하여 지정한 장소를 말한다.

28) 화물을 능률적으로 운송하기 위하여 항구지역과 연결된 내륙 오지의 주요 공업도시 주변에 설치한 빈 컨테이너의 인수 및 인도장소를 말한다.

나 또는 연안운송을 이용하여 인천항까지 운송 후 여기서 통관절차를 끝낸 후 내륙운송으로 화주의 지정장소까지 내륙운송하게 된다.

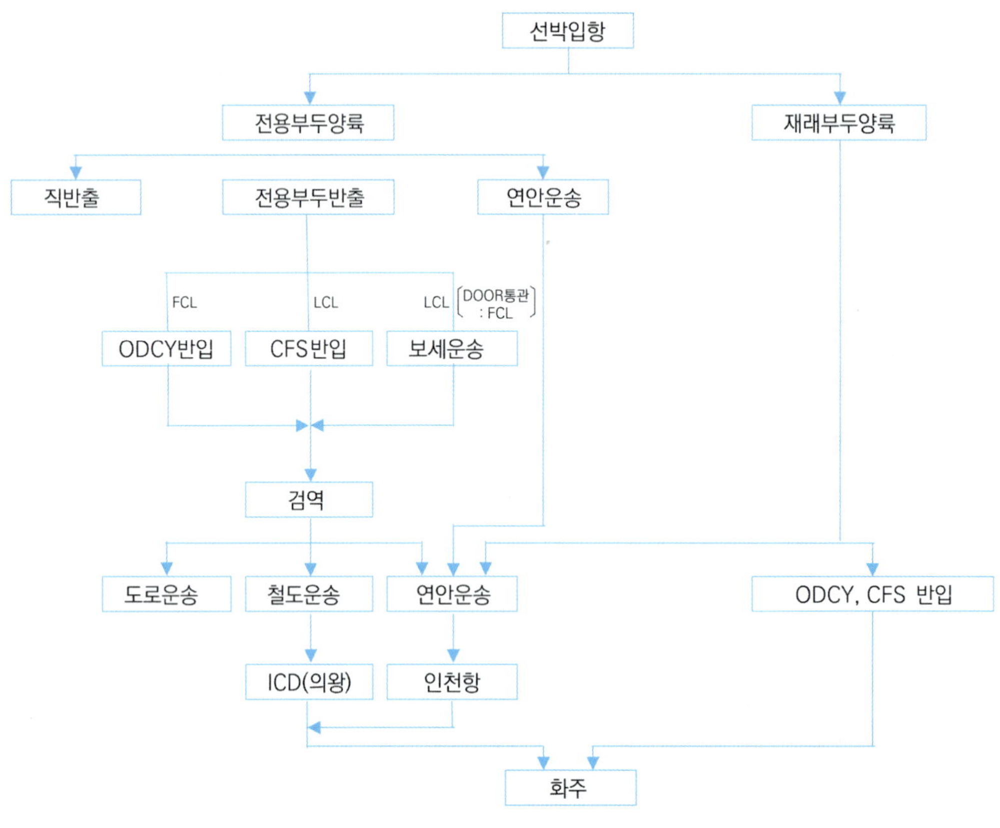

[그림 2-8] 수입화물의 내륙운송절차

(1) FCL 수입화물의 절차

FCL 컨테이너화물의 운송절차를 흐름별로 보면 다음과 같다.

① 화주 또는 운송주선인으로부터 운송신청 접수

② 화주 또는 통관업자로부터 보세운송면장 또는 수입허가서, 운송지시서 등 수령

③ 트럭회사는 선박회사에 상기 서류를 제시하고 기기인도지시서 1통을 교부받음

④ 컨테이너 터미널에 기기인도지시서를 제시

⑤ 컨테이너 터미널에 기기수도증(반출용) 1통을 수취하고 컨테이너 야드에서 반입 컨테이

너 인수

⑥ 컨테이너를 도착지(창고・공장・약정장소)까지 운송

⑦ 도착지에서 수입화물을 적출(devanning)[29]한 후 빈 컨테이너를 컨테이너 터미널까지 회송

⑧ 컨테이너 터미널에서 기기수도증(반출용) 1통을 인도 및 검사 후 기기수도증(반입용) 1통과 컨테이너 야드에서 빈 컨테이너 인도

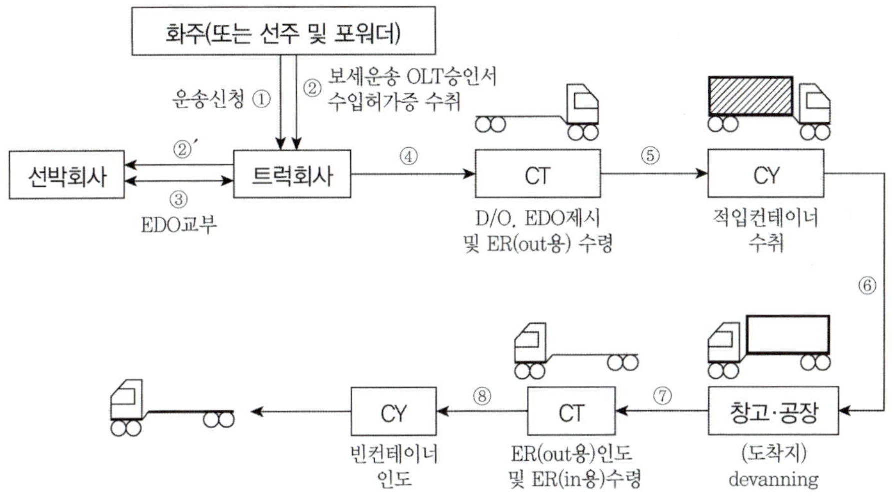

[그림 2-9] 컨테이너 수입화물의 육상운송절차

2.8 우리나라 자동차운송의 문제점과 합리화 방안

1. 자동차운송의 문제점

국내화물운송은 지난 10년 동안 연평균 8%씩 증가하여 왔고 2000년대 초까지만 하여도 연 평균 6.3%의 증가율을 보여 왔다. 그러나 이러한 화물수송량의 지속적인 증가에도 불구하고 우리나라의 화물운송산업은 이러한 변화를 성장의 기회로 삼지 못하여 다른 산업에 비

29) 컨테이너 용기 내에 적부되어 있는 화물을 꺼내는 작업을 말한다.

하여 후진단계에 있으며 비효율적이다.

이는 화물운송산업관련 사회간접자본시설에 대한 투자부족으로 인한 교통체증과, 물류거점 시설의 부족, 비효율적인 화물운송기업의 운영, 정부의 정책부재 및 제도적 미흡에서 기인한다고 볼 수 있다. 우리나라 자동차운송의 주요 문제점은 다음과 같다.

(1) 사회간접자본시설의 투자부족

우리나라 사회간접자본 시설은 IMD(International Institute for Management Development) 보고서에 의하면 최고수준을 10으로 할 때 5 이하로 가장 열악한 것으로 조사되었다. 특히 도로의 경우 4.05로 미국의 1/2 수준에도 못 미치는 아주 낮은 수준이다. 이와 같은 결과는 1980년 이후 경제규모 및 대외무역량의 확대로 물동량이 증가했음에도 불구하고 사회간접자본의 확충이 크게 미진했기 때문이다.

(2) 교통체증의 심화

우리나라의 도로는 다른 나라와 비교했을 때 1인당 도로연장이 미국의 1/2, 독일의 1/6, 일본의 1/7 수준에 머물러 있다. 도로의 질적 수준도 간선도로인 고속도로와 국도 7,335,504km 중 4차선 이상의 도로는 30,312km로 매우 낮은 수준이다. 이러한 가운데 도로화물 운송실적과 자동차수는 연평균 155% 이상씩 증가하고 있으나 도로연장은 매우 낮은 수준에 머물러 있다.

경부고속도로의 경우 1984년 평균속도 85.2km/h에서 1994년에는 절반수준인 45.2km/h의 평균주행속도를 보이는 등 도로를 이용하는 차량의 운행속도는 계속 감소하고 있다. 이러한 도로지체의 원인 중 상당부분은 수도권 및 경부축을 중심으로 집중된 국토공간의 활용에 있으며, 이로 인해 전반적인 생산성 저하는 물론 국가경쟁력의 약화를 초래하고 있다. 실제 GDP 대비 한국의 교통혼잡비용 비율(2.16%)은 선진국 미국의 GDP 대비 교통혼잡비용 비율인 0.83%(136.6조원)보다 현저히 높게 나타나고 있다.[30]

(3) 소형 자가용 화물차의 과다한 수송분담

우리나라 화물자동차의 영업용과 자가용의 비율은 자가용이 전체 화물자동차의 90% 이상을 차지하여 수적으로 절대적인 우위에 있다. 이러한 자가용 화물자동차중심의 도로화물수송체계는 수송효율면에서 영업용 화물자동차에 비해 상대적으로 운송효율이 떨어지고 있어 문제가 되고 있다.

30) 국토연구원, 「국토교통 사회간접자본 중장기 투자방향 연구」, 2016, p.3.

자가용 화물자동차에의 치중은 중복 다단계수송이 이루어지고 차량수송능력에 따른 운행특성이 무시되어 적재율 저하, 공차운행증가로 수배송비용의 증가요인이 되고 있다. 아울러 거점간 수송체계가 구축되지 못하여 효율적인 복합운송이 이루어지지 못하고 있을 뿐 아니라 개별수송체제가 이루어져 수송수단간, 수송거점 간 유기적인 화물정보체제도 구축되지 못하고 있다.

(4) 화물자동차의 표준화미흡

자동차 생산업체별 수송차량의 적재함이 일치하지 않아 적재효율이 낮을 뿐만 아니라 표준 파렛트와 수송차량 적재함의 규격상이로 공동수배송의 어려움이 가중됨은 물론 이로 인해 공차율이 높고, 국제화물을 전제로 한 수송차량 및 용기의 표준화 추진도 미흡한 실정이다.

(5) 영업용 화물차 운송사업자의 영세성

현재 화물자동차로 영업을 하고자 하는 경우 과거 면허를 받아야 했으나 1999년 7월부터 등록제로 전환되었고, 구역화물제가 폐지되는 등 점차 완화되고 있다. 화물자동차운송사업의 등록기준을 보면 일반화물자동차운송사업을 제외하고 개별화물자동차운송사업의 경우 등록기준대수 1대이며, 최저자본금이 없고, 용달화물자동차운송사업의 경우 등록대수기준 1대 이상, 최저자본금 5천만원(2대 이상의 경우)으로 되어 있어 업체당 보유 차량이 적고, 소규모로 운용할 수 있게 함으로써 공동화와 대외경쟁력을 어렵게 하고 있다.

(6) 화물터미널의 운영미흡

우리나라 화물터미널의 운영상 문제점은 알선대기차량을 위한 주차장기능과 화물운송알선업체에 의한 알선기능위주로 운영되고 있어 화물터미널 고유의 기능인 집배송기능, 환적기능, 보관기능이 전혀 이루어지지 않고 있다.

또한 입지가 화물수송체계를 고려하여 건설된 것이 아니어서 집배송 및 알선수송간의 연계기능과 다른 화물수송수단 간의 연계기능이 미흡하다. 이외에도 화물알선기능이 터미널에 상주한 개별알선업체 단위로 폐쇄적으로 이루어지고 있어 터미널간 화물정보제공기능이 미약하다.

(7) 화물운송정보체제의 미흡

화물수송에 대한 정보화 추진이 부진하여 화물의 장기체류, 중복배차, 공차운행 등 비효율이 발생하고 있다. 일부 대기업을 제외하고 운수 및 알선업체는 대부분 영세한 규모와 미분화된 원시적 경영체제를 벗어나지 못하고 있어 거의 독자적인 정보획득에 의한 폐쇄적 정보체계를 유지하고 있을 뿐만 아니라 발달된 정보시스템에 의한 차량 및 운행관리, 시장관리, 정보교환 등의 현대화를 기대하기 어려운 실정이다.

(8) 법규 및 제도의 미비

우리나라 화물자동차 운송산업의 업종구분은 차량의 톤수에 따라 구분되거나 특수장비나 시설정도에 따라 구분한 것으로 차량톤수에 따른 제한은 수송수요의 크기에 관계없이 정해진 톤수의 차량을 사용하여야 하므로 수송수요의 변화에 따라 수송시설공급이 제대로 대응하지 못하게 만들어 수송효율을 낮추고 수송비를 상승시키는 작용을 하고 있다. 또한 운임규제는 전 업종이 신고제로 되어 있으나 실제로 화물운임은 화주와 운송업체 또는 화주와 알선업체간의 협의에 의해 결정되므로 수리된 운임이나 요금이 제대로 지켜지는지 파악하지 못하고 있으며, 감독 단속이 어려워 신고수리된 운임이나 요금은 형식상의 운임 및 요금에 지나지 않은 실정이다.

또한 과적 등 화물자동차의 불법운행에 대한 규제는 단속시설과 원인의 부족으로 그 효과가 미약한 실정이다. 이러한 원인은 과적차량 법규는 도로법, 도로교통법, 자동차운수사업법 등에 분산되어 있으나 소관부처가 상이하고, 법적규제에 병행하여 불법운행을 막을 수 있는 정책이 미흡하기 때문이다.

(9) 화물운송의 도로의존도 심화

운송수단별 화물 운송 분담률을 살펴보면 철도, 해운은 감소하거나 큰 변화가 없는데 도로의 화물 운송 분담률은 크게 증가 하였으며, 도로 의존도가 높아지면서 물동량 정체, 비용증가 등의 문제가 발생하고 있다. 도로 중심의 운송 구조는 우리나라 특성상 불가피한 부분이 있으며 단기에 개선하기는 불가능하다. 현재 우리나라의 산업구조상 화물의 이동은 경부선이 주축을 이루고 있어 제조업이 경기권에 위치하고 수출입 경로는 부산항이 주류를 이루고 있어 제조업체들은 시간 비용 면에서 도로망을 선호할 수 밖에 없다.

(10) 물류정보망의 활용 미흡

우리나라 화물자동차 공차 거리율은 사업용의 경우 다른 국가에 비해 높은 편이다. 지역간의 화물량이 균등하지 못하므로 어느 정도의 공차운행은 불가피한 측면이 있으나 운송 수요를 제대로 파악하지 못하기 때문에 발생하는 불필요한 공차운행이 문제이다. 공차 운행률이 높은 원인은 물동량 정보가 제대로 공급되지 못하기 때문이며, 1990년대 중반부터 정부주도로 종합물류정보사업을 추진했으나 활성화되어지지 않고 있다.

2. 자동차운송의 합리화 방안

(1) 부족한 도로시설의 확충

우리나라 화물자동차운송의 개선을 위해서는 우선 부족한 도로시설의 확충이 이루어져야 한다. 도로건설을 효과적으로 추진하기 위해서는 현재 문제가 되고 있는 정체구간의 해소와 함께 도로망의 효율을 근본적으로 제고시킬 수 있도록 전국차원에서 우선순위를 둔 체계적인 도로개발의 추진이 필요하다.

(2) 첨단 화물정보시스템의 도입

대중교통수단의 수송분담을 높여 승용차의 이용률을 줄이기 위해 버스전용차선제 등을 지속적으로 실시하고 교통수단과 교통시설에 첨단 전자통신을 접목하는 ITS 등 차세대 기술을 적용하여 궁극적으로 차량의 도로이용 효율을 극대화시켜야 한다.

이러한 화물정보시스템을 도입함으로써 효율적인 정보시스템 운영은 물론 집화 및 배송을 체계화하여 화물차량의 적재율을 향상시키고 귀로차량의 공차율을 줄일 수 있다. 또한 공로상의 화물추적이 용이하고 사무 처리의 신속·간소화로 수송의뢰에서 집화 및 운송과 배송지의 수송시간을 단축할 수 있어 화주에 대한 서비스를 향상시킬 수 있다. 나아가 화물에 대한 신속하고 정확한 정보를 확보할 수 있고 배송창고의 효율화 및 화물터미널들을 계층적으로 연계시킨 새로운 화물수송체계의 구축도 가능하게 한다.

(3) 공동수송체제의 구축

공동수송체제는 개별의 화주가 각기 수송하고 있는 상태에서 복수의 운송업자 또는 화주가 공동으로 협력하여 수송하는 화물운송형태로 전환하고, 동종 또는 이종업체간 공동수배송체제를 도입하여 공동배차를 실시함으로써 공차율을 극소화하여야 할 것이다.

(4) 법규의 개선과 영업용화물자동차로의 전환

자동차운송의 합리화를 위해서는 고속도로의 화물차 전용차로제를 확대하고 현재의 지방국도를 우회도로 활용할 수 있는 방안이 강구되어야 할 것이다. 또한 화물자동차의 야간운행을 활성화하기 위한 제도적인 장치, 즉 고속도로비 면제나 특혜를 부여함으로써 주간운행을 통한 교통혼잡을 줄여야 할 것이다.

화물자동차영업의 등록제 전환은 신규업체의 진입 용이로 운송업체간 경쟁심화를 초래하고 운임인하로 인하여 운송서비스의 질적 저하가 예상되므로 소비자를 보호하기 위한 사회적 규제가 강화되어야 할 것이다. 또한 지나치게 자가용화물자동차에 편중되어 있는 화물수송을 영업용화물자동차로 전환하기 위하여 수송서비스의 질적 향상을 보다 적극적으로 유도하여야 할 것이며, 아울러 과적차량의 단속을 효율적으로 실시하기 위하여 첨단과적차량단속시스템의 도입도 필요하다.

Chapter 3
철도운송물류

3 철도운송물류

제1절 철도운송

1. 철도운송의 의의

우리나라의 철도는 1899년 9월 증기기관차 모갈형 4대로 노량진에서 제물포까지 경인선 33.2㎞ 구간을 운행한 것을 시작으로 지금까지 국가 대동맥의 역할을 수행하여 왔다. 이러한 철도운송은 디젤기관차와 전기기관차를 거치면서 현대화되었고 1960년대부터 대대적인 사회간접자본의 투자에 힘입어 간선도로의 확장 및 고속도로의 건설 그리고 운송차량의 개발 및 보급에 따라 중·장거리운송에서 자동차운송과 치열한 경합을 벌여왔으나 1980년대들어 철도시설의 공급부족, 적기 차량수배와 문전운송의 어려움, 복잡한 운송절차와 운영의 비효율성 등으로 이용도가 자동차운송에 비해 떨어지고 있다.

철도는 자동차와는 달리 궤도운송만을 목적으로 초기에 대형자본이 투자되기 때문에 투자규모가 크고 전문화 및 고정화됨으로써 영업이익이 적정수준을 넘지 못한다고 할지라도 원자재에 대한 회수이익이 증대할 가능성이 있다면 계속적인 추가투자와 영업활동을 수행하여야 하는 특징이 있다. 이와 같은 이유로 많은 국가에서는 국영 및 공공독점기업으로 운용하고 있으며, 우리나라에서도 그간 2차에 걸쳐 민영화를 추진하였으나 아직까지 국영으로 운영되고 있다.

이러한 철도운송의 편리성은 다음과 같다.

(1) 대량운송성

철도운송은 1회에 화차 1량에는 50톤 정도를 적재할 수 있고, 1개 열차에는 25량까지 연결이 가능하여 1,000톤의 화물을 동시에 수송할 수 있다.

(2) 전천후 안전수송(신속 · 정시성)

철도는 자동차운송에서 발생하는 도로체증이 없고 눈 · 비 · 바람에 의한 영향을 받지 않고 불철주야 수송이 가능하므로 장기적이고 안정적인 수송계획 수립이 가능하다.

(3) 안정성

철도운송은 10억인 · 톤km당 연간 사고발생건수가 도로운송의 경우 약 2,800여건인 것에 비하여 25건에 불과하므로 안전성면에서 뛰어나다.

(4) 에너지 및 국토이용의 효율성

철도운송은 환경오염물질 배출량을 적게하는 환경친화적인 교통수단으로, 단위당 에너지 소비량이 화물자동차의 1/14, 단위당 이산화탄소 배출량이 화물자동차의 1/13에 불과하여 에너지가 절약될 뿐 아니라, 복선철도는 4차선 고속도로에 비해 토지사용면적이 작으며 수송량은 훨씬 많다.

앞으로 철도운송은 복합일관수송의 활성화, 새로운 철도운송기술의 개발, 운임체계의 개선, 철도화물정보체계의 구축, 환경친화적인 수송수단의 수요증대 그리고 경부고속철도와 남북 철도망의 구축 등으로 철도운송에 대한 수요증가와 효율성 제고의 가능성을 제고시킬 수 있게 될 것이다. 철도운송의 특징은 대량수송이 가능하고, 운임이 거리에 반비례하며, 저공해 · 고안전도, 에너지와 운전비용이 적게 드는 점 등의 특징이 있다.

이러한 철도운송의 장단점을 요약하면 다음과 같다.

[표 3-1] 철도운송의 장단점

장 점	단 점
• 대량화물을 동시 효율적으로 운송가능 • 중 · 장거리 운송일수록 운송비 저렴 • 높은 안전성 • 계획운송 가능 • 전국적인 운송망 보유 • 유리한 운임할인제도 • 전천후 운송수단	• 근거리운송 시 상대적으로 높은 운임 • 문전에서 문전까지 곤란으로 환적작업 필요 • 열차편성에 장시간 소요 • 화차 소재 관리 곤란 • 배차의 탄력성이 적음 • 비탄력적인 운임설정 • 적재중량당 용적량이 적음

2. 철도운송의 종류와 형태

화물의 철도운송 종류에는 크게 대량화물용과 소량화물용으로 구분된다. 대량화물용은 차취급과 컨테이너취급으로, 소량화물용은 혼재차취급과 화물취급으로 구성되며, 화물취급은 다시 수화물취급과 소화물취급으로 세분화된다.

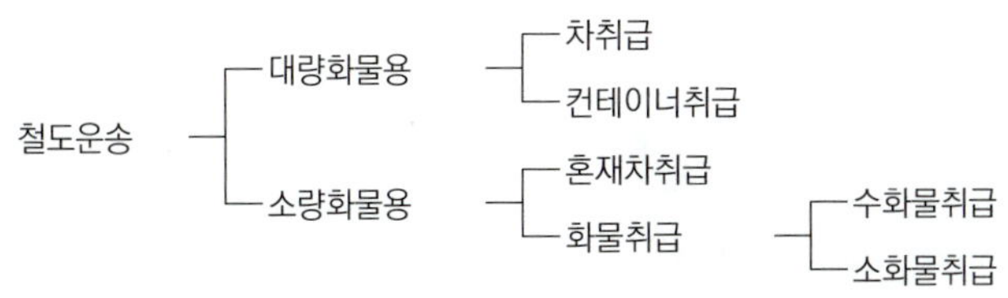

[그림 3-1] 철도운송의 종류

(1) 차취급

화차 1량을 전세내어 운송하는 방법으로 일반적으로 대량이고 장거리운송 화물에 많이 이용된다. 전세 시 통상 1차 단위를 원칙으로 하나 2차 이상의 화차에 걸쳐 운송할 때에는 사용대차를 1단위로 간주하고 있다. 일반적으로 철도의 화물운송은 차취급이 많이 이용되며 이때 이용되는 화차로는 유개차, 무개차 또는 특수화물운송에 적합한 형태 등이 있다.

차취급화물은 원칙적으로 한국철도공사(KORAIL)이 소유하는 화차를 이용하여 화물취급역에서 취급하는 것이 일반적이나 공장의 가까운 역이나 공장구내에서 화물을 상하차하거나[1] 개인소유 화차를 이용하는 경우[2]도 있다.

(2) 컨테이너취급

화물을 컨테이너에 적재하여 운송하는 방법으로 종래 철도운송이 가지고 있는 약점인 문전에서 문전까지 일관운송을 할 수 없는 점을 극복하기 위해 철도와 자동차를 결합한 운송의 한 형태로 대량운송을 위한 최적의 운송방법이다. 컨테이너취급에 사용되는 컨테이너로는 일반컨테이너 외에 냉장컨테이너, 탱크컨테이너 그리고 특수컨테이너 등이 사용된다.

컨테이너취급과 관련 컨테이너 전용운송용 무개화차의 종류로는 다음과 같은 것들이 있다.

---

1) 이때 사용되는 철도를 전용선이라 하며, 이러한 화물취급을 전용선취급이라 한다.
2) 초중량품이나 원유저장탱크차량 등 한국철도공사(KORAIL)가 보유하고 있는 특수차량으로는 불충분한 경우 화주가 화차를 제작하여 사용되는 것으로 이를 사유화차라 한다.

첫째, 오픈 탑 카(open top car) : 곤돌라(condola)와 같이 생긴 화차로 대차(bogie)[3]가 없으며 국제표준화기구(ISO : International Standardization Organization)[4]의 표준규격 컨테이너를 적재하는 데 편리하도록 상방부가 열려있고 이러한 방식으로 제작된 화차이다.

둘째, 플랫 카(flat car) : 장척(長尺)[5]화물이나 대형화물의 운송용으로 상면이 평평하며, 측주도 장비할 수 있는 ISO표준규격의 대형 컨테이너 적재용 화차이다.

[그림 3-2] 오픈 탑 카

[그림 3-3] 플랫 카

셋째, 컨테이너 카(container car) : 컨테이너 전용형으로 제작된 화차로 상면위에 수개의 컨테이너를 적재할 수 있도록 고정 장치가 붙어 있는 화차이다.

넷째, 더블 스택 카(double stack car) : 미국의 러드(Rudd)사가 1980년 개발한 2단적재화차로서 차체가 가볍고 분절형 플레트 폼이다. 제3세대형 화차라고도 부르며 미국에서는 COFC/TOFC[6] 또는 COFC[7]서비스에 투입되고 있으나 우리나라에서는 터널의 높이 제한으로 이용이 불가능하다.

---

3) 주행장치와 그에 따른 부수장치를 하부자체로 고정시켜 놓은 것을 말한다.

4) 물자 및 서비스의 국제적 교환을 용이하게 하고, 지적・과학적・기술적・경제적 활동분야에 있어 각국 상호간의 협력을 발전시키기 위하여 세계의 표준화 발전을 추구하는 국제기구로서 1947년 설립되었으며, 이 기구의 추천규격을 ISO표준규격이라 한다.

5) 철도레일이나 철골・철근과 같이 길이가 긴 화물을 말한다. 장척화물은 운송 시 적재장소나 취급이 특수하기 때문에 할증운임이나 추가비용이 요구된다.

6) TOFC(trailer on flat car)는 화차 위에 트레일러를 함께 적재하여 운송하는 방식으로 피기백(piggy back) 방식과 캥거루(kangaroo) 방식이 대표적인 형태이다. 장거리 정기노선운송의 효율성을 높이고 트럭에 의해 지역 간의 신속한 집화 및 인도를 위해 두 운송체제가 결합한 방식이다.

7) COFC(container on flat car) 방식은 TOFC 방식보다 발전된 형태로 컨테이너를 트레일러로부터 분리하여 직접 플렛카에 적재함으로써 대량 컨테이너를 신속하게 운송하는 데 적합한 형태이다.

[그림 3-4] 컨테이너 카

[그림 3-5] 더블 스택 카

(3) 혼재차취급

통운업자가 다수의 화주로부터 집화한 화물을 행선지별로 차취급이나 컨테이너단위로 정리하여 차취급이나 컨테이너에 적재하여 운송하는 방법이다. 혼재차취급은 화주와 통운업자와의 계약체결을 통해 이루어지며, 통운업자는 철도회사와 운송계약을 맺어 업무를 수행한다.

(4) 화물취급

화물취급에는 소화물을 그 목적물로 하여 객차편으로 운송하는 방식인 소화물취급과 여객이 출발역에서 운송을 위탁하는 방식인 수화물취급이 있다. 소화물취급의 대상은 주로 소량 잡화이다.

3. 철도화물의 사업형태

철도운송과정에는 집화, 분류, 적재, 하역 등의 여러 작업이 수반된다. 철도화물은 원칙적으로 화주의 책임하에 수행하도록 되어 있으나 이는 현실적으로 불가능하며, 대신 화주를 대리하여 역 구내에서 화주의 위탁을 받아 작업을 수행하는 업자를 통운업자라 한다. 통운업은 통운취급업, 통운대변업, 철도집배업, 하차하역업 그리고 철도이용업 등 5가지로 구분된다.

첫째, 통운취급업은 통운업자가 화주를 대신하여 송화인, 수화인이 되어 철도와 수송계약을 체결하여 물품을 위탁하거나 수취하는 사업을 말한다.

둘째, 통운대변업은 화주로부터 철도수송을 위임받은 업자가 화주의 이름으로 하여 철도에 물품의 운송을 위탁하거나 수취하는 사업을 말한다.

셋째, 철도집배업은 철도로 운송되는 화물, 소화물, 수화물을 출발역까지 집화하거나 도착역에서 배달처까지 운반하는 사업을 말한다.

넷째, 하차하역업은 철도로 운송되는 화물을 화차에 적재하거나 하역하는 사업을 말한다.

다섯째, 철도이용업은 화주와 운임계약을 체결하고 철도를 하청으로 자기의 책임하에 철도를 이용하여 수송하는 사업을 말한다.

4. 철도화물의 운임체계

우리나라 철도화물의 운임체계는 화차취급운임, 컨테이너취급운임이 있다. 과거 혼재운임이 존재했으나 소화물 수송량의 감소로 사라졌다.

(1) 화차취급운임

화차취급운임에는 레일운임을 기본으로 하는 철도운임과 발착양단의 통운운임으로 구성되며, 철도운임은 거리대별 톤당운임에 운임계산톤수를 곱하여 산정한다. 그리고 특대화물, 위험물 및 귀중품 등의 경우에는 할증제도[8]가 있으며, 화차 유치료, 인도증명료 등 특별요청사항에 대한 제반 부대요금을 병과하고 있다.

통운운임은 발송료, 도착료 및 특별의뢰사항에 대하여 제반요금으로 구성되며, 정형대량운송이나 일관파렛트화의 경우에는 할인제도가 있다.

운 임		운임단가(1t당)		수송거리(km)		화물중량(t)
100원 단위 (100원 미만 올림)	=	벌크시멘트, 크링카, 포대시멘트 : 50원 황산 : 59원 비료류 : 58원 프로필렌 : 56원 국내무연탄 : 50원 ('17.2.1.~) 기타 품목 : 45.9원 (1톤 1km단위)	×	1km 단위 (1km 미만 반올림)	×	1차당 1톤 단위 (1t 미만 반올림) 운송 : 1차적재실중량 회송 : 차중의 1/2중량

주 : 1) 운임계산거리는 철도노선의 운송 가능한 최단경로 거리를 적용하고, 화물중량은 실제 적재중량에 의하되 1량의 최저중량에 부족할 경우 별도로 정한 중량을 적용

2) 화차 1량에 대한 최저운임은 사용화차의 최대 적재중량에 대한 100km에 해당하는 운임

자료 : http://logis.korail.go.kr/index.jsp

[그림 3-6] 일반화물의 운임요금산정

8) 화물의 상태가 특수하거나 운송이 곤란한 지역에 운송하는 경우 기본적인 운임 외에 추가로 받는 과징금 제도로서 냉동컨테이너 할증, 험로할증, 휴일 및 심야할증 등이 있다.

[표 3-2] 일반화물의 운임표

종 별		규 격	임율(원)
일반화물 임률		1톤 1km마다	45.90
하치장 사용료 (1㎡당)	일시사용료	화물헛간(특지)	309
		화물헛간(갑지)	238
		화물헛간(을지)	124
		야적하치장(특지)	173
		야적하치장(갑지)	124
		야적하치장(을지)	77
	장기사용료	화물헛간(특지)	3,521
		화물헛간(갑지)	2,709
		화물헛간(을지)	1,647
		야적하치장(특지)	1,892
		야적하치장(갑지)	1,366
		야적하치장(을지)	836
탁송 변경료	탁송취소	일반화물(1량당)	26,700
		전세열차(1열차당)	전세운임의 10%
	착역변경 및 발역송환(1량당)		26,700

종 별	규 격	임율(원)
화차유치료	1톤 1시간마다	153
대리호송인료	운임계산거리 1km당	300
화차계중기 사용료	1차마다	31,200
화차전용료	1일 1차당	29,200
선로사용료	1량 1시간마다	513
기관차 사용료	시간당	226,400
구내 운반료	1건당	최저운임의 80%
최저운임	전세열차 (열차당)	3,798,600

주 : 1) 헛간은 취급하는 화물 분류, 구분, 간단한 포장 교체 등 오로지 화물 처리만을 하기 위한 건물을 지칭
2) 특, 갑, 을지 : 취급 지역의 수준 등급 특지가 최고수준

(2) 컨테이너취급운임

컨테이너취급운임은 화차취급운임과 마찬가지로 철도운임과 통운운임으로 구성되며 요금 계산방법도 동일하다. 그러나 냉동컨테이너 등의 사용에는 할증제도가 있다.[9)]

9) 철도운송의 장점을 살려 매우 낮은 비용으로 거리가 먼 목적지까지 부피가 큰 물품을 운송할 수 있었던 철도소화물서비스의 소화물운임은 2006년 5월 1일 전면 폐지되었다. 그 이유로는 철도소화물서비스는 Door-to-Door 서비스가 아닌 Station-to-Station 서비스이기 때문에 출발역까지 물자를 직접 운송해야하며, 도착지에서 물자를 찾을 때 역시 역으로 직접 가야 하는 단점이 있었으며, 철도가 없는 지역으로는 보낼 수 없었다. 또한, 소화물운송에 최적화된 택배서비스의 도입으로 차츰 설자리를 잃어갔다. Door-to-Door의 편리한 서비스에 발송 다음날 받아볼 수 있는 신속성까지 겸비한 택배서비스가 국내 소화물 시장을 차츰 잠식해 나갔다. 결국 인건비 대비 적자사업이 되어버렸고, 철도공사는 수익성이 없다는 이유로 2006년 5월 1일 마침내 철도소화물서비스를 전면 폐지했다. 다만, KTX가 개통된 이후로는 KTX와 연계된 KTX-퀵서비스가 운영되고 있다. 고가의 운임이지만 긴급한 소화물을 신속하게 송부, 회수할 수 있어 수요가 증가하고 있다; (http://info.korail.com/mbs/www/jsp/board/view.jsp?boardId=9863273&boardSeq=10459511).

운임		운임단가(1개 당)		수송거리(km)
100원 단위	=	20피트 : 516원 40피트 : 800원 45피트 : 946원	×	1km 단위
(100원 미만 반올림)		빈 컨테이너화물은 위 단가의 74% 적용		(1km 미만 반올림)

주 : 컨테이너화물의 최저운임은 컨테이너 규격별로 100km에 해당하는 운임
자료 : http://logis.korail.go.kr/index.jsp

[그림 3-7] 컨테이너화물의 운임요금산정

[표 3-3] 컨테이너화물의 운임표

(단위 : 원)

종류별 / 규격별	20피트	40피트	45피트
기본장치료 (CY반입 10일까지)	7,100	9,800	9,800
기본장치료(위험품) (CY반입 10일까지)	14,300	19,700	19,700
경과장치료 (CY반입 10일 이후 경과 1일마다)	2,100	3,300	3,300
경과장치료(위험품) (CY반입 10일이후 경과 1일마다)	4,100	6,700	6,700
하역료(상하차료)	15,700	21,100	21,100
하역료(위험품)	17,300	23,200	23,200
정보 입력료	1건당 500원		
출입증 발급 수수료	1매당 1,500원		

5. 철도운송의 절차

(1) 철도운송의 작업단계

철도운송을 위해서는 우선 한국철도공사(KORAIL) 또는 지방청에 소요화차를 신청하여야 하며, 한국철도공사(KORAIL)에서는 운송신청을 접수 후 운송가능여부를 결정하여 화주에게

통보하게 된다. 통보를 접수한 화주는 지정된 장소에서 화물을 적재한 후 도착역까지 운송하게 된다. 이때 적재와 하역작업은 화차상차 → 화차하차 → 자동차 상차 → 자동차 하차 → 입·출고 등의 순서를 거치면서 이루어지게 된다.

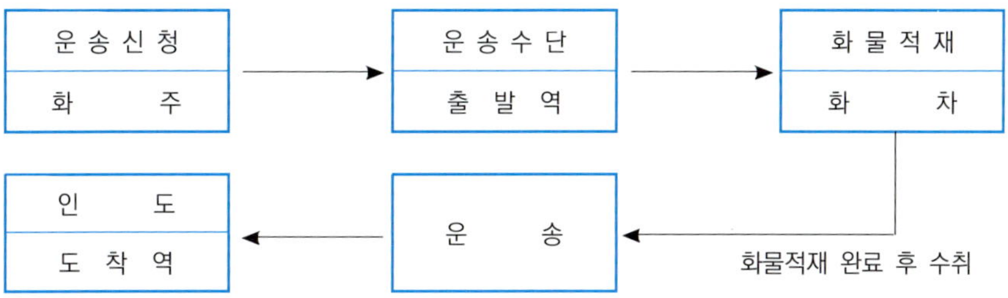

[그림 3-8] 철도화물운송의 일반적인 절차

열차편성에서 열차운행이 종료할 때까지 절차를 보면 다음과 같다.

첫째, 본 청과 지방청의 운수국은 우선 열차운행과 화물운송에 관한 기초 자료를 한국철도공사(KORAIL)의 철도물류정보서비스를 통한 철도운영정보시스템(KROIS: Korea Railroad Operating Information System)에 등록한다.

둘째, 본 청과 지방청의 운수국은 KROIS에 열차종별 및 운행구간, 운전속도 및 동력차량, 열차운행시간을 설정한다.

셋째, 사령실은 화차를 배정하고 컨테이너 화물출발역에서는 화물운송장을 접수한 후 소요화차신청을 받아 화물운송통지서를 발행한다.

넷째, 출발역에서는 수송에 필요한 화차를 확보한 후 사령실에 열차와 화차의 연결신청을 하면 본 청 사령실에서는 이를 검토 후 승인한다.

다섯째, 사령실과 동력차 사무소 그리고 열차사무소는 일일동력차 충당계획에 의거 열차를 배차하고 승무사업계획에 의거 승무원을 투입한다.

여섯째, 출발역에서는 화차를 조성한 후 열차와 연결하고 기관사가 열차를 정해진 시간에 출발시킨다.

일곱째, 열차가 종착역에 도착하면 종착역에서는 열차도착보고 후 열차운행이 종료하게 된다.

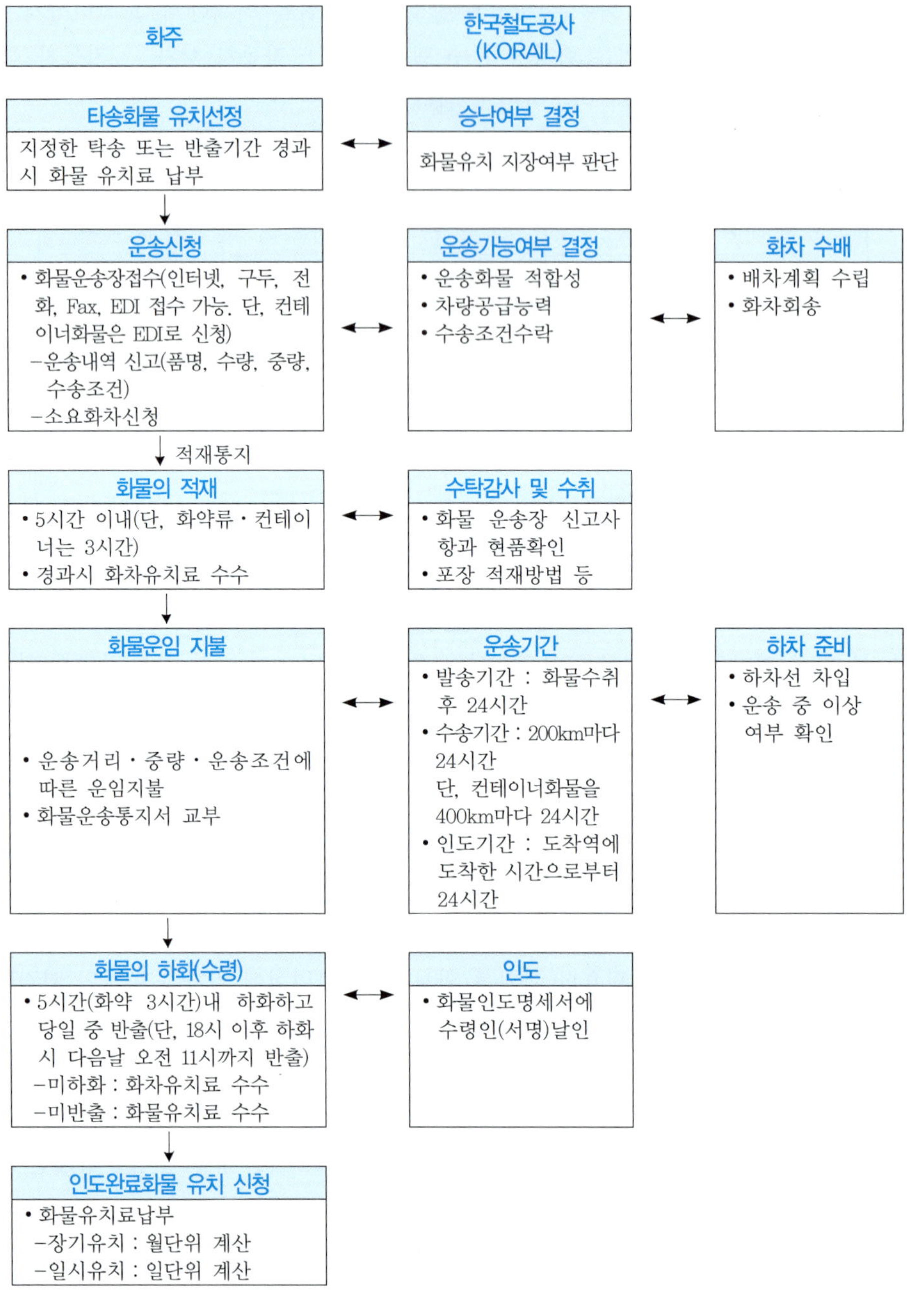

자료 : http://logis.korail.go.kr/index.jsp

[그림 3-9] 철도화물운송의 상세 절차

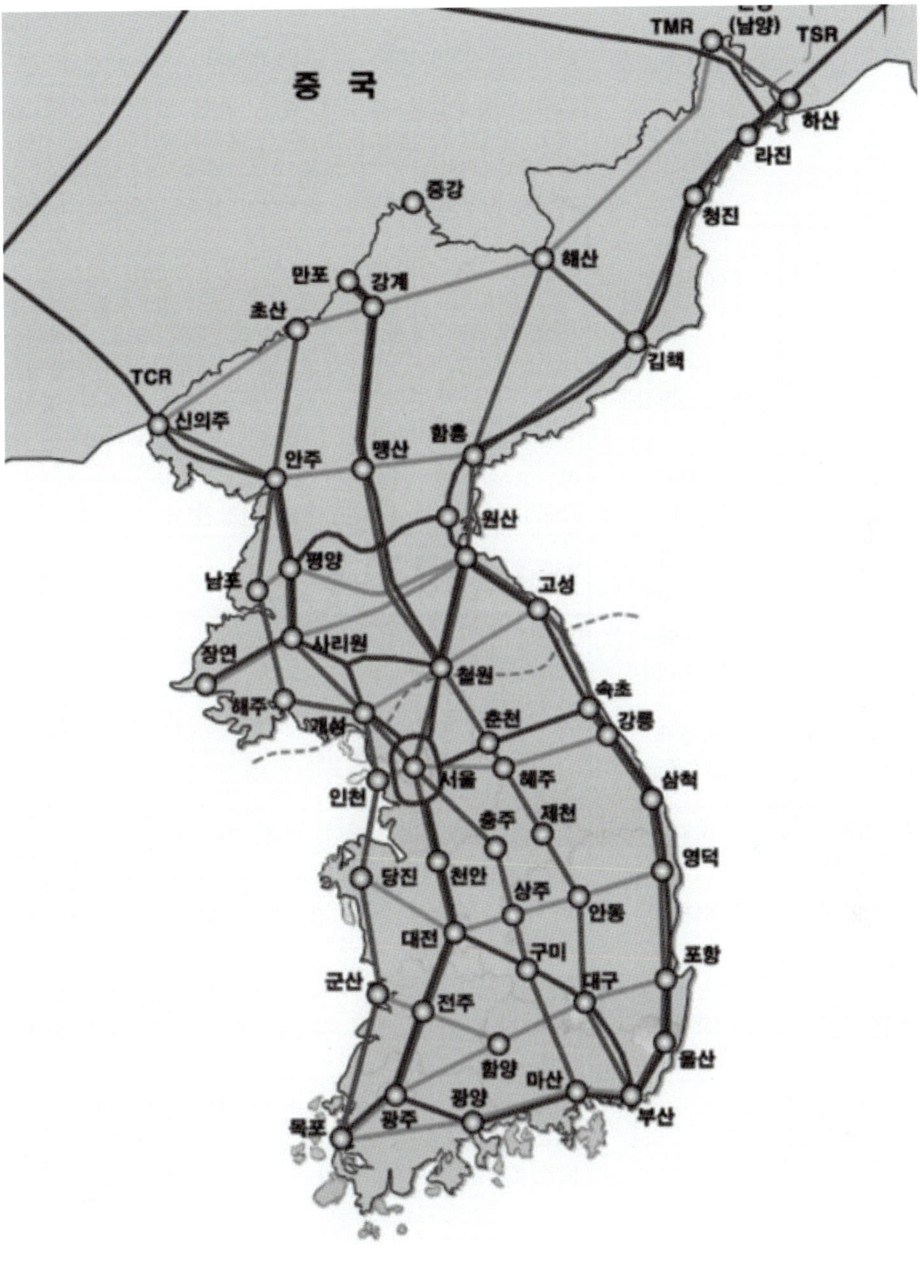

[그림 3-10] 주요 화물취급역

[표 3-4] 철도물류기지

(기준 : 2016년 8월 현재)

구 분	면 적	물류기지조성역
CY	32개역 974,148㎡	오봉, 두정, 삽교, 소정리, 충주, 옥천, 약목, 부산진, 울산항, 석포, 군산, 동익산, 동산, 하남, 흥국사, 인천, 부산신항, 광양항, 신광양항, 신탄진, 옥계, 문수, 동해, 강릉*, 아포*, 가야*, 온산*, 신창원*, 괴동*, 조치원*, 청주*, 부강*, 매포*
CFS	4개역 38,157㎡	오봉(10,712), 부산진(3,981), 부산신항(3,520), 신창원(14,320)
시멘트싸이로(Silo)	33개역 88기, 519천톤	수색, 오류동, 오봉, 수원, 광운대, 덕소, 팔당, 초성리, 부강, 매포, 대전조차장, 신탄진, 흑석리, 연무대, 청주, 음성, 도안, 간치, 신성, 주평, 약목, 신동, 괴동, 가천, 한림정, 북전주, 무릉, 신녕, 극락강*, 장성*, 부용*, 춘천*, 남문산*
철강기지 · 하치장	7개역 45,637㎡	창　고 – 의왕, 오봉냉연, 오봉열연, 괴동, 태금 하치장 – 인천, 신례원, 태금, 신창원*
지류센타	7개역 57,884㎡	광운대, 온산, 오봉, 오봉2, 수색, 진주, 장항화물, 서빙고
자동차하치장	2개역 20,690㎡	광운대, 태화강
광석 · 광재창고	5개역 73,766㎡	광석창고 – 동해, 석포, 태금1, 묵호항, 괴동한중1, 한중2, CJ1, CJ2 광재창고 – 태금2, 괴동
유류기지	6개역	장생포, 적량, 온산, 회덕, 만종, 가수원*
무연탄 기지	23개역	철암, 동해, 간치, 인천, 안인, 석항, 도계, 화순, 효천, 금천구청, 추전, 영주, 나원, 김천, 점촌, 밀양, 의성, 달천, 천원, 회덕, 舊통리, 영동*, 와룡*
군화물 기지	22개역	오류동, 청천, 동두천, 연무대, 오근장, 우암, 덕산, 동량, 평택, 원주, 진해, 벽제, 지평, 김유정, 왜관, 연화, 청평, 경산, 능곡, 문산, 전의, 성환
기　　타		(석고) 태화강, (석회석) 고명, 입석리, 석항, (변압기) 부산진, (경석) 철암, (황산) 석포, 봉화*, 온산, (백운석), 연당*, 쌍룡, 도담, (철광석) 예미, 동해

* 표시는 현재 철도수송 중지된 곳

자료 : http://logis.korail.go.kr/index.jsp

(1) 컨테이너 철도운송 절차

1) 수출컨테이너의 철도운송절차

수출용 컨테이너의 내륙운송과정은 직접 부산까지 철도운송하는 경우도 있으나 수도권에서 발생되는 화물은 일반적으로 시내운송을 거쳐 부곡 컨테이너터미널에 입고되어 철도운송 후 부산진역에서 제5, 6부두를 통하여 선박에 선적하게 된다.

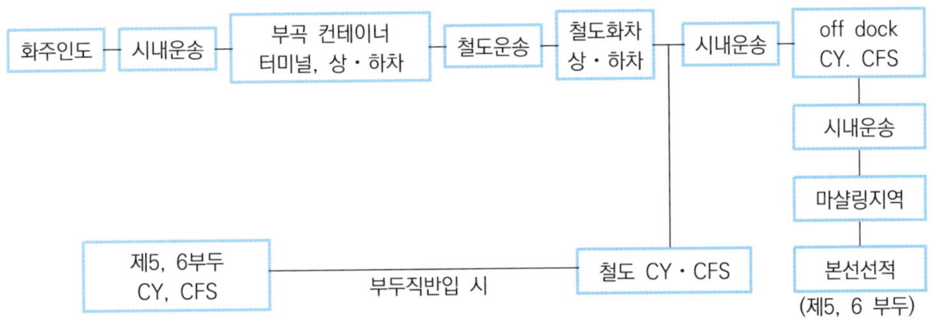

[그림 3-11] 컨테이너수출화물의 철도운송과정

수출컨테이너를 육상운송업자를 통하여 발송역에서 철도로 운송하는 절차는 다음과 같다.

첫째, 화주는 운송업자에게 전용화차와 빈 컨테이너를 신청한다.

둘째, 신청을 받은 육상 운송업자는 발송역이나 도착지 항구의 철도 터미널 주재 통운 사업자를 통해 항구역에 대해 전용화차 신청과 동시에 선박회사의 컨테이너터미널에 빈 컨테이너의 공급을 신청한다.

셋째, 통운업자는 철도역에서 트레일러 상호교환증(TIR : Trailer Interchange Receipt)이나 컨테이너 터미널에서 기기수도증(반출용)을 수령하고 빈 컨테이너를 통운업자의 트랙터에 견인 또는 적재하여 항구역까지 운송한다.

넷째, 항구역에서 빈 컨테이너를 화차에 적재한다.

다섯째, 항구역에서 빈 컨테이너를 발송역까지 운송한 LCL화물은 다음 발송역의 집화 및 혼재야드나 역창고까지 운송하며, FCL인 경우 트랙터에 견인 또는 적재하여 화주의 공장이나 창고의 문전에서 빈 컨테이너를 트레일러에 적재한 채로 적입작업을 실시한다.

여섯째, LCL화물은 화주가 발송역의 집화 및 혼재장까지 직접 운송하며, FCL화물은 통운업자의 트랙터에 견인하여 발송역까지 운송한다.

일곱째, LCL화물을 분류, 컨테이너에 적입하여 적입된 컨테이너나 FCL화물은 트레일러에 실린 채로 화차에 적재한다.

여덟째, 적입된 컨테이너는 화차로 항구의 도착역까지 운송한다.

아홉째, 항구역에서 통운업자의 트랙터로 견인하거나 트레일러에 적재한다.

열번째, 적입된 컨테이너는 항구역에서 선박회사의 컨테이너 야드까지 운반된 후 철도역에서 트레일러 상호교환증이나 컨테이너 터미널에서 기기수도증(반입용)을 수령하고 선박회사에 인계한다.

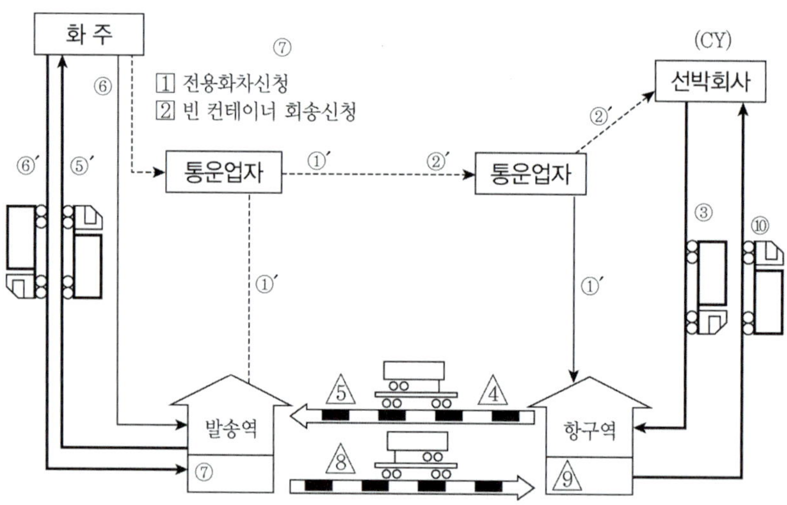

[그림 3-12] 컨테이너 수출화물의 철도운송절차

(2) 수입컨테이너의 철도운송절차

육상 컨테이너운송은 최근 도로체증과 유가인상으로 철도운송이 늘어나는 추세에 있으며, 항만 이용률은 인천항보다 부산항의 이용률이 높다. 컨테이너의 철도운송은 TEU 기준으로 77%가 부산진-의왕간 수송에 의하여 이루어지며, 컨테이너 종류별로는 20피트 컨테이너 이용이 40피트, 50피트 컨테이너보다 활발하다. 이들 컨테이너는 일일 왕복 8열차로 야간에 주로 운송되며, 운송시간은 평균 시속 70km로 운행하여 7~8시간 정도 소요되고 있다.

부산항-의왕ICD 간 컨테이너 운송의 대표적인 경로는 다음과 같다.

첫째, HBCT-부산진역 직반출-열차수송-의왕ICD-내륙운송

둘째, HBCT-마샬링야드-ODCY-부산진역-열차수송-의왕ICD-내륙운송

셋째, 일반부두-ODCY-부산진역-열차수송-의왕ICD-내륙운송

넷째, PECT-마샬링야드-ODCY-부산진역-열차수송-의왕ICD-내륙운송

[표 3-5] 컨테이너 내륙운송경로별 참여기관 및 역할

운송수단 / 참여업체	철도컨테이너 운송		자동차 컨테이너 운송			
			LCL 화물		FCL 화물	
	철도직반출	ODCY경유	HBCT CFS	ODCY/CFS	자동차직반출	ODCY경유
허치슨부산 컨테이너 터미널 (HBCT)	• 본선하역 • 구내이적 • 철도 상하차	• 본선하역	• 본선하역 작업 • CFS 입·출고	• 본선하역 작업	• 본선하역 작업	• 본선하역 작업
컨테이너 운송업체	–	• HBCT ↔ ODCY • 컨테이너 장치 보관 (ODCY, 부산지역 CY) • ODCY ↔ 부산진CY • 철도상하차	• HBCT CFS ↔ 화주 운송	• HBCT ↔ ODCY운송 • CFS 입출고 및 화주에게 운송	• 화주 운송	• HBCT ↔ ODCY운송 • 컨테이너 보관 및 관리 • 컨테이너 화주에 운송
한국 철도공사 (KORAIL)	• HBCT ↔ 부곡 CY 운송	• 부산지역 CY ↔ 부곡 CY운송	–	–	–	–
철도 유통 공사	• 부곡 CY 상하차 • 구내이적	• 좌동	–	–	–	–
컨테이너 운송업체	• 부곡CY에서 컨테이너 보관 및 장치 • 부곡 CY ↔ 화주운송	• 좌동	(HBCT에서 철도직반출 후 부곡CFS를 이용하는 경우도 있음)	–	–	–

6. 철도운송의 발달

철도가 우리의 일상생활에 들어오게 된 것은 증기기관이 실용화되어 우마차를 대신할 수 있는 교통수단으로 등장하면서부터이다. 이때부터 철도는 우리의 생활에 수송수단으로서 확고한 위치를 차지하면서 경제활동과 산업발전에 큰 영향을 미쳤다.

세계 최초의 증기기관차는 1802년 영국의 트레비딕이 만든 "미드로호"로 세계철도는 1825년 9월 25일 영국의 스톡튼(Stockton)－다링톤(Darlington) 간 약 40km를 죠지 스티븐슨이 제작한 증기기관차인 "로코모션(Locomotion)호"로 시속 16km의 속도 주행에 성공한 이후 1829년 영국(리버풀-맨체스터)에서 본격 개막되었다.

우리나라에 철도가 부설된 것은 1899년 9월 18일 경인선(노량진-제물포간 33.2km)이 개통됨으로써 시작되었다. 그후 1969~1970년대의 경제개발계획에 따라 산업철도가 건설되어 국가기간 수송망으로서의 중요한 역할을 하였고 수도권 전철이 개통되어 도시전철 교통시대의 막을 열게 되었다. 또한 서울-부산 간을 4시간대에 주파하는 새마을열차의 개통과 2시간대의 KTX가 개통됨으로써 전국을 1일 생활권으로 묶게 되었다. 산업화와 함께 경제주역으로 등장했던 철도는 이제 21세기 동북아시아 물류, 교역 등 경제활동의 중심지 역할을 수행하게 될 것이다.

우리나라 철도의 발달과정을 살펴보면 다음과 같다.

(1) 창설기와 일제하의 철도

우리나라가 철도에 관심을 갖게 된 것은 1889년 주미대리공사였던 이하영이 귀국하면서 철도모형을 가져와 철도부설의 필요성을 제기하면서부터이다. 그후 민족자본에 의한 철도건설을 추진하였으나 자금난 등으로 결실을 맺지 못하다가 고종황제 34년(건양 원년) 1896년 3월 29일 미국인 모스(J.R.Morse)에게 경인철도의 부설권을 주게 되었다. 경인선은 1897년 3월 22일(광무 원년) 인천 우각현(도원 쇠뿔고개)에서 Collbran을 지사장으로 삼고 공사 인부 350명을 동원하여 역사적인 철도기공식을 거행하였다.

그러나 모오스 또한 자금조달에 실패하여 마침 대륙진출의 야망을 가지고 있던 일본에게 1898년 5월 철도부설권을 매도하게 되었다. 철도부설권을 매수한 일본은 경인철도합자회사를 설립하여 1899년 1월 공사에 재착공, 4월 23일 인천에서 기공식을 거행하고 공사를 진행, 그해 9월 18일 제물포-노량진간 철도를 개통함으로써 철도운수영업의 효시를 이루었다. 이어서 9월 30일 노량진에서 서울방면으로 2km구간인 한강 남쪽까지 연장하고, 1900년 7월 8일 한강철교 준공과 더불어 서울-인천간 전 구간이 개통되었다.[10)]

개통당시의 경인철도는 증기기관차 4대, 객차 6량, 화차 28량 등으로 1일 2왕복 33.2㎞를 1시간 30분에 걸쳐 주행하였다. 이후 1905년 경부선, 1906년 경의선, 1914년 호남선과 경원선, 1931년 장항선, 1942년 중앙선을 잇달아 개통하였다. 철도는 해방이 될 때까지 일본에 의하여 독점적으로 운영되었으며 식민지 침략의 수단으로 이용되었다.

1899년 한국 최초로 경인선에 운행된 기관차

노량진역 구내에 세운 철도 시발지 기념비

[그림 3-13] 최초의 기관차와 기념비

(2) 광복이후의 철도

우리나라는 1945년 8월 해방을 맞이하였으나 이어 6·25사변으로 국토가 분단되고 철도마저 갈라지게 되었다. 당시 남한의 철도는 총연장 3,378㎞, 기관차 488대, 객차 1,280량, 화차 8,428량, 역 300개, 종업원 55,960명이었다. 철도는 1959년 8월 처음으로 제작하기 시작하였고, 1961년 7월에는 디젤기관차를 도입하여 오늘날과 같은 수송체계의 기반을 확립하게 되었다.

(3) 경제발전과 철도

1960년대 경제개발계획에 따라 사회간접자본의 필요성이 증대되자 산업철도의 건설과 지역사회개발에 막대한 투자가 이루어지게 되었다. 1963년 9월 철도를 독립채산제에 의하여

10) 철도개통에 대하여 당시 9월 19일자 독립신문에서는 '화륜거의 구르는 소리는 우레와 같아 천지가 진동하고 기관거의 굴뚝 연기는 하늘 높이 솟아오르더라. 수레 속에 앉아 영창으로 밖을 내다보니 산천초목이 모두 활동하여 움직이는 것 같고 나는 새도 미처 따르지 못하더라'하고 기록하고 있다.

합리적으로 운영하고 전문적인 공기업으로 발전시키기 위하여 한국철도공사(KORAIL)가 발족되어 현재까지 유지되고 있다. 철도시설과 장비도 발전을 거듭하여 열차자동폐쇄장치(ABS), 열차자동정지장치(ATS), 열차집중제어장치(CTC)를 도입하여 안전장치를 확충하고 서비스와 시설의 현대화가 이루어지게 되었다.

1972년 9월에는 컨테이너 화물의 수송을 개시하여 수출증진에도 기여하였고, 1970년대 초에는 석탄, 석유 등 산업물자 수송 등을 통하여 국가기간 수송망으로서의 기능을 다하였다. 1973년과 1974년에는 산업선인 중앙선과 태백선의 전철화, 1974년 수도권 전철의 개통은 도시전철교통시대의 장을 열어 교통수단으로서의 철도의 중요성을 확립하는 계기가 되었다. 그리고 1974년 새마을호가 서울-부산간을 4시간 50분대 2004년 KTX가 서울-부산간을 2시간 40분대에 주파함으로써 전국을 1일 생활권으로 묶어 국민생활의 변화에 기여하게 되었다.[11)]

(4) 21세기의 한국철도

철도는 1980년대 들어 자동차운송이 포화상태가 됨에 따라 수도권 전철망확충, 선로의 개량, 혼잡선의 복선 및 3복선화 등을 실현하여 철도의 역할을 새롭게 하고 있다. 또한 1989년 서울역 민자역사의 개관을 시작으로 단순한 승하차 개념에서 벗어나 쇼핑과 문화가 만날 수 있는 종합공간으로 부각하는 데 성공하였다. 우리나라의 철도는 1999년 초 총 63개선, 631개의 역, 35,000명의 종사원을 보유하고 있으며, 동력차 2,896량, 객차 1,640량, 화차 13,395량을 보유하고 있다. 철도는 1997년 기준 여객의 25%, 지하철 9.7%, 화물 15.8%의 수송분담률을 담당하고 있다.

21세기를 맞아 철도는 통일된 한국과 이에 연결된 동북아시아의 물류, 교역 등 경제활동의 중심지 역할을 수행하게 될 것이다. 실제 2004년 KTX의 개통으로 기존 새마을/무궁화호가 담당하던 여객철도운송을 KTX가 담당하여 전국을 반나절 생활권으로 만들게 되었다. 그러나 KTX 도배로 인하여 기존열차들이 찬밥신세가 되어 이용하고 싶어도 이용하지 못하는 상황, KTX 여승무원 비정규직 관련 문제, KTX와 관련 없는 경춘선, 중앙선, 경전선 등의 열차 감축 등이 새로운 문제로 나타났으며 또한 지하철 및 고속선 외 기존 광역철도망은 신규개통이 없었다는 점도 문제가 되었다.

2000년대 후반부터 2010년대 들어서 수도권 도시와 서울을 연결하는 광역철도가 개통되기 시작하였다. 2009년에는 지하철 9호선이 개통되고, 2011년에는 신분당선이 새롭게 개통

11) http://www.korail.go.kr:5001/100th/year/main2.html

되었다. 분당선 또한 왕십리~수원까지 연장되었으며 중앙선, 경춘선, 경원선 연장, 경의선, 수인선 광역철도가 개통되었다.

철도의 고속화가 꾸준히 추진되어 2015년에는 호남고속철도가 오송~광주송정 구간으로 새롭게 개통되었고, 2016년에는 수서~평택간 고속철도가 신규개통 되었다. 2018년에는 평창 올림픽에 맞추어 원주~강릉 간 KTX가 새로 개통되기도 하였다.

[표 3-6] 우리나라 철도의 발전

구 분		창설기 (1889년)	정부수립기 (1948년)	경제발전기 (1962년)	전철화개막기 (1972년)	철도 100년 (1999년)	현 재 (2015년)
역수		7	388	499	573	631	673
종업원 수		119	31,894	27,570	34,048	35,040	27,981
수송량	여객 (천명)	–	61,128	100,555	137,139	826,293	1,269,416
	화물 (천톤)	–	5,118	17,914	31,547	43,345	37,093
수송 분담율	여객(%)	–	–			25	4.1
	화물(%)	–	–			15.8	1.9
여객열차 운행회수		4				628	2,889
화물열차 운행회수		–				425	275
선로 총길이		33.2	4,629.9	4,696	5,506.5	6,580.2	9,364.1
기관차(량)		4	631 (증기)	406	618 (디젤전기 : 523, 증기 : 95)	2,896 (디젤 : 491, 전기 : 94, 디젤통 : 614, 전기통 : 1,697)	4,548 (KTX : 1,380 디젤 : 292 전기 : 201 디젤동차 : 201 전동차 : 2,410 ITX-청춘 : 64)
객차(량)		6	1,338	1,445	1,597	1,640	1,099
화차(량)		28	11,337	9,770	16,808	13,395	11,076
열차 최고속도		60	70	100	110	140	300

자료 : 1) http://www.korail.go.kr:5001/100th/year/c.html에서 일부수정 인용
2) 국토교통부, 「국토교통통계연보」.

[표 3-7] 우리나라 철도의 변천과정

구 분		내 용
1890-1959년	1899. 9. 18.	경인선(노량진-제물포) 개통
	1900. 7. 5.	한강철교 준공
	1905. 1. 1.	경부선(서울-부산) 개통
	1906. 4. 3.	경의선(서울-신의주) 개통
	1908. 4. 1.	부산-신의주간 직통급행열차 운행
	1914. 1. 11.	호남선(대전-목포) 개통
	1914. 8. 16.	경원선(용산-원산) 개통
	1925. 10. 15.	서울역사 신축 준공
	1929. 12. 25.	충북선(조치원-충주) 개통
	1931. 8. 1.	장항선(천안-장항) 개통
	1936. 12. 16.	전라선(익산-여수) 개통
	1942. 4. 1.	중앙선(청량리-경주) 개통
	1943. 5. 15.	경의선(서울-신의주) 복선개통
	1945. 3. 1.	경부선(서울-부산) 복선개통
	1945. 9. 11.	남북철도 운행 중지
	1946. 1. 1.	교통국을 운수국으로 개칭
	1946. 5. 20.	경성-부산 간에 특별급행 조선해방자호 운행
	1955. 8. 15.	경부선에 특급 통일호 운행 개시
	1955. 12. 31.	영암선(영주-철암) 개통
1960-1969년	1960. 2. 21.	경부선에 특급 무궁화호 운행개시
	1963. 1. 19.	고한선(예미-고한) 개통
	1963. 8. 20.	서울교외선(능곡-의정부) 개통 경인선(영등포-인천) 개통
	1963. 9. 1.	철도청(현, 한국철도공사(KORAIL)) 개청
	1963. 11. 9.	경북선(영주-예천) 개통
	1965. 9. 18.	경인선(영등포-인천) 복선개통
	1967. 8. 31.	증기기관차 종운식 거행
	1967. 9. 1.	경부선에 특급 비둘기호 운행 개시
	1968. 2. 7.	경전선(진주-광양)

구분		내용
1970-1989년	1972. 3. 17.	최초의 전기기관차 도입
	1972. 9. 18.	컨테이너 화물수송 개시
	1973. 10. 16.	태백선(제천-고한)
	1974. 8. 15.	수도권 전철 및 서울 지하철 개통
	1975. 12. 5.	영동선(철암-북평)
	1980. 10. 17.	충북선복선(조치원-봉양)
	1981. 10. 1.	새마을호 승차권 전산발매 실시
	1981. 12. 23.	경부선(영등포-수원) 복복선 전철개통
	1985. 11. 15.	호남선(익산-정읍) 복선개통
	1986. 9. 2.	경원선(성북-의정부) 복선전철 개통
	1989. 3. 25.	서울역 민자역사 개관
	1987. 9. 6.	호남선(익산-송정리) 복선개통
1990-2015년	1990. 6. 15.	경부고속철도 기본노선 확정 발표
	1991. 3. 25.	부산-후쿠오카 간 고속여객선 비틀호 처녀 운항
	1992. 3. 10.	한국고속철도건설공단 발족
	1993. 7. 1.	의왕컨테이너 내륙통관기지 개장
	1997. 2. 1.	대구복합화물터미널 기공식 거행
	1997. 2. 20.	영동선전철(영주-강릉) 개통
	2004. 1. 1.	한국시설공단 설립
	2004. 3. 24.	호남선복선전철
	2004. 4. 1.	고속철도(KTX)개통
	2007. 5. 17.	남북철도 연결구간 열차시범운행
	2010. 3. 2.	KTX-산천 영업개시
	2010. 11. 1.	경부고속철도 2단계 구간 개통
	2013. 4. 1.	해무 430X 시속 421.4km 기록
	2014. 6. 30.	인천국제공항 KTX 직결 개통
	2015. 1. 1.	한국철도공사 명칭 변경
	2015. 4. 1.	고속철도 호남고속선(오송-광주송정) 준공
	2015. 7. 1.	고속철도 경부고속선(서울-부산) 준공
	2015. 4. 2.	호남고속선·동해선 개통

자료 : 한국 철도의 역사와 발전(2011), pp.412~436.

증기기관차(steam locomotive)

2000호대 디젤기관차

디젤기관차(diesel locomotive)

디젤동차(diesel rolling stock)

Push Pull 동차(PP동차)

전기기관차(electronic locomotive)

전기동차(electronic rolling stock)

고속철도차량(high speed train)

자료 : http://rsm.krc.ac.kr/

유조차

- 사용처 : 유류, 황산 등 운송
- 용 적 : 53㎥
- 적재가능중량 : 50톤

벌크양회조차

- 사용처 : 벌크 시멘트 운송
- 적재가능중량 : 50톤

일반무개차

- 사용처 : 무연탄, 광석 운송
- 적재가능중량 : 50톤

홉파형 무개차

- 사용처 : 무연탄, 광석 운송
- 적재가능중량 : 50톤

열연코일차

- 사용처 : 강판 운송
- 용 적 : 16×3×1.8m
- 적재가능중량 : 50톤

냉연코일차

- 사용처 : 냉연코일강판 수송
- 적재가능중량 : 50톤

일반 평판차

- 사용처 : 기계, 장비 등 운송
- 용 적 : 16×3×1.1m
- 적재가능중량 : 50톤

곡형 평판차

- 사용처 : 특수화물 운송
- 적재가능중량 : 50~165톤

자동차수송차

- 사용처 : 자동차운송
- 적재가능중량 : 15톤
- 적재량 : 10대(승용차)

컨테이너차

- 사용처 : 컨테이너운송
- 적재가능중량 : 50톤

자갈차

- 사용처 : 광석, 자갈 등 운송
- 용 적 : 34×3×3.8m
- 적재가능중량 : 50톤

차장차

- 사용처 : 차장 및 호송인 탑승
- 용 적 : 50㎥

파렛트 운송화차(전개형 유개차)

- 사용처 : 합성수지, 비료, 시멘트 등 파렛트화된 화물 운송, 하역 용이
- 용 적
  - 적재수량 : 표준파렛트 12매×2열×2단=48매
  - 적용규격 : T11형(1100×1100), 1100×1200, 1100×1300
  - 적용화물 : DOOR 동시열림치수 : 4600㎜(길이)×2700㎜(높이) →4×2×2=16매
  - 측문수량 : Sliding Door 6개(한쪽)×2(양쪽)=12개/량당
- 적재가능중량 : 48톤

[그림 3-14] 철도화물품목별 수송용 차량

7. 남북한 통합철도망의 구축

(1) 남북한 통합철도의 의의

남과 북을 잇는 역사적인 경의선 철도복원 공사가 2000년 9월 18일 착공되었다. 남측은 5백 49억원을 투입하여 문산에서 임진강철교를 건너 군사분계선에 위치한 장단역까지 12km 구간을, 북한은 장단역-개성역의 12km 구간을 복원하였다.[12)]

남북한 통합철도의 연결은 1991년 개최된 ESCAP산하 해운·교통·통신분과위원회(Committee on Shipping, Transport and Communications)에서 부산-서울-평양-신의주를 경유하는 남북한 종단철도를 새로 건설하자는 구상이 제기되었다.

이에 따라 우리나라의 제7차 경제개발5개년계획(1992~1996)과 제3차 국토종합개발계획(1992~2001)을 통해 정부에서는 철도부문에서 휴전 후 단절된 경의선, 경원선을 우선 복구하기로 기본적인 방침을 정하였다.[13)]

[표 3-8] 남북철도망 연결 기본 계획

구 분		경의선	경원선	금강산선	동해북부선
총연장		20km	31km	75.3km	241.2km
남측	구간	문산-장단	신탄리-월정리	철원-금곡	강릉-군사분계선
	연장	12km	16.2km	24.5km	124.5km
	소요기간	19개월	24개월	19개월	5개월
북측	구간	장단-봉동	월정-평강	금곡-기성	군사분계선-안변
	연장	8km	14.5km	50.5km	116.7km

2018년에는 판문점 선언으로 남북한 철도 통합에 대한 논의에 시동이 걸렸다. 이러한 남북한 통합철도의 구축은 오래 전부터 있어 왔으나 북한의 미사일 등으로 인한 도발, 미온적인 태도 등으로 지연되다가 6·15 남북정상회담을 계기로 가시화되어 2007년 5월 17일 경의선

12) "동북아 물류대동맥 신실크로드 잇는다", 중앙일보, 2000.9.18.

13) 남북 간에 열차운행을 위해서는 ① 객차와 화차의 출입지역 선정 및 인수인계 등 출입국에 관한 사항, ② 신호체계, 전기기관차의 전력이용방식, 철도 및 궤도조정 등 교통운영의 조정, ③ 운송주체 간의 요금산정, 시간표 조정, 영업서비스의 조정 등 기본적인 사항에 관한 문제점 해결이 선행되어야 한다.

• 동해선 남북철도연결구간 열차시험운행이 시행되었다.

남북 통합철도망의 구축과 관련 가장 실현가능성이 높은 철로가 경의선으로 이 철길이 연결되면 북한은 물론 만주 • 중국의 북부지역과 연결되어 여기서 시베리아, 멀리는 중동과 유럽까지 뻗게 된다. 이처럼 다국간 통합철도 네트워크가 형성되면 유럽까지 거리가 해상운송보다 절반이하로 줄어들고 운송비용도 저렴해진다. 특히 유럽 내륙지역에 대한 접근성이 좋아지고 안전성, 신뢰성에 문제가 있는 중동해운항로를 대체할 수 있을 것이다.

또한 국제복합운송의 주동맥으로서 무한한 잠재력을 갖고 있으므로, 이 철도의 기점이 부산 • 평양항이 될 경우 인천국제공항과 함께 항공 • 해운은 물론 철도를 잇는 종합교통망체계의 중심국가가 될 수 있을 것이다.

(2) 북한철도망과 향후전망

북한의 육상운송은 남한과는 달리 철도 중심의 교통체계로 총 물동량의 약 70%를 철도수송에 주로 의존하고 있다. 북한의 철도분포는 평양을 중심으로 4면으로 뻗어 있으며, 영업거리와 전철화면에서 남한에 비해 우위를 보이고 있으며 1998년 기준으로 북한철도의 수송분담률은 화물 92.8%, 여객 49.1%로서 철도는 여객의 운송과 더불어 공업용 원자재, 농수산물 운송을 전담하는 산업철도의 역할에 치중되어 있다. 북한철도의 문제점은 선로의 표준이 낮으며, 열차의 허용중량도 15~23톤 정도 밖에 안되며, 열차의 평균속도가 느리고,[14] 화물차 수량이 적으며, 노후되었을 뿐만 아니라 화물적하 및 양하의 기계화 수준도 낮다. 이를 좀 더 상세히 정리하여 보면 아래와 같다.

첫째, 1906년 평의선 개통을 시작으로 평양탄광선, 평부선, 강원선 등 대부분의 주요 노선이 일제 강점기에 건설되었다. 일제의 전략물자 수송에 주요 역할을 북측의 철도수송이 담당하였기에 남측보다 더 발달되어 있었다.

둘째, 북한의 육상운송은 남한과는 여객의 75%, 화물의 90% 가량을 철도수송에 주로 의존하고 있다.

셋째, 전철화율은 남한보다 앞서고 있으나 복선화율은 2016년 기준 3%에 그치며 일제강점기 이후 투자가 거의 이루어지지 않았음을 증명한다. 반면 우리나라의 복선화율은 63% 정도를 점하고 있다.

넷째, 북한의 철도분포는 평양을 중심으로 4면으로 뻗어 있다.

---

14) 북한 최고의 철도인 경의선의 평균속도가 시속 63.5km, 국내선의 경우 평개선(평양-개성)이 37.4km, 평남선(평양-온천)이 38km, 평라선(간리-나진)이 25.1km, 평덕선(대동강-평양-덕천-구장청년)이 24.6km이다.

다섯째, 철도는 여객의 운송보다 공업용 원자재, 농수산물 운송을 전담하는 산업철도의 역할에 치중되어 있다.

여섯째, 문제점으로 선로의 표준이 낮으며, 열차의 허용중량도 15~23톤 정도 밖에 안되며, 열차의 평균속도가 느리고,[15] 화물차수량이 적으며, 노후되었을 뿐만 아니라 화물적하 및 양하의 기계화 수준도 낮다는 점이다.

[표 3-9] 북한의 주요 철도현황

노선명칭	운행구간	철도길이	노선형식	내 용
평의선	평양-신의주	224.8km	표준궤 전기철도	• 북쪽에서 석탄, 금속, 건축재를 남쪽에서 목재, 금속광석 운반 • 평양과 서북부의 중심지를 연결 • 압록강교와 중국철도 연결되어 국제철도 간선으로 역할수행
평라선	간리-나진	781.1km		• 도서해안지구를 연결하는 주요 노선 • 동부지구를 평양과 연결시켜 경제발전에 기여
평남선	평양-온천	89.6km	표준궤	• 금속과 기계공업 중심지와 광양만 춘천 지역에 연결 • 평양과 남포항을 연결 대외무역의 중심 역할
만포선	순천-만포	303.4km	표준궤 (70km 전기철도)	• 평양지구와 압록강 중부를 연결하는 중요간선 • 중국철도와 연결

자료 : 2016년도 한국철도학회 춘계학술대회 논문, "북한철도의 SWOT분석을 통한 한반도 철도의 발전방안" 일부 참조 재정리.

북한의 철도망은 약 60개의 노선으로 구성되어 있으며, 주요 간선철도로는 평의선, 평라선, 평남선, 만포선이 있다. 이 중 평균구간거리가 100km 이상인 노선은 10여개에 지나지 않으며 30km 이하인 노선은 30여개로 전체의 50%를 차지하고 있다. 북한의 철도망은 서부계통, 동부계통 및 동서횡단계통을 기본으로 하며 이들 노선은 각각 경의선, 원라선, 평원선으로 대표된다.

북한철도망의 특징은 동서 양해안을 따라 산업 및 인구 밀집지역에 집중되어 있으며, 따라

15) 북한 최고의 철도인 경의선의 평균속도가 시속 63.5km, 국내선의 경우 평개선(평양-개성)이 37.4km, 평남선(평양-남포)이 38km, 평라선(평양-나진)이 25.1km, 평덕선(평양-덕천)이 24.6km이다.

서 북부내륙이나 중부지대에는 매우 빈약하고 수송능력도 낮다. 중국과 연결되는 주요 화물운송 철도망으로는 신의주-단동노선, 만포-집안노선, 남양-도문노선[16] 등 3개 노선이 있으며, 러시아와는 1963년 홍의선(홍의-두만강산 9.5㎞)이 표준궤로 신설되면서 시베리아횡단철도와 연결되고 있다.

따라서 차후 남북한 화물운송을 위한 철도연결은 북한을 비롯한 중국의 동북 3성, 러시아 극동지역 등의 열악한 도로시설과 동북아 및 유라시아까지의 연계운송을 가능하게 할 것이다. 남북한 철도연결은 우선적으로 경의선, 경원선, 그리고 동해북부선의 연결이 가능할 것이다. 이들 철도가 연결되면 경의선은 남한의 공산품을 평양, 남포, 개성, 신의주로의 운송과 북한 원부자재의 남한 운송을, 경원선은 남한의 공산품을 함흥, 청진으로 운송하고 북한 광산물의 남한 운송을, 동해북부선은 남한의 관광객 수송과 북한의 수산물과 광산물운송에 활용할 수 있을 것이다.

특히 제3차 국가철도망 구축계획(2016~2025)에서는 통일시대를 위한 철도망 구축계획에서 서울에서 개성으로 가는 경의선, 철원과 평강으로 향하는 경원선, 철원을 거쳐 금화, 내금강, 금강산으로 가는 금강산선의 기틀을 마련할 계획이다.

[표 3-10] 남북한 화물운송을 위한 연결가능 노선과 역할

노선명	노 선	복원구간	주요 역할
경의선	서울-신의주	문산-판문점-개성	• 남한의 공산품을 북한의 서해안지역으로 운송 및 북한의 제품을 남한의 수도권으로 수송 • 선로노선의 건재로 6개월 내 복구 가능
경원선	서울-원산	철원-평강-복계	• 남한의 공산품을 북한의 동해지역으로 수송하고 북한의 광산물을 남한으로 수송 • 선로노선의 건재로 6개월 내 복구 가능
동해 북부선	강릉-원산	강릉-속초-고성-원산	• 북한의 수산물과 광산물을 남한의 동해지역으로 수송 및 남한의 관광객 수송 • 원산-고성 간 철거로 단기간 복구 곤란

16) 남양-도문노선은 청진과 연길간을 연계하여 중국내 동북 3성의 중개화물 처리관문으로서 청진항의 역할을 증대시켜 주고 있다.

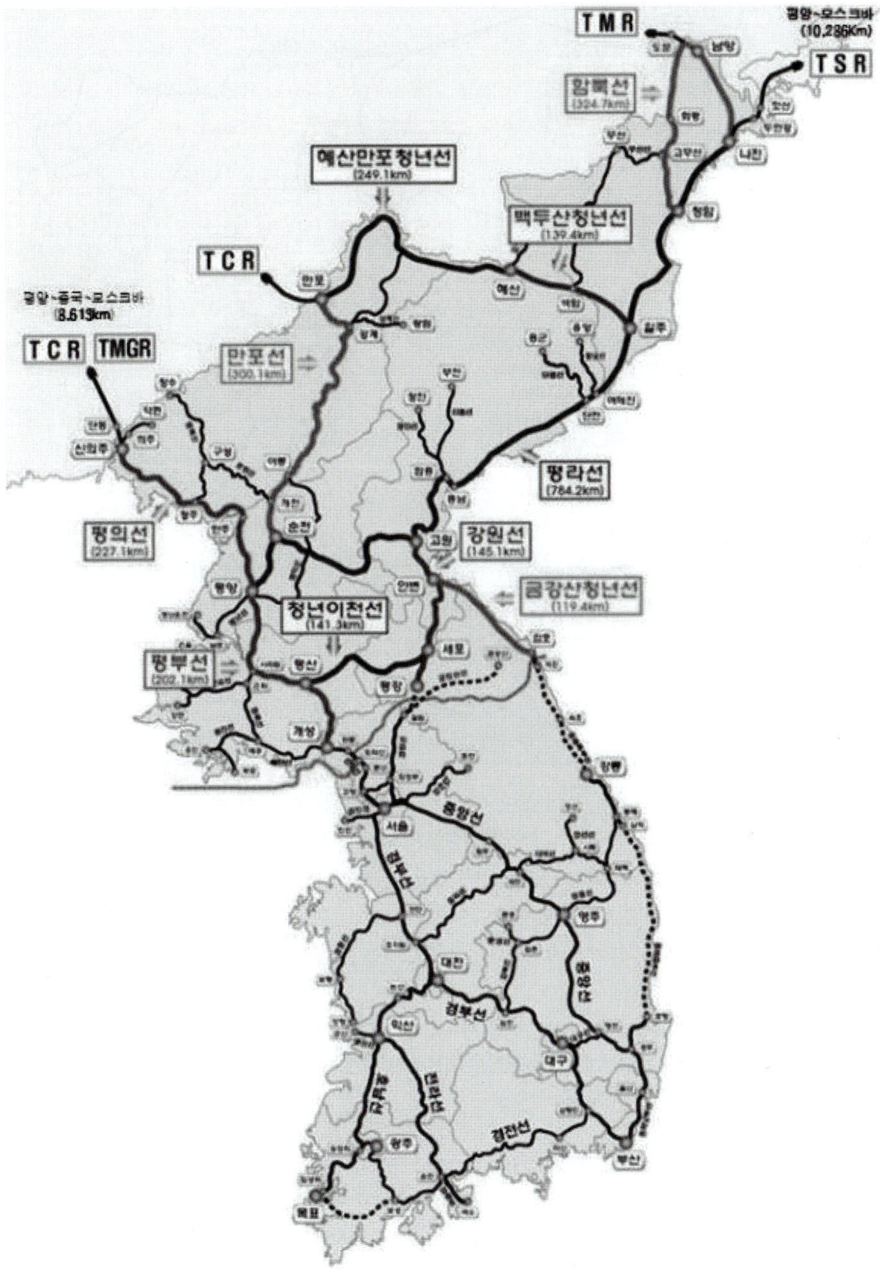

[그림 3-15] 북한 간선 철도망 및 남북한 철도 연결방안

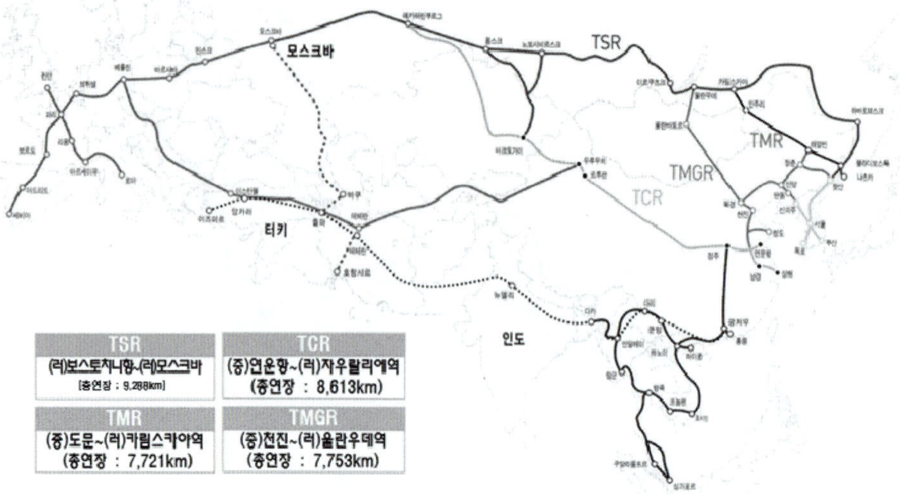

[그림 3-16] TSR / TCR / TMR / TMGR 노선망

[표 3-11] 대륙횡단철도 노선 현황

노 선	구 간	거리(km)	궤 간
시베리아 횡단철도 (TSR)	블라디보스토크~하바로브스크~치타~울란우데~이르크츠크~노보시비르스크~옴스크~예카데린브르크~모스크바	9,288	러시아 광궤 (1,520mm)
중국 횡단철도 (TCR)	연운항~정주~란조우~우르므치~*아라산쿠(중)~*드루즈바(카)~*프레스고노르코프카(카)~* 자우랄리에역(러)에서 TSR과 연결	8,613	중국 표준궤 (1,435mm) 카자흐 광궤 (1,520mm)
만주 횡단철도 (TMR)	도문~*만주리(중)~*자바이칼스크(러)~카림스카야역(러)에서 TSR과 연결	7,721	중국 표준궤 (1,435mm)
몽고 횡단철도 (TMGR)	중국 천진~베이징~*에렌호트(중)–*자민우드(몽)–울란바토르~*수흐바토르(몽)–*나우스키(러)~울란우데역(러)에서 TSR과 연결	7,753	몽골 광궤 (1,520mm)

자료 : 유라시아 철도 조사 출장보고서(공공투자관리센터)

(3) 남북철도 연결의 필요성

오늘날 지구화에 따른 대외경제 관계의 발전은 운송망에 대한 새로운 접근을 요구하고 있다. 최근 유럽과 아시아간의 대외 무역량은 연간 6,000억 달러에 이르고 있으며, 국제통화기금(IMF)은 2010년에 그 규모가 최소한 1.5배 이상 증가할 것으로 예측하고 있다. 이러한 배경 속에서 최근 서유럽과 동아시아 간의 컨테이너 화물 물동량은 연간 600만개에 이르고 있다. 이러한 상황을 감안하면 아시아와 유럽을 연결하는 국제 컨테이너 운송체제를 하루 빨리 구축할 필요성이 대두된다.

남북철도 연결은 동북아 지역에서 운송협력 기반을 마련함으로써 '평화와 번영의 동북아 시대'를 선도할 수 있는 핵심 사업 가운데 하나일 뿐만 아니라 장차 유럽~아시아~태평양을 잇는 '철의 실크로드'(Iron Silkroad) 시대를 열기 위한 전제조건이다. 남북・대륙철도가 연결되면 수송시간 및 비용 절감 등으로 남북간의 경제협력과 동북아경제협력확대에 크게 기여하게 될 것이다. 현재 남북간 컨테이너 해상운송은 TEU당 800달러 수준인데 철도로 수송할 경우 절반이하로 가능할 것으로 보여 남북간 물류비를 획기적으로 절감할 수 있을 것으로 예상된다.

남북철도가 연결될 경우 국제화물 수송루트에도 큰 변화가 예상된다. 부산항에서 유럽으로 가는 물동량의 일부, 중국의 동북 3성 및 몽골의 수출입 물량, 일본의 대유럽 수출입 물동량의 일부가 부산항이나 광양항을 통해 대륙철도로 운송될 것으로 기대된다. 유럽의 경우 해상운송과 비교하여, 거리는 약 7,000km, 시간은 약 1주일 이상 단축되어 비용절감 효과를 기대할 수 있다. 이에 따른 남・북・러의 철도운송 수입은 각각 연간 약 1억 달러, 1억 5,000만 달러, 3억 달러로 예상된다.[17)]

(4) 남북철도의 연결 과제

향후 남북한 철도의 통합운영을 상정해 볼 경우 예상되는 문제점으로는 첫째로, 네트워크 운영의 높은 효율성을 유지하기 위해서 북한의 경우 복선화와 자동신호의 추진과 속도향상을 위해 노반개선 등이 필요할 것이다. 두 번째로는 전기 공급 방식의 차이를 극복하기 위해서는 직・교류 겸용 동력차 운영이 필요하다. 세 번째로는 본격적인 상업운전을 위해서는 운임체계, 기관차와 객차의 운영방식 등에 대한 합의가 이루어져야 한다.

또한 남북철도의 통합운영을 위해 추진되어야 할 국제적인 노력으로는 이미 시행된 시험운행을 계기로 추가적인 운행에 대한 논의가 계속되어야 할 것인데, 상업운전을 위한 상호협의체가 구성되어야 할 것이다. 이에 대해서 북한은 군을 우선으로 하는 정책으로 철도도 이

17) 나희승, 최근 남북 대륙철도 협력현황과 동북아철도협력 구상.

에 종속되어 있어서 향후 독립적인 운영보장이 필요한데, 이를 위해서 이해관계 국가가 참여하는 논의의 장과 상호연락 운송에 대한 합의가 필요하다. 이에 우리나라가 아직 가입되어 있지 않은 국제운송기구인 OSJD[18]의 가입이 추진되어야 한다.

마지막으로 궤간의 문제가 있는데 우리나라는 표준궤(1,435mm)를 적용하여 TMR, TCR을 사용하게 될 경우에는 문제가 없으나 유럽까지 이동을 하려면 TSR을 이용하여야 되는데 TSR은 광궤(1,520mm)를 적용하여 중간에 환적작업을 거치거나 궤간을 변경하여야 하는 번거러움이 생기게 된다. 궤간가변대차의 기술을 발전시켜 이러한 문제점에 대응해야 한다.

[표 3-12] 남북철도 비교

구 분	남 한	북 한
노선 현황	X자형의 노선으로 경부, 호남, 중앙선으로 구성	H자형 노선으로 서해안축, 동해안축, 동서횡단축으로 구성
광궤구간(1,520mm)	0	134km
표준궤구간(1,435mm)	3,825km	4,578km
협궤구간(762mm)	0	523km
복선화율(%)	56	3
전철화(%)	68	79.3
여객수송분담률(%)	20.9	60
화물수송분담률(%)	10.1	90
전기공급방식	교류 25,000V	직류 3,000V
신호	자동, 연동, 통계	길표
변전소의 종별	원격제어 변전소	수동, 반자동 변전소
운행현황(표정속도)	70~100km/h	25~60km/h
차량한계 (일반차량에 대한 구체한계 높이)	4,500mm	4,800mm

자료 : 1) 북한자원 뉴스레터 2016 여름호, http://www.e-ia.co.kr/sonosa/newsletter/201608/column.html
2) 2016년도 한국철도학회 춘계학술대회 논문집, "북한철도의 SWOT분석을 통한 한반도 철도의 발전방안"

18) OSJD(Organization for Cooperation of Railways, 국제철도협력기구)는 1956년에 결성된 협력체로서, 옛 소련, 중화인민공화국, 조선민주주의인민공화국을 비롯해 동유럽과 중앙아시아 28개국 정부 및 철도 운영 기관으로 구성된 철도 교통 신호, 표준 기술, 통행료, 운행 방식 등에서 통일된 규약을 마련하는 철도 협력체를 말한다.

8. 우리나라 철도운송의 문제점과 합리화 방안

(1) 우리나라 철도운송의 문제점

철도운송은 그 특성상 안전성이 높고, 장거리수송 및 대량수송이 가능하며 다른 운송수단에 비하여 기후의 영향을 적게 받으면서 최근 부각되고 있는 환경오염을 방지할 수 있는 장점이 있다. 이러한 장점에도 불구하고 자동차운송에 비하여 이용률이 떨어지고 고객의 서비스 또한 수준에 못미치고 있다. 현재 우리나라 철도운송의 주요 문제점은 다음과 같다.

1) 복잡한 운송절차

철도는 특성상 자동차운송이 갖는 문전에서 문전까지(door to door)의 운송이 불가능하다. 이러한 일관운송서비스의 결여는 운송이 이루어지기까지 적재와 하역 시 많은 단계를 필요로 함으로써 시간과 부대비용의 발생을 초래하여 화주로부터 이용을 기피하게 하는 원인이 되고 있다.

2) 장비의 현대화와 표준화의 미흡

우리나라의 철도는 도로운송에 비하여 미흡할 뿐만 아니라 하역과 운송에 필요한 장비의 기계화와 차량용기의 개발이 부진하다. 철도작업의 효율성을 높이기 위해서는 장비의 현대화와 운송의 핵심을 이루고 있는 파렛트와 컨테이너를 이용한 운송에 적합한 표준화가 요구되고 있으나 이에 대한 준비가 부족하다.

3) 경직된 운임요율체계

우리나라의 철도운임은 인가제로 되어 있고 획일적인 거리별 임률을 적용하고 있어 품목별 운임체계상 차이가 없다. 이러한 일률적인 운임의 적용은 영업환경에 능동적으로 대처할 수 있는 탄력적인 운임의 도입에 제약을 주고 있고 거리비례제의 적용으로 장거리화물의 유치에 어려움을 주고 있다.

4) 운송용량의 한계

우리나라의 철도는 제한된 용량에 여객열차의 계속적인 증설요구로 화물운송열차의 운행에 제약을 받을 뿐만 아니라 주요 간선에서 주간운행이 어려워 운송시간이 지연됨으로써 급송화물의 유치를 어렵게 하고 있다.

5) 집화증대를 위한 마케팅체제의 미흡

화물에 대한 영업부족으로 인하여 대량화물운송을 고정고객중심으로 운영한 결과 이용고객이 적고 비탄력적인 영업이 되어 다품종소량화물에 대한 마케팅이 이루어지지 않고 있다.

나아가 우수고객에 대한 인센티브 제공이 부족하고 과거 독점시장에서의 영업방식이 지속되고 있어 경쟁관계에 있으며 수송완결성을 가진 자동차운송에 비해 경쟁력을 가지기 어렵다.

6) 우리나라의 도로 우선적인 정책

산업화시대부터 도로교통 위주로 정책을 펼쳐나가며 실 예산배정에서 철도교통은 차순위다. 또한 접근성 악화, 열차이용 불편화로 인한 이용객의 감소 등 철도 수요의 감소로 많은 간이역이 사라지며 문전수송에서 더 멀어지고 있다.

7) 기반시설의 부족

그동안 도로 중심의 인프라 투자가 지속되었고, 상대적으로 철도에 대한 투자는 미흡하여 선로시설, 물류거점 등의 확충이 미흡하다. 철로부문에 대한 중요성이 꾸준하게 대두되었음에도 불구하고 여전히 교통부문의 사회간접자본투자비 중 절반 이상이 도로부문에 투자되고 있다. 이 결과 철도시설장비의 낙후와 주요 노선의 선로용량 한계를 야기하였다. 현재 정부는 교통부문의 사회간접자본투자를 줄이겠다고 발표하여 철도는 더 어려운 상황에 처해져 있다.

8) 궤간의 문제

전세계적으로 궤간은 표준궤(1,435mm)를 보고 표준궤보다 큰 궤간을 광궤, 좁은 궤간을 협궤라 한다. 우리나라는 표준궤를 적용하는데 반해 시베리아 횡단 철도(TSR)는 광궤(1,520mm)를 적용하여 중간에 환적작업을 거치거나 궤간을 변경해야 하는 번거로움을 해결하기 위해 궤간가변대차의 기술을 발전시켜 향후 한반도종단철도(TKR)로 연결되어 운송할 수 있을 때를 대비하여 한다.

(2) 우리나라 철도운송의 합리화 방안

1) 시설의 확충

늘어나는 철도물량을 소화하기 위해서는 장기적으로 시설확충이 이루어져야 함은 물론 단기적으로는 여객위주의 열차운용을 화물위주로 전환하고 현재의 시설을 최대한 활용할 수 있는 방안이 강구되어야 할 것이다. 즉, 물동량이 적은 역의 철도서비스를 축소함으로써 거점간 수송시간의 단축이 필요하고 주간시간대에 화물열차를 배차하여 운송업체와 화주가 원하는 시간에 수송이 이루어질 수 있도록 하여야 할 것이다.

2) 체계적인 복합물류서비스의 구축

철도운송은 대량화물을 원거리로 운송하는 경우 가장 경제적이다. 철도운송을 활성화하기 위해서는 자동차운송과 연계할 수 있는 일관운송체제를 구축하고 대규모 화물이 발생하는 공단, 공항 및 항만에 전용선을 설치함으로써 직접 화차에 적재하여 목적지까지 운송할 수 있는 방안이 강구되어야 한다.

또한 화물수송과 하역만을 담당하는 물류시설기능에서 종합물류기능을 수행할 수 있는 체계로 전환하기 위하여 복합화물터미널, 유통단지 등을 확충해 거점중심의 화물수송체계가 구축되어야 한다.

3) 요금체제의 개선

철도요금은 철도가 가지고 있는 특성을 최대한 살릴 수 있는 방향으로 조정되어야 한다. 철도운임은 인가제에서 품목분류를 보다 세분화하고 장거리화물의 운임체감제와 탄력적인 운임체제를 도입함으로써 철도특성에 맞는 운임구조가 형성되어야 한다.

4) 직행 및 전용열차의 도입

철도화물이 경쟁력을 갖기 위해서는 운송기간의 단축과 운송절차의 편리함이 있어야 한다. 이를 위해서는 화물역의 최적배치를 통해 불필요한 정차시간을 줄이고 운행시간의 단축은 물론 대량화물운송의 특성에 맞는 장비를 갖춘 전용열차의 운행을 적극 강구하여야 한다.

5) 철도신기술 도입

① DST

이단적재열차는 터널의 높이 제한으로 돌입하기에 제한이 있어 많은 문제점이 산재하고 경부선의 터널 개량만 1조 2천억원이라는 금액이 투입되게 되어 경제성 면에서 면밀한 검토가 이뤄져야 하며 터널의 숫자가 적은 구간에 이단적재열차를 먼저 운행하여 DST를 도입하기 위한 노력을 지속하여 물류비 절감으로 인한 철도물류경쟁력 향상에 도움을 줄 수 있을 것이라고 판단된다. DST가 도입된다면 철도 컨테이너 물동량이 가장 많은 경부선을 예로 들면 기존 66TEU에서 100TEU로 증가하여 약 52% 수송효율을 낼 수 있고 수송력 또한 매우 증대되는 획기적인 방식이라고 할 수 있다.

② 고속화물열차 도입

2015년부터 코레일은 의왕 오봉역~부산신항역을 중간 정차 없이 직통으로 최대시속 120 km/h로 달려 운행시간을 72분 단축시킬 수 있는 고속화물열차를 시범운행을 하고 있다. 최근에는 냉동 컨테이너 화물열차를 도입할 만큼 경쟁력확보가 가능할 것으로 보인다. 이러한 고속화물열차를 다른 노선에도 적극 도입한다면 더 높은 서비스를 제공할 수 있을 것이다.

③ BID - MODAL

Bi-modal tram이란 바퀴가 달려있어 버스처럼 일반도로를 달릴 수 있고 전용궤도를 이용해 전철처럼 달릴 수 있는 새로운 개념의 차량으로 수송능력은 2,500~5,000명, 건설비는

km당 250억원 안팎으로 도시 간 연계교통수단으로 주목받고 있고 철도의 단점인 Station to Station의 해결로 소비자들을 만족시킬 수 있다.

④ 열차페리

열차페리란 선박 내부에 설치된 선로와 육지의 선로를 연결, 열차가 기관차 동력으로 선내로 들어가도록 설계, 육지 선로와 선내 선로를 램프로 연결, 항만에 도착 후 철로를 이용하여 내륙지역까지 철도운송이 가능한 복합운송의 한 종류를 말한다. 현재 한반도종단철도(TKR)가 순조롭게 이루어지지 않아, 북한을 거치지 않고 한-중으로 컨테이너를 실은 열차가 선박에 실어져 이동되는 열차-페리시스템을 도입해야한다는 정부의 생각과 겹쳐 힘을 얻고 있지만 국가 간의 철도시스템이 차이가 나서 넘어야 할 산이 많은 것이 사실이다. 열차-페리가 도입된다면 TCR, TSR 등을 거쳐 유럽까지 운송이 가능하여 경제적 파급효과가 엄청날 것으로 판단된다.

(3) 한국철도의 미래와 비전

1) 구체화된 목표

① 국토공간의 균형개발 촉진을 위한 지역 간 접근시간의 균등화를 추진하기 위하여 전국적으로 균등한 간선철도망을 구축한다.

② 간선철도의 복선화 비율을 제고하여 수송애로 구간을 완전히 해소하여 간선철도망의 수송능력을 증대한다.

③ 고속철도 수혜지역 확대를 위하여 고속철도와 일반철도의 연계운영, 고속철도 정차역과의 접근성을 제고한다.

④ 산업단지, 항만, 화물터미널과 연결철도망 구축으로 화물의 일관수송체계 추진 및 물류비용을 절감한다.

⑤ 수도권지역 우회노선 및 대륙철도와의 연결 노선을 확보하여 남북 및 대륙철도 연결노선을 완비한다.

2) 실천방향

① 경부축(서울~대전구간) 중심의 일축 집중노선 및 수송구조에 의한 수송애로를 해소하고 국토균형발전을 촉진하기 위해 서해축(서해선, 장항선, 군산선), 동해축, 남해축으로 이루어지는 연안국토축과 중부내륙축의 수송능력을 확충한다.

② 자생력 유지에 미흡한 철도시설 및 철도서비스 공급을 대신하여 고속철도 신설사업의 지속적 추진과 함께 기존철도의 시설수준을 고속철도에 대응하여 획기적으로 개선함으로써 철도의 자생력을 확보해야 한다.

③ 타 교통수단 및 관련시설과의 연계성이 없는 단절적인 철도망을 수단별 특성과 장점을 살려 수단 간 연계 발전할 수 있도록 해야 할 것이다. 여객의 경우 국가 교통체계가 고속철도 중심으로 개편되고 있으므로, 고속철도역을 중심으로 연계교통체계를 강화할 필요가 있다. 화물의 경우에는 항만, 산업단지, 물류시설 등과 연계되는 철도를 건설해야 한다.

④ 기존의 철도망은 남한지역만을 대상으로 하는 시설투자를 진행시켜 왔으나, 앞으로는 남북한 철도연결, 대륙횡단철도와의 연계를 위한 시설투자를 추진하여야 한다. 또한 남북 및 대륙철도 연결에 따른 수도권 우회노선을 구축해야 한다.

9. 국외 철도화물운송 지원정책 사례

(1) 영국

1) 철도에 대한 투자확대 정책

영국은 'Ten Year Plan for Trasport'에서 2010년까지 철도분담률을 기존의 7%에서 10%로 증대하였고, 철도화물 운송량은 80% 증대를 목표로 하였다. 이를 위해 영국은 철도투자를 대폭 확대하였는데 1990~2000년 연평균 3조 6천억원에서 2001~2010년 사이에는 8조 4천억원을 투자하기도 하였다.

2) 화물시설지원금제도(Freight Facility Grants)

1975년 도입되었으며 철도화물시설설치에 소요되는 자본비용을 지원하는 제도이다. 지원가능액은 환경편익과 지원이 필요한 금액(도로와의 상대적 재무성 차이) 중 작은 비용이며, 시설비용의 50% 이하를 지원한다. 지원자는 재무성분석 결과 제시를 통하여 철도이용비용이 도로이용 비용보다 높다는 것을 증명해야 하며, 교통부는 이의 타당성 검토 및 민감도 분석을 수행한다. 만약 해당시설이 설치되지 않으면 화물운송이 도로를 통해 이루어질 경우에만 지원하며 대상으로는 대부분의 철도시설, 즉 측선, 상하역장비, 저장시설, 각종 취급설비 등의 대상이나 차량은 제외된다. 계약기간은 통상 10년이며, 운송회사의 반대는 없고 오히려 화주는 기업이미지 제고 차원에서 운송회사에게 철도이용을 권고한다.

3) 철도환경편익 증대 제도

도로에서 철도로 전환하는 것이 사회/환경적 편익을 증대시키는 경우 지원가능하며, 지원대상으로는 컨테이너, 일반화물만 가능하고 연4회 지원신청을 받으며 계약주기는 3년에 한

한다. 보조금은 매월 지급하는 제도였지만 2009년 종료되어 수단전환 보조금 제도로 변경되어 운영되었다.

(2) EU

유럽연합의 교통/에너지부문에서 주목받았던 마르코폴로 프로그램은 화물수송체계를 종래의 도로중심에서 철도, 해운 및 내륙수운으로 전환을 모색하고자 마련된 재정지원 프로그램였다. "도로혼잡 완화-깨끗한 대기"라는 표어를 사용하며 연간 600억 톤/km씩 증가할 것으로 예상되는 도로화물수송량을 연간 12억 톤킬로미터씩 타 운송수단으로 전환을 목표로 하였다. 마르코폴로 프로그램은 1차와 2차로 나누어져 있으며, 1차 프로그램은 약 7,500만유로가 집행되었고 2차 프로그램은 약 4억유로의 예산을 계획 및 집행되었다.

(3) 일본

일본의 국토교통성은 2002-2004년 동안 간선수송에서 화주기업과 물류기업이 공동으로 철도 혹은 해상운송으로 수단전환 시 지원하는 제도를 도입하였다. 제안된 계획 중 보조금 100만엔당 CO_2 배출감소량이 큰 순서대로 지원하였고, 모달시프트를 위한 추가시설비용, 즉 설비조달비, 정보시스템 개발비 등을 보조금 대상항목으로 지정하였다. 3년간 74건을 지원대상으로 선정하여 총 4억 1,931만엔을 지원하였으며, 육상운송에서 철도운송으로의 변환이 56건으로 전체 76%를 차지하였다.

(4) 스위스

스위스 교통정책의 목표는 지속가능한 이동성의 확보이다. 그렇기 때문에 철도화물에 대한 지원증대 및 대형트럭에 대한 규제강화를 통한 철도화물 운송증대를 도모하였다. 구체적으로는 복합운송에 대한 운행보조금을 증대하였고, 환적 시 병목현상개선을 위한 터미널 건설에 2010년까지 연평균 140억원을 지원하였으며, 과거 최대중량제한(28톤) 정책에서 통행료 부과정책 등 경제적 제제 정책으로 전환하였다. 또한 철도지원정책을 병행하여 야간 및 일요일에는 트럭통행을 금지하였고, 선로사용료 경감 및 복합운송서비스 지원을 위해 보조금을 지급하였으며, 환적장 용량증대를 위한 지원을 아끼지 않았다. 도로에서 징수한 통행료 등을 철도화물 활성화에 투자하였다.

제2절 경부고속철도

1. 경부고속철도의 필요성

철도는 여객과 화물을 수송하는 데 목적이 있으며, 그 수송목적을 달성하기 위하여 열차라는 매체를 이용하여 편리하도록 시설과 장비를 새롭게 개량하고 기호에 맞는 열차를 선정하여 안전하면서도 신속하게 운행함으로써 고객과 화주의 니즈(needs)를 극대화하여야 한다. 그러나 현재 우리나라는 1969년 이후 경제발전과 생활수준의 향상으로 자동차 보유대수가 급증하고, 자동차를 통한 도로운송이 전체 수출입 물동량의 85%[19]를 점하는 편중된 운송형태를 나타내고 있어 교통체증 유발로 인한 물류비가 매년 15%씩 상승하는 심각한 수준에 와 있다.

새로운 운송수단의 필요성은 서울-부산 간 경부축에 우리나라 인구와 지역생산의 70% 정도가 집중되어 있고 전국 교통량 중 여객 66%, 화물 70%를 담당하고 있으며, 고속도로의 경우 급격한 자동차의 증가로 전체 구간의 38%[20]에서 운송상 문제가 대두되고 있을 뿐만 아니라 기존 철도는 사실상 전 구간에서 용량한계에 도달[21]함으로써 경부축에 새로운 교통시설의 신설이 불가피하게 되었으며, 이를 해결하기 위한 대안으로 떠오르게 된 것이 경부고속철도이다.[22]

1973년 정부는 철도차관도입과 관련하여 세계은행(IBRD)에 서울~부산 간 수송애로에 대한 장기대책을 마련하기 위해 프랑스와 일본의 기술연구원에 연구를 의뢰하였고, 이들은 경부축에 새로운 철도건설을 제의하게 되었다. 이후, 1978년 한국과학기술연구원(KIST) 연구, 1983년 한국-미국-덴마크와의 공동 타당성조사 등 수차례에 걸친 연구 및 조사 등을 통하여 경부고속철도의 필요성이 건의되고 논의되었다.

경부고속철도는 현대 사회의 시간가치의 중요성에 따라 신속운송에 대한 욕구를 충족시켜

19) 컨테이너 물동량의 경우 부산항을 기점으로 볼 때 육상운송이 3,220천TEU(84.3%), 철도운송이 515천TEU(13.5%), 연안운송이 84천TEU(2.2%)를 차지하고 있다.

20) 자동차의 경우 1988년 204만대에서 1997년의 경우 1,000만대의 증가로 4.9배가 증가하였으며, 고속도로의 경우 서울-수원, 천안-대전, 김천-대구 등에서 운송 중 애로가 발생하고 있다.

21) 수원-대전간 125.3㎞는 이미 용량 한계에 도달하였으며, 대전 이남은 다소 여유가 있으나 수원-대전간 용량한계로 추가운행이 불가능한 실정이다.

22) http://www.khrc.kr/kor/introduce/i-13.html

주고 항공기, 자동차, 선박 등 다른 교통수단과 상호 보완적인 관계를 유지시켜 국가 운송체계의 균형발전을 모색하는 한편 종합기술의 구성체로서 산업전반의 기술향상에도 일익을 담당할 수 있는 기능을 가지고 탄생하게 되었다.

2. 고속철도의 개요[23)]

건국 이래 최대의 국책사업이라 불리는 고속철도가 2004년 4월 개통됨에 따라 우리나라는 프랑스, 일본, 독일, 스페인 등과 함께 시속 300km의 초고속철도 시대에 들어서게 되었다. 고속철도의 개통은 빠른 속도를 통한 시간단축으로 전국을 2시간대 생활권으로 연결시켜 국민들의 생활에 커다란 변혁을 가져왔을 뿐만 아니라 경제적・사회적・문화적으로도 많은 영향을 미쳤다. 빠르고, 안전하고, 편안하며, 친환경적이고, 첨단 기술의 집약체인 고속철도는 차세대를 대표할 만한 새로운 교통수단으로 자리매김하고 있다.

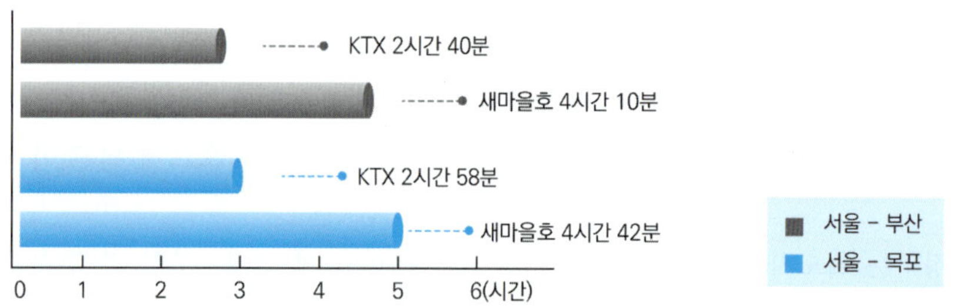

[그림 3-17] 고속철도 소요시간

고속철도에 대한 정의는 시대와 나라에 따라 다르지만 통상적으로 200km/h 이상의 고속으로 주행하는 철도를 일컫는다. 1964년 일본의 도카이도 신칸센(도쿄~신오사카)이 세계 최초로 210km/h 속도를 내기 시작하면서 급속도로 발전해 각국이 속도향상을 위한 기술, 연구개발에 매달려 현재는 시속 300km/h 대의 고속열차가 운행되고 있다. 현재 운행되는 모든 고속열차는 전기를 동력으로 사용하고 있어 고속철도를 고속전철이라고도 한다.

23) KTX 한국고속철도 KTX.korail.go.kr에서 수정 인용.

고속철도의 장점으로는 기존 철도보다 우월한 속도와 정시출발 정시도착이 가능하며 도심 진입이 원활하다. 또한 수송능력 또한 탁월하다. 예를 들어 KTX-1 편성이 965인승인데, 이는 28인승 우등버스의 36배, 국내선 등 단거리에 가장 많이 투입되는 보잉 737-800 항공기의 5~7배에 해당한다.

고속철도는 크게 종전의 열차와 같이 바퀴를 사용하여 레일 위를 주행하는 바퀴식(Wheel-On-Rail)과 자력의 흡인 반발력을 사용하여 열차를 부상시켜 주행하는 자기부상식(Magnetic Levitation) 두 가지 방식이 있다.

바퀴식 고속철도는 레일과의 점착력 한계로 시속 330km/h가 한계라고 생각했으나, 프랑스가 1990년 5월 대성양선의 남부지선 Vendome 구간에서 시속 513.3km/h의 시험운행에 성공함으로써 지속적으로 발전하고 있다.

자기부상식 고속철도는 독일, 일본 등에서 연구 중이며, 이미 지난 1997년 일본이 시속 550km의 속도갱신을 세운 이래 시속 580km를 목표로 개발 중이다. 중국에서는 2002년 12월 상하이 국제공항까지 32km 구간을 개통해 시속 430km/h의 속도를 자랑하고 있다. 철로가 존재하지 않아 철로와 마찰이 없고 전자석을 이용해서 효율적인 가감속이 가능하기 때문에 시속 300~500km 이상의 초고속 주행이 가능하다. 현재 영업운전중인 상하이 자기부상열차의 속도는 430km/h로 운행 중이고 일본의 야마나시 실험선에서는 최고시속 630km/h라는 기록이 존재하고 있다.

현재 진공 또는 아진공 상태의 터널을 자기부상열차로 운행하여 시속 700~1000km/h급의 속력을 낼 수 있는 튜브트레인도 연구 중에 있고 이를 상용화 시 전세계 1일 생활권을 실현할 것으로 예측된다. 그러나 단점으로는 기존 철도 선로가 아닌 전용 선로를 설치해야한다는 비용적인 문제가 항상 존재하며 가장 큰 문제점으로는 화물용으로 사용하기에는 적합성이 매우 떨어진다는 점이다. 운행하는 에너지의 대부분을 부양하는데 사용하는터라 수송능력은 화물을 실었을 때 1/100으로 추락하는 것으로 예상된다.

우리나라에서는 1989년에 연구가 시작되어 1991년에 시제차가 나왔었고, 1993년에는 대전 엑스포에서 일반인이 승차하는 시범운행을 완료했었다. 현재 상용화된 자기부상열차는 최고 속도가 110km/h 정도인 경전철 종류의 도시형 자기부상열차로 인천공항 자기부상철도로 상용화되었으며 최고시속 550km/h의 초고속 자기부상열차 개발도 진행 중이다. 2014년 한국기계연구원에서는 초고속 자기부상열차 시험 차량 SUMA 550(개발명)을 제작하고 충북 오송에 간이 시험노선을 구축하기도 하였다.

우리나라의 고속철도는 시속 350km로 달릴 수 있도록 설계되었고 운행 시에는 최고 시속 300km로 달리고 있다. 그 힘은 25,000볼트의 고압전류를 동력원으로 하고 있으며, 고속차량은 이를 전달받아 13,560kw의 견인동력과 300KN(킬로뉴턴)의 전기제동력을 갖추고 운행하고 있다.

고속철도 차량의 외부형상은 유선형 구조로 공기역학적으로 설계되었고, 25,000볼트의 고압 전류의 집전력을 높일 수 있도록 설계된 1개의 팬터그래프(집전장치)를 사용하고 있다. 객차 연결방식을 관절형 대차를 이용 객차를 연결하는 주행장치로서, KTX는 움직임이 자유로운 관절형 대차를 사용함으로 마치 사람의 관절처럼 자유로이 움직일 수 있는 원리로 제작되어 가볍고 소음이 적으며 안락한 승차감을 유지하도록 되어 있다.

고속철도 선로는 시속 350km까지 달리는 고속차량의 하중을 안전하게 받칠 수 있도록 신설 전구간의 레일을 용접으로 연결해 하나의 레일로 만들었으며, 선로의 최소곡선반경은 7,000m로 이는 전구간이 직선에 가깝도록 곧게 펴져 있음을 뜻한다.

고속열차는 1편성(1대)당 동력차 2량(칸), 동력객차 2량, 객차 16량 등 총20량으로 구성되어 있으며 전체 차량 길이는 387.9m이고 총중량은 771.2톤(승객탑승 기준)이다. 차량 내 좌석의 경우 특실은 KTX-1 기준으로 127석이고, 일반실은 805석으로 총좌석은 932석이며, 간이좌석도 1편성당 30석이 별도로 설치되어 있다.

고속철도는 빠른 속도로 인해 생길 수 있는 여러 문제를 없애기 위해 고안된 최첨단의 시스템으로 이루어져 있다. 신호분야는 자동열차제어장치(ATC)설비, 열차집중제어장치(CTC) 등이 있으며, 안전한 운행과 쾌적한 승차감을 위해서는 고속철도 전체의 자동 제어를 위한 차상 컴퓨터시스템, 화재 및 각종 고장 탐지를 위한 자기진단장치 그리고 차량 내 최적의 환경을 위한 공기조화장치 등이 있다. 우리나라의 고속철도는 처음 열차를 도입할 때부터 TGV에 기초를 두었으므로 TGV에서 사용하는 신호체계로써 자동 열차 제어장치 시스템의 일종인 TVM430 시스템을 사용하고 있다.

현재 TVM430은 국내에서는 경부고속선, 호남고속선, 수서평택고속선에 사용하고 있고, 외국에서는 채널 터널, 벨기에 HSL, 영국 High Speed 1 등에 설치되어 있다. 그리고 승객의 안전을 위한 관련 설비로는 고속철도 운행선로 내 장애물 낙하 시 자동으로 속도를 제한하는 지장물검지장치, 레일의 온도를 자동 감지하는 레일온도검지장치 등이 있으며, 이 외에도 터널 내 작업자의 안전을 위한 터널경보장치, 선로 내 이물체 끌림시 설비를 보호하는 끌림물체검지장치 등 기존 열차에서는 볼 수 없었던 첨단 안전장치들이 곳곳에 설치되어 있다.

고속철도는 총 4계열로 나뉘는데 프랑스가 개발한 TGV계열, 독일이 개발한 ICE계열, 일본이 개발한 신칸센 계열, 스페인이 개발한 AVE계열이 있다.

프랑스의 고속철도인 TGV는 Train & Grande Vitesse의 약자로 매우 빠른 열차라는 뜻을 가졌다. 1976년 착공하여 1984년 프랑스 전 구간으로 개통되었는데, 개통 이래 단 한 건의 인명사고 없이 2억명이 넘는 사람들을 이동시켰으며 신칸센이 최근 자기부상열차로 600km 이상의 최고속도를 기록하였지만 철로를 이용한 속도의 경우 TGV는 574.8km를 갱신하여 세계에서 가장 빠른 최고속도를 기록하고 있다. 영업 속도는 시속 300km로 적정 속도를 유지하고 있어 유럽여행객 사이에서 인기가 많다. 우리나라는 프랑스의 TGV 기술을 도입하여 국내 여건을 반영하여 KTX를 만들었다.

독일의 고속철도인 ICE, 일명 일체는 독일 전역을 연결하는 초특급 열차로, 'Inter City Express' 도시를 연결하는 열차라는 뜻을 가졌다. 이체는 1976년에 건설을 시작하여 1991년에 완성하였는데 그때부터 최고속도 시속 250km로 운행되고 있다. 현재 독일 전역은 물론이고 스위스 취리히와 인터라켄, 오스트리아 빈과 네덜란드 암스테르담, 벨기에 브뤼셀을 연결하고 있어 유레일패스로 추가 요금 없이 이용할 수 있다. 이체는 독일의 도로 중심적인 교통정책을 개선하고 환경보호를 위해 점점 확대 중이다.

스페인의 고속철도인 AVE, 일명 아베는 'Alta Velocidad Espanola'의 약자이며 스페인어로 초고속이라는 의미를 가진 약자로 1987년 착공하여 바르셀로나 올림픽이 개최에 맞춰 1992년에 개통되었다. 아베의 토목분야는 스페인에서 자체설계하고 궤도와 전기시설 등은 독일에서, 차량은 프랑스의 테제베를 사용한다. 아베의 가장 큰 특징은 이용객의 시간을 소중히 여겨 5분만 연착되더라도 승차권 전액을 환불하는 파격적인 제도를 운영하고 있다.

일본의 고속철도인 신칸센은 세계 최초로 개통된 고속철도로 1959년에 착공하여 5년 뒤인 1964년에 바로 운행이 시작되었다. 오래된 역사만큼 일본 신칸센은 다양하게 운영되고 있는데 도쿄올림픽에 맞춰 개통한 최초의 신칸센 '도카이노 신칸센'부터 '산요 신칸센', '도호쿠 신칸센', '조에쓰 신칸센', '규슈 신칸센', '호쿠리쿠 신칸센' 등 여러 개로 나뉘어 운행되고 있다. 신칸센은 평균 시속 200km 이상의 속도로 운행되고, 커브를 돌 때 곡률반경을 크게하여 최대한 직선 노선을 확보할 수 있도록 설계되었다. 일본의 신칸센은 빠른 속도로 일본 전역을 일일생활권으로 들게 하여, 물류혁명의 주역이자, 일본의 산업발전에 큰 기여를 하였다. 신칸센의 등급으로 제일 빠른 순으로 '노조미', '히카리', '코다마'로 구분되어 운영되고 있다.

3. 고속철도의 기대효과

(1) 경제적 효과

일본 신칸센의 경우 경제적 파급효과로써 이동시간이 단축되고 도로혼잡이 완화되었으며 철도 이용객이 증가함으로써 타 교통수단의 이용이 감소되었다. 상품의 전국화와 접근성 향상으로 토지 및 건물 가치가 상승하였으며 문화, 취업, 쇼핑 등 일상생활의 기회가 증대되며 인구 유입이 급증하였다.

우리나라 고속철도의 파급효과로써는 고속철도 정차역의 지역 교통 및 경제의 거점으로 변환이 기대되며 인구유입 및 부동산 수요가 증가하고 지가변화 및 상업시설 매출액 변화로 관광객이 증가하며 신규 비즈니스가 창출되는 효과를 보였다.

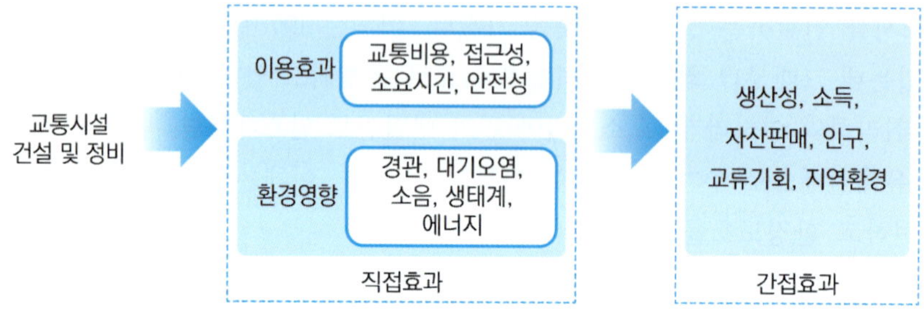

출처 : ITPS(2010), 신칸센 역세권 개발 사례 분석

[그림 3-18] 고속철도의 경제적 효과

(2) 산업적 효과

고속철도 개통을 준비하면서 축적된 기술 및 노하우는 미래산업분야에 활용될 귀중한 자산이고, 건설 기술 및 시스템 기술을 통해 한 단계 높은 발전을 가져왔다. 고속철도를 도입하면서 획득한 핵심기술은 소재산업, 자동화산업, 정보산업, 항공우주산업 등 미래산업분야에 활용될 수 있다. 고속철도에 활용되는 컴퓨터 자동제어 및 자기진단 기술은 산업기기 자동화와 산업용 로봇, 주문형 반도체산업 등에 활용될 전망이다. 또한, 건설 기술에 있어서는 대규모 프로젝트를 추진하면서 적은 비용으로 종합적인 관리를 할 수 있는 사업관리 기법(PM)을 본격적으로 도입, 적용함으로써 한 단계 높은 기술적인 발전을 가져왔다.

고속철도 시스템 기술을 통해서는 일반철도, 지하철 및 경전철 등 대중, 대량 교통수단의 종합설계 및 운영능력이 향상되고, 공기역학 기술은 항공기, 자동차, 유도 미사일 등 고속으로 이동하는 물체의 형상 설계에 활용될 수 있다. 이 밖의 관련 기술 수출도 예상된다.

(3) 사회 · 문화적 효과

고속철도 개통과 함께 당일 장거리 출장이 가능[24]해지고, 서울로 출퇴근 가능한 지역이 확대되며, 시간적 여유를 즐기려는 레저문화가 활성화될 전망이며, 실제 달성되고 있다. 주요 내용은 다음과 같다.

첫째, 생활권역의 확대이다[25]. 기존 생활 거리를 크게 늘리는 효과와 역사(驛舍)는 다양한 비즈니스가 이루어지는 공간으로 전환될 전망이다.

둘째, 다양한 철도문화 형성이다. 즉 철도이동의 대중화, 철도여행의 일상화, 철도시설의 융복합화가 형성될 전망이다.

셋째, 활발한 지역간 교류로 정보격차가 완화될 전망이다.

넷째, 고속철도가 정차하는 주변지역의 관광사업이 활성화될 전망이다[26].

다섯째, 인구의 지방분산, 기업의 지방이전 촉진으로 국토의 균형개발 및 지방경제의 활성화가 전망된다.

4. 고속철도의 연혁과 차량정보시스템

(1) 고속철도의 연혁

1989　5월 : 경부고속철도 건설방침 결정(복선신선, '91-'98)

1990　6월 : 기본계획 및 노선확정(서울-천안-대전-대구-경주-부산, 409km)

---

24) 고속철도가 개통됨으로써 당일 장거리 출장이 가능해졌다. 오전 중에 서울을 출발해 부산에서 업무를 보고 그 날 오후 서울로 복귀해 회의에 참석, 출장 보고까지 올릴 수 있게 된 것이다. 1단계 고속철도 개통 이후에는 서울에서 대전까지 49분, 부산까지는 2시간 40분이면 갈 수 있다. 이후 2010년 2단계 고속철도가 개통되어 모든 구간이 고속신선으로 연결되어 서울에서 부산까지 1시간 56분이면 충분하다.

25) 고속철도 개통으로 서울역에서 천안까지 34분, 대전역까지 49분이 걸리기 때문에 실질적인 지방화 시대가 열리게 되었다. 이에 따라 이른바 '탈(脫) 서울'을 꿈꾸는 고속철도 통근족이 대거 등장하고 서울 집값보다 저렴한 가격으로 고속철도 정차역 주변에 내집마련 붐이 일어 신주거지가 활성화될 것이고 되었다. 또한 수도권과 지방도시의 지역간 연결이 빨라짐에 따라 수도권에 집중된 정보의 흐름이 지방으로 빠르게 전달되어 지역간 정보격차가 해소되는 기틀이 마련되었다.

26) 주5일근무제 확산에 힘입어 새로운 주말 레저문화도 크게 발전할 것이다. 고속철도를 이용할 경우 도로에서와 같은 정체가 없기 때문에 효율적인 여행이 가능하여, 금요일 오후 출발하는 지방관광이 부담스럽지 않을 것이다. 기존에 운행하던 새마을호 및 무궁화호 열차의 감편 운행에 의한 여유객차를 열차관광객을 위한 특수객차로 개조해 기차여행에 운치를 더하였다. 실제, 차내에서 다양한 프로그램도 진행할 수 있고 이용도 편리한 Cafe 객차, Hologram 객차 등 관광전용 객차를 마련해서 운영 중이다. 어린이들에게는 꿈을, 가족 간에는 정겨움을, 연인들에게는 추억과 낭만을 간직할 수 있는 여행이 될 수 있도록 서비스 공간을 제공하는 고속열차 여행은 여유로움과 편안함, 쾌적함을 제공함으로써 새로운 여행의 패러다임을 이끌어 수도권에 머무르기 보단 멀게는 서울-부산을 오가며 해수욕을 즐길 수 있는 시대가 도래하였다.

1994 6월 : 차량도입계약 체결(프랑스 TGV 시스템 선정, 46편성)

1998 7월 : 고속철도건설기본계획 변경 단계별 개통
- 1단계 : 서울-대전 2003년 12월, 서울-부산 2004년 4월 개통
- 2단계 : 2010년 개통

1999 12월 : 호남선 전철화 추진계획 수립(철도청)

2003 4월 : 서울-부산·목포 2004년 4월 동시 개통 확정

2004 4월 1일 : 경부·호남 동시 개통

2005 1월 : 경부선 광역 전철화 최종 연장(병점-천안간 8개역 영업개시)
12월 : 차량 시스템 변경 승인

2006 8월 3일 : KTX 특송서비스 개시
12월 8일 : 경부선 전구간 전철 개통

2007 6월 1일 : KTX정차 개시(12왕복)
12월 11일 : 북한 판문역 간 화물열차 운행개시

2010 11월 1일 : 동대구-부산 잇는 경부고속철도 2단계 구간 개통
12월 21일 : 서울-춘천 경춘선 복선전철 개통

2014 6월 30일 : 공항철도 인천공항역에서 KTX 개통

2015 4월 2일 : 호남고속철도 개통

2017 2월 27일 : 경부고속철도와 동해남부선 연결선 건설사업 준공
9월 2일 : 우이신설선 개통

2018 1월 13일 : 인천공항 제2여객터미널 연결철도 개통

(2) 고속철도의 차량정보시스템

1) 고속철도 운영의 중추 신경망

IRIS(Integrated Railroad Information System : 통합정보시스템)는 첨단기술의 집합체로 고속철도 기존철도를 안정적으로 통합, 운영하는 철도운송 종합정보시스템이다. IRIS는 고객중심의 서비스와 획기적인 운영 효율화를 가져오는 응용시스템, 쾌적하고 편안한 고품격서비스를 지향하는 역무지원시스템, 연중 24시간 중단없는 서비스를 위한 인프라아키텍처로 구성되어 최적의 열차·차량·승무원의 운용계획을 작성하며, 사전예측이 가능한 차량검수체계로 안전운행을 지원한다.

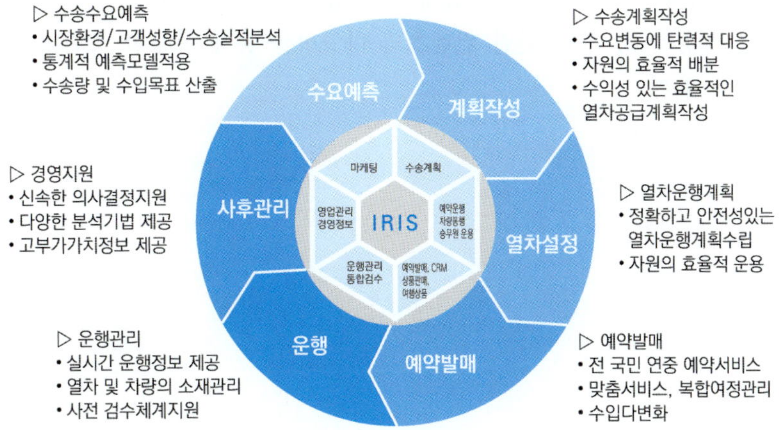

[그림 3-19] 고속철도 IRIS 통합정보시스템

2) 품격 높은 고객맞춤 서비스 제공

IRIS는 고속철도의 안전운행 지원은 물론 고객중심의 새로운 교통문화와 품격 높은 맞춤형 고객서비스를 제공하고, 남북철도와 유라시아 철도 연결을 위한 '철의 실크로드'의 발판을 마련하고 있다.

① 전국 반나절 생활권에 대응하는 종합서비스 실시
② 24시간 365일 중단없는 서비스 제공
③ 고객 예약서비스 및 편의서비스 지원 강화
④ 다양한 운임요금체계 제공 및 각종 할인제도 강화
⑤ One-Stop 여행서비스 제공으로 고객서비스 강화
⑥ 역내 자동화 장비를 활용한 쾌적하고 편리한 여행서비스 제공

3) 유기적인 업무흐름 지원

IRIS는 유기적인 업무흐름지원을 위해 아래와 같은 인프라아키텍처로 구성되어져 있다.

① 승차권 예약 발매시스템 : 효율적인 좌석 관리로 예약이 더욱 빠르고 광범위한 역무자동화로 승차 편리
② 고객 관계 관리(CRM) : 정확한 고객의 성향파악 및 다양한 관점의 고객 분석을 통한 고객 응대 역량을 강화하는 시스템

③ 여행상품 포털사이트 : 여행 관련 업체 및 해당 사이트의 연계를 통하여 고객에게 다양한 상품을 제공하고, 또한 관련 컨텐츠의 다양화를 통해 풍부한 종합여행정보를 제공하는 시스템 유지

Chapter 4
해상운송물류

4 해상운송물류

제1절 해상운송의 개념

1.1 해상운송의 의의

해상운송(marine transportation)이란 화물선을 운송수단으로 하여 원양항로와 연안항로를 따라 운항하는 운송시스템을 말한다. 해상운송은 항공운송, 육상운송과 비교하여 신속성, 편리성, 정확성 등에서 뒤떨어지지만 규모의 경제에 의한 일시에 대량으로 장거리를 운송할 수 있다는 경제성면에서 다른 운송수단보다 뛰어나 수출입화물의 99.7%가 해상운송에 의존하고 있다.

[표 4-1] 해상운송의 장단점

장 점	단 점
• 대량운송 용이 • 장거리 운송에 적합 • 운송비 저렴 • 대륙간 운송가능	• 항만시설에 하역기기 등의 설치 필요 • 기후에 민감 • 운송시간의 장기화 • 타 운송수단에 비해 높은 위험 존재

이러한 해상운송은 하천, 호수, 운하 등의 내수로운송에서 시작하여 해양에 진출하게 되었으며, 우리나라의 경우 남북분단으로 국내 주요 운송수단이 자동차운송과 철도운송이라면, 국제운송에서는 해상운송이 주가 되는 가운데 그 외 운송수단이 보조하는 복합운송이 이루어지고 있다.

해상운송의 발전은 제1차 세계대전 후 디젤기관의 발명, 조선기술과 운항기술의 발달에 따라 부정기선 분야에서는 유조선(tanker)[1]과 건화물선(bulk carrier)[2]으로 특화되었으며, 중화학공업의 발전에 따라 화물을 자기선박이나 용선(charter)[3]으로 운송하는 산업운송인(industrial carrier)[4]이 등장하게 되었다.

1960년 하반기부터 정기해운분야는 컨테이너선 운항이 발전하면서 물류합리화에 기본이 되는 국제복합운송의 시대가 열리게 되었으며, 오늘날 해상운송은 운송의 경제성과 안전성, 교통의 자유성, 운송비의 절감 및 세계무역량의 증가에 따라 꾸준히 성장하고 있다.

[표 4-2] 우리나라 국제화물의 해상운송 추이

(단위 : 년)

구 분 \ 연 도	1995	1996	1997	1998	1999
운송량(천톤)	405,714	443,762	487,226	448,867	533,872
증가율(%)	14.4	9.4	9.8	−7.9	18.9

1.2 해상운송의 특징과 역할

1. 해상운송의 특징

국제운송의 주류를 이루고 있는 것은 항공운송과 해상운송이나 대부분은 해상운송으로 이루어지고 있다. 오늘날 이러한 해상운송을 기본으로 하여 컨테이너의 이용과 다른 운송수단을 결합한 복합운송방법이 보편화되고, 해상운송은 다른 운송수단인 자동차운송, 철도운송, 항공운송과 비교하여 여러 가지 특징을 가지고 있다.

1) 넓게는 액체 상태로 있는 모든 화물을 선적할 수 있는 선박을 총칭하며, 좁게는 석유나 석유 정제품을 선적할 수 있는 선박을 말한다.
2) 석탄, 광석, 시멘트, 곡물 등과 같이 포장하지 않고 바로 적재할 수 있는 화물을 운송하는 선박을 말한다.
3) 화주와 용선자 사이의 선박 임대차를 말하며 그 종류에는 정기용선(time charter), 나용선(bare charter), 항해용선(trip charter 또는 voyage charter) 등이 있다.
4) 타인의 화물이 아닌 자기회사 제품 또는 특별한 관계에 있는 회사의 제품만을 전담하여 운송하는 운송인을 말한다. 이는 주요 산업의 원자재인 원유, 석탄 등의 운송에 많이 사용되기 때문에 산업운송인이라 부른다.

(1) 높은 국제성

대부분의 해상운송은 공해상의 항로에서 세계를 무대로 외국선박회사 간에 자유로운 경쟁하에서 이루어지고 있다. 또한 해상운송의 수단인 선박은 원칙적으로 국적에 관계없이 항만에 입출항이 가능하고, 세계 해운시장은 하나의 공통시장이 되고 있으며 일부 해운 선진국들은 편의치적선(便宜置籍船, vessel of flag of convenience)[5]의 형태로 다국적선원이 선박을 운영함으로써 국제성이 높다.

(2) 장거리운송

해상운송은 주로 대양을 횡단하여 대륙과 대륙을 연결하는 형태를 띠고 있어 다른 운송수단에 비하여 정박장소인 항구간 거리가 떨어져 있으며, 일반적으로 단위당 운송비용 등이 저렴하기 때문에 장거리운송에 가장 많이 이용되고 있다.

(3) 대량운송

해상운송은 다른 어떤 운송수단보다 단위당 운송능력이 뛰어나다. 여러 운송수단 중에서 항공운송은 신속성은 뛰어나나 운송량에 제한이 있고, 철도운송은 항공운송에 비해 운송량은 많으나 선박에 비해 운송량이 뒤떨어진다. 해상운송은 일시에 대량의 화물을 운송할 수 있으며, 최근에 컨테이너전용선의 등장으로 대량, 신속성 측면에서 그 이용도가 높아지고 있다.

(4) 저렴한 운송비

해상운송은 철도운송과 기타 운송기관과 비교했을 때 가장 저렴하다. 해상운송은 바다라는 자연적 통로를 이용하므로 철도운송이나 자동차운송과 같이 도로나 철로와 같은 시설을 구축하는 데 별도의 비용이 필요 없고, 거대한 선박의 부력을 이용하여 운송하므로 운반능력이 뛰어나다. 해상운송은 1회에 대량운송이 이루어지기 때문에 단위당 운송비가 저렴하고 수송비의 비율은 감소하게 된다.

(5) 수송의 안전 · 정확성

최근 조선기술의 급격한 발달과 전자산업 및 기술의 발달로 선박의 안전성이 대폭 향상되었으며, 컨테이너전용선의 등장으로 선박회사의 사전 예고된 스케줄에 따라 거의 정확하게 일정관리가 이루어지고 있다.

---

5) 세금이나 기타의 점에서 자국보다 더 많은 편의를 제공하여 주는 리베리아, 파나마, 온두라스 등과 같은 국가에 등록한 선박을 말한다 ; (한국유통교육협회, 「신유통용어사전」, 2000, p.361.)

2. 해상운송의 역할

해상운송은 고속화, 대형화, 전용선화, 컨테이너화되면서 그 중요성이 높아지고 있으며, 해상운송의 주요 역할은 다음과 같다.

(1) 자원의 효율적인 배분

해상운송은 국가간의 경쟁을 유발하여 시장가격을 평준화시키기 때문에 운송의 안정성·신속성·정확성의 향상과 운송비의 저렴성은 상품의 유통을 촉진시키고 재고량을 감소시켜 유통자본의 회전율을 높임은 물론 생산 및 유통 양면에 걸쳐 산업발전과 국민경제발전의 기초적 조건을 조성하는 기능을 담당하여 국제적인 분업과 교환을 촉진함으로써 경제활동을 원활하게 해준다.

(2) 국민소득증대에 기여

해상운송은 하나의 서비스산업으로서 운임수입은 국민소득을 형성하며, 직접적인 자본 및 노동의 투입부문으로서 국민소득의 증대에 기여할 뿐 아니라, 자국선 이용시 외화지출을 절감시켜 외화절약효과를 가져온다.

(3) 국제수지의 개선

해상운송은 외화운임 수입 뿐만 아니라 수출입증대 등을 통한 간접적인 외화획득 및 절약효과로 국제수지개선에 큰 기여를 한다. 이는 자국선박을 이용하여 상품을 운송하게 되면 외화를 절약할 수 있으며, 선박대여를 통하여 용선료를 획득할 수 있기 때문이다.

(4) 관련 산업의 육성

해상운송의 발전은 조선공업, 보험업 등 관련 산업과 밀접한 연관성을 가지며 이들 산업의 발전은 연쇄유발효과를 일으켜 고용증대 및 국민경제에 미치는 영향이 크다.

(5) 국방력의 강화

해상운송의 육성을 통한 선박증진은 경제적인면 뿐만 아니라 유사시 국방력 측면에서도 큰 의의를 지닌다. 전시에 여객선 및 일반 상선을 군대와 군수품의 운송에 이용하여 전쟁수행을 원활하게 함은 물론 특수선으로 개조하여 군무에 종사하게 함으로써 전력을 크게 증대시킬 수 있다.

(6) 국제경쟁력의 강화

무역상품의 해상운송은 항로개설을 통하여 자국상품의 시장영역을 확대시키며, 저렴하고 안정적인 운송은 국제시장에서 가격경쟁력을 향상시켜 준다. 자국 해운을 이용하는 경우 대외무역에서 해상운임과 운송서비스에 대하여 영향력을 행사할 수 있으므로 해운동맹의 독점적인 관행과 운임구조에 영향력을 행사하여 무역을 유리한 방향으로 이끌어 갈 수 있다.

1.3 해상운송방식과 해운관련업

해상운송은 선박의 운항방식 차이를 기준으로 정기선해운(Liner Shipping)과 부정기선해운(Tramper Shipping)으로 구분된다. 부정기선해운은 해운경영 형태상 가장 오랜 역사를 가지고 있는데, 일찍이 범선(sailing vessel)은 바람, 해류 등의 영향으로 부정기적으로 서비스를 할 수밖에 없었다. 그런데 19세기 초부터 증기선이 등장하면서 정확하고 신뢰성 있는 항해가 가능하게 되어 정기적인 항해 일정을 세울 수 있었고, 일정한 항구에 규칙적으로 서비스를 제공하게 되었다.

1. 해상운송방식

(1) 정기선운송

선박회사가 선박을 정기적 일정(regular schedule)에 따라 지정항로만을 규칙적으로 운항시키는 경우를 정기선(liner)운송이라 한다. 정기선운송에는 주로 완제품 및 중간재 등 가공화물운송이 이용되며 운임은 부정기선에 비해 높은 편이다.

정기선사는 서로간의 집화 및 운임경쟁을 방지하기 위하여 해운(운임)동맹을 결성, 운임요율표(tariff)[6]에 의해 운임을 책정 및 적용하고 있다. 부정기선에 대비되는 개념으로서 운항일정을 정하여 정기적으로 운항하는 선박, 구체적으로는 특정 항로를 미리 정해진 입출항 예정표(schedule)에 따라 규칙적으로 반복 운항하는 선박을 말한다. 이 정기선은 다수의 화주와

6) 해상운임동맹이 품목별, 목적지별로 구분하여 동맹회원사간에 공통으로 적용하는 운임률을 말한다. 해운동맹에 가입되어 있는 선박회사는 운임요율표에 따라 운임을 징수하여야 하며 규정위반 시에는 벌금 등이 부과된다.

개별적으로 운송계약을 맺고 잡화 등의 공업제품을 신속하고 확실하게 운송하는 것을 특징으로 한다. 통상 컨테이너선을 말한다.

(2) 부정기선운송

부정기선(tramper)은 운항 기일이나 항로가 일정하지 않고 필요할 때마다 운항되며, 주로 광석・곡류・목재 등 살화물(bulk cargo)의 대량운송에 이용되고 있다. 운임은 그 당시의 수요와 공급에 의해 선주와 화주간의 협의로 결정되며 일반적으로 정기선에 비해 저렴하다.

부정기선은 운송 수요자의 요구에 따라 수시로 어느 곳에나 항해하는 배를 말한다. 일정한 항로를 정기로 운항하는 정기선과 달리 항로나 화물 또는 항해에 관한 아무런 제한을 받지 않고 집화가 가능한 곳을 찾아 어느 곳이거나 회항하기도 한다. 부정기선은 주로 원유나 석탄, 철광석, 양곡 등 산화물(bulk) 운반에 이용된다. 항구에서 항구로 세계의 바다를 방랑하듯 돌아다닌다하여 tramper(방랑자)라고 한다. 부정기선의 특징은 항로 선택이 용이하고, 대량화물을 주 대상으로 하며, 운임은 계절적 화물의 동태, 경기변동, 국제정세 등 제반요건에 따른 수요와 공급에 의하여 결정된다는 점이다.

부정기선의 운항은 운항형태에 따라 선복용선계약(lump sum charter)[7]과 일대용선계약(daily charter)으로 구분되는 항해용선계약(voyage charter, trip charter), 정기용선계약(time charter), 나용선계약(bare boat charter)으로 크게 나누어진다.

[표 4-3] 부정기선의 운항형태

운항형태	내 용
항해용선계약 (voyage charter)	한 항구에서 다른 항구까지 한번의 항해를 위해 체결되는 운송계약
선복용선계약 (lump sum charter)	항해용선계약의 변형으로 정기선 운항시간에 한 선박의 선복 전부를 한 선적으로 간주하여 운임액을 결정하는 용선계약
일대용선계약 (daily charter)	항해용선계약의 변형으로 하루 단위로 용선하는 용선계약
정기용선계약 (time charter)	모든 장비를 갖추고 선원이 승선해 있는 선박을 일정기간을 정하여 고용하는 계약
나용선계약 (bare boat charter)	선박만을 용선하여 인적 및 물적요소 전체를 용선자가 부담하고 운항 전부에 걸친 관리를 하는 계약

7) 용선이란 선주나 운송업자가 선박을 이용하는 자를 위하여 선박의 전부 또는 일부를 빌려주어 이용이 가능하게 하는 것을 말한다. 용선은 대부분 부정기선 운송에서 이루어지고 있다.

(3) 전용선운송

전용선(specialized vessel)운송은 광의로는 부정기선운송의 일종이나 특정화물의 운송에 적합한 특수한 시설이 갖춰져 있다. 전용선에는 수산물과 청과물을 운송하는 냉동선(refrigerated ship), 유류를 운송하는 유조선(tanker), 목재전용선(log carrier), 자동차전용선(car carrier) 등이 있다.

2. 해운관련업

(1) 해운업

해운업의 종류는 해운법[8]상 해상여객운송사업, 해상화물운송사업, 해운중개업, 해운대리점업, 선박대여업 및 선박관리업으로 구분된다.

1) 해상여객운송사업

해상 또는 해상과 연접한 내수로에서 여객선(13인 이상의 여객정원을 가진 선박)으로 사람 또는 사람과 물건을 운송하거나 이에 수반되는 업무를 처리하는 사업으로 항만운송사업법의 규정에 의한 항만운송관련사업 외의 것으로 내항여객운송사업[9]과 외항여객운송사업[10]으로 구분된다.

2) 해상화물운송사업

해상 또는 해상과 연접한 내수로에서 선박(예선[11]과 결합한 부선[12]을 포함)으로 물건을 운송하거나 이에 수반되는 업무를 처리하는 사업(용대선[13]을 포함하며, 어장으로부터 어획물 또는 그 제품을 운송하는 사업제외)으로서 항만운송사업법의 규정에 의한 항만운송사업 이외의 것으로

---

8) 해운법은 해상운송의 질서를 유지하고 해운법의 건전한 발전을 도모함으로써 국민경제의 발전과 공공복리의 증진에 기여함을 목적으로 1983.12.31. 법률 제3716호로 제정되었으며 1995.12.29. 개정되었다.

9) 국내항간의 해상여객운송사업을 말한다.

10) 국내항과 외국항간 또는 외국항간의 해상여객운송사업을 말한다.

11) 예인선(towing vessel)이라고도 하며 항행능력이 없거나 항행이 곤란한 선박을 끌어당겨서 다른 장소로 옮기는데 사용되는 선박으로 이때 끌어당기는 선박을 tug boat, 끌려가는 선박을 tow boat라 한다.

12) 부두하역이 아닌 해상하역작업에 있어 해상에서 육상까지 운반하는 역할을 맡는 거룻배를 말한다.

13) 해상화물운송사업을 영위하는 자. 상호 간 또는 해상화물운송사업을 영위하는 자와 외국인 간에 물건의 운송을 위하여 선박의 일부 또는 전부를 용선하거나 대선(貸船)하는 것을 말한다.

내항화물운송사업,[14] 외항정기화물운송사업[15] 및 외항부정기화물운송사업[16]으로 구분된다.

3) 해운중개업

해상화물운송의 중개 또는 선박의 대여·용대선 또는 매매를 중개하는 사업을 해운중개업이라 한다.

4) 해운대리점업

해상여객운송사업 또는 해상화물운송사업을 영위하는 자(외국인운송사업자를 포함)를 위하여 통상 그 사업에 속하는 거래의 대리를 하는 사업을 해운대리점업이라 한다. 대리업자는 선박회사와의 대리점계약에 근거하여 선박회사의 사무와 수송업무를 대행한다.

5) 선박대여업

해상여객운송사업 또는 해상화물운송사업을 영위하는 자 외의 자가 그가 소유한 선박을 타인(외국인 포함)에게 대여하는 사업을 선박대여업이라 한다.

6) 선박관리업

해상여객운송사업·해상화물운송사업 또는 선박대여업을 영위하는 자(외국인 포함)로부터 선박관리·선원관리 및 해상보험 등의 업무를 수탁하여 대행하는 사업을 선박관리업이라 한다.

(2) 항만운송사업

항만운송사업이란 항만 내 또는 지정구간 내에서 화주 또는 해상화물운송사업자의 위탁을 받아 화물의 인수·인도, 예·부선에 의한 수송, 하역, 하역장 또는 창고에의 반출입 및 보관, 검수, 감정, 검량 등의 활동을 하는 사업으로 항만하역사업, 검수사업, 감정사업 및 검량사업으로 구분된다.

1) 항만하역사업

항만내에서 화주와 선박회사간의 화물의 인수·인도, 화물의 적재와 하역, 항만내 또는 지정구간에서 예·부선, 범선에 의한 운송, 화물의 선박 또는 부선에 의한 운송, 하역장 또는 창고에의 반출입 또는 보관 등을 담당하는 사업을 말한다.

2) 검수사업

선적화물의 적·양화에 따른 화물수량의 확인, 인수·인도를 증명하는 사업을 검수사업이

---

14) 국내항 간의 해상화물운송사업을 말한다.

15) 국내항과 외국항간 또는 외국항간에서 정해진 항로에 선박을 취항시켜 일정표에 의하여 운항하는 해상화물운송사업을 말한다.

16) 내항화물운송사업과 외항정기화물운송사업 외의 해상화물운송사업을 말한다.

라 한다.

3) 감정사업

선적화물 및 선박에 관련된 증명·조사 및 감정을 행하는 사업을 감정사업이라 한다.

4) 검량사업

선적화물의 적하 및 양하 시 화물의 용적 또는 중량의 계산 또는 증명하는 사업을 검량사업이라 한다.

제2절 선박과 항만

2.1 선박의 개념

선박이란 사람이나 화물을 싣고 해상을 통하여 공간적·장소적 이동을 수행하는 운송수단으로 적재성, 이동성, 운반성의 3요소를 갖춘 구조물을 말한다. 해운이라는 관점에서 볼 때 선박은 상행위 또는 기타 영리를 목적으로 화물 및 여객의 운송에 사용되는 운송구조물을 말하는 것으로 크기에 따라 대형선은 ship, 중형선은 boat, 대소형선을 합쳐서 vessel이라 부르고 있다.

선박의 종류는 용도에 따라 화물선과 여객선으로 구분하며 화물선은 다시 일반화물선, 전용선, 겸용선, 특수선으로 세분되는 건화물선과 유송선 및 특수액체운반선을 포함하는 유조선으로 분류된다.

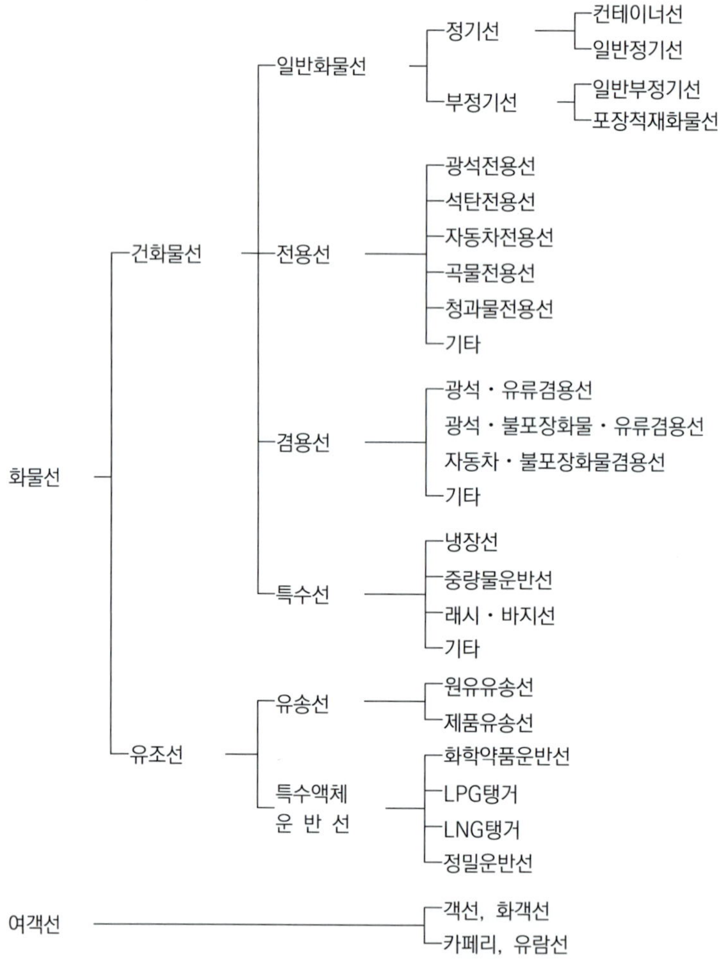

주 1) 컨테이너선 : 컨테이너만을 전문으로 적재하여 대량의 컨테이너를 운송할 수 있도록 만든 선박
2) 전용선 : 화물특성을 고려 선박구조, 하역장비, 보관시설 등을 특별히 설계한 선박
3) 겸용선 : 한척의 선박에 복수의 화물을 적재할 수 있는 선박
4) 특수선 : 특수화물을 적재할 수 있는 선박
5) 래시 · 바지선 : 래시(LASH : lighter aboard ship)란 컨테이너선의 변형으로 컨테이너 대신 규격화된 전용 선박을 운송단위로 사용하며 부선에 화물을 적재한 대로 본선에 적입 및 운송하는 선박을 말하며, 바지(부선 : barge)는 항만 내부나 짧은 거리에서 화물을 운송하는 동력장치가 없는 거룻배를 말한다.
6) 유조선 : 대형대량의 액화, 기화의 화물(원유, 가스, 화공약품)을 운송할 수 있는 특수선반
7) 카페리 : 화물을 적재한 자동차와 운전기사(승차인 포함)를 싣고 운송하는 자동차 운송선

[그림 4-1] 선박의 종류

2.2 선박의 역사

인류가 선박을 이용한 역사는 확실하지 않으나 인류역사만큼이나 오래되었을 것으로 추정된다. 인류 최초의 배는 나무토막과 같은 부력이 있는 물체를 손으로 저어서 앞으로 나가는 형태였던 것으로 보인다. 그 후 추진력을 얻기 위해 평평한 토막을 단 물갈퀴를 사용하는 원시형태의 배가 등장하였고, 이때 사용된 배의 재질로는 나무를 비롯하여 갈대, 대나무, 가죽 등을 이용했을 것으로 보인다. 선박의 발달과정을 시대별로 보면 다음과 같다.

1. 고대

배의 기원은 이집트까지 거슬러 올라간다. 조선술은 이집트에서 발달한 기술 중의 하나로 세계 조선사의 기원은 기원전 4,000년대말 이집트의 나일강 하구에서 사용된 파피루스를 엮어 만든 갈대배로 거슬러 올라간다. 기원전 1,500년경 동지나해를 지배한 크레타인과 페니키아인의 배에 대해서는 알려진 바는 없으나 대충 노를 사용하였고, 폭이 좁고 밑이 얇으면서 선체는 긴 형태였던 것으로 추정된다. 현존하는 가장 오래된 북유럽의 배는 기원전 300년경의 것이다.

2. 중세

12세기에는 대형 선박의 앞부분(선수)과 뒷부분(선미)에 설치된 가벼운 선루를 제외하고 배의 형태는 변화하지 않은 것 같다. 선박을 추진하기 위한 힘은 초기에는 물갈퀴를 사용하였으나 노(櫓)의 발명으로 쉽게 추진력을 얻을 수 있었고 점차 배의 크기도 커지면서 본격적인 해양시대로 접어들게 되었다. 노를 거쳐 바람의 힘을 이용한 범선이 일반화된 것은 13세기 이후의 일로 초기의 범선은 1개의 마스트만을 사용하였으나 15~16세기 들어 식민지개척 등으로 대양 항해와 빠른 속도의 필요성이 높아지자 3개의 마스트를 사용하여 효율적으로 풍력을 이용하기 시작하였다.

초기 선박의 형태는 밑바닥이 평평하고 폭이 좁으며, 배아래 물이 잠기는 부분(흘수)이 작고 속도가 빠른 카라벨형이었으나, 16세기 초부터 길이가 길고 폭이 상대적으로 넓어 민첩한 기동력과 뱃전이 넓은 형태의 갈레온형의 배가 건조되기 시작하였다.

갈레온 형

카라벨 형

산타마리아호

3. 17~18세기

범선시대의 후기인 17~18세기는 식민지 쟁탈, 해양제패의 주도권 싸움, 식민지와 본국 간 교역의 확대로 정기항로를 운항하는 대형범선이 등장한 시기로 갈레온형의 선박이 주류를 차지하고 있었으며, 선박은 해상력의 확대에 따라 대형선박이 등장하기 시작하였다. 이 시기의 선박은 돛을 다는 방법(범장법)에 있어 세로돛 대신 가로돛이 사용되었다.

산업혁명의 결과 채용된 증기동력의 이용은 프랑스의 주프리아가 1776년 소형 기선을 제작하여 도나우강에서 실험한 바 있고, 1783년 '피로스카프호'가 제작되어 리옹 근처 센강에서 실험에 성공하였다.

[그림 4-2] 피로스카프 호

4. 19세기

19세기 들어 도입된 프로펠러(screw propeller)는 선박의 역사에 혁명적인 변화를 가져왔다. 즉, 바람이 없어도 엔진을 통해 프로펠러에 힘이 전달되면 날개가 회전하면서 물을 배 뒤로 보내며, 배는 그 반작용으로 앞으로 나가게 됨에 따라 자체 힘만으로 배가 움직일 수 있게 된 것이다. 이 당시 선박의 형태는 비교적 가늘고 긴 형태였다.

1833년 동양에 대한 동인도회사의 독점무역이 끝나자 선주들은 무역을 개시하고 보다 효율적으로 화물을 운송하기 위해 선박을 건조하기 시작하였다. 범선이면서 증기기관선으로 처음 대서양을 횡단한 것은 1819년 5~6월 미국의 조지아 서배너에서 출발한 '서배너호'가 최초이다. 그 후 선박의 선체구조도 기관의 발전에 따라 개량되었으며, 특히 선체강도의 증가, 재화량의 증대, 선체중량의 경감 등을 고려하여 선박제조에 사용된 재질은 목재를 거쳐 철과 강철이 이용되기 시작하였다. 대서양을 횡단한 최초의 강선은 325톤의 외륜선인 '반시호'이다.

5. 현대

현대 상선은 전용화・대형화・고속화・자동화방향으로 발전하고 있다. 그뿐 아니라 전 세계적인 물동량의 증가로 화물을 효율적으로 운송하기 위하여 화물별로 특성에 맞게 설계한 선박이 출현되기 시작하였다. 특히 1960년대에 등장한 컨테이선은 짧은 역사에도 불구하고 정기선 화물운송의 대부분을 차지하고 있다. 선박의 대형화는 화물운송에 규모의 경제원리를 도입하여 운송비를 낮추는 데 크게 기여하였다. 현대 해상운송에 가장 큰 변화를 가져온 선박은 컨테이너선으로 이용효율을 크게 향상시킴으로써 일반 잡화운송의 대부분을 차지하고 있다.

현대선박은 재료공학의 발전으로 선체제작에 필요한 재질에서도 커다란 변화가 있었지만 가장 큰 변화는 추진력의 변화이다. 선박의 추진력과 관련 현대의 선박은 강력한 펌프로 노즐을 통하여 물을 분출하는 반작용의 힘으로 배가 앞으로 추진하는 방식이 출현하고 있으며, 앞으로 진동과 소음이 없는 배, 프로펠러 없는 꿈의 배로 불리우는 초전도선의 시대가 다가오고 있다.

이 배의 앞으로 나가는 원리는 강력한 초전도 전자석과 바닷물 속에서 만든 자기장 사이에서 생기는 힘을 추진력으로 이용하는 것이다. 초전도선은 속도가 180km/h 이상의 속도를 낼 수 있고 전력손실이 거의 없어 적은 엔진으로 고속으로 움직일 수 있어 수송에서 혁명을

컨테이너선

초전도선

일으킬 것으로 보인다. 최근에는 물위를 스치듯 나는 배인 위그(WIG : Wing-In Ground Ship)가 등장하고 있으며, 이 위그선은 최고 500km/h의 속도를 낼 수 있다. 그 원리는 표면효과를 이용하여 물 위를 2~3m 가량 떠서 달리는 것이다.

2.3 선박의 주요 사항

1. 선박의 구성

선박은 크게 선체(hull)[17]와 기관(machinery)으로 구성된다. 선체는 선박의 외형과 이를 지탱하기 위한 모든 구조물을 말하며, 기관은 선박에 추진력을 부여하는 주 기관 및 발전기 기타 선박이 기능을 원활히 수행하기 위한 각종 기계류를 포함한다.

선체의 구조물은 수직으로 대들보 역할을 하는 용골(龍骨, keel)[18], 가로를 지탱해주는 조골(助骨, transverse frame), 수밀과 강도를 유지하기 위하여 선창내부를 수직으로 분리해 주는 격벽(隔壁, bulkhead)[19]과 수평으로 분리해 주는 상하갑판(decks)으로 이루어진다.

한편 기계류에는 발전기, 윈치 등의 하역기기 및 냉동기 등이 있다.

17) 선체란 구조물로서 선박을 말하며, 주선체는 프레임이나 빔 등을 골격으로 하고, 그 바깥면에 외판이나 갑판 등을 붙인 상자와 같은 구조로 되어 있다
18) 선저 중심부를 배 머리에서 끝까지 관통하는 선박의 척추에 해당하는 중요재이다.
19) 선체의 내부를 몇 개의 구획으로 나누는 간막이벽을 가리킨다.

2. 선박의 주요 치수와 흘수(吃水)

(1) 길이

① 전장(全長, length over all : LOA) : 선체에 고정되어 있는 모든 돌출물을 포함한 배의 맨 앞부분부터 맨끝까지의 수평거리로 접안(接岸, berthing) 및 입거(入渠, docking) 등 선박건조 시 사용된다.

② 수선간장(垂線間長, length between perpendicular : LBP) : 만재흘수선상의 선수수선(船首垂線)으로부터 타주(舵柱)의 선미수선(船尾垂線)까지의 수평거리로 일반적으로 선박의 길이는 이것을 사용한다.

③ 등록장(登錄長, registered length) : 상갑판 가로들보의 선수재전면으로부터 타주후면까지의 수평거리를 말하며, 선박원부에 등록 및 선체운동 분석 시 이용된다.

(2) 선폭

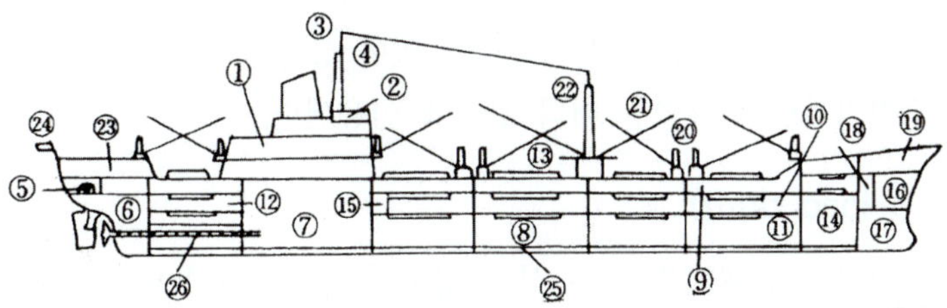

① 갑판실(deck house)
② 조타실 겸 해도실(wheelhouse and chart room)
③ 신호용마스트(signal mast)
④ 레이더 안테나(radar scanner)
⑤ 조타기(steering gear)
⑥ 선미수조(aft peak tank)
⑦ 기관실(engine room)
⑧ 선창(cargo hold)
⑨ 상부중갑판(upper tween deck)
⑩ 하부중갑판(lower tween deck)
⑪ 하창(lower hold)
⑫ 냉장화물창(refrigerating cargo chamber)
⑬ 해치(hatch)
⑭ 심수조(deep tank)
⑮ 갑판용품고(bosun's store)
⑯ 선수수조(fore peak tank)
⑰ 착쇄실(chain locker)
⑱ 선수루(fore castle)
⑲ 데릭 포스트(derrick post)
⑳ 데릭(derrick)
㉑ 전부마스트(fore mast)
㉒ 선미루(poop)
㉓ 국기(national flag)
㉔ 이중지(double bottom)
㉕ 퇴진축(propeller shaft)

[그림 4-3] 일반화물선의 선체각부의 명칭

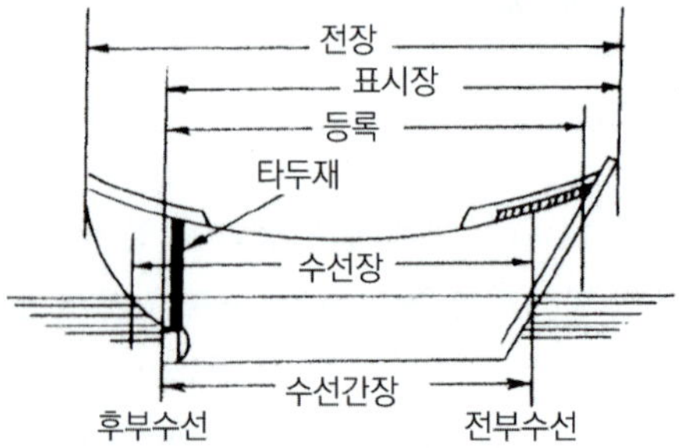

[그림 4-4] 선박의 길이

① 전폭(全幅, extreme breath) : 선체의 가장 넓은 부분에서 측정한 외판의 외면에서 반대편 외판까지의 수평거리로 입거시 이용된다.

② 형폭(型幅, moulded breath) : 선체의 가장 넓은 부분에서 측정한 frame의 외면에서 외면까지의 수평거리로 선박법상 배의 폭에 이용된다.

③ 선심(船深, vertical dimensions) : 선체중앙에 있어 상갑판 가로들보 상단에서 용골의 상단까지의 수직거리로 선박법상 배의 깊이에 이용된다.

(3) 흘수(吃水 : load draft)

흘수란 선박이 화물을 만재했을 경우 선박 정중앙부의 수면이 닿는 위치에서 배의 가장 밑바닥 부분까지의 수직거리로 수심이 낮은 운하 및 하천의 배선과 원양선의 적하량을 설정하는 기준이 된다. 흘수의 표시방법에는 다음과 같은 몇 가지 방법이 있다.

[표 4-4] 흘수의 표시방법

흘수의 종류	내 용
전흘수(keel draft)	수면에서 선저의 최저부까지의 수직거리
형흘수(moulded draft)	수면에서 용골의 상단까지의 수직거리
만재흘수(load draft)	만재흘수선에서 용골의 상단까지의 수직거리
선수흘수(fore draft)	선수수선에서의 흘수
선미흘수(aft draft)	선미수선에서의 흘수

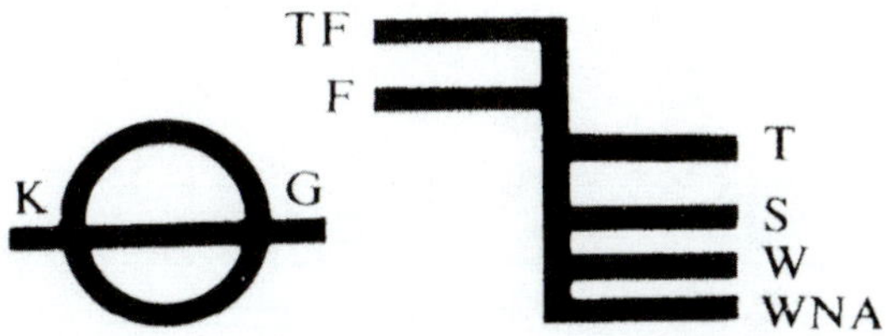

약 어	영문 내용	내 용
S	summer load line	하기만재흘수선
W	winter load line	동기만재흘수선
T	tropical load line	열대만재흘수선
F	fresh water line	담수만재흘수선
TF	tropical fresh water load line	열대담수만재흘수선
WNA	winter North Atlantic load line	동기 북대서양만재흘수선
KG	Korean government	대한민국 정부

[그림 4-5] 만재흘수선의 표시

이러한 흘수 중 만재흘수선은 항해의 안전상 허용된 최대흘수로서 만재흘수선 규정에 따라 시기, 해역에 따라 적재중량에 차이가 있으며, 선박이 적재를 하여 침하되는 최대의 흘수인 만재흘수를 제한하여 선측에 아라비아 숫자로 표시하고 있다.[20)]

3. 선박의 톤수

선박의 크기는 용적과 중량으로 나타내며, 화물선의 경우에는 선박이 적재할 수 있는 화물의 중량과 용적으로 그 크기를 표현한다. 적재하는 화물을 기준으로 할 때 국제적으로 사용되고 있는 톤(ton)[21)]은 중량으로는 2,240Lbs, 용적으로는 40ft를 그 단위로 하고 있다.

선박의 톤수에 관한 측정방법은 각국의 법률에 따라 달리 규정하기 때문에 측정결과가 상

20) 우리나라의 선박안전법에서는 ① 원양구역 또는 근해구역을 항해하는 선박, ② 연해구역을 항해하는 길이 24cm 이상의 선박은 반드시 만재흘수선 표시를 하도록 규정하고 있다.

21) 톤의 유래는 유럽에서 선박에 적재할 수 있는 술통의 수로서 선박의 크기를 표시하고 이를 단위로 세금을 징수하였기 때문에 이의 단위인 라틴어의 술통(tunna)에서 유래된 것으로 후에 선박의 크기를 tunnage로 부르던 것이 tonnage로 바뀌어 현재에 이르고 있다.

이하며 우리나라에서는 "선박의 톤수측도에 관한 법률"에 의거 측정하고 있다.

[표 4-5] 톤수의 종류와 크기

측정기준	용 도	톤수의 종류	1톤의 크기
선박의 크기	중 량 용 적	배수톤수 총톤수 · 순톤수	2,240lbs 100cft
적재화물	중 량 용 적	재화중량톤수 재화용적톤수	2,240lbs 40cft

(1) 용적톤

용적톤(space tonnage)은 선박에 한정하여 사용되며, 선박의 용적을 톤으로 환산할 때에는 100cft(2.83238㎥)를 1톤으로 한다. 용적톤은 다른 톤과 혼동할 우려가 있어 사용되지 않고 다만 ㎥ 또는 ft^3로만 사용하고 있다.

용적톤으로 표시하는 것은 총톤수, 순톤수 및 재화용적톤수이다.

① 총톤수(gross tonnage : GT) : 선박의 용적량으로 갑판 아래의 적량과 갑판 위의 밀폐된 장소의 적량의 합에서 선박의 안전과 위생에 사용되는 부분의 적량(제외적량 : exemptions)을 제외한 것을 톤수로 환산한 값이다. 총톤수는 각 국의 해운력과 각종 통계 및 관세 · 등록세 · 도선료 및 검사료 등의 수수료와 제세금의 기준이 된다.

② 순톤수(net tonnage : NT) : 화물 및 여객의 수용 등 직접 상행위에 사용되는 용적으로, 총적량에서 선박의 운항에 직접 이용되는 부분의 적량(공제적량 : deduction)을 공제한 순적량을 톤수로 환산한 것이다. 순톤수는 항만세 · 톤세 · 운하통과료 · 등대사용료 · 항만시설사용료 등 모든 세금과 수수료의 산출기준이 된다.

③ 재화용적톤수(measurement tonnage) : 선박의 각 창(hold)의 용적과 특수화물창고 등 선박의 화물적재능력을 용적으로 표시한 것으로 관습상 $40ft^3$(1.133㎥)를 1톤으로 나타내고 있다.

(2) 중량톤

중량톤은 배수톤수(displacement ton), 재화중량톤수(dead weight ton)로 구분된다. 중량톤의 단위로는 metric ton, long ton, short ton이 있으며, 이 중 long ton이 국제적으로 가장 많이 사용되고 있다.

[표 4-6] 각종 톤수의 비교

long ton(영국톤)	short ton(미국톤)	metric ton(kilogram ton)
1	1.1200000	1.0160470
0.89285715	1	0.90718486
0.89420640	1.1023112	1

① 배수톤수(displacement tonnage) : 배수톤수란 군함에서 주로 사용하는 톤수로 물 위에 떠 있는 선박의 수면하부피와 동일한 물의 중량을 말한다.

② 재화중량톤수(dead weight tonnage : DWT) : 재화중량톤수란 선박이 적재할 수 있는 화물의 최대중량으로 화물선, 탱커 등의 선복량을 나타내는 데 사용되며, 용선계약, 선박매매거래 등 상거래의 기준이 된다.

4. 선박의 속력과 마력

(1) 속력

속력(speed)은 선박이 1시간에 항해하는 거리를 1해리(1,852m, 6,073ft)로 나타내어 이를 노트(Knot)로 표시한다. 속력에는 시운전시 선박의 가장 좋은 흘수상태로 평온한 해면에서 행한 속력시험결과 정한 속력인 최고속력(maximum speed)과 파도가 있는 해면에서 상당량의 화물을 적재하고 실제 항해하는 경우를 상상하여 정한 속력인 상용항해속력(sea speed)이 있다.

(2) 마력

마력(horse power : HP)이란 선박엔진이 단위시간에 출력하는 기관의 발생역량을 표시하는 단위로 측정하는 장소와 목적에 따라 상이한 명칭으로 불리고 있다.

① 지시마력(indicated horse power : IHP) : 기관의 실린더내에서 실제로 발생하는 마력으로 지시계에 의하여 계측된다.

② 축마력(shaft horse power : SHP) : 증기기관의 경우 사용되며 추진기를 구동하는 중간축에 실제로 전달되는 마력을 말한다.

③ 제동마력(brake horse power : BHP) : 실제로 외부에 전달되는 마력으로 지시마력에서 엔진 각부의 손실마력을 공제한 것이 된다.

5. 선급제도

선박은 대부분의 국가에서 법규에 따라 구조와 건조기술 및 재료 등에 대한 규제하에 제조하고 있으나 정상적인 항해가 가능한 선박의 상태인지를 확인하기가 곤란하다. 이러한 내항성(seaworthiness)[22]에 대해 보다 객관적이고 전문적인 판단을 위하여 만든 제도가 선급제도(classification societies)이다.

이러한 선급은 해상보험에서 선박의 보험자격을 인정하는 근거가 되는 것으로 최초의 발생은 영국 보험업자의 단체기관이었던 Lloyd협회가 Lloyd's Register of shipping[23]의 이름으로 선체・기관 및 부속기구에 대하여 검사를 하고 여기에 선급을 붙인 것이 시초가 된다. 선급을 계속 유지하기 위해서는 정기적으로 유지검사를 받아야 하며, 선박의 총등록 톤수가 100톤 이상인 경우 공인된 선급협회의 감독하에 건조되며, 우리나라의 경우 한국선급협회[24](Korea Register of Shipping)가 선박검사를 위한 국가대행기관으로 지정되어 있다. 선급협회가 발급한 선박등급은 선박의 매매・용선・보험료 등을 산출하는 기준이 된다.

[표 4-7] 주요 국제선급협회의 부호

명 칭	약 칭	국 적	본 부	창립연도	선급부호
American Bureau of Shipping	AB	미국	New York	1862	✠A1(E) ✠AMS
British Corporation for the Survey and Registry of Ships	BC	영국	Glasgow	1890	B.S. * M.B.S. *
Bureau Veritas	BV	프랑스	Paris	1828	✠I3/3 L11
Germanischer Lloyd	GL	독일	Berlin	1868	✠100 A4 ✠MC
Lloyd's Register of Shipping	LR	영국	London	1760	✠100Al ✠LMC
Norske Veritas	NV	노르웨이	Oslo	1861	✠lAl ✠MV.KV

22) 선박이 목적항구까지 소정의 화물을 싣고 항해를 무사히 종료할 수 있는 상태하에 있는 종합적인 능력을 의미한다.

23) 1760년 보험업자들이 모여 만든 로이즈 선급은 국제적으로 가장 오래되고 규모도 크며 가장 권위가 있어 영국 선박의 약 80%와 세계 총선박의 약 30%가 로이즈 선급을 가지고 있다.

24) 우리나라는 1960년 한국선급협회를 창설하였으며, 1998년 6월 1일 국제선급협회(Int'l Assocation of Classification Societies : IACS)에 가입함으로써 국내에서 발행하는 선급에 대하여 국제적으로 인정받고 있다.

Resistro Italiano	RI	이탈리아	Genoa	1861	✠100Al 1
Register of Shipping of USSR	RS	러시아	상트페테르 부르크	1913	✠P 1/4C ✠PCM
일본해운협회	NK	일본	도쿄	1899	NS* MNS*
한국선급협회	KR	한국	서울	1960	✠KSE ✠MKS

6. 편의치적

편의치적(flags of convenience)이란 선주가 속해 있는 국가의 엄격한 요구조건과 의무를 피하기 위하여 선주가 속해 있는 국가가 아닌 파나마, 리베리아, 온두라스 등과 같은 조세도피국(tax haven company)[25]의 국적을 취득한 다른 나라의 선박을 뜻한다.

편의치적을 선호하게 되는 이유는 자국선원을 승선시키는 것에 비해 비용절감 및 선원공급원 선택폭의 확대, 운항에 따른 세금면제와 융통성의 증가, 금융상 이점, 운항 및 안전기반의 이행회피 등이다.

편의치적의 문제점으로는 선박을 특정국가의 관리하에 둠으로써 세원의 도피에 따른 과세의 국제적 불평등을 초래하고 치적국의 법적미비와 책임감의 결여에 따른 선박의 안전성과 선원의 기술수준의 저하를 초래할 수 있다. 또한 편의치적을 통하여 취득한 운임수입은 자국통화로 전환되지 않음으로 자국의 국제수지에 도움이 되지 않을 뿐만 아니라 개발도상국의 선원이 악덕 편의치적선주의 착취대상으로 활용될 수도 있다.

2.4 항만

1. 항만의 개념

항만(harbor)이란 해륙운송의 교차점으로서의 기능을 발휘할 수 있게끔 물리적 시설과 서

25) 국외의 사업활동원천에서 얻어진 사업소득에 대하여 비과세 혹은 자국의 세율에 비하여 낮은 세율을 부과하거나 혹은 자금이동의 필요성 때문에 외환관리가 행해지고 있지 않는 국가를 말한다.

비스를 제공할 수 있는 복합적 실체이다. 항만은 해륙운송의 중계지로서 육송된 화물의 선적과 화물을 원활하게 양륙할 수 있는 시설을 갖추고 산업활동이 이루어지고 있는 장소이다. 따라서 항만은 선박이 입출항하고 화물의 하역·보관 및 처리를 하기 위하여 선박의 안전정박을 위한 충분한 수심과 넓은 접안시설, 하역장비 및 창고, 화물장치장과 육상교통과의 연계, 입출항에 필요한 세관 및 검역시설과 기타 간접시설을 갖추고 있어야 한다.

항만은 한 나라의 경제발전을 직접적으로 주도하는 상공업활동을 통하여 국제무역의 증진에 중요한 역할을 수행하며, 해운산업의 발달 및 관련 산업을 직·간접으로 발전시킨다는 점에서 경제적 중요성이 크다.

항만의 주요 기능은 승객 및 무역량 운송을 위한 해상·육상연결지점, 자원의 세계적 배분을 위한 국제간 연결교차지점, 교역증대, 교통, 배분, 고용창출, 무역창출, 국위선양, 국방, 도시개발, 공업생산증대, 서비스산업 증진 등을 들 수 있다.

이러한 기능은 다음의 4가지 측면이 효율적으로 이루어져야 경제적 가치가 있다.

① 항만배후지에서 발생하는 국제무역수요를 효율적이고 경제적인 방법으로 원활히 처리할 수 있어야 한다.
② 지역산업개발과 무역을 창출시키는 데 보조적 기능을 충분히 해야 한다.
③ 국내용과 환적화물의 증가분에 효율적으로 대처할 수 있어야 한다.
④ 항만은 전·후방기지 및 해·육 연결점(node)으로서 이용 대상에 대한 효율적인 전환시설기능(transit facilities)을 다할 수 있어야 한다.

2. 항만의 종류

항만의 종류는 사용목적, 소재하고 있는 위치 등의 입지조건, 세력권의 구성상태, 항구의 개폐 등에 따라 다음과 같이 분류된다.

[표 4-8] 항만의 분류

구 분	종 류	내 용
사업목적상 분류	상업항	외국과 무역 또는 국내 상거래를 주로 하는 항구 (부산항, 인천항, 목포항, 여수항, 제주항)
	공업항	공업 원자재나 제품 수출입을 주로 하는 항구 (울산항, 포항, 목포항, 창원항)
	어항	어획물의 양륙을 주로 하는 항구

	군항 피난항 검역항	군사적 목적을 주로 하는 항구(진해항) 악천후시 안전하게 피난할 수 있는 항구 해외로부터의 전염병 방지를 목적으로 지정된 항구
법률에 의한 분류	개항 부개항 자유항	외국선의 출입이 개방된 항구 국내선박만이 출입할 수 있는 항구 수출입화물에 대하여 관세부과 없이 보세구역과 같은 기능과 역할을 수행하는 항구
건설방법에 의한 분류	천연항 인공항	섬, 암초 등에 둘러싸여 자연적으로 형성된 항구(목포항) 방파제 등에 의해 인공적으로 건설된 항구(부산항)
위치에 의한 분류	연안항 하구항 호항 하천항	해안에 근접한 항구(거의 모든 항) 하구에 있는 항구(군산항) 호수에 있는 항구(미국 밧포르항) 하천에 형성된 항구(런던항)
결빙여부에 의한 분류	동항 부동항	결빙시 사용하지 못하는 항구 결빙의 영향을 받지 않는 항구
개·폐여부에 의한 분류	개구항 폐구항	조차가 크지 않아 항상 항구가 열려 있는 항구(거의 모든 항) 조차가 커 갑문(lock)을 설치한 항구(인천항)

3. 항만시설

항만시설에는 넓은 의미에서 기본시설인 수역(水域)시설, 외곽시설, 임항(臨港)교통시설과 기능시설인 계류(繫留)시설, 항행(港行)보조시설, 하역시설, 여객이용시설, 화물의 유통·판매시설, 선박보급시설, 항만후행시설, 관제·홍보·보완시설, 업무용 시설 그리고 항만시설용 부지로 구분된다. 그러나 좁은 의미에서의 항만시설은 안벽, 물양장, 잔교, 돌핀, 선착장, 램프 등만을 뜻한다.

(1) 부두(埠頭, wharf)

항만 내의 화물의 선적과 하역, 여객의 승선과 하선을 위하여 석재 또는 콘크리트로 물 밑에서부터 수직으로 쌓아올린 구조물로 안벽, 잔교 등을 포함한다.

(2) 안벽(岸壁, quay)

화물의 하역이 직접 이루어질 수 있도록 해안선에 평행하게 축조된 석조 또는 콘크리트로 된 선박의 접안을 위하여 해저로부터 수직으로 만들어진 벽을 말한다. 안벽의 부속물로는 선박과 안벽과의 충돌 시 충격을 줄이기 위하여 안벽에 부착된 목재 또는 고무제인 팬더(fender), 선박의 입출항시 갑문이나 계선삭을 기계력에 의하여 감아올리는 장치인 캡스탄(capstan) 등이 있다.

(3) 잔교(棧橋, pier)

선박을 접안계류하여 화물의 하역과 여객의 승・하선이 용이하게 이루어질 수 있도록 만든 목재・철제 또는 콘크리트제 교량형 구조물을 말한다.

(4) 항만하역시설(loading and discharging facilities)

항만하역이 원활하게 이루어질 수 있도록 하기 위한 시설로 부선(barge),[26] 해상기중기(floating crane), 고정식 또는 이동식 육상기중기(crane), 컨베이어(conveyor)를 비롯한 여러 가지 하역기기의 총칭이다.

(5) 컨테이너 처리장소

컨테이너화물을 처리하기 위한 장소로 CY(container yard)와 CFS(container freight station)가 있으며, 이 중 CY는 FCL(full container load) 화물을, CFS는 LCL(less than container load) 화물을 처리하기 위한 터미널 내 보관 장소를 말한다.

2.5 우리나라의 항만

우리나라는 3면이 바다로 둘러 싸인 해양국으로 지리적 특성상 긴 해안선을 보유하고 있으며, 많은 항만이 전국에 분포되어 있다. 우리나라의 항만은 항만법상 지정항만, 지방항만[27]으로 구분되고, 지정항만은 다시 무역항과 연안항으로 구분되어 해양수산부장관과 시・도지사에 의하여 각각 관리 및 운영되고 있다.[28] 현재 우리나라에는 31개의 무역항과 29개의 연안항이 있으며, 이 중 컨테이너 처리실적이 가장 많은 항구는 부산항, 광양항, 인천항, 울

26) 항만내부나 짧은 거리에서 승객 또는 화물의 운반이나 부두와 본선 간에 화물을 운반하는 동력장치가 없는 작은 배를 말한다.

27) 지정항만은 국민경제와 공공의 이해에 밀접한 관계가 있는 항만으로 대통령령으로 그 명칭・위치 및 구역이 지정된 항만을 말하며, 지방항만은 지정항만 외의 항만으로 시・도지사가 그 명칭・위치 및 구역을 지정한 항만을 말한다 : 항만법 제2조

28) 항만법 제2조

산항 순이다. 2012년부터는 여수세계 박람회 등을 기회로 해상거점으로 성장하여 환적을 포함한 컨테이너 처리량은 세계 10위 내로 성장하였다.

[표 4-9] 세계 10대 항만 컨테이너 처리 실적

(단위 : 천TEU)

순 위	항만명	2015	2016	전년대비 증감률
1	상하이	36,550	37,130	1.6%
2	싱가포르	30,922	30,904	△0.1
3	선전	24,320	24,220	△0.4
4	닝보-저우산	20,620	21,570	4.6%
5	홍콩	20,073	19,630	△2.2
6	부산	19,469	19,456	△0.1
7	광저우	17,400	17,580	6.8%
8	칭다오	17,430	17,010	3.3%
9	두바이	15,592	14,772	△5.3
10	텐진	14,110	14,500	2.8%

출처 : 부산항만공사(BPA) http://www.busanpa.com/

주요 항만의 개요와 시설을 살펴보면 다음과 같다.

1. 부산항

부산항은 한반도의 동남단에 위치하고 있으며, 수심이 깊고 조수간만의 차이가 거의 없는 천혜의 항구로 지리적으로 유럽, 아시아, 북미를 연결하고 주요 항로상에 위치하여 동북아 중심항만으로서의 역할을 수행하고 있다.

부산항은 조선 후기 고종 13년인 1876년 2월 최초로 국제무역항으로 개항한 이래 1906년부터 1944년까지 근대항으로서의 면모를 갖추었으며, 그동안 일반부두를 중심으로 운영되어 왔다. 그러나 1974년부터 제1, 2단계 개발사업을 추진한 결과 1978년에는 국내 최초의 컨테이너 전용부두인 자성대부두(BCTOC)를 개장하였으며, 1985년부터 시작된 3단계 개발사업으로 1991년 6월 신선대부두(PECT)를 개장함으로써 모두 7개 선석의 컨테이너부두가 운영되어 왔다.[29)]

[표 4-10] 부산항 항만 개발역사

1876. 2.26.	국제무역항으로 개항
1974.~1982.	자성대 컨테이너부두(5, 6부두) 축조
1979.~1982.	제3, 4 중앙부두 및 제5물양장 개축
1979.~	감천항 개발
1985.~1991.	신선대 컨테이너부두 축조
1991.~1997.	감만 컨테이너 부두 축조(부산항 제4단계 부두) 개발
1992.~1996.	우암 컨테이너부두 개발
1995.~1996.	자성대 부두 1선석 확장공사
1996.~1998.	감만 컨테이너 부두 개축
1995.~2020.	부산 신항 개발
1997.~2002.	동·서방 방파제 사업 축조
1999.~2004.	준설토투기장 준공
2004.~2009.	남『컨』부두2-2단계 하부 축조
2004.~2009.	진입철도 준공
2008.~2020.	북항재개발사업

1997년 이후 신선대 1선석 추가, 1998년 5월 제4단계 개발사업인 감만 컨테이너부두를 개장하여 2배에 달하는 시설능력의 증가를 가져왔다. 또한 2030년까지 북컨테이너터미널 배후단지, 2025년까지는 남컨테이너터미널 배후단지, 2030년까지는 서컨테이너터미널 배후단지가 조성될 예정이다. 1995년부터 신항을 개발하여 2020년까지는 완성할 계획이며, 2008년부터 2020년까지 북항 재개발 사업에도 힘 쓸 예정이다.

[표 4-11] 부산항의 항만시설

(기준 : 2017년 12월 현재)

시설구분	내 용	규 모	처리능력
접안시설	안벽	30,709.4m	접안능력 201척
보관시설	창고	71천m²(14동)	130천톤 보관
	야적장	250천m²	1,290천톤 야적
	컨테이너야드	3,469천m²	520천TEU 장치
정박시설	정박지	21개소	123척 정박
연간하역능력			354,015(천톤)

출처 : 부산항만공사(BPA) http://www.busanpa.com/

29) http://www.pusan.momaf.go.kr/momaf2000/kor.

부산항은 국내 수출입컨테이너화물의 95%를 처리하는 국내 최대의 컨테이너항일 뿐 아니라 1994년 이후에는 세계 5위에 오르는 등 국제적인 항만으로 자리잡고 있다.

부산항은 배후부지가 부족하고 연계수송시스템이 미흡한 가운데 급증하는 항만 물동량을 처리하고 동북아 중추항으로 개발 육성하기 위하여 1995년부터 2011년까지 2단계 계획으로 가덕도 일원 260만평 부지에 최대 5만톤 급 25선석(컨테이너부두 24선석, 다목적부두 1선석), 하역능력 연간 컨테이너 460만 TEU를 처리할 수 있는 시설을 건설하였고, 현재 추가 개발 중이다. 이후 추가개발이 완료되면 배후도시 및 수송망과 연계된 충분한 항만시설을 확보하여 2천년대 아시아 환 태평양시대 국제교역의 중심지로서의 역할을 다 할 수 있게 될 것으로 전망된다.

[표 4-12] 부산항 단계별 투자계획(2011년 이전 기준)

구 분		전체 (1995~2011년)	1단계 (1995~2006년)	2단계 (2007~2011년)
계	사업비(억원)	55,898	45,033	10,865
	부두(선석) 효과(백만톤)	25(7.8km) 460	11(3.5km) 200	14(4.3km) 260
재정	사업비(억원)	17,627	16,205	1,422
	방파제 투기장호안 준설 어업권보장	1.49km 17.3km 68백만m 1식	1.49km 17.3km 55백만m 1식	- - 13백만m 1식
민자	사업비(억원)	38,271	28,828	9,443
	부두(선석) 효과(만TEU)	25(컨24, 다1)	11(컨10, 다1)	14(컨14)

주 : 컨(컨테이너부두), 다(다목적 부두)

[표 4-13] 부산신항 주체별 개발계획

시행주체	정부(해양수산부)	부산항만공사	민간사업자
사업 내용	부두시설 컨테이너부두 1.15km (4선석/2-2하부공(4)) 다목적부두 0.4km(1선석) 연결잔교 0.3km(1선석, 자동차)	부두시설 컨테이너 부두 2.85km(13선석/2-1(4), 2-2상부공(4), 2-5(2), 2-5확장(1), 2-6(2)) 유류중계 기지 1식 다목적부두 0.8km(3선석) 피더부두 0.96km(4선석) 양곡부두 0.35km(1선석) 서'컨' 3단계 1.85km(5선석)	부두시설 컨테이너부두 5.65km (16선석/1-1(6), 1-2(3), 2-3(4), 2-4(3)) 일반부두 0.4km(1선석) 수리조선단지 1식

[표 4-14] 북항 재개발 추진실적

연 도	개발역사
2010.1.~2016.12.	1-1단계 부지조성공사
2016.1.~2017.12.	1-1단계 외곽시설 등 축조공사
2009.5.~2017.12.	사후환경영향평가용역
2009.9.~2016.12.	1-1단계 공사감리용역
2014.1.~2017.12.	가로등 및 신호등 설치공사
2015.10.~2017.9.	연결교량 실시설계

[그림 4-6] 부산 북항의 컨테이너 부두

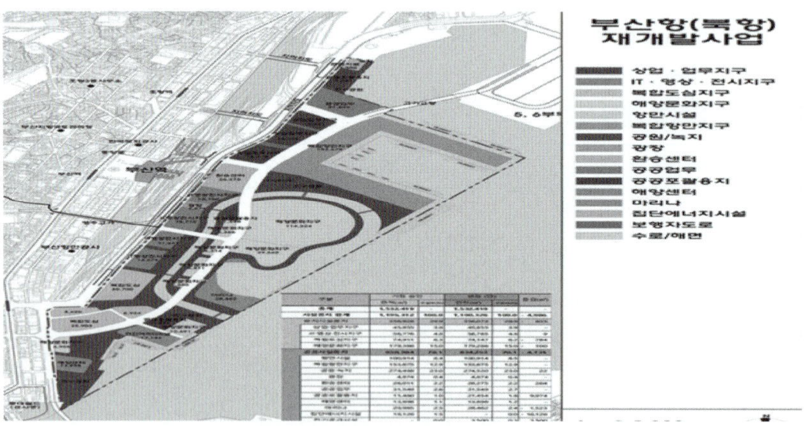

[그림 4-7] 부산 북항의 재개발 사업 토지 이용도

① 자성대 부두

우리나라 최초의 컨테이너 전용부두로서 부산항 제 1, 2단계 개발사업의 일환으로 1982년에 완공되었다. 개장 초기에는 공영부두로 부산컨테이너부두운영공사(BCTOC : Busan Container Terminal Operation Corporation)에서 운영하다가 1997년 7월에 민영화되어 현대상선(주)(현, HMM)에서 인수하였으며, 2002년 운영사가 변경되어 현재는 한국허치슨터미널(주)(HBCT)가 운영하고 있다. 5만톤급 컨테이너선 4척과 1만톤급 컨테이너선 1척이 동시에 접안할 수 있으며, 연간 하역능력은 170만 TEU이다.

[그림 4-8] 자성대 부두

② 신선대 부두

부산항의 급증하는 컨테이너 물동량 처리를 위하여 1985년부터 1991년까지 시행된 부산항 3단계 개발사업에 의거 건설된 컨테이너전용터미널로 1991년 6월 개장하였으며, 하역사 및 선사 컨소시움으로 구성된 CJ대한통운부산컨테이너터미널(주)(CJ KBCT)에 의해 운영되고 있다. 5만톤급 선박 5척이 동시에 접안할 수 있으며, 연간 200만 TEU의 하역능력을 갖추고 있다.

[그림 4-9] 신선대 부두

③ 감만 부두

부산항의 컨테이너 물동량 처리를 위하여 1978년 자성대 컨테이너 터미널을 최초로 개장한 이래 부산항의 컨테이너 물동량이 급격히 증가되어 1991년 신선대 컨테이너 터미널을 개장하였음에도 불구하고 부산항의 컨테이너 부두시설이 여전히 부족해서 1991년 부산항 제4단계 개발사업을 착공하여 1997년 12월 완공하였다. 5만톤급 선박 4척이 동시에 접안할 수 있으며, 연간 156만 TEU의 컨테이너를 처리할 수 있는 능력을 갖추고 있다. 총 4개의 선석[30]이 있으며, 부산인터내셔널터미널(주)(BIT)에서 3개의 선석을 운영하고 있다.

30) 항내에서 선박을 계선시키는 시설을 갖춘 접안장소를 말한다.

[그림 4-10] 감만 부두

④ 신감만 부두

1995년 당시 정부의 피더부두 건설 계획에 따라 건설 중에 1996년 7월 정부의 항만 기본계획 변경에 따라 접안능력을 5만톤급으로 증대하기로 하여 건설된 부두이다. 2002년 2월 완공되어 합작법인인 동부부산컨테이너터미널(주)(DPCT)에 의하여 운영되고 있다. 신감만부두는 5만톤급 컨테이너선 2척과 5천톤급 피더선 1척이 동시 접안할 수 있으며, 연간 78만 TEU를 처리할 수 있는 능력을 갖추고 있다.

[그림 4-11] 신감만 부두

2. 인천항

인천항은 조선이 쇄국정책으로 서구에 문호를 개방하던 1983년 2월 부산항, 원산항에 이어 3번째로 일반 사업항구로 개항되었다. 국내 최대 공업지대인 경인공업지대와 중부지방을 세력권으로 하는 서해안 제일의 무역항인 인천항은 초기에는 제물포란 이름으로 불리던 우리나라 유일의 군항으로 서해의 수비를 맡던 군사적 요충지였다.

인천항은 지리적 중요도와는 달리 간만의 차가 최고 10m에 달하는 자연적 취약점을 가지고 있어 조수간만의 극심한 차를 해소하고, 전천후 하역작업이 가능한 항만시설을 갖춘 근대항을 건설하기 위한 항만시설 개선계획을 수립, 1911년 6월 인공항만 축조에 착수한 이래 1918년 준공하여 최초의 근대적 갑문식 항만시설이 건설되었다.[31)]

그 후 1962년 경제개발 5개년계획이 추진되면서 1966~1974년 갑거 축조 및 인천 내항을 선거(dock)화 하였으며, 그 결과 연간하역능력이 1,000만톤에 이르러 4배가 증가하였다. 계속하여 1975~1978년 인천항 제1단계 개발사업, 1981~1985년 제2단계 개발사업을 추진하여 항만부대시설인 도로 및 야적장의 포장, 입항유도시설과 화물보관시설 등을 건설함으로써 현재와 같은 국제항으로의 면모를 갖추게 되었다.

[표 4-15] 인천항 항만 개발역사

연 도	개발역사
1876.2.26.	강화도 조약 체결
1883.1.1.	개항(고종 20년)
1911.~1918.	갑문식 제1항만 건설
1966.~1977.	갑거 축조 및 인천내항 선거화
1975.~1978.	인천항 제1단계 개발사업
1974.5.10.	인천항 선거 개통
1981.~1985.	제2단계 개발사업
1985.~2002.	국제 여객선 터미널 개장
2006.~2025.	아임물류2단지 사업실시
2007.~2020.	인천신항 1단계 개발사업
2012.~2019.	신국제여객부두 및 터미널 개발사업

이후 2007년부터 2020년을 목표로 북중국 항만 및 환황해권에 대응하는 컨테이너부두로

31) http://port.co.kr/onel.html

개발하여 급속히 증가하는 인천항 컨테이너 물동량의 원활한 처리와 국제물류 거점항만으로 도약하고자 인천 신항을 건설하였고, 일부는 건설 중이다. 또한 국제여객부두 및 터미널 건설사업도 추진하여 기존 국제여객터미널의 이원화(내항 및 연안항) 운영으로 인한 이용자 불편을 해소하고, 크루즈선 전용부두를 확보하여 인천항의 운영 효율성 증대와 인천항을 국제적 관광미항으로 개발하려 하고 있다. 이와 함께, 아암물류2단지 사업은 인천항 항만배후단지 부족 해소와 화물의 원활한 처리를 위한 항만물류단지 조성을 목적으로 2006년도부터 2025년까지에 걸쳐 사업을 전개하고 있다.

인천항의 시설은 크게 내항과 외항으로 구분하여 내항은 갑문 안을, 외항은 갑문 밖을 말하며, 외항은 그 위치에 따라 북항, 남항, 연안부두 및 석탄부두로 나누어진다.

내항(선거내)에는 제1부두부터 제8부두까지 8개의 외항화물취급 전용부두가 있으며, 안벽 총 길이는 9,585m로 43개의 선석이 있다. 또한 상옥(11동 56,628㎡), 야적장(1,093,484㎡), 양곡싸이로 등의 화물저장시설을 비롯하여 갠트리 크레인, 트랜스테이너, 양곡전용 이동식 언로다, 고철 및 산물 크레인, 벨트컨베이어 등 각종 현대식 하역장비가 설치운영되어 연간 3,464만톤의 하역능력을 보유하고 있다. 외항에서는 유류와 연안해사(모래), 무연탄 등을 주로 취급하고 있다.[32]

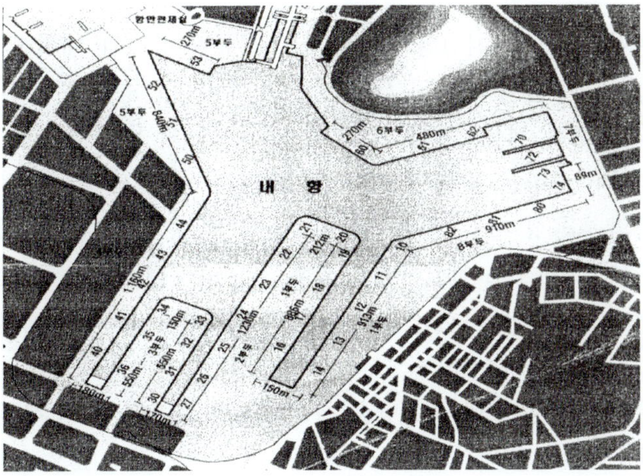

[그림 4-12] 인천항 선석현황

32) http://www.kptii.or.kr/in-2.html.

[표 4-16] 인천항의 항만시설

(단위 : m, 척, 천톤)

부두별		길 이	접안능력	하역능력	취급화물
합계		12,160	66	43,659	
선거 내	소 계	9,838	46	38,161	
	1부두	1,964	11	4,730	잡화, 산물, 원목
	2부두	1,278	7	5,380	산물, 철재, 원목
	3부두	1,250	7	4,340	산물, 철재, 원목
	4부두	1,160	5	3,861	컨테이너, 자동차, 양곡
	5부두	1,150	4	8,530	자동차, 양곡, 원목
	6부두	1,218	6	3,040	합판, 펄프, 철재, 원목
	7부두	1,216	4	6,520	양곡
	8부두	602	2	1,760	고철, 산물
선거 외	소 계	2,322	20	5,498	
	석탄부두	240	1	3,510	석탄
	연안부두	1,624	9	738	여객선, 어선, 관공선, 예선
	남 항	170	9	590	예선, 화물선, 부선, 유선
	북 항	288	1	660	원목, 유류
묘박지		39개소			

인천항은 관세자유지역으로 지정됨으로써 차후 물류량 증가와 대기선박의 해소를 위해, 현재 북항과 남항, 국제종합여객시설 그리고 1만톤 예비갑문 증설을 추진하고 있다.

북항은 인천항의 만성적 체선·체화를 해소하고 인천항의 보조항 역할 및 배후공단 지원 기능을 갖는 항만이며, 남항은 남항지역에 산재해 있는 각종 시설물의 정비 및 접안시설을 확충하여 항만운영의 효율성 제고, 공해문제 해소, 연안운송의 확대 및 대중국·대북 교류확대에 대비한 복합적인 목적으로 건설하였고 일부 건설 중이다. 한편 국제종합여객시설은 서해도서 연안여객선과 한중 카페리취항에 대비 부두시설과 터미널을 건립하는 사업으로 시공 중에 있다.[33]

향후 인천항은 수도권의 막대한 물동량을 처리하는 우리나라 제2의 무역항이자 서울의 관문일 뿐 아니라 한중교류의 전진기지이자 대륙화물의 중계기지로 앞으로 전개될 서해안시대의 중추적 항만으로서의 역할과 남북간 관계개선으로 남북직교역의 증대에 따른 북방교역의 중심항으로서의 역할이 기대되고 있다.

33) http://www.icpa.or.kr/content/view.do?menkey=37681〈ontentkey=46

3. 광양항

광양항은 우리나라의 남해안지역에 위치한 천혜의 항만으로 배후세력권이 넓고, 성장잠재력이 무한한 종합항만여건을 구비하고 있다. 광양항의 북쪽에는 세계 제1의 광양제철소가 있고, 남쪽에는 대단위 여천석유화학단지가 위치하며, 서쪽에는 자동차, 조립금속산업 등 제조업을 유치할 목적으로 679만평의 율촌지방산업단지가 조성되어 있다.[34)]

[표 4-17] 광양항 항만 개발역사

연 도	개발역사
1976.~1979.	광양항 중흥, 낙포부두 준공
1983.~1985.	광양항 제1기 제품부두 준공
1984.~1987.	광양항 원료부두 준공
1986.12.15.	광양항 개항(삼일항 통합)
1997.12.31.	광양컨테이너부두 제1단계 준공
1998.7.5.	광양컨테이너부두 개장 및 운영
2001.12.	광양항 2단계 1차 컨테이너부두 준공
2002.9.	광양항 3단계 1차 컨테이너부두 착공
2003.7.	광양항 3단계 2차 컨테이너부두 착공
2003.10.	경제자유구역 지정
2004.12.	광양항 2단계 2차 컨테이너부두 준공
2005.10.	여수국가산단 석유화학부두 준공
2007.7.	광양항 3단계 1차 컨테이너부두 준공
2011.7.	제3차 전국 항만 기본계획 고시
2011.8.	여수광양항만공사 출범

광양항은 20m 수심의 천연수로와 주위의 산과 섬으로 구성된 자연방파제에 둘러 싸여 정온수역을 유지함으로써 안전작업이 가능하다. 지리적으로는 중국과 인접하여 중국 환적화물의 거점항으로 최적의 위치에 놓여 있고, 계획형 신항만으로서 수요증대에 따라 무한한 개발 가능성과 풍부한 발전 잠재력을 지니고 있다.

1987년 개발을 시작한 광양항은 1997년 12월 제1단계 컨테이너부두를 준공하여 5만톤급 4선석으로 연간 96만 TEU의 컨테이너화물을 처리할 수 있으며, 제2단계 사업은 1995년 착공하여 2001년까지 4선석, 2003년까지 4선석 등 모두 8선석을 개발·완료하였으며, 제3·4단계사업이 완공된 2011년에는 총 24선석을 확보하여, 연간 528만 TEU 이상을 처리, 우리나라 컨테이너 물동량의 약 28%를 처리할 수 있게 되어 명실공히 동북아물류중심항으로 발전하게 되었다.

34) http://www/yosu.momaf.go.kr/info/info_1002.htm.

[표 4-18] 광양항 항만개발 사업계획(2011년 이전 기준)

구 분	전체계획	1단계	2단계		3단계	4단계
			1차	2차		
사업기간	1987~2011	1987~1997	1995~2001	1998~2003	2006년까지	2011년까지
사업비	35,108억원	5,395억원	8,513억원		7,640억원	13,560억원
사업내용						
- 부두길이	7.9km	1.4km	2.3km		1.4km	2.8km
- 배후전용도로	26.5km	6.0km	15.5km		-	5.0km
- 인입철도	2.5km	2.5km	-		-	-
- 항로준설	49백만m³	14백만m³	35백만m³		-	-
접안능력	5만톤급 20선석 2만톤급 4선석	5만톤급 4선석	5만톤급 2선석 2만톤급 2선석	5만톤급 2선석 2만톤급 2선석	5만톤급 4선석	5만톤급 8선석
하역능력	528만TEU	96만TEU	72만TEU	72만TEU	96만TEU	192만TEU

[표 4-19] 광양항 항만개발 건설계획(2011년 이후 기준)

구 분			2016~2020	비 고
외곽시설	여수신항·신북항	신북항방파제	660m	공사중
		신북항방파호안	700m	공사중
접안시설		크루즈부두 안벽확장	100m (호안 118m)	
항만시설용 부지		항만시설용 부지	65.7천m²	공사중
친수시설		친수시설	10천m²	공사중
입항교통시설		항만진입도로	1.14km	공사중
기타 시설	여수구항	종화동 수제선정비	17.6천m²	
		남산동 호안정비 및 재해방지시설	호안정비 645m 방호벽 1,143m 수문 1식	
	여수신항·신북항	관리부두	622m	공사중
		물양장	150m	공사중
		해경부두	430m	공사중
		소방파제 보강	1식	공사중
		여객부두 부잔교 설치	1식	

자료 : 1) http://www.ygpa.or.kr/kr/yeosu_gwangyang_port/yeosu_port/development_status/여수광양항만공사
2) 계획기간 : 2011-2020, 사업비 4,229억원

제 3 절 정기선운송

3.1 정기선운송의 의의

1. 정기선운송의 개념

정기선운송(liner)이란 해상의 특정항로에서 정해진 운항계획(schedule)에 따라 예정된 항구를 규칙적으로 반복운항하면서[35] 공포된 운임률(tariff rate)에 의거 화물의 많고 적음에 관계없이 운임이 부과되는 화물선과 여객선을 이용한 운송을 말한다.[36] 정기선운송은 농산물, 광산물 등 살화물(bulk cargo)[37]을 전문적으로 운송하는 부정기선운송과는 달리, 잡화 등 불특정다수의 일반화물 운송에 주로 이용되고 있어 소량의 개별화물로 구성된다. 일정항로에서의 수요발생이 계속되는 동시에 발생량이 비교적 안정되어 있는 것이 특색이다.

정기선은 세계 각국의 경제활동이 활발해짐에 따라 발생하는 각종 물품의 국제간 이동에 교량적 역할을 수행함으로써, 교역활동의 활성화에 기여할 뿐만 아니라 국가적으로 볼 때도 자국의 해상운송능력을 강화함으로써 국가경제이익을 유발하는 데 기여하고 있다. 이러한 정기선운송이 갖는 기능과 역할을 보면 자국의 정기선항로와 적정선복을 유지함으로써 장기적으로 이를 이용하는 화주들에게 안정적인 운임을 제공하고, 수출입상품을 적기에 공급할 수 있는 교역의 편의성 제공과 함께 국가와 국가 사이에 운송수단이 존재함으로써 교역을 촉진하여 당사국의 경제발전에 기여하게 된다.

정기선운항에 투입되는 선박의 소유관계를 보면 크게 자기 회사 선박을 운항하는 경우, 다른 선주(船主; ship's owner)로부터 나용선한 선박을 운항하는 경우 그리고 정기용선한 선박을 운항하는 경우로 구분되나 일반적인 형태는 자사소유 선박을 이용하는 경우가 대부분이다. 정기선운송에 사용되는 선박의 형태는 컨테이너화물전용의 컨테이너선과 재래선이 있으나

35) 부정기선운송에서도 적하지·양하지가 일정하여 연속적으로 항해하고 있는 경우도 있으나 일정을 공시하여 규칙적으로 운항되고 있지 않음이 정기선운송과 구별된다.

36) 정기선운송의 4가지 조건은 ① 항해일정의 공시, ② 화물의 다소에 관계없이 운항, ③ 소량화물 및 단위당 컨테이너화물 대상, ④ 공포된 운임률(tariff rate)의 적용이다.

37) 곡류, 비료, 광석 등과 같이 입자나 분말상태 그대로 포장하지 않고 선창에 싣거나 석유나 당밀처럼 액체 상태로 용기에 넣지 않고 선박의 탱크에 싣는 화물을 말한다.

주요 정기항로에는 컨테이너선이 투입되고 있다.

2. 정기선운송의 특징

정기선운송의 특징은 운송수요가 이질적인 다수의 개별수요로 이루어지므로 운송수요자인 화주가 다수이며, 운송대상도 많은 종류로 이루어지고 있으며 계약형태는 개품운송계약이 대부분이며 다수의 운송수요자가 존재함으로 개별선사에 의한 수요의 독점이 불가능하다.

[표 4-20] 정기선 · 부정기선운송의 비교

구분	정기선운송	부정기선운송
운항형태	규칙성 · 반복성	불규칙성
운송인	보통운송인(common carrier) 공중운송인(public carrier)	계약 운송인(contract carrier) 전용운송인(private carrier)
화물의 성격	이종화물	동종화물
화물의 구성	일반화물 또는 포장화물	단일 벌크화물
화물의 가치	고가	저가
운송계약	개별운송계약 선화증권(B/L)	용선계약 용선계약서(Charter Party)
운임	동일운임(동일품목/상이한 화주) 운임률(tariff) 적용 운임동맹	선박의 수요와 공급에 의해 결정
하역비	선박회사 지불	용선자가 지불
서비스	화주의 요구에 따라 조정	선주 · 용선자간 협의 결정
선박	고가 · 구조복잡(컨테이너선)	저가 · 구조단순(벌크선)
조직	대형조직(본사 및 해외점소)	소형조직
화물의 집화	영업부직원	중개인
여객	제한적인 취급(카페리)	취급하지 않음

자료 : The business of Shipping, 일부 수정인용

정기선운송은 시장과 선복의 수요량이 비교적 안정되어 있으나 일정규모의 선대를 보유하고 항해의 규칙성을 유지하여야 하기 때문에 채산성을 맞추기 힘든 특성을 가지고 있으며,

운임은 하역비까지 포함하고 있어 비교적 비싼 운임이 적용되고 있다. 또한 화물의 크기, 종류, 수량에 관계없이 표준화된 운송계약(uniform contract 또는 B/L)이 이루어지며, 부정기선에 비해 불특정 다수인을 대상으로 다양한 화물을 취급하기 위하여 여러 항구를 기항하여야 하므로 선박이 기항하는 각국에 화물취급소 운용에 따른 전체 조직의 구성이 크고 체계적이다.

정기선운송에는 경제성을 확보하기 위하여 선박건조, 육상터미널, 운송장비 등에 거액의 자본이 소요되며 본선운항비, 제반시설 운영비 등에 막대한 출자가 수반되어 기업경영의 위험을 최소화하고 취항선사간 과당경쟁을 방지하기 위하여 공동운항, 해운동맹(freight conference)[38]이 존재한다. 정기선 운임에는 수요공급에 따른 운임변동의 폭이 완만하여 공포된 운임률(freight tariff)이 적용되고 있다.

3. 정기선운송화물의 종류

정기선은 특정항로를 운항계획에 따라 정기적으로 신속하게 운항되어야 하기 때문에 부정기선의 화물과는 달리 제품화된 화물이 많다. 정기선화물의 종류를 분류하여 보면 다음과 같다.

(1) 일반화물(general cargo)

하역작업이 쉽고 다른 화물과 환적할 수 있는 화물로서 특별한 취급이나 적부(stow)를 필요로 하지 않는 화물을 말한다.

[표 4-21] 일반화물의 종류

화물의 분류	개 념	화물의 종류
정량화물 (clean cargo)	다른 화물과 혼적해도 적부 또는 보관에 특별한 주의가 필요없는 화물	도자기, 면포, 양모, 백미, 차, 종이, 칠기, 통조림류 등
조악화물 (dirty cargo)	먼지, 냄새, 악취 등으로 인하여 운송 중 다른 화물에 손해를 입힐 위험이 있는 화물	피혁, 비료, 시멘트, 생선 등
액체화물 (liquid cargo)	입자나 분말상태, 액체상태로서 선창이나 탱크에 싣는 화물	유류, 주류, 약액류 등

38) 특정항로에 정기선을 투입, 배선하고 있는 다수의 해운회사들 간의 경쟁을 조절・제한하고 상호이익을 유지 및 증진하기 위하여 결성된 일종의 카르텔로서, 가장 기본적인 협정이 운임결정에 관한 것이기 때문에 운임동맹(freight conference)이라고도 한다.

살화물 (bulk cargo)	입자나 분말상태, 액체상태로서 선창이나 탱크에 싣는 화물	곡류, 광석, 석유, 당밀 등
단위화물 (container cargo)	포장용기 또는 컨테이너용기에 포장되어 있는 화물	단위화된 유류, 주류, 약액류 등

(2) 특수화물(special cargo)

화물의 성질, 형상, 중량, 가격 면에서 운송, 보관상 특별한 설비와 취급상 주의가 요구되는 화물을 말한다.

[표 4-22] 특수화물의 종류

화물의 종류		개 념	화물의 종류
위험 화물 (dangerous cargo)	발화성 화물 (inflammable cargo)	가연성가스를 발생시키거나 자연발화가 쉬운 화물	휘발유, 알콜, 황인, 성냥 등
	폭발성 화물 (explosive cargo)	폭발성 화물	화약, 탄약, 비크린산 등
	압축・액화가스 (compressive of liquid gas)	압축 또는 액화하여 용기에 넣는 것으로 누출 시 발화, 폭발, 독성을 가진 화물	아세틸렌가스, 탄산가스, 일산화탄소 등
	유독성 화물 (poisonous cargo)	접촉 시 피부가 상하고 호흡 시 내장을 상하게 하는 화물	초산, 황산, 아질산, 암모니아 등
	부식성 화물 (corrosive cargo)	화물 자체에 부식성이 있거나 다른 화물과 혼합시 부식성을 띠는 화물	초산, 유산, 생석회 등
	방사성 화물 (radio-active cargo)	방사성이 있는 화물	우라늄광, 역청 등
부패성 화물 (perishable cargo)		부패 또는 변질되기 쉬운 화물	과일, 야채, 생선, 계란, 우유, 육류 등
냉장・냉동화물 (refrigerating of chilled cargo)		부패방지 및 신선도 유지를 위하여 냉장 또는 냉동된 상태로 운송해야 하는 화물	과일, 생육, 버터, 치즈, 생선류 등
고가화물(valuable cargo)		값이 비싼 화물	귀금속, 금, 은, 미술품, 화폐, 유가증권, 보석류 등

동식물 (live stock or plant)	죽거나 병들기 쉬워서 특별한 관리가 필요한 화물	소, 말, 양, 개, 조류, 어류, 묘목 등
중량화물(heavy cargo)	단위중량이 특별히 큰 화물	발전기, 보일러, 특수장비 등
대용적 및 장척화물 (bulky or lengthy cargo)	용적이 특별히 크거나 긴 화물	대형기계, 건축자재, 교량구조물 등

4. 정기선 운송절차

(1) 정기선 운송절차

정기선의 운송절차를 보면 다음과 같다.

① 수출시 운송절차

㉠ 선박회사, 선박회사의 지점 또는 대리점에 선복요청서(shipping request)와[39] 국적선 불취항증명서(waiver)[40] 제출 및 운송계약의 체결

㉡ 선박회사는 적하예약목록(booking list)[41]을 작성 송화인과 본선에 통지

㉢ 검량회사에 용적·중량증명서(certificate of measurement and weight) 발행의뢰

㉣ 송화인은 세관에 수출신고서(export declaration) 제출과 수출허가서(export permit) 획득

㉤ 해상보험 계약체결과 해상보험증권(marine insurance policy) 획득

㉥ 송화인에 대한 선박회사의 선적지시서(shipping order)[42]교부

㉦ 적화화물 창고인수 시 창고인수증 교부

㉧ 선적완료 후 송화인에게 본선수취증(mate's receipt : M/R)[43]교부

---

39) 화주가 선박회사에 제출하는 운송의뢰서로서 각종 화물의 명세가 기재되며 선화증권, 적하목록(manifest) 등 모든 선적서류의 작성근거가 된다.

40) 화주가 해상화물을 선적·운송하고자 하는 시기에 그 지역으로 취항하는 국적선이 없음을 확인하는 증명으로 이 경우 외국선사를 사용할 수 있게 된다.

41) 선박회사에서 작성하여 본선과 하역업자에게 통지하는 집화된 화물의 명세표로서 본선에서는 이에 따라 집화계획을 수립하고 반입되는 화물을 수취하게 된다.

42) 화주의 선적신청에 따라 선박회사가 현품을 확인한 다음 운송할 선박의 선적책임자(일등항해사) 앞으로 발행하는 화물적재 지시서로 해당 화물을 본선에 적재하고 본선수취증을 작성하여 화주에 교부하게 된다.

43) 선적이 완료되어 검수인(tally man)이 검수일람표(tally sheet)를 작성하여 송화인 또는 하역업자에게

㉰ 선박회사는 본선수취증과 교환으로 선화증권(bill of lading : B/L) 발행

㉱ 본선은 선적완료 후 hatch list,[44] 선복보고서, 적하감정보고서 등을 작성하여 선박회사에 인도

㉲ 선박회사 및 대리점에서 작성한 적하목록(manifeast : M/F)[45]을 본선과 대리점에 송부

㉳ 선박회사 및 대리점에서 작성한 운임표의 작성 및 양륙지에 송부

㉴ 선박회사 및 대리점은 본선수취증을 근거로 선적사고화물목록(condition report or exception list)을 작성하여 양륙지에 송부

② 수입시 운송절차

㉠ 수화인은 선박회사 또는 대리점에 선화증권 또는 화물선취보증장(letter of guarantee : L/G)[46]을 제출하고 화물인도지시서(delivery order : D/O)[47]를 획득

㉡ 수화인은 본선 또는 창고에 화물인도지시서를 제출하고 화물을 인수

㉢ 화물인도지시서에 의해 본선으로부터 화물을 양륙하면 화물인수증(cargo boat note)[48]을 작성

㉣ 보세구역에 양륙된 화물은 세관에 수입신고서(import declaration)를 제출하여 심사를 받고 관세납부 후 수입허가서(import permit) 취득

㉤ 양화종료 후 본선 측에서는 필요한 hatch검사보고서, 손해화물검사보고서를 인수

㉥ 본선은 필요시 해난보고서, 양화사고보고서 등을 작성하고 선박회사 또는 대리점에 검사보고서와 함께 송부

㉦ 선박회사 또는 대리점은 과부족화물발견 시 화물과부족조사서(tracer)를 작성하여 양륙지에 송부 및 조사의뢰

㉧ 조사의뢰된 양륙지에서는 양륙재조사보고서를 선박회사 또는 대리점에 송부

교부하면 일등항해사(chief mate)가 선장을 대리하여 선적지시서와 대조하고 발행하는 서류이다.

44) 각 선창마다 그곳에 적재한 화물의 종류, 수량을 기재한 일람표로서 선적지시서와 검수일람표를 기초로 하여 작성된다.

45) 화물을 선적완료 후 선화증권 사본을 기초로 하여 본선 또는 선적지 대리점에서 작성하는 적재화물의 명세표를 말한다.

46) 선적서류가 도착하기 전 수입자의 요청에 따라 수입자와 신용장발행은행이 연대하여 선화증권 원본 대신 제출하고 수입화물을 인도받기 위하여 운송회사 앞으로 발행하는 서류이다.

47) 선박회사가 수화인으로부터 선화증권 또는 화물선취보증장을 받고 본선에 대하여 화물의 인도를 지시하는 서류이다.

48) 본선에서 수입화물을 양하하기에 앞서 세관원이나 검수인이 본선의 적하목록과 대조하여 화물의 이상여부에 대하여 발행하는 명세서를 말한다.

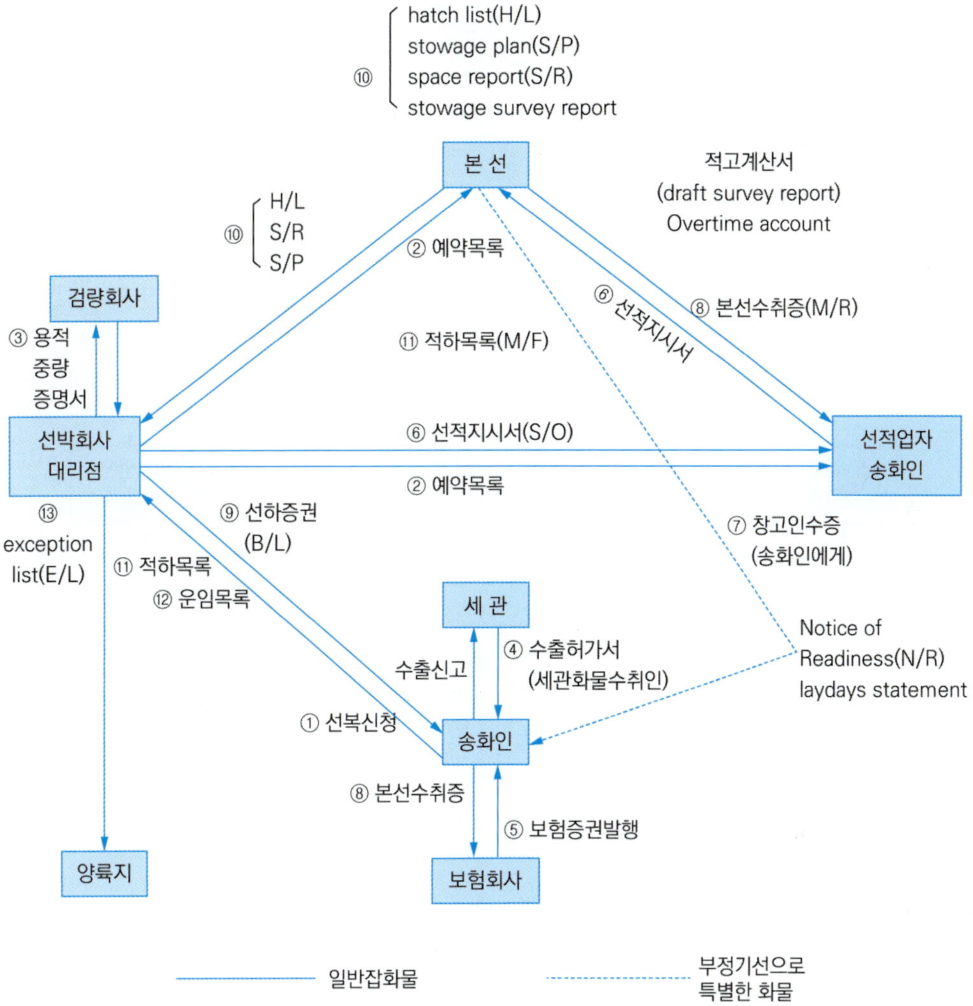

[그림 4-13] 수출시 운송절차

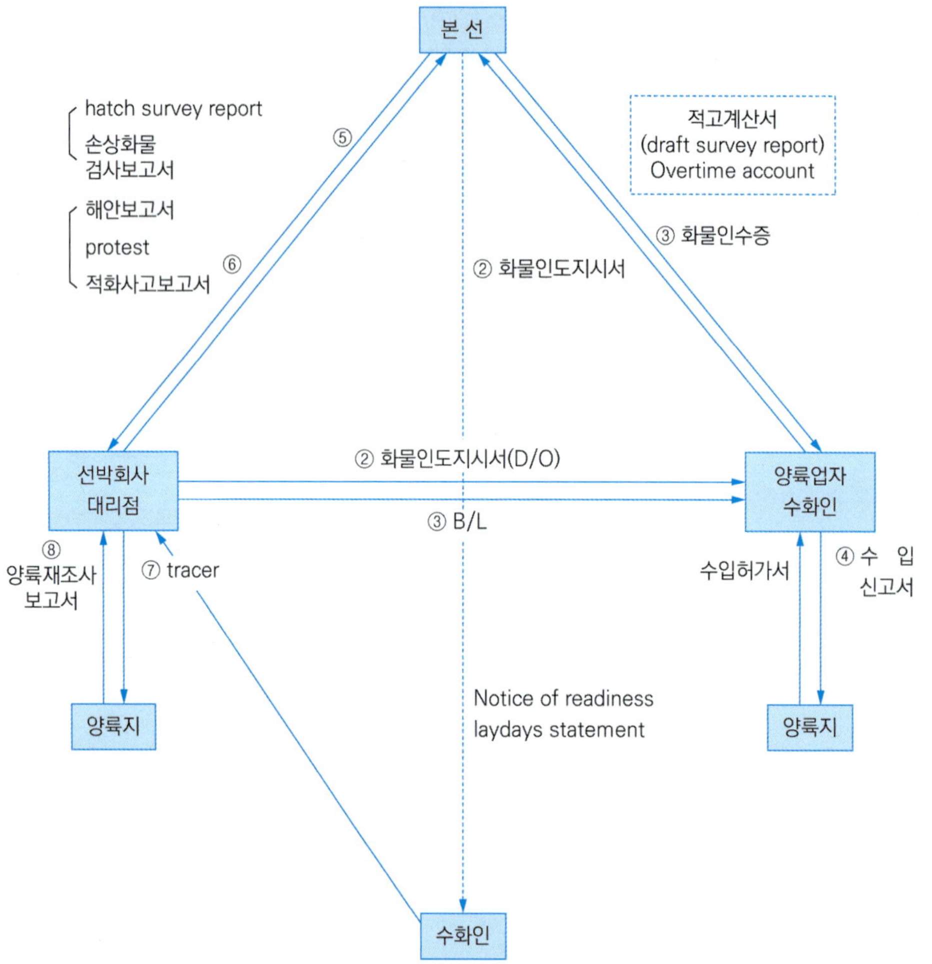

[그림 4-14] 수입시 운송절차

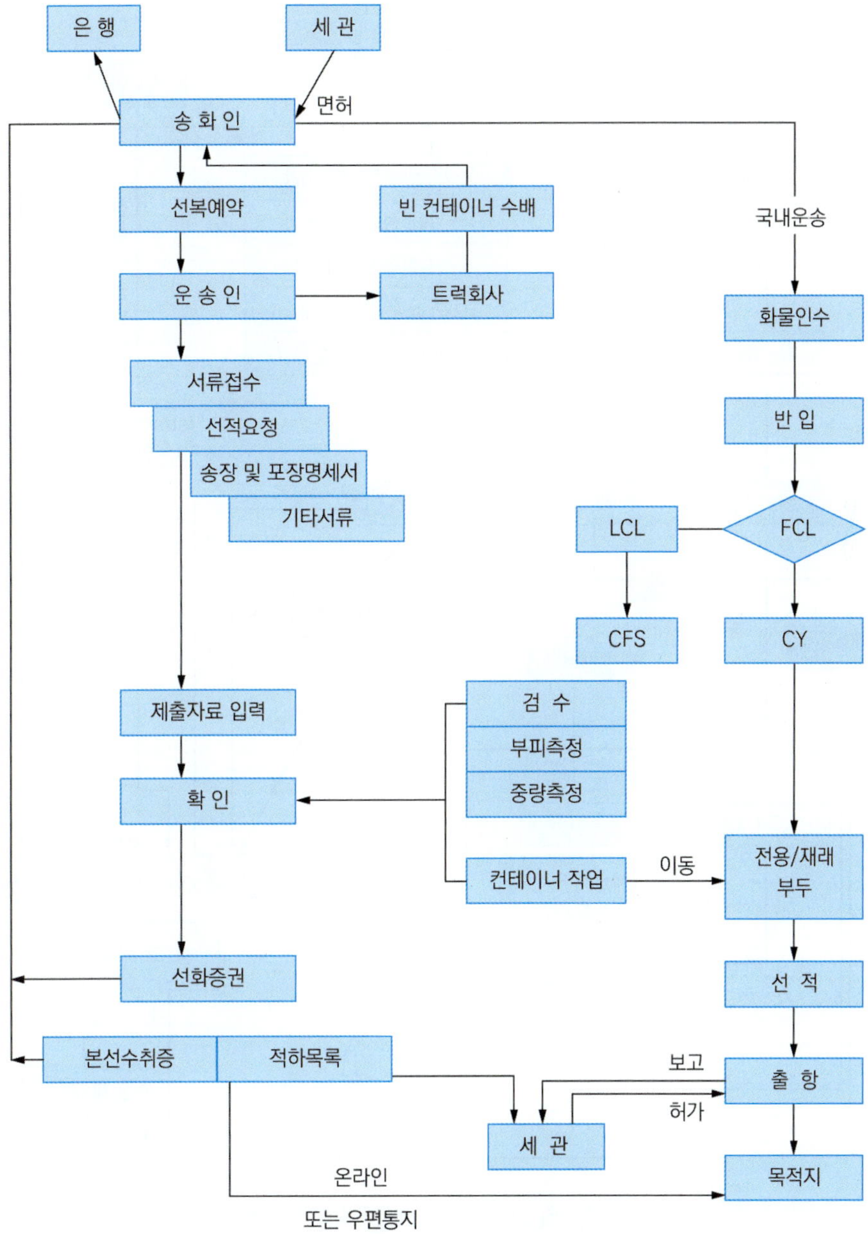

[그림 4-15] 수출화물의 해상운송절차 흐름도

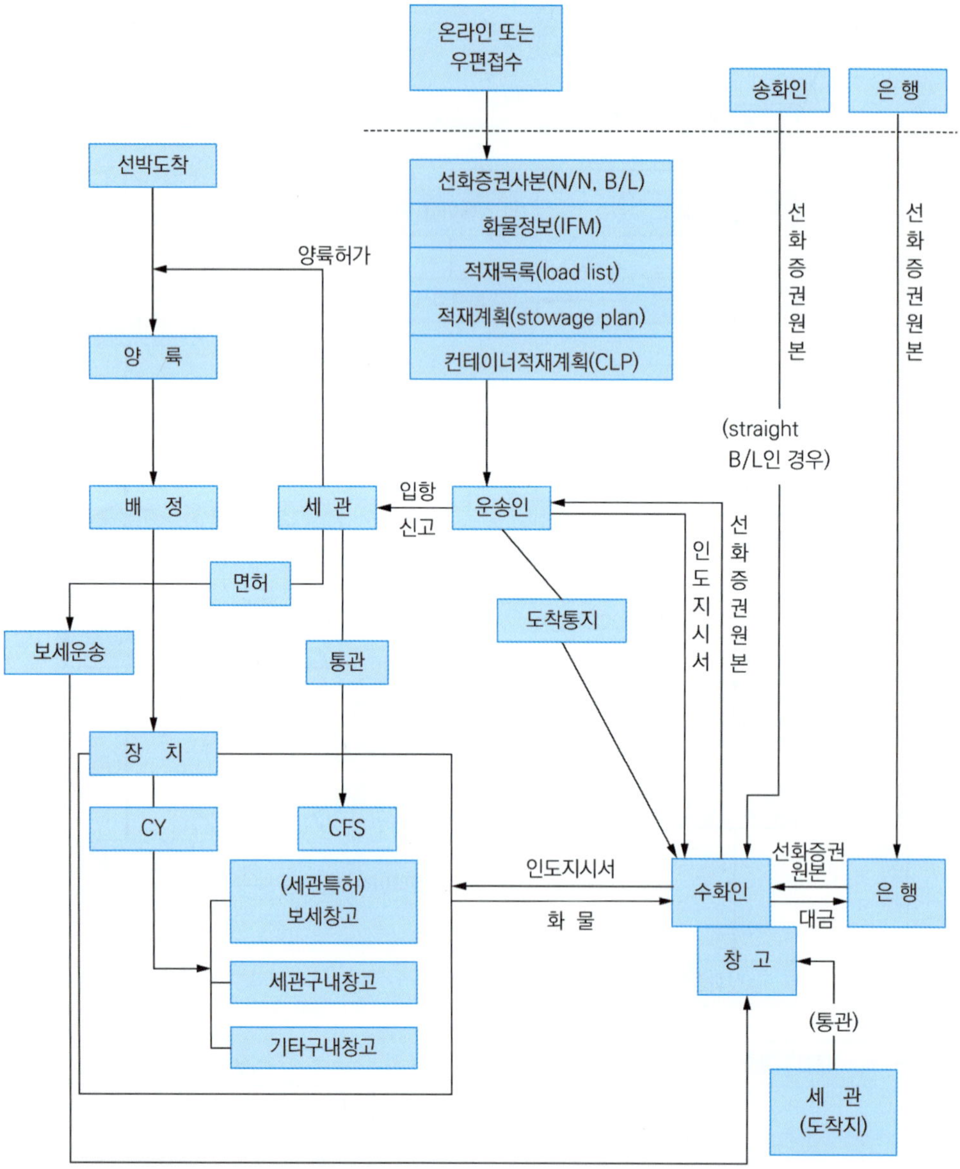

[그림 4-16] 수입화물의 해상운송절차 흐름도

3.2 정기선의 항로 및 해운동맹

1. 정기선의 운임

(1) 정기선운임산정의 기준

정기선운임의 산정기준은 용적 또는 중량으로 하고 있으며, 귀금속 등 고가품인 경우에는 가격을 기준으로 하고 있다. 이때 중량보다 용적이 큰 화물은 용적화물(measurement cargo)로서 용적을 기준으로 하여 운임을 산출하게 된다.

용적과 중량의 구별은 40 cubic feet(또는 CBM), 용적톤의 화물이 중량 2,240Lbs를 초과하면 중량화물(weight cargo)로 취급하게 된다.

① 중량기준 : 중량을 기준으로 운임을 산정하는 방법으로 적용되는 중량기준치는 항로, 지역에 따라 차이가 있다.

[표 4-23] 중량기준치

종 류	실중량	사용지역
Long ton(English ton : Gross ton)	2,240Lbs(=1,016Kgs)	영국 및 영연방국
Short ton(American ton : Net ton)	2,000Lbs(=1,000Kgs)	미국 및 중남미국
Metric ton(French ton : Kilo ton)	2,204Lbs(=1,000Kgs)	유럽대륙
Piculs	2,000Lbs(=15Piculs)	중국연안

② 용적기준 : 용적을 기준으로 운임을 산정하는 방법으로 적용되는 단위와 기준치는 나라와 상품에 따라 차이가 있다. 즉, 사용단위에 있어서 덴마크, 스웨덴 등을 비롯한 북유럽제국은 1ton=1㎥, 영국을 비롯한 여러 나라에서는 1 ton=40 cubic feet, 일본에서는 1ton=14입방척(立方尺)을 사용하고 있다. 또한 나왕이나 목재 등에는 1ton=480SF (super feet) 혹은 Board Measure(B · M),[49] 쌀 등 곡물류에는 100石(1石=10입방척)이 사용되고 있다.

③ 가격기준 : 귀금속 등 고가화물은 보관방법, 적재장소 등 취급상 특별한 주의를 필요로 할 뿐 아니라 손해에 대한 보상액이 고가이기 때문에 용적 및 중량에 관계없이 그 가격에 대하여 일정률(종가율 : ad valorem rates)의 운임이 부가된다. 이러한 운임을 종가운

49) 1B · M=1"×12"×12"=144Cub.in=1/12 Cub.ft.

임(ad valorem freight)이라 하며 일반화물의 운임보다 비싸다.

(2) 정기선운임의 종류

정기선운송에 적용되는 일반운임과 특수운임의 종류는 다음과 같다.

[표 4-24] 정기선운임의 종류

운임의 종류	개 념
품목별운임 (commodity rate)	운임요율표에 유형별로 명시된 품목에 적용되는 운임
등급별운임 (class rate)	운임요율표에서 화물을 종류, 성질, 형태별로 분류하여 적용하는 운임
특별운임 (special rate)	운임요율표에서 일반운임과는 별도로 특정 목적을 위해 설정한 운임
최저운임 (minimum rate)	극소량화물에 대하여 운임이 일정액 이하로 산출될 때 톤수에 관계없이 징수되는 최소운임
종가운임 (ad valorem rate)	운송 시 특별한 관리와 주의를 요하는 고가품에 대하여 송장가격에 일정율의 운임을 부과하는 운임
경쟁운임 (open rate)	운임동맹에서 화물운임을 해운동맹에서 결정한 운임요율표에 의하지 않고 가맹선사가 임의로 결정할 수 있는 운임
박스운임 (box rate)	톤(W/M) 당 운임에 기초한 운임산정방법의 번거로움을 줄이기 위하여 화물의 종류나 용적에 관계없이 컨테이너당 정한 운임
무차별운임 (Freight All Kinds rate)	화물의 종류나 내용과는 관계없이 중량과 용적에 따라 동일하게 부과되는 운임
통운임 (through rate)	1개 이상의 운송기관에 의해 운송되는 화물에 대해 일괄적으로 적용되는 운임
지역운임 (local rate)	선박회사가 단일운송업자로서 적접 서비스하는 지역 또는 동등지역에 적용하는 운임
접속운임 (O.C.P rate)	북미 태평양연안에서 항공기, 철도, 트럭 등에 환적되는 내륙지행 화물에 적용되는 운임
기간/물동량운임 (time/volume rate)	일정기간 제공한 물량에 따라 차등제로 적용되는 운임
독자운임 (independent action rate)	운임동맹내 선박회사가 동맹의 일반운임대신 특별한 이유로 적용하는 운임

(3) 정기선운임의 구조

정기선운임을 구성하는 운임의 구조는 다음과 같다.

[표 4-25] 정기선운임과 구조

운임의 종류		개 념
기본운임(basic rate)		운임요율표에 표기된 품목별운임을 말하며 중량 또는 용적단위로 표시
추가할증료 (surcharge)	유류 할증료 (bunker adjustment factor : BAF)	유가 인상분에 대한 추가비용을 보전하기 위해 부과되는 할증료
	통화 할증료 (currency adjustment factor : CAF)	화폐가치 변화에 의한 손실 보존을 위해 부과되는 할증료
	혼합항 할증료 (congestion surcharge)	항구에서 선박폭주로 대기 기간이 장기화될 경우 부과되는 할증료
	수에즈운하 할증료 (Suez surcharge)	수에즈운하 봉쇄 시 희망봉 회항에 따른 추가비용 보전을 위해 부과되는 할증료
	특별운항 할증료 (special operating service charge)	비상사태에 대비하여 부과되는 할증료
추가운임 (additional charges)	외항추가운임 (out port arbitrary)	선박이 기항하는 항구(base port) 이외의 지역행 화물에 적용되는 운임
	선택항 추가운임 (optional charge)	선적 시 양하항을 복수로 선정하여 최초항 도착전 양하항을 지정할 경우 적부상의 문제 등을 감안 추가로 부과하는 운임
	항구변경료 (diversion charge)	선적 시 지정했던 항구를 선적 후 변경 시 추가로 부과하는 운임
	환적할증료 (transhipment charge)	환적으로 발생하는 추가비용을 보전하기 위해 부과되는 운임
	초과중량 할증료 (heavy lift charge)	단위당 중량이 초과하여 특별히 장비사용 시 발생하는 추가비용보전을 위해 부과되는 운임
	장척 화물료 (long length charge)	단위당 길이가 길어 특별한 장비사용 시 발생하는 추가비용보전을 위해 부가되는 운임
	전쟁위험 할증료 (war risk premium)	전쟁위험지역이나 전쟁지역에서 적·양하되는 화물에 부과되는 운임

기타	CFS비용(CFS charge)	소량화물(less than container load : LCL) 취급 시 발생하는 비용을 보전하기 위해 부과되는 운임
	D.D.C 비용 (destination delivery charge)	화물의 양하지에서 발생하는 비용을 보전하기 위해 부과되는 운임
	부두사용료(wharfage)	안벽·잔교부두를 통과하는 화물톤수를 근거해서 부과되는 항만사용료
	체선료(demurrage)	무료기간(free time)이내에 화물을 컨테이너 야드(container yard)에서 반출하지 않을 경우 부과되는 운임
	지체료(detention)	무료기간이내에 반출해 간 컨테이너를 지정된 선박회사의 컨테이너 야드에 반송하지 않을 경우 부과되는 운임

(4) 정기선운임의 형태

정기선의 운임은 그 지급시기, 용역의 완성도 및 선내 하역비부담에 따라 다음과 같은 형태로 구분된다.

① 지급시기에 의한 구분

[표 4-26] 운임의 지급시기에 의한 구분

구 분	개 념	주요 무역조건
운임선불 (freight prepaid)	운임을 선적이 완료되고 선하증권교부 시 지급하는 방식	CFR, CIF, CPT, CIP, DDP
운임후불 (freight to collect)	화물이 목적지에 도착 후 수화인이 화물을 인수 시 지급하는 방식. 화물인도지시서(D/O: Delivery Order)를 발행하여 주지 않음	EXW, FCA, FAS, FOB

② 운송완성도에 의한 구분

[표 4-27] 운송완성도에 의한 구분

구 분	개 념
전액운임(full freight)	운송의 완성여부에 관계없이 지불되는 운임
비율운임(pro rata freight)	운송행위가 중단되었을 경우 운송완성의 정도에 따라 지불되는 운임
공적운임(dead freight)	계약수량의 화물을 전량 선적하지 못했을 경우 선적되지 않은 부분에 대해서도 지불하여야 하는 운임

③ 하역비부담에 의한 구분

[표 4-28] 하역비부담에 의한 구분

구 분	개 념
berth term(liner term)	선적 시와 하역 시의 하역비를 선주가 부담하는 조건(정기선의 개품운송에 사용)
free in(F.I)	선적 시에는 화주가 하역 시에는 선주가 부담하는 조건
free out(F.O)	선적 시에는 선주가 하역 시에는 화주가 부담하는 조건
free in and out(F.I.O)	berth term의 상대조건으로 선적 시와 하역 시의 하역비를 화주가 부담하는 조건

2. 정기선 항로

우리나라의 정기선항로는 한·일항로를 비롯하여 10개 항로가 있으며, 정기선이 취항하고 있는 지역에 대한 수출입화물은 해운산업육성법[50] 제16조(국적선의 이용 등)[51]에 의해 국적선을 이용하도록 하고 있다.

정기선항로의 주요 내용은 다음과 같다.

(1) 한·일항로

일본지역의 수출입화물의 운송은 자국화물 자국주의와 국적선 보호주의에 의한 국적선 이용의무규정에 따라 대부분이 국적선으로 운송되고 있다. 우리나라의 대일항로의 기점은 부산과 인천으로 기항지는 전 일본지역이며 특히 Kobe와 Yokohama항은 일본이외의 지역으로 운송을 위한 환적항으로 활용되고 있다.

일본지역의 운임은 우리나라 화물선 선주로 구성된 수송협의회에서 운송요율을 작성하여 적용하고 있다.

50) 해운산업의 건전한 육성에 필요한 사항을 정함으로써 해운산업의 국제경쟁력을 높이고 국민경제의 발전에 이바지함을 목적으로 1984년 8월 7일 제정되었다.

51) 선박을 이용하여 지정화물을 운송하고자 하는 자는 대한민국선박(해운업자가 대한민국 국적을 취득할 것을 조건으로 용선한 외국선박을 포함)을 이용하여야 한다. 다만, 국제협약 또는 운송에 관한 협약에 위반되거나 운임이 대통령령으로 정하는 일정수준을 초과하는 경우 또는 대한민국 선박을 이용할 수 없는 경우로서 해양수산부령이 정하는 경우에는 그러하지 아니하다.

(2) 북미항로

북미의 Alaska, Hawaii, Portland를 제외한 전 지역에 취항하는 이 항로는 부산과 인천항의 현대화로 본격화됨에 따라 미주 서해안 항구까지 10일 내에 서비스하고 있다.

북미항로의 개설로 인하여 복합운송에 의한 미니 랜드 브리지(MLB : Mini Land Bridge)[52]를 통하여 미국대륙 및 캐나다 내륙지역까지 운송이 가능하게 되었다. 북미항로의 운임은 동맹에 따라 정해져 있다.

(3) 구주항로

대한선주(주)와 조양상선이 구주운임동맹(FEFC : Far Eastern Freight Conference)[53]의 주요 멤버인 ACE그룹의 선복 charter방식의 공동운항형태로 개설한 이 항로는 동맹선사의 그룹에 의하여 함부르크까지 약 35~40일 정도의 소요기일로 매주 서비스되고 있다.

(4) 동남아항로

홍콩을 주요 항으로 하여 동남아지역 10여개 지역 기항을 통하여 서비스되고 있다. 이 지역의 운임은 한국선주협회에서 제정된 운송요율이 적용되고 있다.

(5) 중동항로

1973년 오일파동 이후 중동제국의 소비생활향상에 따른 수입물량의 증가와 우리나라 건설업체의 진출로 인한 건설기자재를 비롯한 물동량의 증가에 따라 국적선인 bulk선으로 항로가 개설된 이후 space charter[54] 방식에 의한 컨테이너 정기항로가 개설되었다.

(6) 호주항로

1979년 조양상선과 한진해운(현, 파산)이 space charter방식으로 취항하고 있다. 호주항로는 해운진흥법에 따라 국적선 불취항증명서의 제출이 면제되고 있다.

---

52) 화물을 극동지역에서 미국 서부해안지역까지 해상으로 운송 후 미국 동부해안지역까지는 철도로 운송하는 방법으로 주로 컨테이너 복합운송에서 많이 사용되며, 미국 서해안까지 직항선을 이용하는 것보다 시간적으로 단축할 수 있기 때문에 많이 이용되고 있다.

53) 1879년 결성된 극동-구주항로의 운임동맹으로 관할구역은 극동과 구주지역 및 홍해 · 지중해지역까지 포함하고 있는 대표적인 폐쇄동맹(closed conference)이다. 현재 가입선사의 수는 약 30여개사에 이르고 있으며, 국적선사 가운데는 대한선주(주)가 1977년, 조양상선이 1979년 가입한 바 있다.

54) 2개 이상의 해운회사가 각기 1척 또는 소수의 컨테이너선을 소유 · 운항하는 경우 상호간의 일정을 조정하여 다른 선사에 대해서도 각기 일정한 공간을 확보, 컨테이너를 운송하는 계약을 말한다.

(7) 중국항로

2001년 현대상선이 WTO 가입을 앞두고 새로운 유망 시장으로 급부상하고 있는 중국시장 선점을 위해 영업조직 확대 및 인력확충, 신규항로 개설 등에 적극 나선 항로이다. 실제 현대상선은 양쯔강 수로를 이용하는 중국 내륙지역 화물수송 서비스 강화를 위해 최근 우한(武漢), 충칭(重慶)에 신규 사무소를 설립하기도 했다.

[표 4-29] 우리나라의 주요 정기선항로

항 로	기항지	운임동맹	취항선박
한일항로	일본 전 지역	한국근해수송협의회	재래선 컨테이너선
북미항로	북미 전지역(알래스카, 하와이, 포틀랜드 제외)	• 수출 : ANRA(Asia North America Eastbound Rate Agreement) TSA(Transpacific Stabilization Agreement) • 수입 : TWRA(Transpacific Westbound Rate Agreement) WTSA(Westbound Transpacific Stabilization Agreement)	컨테이너선 재래선 (철강제품에 한함)
구주항로	유럽 전 지역(동구권 제외)	FEFC(Far Easten Freight Conference) EATA(Europe Asia Trades Agreements)	컨테이너선
동남아 항로	지룽, 카오슝, 홍콩, 방콕, 싱가포르, 자카르타, 마닐라, 켈랑항, 수라바야	동남아정기선사 수송협의회 IADA(Intra Asia Discussion Agreement) 한/인니운임동맹	컨테이너선 재래선
중동항로	두바이, 암만, 쿠웨이트, 밴더아바스, 밴더 코메이니, 에다, 코렘셔	IRA(Independent Rate Agreement)	재래선
호주항로	멜버른, 시드니, 브리스베인	· 수출 : ANZESC · 수입 : ANSCON	컨테이너선 재래선
지중해·홍해항로	수에즈, 제다항, 이탈리아, 타라고나	EMA(Eastbound Management Agreement)	재래선
아프리카 항로	아비잔, 프리타운, 몬로비아, 롬, 테마, 타코라디, 콘토노우, 라고스, 아파파, 하코트항, 두알라, 포인테, 리베빌, 노이레, 르완디, 로비토, 모카메데즘, 마타디		컨테이너선

중남미항로	뷔나벤츄라, 마탄자스, 칼베로항, 크리스토발, 스페인항, 파라마리보, 엘구아마치, 산토도밍고, 프린스항, 코르테스항, 바란퀼라, 라구아미라, 구안타		재래선 컨테이너선
중국항로	단둥, 잉커우, 진황도, 톈진, 연태, 위해, 석도, 칭다오, 연운항, 다평, 상해, 닝보, 푸저우, 샤먼, 샨터우, 옌티엔, 셰코우, 황푸, 난샤, 홍콩, 친조우, 팡청		컨테이너선

(8) 지중해 · 홍해항로

수에즈운하를 이용한 이 항로는 국적선으로는 보양선박(주)에서 정기적으로 운항하기 시작하였으며, 현재는 매주 서비스를 하고 있으나 정치적 상황이 불안하여 계속적인 서비스가 불투명한 항로이다.

(9) 아프리카항로

1979년 고려해운이 일본 NYK사의 선복을 space charter하여 정기선으로 서비스를 시작한 이래 17개 외국선사에 의하여 서비스되고 있다.

(10) 중남미항로

우리나라는 아직 이 지역에 정기취항하는 선박회사는 없지만 20여개의 외국선사에 의하여 서비스되고 있다.

3. 정기항로 취항선박

무역이 다양화됨에 따라 정기항로에 취항하는 선박도 다양하나 컨테이너화 된 정기선항로에는 컨테이너선이 컨테이너화가 중간단계에 있는 항로에는 세미 컨테이너선이, 컨테이너화 되지 않은 항로에는 재래선이 취항하고 있다.

(1) 재래선(conventional ship)

컨테이너운송을 고려하지 않고 설계된 정기선으로 주로 일반잡화를 대상으로 하고 있다.

(2) 컨테이너선(container ship)

컨테이너화물운송에 적합하도록 설계된 구조를 갖춘 대형 고속화물선으로 이의 종류에는 선박전체가 컨테이너의 적부에 적합한 구조를 갖고 있는 컨테이너선과 일부만 그러한 구조로 되어 있는 컨테이너선이 있다.

현재 주요 정기항로에는 거의 컨테이너선에 의해 운송되고 있으며, 일반화물선과는 달리 선박상 하역장치가 없고 하역시간도 짧다.

[표 4-30] 컨테이너선의 구분

적재형태에 의한 분류	하역방식에 의한 분류
혼재형 컨테이너선(mixed type containership) 분재형 컨테이너선(semi containership) 겸용형 컨테이너선(convertible containership) 전용형 컨테이너선(full containership)	lift-on/lift-off방식 컨테이너선 roll-on/roll-off방식 컨테이너선

(3) 세미 컨테이너선(semi-container ship)

재래선 선창에 cell guide[55]를 설치하여 컨테이너전용 선창으로 개조하고 또 컨테이너를 갑판위에 적재할 수 있도록 설비함으로써, 일반화물과 컨테이너화물을 동시에 실을 수 있는 분재형 컨테이너선을 말한다. 세미 컨테이너선에는 컨테이너 적재를 위한 선상 크레인이 설치되어 있다.

(4) 다목적선(multi-purpose ship)

잡화나 살화물 등 여러 종류의 화물을 적재할 수 있도록 설계되어 정기선과 부정기선으로 이용할 수 있는 선박으로 본선에 하역설비를 갖추고 있다.

(5) Ro-Ro선(roll-on/roll-off ship)

하역방식에 의한 컨테이너선 분류방식의 하나로 본선의 선수·미를 통하여 트랙터나 포크리프트 등에 의해 적하와 양하가 이루어지도록 설계된 선박을 말한다. 이 선박은 육상이나 본선상에 하역장비가 없어도 하역이 가능하나 broken space[56]가 발생한다는 단점이 있다.

55) lift-on/lift-off 하역방식 컨테이너선의 선창내에 장치되어 있는 구조물로 컨테이너의 4면이 맞닿을 수 있도록 화물창 밑에서부터 창구까지 수직으로 설치된 강철 가이드이다.

56) 화물을 적재하는 경우 화물과 화물과의 사이 또는 화물과 선체 사이에 생기는 틈 또는 공간으로 화물이 적재되지 않는 부분을 말한다.

(6) Lo-Lo선(Lift-on/Lift-off ship)

하역방식에 의한 컨테이너선 분류방식의 하나로 컨테이너를 겐트리 크레인(gantry crane) 등을 통해 하역하고, 화물창구를 통해 상하로 올리고 내리게 하는 방식의 선박을 말한다. Lo-Lo 방식의 하역능률은 2단 이상 선적이 가능한 화물의 경우 Ro-Ro 방식보다 높다.

4. 정기선과 해운동맹

(1) 해운동맹의 의의

해운동맹(shipping conference, freight conference)이란 특정항로에 취항하고 있는 2개 이상의 정기선들이 모여 독립성을 유지하면서 과당경쟁을 피하고 상호간의 이익을 유지, 증진하기 위하여 운임, 해상화물, 배선 기타 운송조건에 관하여 협정 또는 계약을 체결한 국제카르텔(cartel)을 말한다.

해운동맹은 최초로 1875년 8월 영국/캘커타 항로에 P & O(Peninsular & Oriental Steamship Co.)사와 5개 선사가 해운동맹을 결성[57]한 후 현재까지 약 500여개의 동맹이 존재하고 있으며, 주요 동맹으로는 극동-미주동맹(Trans Pacific Freight Conference, Japan-Korea Atlantic and Gulf Freight Conference), 미주-극동동맹(Pacific Westbound Conference, Far East Conference), 극동-유럽-극동동맹(Far East Freight Conference)을 위시하여 극동-호주, 극동-남미, 극동-홍해, 극동-페르시아, 극동-아프리카 등이 결성되어 운영되고 있다.

[표 4-31] 우리나라 관련 주요 운임동맹 및 선박회사 현황

동맹 명칭	동맹가입선사	설립배경 및 목적	구성일
ANERA (Asia North America Eastbound Rate Agreement)	APL, MAERSK, NYK, K-LINE, NOL, OOCL, SEA-LAND	• 극동 및 동남아시아 지역의 FOB 화물에 대한 포괄적인 계약체결 • 회원사의 이익증진 및 항로안정화 • TWRA 결성에 따른 미주 서부지역 운임동맹의 필요성 대두	1985. 8. 15.

57) 선복과잉으로 인한 경쟁으로부터의 자구책으로 해운동맹이 등장하게 되었으며, 당면문제인 적정운임 확보, 일정기일 정기출항, 선복과잉, 물동량변동에 따른 신축대응불가능, 경쟁자의 출현가능성 등의 해결을 위해 창설되었다.

TWRA (Trans-pacific Westbound Rate Agreement)	APL, MAERSK, NYK, K-LINE, NOL, OOCL, MOL, SEA-LAND	• 미주 서부지역의 물동량저조, 대량화물우대 정책에 따른 운임급락에 대처 • 채산성 악화우려 및 항로안정화를 위해 운임동맹결성	1985. 4. 15.
FEFC (Far Eastern Freight Conference)	HAPAG, NYK, MOL, K-LINE, OOCL, NOL, NEDLLOYD, CGM, P & OCL, MAERSK, EAC, MISC	• 구주항로에서 유럽선사와 일본선사가 경쟁격화 • 폐쇄동맹을 규범으로 한 안정적이고 합리적인 항로운영 • 회원에 대한 연간물량제한, 지역적취제한, 선박공동배선, 운임동맹활동 등을 통한 항로안정화	1976. 7. 1.
한국근해수송협의회	고려해운, 남성해운, 동영해운, 동진상선, 범주해운, 천경해운, 태영상선, 홍아해운, 팬스타라인닷컴, 팬오션, COHEUNG, SITC KOREA, 장금상선	• 안정적 선복량공급으로 수출입화물의 운송원활화 • 적정운임률을 통한 한일항로 질서유지 • 한일간 교역촉진	1991. 11. 1.
동남아정기선사 수송협의회	고려해운, 홍아해운	• 동남아정기선사 간 과당경쟁 방지 • 안정적 서비스 제공에 의한 교역증진	1979. 10. 1.
IADA (Intra Asia Disussion Agreement)	동남아해운, 홍아해운, 조양상선, NYK, K-LINE, UASC, NED LLOYK, P & OCL, NORASIA, TSK, CNC, INTERASIA, MOSK, YML, SLS, MAERSK, APL, WANHAI, NOL, EXCELSIOR, OOCL, KIENHUNG, EACBENUNIGL, ORY, RCL, PIL, SAMUDERA, INDONESIA, TRIKODA LLOYD, MALAYSIANINT'L	• 아주역내 선사의 수익성제고, 서비스 개선 및 항로안정화 도모 • 선사 간 합의창구 마련으로 시장상황에 대한 공동대처 모색	1992. 2. 25.
TAS (Trans-pacific Stabilization Agreement)	APL, MAERSK, NYK, MOL, NOL, K-LINE, OOCL, EMC, TML, SEA-LAND	• 태평양항로 경쟁과열에 대처 • 교역 및 서비스의 안정 도모 • 효율적인 운임체계 및 개선 • 선사운송 및 운영의 효율성 증대	1993. 3.

WESTA (West bound Stabilization Agreement)	APL, MAERSK, NYK, K-LINE, NOL, OOCL, MOL, SEA-LAND, HAPAGLLOYD, EMC, YML, TMM	• TWRA의 시장질서유지 기능 • TSA결성에 따른 미주서부지역 협의체 필요 • TWRA와의 협조 및 선사 간 협의를 통한 협조관계유지 • 항로 안정화 도모	1991. 5. 4.
EATA (Europe Asia Trades Agreement)	DSR, EAC, MAERSK, OOCL, P&OCL, MOL, SENATOR, EMC, NOL, HAPAG-LLOYD, YML, NEDLLOYD, K-LINE, MICCGM, NYK	• 구주동부지역 운임경쟁의 격화 • 운임급락으로 선사들의 채산성 악화 • 회원사 가용선박 최적·이용 및 수익개선 달성	1992. 9. 1.

해운동맹의 목적은 운임 협정, 기항지와 배선수의 협정, 적취비율(share) 및 운임 pool제 등의 협정으로 특정항로에 취항하는 정기선사들 간의 경쟁을 규제 또는 예방하고 비동맹선사에 대하여 통일전선을 구축하여 유리한 지위를 확보하는 데 있다.

이러한 해운동맹의 경제적 의의는 운임의 안정, 정기운항의 유지, 자본집약에 의한 고속고급선의 배선, 운항비의 경제적 배분에 의한 합리적 운임의 설정, 양질의 서비스, 화주들에 대한 신용도 유지, 화물 및 화주의 대소에 관계없는 균등운임의 제공 등이다.

[표 4-32] 해운동맹의 장·단점

장 점	단 점
• 정기운항의 유지로 무역거래의 편리 • 투하자본 안정에 따른 운항서비스의 촉진 • 운임안정을 통한 생산 및 판매계획 수립용이 • 배선 합리화를 통한 비용절감 효과 • 모든 화주에 균등운임의 적용 • 동맹가입을 통한 영세선사의 구제	• 동맹의 독점성에 따른 초과이윤의 획득 • 동맹선사 이용 시 저렴한 운임률 제공으로 타 선사 이용곤란 • 동맹의 일방적 정책에 의한 다량화주의 불합리한 운임책정 • 독점성의 남용 • 동맹의 집합독점성에 대한 비합리성 • 기항지의 축소로 인한 불편야기

(2) 해운동맹의 종류

해운동맹은 내부규약상 가입 및 탈퇴가 자유로운지 여부에 따라 개방적 동맹과 폐쇄적 동맹으로 구분된다.

① 개방적 동맹(open conference) : 북미항로의 여러 동맹과 같이 배선의사와 능력이 있는

선주는 누구나 신규 가입 및 탈퇴가 자유로운 개방된 동맹을 말한다. 개방적 동맹은 동맹원의 수가 수시로 증감하므로 동맹원 간의 단결이 미약하고 시황변동에 대처할 강력한 방책이 결여되어 있고, 맹외선(outsider)의 침입, 교란으로 인하여 항로의 안정을 기하지 못하는 단점이 있다.

② 폐쇄적 동맹(closed conference) : 유럽항로의 여러 동맹과 같이 신규가입하려는 경우, 기존질서의 유지를 고수하기 위하여 동맹계약 준수의 신뢰성, 선주의 능력과 과거실적, 항로의 선복과잉여부 등을 엄격하게 심의함으로써 신규가입이 까다로운 동맹을 말한다.

(3) 해운동맹의 운영

해운동맹은 경쟁으로 인한 피해를 최소화하기 위하여 대내외적으로 여러 가지 방법에 의한 규제를 하고 있다.

1) 대내적 방법

① 공동계산협정(pooling agreement) : 경쟁의 제한수단으로 가장 강력한 방법인 공동계산협정은 각 선사가 일정기간(보통 6개월 내지 1년) 동안 벌어들인 운임을 회원사의 경력·실적 등에 의거하여 미리 정한 배분율(pool point)에 따라 조정·배분하는 방법이다. 즉, 할당비율 이상의 운임수입을 올리면 지출의 대상이 되며, 미달시에는 보전을 받게 된다.

② 항로협정(sailing agreement) : 선사별로 배선 선복량을 조절·제한하고 선복과잉으로 인한 과당경쟁을 방지할 목적으로 기항지(지역협정), 항차수(배선협정) 및 최고 적취량을 규제하는 것을 말한다.

③ 운임협정(rate agreement) : 해운동맹의 가장 기본적인 협정으로 협정된 운임률(tariff)을 준수하여야 하며, 이를 위반 시 위약금을 부담하여야 하는 것으로 이의 변경에는 총회의 결정을 필요로 한다. 운임의 결정방법에는 운임수준을 정하는 방법(fixed rate agreement)과 운임의 최저수준만을 정하는 방법(minimum rate agreement) 외에 항로사정에 따라 운임을 정하지 않는 방법(open rate)이 있다.

2) 대외적 방법

① 운임환급제(deferred rebate[58] system) : 일정기간(통상 6개월) 동맹선사만 이용한 비계

58) rebate란 운임의 할인 또는 환급을 뜻하는 것으로 운임동맹 또는 선주가 공식적으로 운임의 일정액을 화주에게 할인 또는 환급해 주는 계약 rebate와 선사에서 화물을 모으기 위하여 화주에게 비공식적으로 전해주는 비밀 rebate 2가지 종류가 있다.

약 화주에 대하여 운임총액의 일정 비율(일반적으로 9.5%)을 환급하는 제도로서 환급액은 일정기간의 선적분에 대해 정해진 유효기간이 경과한 후에 지불되는 제도이다. 이 제도는 운임을 환급받기 위해서는 계속 동맹선을 이용하여야 하기 때문에 화주를 계속 구속하는 수단으로 활용되고 있다.

② 이중운임제(dual rate system) : 계약운임제(contract rate system)라고도 하며 동맹선만을 이용하는 계약화주에게는 낮은 계약운임률(contract rate)을 적용하며, 비계약화주에게만 고율의 비계약운임률(non-contract rate)을 적용하는[59] 등 이중의 요율체계로써 화주의 비동맹선 사용을 견제하기 위한 운임제도이다. 이때 계약을 체결한 화주가 비동맹선에 선적한 경우에는 위약금의 부과나 계약거부 등 제재가 가해지게 된다.

③ 성실환불제(fidelity rebate system) : 계약운임을 적용, 혜택을 받아온 화주에 대하여 일정기간에 걸쳐 동맹선사에만 선적하여 왔음이 인정된다면 기간 중 화주로부터 받은 운임 중 일부(일반적으로 9.5% 범위)를 환불해 주는 제도로서 계약운임제보다 확대·강화된 제도이다.

이 제도는 동맹선사의 일방적인 선언[60]에 의하여 성립된다는 점에서 계약운임제와 차이가 있으며[61], 유보기간없이 일정기간 경과 후 환불금을 전액 지급한다는 점에서 운임환급제와 차이가 있다.

④ 경쟁대항선(fighting ship) : 해운동맹이 맹외선의 진출을 저지할 수 없을 때 특정선박을 회원사 가운데서 선출하여 맹외선의 운항일정에 맞춰 배선하고 정상적인 동맹운임보다 대폭 인하된 가격을 적용시킴으로써 적극적으로 집화를 방해하는 방법이다. 이때 맹외선이 철수하게 되면 운임은 정상수준으로 회복되고 대항선투입에 따라 결손을 본 선주에 대해서는 동맹의 공동비용으로 보상해 주게 된다.

---

59) 계약운임률과 비계약운임률과의 차이는 약 10~15% 정도이다.

60) 동맹선사가 일방적인 할인반려금 선언서(rebate circular)를 발행하여 화주에 통보하거나 공표하는 방법을 사용하고 있다.

61) 성실환불제에서는 계약운임제와는 달리 화주가 맹외선을 사용하였을 경우 환불금의 청구권은 상실하지만 위약금의 지불은 요구되지 않는다.

3.3 국적선 이용제도

1. 국적선 이용제도의 의의

국적선 이용제도(waiver[62]제도)는 해운산업육성법 제16조(국적선의 이용 등)에 의거 선박을 이용하여 대통령이 정하는 주요 화물(지정화물)을 운송하고자 하는 자는 대한민국 선박(해운업자가 대한민국 국적을 취득할 것을 조건으로 용선한 외국선박 포함)을 이용하도록 하거나(다만, 국제협약 또는 운송에 관한 협약에 위반되거나 운임이 대통령령으로 정하는 일정수준을 초과하는 경우 또는 대한민국의 정기선이 취항하는 지역에 선박을 이용할 수 없는 경우로서 해양수산부령이 정하는 경우에는 예외),[63] 대한민국의 정기선이 취항하는 지역에 선박을 이용하여 정기적으로 화물을 운송하고자 하는 자는 국가 간의 운송비율을 정하는 국제협약에 의하여 교역당사국과의 균등적취의 범위 안에서 대한민국 선박을 이용(다만, 해양수산부령이 정하는 경우에는 그러하지 않음)하도록[64] 함으로써 해운산업의 국제경쟁력을 높이고 국민경제의 발전에 이바지하도록 하는 제도이다.

여기서 대한민국 선박을 이용할 수 없는 경우로서 해양수산부령이 정하는 경우는 다음과 같다.[65]

- 대한민국 선박의 수송능력이 부족하여 대한민국 선박으로 운송할 수 없는 경우
- 산지의 특수한 사정으로 대한민국 선박에 의한 운송이 불가능하거나 심히 곤란한 경우
- 교역당사국의 법령 등에 의하여 대한민국 선박에 의한 운송이 규제되는 경우
- 해난 기타 불가피한 사유로 대한민국 선박에 의한 운송이 곤란한 경우
- 기타 해운항만청장이 주무부장관과 협의하여 대한민국 선박에 의한 운송이 곤란하다고 인정하는 경우

한편 대한민국 선박을 이용하지 아니할 수 있는 경우는 다음과 같다.[66]

62) 웨이버의 본래의 의미는 기권·포기(증서)로 선박을 이용한 화물운송에 있어 자국선박의 이용을 포기한다는 뜻으로 해상화물을 선적·운송하고자 하는 시기에 그 지역으로 취항하는 국적선이 없음을 확인하는 국적선 불취항증명이다.

63) 해운산업육성법 제16조(국적선의 이용 등) 제1항.

64) 해운산업육성법 제16조(국적선의 이용 등) 제4항.

65) 해운산업육성법 시행규칙 제4조(국적선을 이용할 수 없는 지정화물 등).

66) 해운산업육성법 제5조(국적선을 이용할 수 없는 정기선 취항지역의 화물 등).

- 선적선택을 제한하지 아니하도록 규정하는 국제협약의 체약당사국 해운업자가 체약당사국 선박에 의하여 화물을 운송하는 경우
- 대한민국 해운업자의 적취량을 정한 운임동맹기구에 가입한 외국해운업자가 운임동맹기구가 정하는 바에 의하여 화물을 운송하는 경우
- 성질상 대한민국 선박에 적재할 수 없는 화물을 운송하는 경우
- 해난 기타 불가피한 사유로 대한민국 선박에 의한 운송이 곤란한 경우
- 선적예정일 5일전부터 선적예정일까지 화물을 선적한 대한민국 선박이 없는 경우
- 해운항만청장이 장기 안정적인 수송체계의 확립을 위하여 필요하다고 인정하여 항로별로 정한 외국해운업자의 운송량의 범위안에서 운송하는 경우
- 화물을 대한민국 선박으로 운송한 실적이 양호하여 해운항만청장이 기간을 정하여 선박선택을 자율적으로 할 수 있도록 한 자의 화물을 운송하는 경우

2. 국적선 이용면제

지정화물 및 국적 정기선취항지역화물은 원칙적으로 국적선을 이용하여야 하나 부득이한 경우 정기선화물은 국적선불취항증명서, 지정화물은 국적선운송면제확인서를 발급받아 외국선박을 이용할 수 있다.

1) 국적선불취항증명서의 발급

국적정기선 취항지역의 화물이 그 성질로 보아 국적선을 이용할 수 없는 화물이거나 기타 불가피한 사유로 인하여 국적선에 의한 운송이 곤란한 경우, 선적예정 5일 이내에 화물을 적재할 국적선이 없는 경우, FOB조건의 지정화물, 구주항로의 비동맹선 및 TSR화물에 해당되어 외국적선을 이용하고자 할 경우 등에는 한국선주협회에 선적예정 5일 이내에 신용장 사본 또는 수출입허가(승인)서 사본 등을 첨부하여 국적선불취항증명서를 발급받아야 한다.

2) 국적선운송면제확인서의 발급

국적선 정기취항지역화물이 국적선불취항증명서를 발급받아 외국선을 이용하는 경우와 같이 지정화물을 외국선박으로 운송하고자 할 경우에는 국적선운송면제확인을 한국선주협회에 하여야 한다.

3.4 정기선 관련 국제법규

1. 정기선 행동규범에 관한 유엔협약

(1) 제정 배경

1960년에 해운동맹은 선진국에 의하여 독점적·배타적으로 운영됨으로써 개발도상국의 해운발전에 장애요인이 되어왔다. 즉, 선진국들은 해운동맹이란 카르텔을 형성하여 운임을 고정시키고, 비해운동맹선사와 경쟁하기 위하여 운임을 환불(rebate)하고, 대항선(fighting ship)을 투입하여 독점적이고 비밀주의에 의하여 해운업을 영위하였다. 또한 1960년대 후반 세계교역량의 65%를 개도국이 차지하고 있음에도 불구하고 선복은 8%밖에 보유하지 못하였으며, 개도국이 부담하는 운임비중은 높아졌음에도 무역환경은 상대적으로 악화되었다.

따라서 개도국은 자국의 무역 및 해운육성의 촉진을 도모하기 위하여 정기선동맹의 불합리한 운영의 개선을 요구하게 되었고, 1974년 유엔무역개발회의(United Nations Conference on Trade and Developmet : UNCTAD)[67]에서 선진국들의 정기선시장 독점에 반발하여 77그룹에 의하여 제안되어 채택된 것이 「정기선 행동규범에 관한 유엔협약(U.N. Conference of plenipoteniaries on a Code of Conduct for Liner Conference)」이다.

(2) 주요 내용

동 협약은 세계 교역증대에 기여, 국제무역에 적합한 효율적이고 정규적인 정기선 서비스의 발전도모, 해운서비스의 공급자와 수요자의 균등한 이해관계 유지 등을 목적으로 전문(title) 및 본문 54개항과 부칙 10개항으로 구성되어 있다.

전문에서는 기본목적 및 원칙인 동맹관행에 따라 어느 국가를 막론하고 선주, 화주 또는 항로에 대하여 차별을 두어서는 안되며, 동맹은 공동 이해관계 사항에 관하여 화주기관, 화주대표 및 화주와 또한 신청이 있는 경우에는 관계당국의 참여하에 적절한 협의를 거치는 것을 원칙으로 하고 있다.

---

67) 1974년 제19회 유엔 정기총회에 의하여 상설기관으로 설립 승인된 기관으로 주요 설립목적은 경제사회제도가 다른 국가 간의 무역촉진, 국제무역과 관련된 경제개발 문제에 대한 원칙과 정책수립 및 국제연합 내 제 기관의 활동조정, 무역 분야에 있어 다자간 법적 취결의 교섭과 발의, 각국 정보나 지역경제집단의 무역정책 및 개발정책 등의 조화 등이다.

협약의 주요 내용은 다음과 같다.

- 무역당사국 선사의 동맹가입의 자유화(동맹가입의 문호개방)
- 무역당사국에 의한 50 : 50 혹은 제3국이 있는 경우에는 40 : 40 : 20의 화물적취비율의 유지
- 개도국 상품의 수출촉진을 위한 장려운임(promotional freight) 제도의 도입
- 화주와 화주의 협의기구에 대한 당사국 정부의 참여
- 운임인상에 대한 구체적 수속 및 유예기간 등의 설정
- 선주 간 혹은 선주와 화주 간 분쟁처리를 위한 국제중재제도 도입(단, 국내법이 존재하는 경우 국내법 우선)
- 동맹외선에 대한 대항선 투입금지

본 협약은 1985년 10월 정식발효[68]되었으나 미국, 일본 및 영국 등이 비준을 하지 않고 있어 전면적인 실시에 들어가지 못하고 있으나 기존 해운동맹 질서에 많은 영향을 미치고 있다.

3.5 남북한 통합운송망의 구축

1. 북한의 항만현황

북한은 주요 무역대상국인 중국, 러시아와는 육상운송이 가능하기 때문에 해상무역에 의한 의존도가 약 2%로 극히 낮은 수준이다. 북한의 항만실태는 전반적으로 유지・보수가 되어 있지 않아 노후되어 있으며, 하역도 하역기기 부족으로 대부분 인력에 의한 하역에 의존하는 한편 항만시설의 낙후와 하역시설의 전근대화로 입항하는 선박들도 전근대적이고 비경제적인 중형 이하의 선박이 주종을 이루고 있다.

대표적인 무역항으로는 동해안에 위치한 청진항, 흥남항, 나진항, 원산항, 선봉항(구 웅기항), 신포항 등이 있고, 서해안에는 남포항, 송림항, 해주항이 있으며, 이 중 대표적인 항구는 청진항과 남포항이다.

68) 본 협약은 비준국 24개국 이상과 비준한 국가들의 선복량 합계가 세계 선복량의 25% 이상을 발효요건으로 하고 있어 1983년 4월 서독과 네덜란드가 비준하면서 1983년 10월 발효되었으며, 2년간의 실험기간을 거쳐 1985년 10월 정식으로 발효되었다.

이 중 청진항은 대단위 사업기지를 둘러싸고 있는 대규모 항구로 남북순환철도망의 서비스를 이용할 수 있고, 러시아철도망과 연결되며 화물은 물론 곡물, 광석, 석탄과 같은 화물을 처리하고 있다. 한편 나진항은 천혜의 조건을 갖춘 항구로 강관, 잡화 등을 주로 취급하고 있으며, 러시아의 블라디보스토크와 나홋카항이 동결시 러시아 극동지역의 화물을 중계하는 역할을 수행하고 있다.

[표 4-33] 북한 주요 무역항의 항만현황

항 명	하역능력 (만톤)	접안능력 (만톤)	수심 (m)	부두연장 (m)	주요 취급화물	대외항로	무역비중
남포	1,351	5	9-11	4,000	석탄, 시멘트, 일반잡화	상해, 대련, 동남아, 중동, 아프리카, 유럽	28.9%
청진	800	2	7	2,138	동항 : 일반화물, 곡물서항 : 석탄, 철강	블라디보스토크	24.2%
흥남	400	1	11	1,634	비료, 마그네사이트		11.5%
나진	300	1.5	11	2,515	석탄, 비료, 원목, 잡화	속초, 부산	9.3%
선봉	200	0.5	12	1,253	원유, 석유화학제품		10.6%
원산	170	1	7	3,166	시멘트, 수산물	블라디보스토크, 시모노세키	2.8%
해주	240	1	10	1,348	시멘트, 기타광석		9.8%
송림	100		11	900	철광석, 석탄		2.9%
계	3,570			16,954			100

2. 북한의 주요 해상운송항로

북한의 주요 국내항로는 동해안 북부와 남부항로 그리고 서해안항로가 있으며, 국제항로로는 중국과 러시아가 주축을 이루고 있는 가운데 일본항로와 동남아항로가 있다.

(1) 국내항로

1) 동해안 북부항로

동해의 나진-청진-흥남을 연결하는 근해항로로 철도와의 연계로 원라본선(元羅本線)의 과중한 운송수요의 보조역할을 하고 있다.

2) 동해안 남부항로

원산-고지-장전을 연결하는 근해항로로 강원도 중심지구와 남부지구간의 연결항로이다.

3) 서해안항로

서해안 북부의 용암포-다사도-장송-관산-남포-금산포-몽금포-구미포-소강-부포-해주 등을 연결하는 항로로 철광석, 규사 등의 광물운송항로이다.

(2) 국제항로

1) 북한-러시아항로

청진, 나진의 동해안항구와 러시아의 블라디보스토크, 나홋카를 연결하는 항로이다.

2) 북한-중국항로

남포와 중국의 상해간을 연결하는 항로이다.

3) 북한-일본항로

청진, 흥남, 남포와 일본의 오사카, 고베, 도쿄, 요코하마, 나가사키 등을 연결하는 항로이다.

4) 북한-동남아항로

부정기선이 취항하고 있으며, 정기선은 아직 운영되지 않고 있다.

[표 4-34] 북한의 주요 해상운송항로

구 분	항로명	항 로	비 고
국내항로	동해안 북부항로	나진-청진-흥남	동해안 지역의 중요 근해항로
	동해안 남부항로	원산-고지-장전	
	서해안 연해항로	용암포-다사도-장송-관산-남포-금산포-몽금포-구미포-소강-부포-해주	서해안 지역의 광물운송항로

<table>
<tr><td rowspan="4">국제 항로</td><td>북한-러시아 항로</td><td>청진-블라디보스토크</td><td></td></tr>
<tr><td>북한-중국 항로</td><td>남포-상해</td><td></td></tr>
<tr><td>북한-일본 항로</td><td>청진-흥남-남포-오사카-고베-요코하마-나가사키</td><td>대일교역의 증가로 활기를 띠고 있음</td></tr>
<tr><td>북한-동남아 항로</td><td></td><td>부정기선이 취항하고 있음</td></tr>
</table>

(3) 남북한 운송항로의 구축

남북한 해상화물운송체제의 구축과 관련 해상운송은 다른 운송수단과는 달리 바다를 이용하기 때문에 항만만 있으면 별다른 시설보완과 투자 조치없이 정치적인 해결로 단기간 내 운송이 가능하며, 남북한 모두 항만을 구비하고 있으므로 현재의 여건에서도 경제적인 화물운송을 추진할 수 있다.

남북한 직교류에 일차적으로 활용 가능한 항구로는 남한의 인천항, 군산항, 목포항, 포항, 동해항이 있으며, 북한의 항구로는 남포항, 해주항, 청진항, 나진항, 흥남항 등이 가능하다. 따라서 연결 가능한 항로로서는 우선 서해안항로서 남한의 인천-군산-목포와 북한의 남포-송림-해주를 연결하는 항로의 구축이 가능하며, 동해안 항로로는 남한의 부산-포항-동해와 북한의 원산-청진-흥남을 연결하는 항로의 구축이 가능하다.

이때 교류가능한 물자로는 서해안 항로를 통해서 남한으로부터 합성직물, 의류, 설탕, 공산품, 기계류, 쌀 등을 반출하고 북한으로부터 석탄, 시멘트, 흑연, 석고 등을 반출할 수 있다. 한편 동해안 항로에서는 북한으로부터 마그네슘, 석탄 등 광산물, 시멘트, 원자재, 철강제품, 수산물을 반출하고 남한으로부터 전기전자제품, 의약품, 공산품, 섬유제품, 기계류, 생활용품, 잡화 등의 반출이 가능하다.

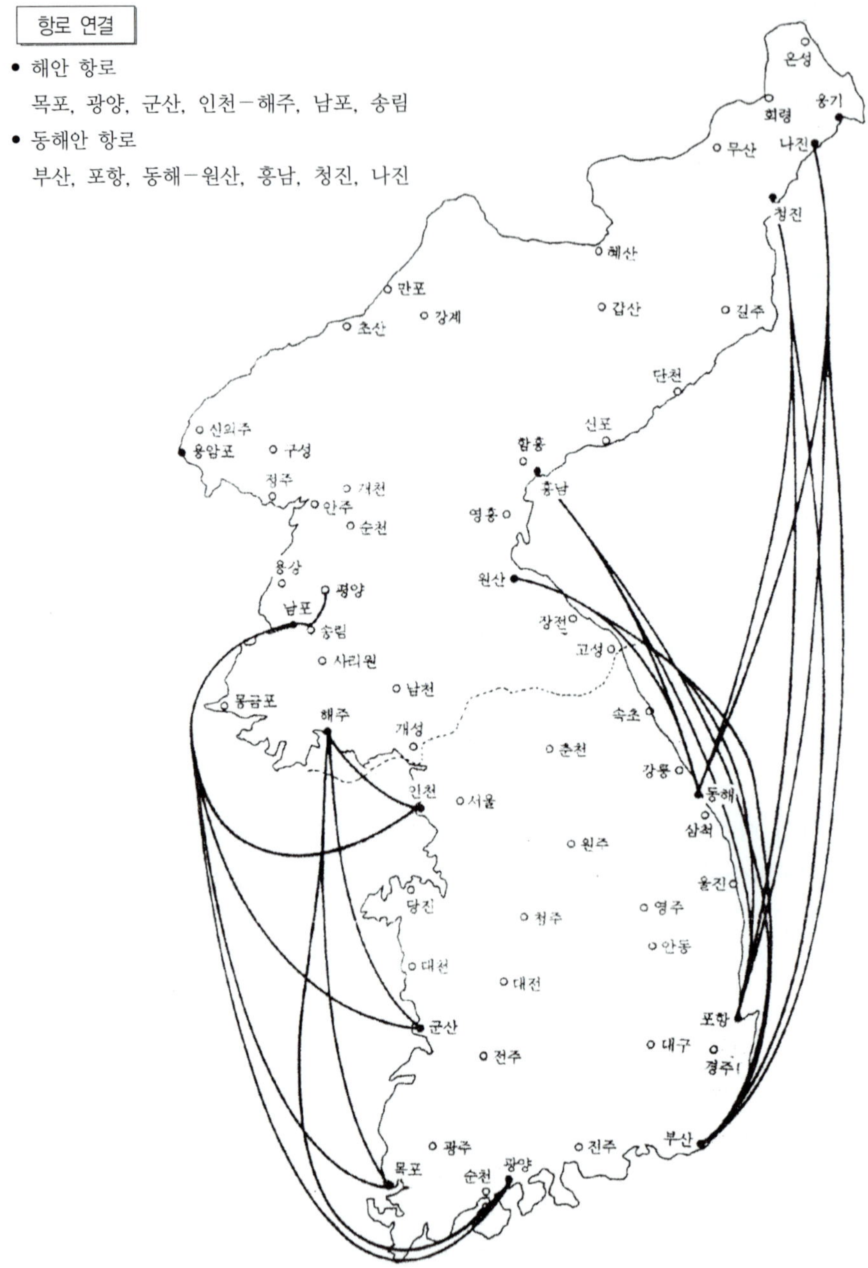

[그림 4-17] 남북한 해상항로 구축방안

3. 미국 외항해운개혁법[69]

(1) 미국 해운법의 발전과 개정

1998년 미국은 1984년 제정된 미국해운법(The U.S. Ocean Shipping Act of 1984)에 대한 개혁법안인 미국외항해운개혁법안(The U.S. Ocean Shipping Reform Bill)을 수년간의 검토 끝에 통과시켰다.

이 법안의 핵심내용은 개별 동맹선사가 화주와 직접 우대운송계약(SC : service contract)의 체결을 허용하는 반면 운항선사 및 해운동맹이 무선박운송인(NVOCC : non-vessel operating common carrier)[70]과 직접 우대운송계약을 체결하는 것을 금지하고 우대운송계약의 일부 주요 조건의 비공개를 허용하며, 운임률의 공표는 연방해사위원회(FMC : Federal Maritime Commission)[71]에 신고하는 대신 인터넷 웹사이트를 이용하도록 하는 것 등을 골자로 하여 1999년 5월 1일 정식 발효되었다.

이에 따라 미국의 외항정기선 해운업계는 물론 미국 내륙의 컨테이너운송업계에서도 새로운 법에 의한 새로운 계약관행이 형성되면서 이와 관련된 운항선사, 대리점업자, 무선박운송인 및 수출입업자 등 시장주체들의 역학관계에 새로운 변화가 생기게 되었다. 전 세계 정기선해운시장에도 영향을 미쳐 관 주도의 규제가 크게 완화되어 시장원리에 의한 자유경쟁이 확대되는 방향으로 정기선 해운부문의 변화를 가져왔다.

미국 외항해운개혁법의 발효로 미국의 외항정기선해운시장은 신축성이 증대됨으로써 자유경쟁환경이 조성되고, 해운서비스의 수요 및 공급의 주체로서 화주와 운항선사의 지위가 향상된 반면 중간자로서의 무선박운송인과 대리인의 지위는 제한되며, 일반운송에 비해 특별운송이 확대되어 외항정기선서비스가 다양하게 발전하면서 보다 강력한 경쟁체제가 조성

69) 박영태(1999), 「1998년 미국 외항해운개혁법에 관한 연구」, 한국해운물류학회 해운학회지에서 발췌 인용

70) 미국 외항해운개혁법에서는 해상운송중개인을 해상화물운송주선인 또는 무선박운송인이라고 정의하고 있다. 해상화물운송주선인은 운송주선 관련 서비스를 제공하는 자로 수출신고서의 준비 및 작성, 선적예약, 주선 및 확인, 화물인도지시서 준비, 화물보관주선, 영사 및 통관 업무, 운송관련 정보를 제공하는 자이며, 무선박운송인은 해상운송서비스를 제공하는 선박을 운항하지 않는 보통 운송인을 말하며, 해상 보통운송인과의 관계에 있어서는 화주를 말한다.

71) 1961년 설립된 미국연방정부내의 운수감독행정기관으로서 미국의 대외통상에 종사하는 선박해운업자의 협정내용 검토와 조사, 제출한 운임률표의 수렴과 검토, 미국의 무역에 악영향을 끼치는 외국정부의 규칙, 규제 및 외국적선사의 관행으로부터 화주와 선사의 보호, 외국과 외국과의 교역에서 미국적 선사의 화물적취권 보호, 미국의 연안무역에 종사하는 선박운항업자의 운임, 할증료, 선급, 운임률표 및 관행규제, 해상운송주선업의 면허발급을 주요 기능으로 하고 있다.

될 것으로 보인다. 또한 연방해사위원회의 기능개편으로 새로운 시장질서의 확립과 대외교역의 활성화가 촉진되는 등 광범위한 규제완화가 실시될 전망이다. 그 결과 이에 적응하기 위해 우리나라를 포함한 주요 국가 및 지역의 해운시장에서도 규제완화의 가속화가 불가피하고, 세계 정기선해운시장 전체가 보다 빠른 속도로 발전할 수 있는 계기가 될 것이다.

미국 해운정책의 기본적인 목적은 공공의 욕구에 공평하게 서비스를 제공하고 적절한 국방과 유사시 운송서비스를 제공할 수 있는 해상운송의 공급을 보장하는 것이다. 해운정책의 경제적인 목적은 국제수지 개선, 고용 유지, 조선과 해운산업에서의 생산능력 유지, 비차별적인 운임 유지 등을 포함하고 있으며, 이와 같은 해운정책의 기조하에서 해운과 국가안보와의 긴밀성을 더욱 강조하고 있다.

미국 해운법의 발전과정을 보면 미국의 해운정책은 크게 해운법(Shipping Act)과 상선법(Merchant Marine Act)의 2가지 공법체계로 이루어져 있다. 이 중 해운법은 대외적인, 특히 해운동맹 및 외항해운에 대한 미국의 규제정책을 법제화한 법체계이며, 상선법은 대내적인 해운산업의 육성진흥을 위한 법체계이다. 이러한 해운법은 1916년 개정해운법, 1984년 해운법 및 1998년 개정해운법으로 이어진다. 미국 외항해운규제 관련법으로 1978년 국영선사법, 1988년 외국해운관행법, 1990년 무선박운송인 개정법 등이 있으며, 이들 해운관련법의 발전과정을 보면 다음과 같다.

[표 4-35] 미국 외항해운규제 관련법의 발전과 주요 내용

구 분	내 용
1916년 해운법 (The U.S. Shipping Act of 1916)	• 미국 최초의 해운법 • 알렉산더 보고서(Alexander Report)의 권고안에 의거 제정 • 주요 내용 : - 협정서의 신고 의무화 - 협정서의 독점금지법으로부터 적용면제 - 개방동맹(open conference)의 구성 인정 - 미국 해운국(The U.S. Shipping Board) 설립
1961년 개정법 (The 1961 Bonner Act Amendments to the 1916 Act)	• 이중운임계약(dual rate contract)의 합법화 - 계약화주와 비계약화주간 운임격차(spread)를 15% 이내로 함 • 연방해사위원회(Federal Maritime Commission : FMC)를 독립감시기관으로 분리, 설립 - 미국선사의 진흥관련 업무는 해사청(Maritime Adminstration : MarAd)으로 이관 - FMC에 시행세칙 제정권(rulemaking authority)을 부여 • 외항선사의 운임(tariff)을 FMC에 신고 의무화 - 운임인상의 경우 30일전 신고 의무화

<table>
<tr><td>1978년 국영선사법
(The Ocean Shipping Act of 1978 or Controlled Carrier Act)</td><td>• FMC에 외국 국영선사(controlled carrier)의 운임에 관한 특별감시권을 부여
- 국영선사인 경우 운임의 인상 및 인하시 30일전 신고 의무화</td></tr>
<tr><td>1984년 해운법
(The U.S. Shipping Act of 1984)</td><td>• 제정목적 : 규제완화 · 국제해운 관행과 조화 · 미국적 상선대의 육성
• 주요 내용 :
- 모든 협정서의 신고제 : 신고일부터 45일 경과 후 자동 발효
- 동맹에 독자운임결정권(independent action ; IA)의 의무 도입
- 선사(동맹)와 화주(화주단체)와 우대운송계약(service contract ; S/C) 체결 허용
- 동맹에 복합운송권 인정
- 무선박운송인(NVOCC)의 지위 인정
- 중소형 화주의 화주단체(shippers association)의 구성을 허용
• 정기선 해운에 미친 영향
- 선사 간 공동운항(전략적 운항제휴 포함) 협정체결 증가
- 동맹과 비동맹선사 간 협의(안정화 포함) 협정체결 증가
- 동맹선사들 운임인하 목적의 독자운임결정권(IA)의 남용으로 정기선 운임이 크게 하락
- 정기선 운임의 하락에 의한 운임 수입 감소로 도산, 운항중단, 인수 & 합병(M & A)선사 속출(예 ; US Line, Showa, NLS, 대한상선, EAC, APL-NOL etc)
- 독자운임결정권(IA), 우대운송계약(S/C), 대량우대운임(time volume rate : TVR)의 적극 활용으로 운송비 절감
- 복합운송의 발달
- 아시아 지역에 무선박운송인(NVOCC) 업체의 증가
- 유럽연합(EU), 캐나다, 중국 등의 정기선해운 관련법의 제정</td></tr>
<tr><td>1988년
외국해운관행법
(The Foreign Shipping Practice Act of 1988)</td><td>• 1988년 종합무역경쟁법(The Omnibus Trade and Competitiveness Act of 1988)의 Title X, Subtitle A에 수록
• FMC에 미국적 선사에 불리한 영향을 미치는 외국 관행의 시정 권한 강화
- 해당국가 선박의 미국항만에 기항을 불허하거나 기항시 항차 당 100만 달러내 범칙금 부과</td></tr>
<tr><td>1990년
무선박운송인 개정법
(The Non-vessel operating Common Carrier Amendments of 1990)</td><td>• 미국의 수출입 컨테이너 화물을 취급하는 모든 무선박운송인(NVOCC)에 대해 5만 달러 상당의 성실의무이행 보증금(bond) 예치 의무화
• 외국적 무선박운송인(NVOCC)인 경우 미 국내에 법정대리인(legal agent) 1명의 지명을 의무화</td></tr>
</table>

자료 : 박영태 · 김만석, "1998년 미국 외항해운개혁법이 정기선 해운에 미칠 영향에 관한 연구", 「해운학회지」 제29호, (사)한국해운학회, 1999.12, p.17.

(2) 미국 외항해운개혁법의 주요 내용

1998년 미국 외항해운개혁법의 발효에 따라 우리나라 정기선사가 이행하여야 할 주요 내용과 미국 수출입 컨테이너화물을 취급하고자 하는 외항정기선사가 준수하여야 할 사항은 다음과 같다.

1) 협정관련 사항

협정관련 주요 내용은 모든 협정은 연방해사위원회에 신고를 의무화하고 있으며, 신고일로부터 45일 경과 후 협정관련 모든 사항이 자동적으로 발효가 된다. 이미 신고 후 발효 중인 협정에 대해서는 독점금지법의 적용이 면제되며, 협정관련 모든 사항은 개방 운임동맹에만 허용하도록 되어 있다. 또한 운임동맹에 독자운임결정권 의무를 도입하도록 하고 있으며, 통보기간은 5일로 한정하고 있다.

2) 운임률 관련 사항

운임률은 일반 공개를 원칙으로 하고 있어 일반인들이 아무런 제한없이 이용할 수 있도록 인터넷 웹사이트에 공개하여야 하며, 선사는 공개된 운임을 이용하는 일반인들에게 이용료를 부과할 수 있다. 공개된 운임은 인상 또는 신규인 경우 공개일로부터 30일 경과 후 발효할 수 있으며, 인하인 경우에는 공개 즉시 발효할 수 있다. 운임률의 내용은 5년간 보관하여야 하며, 공개되었던 내용은 대체, 취소 또는 철회 후에도 5년간 보관하여야 한다. 공개된 운임률은 연방해사위원회로부터 정기적으로 감사를 받아야 하며, 운임률의 발표에 앞서 대표이사는 운임률의 내용이 틀림이 없음을 확인하는 각서를 서면으로 연방해사위원회에 제출하여야 한다.

3) 우대운송계약 관련 사항

우대운송계약의 당사자는 개별선사, 동맹, 공동운항체 등과 화주로 나뉘어진다. 선사는 화주와 체결한 모든 우대운송계약을 연방해사위원회에 대외비로 신고하여야 한다. 우대운송계약에는 화물의 출발지 항구와 목적지 항구(해상운송화물 : 공개), 출발지와 목적지(복합운송화물 : 비공개), 관련 품목(공개), 최소 물량 또는 구성비율(공개), 간선운임(비공개), 기간(공개), 서비스 약속(비공개), 계약불이행시 손해배상 등의 조건(비공개)을 반드시 포함하여야 한다.

우대운송계약 체결 시 선사는 계약기간 중 안정적인 화물 및 운임수입의 확보가 가능하며, 화주는 안정적인 공간 확보와 운임절감이 가능한 이점이 있으며, 계약체결 시 선사는 의무사항의 이행여부를 계약체결 전에 확인하여야 한다.

이때 무선박운송인은 보통 운송인의 자격으로 화주와 우대운송계약을 체결할 수 없으나 화주의 자격으로 선사(동맹)와 계약을 체결할 수 있다.

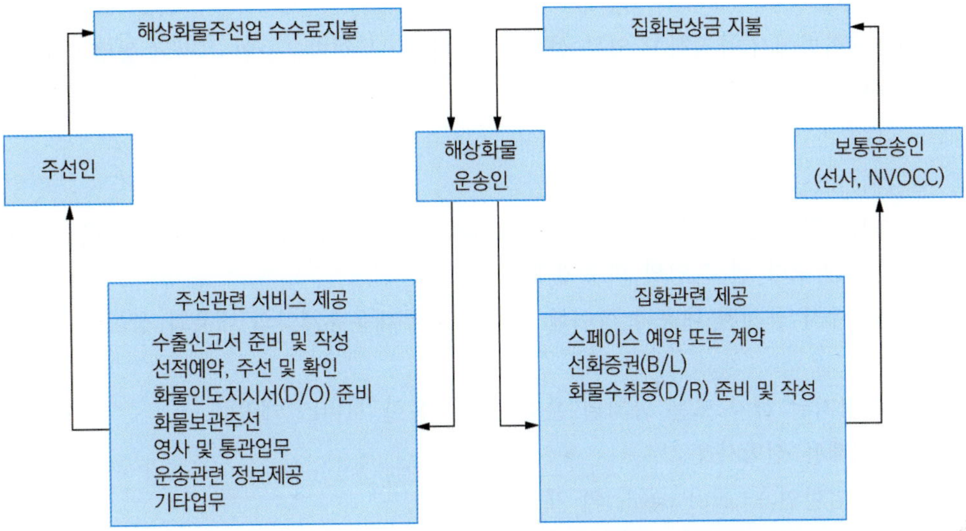

자료 : 한국무역협회 · 한국화주협의회, 「미 신해운법이 무역업계에 미치는 영향」, 1992.2, p.15.

[그림 4-18] 해상화물운송인과 실화주 · 보통운송인(선사, 무선박운송인)과의 관계

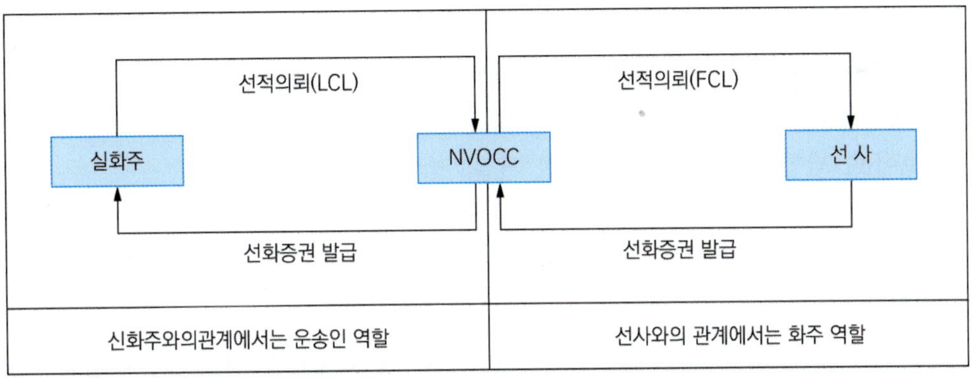

자료 : 김만석, "1998년 미국 외항해운개혁법 발효에 따른 대응전략", 「해운 · 항만물류실무세미나」, (주)코리아 쉬핑가제트사, 1998.3, p.28.

[그림 4-19] 무선박운송인과 실화주 · 선사와의 관계

4) 금지행위

외항해운개혁법에서 규정하고 있는 선박회사, 화주・무선박운송인 그리고 동맹・해운공동체의 금지사항은 다음과 같다.

① 선박회사

- 허위서류의 작성, 허위 품목분류, 허위 중량, 용적 또는 부당한 방법으로 운임률에 공개된 운임보다 싼 운임의 화주에게 적용
- 운임률에서 공개된 내용과 상이한 내용이나 우대운송계약의 내용과 상이한 서비스의 제공
- 발효 정지된 금지 또는 금지된 운임률을 이용한 서비스 제공
- 경쟁억제용 선박사용
- 거치운임할인(deferred rebate)의 제공
- 부당한 거래나 협상의 거절
- 고의로 무자격 무선박운송인의 화물접수 또는 수송금지
- 화주에게 불리한 영향을 미칠 화주 관련 정보를 화주 승낙없이 고의로 타인에게 누설, 제공, 요청, 접수
- 실화주와 우대운송계약의 체결

② 화주・무선박운송인

운임할인을 위해 고의로 허위서류의 작성, 허위 중량이나 용적의 보고

③ 동맹・해운공동체

- 보이콧, 담합행위로 거래의 부당한 거절
- 내륙운송서비스나 기술혁신의 사용을 부당하게 제한
- 비동맹선사, 공동운항체, 부정기선 운항업자를 항로에서 축출하기 위한 약탈행위

5) 범칙금

연방해사위원회는 직권 또는 제소가 있는 경우 업체를 조사하며, 위반 사실이 입증된 경우 과실인 경우 5,000달러 이내/건당/일당, 고의인 경우 25,000달러 이내/건당/일당, 허위서류 작성, 운임률 내용 불이행, 거치운임할인 제공에는 운임률의 일부 또는 전부 효력정지, 효력정지 운임률의 사용인 경우 50,000달러 이내/건당/일당을 부과한다.

6) 외국법 및 관행

연방해사위원회는 미국적 선사에게 무리한 영향을 미치는 외국법, 정책, 관행과 외국적 선

사의 관행을 조사하여야 한다. 불리한 영향을 미치는 주요 사실이 확인될 경우 해당 국가의 선사에 대해 다음과 같은 보복조치를 취할 수 있으며, 수출입 정기선 화물기준의 20대 국가의 목록을 매년 작성하여 의회에 제출하여야 한다.

- 미국 내 기항회수 및 화물의 운송량 또는 종류제한
- 운임률과 우대운송계약의 전체 또는 일부 효력정지
- 연방해사위원회에 신고된 협정의 정체 또는 일부효력 정지
- 항차당 100만달러 이내의 범칙금 부여

(3) 미국 외항해운개혁법이 정기선 해운에 미칠 영향과 대응방안

1) 미국 외항해운개혁법이 정기선 해운에 미칠 영향

① 연방해사위원회의 정기선사 규제 완화

1998년 미국 외항해운개혁법은 미국 관련 정기선 해운시장에 보다 많은 융통성을 부여하기 위해 1984년 미국 해운법에 의한 규제를 크게 완화시키고 있다. 1984년 미국 해운법에서는 선사들이 공동으로 철도, 트럭, 항공화물운송업체와 내륙운송에 대한 운임 및 서비스조건에 대한 협상을 금지하고 있지만, 1998년 외항해운개혁법에서는 선사들이 공동으로 내륙운송업자와 운임 및 서비스조건에 대한 협상을 허용하고 있다. 따라서 선사들은 복합운송운임 중 상당부분을 차지하고 있는 미국 내륙 운송비를 절감시킬 목적으로 현재 운항제휴 중인 선사들을 중심으로 공동협상이 활성화될 것으로 전망된다.

② 운임동맹의 기능 약화

미국은 1916년 해운법 제정 이후 지금까지 유지해 온 보통운임제도를 외항해운개혁법에서는 계약운임제도로의 변경을 시도하고 있다. 즉, 운임동맹 선사에게도 독자적인 우대운송계약체결을 허용함으로써 1984년 이후 명맥을 유지해온 보통운송제도를 유명무실하게 만들었다.

특히 외항해운개혁법에서는 운임률 공통운임이나 서비스에 대한 동맹선사의 독자운임결정권의 행사시 운임동맹에 통보기간을 5일로 단축시킴으로써 컨테이너 선박량이 공급 과잉인 미국 관련 정기선항로에서는 비동맹선사뿐만 아니라 동맹선사 간 운임 및 서비스 경쟁이 더욱 가속화될 전망이다.

③ 대형 화주의 운임 교섭력 강화

외항해운개혁법이 발효 및 실행됨에 따라 최대의 수혜자는 미국내 대형 수출입업체들로 지금까지보다 훨씬 강화된 운임 교섭력을 갖게 되었다. 또한 중·소형 화주들은 여전히 인정되고 있는 화주단체를 적극 활용하여 비동맹선사 또는 동맹선사에게 대량화물 제시를 통해 운임교섭력을 강화할 것으로 보인다.

④ 해상운송주선인의 자격요건 강화

1984년 미국 해운법에서는 최초로 무선박운송인을 실제로 선박을 운항하지 않는 보통운송인이며 선사와의 관계에 있어서는 화주로 정의하였다. 1998년 외항해운개혁법에서는 무선박운송인에게 연방해사위원회로부터 면허취득의무를 추가함으로써 연방해사위원회가 규정한 자격요건에 미달하는 업체들의 퇴출이 불가피할 것으로 전망된다.[72)]

⑤ 아시아계 선사들에 대한 연방해사위원회의 감사활동 강화

1984년 미국 해운법 발효 이후 연방해사위원회는 동 법과 1920년 상선법 그리고 1988년 외국 해운관행법을 적용하여 미국 선사가 직접 정기선 서비스를 실시하는 국가의 해운 및 육상시장뿐만 아니라 항만의 관행까지도 미국 선사에 편리하도록 시정하였다. 따라서 이후에는 아시아계 선사들에 대한 연방해사위원회의 감시활동이 종전에 비해 강화되고 있으며 향후에는 더욱 강화될 전망이다.

2) 미국 외항해운개혁법이 국내외 관련 당사자에 미치는 영향과 대응방안

① 국내외 관련 당사자에 미치는 영향

- 선박회사

화주를 상대로 우대운송계약의 유치 시 서비스와 운임경쟁, 정기항로 내 취항선사 간 화주 관련 정보의 확보경쟁이 더욱 치열해질 전망이다. 또한 미국 내륙운송의 공동실시를 위한 선사 간 전략적 제휴가 증가될 전망이며, 재무구조가 취약하고 서비스의 질이 낮은 중소형선사의 퇴출이 불가피할 전망이다.

- 운임동맹

운임동맹에 미칠 영향으로는 일반운임과 우대운송계약에 독자운임결정권의 허용으로 공통운임제가 유명무실화될 가능성이 높아지고, 정기선 운임시장 지배력이 상실될 가능성이 많으며, 운임동맹의 기능이 크게 약화될 가능성이 많다. 따라서 운임동맹으로부터 탈퇴하는 선사가 증가하고 운임동맹이 항로안정화협정에 의한 대체 가능성이 매우 높아지고 있다.

- 화주

대형화주인 경우 선사와 장기 우대운송계약의 체결 시 운임 교섭력의 강화로 운송비절감이 가능하고, 중·소형 화주인 경우 우대운송계약체결을 위한 화주단체의 구성이 증가할 것이다. 또한 우대운송계약의 일부 필수조건의 비공개인정으로 정보의 입수에 많은 애로가 발생할 것으로 보인다.

72) 김정민, "1998 미 외항해운개혁법 발효에 따른 국내 복합운송업체의 대응", 「해양한국」, 제308호, 재단법인 한국해사문제연구소, 1999.5, pp.18~19.

• 해상운송중개인

해상운송주선인 자격의 강화로 업체의 증가세가 둔하고, 재정책임 보증액의 증액으로 업체의 재정 부담이 가중될 것으로 보인다. 운송인의 자격으로는 화주와 우대운송계약의 체결금지로 실화주의 유치 시 선사에 비해 매우 불리하고, 화주의 자격으로 선사와 우대운송계약 체결금지로 운송비의 증가가 불가피할 것으로 보인다. 따라서 무선박운송인간의 업무제휴 또는 흡수·합병이 촉진될 것으로 보인다.

② 국내 관련 당사자의 대응방안

미국 외항해운개혁법의 발효에 따라 국내 관련 당사자인 선박회사, 해사운송중개인 그리고 화주들은 다음과 같은 내용을 중심으로 대비책을 마련하여야 할 것이다.

• 선박회사
  - 미국 내 운임률 취급 전문업체를 이용하여 인터넷 웹사이트에의 철저한 공개
  - 회사 내 연방해사위원회의 신 규정에 대한 전문가 양성
  - 본·지사의 미주 업무 담당직원을 위한 연방해사위원회의 신 규정에 관한 교육자료 준비 및 교육실시
  - 연방해사위원회의 신 규정을 활용하기 위한 기존 운항 제휴 선사와 범위확대
  - 미국 수출입 화주에 관한 정보수집 능력을 최대한 확보
  - 화주를 위한 부가가치서비스의 적극 개발
  - 신뢰도를 높이고 집화 능력을 갖춘 무선박운송인을 이용한 아웃소싱 개발
  - 화주와 신뢰관계의 지속적인 유지노력
• 해상운송중개인
  - 화주에게 성실하고 신뢰도 높은 서비스제공과 최대 컨테이너물량 확보
  - 선사와 운임교섭력 강화를 위한 대형화가 필수적이므로 동종업체간 흡수, 합병, 화주단체의 구성필요
  - 기존 협회의 기능에 화주단체의 추가
  - 선사에 다량의 컨테이너화물 제공에 의한 장기 우대운송계약의 체결로 운임수입의 극대화
  - 선사와 우대운송계약 체결 후 성실한 계약이행으로 상호 신뢰할 수 있는 동반자 관계유지를 위한 노력경주
• 화주
  - 연방해사위원회 신규정의 정확한 이해로 운송비 절감을 위한 방안 적극 모색

- 대형 화주업체의 경우 강화된 선사와의 운임 교섭력을 활용, 운송비를 절감하여 자사 상품의 경쟁력 제고
- 그룹사의 경우 선적관련 업무창구의 일원화로 선사와의 운임교섭력 강화
- 산업별 또는 지역별로 선적업무를 통합지원할 수 있는 화주단체의 구성
- 중·소형 화주업체의 경우 화주단체를 구성하여 선사와의 운임교섭력 강화

[표 4-36] 미국 1984년 해운법과 1998년 외항해운개정법의 주요 내용 비교

구 분	1984년 해운법	1998년 외항해운개정법
법의 발효	• 1984. 6. 18.	• 1999. 5. 1.
법의 집행기관	• 연방해사위원회(FMC)	• 좌동
운임률 신고 및 면제 품목	• FMC에 제한적인 운임률 신고면제권한만을 부여 • 운임신고 면제 품목 : 벌크화물, 임산물, 재생용 고철, 폐지	• FMC에 운임 공개 면제 확대권한부여 • 운임 공개 면제품목 : 벌크화물, 임산물, 재생용 고철, 폐지, 신규 조립자동차(추가)
운임률 신고 기관 및 신고 방법	• 운임률은 반드시 정부가 정한 자동신고방식(ATFI)을 이용하여 FMC에 신고 • 신고된 운임률은 FMC의 감독을 받음	• FMC에 Tariff 신고제도를 폐지하는 대신 민간업체가 운영 중인 자동공개방식을 통해 열람토록 함
거치운임 할인 및 이중운임 계약	• 거치운임할인 및 이중운임계약 체결을 금지행위로 규정	• 거치운임할인을 이중운임계약에 포함시키며, 백분율(%)을 기준으로 한 계약을 허용하기 위해 이중운임계약 및 우대운송계약의 정의를 변경 • 이중운임계약은 법무성(DOJ)의 독점금지법심사를 거쳐야 함
화주차별 대우	• 운송인은 유사한 조건을 갖춘 화주에게 유사조건의 우대운송계약을 체결해야 함	• 운송인은 유사한 조건을 갖춘 화주에게 유사조건의 우대운송계약을 체결할 필요 없음
우대운송 계약 (S/C)	• 화주는 개인자격 또는 화주단(shipper's association)을 구성하여 우대운송계약(S/C) 체결 가능	• 좌동
	• 선사는 개별적으로 또는 운임동맹을 통해 우대운송계약(S/C) 체결 가능	• 선사는 개별적으로 또는 협정체결에 의한 단체로도 우대운송계약(S/C) 체결 가능
	• 무선박운송인(NVOCC)은 운송인의 자격으로 S/C를 체결할 수 없음	• 좌동

	• 모든 우대운송계약(S/C)은 FMC에 신고 필요	• 우대운송계약(S/C) 내용 중 해상운송구간 (선적항과 양하항), 품목명, 계약기간, 계약물량은 운임 양식을 이용하여 공개(인터넷 웹사이트)
	• 우대운송계약(S/C)의 필수조건인 운송구간, 품목명, 계약물량, 계약운임, 계약기간, 서비스 약속 및 계약불이행시 범칙금을 사전에 FMC에 신고해야 함	• 우대운송계약(S/C)내용 중 내륙운송구간(최초 출발지와 최종 목적지), 계약운임, 서비스 약속, 계약불이행시 범칙금은 대외비로 할 수 있음 • 미국내 항만노조가 우대운송계약(S/C) 내용 중 일부를 선사에 요청할 경우 선사는 내용을 제공해야 함 • 항만 노조의 화물운송참여에 관한 결정은 전적으로 단체협약에 따라야 함
내륙운송비 협상	• 내륙운송비에 관한 선사들의 공동협상 금지	• 내륙운송비에 관한 선사들의 공동협상허용(단, 독점금지법 심사를 거쳐야 함)
운임동맹 운임률 및 우대운송 계약(S/C)에 관한 독자운임 결정권(IA)	• 독자운임 결정권(IA)통보기간 : 10일 • 운임동맹이 체결한 우대운송계약(SC)에 독자운임결정권(IA) 실시 불허	• 독자운임 결정권(IA) 통보기간 : 5일 • 운임동맹선사의 독자적인 우대운송계약(S/C) 체결 허용

자료 : 박영태 · 김만석, 전게논문, pp.30~31.

제 4 절 부정기선운송

4.1 부정기선운송의 의의

1. 부정기선운송의 개념

부정기선(tramper)운송이란 정기선운송과는 달리 일정한 항로나 화주를 한정하지 않고 화물수요에 따라 화주가 요구하는 시기와 항로에 선복을 제공하여 화물을 해상운송하는 형태로서, 부정기선의 대상화물은 대체로 원자재와 연료, 곡물 등 운임부담능력이 상대적으로 약한 살화물이 대종을 이루고 있다. 이러한 살화물은 화물의 성질 또는 형태에 따라 특수한 시설과 구조를 갖춘 특수전용선에 의한 용선계약(charter)에 의하여 운송된다.

정기선운송과 부정기선운송의 관계는 최근 국제간의 무역의 발전과 조선 및 항해기술의 발달 그리고 컨테이너선의 출현으로 정기선운송이 세계해운의 주류를 이루고 있으나, 정기선과 부정기선은 그 운용면에서 한계[73]가 있으므로 상호보완적이면서도 각기 특정적인 활동분야를 가지고 있다.

이러한 부정기선 운송의 특징은 다음과 같다.

- 운송수요가 시간적·지역적으로 불규칙하고 불안정하여 수시로 항로를 변경하여야 하기 때문에 전 세계가 활동범위가 된다.
- 정기선 운송과 같은 해운동맹의 형성이 어렵고 필연적으로 단일시장에서의 자유경쟁이 전개되어 가격(운임/용선료)이 시장기능에 따라 다변적으로 변화하는 타율성이 강하다.
  ① 시장기능 : 수요(해상운송의 수요)와 공급(가용 선복의 공급)
  ② 수요에 영향을 끼치는 요소 : 세계경제 동향, 해상물동량, 평균 운항거리, 운송비용, 정치적 사건 등
  ③ 공급에 영향을 끼치는 요소 : 선대량, 신조선 인도량, 해체율과 해손율, 선대 생산성 운항환경 등
- 선복의 공급이 물동량변화에 대해 매우 비탄력적이기 때문에 선복수급이 균형을 이루기 어렵다.

2. 부정기선시장과 선박중개인

(1) 부정기선시장

부정기선시장에는 정기선의 해운동맹과 같은 카르텔 조직은 없고 시장참여가 자유로운 경쟁시장이다. 부정기선의 시장은 해상물동량과 운송인의 선복수급관계에 따라 끊임없이 변동[74]되고 있다.

---

73) 국제무역에서 주교역상품은 공산품이므로 개품운송인 정기선에 의하여 운송이 가능하지만 운송수요가 급증하는 화물로서 용적이 크고 운임부담력이 약한 대량화물은 부정기선에 의하여 운송할 수 밖에 없다.

74) 부정기선 시황의 변동요인은 기본적으로 전세계 해상물동량과 부정기선 선복수급과의 관계에 따라 시황이 좌우되지만, 세계의 급작스러운 사건에 의해서도 시황이 변동하기도 한다. 예를 들면 세계의

부정기선의 운송계약은 1항해단위로 체결(1회 항해용선 : one voyage charter)하는 것이 기본이나 선박회사로서는 장기안정수익의 확보, 화주로서는 장기안정운송의 확보로 인하여 선박을 특정하지 않고 일정량의 화물운송을 1년 또는 그 이상의 일정기간을 정하여 계약(연속항해용선 : consecutive voyage charter)이 성립되는 경우도 있다.

[표 4-37] 부정기선 시황정보 수집원

자 료	내 용	발행처	서비스형태
Unicom News	• 최근 성약운임률 및 내용 • 물동량 추이 및 시황전망 • CBT Corn Settlement 동향 • 기타 해운관계 정보	Unicom	매주
Weekly Market Review	• 최근 성약내용 • Laidup/Idle 통계	H. Clarkson	매주
World Maritime Analysis	• 시황추이 • Biffex 지수 • 최근 성약운임률 • 환율	Tramper Data Service Co	매주
Biffex Report	• Biffex 및 시장동향	Biffex Co	매주
World Economic News Service	• 세계해운시황	Reuter's News Agency	매일
Maritime Research	• 주간 성약내용(운임률, 성약수) • 지수추이	Maritime Research	매주
Fixture Report (TUX)	• 성약건수 내용	Brokers Branches	매일

부정기선 해운업자가 운항하는 선박의 소유관계를 보면 자사소유 선박을 운항, 타선주로부터 나용선한 선박을 운항, 타선주로부터 정기용선한 선박을 운항, 타선주로부터 위탁받은 선박을 운항하는 경우 등이 있으며, 세계도처에는 수많은 선박과 선적지, 양륙지를 달리하는 많은 종류의 화물간에 정보가 교환되는 용선해운시장이 형성되어 있다.

세계적 해운시장의 중심은 런던, 뉴욕 및 동경으로 중요 용선시장(chartering market)은 다음과 같다.

철강 생산량, 농산물 수확량, 오일가격의 상승, 하락에 의한 대체 에너지원으로서의 석탄물동량 등과 같은 세계의 정치, 경제상의 요인, 기후나 계절적인 요인의 변동 등이 있다.

[표 4-38] 세계 주요 용선시장

용선시장	용선시장명
런던시장(London market)	Greek, British Owners
뉴욕시장(Newyork market)	Continental Owners
오슬로시장(Olso market)	Norweigan Owners
도쿄시장(Tokyo market)	Japanese Charters
홍콩시장(Hongkong market)	Sale & Purchase
기타 지역시장(other loal market)	Paris, Hamburg, Athenes, Milan 등

런던시장, 뉴욕시장, 오슬로시장, 도쿄시장은 세계 4대 해운시장이며 우리나라의 부정기선 시장 참여자들도 대부분 위와 같은 해운시장에서 중개인을 통하여 거래를 한다. 단, 국내화물에 대하여는 대부분 화주와 부정기선사 간에 직접 거래를 한다.

(2) 선박중개인

송화주 및 수화주와 선주 또는 해상운송인과의 중간에서 선박과 화물의 취급, 운송 및 통상업무의 대리, 하역의 수배, 용선의 조회 및 계약, 용선대리업 등의 역할을 수행하는 사람을 선박중개인(ship broker)이라 한다. 선박중개인으로는 선주 중개인, 용선 중개인, 탱커 중개인, 케이블 중개인 등이 있다.

[표 4-39] 선박중개인의 종류와 개념

중개인 명칭	개 념
선주 중개인 (Owner's broker)	선주가 배를 용선해 주는 용선계약을 맺는 과정에서 선주를 위해 행동하는 용선중개업자
용선 중개인 (Charterer's broker)	선주가 배를 용선해 주는 용선계약을 맺는 과정에서 화주(용선자)를 위해 행동하는 용선중개업자
탱커 중개인 (Tanker broker)	용선자와 선주 사이에서 액체살화물 및 선박을 전문으로 취급하는 중개업자
케이블 중개인 (Cable broker)	대리하고 있는 용선자 및 선주들에게 화물량 및 선박일정에 관한 정보를 텔렉스로 통지하는 중개업자

3. 용선계약의 체결과정

부정기선운송에서 용선계약의 체결과정은 다음과 같다.

(1) 조회(inquiry)

화주는 필요로 하는 화물을 운송할 선박을 수배하기 위하여 용선중개인(charter broker)을 통하여 화물, 수량, 양하지, 선적시기, 운임 등 조건에 적합한 선박중개를 의뢰하고, 중개인은 화주의 제 조건과 일치하는 선박을 선사에 조회하게 된다.

(2) 확정청약(firm offer)

조회받는 선사는 화주가 요구하는 제 조건을 검토 후 용선계약에 필요한 제 조건과 유효기간 등을 명시하여 화주에게 용선계약체결을 신청하게 된다.

(3) 반대청약(counter offer)

선사가 제시한 확정청약의 제 조건에 대하여 화주가 청약내용의 일부를 변경하거나 추가 제의를 하는 것으로 이는 원래의 청약에 대한 거절이면서 새로운 청약이 된다. 용선계약이 성립되기까지는 수차에 걸친 청약과 반대청약의 과정을 거치게 된다.

(4) 선복확정서(fixture note)의 송부

선사가 제시한 유효기간 내에 확정청약을 화주가 승낙(acceptance)하면 용선계약이 성립한다. 이의 증빙으로 선복확정서를 선주, 화주 및 중개인이 각각 서명하여 1부씩 보관하게 된다.

(5) 용선계약서(charter party)의 작성

선복확정서에 의거 정식 용선계약서를 작성한다. 용선계약은 성격상 당사자의 합의에 의하여 계약이 성립되기 때문에 합의계약(consensual contract), 각 당사자가 대가적 채무를 갖기 때문에 쌍무계약(bilateral contract), 문서의 작성이나 교부가 계약성립의 요건이 아닌 구두에 의하여 계약이 성립할 수 있으므로 불요식계약(informal contract)의 성격을 가지고 있다.

용선계약의 내용은 용선형태 및 화물, 항로, 사용서식에 따라 계약서의 내용이 상이하며, 또한 표준서식을 사용하였다 하여도 당사자간 합의에 따라 추가 및 삭제가 가능하다.

4. 용선계약의 종류

용선계약은 크게 선복 전부를 빌리는 전부용선계약(whole charter)과 일부만 빌리는 일부용선계약(partial charter)으로 구분되며, 전부용선계약은 용선형태에 따라 다시 항해용선계약(voyage charter), 기간(정기)용선계약(time charter), 나용선계약(bareboat charter) 혹은 선박임대차계약(demise charter)으로 구분된다.

항해용선계약은 일정항해를 계약의 내용으로 하고, 정기용선과 나용선은 일정기간을 기초로 하여 계약이 이루어진다. 항해용선계약과 기간용선계약은 선주가 선박의 점유권 및 지배권을 가지고 있다는 점에서 나용선계약과 차이가 있다.

[표 4-40] 용선계약별 특성비교

구 분	항해용선계약	기간(정기)용선계약	나용선(선박임대차)계약
선장고용책임	선주가 선장임명 및 지휘감독	좌동	임차인이 선장임명 및 지휘감독
책임한계	용선자는 선복이용하고 선주는 운송행위	좌동	임차인이 선박을 일정기간 사용 및 운송행위
운임결정기준	화물의 수량 또는 선복으로 결정	기간에 의하여 결정	임차료는 기간을 기초로 결정
기항담보	용선자는 재용선자에 대하여 기항담보 책임없음	좌동	임차인은 화주 또는 용선자에 대하여 기항담보 책임이 있음
선주의 비용부담	선원급료, 식대, 음료수, 윤활유, 유지비 및 수선료, 보험료, 감가상각비, 연료, 항비, 하역비, 제수수료, 예선비, 도선료	선원급료, 식대, 음료수, 윤활유, 유지비 및 수선비, 보험료, 감가상각비	감가상각비, 보험료
용선자의 비용부담	부담비용 없음	연료, 항비, 하역비, 제수수료, 예선비, 도선료	항해용선 중 감가상각비 이외의 비용

[표 4-41] 용선계약별 비용구분

<table>
<tr><th>비 용</th><th colspan="4">운항 형태</th></tr>
<tr><td>자본비(capital costs)</td><td>나용선</td><td rowspan="3">F.I.O 상의
항해용선</td><td rowspan="3">정기선운송과
동일조건의
항해용선</td><td rowspan="3">정기선
서비스</td></tr>
<tr><td>일일작업비(daily operating costs)
• 승무원 및 식량(crew & provisions)
• 비품(stores)
• 수선유지비(repairs & maintenance)
• 선박보험(vessel insurance)
• 윤활유(lubrification oil)
• 선급협회비(classification)
• 행정비(administration)</td><td>기간용선</td></tr>
<tr><td>항해비(voyage costs)
• ·일반항해비(general voyage costs)
– 대리점 수수료(agent's commission)
– 항구 및 운하통과세(port & canal dues)
– 벙커유(bunkers)
– 화물보험(cargo insurance)
– 잡비(miscellaneous)</td><td>항해용선</td></tr>
<tr><td colspan="5">• 선적 및 하역비(loading & discharging costs)</td></tr>
</table>

5. 용선계약의 유형별 법률 관계

항해용선계약, 정기용선계약 및 나용선계약(선박임대차계약)상 당사자의 법률관계를 비교하면 다음과 같다.

[표 4-42] 용선계약의 유형별 법률 관계 비교

구 분	항해용선계약	정기용선계약	나용선계약
계약의 본질	운송행위의 제공	운송능력의 제공	운송수단의 제공
운송주체 및 용선선박의 점유·지배, 선장·선원의 선임 및 감독, 항해지휘권자	선박소유자	선박소유자	선박임차인·나용선자
상사지휘권자	항해용선자	정기용선자(취항약관)	화주(관련 약관없음)

선장・선원교체 청구권자	선박소유자가 판단 처리	용선자의 요청시 선박소유자는 필요시 교체(불만약관)	선박소유자의 승낙을 필요로하며, 선박소유자의 요청시 용선자는 즉시교체
운송물의 종류・수량의 결정	항해용선자	정기용선자	관련 약관 없음
적・양하의 지정	항해용선자	정기용선자	관련 약관없음
용선기간	선적항에서 선적준비가 완료되어 양륙지에서 양륙완료 될 때까지	약정기간의 용선개시일부터 반선 때까지	약정기간의 용선선박인도시부터 반선할 때까지
용선료	운송행위의 보수 선적량 또는 총액운임	운송행위능력에 관한 보수 기간운임	운송수단인 선박의 임차료
용선료의 산정기준	항해단위(총용선계약)	기간단위(총용선계약)	기간단위(순용선계약)
선박철수권자	없음	선박소유자(용선료 지급 지연 시)	선박소유자(용선료 지급 지연, 보험미부보 시)
선박소유자의 부담항목	간접선비, 직접선비, 운항비(단, F.I.O에서 하역인부비용제외)	간접선비, 직접선비	간접선비, 선박임대차계약의 경우 선박보험료
용선자의 부담 항목	없음	운항비	직접선비, 운항비나 용선계약의 경우 선박보험료
선박소유자의 묵시적 의무	감항능력유지의무, 항해의 빠른 성취의무, 직항의무	감항능력 유지의무, 성능유지의무, 항해의 빠른 성취의무, 직항의무	협의의 감항능력
선박소유자 보증감항능력의 내용	-	선원, 설비, 보급의 적합성, 홀드, 냉동실 기타 화물창의 양호한 유지	항해설비의 적합성, 화물창의 양호한 유지
감항능력 유지시기	선적항 출항 시	용선계약 개시 및 용선기간 중	선박인도 시
용선자 준수 묵시적 의무	위험물적재 금지, 안전항 지정	위험물적재 금지, 안전항 지정	사항없음
용선료 지급중단	없음	있음	나용선 : 없음
선화증권의 발행	선박소유자, 선장, 그 대리인인 용선인의 지시에 따라 서명한 경우 보상약관 적용받음	선박소유자, 선장, 그 대리인인 용선인의 지시에 따라 서명한 경우 보상약관 적용 받음	임차인, 용선인, 선장, 그 대리인

선박정비	선박소유자	선박소유자	임차인, 나용선자 선박임차의 경우 보험수선에 관해서는 선박소유자의 승낙필요
공동해손의 분담	선급, 용선료는 분담하지 않음	선급, 용선료는 분담하지 않음	선박, 용선료는 분담하지 않음
제3자에 대한 불법행위책임	선박소유자	선박소유자	선박임차인, 나용선자

4.2 항해용선계약

1. 항해용선계약의 의의

항해용선계약은 어느 항구로부터 다른 항구까지 서로 협정한 운임률과 조건으로 용선화물 또는 일부화물을 운송하기 위하여 선주가 용선인에게 선복의 사용을 허용하는 계약이다. 항해용선계약은 일정한 항해를 기준으로 한다는 점에서 정기용선계약과 나용선계약으로 구분된다.

항해용선계약의 운임은 실제로 적재한 수량(laden quantity)에 의하여 결정되나, 중량용선(deadweight charter)의 경우에는 용선인에게 제공한 중량톤수에 따라 운임이 결정된다. 따라서, 분쟁을 예방하기 위하여 계약서에 어떤 톤(ton)인지 명시해 놓는 것이 좋다.

이러한 항해용선의 종류는 운임결정방식에 따라 선복용선계약, 일대용선계약 및 하역비와 항비의 부담방식에 따라 gross term charter, net term charter, F.I.O charter 및 Lumpsum charter로 구분된다.

[표 4-43] 항해용선의 종류

구 분		내 용
운임 결정 방식	선복용선계약 (Lumpsum charter)	정기선 운항사간에 한 선박의 선복전부를 한 선적으로 간주하여 운임액을 결정하는 용선계약
	일대용선계약 (Daily charter)	지정 선적항에서 화물을 적재한 날로부터 지정양륙항에서 화물을 인도완료할 때까지 하루 단위로 운임액을 결정하는 용선계약

하역비 및 항비 부담 방식	Gross term charter	선주가 하역비 및 항비를 부담하나 부선료, 체선료, 휴일 및 야간할증료 등 특수비용은 용선인이 부담하는 용선계약
	Net term charter	용선인이 선적·양하비 외에 하역준비완료시부터 양하종료 시까지 일체의 비용을 부담하는 용선계약
	F.I.O. charter	용선인이 선적과 양륙 시 하역비를 부담하고 선주는 항비를 부담하는 용선계약
	Lumpsum charter	용선인은 선박사용에 대한 총운임을 지급하고, 선주는 일정 선복을 사용에 제공하거나 선박이 운송할 수 있는 화물의 최대 중량을 보증하는 용선계약

운송계약체결 시 예상가능한 모든 내용을 약정하는 것은 현실적으로 불가능하다. 그러나 공인서식을 사용하는 경우 발생 가능한 분쟁을 사전에 예방할 수 있고, 당사자 간 교섭의 중점을 서식상의 문제점에만 한정시킬 수 있는 장점이 있다.

항해용선계약의 공인서식은 화물과 항로에 따라 다르나 현재 영국해운회의소(The Chamber of Shipping of the United Kingdom)에서 공인된 것은 석탄운송용 16종, 목재용 7종, 곡물용 11종 등 총 49종이다.

이 중 주요 표준서식의 종류를 보면 다음과 같다.

[표 4-44] 항해용선계약 표준서식

서식의 종류		내 용
일반용	Gencon[75]	발틱국제해운동맹이 제정한 것으로 화물, 항로구별 없이 사용목적으로 작성된 서식
	Warshipvoy	미 전시해운관리국이 징용선을 민간인에게 운항 시 사용목적으로 제정된 서식
	Nipponvoy	일본 해운거래소가 제정한 서식으로 런던과 뉴욕에서 사용되는 서식
석탄 운송용	Balcon	발틱 백해동맹이 제정하고 영국석탄수송위원회 및 스칸디나비아 석탄수입협회가 승인한 서식
	Coastcon, Medcon	영국 연안 석탄수송용의 영국해운거래소 공인서식
	Chamber of Shipping Welsh Coal Charter	정박기간과 체선료 산정에 관한 특수규정이 있는 발틱해운동맹이 채택한 서식
	Americanized Welsh Coal Charter	뉴욕중개인협회가 공인한 서식

목재 운송용	Benacon	발틱백해해운동맹이 채택하고 영국해운거래소가 공인한 서식
	Baltwood	영국해운거래소 공인서식
	Genlum form	미국 태평양연안 항로용 서식
곡물 운송용	Centrocon	남미, 영국, 유럽의 소맥, 옥수수 등 곡물수송용으로 영국해운거래소 공인서식
	Baltimore Berth C/P Stesmer	북미, 캐나다 대서양연안에서 세계각지 용선용 서식
	Noram	뉴욕곡물거래소 공인서식
	Grain C/P	북미 태평양연안으로부터 유럽 간 운송에 사용되는 서식
광석 운송용	Meditore	지중해, 영국 또는 유럽대륙 간 광석운송에 사용되는 영국해운거래소 공인서식
	Sovietore	흑해 제 항구에서 유럽, 미국 간 운송에 사용되는 서식
	Iron Ore C/P	일본에서 광석운송용으로 사용되는 서식
탱커용	Interankvoy	국제 탱커선주협회에서 제정한 서식

아래 그림은 Gencon(젠콘)을 모델로 하여 작성한 표준항해용선계약서이다.

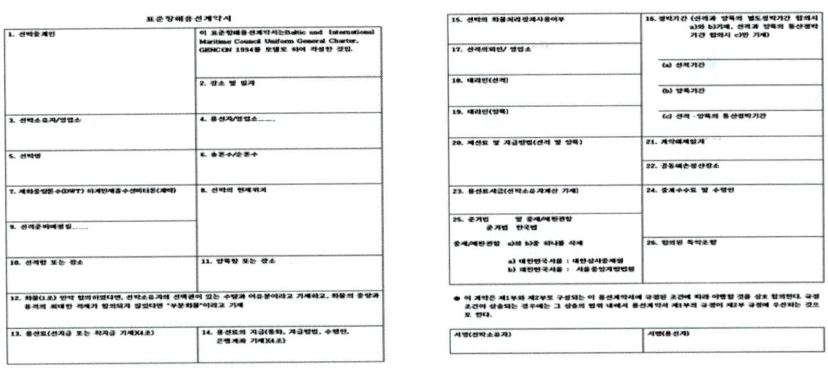

[그림 4-20] 표준항해용선계약서

75) Gencon(젠콘) 양식은 1922년에 처음 만들어졌고 그 후 1976년과 1994년에 개정을 거쳐서 현재 사용되고 있으며 어떠한 화물이나 항로에도 이용될 수 있도록 만들어졌고, 서식의 내용이 다른 서식에 비하여 운송인에게 상당히 유리하게 되어 있기 때문에 많은 선주들이 이 서식을 선호하고 있다.

2. 항해용선계약의 주요 내용

(1) 계약당사자의 명칭

계약상 선주(owner)와 용선자(charter)로 표시되며, 선박경영자가 다른 선주로부터 용선한 선박을 운용하는 경우에는 chartered owner로 표시된다.

(2) 선박의 표시

선박의 국적(nationality of vessel), 톤수(tonnage), 선급(class of vessel)[76] 등이 기재된다.

(3) 선박의 동정과 적입준비 예정일

선박의 동정은 용선인에게 중요한 사항으로 이에 따라 화물을 준비하게 되며, 적입준비 예정일은 본선이 선적 및 하역을 개시할 수 있는 예정일로서 화주는 예정일에 따라 적하수배를 하게 된다.

(4) 해약기간

적재준비 예정일보다 지연시 화주는 손해를 보게 되므로 이 경우에 적용할 해약기일을 약정하며 기일이 경과되면 해약권을 행사하게 된다.

(5) 화물의 표시

화물의 종류는 운임, 선복이용, 내항능력 등과 관계가 있으므로 적재화물의 종류 및 수량, 선주의 재량범위(margin)를 기재하게 된다.

(6) 선적항과 양륙항

선적항과 양륙항은 치안상 안전한 항구여야 하며, 1개 또는 그 이상을 명기하게 된다. 선적지에 항구명만 기재된 경우 선적장소는 그 항구의 관습에 따라 결정되며, 양륙지가 2항구 이상일 경우는 기항지의 순서를 부기하여야 하나 별도의 지시가 없으면 지리상의 순서로 하게 된다.

76) 선박의 건조, 보수 및 유지에 관한 통일된 표준치를 설정, 이를 준수하게 함으로써 선박의 신뢰도 확보를 목적으로 만든 제도로서 이의 표시는 부호로 나타낸다. 선급은 선박의 매매·용선·선체 및 용선에 대한 해상보험요율 등을 정하는 기준이 되고 있다.

(7) 운임과 지불조건

운임은 톤을 기준 적재량에 따라 산정한다. 지불방법은 선불(freight prepaid)과 후불(freight collect)이 있으며 원칙적으로 후불이 합리적이지만 관습상 선불방법이 많이 사용되고 있다.

선불에는 지불시기에 따라 적재완료불(payable on completion of loading)과 선화증권 발행시불(payable on signing of B/L)로 구분되며, 후불에는 양륙지도착불(payable on arrival to destination)과 양하완료불(payable on completion of discharge)이 있으며 선주는 운임손실이 있을 수 있기 때문에 운임을 보험목적물로 부보하는 것이 안전하다.

(8) 적재 및 하역비 부담조건

선내하역인부임(stevedore)을 선주와 화주 중 누가 부담하는지를 구별하여 결정하여야 한다. 적재 및 하역비 부담조건의 종류로는 다음과 같다.

[표 4-45] 적재 및 하역비 부담조건

구 분	내 용
Liner or Berth terms	적하 시와 양하 시의 선내하역인부임을 선주가 부담하는 조건
F.I.O.(Free In and Out)	적하 시와 양하 시의 선내하역인부임을 화주가 부담하는 조건
F.I.(Free In)	적하 시의 선내하역인부임은 화주가 부담하고 양하 시는 선주가 부담하는 조건
F.O.(Free Out)	적하 시의 선내하역인부임은 선주가 부담하고 양하 시는 화주가 부담하는 조건
Gross terms(Gross charter)	항비, 하역비, 검수비를 선주가 부담하는 조건
Net terms(Net charter)	항비, 하역비, 검수비를 화주가 부담하는 조건

(9) 정박기간의 표시

정박기간(laytime)이란 화주가 계약화물의 전량을 완전하게 적재 또는 양륙하기 위하여 본선이 선적항 또는 양륙항에서 정박할 수 있는 기간을 말한다. 화주는 정박기간내에 하역을 완료하지 못하면 초과 정박기간에 대하여 체선료(demurrage)를 지불하여야 하며, 반대로 빨리 하역작업이 종료되면 조출료(despatch money)로 보상받게 된다.

정박기간은 화물의 종류, 적하 및 양하지의 상황 및 관습에 따라 다음과 같은 조건이 사용되고 있다.

[표 4-46] 정박기간의 표시방법

구 분	내 용
관습적조속하역 (Customary Quick Despatch : C.Q.D)	항구의 관습적 하역방법 및 하역능력에 따라 가능한 한 신속히 적재 및 하역을 실시하는 조건
연속정박기간 (Running laydays)	우천, 파업 및 기타 불가항력적 원인을 불문하고 하역개시 시부터 종료 시까지 계속된 경과일수로 정박기간을 정하며 실제 하역이 불가능한 날이 있더라도 모두 정박기간에 산입하는 조건
청천하역일 (Weather Working Days : W.W.D)	가장 많이 사용되는 조건으로 기후가 양호하여 하역이 가능한 작업일만을 정박기간으로 정하는 조건. 일요일과 공휴일을 제외하는 경우와 포함하는 경우가 있으며 전자는 WWD SHEX (sundays and holidays expected), 후자는 WWD SHINC (sundays and holidays included)라고 함. WWD SHEX의 경우 일요일과 공휴일에 작업이 있을 때는 실제 작업시간을 정박시간으로 계산함.

(10) 정박기간의 시기와 종기

정박기간이 기산되기 위해서는 도착선(arrived ship)일 것, 하역준비완료통지(N/R : notice of readiness)[77]가 용선주 또는 지정인에게 제출되어야 할 것, 본선이 화물을 적재 및 하역할 제반준비가 실제로 되어 있을 것 등의 3조건이 충족되어야 한다.

일반적으로 정박기간의 개시 시기는 하역준비완료통지가 오전에 있으면 당일 오후 1시부터 개시되고, 오후에 주어지면 다음 영업일(next working day)의 오전 7시나 8시가 되는 것이 보통이나 계약조건에 따라 상이하다. 이때 정박기간 개시 전에 작업이 시작하거나 부두접안을 위해 대기하는 시간은 정박기간에 포함된다.

한편 정박기간의 종기는 일반적으로 하역이 완료될 때까지이다.

(11) 체선료

체선료(demurrage)라 규정된 시간 내에 선적이나 양하를 완료하지 못했을 경우에 약정요율에 화주가 선주에게 1일 또는 중량톤수당으로 계산하여 지불하는 계약위반에 따른 손해배상금을 말한다. 체선료의 요율은 정기용선율을 기초로 하고 이것에 초과정박으로 인해 추가되는 연료비, 통신료, 항비 등의 경비를 고려하여 1일 단위로 결정하는 것이 일반적이다.

77) 본선선장이 도착 즉시 또는 영업시간 내 검역 및 통관 후 대리점을 통해 화주 또는 그 대리인에게 선적준비나 양하준비가 완료되었음을 알리는 통지서로 화주의 접수여부에 관계없이 제시(tender) 기준에 의하여 정박기간이 개시된다.

(12) 조출료

체선료의 반대개념으로 허용 정박기간 이전에 작업이 완료되었을 경우 본선의 회항시간단축에 대해 선주가 화주에게 지불하는 보수로 보통 체선료의 반액이다.

(13) 선화증권의 발행

계약조건에 따라 선적이 완료되면 화주의 요청에 따라 선화증권(Bill of Lading : B/L[78])이 발행된다. 이때 발행되는 선화증권은 정기화물선에서 발행되는 선화증권(shipped B/L 및 컨테이너화물의 received B/L)과는 달리 용선계약선화증권(charter party bill of lading)이라 부른다. 일반적으로 선화증권은 용선계약에 의하여 발행되므로 운송계약의 조건과 반드시 일치하여야 한다.

(14) 대리점

적하·양륙지에서의 입출항 수속과 하역수배 등을 수행하는 대리점을 기재하게 된다.

(15) 중개료

중개인이 개입되어 계약이 체결되었을 경우 중개인에게 지불할 중개료(commission)를 기재하게 된다. 중개료의 지급시기는 운임을 징수했을 때로 하는 것이 일반적이다.

(16) 유치권조항

유치권은 용선계약상 명시여부에 관계없이 선주에게 주어진 권리로, 화주가 운임 및 기타 경비를 지불하지 않았을 경우 선주가 화물을 유치(lien)할 수 있는 권리[79]를 말한다.

(17) 공동해손조항

공동해손발행 시 적용할 준거법을 규정하는 것으로 주로 요크 앤트워프규칙(York Antwerp Rules)[80]에 따른다.

---

78) 용선계약서에 따라 발행되는 선화증권은 관습적으로 용선자가 작성하고 선장이 서명하도록 되어 있다.

79) 유치권은 각 국은 물론 우리나라 민법에서 담보물권의 하나로 인정되고 있다. 운임체선료 등의 물권에 대하여 상법은 단기채권시효를 1년으로 하고 있으며, 일자 최고에 한하여 6개월 자동 연장된다.

80) 공동해손 및 배상금에 대한 이자, 입체비용에 대한 수수료, 공탁금의 취급방법 등에 관한 각국간 법률 상이에서 오는 분쟁을 방지하기 위하여 1864년 벨기에의 앤트워프에서 제정된 국제통일규칙이다. 이 규칙은 그동안 수차례에 걸쳐 개정되었으며 현행 규칙은 1974년 개정된 것이다.

(18) 위약금조항

불가항력 이외의 사유로 계약을 위반했을 때 위약당사자가 상대방에게 지불하는 위약금(penalty, indemnity)을 말한다.

(19) 면책조항

면책조항은 선화증권 등의 약관 중에서 일정한 종류의 위험이나 우발사고 또는 태만에 대한 책임으로부터 운송인을 면책하게 되는 조항을 말한다. 면책조항의 주요 조항으로는 ① 전쟁조항(war clause), ② 동맹파업조항(strike clause), ③ 결빙조항(ice clause), ④ 선주면책조항(owner's responsibility clause), ⑤ 이로[81]조항(deviation clause) 등이 있다.

4.3 정기용선계약

1. 정기용선계약의 의의

정기용선이란 화물을 적재할 수 있는 설비 및 용구를 갖추고, 선원을 승선시킨 선박의 전부 또는 일부를 일정기간동안 선박소유자가 정하는 항해구역이면 용선한 선박을 임의배선할 수 있을 뿐만 아니라 계약상 제한된 화물을 제외하거나 어떠한 화물이라도 적재할 수 있는 계약을 말한다.

즉, 정기용선에서는 선박의 점유가 용선자에게 인도되는 것이 아니라, 점유는 여전히 선박소유자 등이 선장과 해원을 통하여 간접 점유를 하고 정기용선자는 그 선박의 자유사용권만을 갖는다. 또한 정기용선에서는 선박을 빌려준다는 점에서 임대차 계약의 성격을 띠고 있으며 선장과 선원을 공급한다는 점에서 노무계약의 성격을 띠므로 정기용선계약은 혼합계약의 형태라고 볼 수 있다.[82]

항해용선계약이 주로 자신의 화물을 운송하기 위한 용선인 반면 정기용선은 자신의 화물운송보다 전문적인 해상운송업자로서 선박을 용선하여 이를 정기항해사업 또는 부정기항해사업에 사용하는 경우가 많다.

정기용선에서 경비의 부담은 용선자는 용선기간에 따라 선주에게 용선료[83]를 부담하고 항

81) 항로 외 항로변경으로 본선이 정해진 항로를 이탈하거나 또는 변경하는 것을 말한다.
82) 이균성(2010), 「신 해상법 대계」, 한국해양수산개발원.

만사용료, 연료비, 운반비 등 운항비를 부담한다. 선주는 선원비, 수선비, 선용품 등 직접선비와 감가상각비, 보험료, 금리 등 간접선비를 부담하게 된다.

2. 정기용선 계약의 표준서식

[표 4-47] 정기용선 계약표준서식의 종류

서식의 종류	내 용
Baltime	발틱 국제해운동맹이 제정하고 영국해운회의소가 공인한 서식
Produce form	뉴욕물산거래소에서 제정한 서식

3. 정기용선 계약의 주요 내용

(1) 용선기간

정기용선계약에서 용선기간은 용선료계산의 기준이 되므로 중요한 계약조항이 된다. 용선기간은 통상 3개월, 6개월 또는 9개월 등 월수를 기초로 하고 역월[84](calender month)을 기준으로 한다.

(2) 선박의 인수와 인도

정기용선 계약은 선박을 선주가 용선자에게 인도함으로써 개시하고 선주에게 반환함으로써 종료된다. 반선의 경우 용선자는 반선예정일 및 반선항구를 최소한 10일 이전에 통지하여야 하며, 인수당시와 동일하게 양호한 상태로 영업시간 중[85] 반환하여야 한다.

(3) 운행구역

운행구역(trade limit)은 당사자 약정에 따라 용선기간 중 용선자가 본선을 사용할 수 있는 구역을 말한다. 용선자는 약정된 구역 외로 운행하려고 하거나 운행구역 범위내라 하더라도

83) 용선료는 기관의 고장 등 용선중지(off hire)가 되지 않는 한 용선기간 중 본선의 적재중량톤수에 따라 용선자가 선주에게 지급하여야 한다.

84) 어느 월의 특정일부터 다음 월의 해당일 전일까지가 1역월이 되며 1일 미만은 1일로 간주된다.

85) 평일은 오전 9시부터 오후 6시 사이, 토요일은 오후 2시 사이가 되며, 일요일과 공휴일은 영업시간에서 제외된다. 다만 사전협의가 있는 경우에는 예외이다.

보험구역과 일치하지 않을 때에는 선주의 승인을 얻어야 하며, 이에 따른 위험과 할증보험료를 부담하여야 한다.

(4) 경비의 부담

선주와 용선자간의 경비 분담은 일반적으로 본선관련 비용은 선주가, 운송에 관한 운항비는 용선자가 부담한다.

[표 4-48] 경비의 분담내역

선주부담 비용	용선자부담 비용
• 선장 · 선원의 급식비와 기타 제 비용 • 선박보험료 • 본선의 수리비와 제세공과금 • 갑판부와 기관부에 속하는 선용품비	• 연료 · 보일러물 비용 • 적하에 관련된 제 비용 • 화물 적재 · 하역에 관한 제 비용 • 출입항비, 도선료, 운하통행료 등

(5) 선주의 책임과 면책

정기용선계약에서 선박의 사용은 용선자에게 있으나 항해에 관한 책임은 선주에게 있으므로 운송품의 선적, 적부, 양륙 등에서 별도의 특약이 없는 한 선주에게 책임이 있다. 용선자는 자기의 위험과 비용으로써, 선장의 감독 아래에서 제한없이 운송물의 선적, 적부, 고르기, 묶기, 고정, 더니징, 풀기, 양하 및 검수를 포함하여 모든 운송물에 대한 취급을 실행하여야 한다.

선주의 책임은 선장에게 법적대리권이 부여되어 항해를 계속하면서 신속하게 수행하여야 하지만 선주는 내항담보에 관한 상당한 주의의 결여 또는 선주자신의 과실에 의한 경우 외의 사항에 대해서는 일반적으로 면책이 되고 있다.

(6) 용선료

용선료는 1개월에 중량단위로 결정하는 것이 일반적이며, 지급방법은 1개월분 또는 6개월분씩 선불하는 것이 보통이지만 당사자 약정에 따라 후불로 하는 경우도 있다. 용선료의 지불이 약정대로 이행되지 않으면 선주는 법원의 개입이나 기타 소송수속 없이 용선자로부터 선박을 회수할 권리를 갖는다.

용선기간 중 용선자의 책임에 귀속되지 않는 사유로 사고가 발생한 경우 용선료 지불의무자의 지급의무를 중단하는 것을 용선료지급중단(off-hire) 조항이라 한다. 본선이 24시간 이상 사용이 불가능한 경우 사용이 불가능한 상실기간에 대해서는 용선료를 지불할 의무가 없으며, 선불한 용선료는 이에 따라 정산하여야 한다.

(7) 적하종류의 제한

정기용선계약의 성질상 적법화물(lawful merchandise)인 경우 종류를 제한하지 않는다. 그러나 위험화물을 적재할 경우에는 사전에 선주의 승인을 얻어야 하며, 갑판에 적재할 경우에는 선장의 지시에 따라야 한다.

(8) 운행에 관한 제한

계약에 따라 본선의 항해구역이 제한되며, 항해구역이라 하더라도 위험해역에 대해서는 미리 선주의 승낙을 얻어야 한다.

(9) 재용선

용선자는 계약상 별도의 금지조항이 없는 한 용선계약이 허용하는 범위내에서 다른 사람에게 재용선할 수 있다. 용선자는 재용선[86]계약을 한 경우 선주에게 통지하여야 하며 선주는 어떠한 경우에도 최초 용선계약상의 선주의 의무를 초과한 범위에 대해서는 책임이 없다.

4.4 나용선계약(선박임대차계약)

1. 나용선계약의 의의

나용선계약은 선주가 선박만을 일정기간 용선자에게 대여하고 선장, 승무원, 선용품 및 연료 외에 본선의 사용 및 운항에 필요한 일체의 비용을 임차인인 용선자가 부담하는 계약을 말한다. 용선자는 선주의 승인을 얻어 선장과 기관장을 임명할 수 있으며 임명된 선장을 통하여 선박을 점유 지배하고 일시적으로 선주의 지위를 취득하게 된다.

그러나 일반적으로 나용선계약에서 선주는 본선의 관리권을 일시적으로 용선자에게 위임하는 것이기 때문에, 당사자간 특수관계나 관리능력을 신뢰할 수 있는 용선자가 아닌 한 선박보호를 위하여 정기용선계약을 택하는 경향이 있다.

86) 용선자가 용선에 의해 선복을 확보하고 이를 다시 제3자와 개품운송계약, 항해용선계약 또는 정기용선계약 등의 운송계약을 체결하는 것을 말한다.

2. 나용선계약의 표준서식

[표 4-49] 나용선계약 표준서식의 종류

서식의 종류	내 용
Barecon	발틱국제해운동맹에 의하여 제정된 영국 해운회의소 공인서식
Bareboat Charter Party	뉴욕상품거래소에서 제정한 서식
나용선계약서	일본 해운거래소에서 제정한 서식

3. 나용선계약의 주요 내용

(1) 용선기간

나용선은 용선기간이 장기이며 통상 1~5년으로 약정된다.

(2) 선박의 인수와 인도

나용선자는 본선의 인수와 인도에 앞서 선박의 인수와 인도 시 본선의 상태를 확인하여야 하며, 인수 시에는 선주, 인도 시에는 용선자부담으로 선적검사를 하여야 한다. 인도를 할 때에는 인수받은 당시의 상태로 반선하여야 한다.

(3) 경비의 부담

나용선자는 본선에 자기소유와 같은 운항관리권을 가지며 본선의 사용, 운항, 보전에 필요한 일체의 경비를 부담한다. 용선자가 부담할 비용으로는 보험료, 수선비 및 유지비, 검사비용 등이 있다.

(4) 용선자의 책임과 의무

나용선자는 계약기간 중 본선의 점유자가 되며, 운항 중 제3자에게 입힌 손해와 본선의 손상에 대해서는 용선자가 책임을 부담한다.

(5) 재용선

용선자는 선주의 승낙을 얻어 본선을 제3자에게 용선할 수 있다.

4. 국적취득조건부나용선(Bare Boat Charter Hire Purchase)

선박의 용선기간이 끝난 후에 용선자가 속한 국가의 국적을 취득하는 조건으로 한 나용선을 말한다.

[표 4-50] 대한민국 국취부나용선 등록 현황

선박(1)	용도(1)	2017		2016		2015	
		척수(척)	톤수(톤)	척수(척)	톤수(톤)	척수(척)	톤수(톤)
합계	계	9,620	45,728,557	9,704	44,595,009	9,831	46,498,120
	등록선	9,079	12,704	9,182	13,036,913	9,274	13,392,420
	국취부나용선	541	33,023,895	522	31,558,096	557	33,105,700
여객선	계	326	244,011	299	215,800	270	224,587
	등록선	326	244,001	299	215,800	270	224,587
	국취부나용선	0	0	0	0	0	0
화물선	계	1,044	29,776,525	1,062	29,701,984	1,125	32,377,296
	등록선	691	7,787,933	716	7,812,898	753	8,810,555
	국취부나용선	353	21,988,592	346	21,889,086	372	23,566,731
유조선	계	945	13,139,638	933	12,039,601	924	11,306,363
	등록선	757	2,104,335	757	2,370,591	739	1,767,394
	국취부나용선	188	11,035,303	176	9,669,010	185	9,538,969
기 타	계	7,305	2,568,393	7,410	2,637,624	7,512	2,589,884
	등록선	7,305	2,568,393	7,410	2,637,624	7,512	2,589,884
	국취부나용선	0	0	0	0	0	0

주 : kosis 국적선 보유현황

선박의 건조에는 막대한 자본이 투자되는 경우가 많기 때문에 일시에 선박건조자금을 조달하기 어려운 경우에 이루어진다. 용선기간을 장기로 하고 용선료에 선박대금을 포함시켜 용선하여 운항한 후, 용선기간 만료 시에 소유권을 이전받는 것이 특징이다. 우리나라의 경우 주로 해외 금융제공자가 편의치적국에 설립한 페이퍼 컴퍼니(paper company)를 통해 등록한 선박을 연불구매형태로 하되, 표면상으로는 나용선계약을 체결하여 선박대금을 용선료 명목으로 지불하고 대금 완납 후에 선박의 소유권을 이전받는 경우가 일반적이다. 1970년대에는 중고선 도입에 자주 이용되어 왔으나, 1984년 해운산업합리화조치의 일환으로 중고선 도입이 규제되면서 신조선 확보방법으로 이용되고 있다. 해운법에서는 "소유권을 이전받기로 약정하고 임차한 선박"이라 표현하기도 하여 국적선박에 준하는 대우를 하고 있다.

4.5 부정기선에 사용되는 선박

1. 부정기선 화물

부정기선 운송은 일정한 항로와 화주를 한정하지 않고 화물 수요에 따라 화물을 해상운송하는 형태로서 부정기선의 화물은 대체로 철광석, 곡물, 목재 등 원료나 원자재인 살화물(Bulk Cargo)이다.

2. 부정기선 선박

(1) 산적화물선

산적화물선은 광석, 석탄, 곡물, 비료, 시멘트 등을 포장하지 않고 그대로 수송하는 선박으로 전용선으로 운영되지 않는 일반 선박을 말하며, 살물선 또는 벌크화물선으로도 불린다. 운반하는 화물에 따라 곡물운반선, 광석운반선, 석탄운반선 등으로 나누어지며 화물의 특성에 따라 설계하고, 하역 장치 등이 설치되기도 한다. 산적화물선은 원료 운반이 주요 임무이기 때문에 수송비용을 낮추기 위하여 경제속력으로 항행하며 선체가 점차 대형화되고 있다.

(2) 전용선

전용선은 특정화물의 운송에 적합하도록 설비된 선박을 의미하며, 냉동선(Reefer Carrier), 유조선(Oil-Tanker), 목재 전용선(Lumber Carrier), 자동차 전용선(Pure Car Carrier) 등이 있다.

① 냉동선(Reefer Carrier)

냉동 화물창을 가지고 있는 선박을 말하며 육류와 과일 등의 운반에 사용된다. 선박의 구조는 General Cargo Ship과 비슷하나 화물창 전체의 온도를 낮출 수 있는 대용량의 냉동시스템을 갖추고, 온도의 유지를 위해 화물창 주변을 보온재로 철저히 감싸고 있다.

② 유조선(Oil-Tanker)

석유류 · 경유(鯨油) · 당밀 · 포도주원액 · 화공약품 및 액화석유가스(LPG) · 액화천연가스(LNG)

등 액체화물을 용기에 넣지 않은 비포장 상태로 산적(散積)하여 대량수송하는 선박이다. 유조선은 일반화물선과는 달리 보통 만재(滿載) 상태로 수송하고, 양하지에서 선적지로 되돌아갈 때는 공선(空船) 상태로 항해하면서 화물유 탱크를 씻는 작업(tank cleaning)을 한다.

③ 목재 전용선(Lumber Carrier)

원목(log)이나 제재목(lumber or timber)을 운반하기에 편리한 구조 및 설비를 갖춘 화물선을 원목선이라고 한다. 원목선의 구조는 단층 갑판 구조로서 흘수에 비해 넓은 선폭을 갖고 있다.

④ 자동차 전용선

자동차만을 화물로 운반하도록 설계, 건조된 선박을 말한다. 화물창을 다층 구조로 하여 적재능력을 최대로 하고 RO/RO 방식의 하역이 이루어지는 것이 특징이다.

제 5 절 연안운송

5.1 연안운송의 개념과 필요성

1. 연안운송[87]의 개념

연안운송이란 국내운송수단의 하나로 연안을 왕복운항하는 선박을 이용하여 화물을 운송하는 것을 말한다. 선박을 이용한 연안운송은 대량화물의 운송이 가능하고 운송비가 절감될 뿐만 아니라 연안운송을 통한 교통량의 분담으로 육상운송의 심각한 체증현상을 완화시킬 수 있으므로 3면이 바다로 둘러싸인 우리나라로서는 앞으로 연안운송을 더 확대시켜야 할 것이다. 최근 중량화물의 육로운송이 제한되고 있어 연안운송의 중요성이 크게 증대되고 있

87) 연안운송의 장점은 다음과 같다. ① 육상운송보다 탄소배출량이 적어 친환경적이다, ② 높은 사회간접비용이 거의 발생되지 않는다, ③ 육상운송에 비해 다소 저렴한 운임으로 화물운송이 가능하다. 단점은 다음과 같다. ① 공로나 철도운송에 비해 운송시간(Lead Time)이 길고 운송단계가 복잡하다, ② 화물환적에 따른 안정성 확보가 힘들다, ③ 접안시설 등의 시설이 부족하다, ④ 운송원가의 상승요인이 많다.

으며, 도로정체가 국가경제에 심각한 정도로 부상하고 있는 현실에서 연안운송은 다른 운송수단의 대체수단으로 부상되고 있다.

우리나라의 연안운송은 국토 면적이 협소하고 해안선이 비교적 짧은 지형적 특성으로 인하여 다른 운송수단에 비하여 상대적으로 낙후되어 있다. 컨테이너수출화물의 연안운송 현황을 보면 1989년 8월 (주)한진에 의하여 부산- 인천 간 서비스가 시작된 이래 1997년 여천-부산, 목포-부산 간 항로가 개설되어 전국 5개 항구 간에 현재 9척의 컨테이너 선박이 운항중에 있다.

인천항 연안운송의 소요시간은 출항 1시간, 항해 27시간, 인천입항 1시간 30분, 인천 하역시간 5시간을 거쳐 인천항에 약 3~5일간 체류하고 내륙운송을 거쳐 운송되고 있다. 연안운송은 새로운 운송수단으로 등장하고 있으나 해상운송, 하역, 셔틀운송 등 복잡한 유통과정을 거치므로 전체 운송시간이 길며, 운송단계가 복잡하고, 화물환적에 따른 안전성을 확보할 수 없으며, 접안시설 등의 시설이 부족하고 운송원가의 상승요인이 많아 육상운송에 비해 월등한 가격 경쟁력을 갖추었다고 할 수 없으나 선적시간이 급하지 않은 수출화물이나 원자재 수급에 시간적 여유가 있는 수입화물의 경우 연안운송을 활용하면 육상운송에 비해 다소 저렴한 운임으로 화물 운송이 가능하고 컨테이너세를 절감할 수 있어 적극적인 활용이 기대되고 있다.

연안운송은 장차 부산항, 인천항 등에 전용부두가 완공되고, 대형선박의 투입에 따른 규모의 운송이 가능해지면서 접안, 하역 등 터미널 기능의 개선이 이루어지면, 운송시간이 크게 단축됨과 함께 육상운송에 비해 운송비 부담이 크게 절감될 것으로 보인다.[88] 연안해운은 국내항만 간 여객 및 화물의 해상운송을 지칭하는 것으로 법률상 분류로는 내항운송업에 해당하며 우리나라 해운법에서는 해운업을 해상운송업과 해상운송관련 부대업으로 나누고 있으며 해상운송업은 다시 운항항로 및 수송대상에 따라 구분하고 있다.

2. 연안운송의 필요성

우리나라 경제는 경제개발 5개년 계획의 꾸준한 추진으로 고도성장을 이룩하여 왔으며 이에 따라 수출입 물동량의 높은 증가를 가져왔다. 이렇게 증가하는 물동량 중 특히 컨테이너화물의 경우 전체 물동량의 95% 이상이 부산항을 경유하여 처리되고 있으나 원활한 물적 유통을 위한 항만, 도로 등 사회간접시설에 대한 투자가 미진하여 화물유통시설이 물동량의 증가를 뒤따르지 못하고 있다.

88) http://myhome.shinbiro.com/~bbaga58/doc/inlandt.html.

따라서 부산항 컨테이너부두의 적체 현상과 부산항 컨테이너부두를 활용하기 위한 수도권 화물의 물동량이 자동차운송을 통하여 부산항까지 운송됨에 따라 발생되는 고속도로 및 국도의 극심한 정체와 파손은 물류비의 상승을 초래하여 결과적으로 국가경쟁력을 떨어뜨리는 주요요인이 되고 있다. 이는 국내 주요 내륙운송 수단인 자동차, 철도, 연안운송수단 중 컨테이너화물의 운송이 자동차운송에 지나치게 의존하기 때문이다.

최근 심각한 문제로 대두되고 있는 철도 및 도로 등 육상운송시설의 부족으로 인한 물류비의 증가는 결국 우리나라 수출입 물류비의 상승과 경쟁력 약화를 초래하여 이를 타개하기 위한 수단으로 연안운송의 활성화를 위한 필요성이 높아지고 있으며 일부는 이미 시행되고 있다.

연안운송은 CJ대한통운(주)(이전 대한통운(주))와 (주)한진에 의하여 서비스가 되기도 하였다. 즉 (주)한진에서는 부산-인천 간 4척, 부산-광양 간 2척이 매일 운항되기도 하였으며, 대한통운(주)에서는 부산-인천 간을 운행하기도 하였다. 연안운송의 활성화를 위해 정부에서는 전용 선석 지정운영 이외에도 연안 컨테이너 하역료 인하조정 및 화물입항료 징수체계 개선을 통하여 수출입물동량의 연안운송을 적극 유도하였으며, 민간차원에서는 (주)한진에서 물류비의 절감과 연안운송의 활성화를 위해 광양-인천 간에 컨테이너 200대를 적재할 수 있는 3천톤급 세미 컨테이너를 투입하여 운항하기도 하였다.

연안운송을 활성화하기 위해서는 단기적으로는 화물의 원활한 처리를 위한 부두시설의 확충 및 선박 투입제도 및 절차개선이 이루어져야 하며, 중기적으로는 선박 입출항 절차의 간소화와 선박확보 및 선복량 조절, 운임제도의 개선 및 제세공과금의 감면이 이루어져야 한다. 또한 장기적으로는 근본적으로 항만시설의 확충과 전용부두의 확충이 이루어져야 할 것이다.[89]

한국해운조합은 연안해운으로 운송전환을 촉진하기 위해 연안해운이 단위수송비가 도로의 16분의 1 수준으로 운송수단 중 가장 저렴하고, 온실가스 배출량 또한 도로의 6분의 1 수준으로 탄소저감형 그린물류체계 구축을 위한 가장 효율적인 동력원이라며 "국가 전체 수송비의 1%로 국내 운송화물 20%의 수송 분담이 가능해 국가물류비 절감 효과가 매우 탁월한 운송수단"이라고 밝혔다.

실제로 도로운송 화물의 1%를 연안해송으로 전환 시 국가물류비는 연간 6,769억원이 절감되며 또한 온실가스 및 사회적 비용 837억원, 교통혼잡 비용 286억원, 교통사고 비용 127억원 등 연간 1,250억원을 절감할 수 있다. 뿐만 아니라 물류대란 발생 시 연안해운은 수출입 물동량뿐 아니라 환적화물 운송의 비상 간선망 역할을 수행할 수 있으며 유사 시에는 제4군

89) http://ie.seokyeong.ac.kr/logistics/subject/hwa/html.

으로서 역할을 수행해 운송능력 확보를 통한 국가 안전보장 유지에 기여하고 있다.

3. 연안운송의 현황

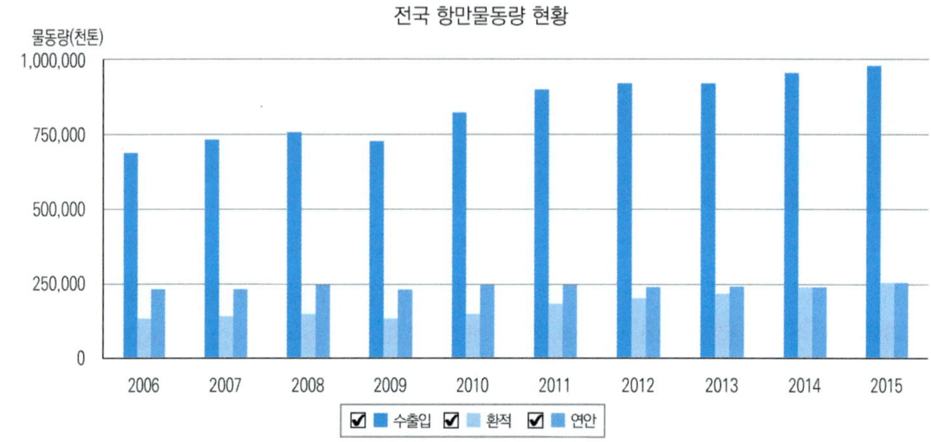

[단위 : 천톤(R/T), %]

	2009	2010	2011	2012	2013	2014	2015
합계	1,076,541	1,204,068	1,311,190	1,338,590	1,358,930	1,415,904	1,463,054
(증감률)	-5.5	11.8	8.9	2.1	1.5	4.2	3.2
수출입	719,203	819,426	891,786	912,952	913,640	951,720	970,467
(수출입 증감률)	-4.5	13.9	8.8	2.4	0.1	4.2	1.9
-수입	502,840	573,786	612,070	625,010	629,370	658,576	674,111
-수출	216,363	245,641	279,717	287,946	284,270	293,145	296,356
환적	129,096	146,767	177,779	195,586	209,570	232,921	246,314
(환적 증감률)	-8.9	13.7	21.1	10.0	7.2	11.1	5.4
-환적수입	63,242	73,255	91,683	99,390	106,480	118,048	125,359
-환적수출	65,854	73,512	86,096	96,200	103,080	114,873	120,955
연안	228,242	237,875	241,624	230,050	235,720	231,263	246,272

자료 : 해양수산부

[그림 4-21] 연안운송 물동량 현황

4. 연안운송 절차

(1) 수출 컨테이너화물의 운송절차

화주공장을 출발한 화물은 인천항의 ODCY에 반입되고 인천항 부두로 이송 및 선적되어 부산항까지 연안운송이 이루어지게 된다. 부산항 7부두에 도착된 컨테이너화물은 부산항의 ODCY를 거쳐 셔틀운송되어 부산 컨테이너부두운영공사의 작업을 거쳐 수출선박에 적재되어 수출하게 된다.

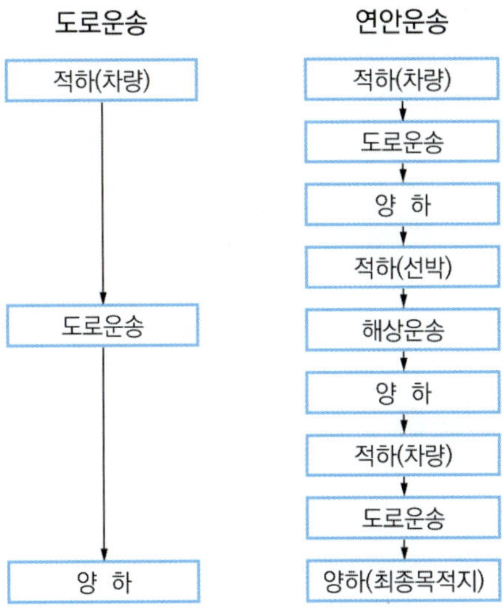

[그림 4-22] 도로운송과 연안운송의 차이

(2) 수입 컨테이너화물의 운송절차

수입 컨테이너화물의 경우 부산항 컨테이너부두운영공사에 의해 하역된 컨테이너는 ODCY를 경유하여 일시 장치된 후 셔틀운송을 통해 부산항 7부두 선석의 일반부두를 거쳐 연안운송 후 인천항에는 부두에 하역된 후 ODCY를 경유하거나 직접 화주에게 운송되고 있다.

자료 : 한국무역협회(KITA)

[그림 4-23] 수출입컨테이너 화물의 운송절차

5.2 연안운송과 경인운하

1. 카페리에 의한 연안운송

카페리는 자동차와 승객을 함께 운송할 수 있도록 설계된 여객선으로 운송방식은 컨테이너선과 유사하다. 카페리와 컨테이너선의 공통점은 모두 협동일관운송, 즉 해륙복합운송에 의해 운송의 합리화를 도모한다는 점에서 같으나 컨테이너선은 규격화 된 컨테이너를 조직화 된 운송체계에서 운송하지만 카페리는 불특정다수의 여객이나 화물을 운송한다는 점에서 차이가 있다.

카페리에 의한 운송방식을 보면 다음과 같다.[90)]

90) 육지와 도서지역 간 또는 협만이 있는 육지 간에 선박과 육상운송수단을 결합하여 운송하는 시스템이다. 즉 선박에 육상 운송수단을 적재하고 바다를 건너 육상운송이 연속적으로 이루어지게 한다. 장점은 다음과 같은 것이 있다. ① 신속한 운송 : 하역시간 단축으로 신속한 운송이 가능하고 해협지

① 제1방식 : 출발지부터 도착지까지 트럭으로 직송하는 방식이다. 해로에는 장거리 카페리로 환적없이 트럭 자체를 운송(트럭기사 탑승)하는 가장 간편한 방식으로, 트럭의 주행에 비해 운행비와 상각비는 절감되지만 인건비는 절감되지 않는다.
② 제2방식 : 출발지부터 도착지까지 트럭으로 직송하는 도중 장거리 카페리에 의하여 무인으로 운항하는 방식이다. 이 방식은 인건비를 절감할 수 있으나 트럭의 트랙터를 분리할 수 없어 고정비 및 페리의 운송비를 절감할 수 없다.
③ 제3방식 : 트럭 대신 세미트레일러로 카페리까지 운송하고 트레일러만 카페리로 무인운송하는 방식으로 트럭에 대한 고정비와 카페리 운송비를 절감할 수 있다.
④ 제4방식 : 제3방식을 발전시킨 형태로 카페리 발착 양단기지에 화물터미널을 설치하고 발송지에서 화물을 화물터미널까지 세미트레일러로 운송 후 트레일러만 카페리로 무인운송, 도착지 터미널에서 일반트럭에 의해 목적지까지 화물을 중계 배송하는 방식이다. 이 방식은 발착 양단에 중계, 분류 및 배송할 수 있기 때문에 장거리 노선트럭과 같은 기능을 갖고 있어 우리나라와 같이 만성적 도로 체증상태가 극심한 경우 유용하다.

역 등 육상운송보다 거리 단축, ② 하역비 절감 : 차량에서 화물을 하역하지 않고 선박에 적재를 하므로 별도의 하역비가 불필요, ③ 화물손상 방지 : 하역이 발생하지 않기 때문에 화물이 안전하다. ④ 운송비 절감 : 무인도선, 트레일러도선 등에 의해 운송원가 절감 가능(차량고정비, 인건비 등 절감)하다. 이와 함께, 운행거리 단축도 가능하게 만드는데 해협 등 지역의 카페리이용은 육상운행거리를 대폭적으로 단축한다. 이러한 방법에는 본문에서 전술한 바와 같이 ① 제1방법 : 유인도선방법 – 화물자동차에 운전기사가 직접 승차한 채로 카페리에 승선하여 도선, ② 제2방법 : 무인도선방법 – 운전기사는 승차하지 않고 화물자동차만을 카페리에 적재하여 도선시키고 도착항에서 다른 운전기사가 인수하여 운행하는 형태(기사 인건비 절감), ③ 제3방법 : 무인트레일러방법 – 트레일러에 화물을 적재하여 트랙터와 운전기사는 승선하지 않고 운송하는 방법(트랙터 고정비, 운전기사 급여 절감), ④ 제4방법 : 화물터미널 경유 방법 –화물터미널에 트레일러를 인도하면 카페리로 도선하여 도착지 화물터미널에 인도하는 유형이 있다.

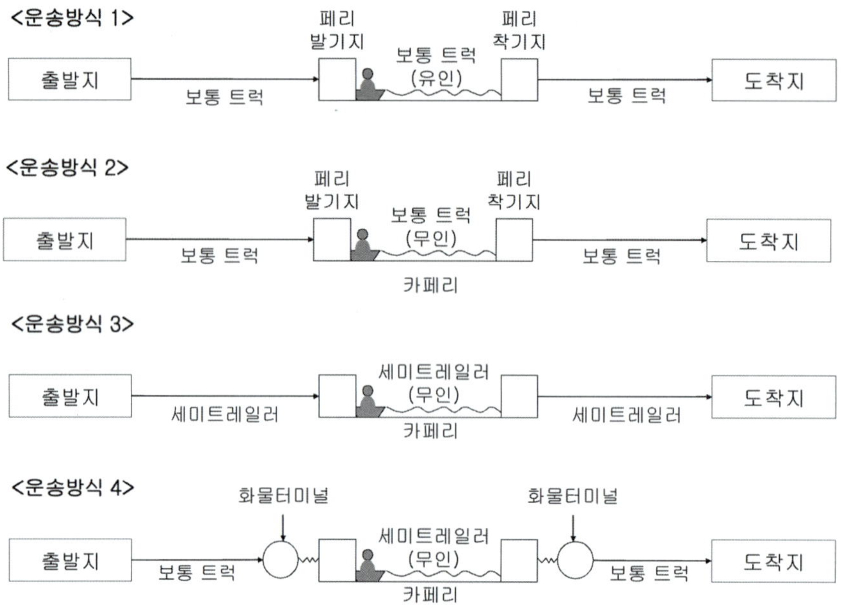

[그림 4-24] 장거리 카페리에 의한 운송방식

2. 국제 카페리 현황

우리나라 카페리 항로는 지리적 접근성 때문에 주로 중국과 일본을 연결하고 있다. 현재 서해안지역에서 중국과 연계돼 운항중인 국제 카페리 항로는 16개이며 이 중 인천항이 10개 항로, 주 26항차로 전체의 60.5%(항차기준)를 차지하며 가장 활발하게 운항되고, 평택항은 5개 항로, 주 14항차로 32.5%의 비중을 점유하고 있다. 반면 군산항은 1개 항로, 주 3항차 7%의 점유율로 한중카페리항로의 지역편중현상이 심각하다.[91)]

3. 연안운송과 경인운하

국토교통부에서는 수도권에서 발생하는 화물을 인천까지의 원활한 운송을 위해 경인운하

91) http://www.jjan.kr/news/articleView.html?idxno=582624

를 건설키로 하고 경인운하주식회사를 1999년 11월 설립하였다.

경인운하사업의 개요를 보면 사업구간은 인천시(서해안)에서 서울시 행주대교까지이며, 운하연장은 약 18km(폭 80m, 수심 6.3m), 주요 시설로는 갑문 2개소, 터미널 2개소 및 해사부두, 물류단지 2개소(서울 31만평, 인천 43만평)가 건설될 예정이었다. 이후 경인운하의 추진 일정은 실시계획 수립(1998. 3.~2000. 9.), 실시계획 승인 및 착공(2000년 하반기) 단계를 거쳐 2005년 완공되었다. 이후 경인운하 사업의 개요를 보면 2009~2011년으로 사업구간은 인천 서구 오류동(서해)~서울 강서구 개화동(한강)까지이며 주요시설로는 주운수로, 터미널 2개 갑문 2개소 등이 건설되었다. 이후 2011년에 완공되었으며 경인운하의 건설은 물류면에서 다음과 같은 효과가 기대된다.

(1) 내륙교통난의 완화효과

경인운하는 6차선 규모의 고속도로 운송능력에 해당하는 연간 4,800만톤의 화물을 흡수·처리할 수 있는 능력이 있어, 대부분 도로를 이용하고 있는 컨테이너, 철강, 자동차, 해사 등의 중량화물을 연안운송과 연계하여 경인운하로 흡수함으로써 경부·호남, 경인간 주요 도로 교통난의 완화에 기여하게 될 것이다.

(2) 인천항 체화의 완화효과

수도권 화물을 처리하는 인천항은 체선율이 16.7%, 평균 체선시간이 44시간에 이르는 등 심각한 시설부족에 처해 있다. 따라서 선박을 이용한 저렴한 수송수단의 확대와 물류단지 건설로 미국·일본에 비하여 높은 물류비를 감소시키게 됨으로써 국가경쟁력 강화에 크게 기여하게 될 것이다.

(3) 수도 서울과 서해안의 직접 연결효과

한강이 서해와 연결되어 잠실, 여의도에서 영종도 신공항, 강화도, 백령도 등 서해 도서지방 등에까지 운항이 가능하게 될 것이며, 한강을 이용한 화물운송이 활발히 이루어지게 될 것이다. 또한 한강을 이용한 화물운송이 이루어질 경우 서울 도심 교통난 완화의 막대한 도로건설비의 절감은 물론 급증하는 대중국·대북교역에 있어 내륙운송을 통해서 서울까지 직접 운송할 수 있게 될 것이다.[92]

92) 중국은 해운 물동량의 44%가 내륙수로를 이용하고 있으며, 북한은 서해갑문과 대동강을 이용하여 3,000톤급 선박이 평양까지 운항 중이므로 경인운하를 이용하여 서울-평양, 서울-중국 내륙도시를 연결하는 직항로개설이 가능하게 될 것이다.

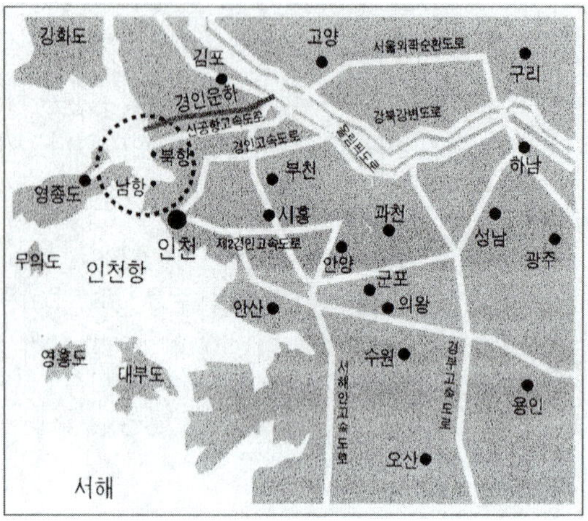

[그림 4-25] 경인운하 사업구간

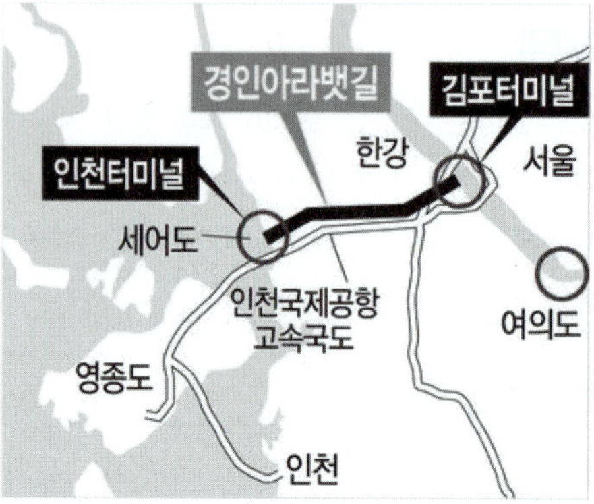

[그림 4-26] 경인운하(경인아라뱃길) 항로개설 추진(예정) 지역 위치도

(4) 친환경 물류혁신

내륙 운송수단에 비해 친환경적 운송수단으로 저탄소 녹색물류가 실현될 것이며, 또한 에너지 효율이 도로의 9배, 철도의 2.5배에 달하는 경제적 수단이 될 것이다.

자료 : 경인아라뱃길(http://www.giwaterway.kr/)

[그림 4-27] 경인운하 사업구간[93)]

93) 경인아라뱃길 추진 경위는 다음과 같다.
추진경위
- 굴포천유역(평균고도 해발 21.5m)의 40%가 해발 10m 이하 저지대
서울 강서구, 인천부평, 계양구, 김포시(유역면적 134㎢, 인구 150만)
- 홍수 시 굴포천 수위(해발 6.5m)가 한강수위(해발 10.6m)보다 낮아 자연배수 불가로 상습적인 수해 발생
인공방수로를 건설하여 서해로 홍수 방류 및 문하를 통한 녹색물류 실현

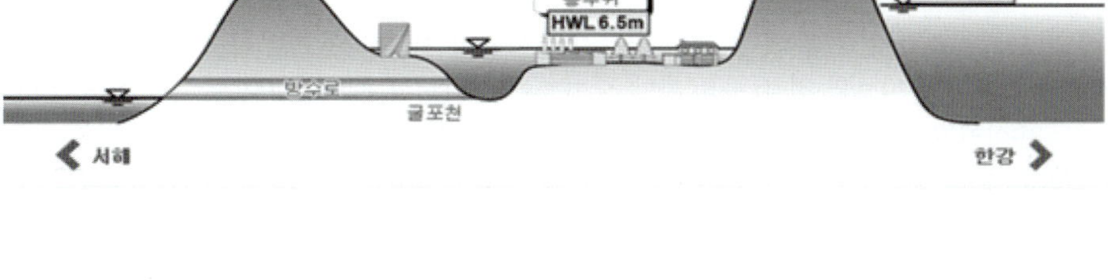

5.3 우리나라 해상운송의 문제점과 합리화 방안

1. 우리나라 해상운송의 문제점

(1) 항만시설의 부족[94]

부산항은 1974년 자성대 컨테이너부두 축조 이후 현재 모선 선석 14개, 피더선석 3개를 운영 중에 있다. 그러나 늘어나는 우리나라 수출입 물동량의 소화를 위해서는 기존의 항만용량으로는 한계에 이르렀고, 해상운송의 문제점은 근본적으로 항만시설의 부족에서 기인한다해도 과언이 아니다. 따라서 정부에서는 컨테이너전용선 부두개발의 필요성을 인정하고 한국컨테이너부두공단법을 1989년 12월 제정하여 1990년 4월 한국컨테이너부두공단(Korea Container Terminal Authority)을 설립하여 정부를 대리한 임무를 부여한 결과 1988년 부산항 4단계 개발사업(제3의 전용선 터미널건설)을 완료하였고, 2007년 3단계 1차 광양항컨테이너전용부두를 완공하였다. 이후 2011년까지 제4단계 광양항컨테이너전용부두 건설을 계획 항만시설을 확보하기도 하였으나 여전히 부족한 상황이다.

(2) 항외CY의 이용과다

부산항 전용부두시설의 부족은 본선하역 후 시내에 산재해 있는 항외CY까지 많은 컨테이너를 운송한 후 문전배송을 하게 함으로써 부대비용증가와 함께 도심지내의 교통혼잡을 가중시키는 요인이 되고 있다. 또한 부산시내의 급속한 자가용차량의 증가에 따른 도심지내의 교통혼잡은 컨테이너 차량의 부산항까지의 이동에 막대한 지장을 주고 있다.

(3) 컨테이너 내륙운송체제 미흡

최근 국제간 수출입화물의 해상운송 컨테이너화가 급속히 진전되고 이에 따라 각 국은 막대한 자금을 투입하여 컨테이너선 전용부두를 건설·운영하고 있다.

전용부두에서 본선하역이 종료된 컨테이너는 부두에 연결된 철도나 자동차를 통해 최종목적지까지 원활하게 운송되어야 한다. 이러한 내륙운송체제가 완비되지 못할 경우 컨테이너 전용선 부두의 생산성에 지장을 주기 때문에 내륙운송체제의 구축이 무엇보다도 필요하다.

---

94) 실제 우리나라 전국 주요 27곳 중 10곳의 항만시설 확충이 시급한 것으로 나타났다. 전국의 항만의 항만시설확보 비율에 따르면 전국 주요 항만 중 37%가 항만시설 확보율 100%를 충족하지 못하고 있는 것으로 조사되었으며 항만운영이 활발히 이뤄지는 옥포항의 경우도 40.5%로 가장 낮은 확보율을 보이고 있는 것이 사실이다.

그러나 우리나라 부산의 경우 현재 도심지 도로뿐만 아니라 그 배후지 수송도로로 경부고속도로가 있으나 이미 포화상태가 된 지 오래다. 여기에 부산 내 교통문제까지 연관되어 있어 내륙운송용 도로개발과 함께 내륙컨테이너기지의 조성이 불가피하다.

(4) 항만운영의 경직성

연안운송을 위해서는 정기선의 경우에도 매 입출항시마다 항만 입출항신고를 하여야 하므로 절차가 번잡할 뿐만 아니라 허가절차와 제출서류가 복잡하여 장시간이 소요된다. 또한 현행 국유국영체제하에서 부두간 경쟁을 통한 생산성 및 서비스의 질적 향상이 곤란하며, 선석운영이 정부 주도로 이루어짐에 따라 이용자의 부두 선택권의 제약과 아울러 항운노조의 노무독점공급으로 효율적인 작업관리가 곤란하다.

2. 우리나라 해상운송의 합리화 방안

(1) 컨테이너전용선 부두 배후운송체제의 개선

전용선부두에서의 하역생산성이 높다 하여도 배후 문전운송에서 많은 시간과 비용이 들면 그 의의가 없다. 따라서 본선하역이 끝난 컨테이너화물을 신속히 후송하여 터미널 운영 효율을 향상시키고 화주의 컨테이너화물 유통비율을 절감시킴으로써 우리나라 상품의 해외시장에서의 경쟁력 강화는 중요한 과제가 되고 있다.

이를 위하여 철도이용률 향상과 더불어 고속도로의 정비·개선과 ICD건설을 통한 내륙운송체계의 혁신과 컨테이너전용부두에서 자선(feeder vessel)을 통한 연안운송 이용방안이 적극 추진되어야 할 것이다.

(2) 연안화물 전용부두시설의 확충

전국 주요 항만에 장래 항만시설 소요를 판단하여 피더선부두 등을 연차적으로 확충하고 경인운하와 관련된 종합적인 연안해송체제를 구축하여야 한다. 또한 실수요자 전용부두에 대한 민자유치를 확대하고 이를 위해서는 시행절차의 간소화가 필요하다.

(3) 항만운영체제의 개선

단위 부두별로 임대계약을 체결하여 부두운영회사가 전담운영함으로써 자율적 선석운영으로 선주 및 화주에 대한 유치경쟁을 촉진하고 항만근로자의 상용화의 추진과 함께 선박 입·출항절차의 간소화가 필요하다.

(4) 전환교통 보조금 확대 및 면세유 공급 등 필요

국내 연안해운산업의 시장 매출규모는 일부 대형선사를 제외하고 대부분 영세 사업자이다. 신조선 확보지연으로 노후선이 급증하고 있고 선원도 노령화되고 있으며, 정부의 세제지원도 미약한 상황이다. 또한 연안해운 분담률이 지속적으로 하락하고 있으며, 국제 환경규제와 유류비 증가 등 사업자가 느끼는 부담이 날로 커지고 있는 실정으로 이를 해결하기 위해 연안선박 전용 금융지원제도를 마련하거나 전환교통보조금 확대, 면세유 공급, 연안해운 주체의 결집 등이 필요하다. 대부분 은행차입과 리스를 활용하고 있는 연안해운사의 부담을 최소화하기 위해 공적지원제도와 연안선박펀드의 정책기반이 마련되어야 한다. 또한 2015년 20억원, 2016년엔 50억원 규모의 전환교통보조금을 2017년부터는 100억원 이상으로 증대해야 하며 화주뿐 아니라 선사에게도 그 혜택이 돌아갈 수 있게 해야 한다. 선박 중 연안화물선만 면세유 공급이 제외된 상황으로 단계적으로 컨테이너와 대량화물의 면세유 지원이 이뤄져야 하며 마지막으로는 해운조합을 중심으로 구조적인 애로요인을 극복할 수 있는 위원회를 운영하고, 외항운송의 틈새 시장을 개척하는 등 연안해운 주체의 역량이 결집되어야 할 것이다.[95]

3. 연안운송 외국사례

외국에선 연안운송을 카보타쥬(Cabotage)라고 하며 국내 운송수단의 개선수단이자 환경비용의 절감수단으로, 또한 녹색물류체계의 구축수단으로 여기고 있으며 특별한 정책적 지원을 받고 있다. 일본에서는 연안선박의 운영을 위한 공공기관-연안해운 간의 공동투자를 통한 공유건조의 제도(사업자와 기구가 공동부담으로 선박을 건조하여 사업자가 선박을 운영하고, 사업자는 기구의 투자금액을 장기분납)를 통해 여객선 현대화를 통한 연안 여객선 안전성, 서비스 제고뿐만 아니라 침체된 중소 조선산업을 활성화하는 등 긍정적 효과를 보고 있다.

중국은 1980년대 개혁개방 정책 이후 근해운송의 시장화·사유화를 시작하고 근해운송 인프라 투자를 통해 에너지 수송을 촉진하였다. 그 결과 중국 내 연안화물 물동량은 전체 물동량의 약 35%를 차지하고 이는 해안지방 및 도시 내 철도 물동량의 2배에 달한다. 또한 10년간 연안화물 물동량의 평균 증가율은 17.3%로 이는 다른 운송수단보다 약 8% 가량 높은 수준이다. 같은 기간 운송실적 증가율도 18.7%에 달해 다른 운송수단의 평균 증가율 수준인 12.5%보다 높다.[96]

95) http://www.monthlymaritimekorea.com/news/articleView.html?idxno=10571
96) http://www.monthlymaritimekorea.com/news/articleView.html?idxno=10571

Chapter 5

항공운송물류

5 항공운송물류

제1절 항공운송의 개념

1.1 항공운송의 의의

항공운송(air transportation)이란 항공기의 항복(plane's space)에 승객, 우편 및 화물을 탑재하고 국내외 공항(air port)에서 공로(air route)로 다른 공항까지 운송하는 운송시스템을 의미한다. 해상운송이나 육상운송에 비해 최근에 도입된 운송시스템이나 경제적 특성에 따라 가장 체계화된 유통[1]시스템과 정보체계를 이용하여 물적유통체제가 완벽한 운송부문이다.

과거 항공운송은 주로 일부 제한된 특수화물만이 대상이었으나 오늘날은 항공기의 발전과 항공화물의 컨테이너화, 지상조업의 자동화, 고부가가치 화물의 증가와 항공운송이 갖는 정시배달의 장점 등으로 국제무역에 있어 중요한 운송수단으로서의 기능을 수행하고 있고, 살화물(bulk cargo)을 제외한 많은 종류의 무역상품이 항공으로 운송되고 있으며 운송량도 급속히 증가하고 있다.[2]

항공화물이 운송수단의 중요한 역할을 담당하게 된 이유는 ① 고가품에 속하는 상품점유율의 증가, ② 국제사회의 정보화추세에 따른 세계경제의 긴밀화 및 유행에 민감한 상품의 신속한 유통, ③ 국제적 분업화의 가속화, ④ 항공운송에 적합한 고부가가치 품목의 증가,

1) 생산과 소비를 연결하는 것으로 일반적으로 상품이나 서비스가 생산자에서 소비자에 이전하는 현상 또는 과정과 관계되는 제 활동을 말한다.

2) 항공운송의 증가요인으로는 ① 세계교역량의 증가, ② 고급품에 속하는 상품의 증가, ③ 운송의 합리화에 의한 시간가치의 상승, ④ 국제적 분업화의 지속화, ⑤ 항공운송에 적합한 고부가가치 품목의 증가, ⑥ 국제사회의 정보화추세에 따른 세계경제의 긴밀화 및 유행상품의 증가 등에 기인한다.

⑤ 항공기의 대형화는 운임의 인하, ⑥ 화물전용기의 정기적 취항, ⑦ 화물전용터미널의 건설 등을 들 수 있다.

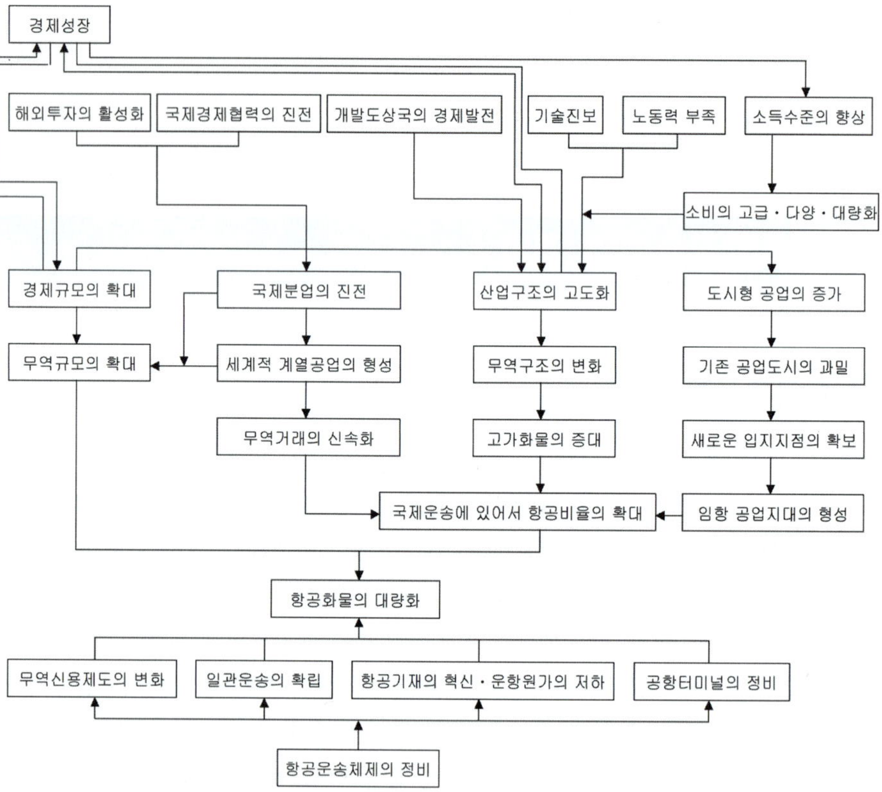

[그림 5-1] 항공운송을 증대시키는 여러 조건

또한 항공운송의 성장 요인을 살펴보면 다음과 같다.

① 기업이 적정재고 정책(Just in Time Inventory Policy)을 도입함으로써 필요한 물품의 적시 배송 필요성이 높아졌다.

② 소형화·자동화의 발달이 고가, 고기술 상품의 수요증대를 촉진시켰다.

③ 생활수준의 향상으로 제조 인력의 부족현상이 나타나고 이에 따른 인건비의 상승이 국제적 분업화를 촉진시켜 국내 제조공장의 해외이전이 많아지고 있어 필요한 물품의 항공운송이 많아지고 있다.

④ 국제사회의 정보화 추세에 따라 세계경제의 연결이 긴밀해지고, 특히 유행과 계절변동에 민감한 패션상품의 유통에서처럼 유통의 시간성이 상품의 매상고에 직접 영향을 주게 되었다.

⑤ 광동형(廣胴形, Wide Body) 항공기의 도입, 화물운송의 표준화, 항공화물의 컨테이너화 및 지상화물 조업의 자동화로 운항원가의 저하효과와 항공화물운임의 인하 효과를 가져왔다.

⑥ 최근에는 제품과 서비스를 생산·판매하는 기업이 경쟁우위확보를 위하여 항공운송이 해상운송보다 유리하다고 생각하는 기업의 숫자가 늘고 있다는 점 등이다.

또한 항공운송을 이용하는 것이 유리한 이유는 다음과 같다.

① 고가의 상품을 운송할 경우 운송비용이 다른 수송수단을 이용할 때보다 훨씬 더 높지만 그 상품에 대한 고객의 선호도와 상품의 시간성 때문에 고객에게 그 운송비용을 전가함은 물론 그 상품의 실제 가치보다 더 높은 가격에 판매할 수 있다.

② 상품의 가치가 높으면 높을수록 항공운송 수단을 이용함으로써 화물의 적기인도를 통해 재고비용에 대한 부담을 줄일 수 있고, 상품의 보관에서 발생하는 자본비용의 절감과 아울러 도난과 손상으로 발생할 수 있는 손실을 최소화할 수 있기 때문에 그 상품으로부터 얻을 수 있는 총 이익은 더 커진다고 볼 수 있다.

이렇게 우리나라의 항공운송은 최초의 민간항공사인 대한항공이 설립된 이후부터 본격적으로 시작되어 1980년대에는 연평균 13~15%의 높은 성장을 지속하여 왔다. 초창기의 취급화물은 주로 섬유류, 잡화류, 가발 등이었으나 점차 기계류와 전자제품의 비중이 증가하였고, 최근에는 전자제품이 주류를 이루고 있다. 항공운송은 1999년 기준 우리나라 전체 수출입화물에서 중량기준으로 약 0.3%, 금액기준으로 약 26%를 차지하고 있고 점차 증가하는 추세에 있다.

이후 2015년도 우리나라의 전체 수출품의 운송현황에서 해상운송은 1억9천3백만톤을 이용하였고 항공운송으로는 54만톤을 이용하여 해상운송의 비중이 99.7%, 항공운송 비중이 0.3%에 불과하나 금액으로는 항공운송이 153조원, 해상운송이 425조원의 물품이 수출되어 해상운송이 73.5%, 항공운송이 26.5%가 이용되었다. 2016년 항공화물은 항공사의 화물기 운항편 확대와 유가하락, 기타 플라스틱제품, 평판 및 디스플레이 수출입 화물 수송 증가, 신선화물 및 전자상거래 특송화물 증가 등에 힘입어 지속적으로 증가하였으며 청주·제주 등 국내선 항공여객 성장에 따른 수하물 증가 및 제주노선의 항공화물 증가 등으로 매년 증가추세를 보이고 있다.

한편 우리나라의 항공운송은 대부분 국제공항인 김포공항에서 이루어졌으나 화물취급이 포화상태였다. 따라서 정부에서는 인천국제공항 건설을 위하여 1991년부터 공사를 착수 2017

년의 3단계에 이어 현재 인천국제공항은 2029년까지 공항 규모를 현재의 2배에 달하는 대규모 확장사업을 실시할 예정이다. 이 사업에는 이착륙을 위한 제4활주로 건립과 제2여객터미널 확장이 포함되어 있으며, 제2여객터미널은 2018년에 개장하였다. 실제 이 계획은 항공기 활주로 추가 조성과 여객터미널 확장으로 여객 처리 인원을 1억 명에서 1억 3천만명으로 확대하고, 항공기 운항 횟수도 74만회에서 79만회로 증대한다는 계획이다. 또한 기존 인천국제공항에 청사진으로 남아있던 인천지역의 오랜 숙원사업이던 항공 MRO 시설에 대한 계획이 처음으로 포함되어 주목받고 있다.

이 모든 계획이 끝나면 인천국제공항 완공 후 우리나라는 동북아 국제 환적기지로서 미래 항공시장에서 주요 국가로 부상하게 될 전망이다.

1.2 항공운송의 특성과 장점

1. 항공운송의 특성

최근 들어 비약적인 발전을 해 온 항공운송이 다른 운송에 비하여 짧은 역사에도 불구하고 큰 비중을 차지하고 주목을 받게 된 것은 항공운송이 지닌 여러 이점과 특성들 때문이다. 항공운송은 해상 및 육상운송과 비교했을 때 다음과 같은 특징을 가지고 있다.

(1) 신속성

항공운송은 다른 수송수단에 비하여 고속성을 가지고 있다. 항공운송의 고속성은 시급을 요하는 화물의 운송에 있어 매우 가치있고, 유용한 수송수단으로 인식되고 있다. 항공운송의 고속성은 전 세계를 일일생활권으로 묶게하여 교역증대를 촉진시키고 경제 후생의 분배 증진에 크게 기여하고 있다. 이러한 고속성은 과학기술의 발달로 1976년 초고속항공기(SST, 마하 2.2)가 개발되어 영국과 프랑스 노선에 취항하게 됨으로써 획기적인 향상을 가져왔으나, 소음문제와 경제성 때문에 오래 취항하지 못하고 2003년 마지막으로 퇴역하게 되었으며 고속항공기의 취항은 아직 시간이 걸릴 것으로 예상된다.

(2) 정시성

정시성이란 정해진 일정에 따라 정기적인 운행이 행해지고, 정해진 시간에 정확하게 운항이 이루어지는 것을 말한다. 항공운송은 해상운송에 비하여 운송시간이 짧으며 발착시간이 짧아 정시운항(on-line operation), 운항회수에 의한 정시성을 최우선으로 하고 있다. 항공운송은 기상의 영향을 많이 받아 정확도는 그리 높지 않으나 성능이 우수한 수송기의 등장과 기상관측기술의 발전으로 정시성이 많이 향상되었다.

(3) 안전성

초기 항공운송의 안전성은 항로에 따르는 기술적 요인, 항공기 제작과 정비기술, 기상조건 등에 따른 자연적 요인으로 안전성이 매우 낮았으나 2차 세계대전 이후 항공기제조 및 정비기술 등 항공분야의 급속한 기술혁신으로 인하여 해상 및 육상운송에 비해 매우 우수한 안전성을 확보하고 있다. 항공기 사고율은 자동차의 1/10 이하로 항공기 사고율은 매년 감소하고 있으며, 해상운송이 장기운송으로 충격 등에 의한 화물손상 및 원형변질, 해수에 의한 침식 또는 부식의 가능성이 높은 반면 항공운송은 운항시간이 짧아 상대적으로 안전성이 높다.

(4) 경제성

운임면에서 항공운임이 해상운임에 비해 높으나 포장비, 보험료, 창고료 등 직접비와 재고품에 대한 투자자본, 관리비 등의 간접비 및 배달시간, 정시성, 신뢰성 등 보이지 않는 비용을 감안, 총비용(total cost) 측면에서 볼 때 상대적인 부가가치와 경제성은 더 크다고 할 수 있다.

[표 5-1] 항공운송의 특성

구 분	항공화물	해상화물	비 고
신속성	단기소요 (미주·구주지역 : 2일)	장기소요 (미주 : 약 15일, 구주 : 약 3주 소요)	–
안전성	높음 • 항공기 사고율은 자동차의 1/10 • 운항시간이 짧아 변질위험이 없음	낮음 • 충격에 의한 손상 • 장기운송에 따른 파손, 도난, 원형변질 • 해수에 의한 부식	–
경제성	• 운임이 높음 • 포장비 저렴 • 보험요율이 낮음 • 운임 외 부대비용 없음	• 운임 낮음 • 포장비 높음 • 보험요율 높음 • 부피화물 요금 높음 • 장기운송에 따른 기타 변동비의 추가발생	1CBM(1m×1m×1m)의 부피화물의 경우 –항공 : 167kg –해상 : 1,000kg

2. 항공운송의 장점

항공운송의 특성과 기타 요인으로 항공운송에 대한 이용률이 높아지고 있으나 화주들이 항공운송을 이용하는 주요 요인은 다음과 같다.

첫째, 사회환경의 급변으로 기회비용(opportunity cost)이 중요시되고 긴급을 요하는 품목에 대한 운송시간의 단축과 정시운송으로 재고비용을 절감하고 변질에 의한 상품손실을 방지할 수 있다.

둘째, 취급에 주의를 요하는 상품에 대한 안전수송으로 파손 등의 손실을 막기 위하여 이러한 성질의 상품을 항공으로 운송하고자 하고 있다.

이상과 같은 항공운송의 이점에 따라 화주가 항공운송을 이용하였을 때 얻게 되는 경영상의 장점은 다음과 같다.

첫째, 항공운송의 신속성으로 현지의 생산업자와 거의 동일한 시간에 해외의 수요자에게 공급이 가능하므로 매출을 증대시키고 서비스를 향상시킬 수 있다.

둘째, 생산시설의 고장이나 자재 등의 부족으로 조업에 문제발생 시 부품이나 자재 등의 신속한 조달로 조업중지기간을 단축시킬 수 있어 생산설비가동률을 향상시킬 수 있다.

셋째, 재고부족으로 인한 고객상실의 위험성이 적어지고 돌발 수요나 감퇴 등 수요변동에 신속히 대처하는 신축성이 부여된다.

넷째, 운송 중인 상품에 대한 투자자본을 절약할 수 있으며 특히 인도지연으로 발생가능한 위약품이나 계약파기로 인한 손해를 방지할 수 있으며, 보험료와 운임을 절감하고 기타 보관비, 창고비 및 포장비 등의 비용절감이 가능하고 운송 중인 상품의 경로별 소재파악이 용이하다. 항공운송이 갖는 특성을 물류면, 비용면, 서비스측면에서 살펴보면 다음과 같다.[3)]

3) 항공화물은 단골 화주로부터 반복적으로 출하하는 경향이 많기 때문에 비교적 타 운송수단에 비해 계절적인 수요의 탄력성이 적은 비계절성의 특성을 가지고 있다. 뿐만 아니라 항공화물은 해상운송과는 달리 왕복성이 적고 대부분 왕항이나 복항 등 편도성이 강하기 때문에 최근에는 도착지에 전용 화물터미널을 설치하고 공적운항이 없도록 운항스케줄을 짜고 있는 편도성의 특성을 가지고 있기도 하다.

[표 5-2] 항공운송의 장점

물류상의 장점	비용상의 장점	서비스상의 장점
• 긴급 및 소형화물의 운송에 적합 • 수송기간이 짧아 물품의 운송에 적합 • 운송시간 단축으로 비용 및 화물손해발생기회 감소 • 보관비, 창고비 및 포장비의 절감가능 • 통관의 간이화	• 포장의 경량화에 따른 운임 절감 • 육상운송에 비해 저렴한 보험료 • 운송 중인 상품에 대한 투하 자본비용 절감 • 신속성으로 인한 보관비 절감 • 하역처리빈도가 적어 도난, 파손율의 저하 • 비상시 손해의 최소화 • 보관장소와 기간이 짧아 재고품 창고 시설의 투자자본, 임차료 관리비 등의 절감가능	• 고객서비스향상으로 매출증대 • 돌발 수요에 대처가능 • 변질성 상품의 시장확대 가능 • 판매기간이 짧은 상품의 시장경쟁력 보유가능 • 신속운송으로 투자자본의 효율적 회전 • 재고품의 진부화, 변질화 등에 의한 손실율 감소 • 운송 중 상품의 위치파악 용이

반면 항공운송은 다음과 같은 단점을 가지고 있다.

① 항공운송의 가장 큰 단점은 대량수송을 할 수 없는 소량수송이라는 점에서 선박수송과 비교된다.

② 중량 제한이나 규격 제한이 있어 중량물 또는 장척물의 수송이 매우 어렵다.

③ 저가격 상품은 운임 부담력이 없어서 수송할 수가 없다. 이것은 항공운임이 높다는 결점에도 기인한다.

④ 지역적으로 제한이 있어 비행장이 없는 곳이나 항공화물편이 없는 곳에서는 수송이 어렵다.

⑤ 성에너지 시대에 들어와 있는 오늘날 대량수송을 항공수송에 맡긴다고 할 때 에너지 고갈을 촉진하는 결과가 될 것이다.

⑥ 마지막으로 소음공해 규제를 받는 일이 있다는 점이다. 이미 규제를 받고 있는 곳도 있고 앞으로 규제를 받을 가능성이 있는 지역도 있다.

1.3 항공운송의 발달

1. 비행기의 발달

새처럼 하늘을 날고 싶다는 소망은 인간의 오랜 꿈이었음이 틀림없다. 16세기 초 비행기 등에 관해 심층적인 연구를 한 사람은 문학·예술·과학자인 레오나르도 다빈치로 그는 새의 비행의 본질과 운동 및 저항 등에 대한 논문을 저술하였고, 인간의 힘으로 날개를 움직이는 "오니솝터"라는 비행기 및 낙하산, 헬리콥터를 설계하기도 하였다.

비행기는 아니지만 실제로 인간을 태우고 하늘을 난 것은 1783년 6월 프랑스의 몽골피에 형제로 이들은 종이와 베로 만든 거대한 기구에 화로불로 뜨거운 공기를 주입하여 1,000m 이상의 상공까지 올라갔다가 몇 km 떨어진 인근 마을까지 비행하는 데 성공하였다.[4)]

1890년에는 독일의 기술자 오토 릴리엔탈에 의해 지금의 행글라이더와 비슷한 날개의 양력을 이용하여 비행하는 작고 가벼운 글라이더를 만들어 균형잡힌 조종을 하는 데 성공하였다.

[그림 5-2] 플라이어호

세계 최초로 실질적인 비행에 성공한 비행기는 미국의 라이트 형제(오빌 라이트와 윌버 라이트)가 만든 가솔린 기관을 단 플라이어호로 1903년 12월 17일 미국 노스캐롤라이나 키티호크에서 동생 오빌이 조종하여 12초 동안 36m를 비행하였다.

그 후 세계 각처에서 비행기술에 대한 발전을 거듭한 결과 1914년 제1차 세계대전이 일어날 무렵 비행기의 세계기록은 시속 204km, 항속거리 1,021km, 고도 6,120km 정도에 이르렀으나 4년간 세계대전을 겪으면서 빠르게 발달하여 1919년에는 세계 각국에 여객수송의 정기항로가 개설될 만큼 성능이 크게 향상되었다.

그 결과 1927년 5월 20~21일에는 미국의 찰스 린드버그는 'Spirit of St. Louis'를 타고 뉴욕과 파리사이의 대서양횡단 무착륙비행(거리 5,809km, 비행시간 33시간 50분)에 성공하였고 계속해서 항공로의 개척과 기록비행 등에 의한 대서양횡단, 북극횡단비행, 대륙간비행, 세계일주비행 등에 성공하였으며, 그 결과 세계 곳곳의 항공 수송로들이 크게 개발 연장되었다.[5)]

항공기술이 비약적인 발전을 한 근본적인 요인은 플랩의 실용화,[6)] 접개식 다리의 활용,[7)] 가변(可變) 피치프로펠러의 실용화, 과급기(過給器)의 개선[8)] 및 세미모노코크(semi-monocoque)[9)]

4) http://www.cwyh-e.ed.kyongnam.kr/project/instrument/.../kkm2000.html
5) http://www.ulplane.com/history.html
6) 이착륙거리를 단축시켜 성능을 향상시키고, 비행기 운영에 크게 이득을 주는 고양력장치이다.
7) 비행 중 날개를 동체에 집어넣어 공기 저항을 감소시킴으로써 비행 성능을 향상시켰다.
8) 고공에서는 공기가 희박하여 기체의 출력이 저하되므로 이를 방지하여 기관의 출력을 증가시키는 장치이다.
9) 강력하고도 가벼운 두랄루민 박판으로 비행기의 무게를 줄이는 데 크게 기여하였다.

구조의 개발 등에 힘입은 바 컸다.

이러한 새로운 장치와 구조가 실용화됨으로써 표준화가 이루어졌고 1936~1945년 제2차 세계대전을 겪으면서 비약적인 발전을 가져왔다. 제트기가 세계에서 최초로 비행한 것은 1939년으로 독일의 하인켈사에 의한 제트추진 비행기인 HE-178이며, 처음으로 정기항공에 취항하여 승객을 운송한 것은 1962년 5월 영국의 4발 제트기인 하빌랜드 코메트이다.

1969년 3월 2일에는 영국과 프랑스의 합작인 콩코드가 처녀비행에 성공하였으며, 1970년대에 들어서면서 강력한 제트기관의 출현으로 제트수송기는 대형화되면서 500명 정도의 승객 또는 100톤의 화물을 적재할 수 있는 점보제트의 수송시대가 개막하여 오늘에 이르고 있다. 1976년 이래 초음속(SST : supersonic transportation) 수송기인 콩코드가 음속 2배[10]의 속도로 정기노선에 취항하고 있다.

[표 5-3] 비행기의 발달사[11]

1783.10	: 프랑스 로지에와 몽골피에 인간 최초로 기구를 이용 최초 비행
1890.	: 독일 오토 리릴엔탄 글라이더를 이용 균형잡힌 비행 성공
1903.12	: 미국 라이트형제에 의해 가솔린 기관을 단 동력비행 성공
1909.	: 프랑스 루이 블레리오 프랑스-영국 횡단비행 성공
1910.	: 페르다난도 제렐린이 비행선을 이용 최초 상업비행 시작
1919.06	: 영국 존 알콕과 아더 휘튼 브라운이 대서양 횡단비행 성공
1927.05	: 미국 챨스 린드버그가 뉴욕-파리 대서양 횡단비행 성공
1929.	: 유선형 동체 날개 달린 비행기 제작
1939.	: 독일 하인켈사 최초 제트추진 비행기 HE-178 비행 성공
1947.10	: 벨사의 X-1 로켓 추진 비행기 최초 음속돌파
1952.05	: 영국 4발 제트기 하빌랜드 코메트 최초의 제트여객기 등장
1969.03	: 영국과 프랑스 합작 비행기 콩코드 처녀비행 성공
1989.	: 레이더에 포착되지 않는 F-117A 전투비행기와 B-2 폭격기를 록히드사와 노드롭사에 의해 개발

2. 우리나라 항공운송의 발달

1903년 12월 라이트 형제에 의하여 인류 최초로 12마력 동력기에 의한 비행기가 성공한 이래, 최초의 항공화물운송은 1910년 필립 파후메리가 60파운드의 견직물을 라이트식 복엽기

10) 마하수는 음속에 대한 배수로 마하 1.0은 해면에서 시속 1,225km, 성층권에서 시속 1,060km 정도이다.
11) http://www.ulplane.com/history.html에서 수정 인용

에 싣고, 미국 오하이오주의 Dayton-Colimbus간 65마일을 66분에 걸쳐 운송한 것이 시초이다. 이후 본격적으로 대량화물을 운송하기 시작한 것은 제2차 세계대전 후인 1950년대 이후부터 군수품의 운송에서 비롯되었다.

항공화물의 본격적인 운송은 1935년 DC-3기가, 1969년에는 B-707 및 DC-8기 등 대형여객기와 화물전용기가 등장하면서 대량고속의 항공운송시대가 시작되었다. 특히 1970년대의 100톤 탑재능력을 갖춘 B-747 및 DC-10기 등의 취항은 항공화물의 대량, 고속운송시대를 열게 해 주었으며, 운송비 절감을 통한 항공화물운임의 인하에 공헌하였고 그 결과 운송 물량의 대폭적인 증가에 좋은 계기가 되었다.

이러한 세계적인 발달에 따라 우리나라 항공산업은 1936년 9월 조선항공회사(Korean Aviation Company)가 설립되어 정기-부정기운송의 시작으로 태동되었으며, 1960년에는 (주)한국항공(Air Korea)이 설립되었다.

본격적인 항공운송의 발달은 1961년 "신항공법"과 1962년 3월 "대한항공공사법"이 공포되어 대한항공공사가 설립된 이래 1969년 3월 한진상사가 이를 인수하여 오늘의 대한항공(KAL : Korean Air Lines, Ltd)[12]으로 바뀌면서부터이다. 최근 우리나라의 항공산업은 1988년 2월 금호그룹이 아시아나항공을 설립하면서 2회사의 경쟁속에서 비약적인 발전이 이루어지고 있다.

1.4 항공화물 이용과 대상품목

1. 항공화물의 이용

항공화물과 다른 운송수단을 비교하여 선택하려면 단순히 운임뿐만이 아니라 항공운송의 이점에 의해 취득되는 여러 가치와 생산부터 소비까지 발생하는 물류비의 절감효과를 포함한 종합비용을 기준으로 판단하여야 한다.

종합비용 검토에 있어서 포함시켜야 할 사항은 다음과 같다.

12) 대한항공은 1948년 설립된 대한민국항공사(KNA : Korean National Air Lines)가 1961년 도산하여 항공운송사업이 중단위기에 처하자 민간항공의 운영상의 모순과 항공기술의 후진성을 조속히 극복하고 항공사업을 육성하기 위하여 국영항공사인 대한항공공사를 설립하였으나, 부실경영으로 인하여 만성적자에 시달리던 것을 1969년 3월 한진상사가 그 운영권을 양도하여 설립하게 되었다.

[표 5-4] 항공화물 이용에 따른 종합비용 검토요인

직접비	간접비	보이지 않는 비용
• 포장비와 이에 따른 인건비 • 집화 및 배달비 • 서류작성비 • 보험료 • 관세 및 통관료 • 운임 • 창고료 • 상품에 대한 이자	• 재고품의 창고투자자본 • 재고용 창고 임차료 • 재고품에 대한 투자자본 • 재고품 관리비 • 재고품 손실비	• 문전에서 문전까지 배달 시간 • 발착의 정시성 • 신뢰성 • 상대 기업에 대한 경쟁상의 이점 • 대 고객 서비스 만족도 • 수요변화에 따른 적응성 • 도난방지의 가능성

2. 항공화물의 대상품목

항공운송을 이용하는 품목은 빠르고, 적절한 시간에 간편한 절차에 의해 취급되는 품목으로서 일반적인 품목은 다음과 같다.

[표 5-5] 항공화물의 대상품목

항공화물의 대상	주요 품목 및 내용
긴급수요품목	• 납기임박화물 • 계절유행상품 • 투기상품
장기운송 시 가치상실품목	• 생선식료품, 생화, 동물, 방사선물질 • 신문, 잡지, 필름, 원고, 긴급서류 등
부가가치가 높은 품목	• 전자기기, 정밀광학기기, 컴퓨터기기, 통신기기 등
여객에 수반하는 품목	• 상품, 샘플, 이삿짐, 애완동물, 자가용차 등
고가품목	• 모피, 미술품, 귀금속 등
다른 운송수단의 약세에서 오는 것	• 벽지운송 • 항만 또는 해운파업 • 해상 또는 육상운송의 정지
물류관리나 마케팅전략에 의한 것	• 과잉재고에 의한 가격하락 방지 • 경합상품보다 신속한 서비스체제 확립 • 자사 상품의 시장경쟁력 강화 • 재고투자절감을 위한 물류시스템의 합리화 등

1.5 항공운송의 현황

우리나라의 항공운송은 1969년 대한항공의 민영화이후 수출지향적 경제정책에 힘입어 급속한 성장이 이루어졌으며 1989년에는 국제운송면에서 세계 10위로 부상하였으며, 1998년에는 화물부문 세계 2위, 여객부문 세계 11위에 이르고 있다.

[표 5-6] 국내 취항 항공기 기종

(2000.8, 기준)

<table>
<tr><th rowspan="2">제작회사</th><th rowspan="2">기 종</th><th rowspan="2">최초비행</th><th colspan="2">국적항공사 보유대수</th></tr>
<tr><th>KAL</th><th>ASIANA</th></tr>
<tr><td rowspan="9">에어버스사</td><td>A300</td><td>1972</td><td colspan="2">CJ, CZ, MU, 9Y, TG</td></tr>
<tr><td>A300-600</td><td>1983</td><td>23</td><td></td></tr>
<tr><td>A310</td><td>1982</td><td colspan="2">WH</td></tr>
<tr><td>A320</td><td>1987</td><td colspan="2">PR, MU, NX</td></tr>
<tr><td>A321</td><td>1993</td><td>–</td><td>4</td></tr>
<tr><td>A330</td><td>1997</td><td colspan="2">CX, TG, MH, PR</td></tr>
<tr><td>A330-200</td><td>1983</td><td>4</td><td>–</td></tr>
<tr><td>A330-300</td><td>1992</td><td>9</td><td>–</td></tr>
<tr><td>A340-300</td><td>1991</td><td colspan="2">SO, LH, TK, AF</td></tr>
<tr><td rowspan="19">보잉사
(맥도널더글러스)</td><td>B727</td><td>1963</td><td colspan="2">OM</td></tr>
<tr><td>B737</td><td>1967</td><td colspan="2">CA, HZ, CO, MU</td></tr>
<tr><td>B737-400</td><td>1988</td><td>–</td><td>20</td></tr>
<tr><td>B737-500</td><td>1989</td><td>–</td><td>4</td></tr>
<tr><td>B737-800</td><td>2000</td><td>6</td><td>–</td></tr>
<tr><td>B747</td><td>1969</td><td colspan="2">UA, NW, JL, AA</td></tr>
<tr><td>B747-400</td><td>1989</td><td>26(5)</td><td>8(4)</td></tr>
<tr><td>B747-300</td><td>1983</td><td>2</td><td>–</td></tr>
<tr><td>B747-200</td><td>1971</td><td>(7)</td><td>–</td></tr>
<tr><td>B767</td><td>1981</td><td colspan="2">JL, HY, AC, OF</td></tr>
<tr><td>B767-300</td><td>1986</td><td>–</td><td>11(1)</td></tr>
<tr><td>B777</td><td>1994</td><td colspan="2">CA, TG</td></tr>
<tr><td>B777-200</td><td>1995</td><td>3</td><td>–</td></tr>
<tr><td>B777-300</td><td>1998</td><td>4</td><td>–</td></tr>
<tr><td>DC10</td><td>1970</td><td colspan="2">JL</td></tr>
<tr><td>MD11</td><td>1990</td><td>(4)</td><td>–</td></tr>
<tr><td>MD82</td><td>1980</td><td>5</td><td>–</td></tr>
<tr><td>MD83</td><td>1980</td><td>3</td><td>–</td></tr>
<tr><td>MD90</td><td>1995</td><td colspan="2">MU</td></tr>
<tr><td>포커사</td><td>F100</td><td>1986</td><td>10</td><td>–</td></tr>
<tr><td>일류신사</td><td>IL96</td><td>1988</td><td colspan="2">SU</td></tr>
<tr><td>튜플레프사</td><td>TU154</td><td>1968</td><td colspan="2">XF, K2, H8, 7B</td></tr>
</table>

주 : 1. 국내에 취항하는 항공사들의 운항기준은 위의 [표]와 같으며, 현재 4개사에서 제작 31개 기종임
2. 국적항공사 보유대수는 2000년 8월 기준이며, ( )는 화물기임
3. CJ:중국북한항공, CZ:중국남방항공, MU:중국동방항공, 9Y:에어카자흐스탄, TG:타이항공, WH:중국서북항공, PR:필리핀항공, NX:에어마카오, CX:캐세이퍼시픽항공, MH:말레이시아항공, SQ:싱가포르항공, LH:독일항공, TK:터키항공, AF:에어프랑스, CA:중국국제항공, HZ:사할린항공, CO:컨티넨탈항공, UA:유나이트드항공, JL:일본항공, NW:노스웨스트항공, NH:전일본공수, AA:아메리칸항공, HY:우즈벡항공, AC:에어캐나다, QF:콴타스항공, SU:러시아항공, XF:블라디보스토크항공, K2:키르키스탄항공, H8:극동러시아항공, 7B:크라스노야르스크항공

[표 5-7] 국내 항공사 항공기 보유 현황

(기준 : 2015년)

업체별	용 도	기 종	대수	기 령			
				10년 미만	20년 이하	20년 초과	평균 기령
대한항공	여객기	B737-800	17	14	3	0	5.56
		B737-900	16	1	15	0	11.75
		B737-900ER	6	6	0	0	27
		B777-200	17	8	9	0	11.37
		B777-300	4	0	4	0	16.12
		B777-300ER	12	12	0	0	3.98
		B747-400	15	0	12	3	18.56
		A330-200	8	5	3	0	8.49
		A330-300	18	3	15	0	12.56
		A380-800	10	10	0	0	2.88
		소계	123	39	61	3	9.84
	화물기	B747-400F	17	3	14	0	12.38
		B747-8F	5	5	0	0	1.88
		B777F	4	4	0	0	2.18
		소계	26	12	14	0	8.79
	합 계		149	71	75	3	9.66
아시아나항공	여객기	B777-200	12	7	5	0	8.62
		B747-400	4	0	3	1	18.38
		B767-300	7	0	6	1	18.44
		A321-100	2	0	2	0	13.98
		A321-200	23	15	7	0	5.55
		A320-200	8	8	0	0	7.46
		A330-300	15	14	1	0	5.47
		A380-800	2	2	0	0	1.02
		소계	73	47	24	2	8.29
	화물기	B747-400F	10	0	4	6	19.11
		B767-300F	1	0	1	0	18.5
		소계	11	0	5	6	19.05
	합 계		84	47	29	8	9.63

업체별	용 도	기 종	대수	기 령			
				10년 미만	20년 이하	20년 초과	평균 기령
에어부산	여객기	B737-400	4	0	4	0	18.16
		B737-500	1	0	1	0	19.65
		A320-200	3	3	0	0	8.51
		A321-200	6	0	6	0	12.77
	합 계		14	3	11	0	13.89
에어인천	화물기	B737-400F	2	0	0	2	23.23
	합 계		2	0	0	2	23.23
이스타항공	여객기	B737-400	4	0	4	0	11.98
		B737-800	7	1	6	0	14.41
	합 계		11	1	10	0	13.52
제주항공	여객기	B737-800	17	3	14	0	12.59
	합 계		17	3	14	0	12.59
진에어	여객기	B737-800	12	0	12	0	14.38
		B777-200	1	1	0	0	8.49
	합 계		13	1	12	0	13.93
티웨이항공	여객기	B737-800	9	4	5	0	10.43
	합 계		9	4	5	0	10.43
여객기			260	121	134	5	10.19
화물기			39	12	19	8	12.43
총 계			299	133	153	13	10.48

자료 : 한국항공진흥협회의 항공정보 포털시스템(http://www.airportal.go.kr/, https://istore.tistory.com/137)

앞으로 항공운송사업은 경제가 성장하고 선진화됨에 따라 계속적인 성장이 예상되며, 특히 1988년 2월 국내 제2 민항인 아시아나항공사의 허가로 항공운송사업이 분리되어 경쟁체제로 돌입하게 됨에 따라 더욱 성장·발전하고 있다.

국내외 항공수요는 1990년 이후 연평균 13.3%의 증가율을 지속하고 있으며, 그간 국토의 균형발전과 지방경제 활성화에 힘입어 지방도시간의 지선개발사업을 활발히 추진한 결과 속초, 광주, 여수, 울산공항 등의 확장 및 부대시설이 정비되어 제트기 취항이 가능하게 되었으며, 1970년대에 운항이 중단되었던 울산, 포항, 강릉, 예천공항을 개설하여 1985년부터 민항기가 재취항하고 있다. 현재 국내 16개 공항, 해외 28개국 76개 도시를 운항하고 있다.

우리나라 항공기의 보유대수는 1968년에는 DC-3기 등 구형 항공기 3대, 프로펠러기 4대, DC-9기 1대 등 총 8대를 보유하였으나 그 이후 1969년 서울-홍콩행 직항노선 개설, 1971년 미주 태평양노선 취항, 1975년 유럽노선 개설, 1991~1993년 중국, 러시아, 호주, 남미 취항 등 새로운 노선개발과 사업확장에 따라 구기종의 신기종 대체작업을 추진하여 2000년까지 A300-600기, B737-400 그리고 B747-400을 중심으로 운영이 되었다. 이후 2015년 대한항공은 여객기 123대 화물기 26대로 총 149대를 보유하였고, 아시아나항공은 여객기 73대 화물기 11대 총 84대를 보유하였으며, 그 외 저가 항공사의 여객기를 포함한 국내의 총 여객기는 260대 화물기는 39대로 국내에서는 총 299대의 항공기가 취항되어 운영되고 있었다.

2018년 1월 현재 대한항공 162기, 아시아나항공 81기, 제주항공 31기, 진에어 25기, 에어부산 23기, 이스타항공 17기, 티웨이항공 19, 에어서울 6기, 에어인천 2기로 총 366기를 보유하고 있다.

[표 5-8] 항공운송 수송실적(국제선/국내선/화물)

(단위: 편, 명, 톤)

공항	운항(편수)			여객(명)			화물(톤)		
	도착	출발	합계	도착	출발	합계	도착	출발	합계
인천	47,278	47,091	94,369	5,544,998	5,229,480	10,774,478	750,030	742,367	1,492,397
김포	25,533	25,545	51,078	3,834,409	3,821,893	7,656,302	39,216	34,308	73,524
김해	13,741	13,731	27,472	1,792,591	1,766,533	3,559,124	15,637	16,008	31,644
제주	31,634	31,665	63,299	4,658,955	4,706,435	9,365,390	34,145	45,459	79,604
대구	3,135	3,130	6,265	409,155	399,492	808,647	3,040	2,667	5,708
광주	2,919	2,913	5,832	359,417	358,039	717,456	1,591	1,454	3,045
무안	416	408	824	52,694	48,009	100,703	536	425	961
청주	3,087	3,085	6,172	423,278	417,182	840,460	2,320	1,989	4,309
여수	1,047	1,047	2,094	103,049	105,426	208,475	409	409	818

울산	984	985	1,969	103,828	105,763	209,591	481	418	898
사천	160	160	320	13,633	13,800	27,433	60	55	114
포항	58	58	116	5,076	5,018	10,094	30	26	56
군산	224	224	448	27,624	26,920	54,544	152	125	277
원주	59	59	118	6,008	6,039	12,047	39	30	69
양양	445	444	889	39,001	39,685	78,686	243	238	482
합계	130,720	130,545	261,265	17,373,716	17,049,714	34,423,430	847,928	845,978	1,693,906

주 : https://www.airport.kr, 인천국제공항공사, 2020.

(단위: 톤, %)

구 분		3월 실적			누적 실적		
		'17. 3월	'18. 3월	증감률	'17. 1~3월	'18. 1~3월	증감률
화물	국내	24,160	24,706	2.3	73,682	69,170	-6.1
	국제	351,657	362,973	3.2	980,276	1,008,243	2.9
	계	375,817	387,680	3.2	1,053,958	1,077,413	2.2

주 : 한국공항공사 항공통계자료

2000년 현재 운송용 항공기는 대한항공[13]이 53대 등 160대의 항공기를 보유하고 있고, 대한항공에서는 최첨단 보잉 737 항공기 27대의 구매계약을 체결한 상태이다.

항공기에 의한 운송현황은 1999년 말 기준 국내운송실적이 342,269톤으로 전년대비 7.4%가 증가하였다. 국제운송실적이 1,694,515톤으로 전년대비 15.5%가 증가하여 타 운송수단에 비하여 높은 성장추세를 보이고 있으나, 전체운송 부담률을 고려하면 아직 미약한 실정이었다. 2015년 말 기준 운항 편수는 전년대비 6.6% 증가하였으며, 승객은 10.7% 화물은 3.9% 증가하였다.

13) http://www.koreanair.co.kr:8080/main/promotion/insa/koreatest.html

제2절 항공기와 화물운송업무

2.1 항공기의 의의

1. 항공기의 정의와 종류

항공기란 사람이 탑승조정하여 민간항공에 이용되는 비행기, 비행선, 활강기(glider), 회전날개 비행기(helicopter), 기타 대통령이 정하는 항공기기를 말한다. 이 중 비행기는 고정날개와 동력장치를 가지고 있는 것으로 공기력에 의하여 양력을 얻는다.

항공기는 공중을 날아야 하는 특수성으로 인하여 신뢰도가 커야 하고, 항공역학적 요구로 중량을 감소시켜야 하기 때문에 가볍고 강한 금속[14]으로 제작하게 된다.

2. 항공기의 구조

(1) 항공기의 구조

- deck : 항공기의 바닥이 2개 이상인 경우에는 deck에 의해 항공기 내부공간이 upper dock, main dock, lower dock으로 구분된다. 특히 승객이 탑승하는 main deck를 cabin이라 한다.
- hold : 천정과 바닥 및 격벽으로 구성되어 여객과 화물을 운송할 수 있는 내부공간으로서 여러개의 격실로 구성된다.
- compartment : hold내에 station별로 지정된 공간을 말한다.
- section : 격실 중 단위적재용기(unit load device : ULD)를 탑재할 수 없는 공간의 세부적 구분을 말한다.
- bay : 격실 중 단위탑재용기를 탑재할 수 있는 공간의 세부적 구분을 말한다.

14) 항공기재료로 사용되는 금속은 철금속과 비철금속으로 대별되며, 철금속에는 철강, 강합금이 있고 비철금속에는 알루미늄, 니켈, 듀랄루민 등이 사용되나 약 95%가 알루미늄 합금으로 구성된다.

[표 5-9] 항공기의 분류

<table>
<tr><th>구 분</th><th colspan="2">내 용</th><th>기 종</th></tr>
<tr><td rowspan="2">크기에 의한 분류</td><td>Conventional aircraft (Narrow body aircraft)</td><td>재래식 소형기준으로 deck에 의해 상·하부의 격실로 구분되며, 하부 격실에는 단위적재 운송용기를 적재할 수 없고 날개 화물을 수작업으로 탑재</td><td>Airbus : A320
Boeing : B707, B727, B737, B757
McDonnel Douglas : DC-8, DC-9, MD-80</td></tr>
<tr><td>High Capacity aircraft (Wide body aircraft)</td><td>대형화물로 deck에 의해 상·하부의 격실로 구성되며, 화물실에 단위탑재용기(ULD)를 탑재가능</td><td>Airbus : A300-B
Boeing : B747, B767
McDonnel Douglas : DC-10</td></tr>
<tr><td rowspan="3">용도에 의한 분류</td><td>화물기(All cargo)</td><td>상·하부 격실에 화물만 탑재하도록 제작된 항공기</td><td>Boeing : B707F, B747F
McDonnel Douglas : DC-8F, DC-10F</td></tr>
<tr><td>Combi (Mixed/Combination)</td><td>상부 격실에 여객과 화물을 각각 탑승 및 탑재하도록 제작된 항공기</td><td></td></tr>
<tr><td>여객기(Passenger)</td><td>상부 격실에는 여객을, 하부 격실에는 위탁 수화물 및 화물, 우편물을 탑재하도록 제작된 항공기</td><td>Boeing : B727, B747
McDonnel Douglas : DC-8, DC-10</td></tr>
<tr><td rowspan="3">전환가능성에 의한 분류</td><td>화물전용기(Freighter)</td><td>화물만 적재하도록 제작한 항공기로서 여객기로 전환 불가</td><td>Boeing : B707F, B747F
McDonnel Douglas : DC-8F, DC-10F</td></tr>
<tr><td>Convertible</td><td>필요시 여객기에서 화물기 또는 반대로 전환이 가능한 항공기</td><td></td></tr>
<tr><td>Rapid or Quick change</td><td>Convertible의 일종이나 극히 짧은 기간 내 전환가능토록 제작된 항공기</td><td></td></tr>
</table>

우리나라의 최신 항공기 B747-8i의 경우 대한항공에서 2015년 8월 26일 최초로 인수하여 기존의 b747-400 기종보다 소음이 30% 감소하였고 연료효율성 또한 16% 높아졌으며 평균 운항속도는 1,052km으로 기존 모델보다 더 길고 날개 폭이 늘어났다.

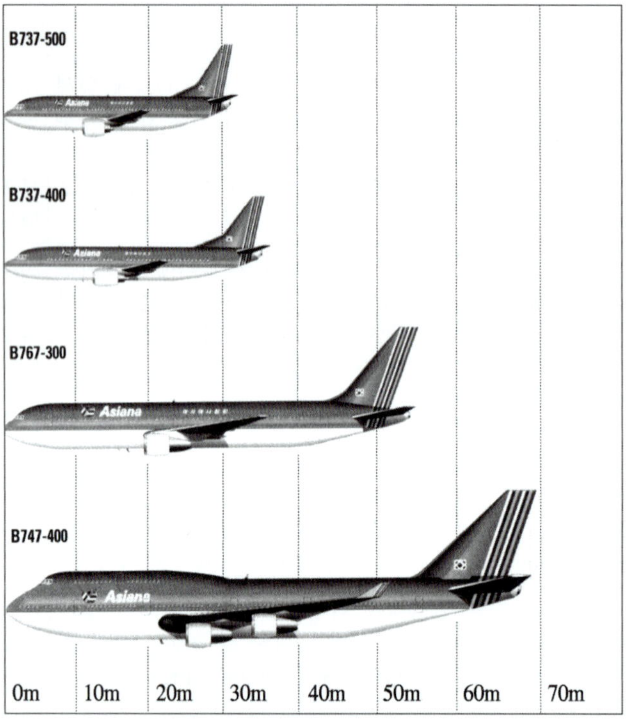

구 분	B737-500	B737-400	B737-300	B747-400 COMBI	B747-400PAX
좌석수/Seating capacity	120	146/149/150/152	260	280	378
최대이륙무게/Max. take-off weight(kg)	52,389	58,967/64,636	156,489/163,293	394,625	394,625
평균운항속도/Average cruising speed(km/h)	798	798	862	915	915
길이/Length(m)	31.01	36.45	54.94	70.66	70.66
높이/Height(m)	11.13	11.13	15.85	19.41	19.41
날개폭/Wing span(m)	28.88	28.88	47.57	64.44	64.44
최대운항거리/Max. range(km)	5,000	4,630	9,074	14,816	14,816
최대운항고도/Max. operation altitude(m)	11,278	11,278	13,137	13,746	13,746

[그림 5-3] 최신 항공기종 및 제원

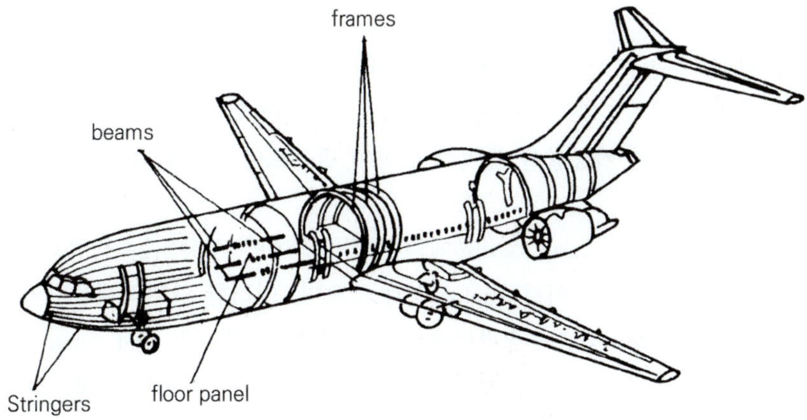

[그림 5-4] 항공기의 구조 및 각부 명칭

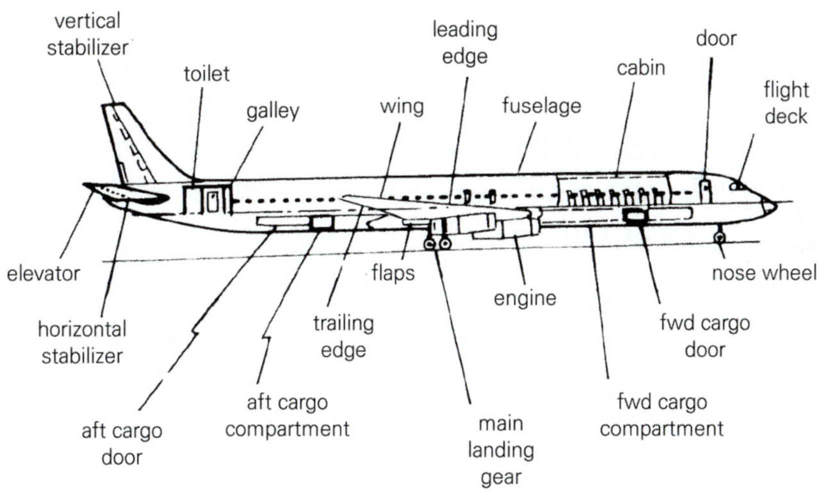

[그림 5-5] 항공기의 명칭

3. 항공기 탑재용기

초기 항공화물의 운송은 인력에 의한 bulk탑재가 이루어졌으나, 화물의 보호, 신속한 작업 및 취급, 특수화물의 운송, 항공사간 연계운송, 지상하역작업의 기계화를 통한 합리화, 조업시간 단축에 따른 항공기 가동률을 높이기 위하여 팔레트나 컨테이너 등에 의한 단위적재용기가 사용되어 왔다.

단위적재용기(ULD : Unit Load Device)에는 항공운송에만 사용되는 항공화물용 컨테이너(container)와 팔레트(pallet) 및 이글루(igloo)[15)]가 있으며, 이러한 단위적재용기의 개발에 따라 개별적재에서 단위적재로, 단순운송관리에서 단위적재시스템(unit load system)[16)]에 의한 물적유통관리로 변화가 가능하고 대량의 화물을 수송함에 있어 화물의 보호, 신속한 작업 및 특수화물의 수송과 조업단축에 따른 항공기 가동율을 높이는 이점이 있다.

단위탑재용기의 종류에는 팔레트류, 컨테이너류, 이글루류, 특수 단위탑재용기 등이 있다. 단위탑재용기는 국제항공운송협회(IATA : International Air Transport Association)의 허가아래 각종 항공기의 화물칸에 맞도록 제작된 항공기용 단위적재용기(aircraft ULD)와 화물의 종류에 맞추어 화물칸의 탑재상태와는 관계없이 만든 비항공용단위적재용기(non-aircraft ULD)로 구분된다.

① 팔레트 : 팔레트는 1인치 이하의 알루미늄 합금으로 만들어진 평판으로, 팔레트 위의 화물을 특정 항공기의 내부 모양과 일치하도록 적재작업한 후 망(net)이나 띠(strap)로 묶을 수 있도록 고안된 장비이다. 대부분의 팔레트는 국제항공운수협회가 제정한 표준규격에 의거 제작되고 있으며, 표준규격은 88″×108″와 88″×125″이다.

② 컨테이너 : 별도의 보조장비 없이 항공기내의 화물실에 적재 및 고정이 가능하도록 제작된 용기로서 재질은 탑재된 화물의 하중을 견딜 수 있는 강도로 제작되어야 하며, 항공기 기체에 손상을 주지 않아야 한다. 컨테이너의 사용은 시장상황에 적절히 대처하고 부대비용을 절감함으로써 비용을 낮출 수 있고 소요시간을 단축할 수 있는 등 여러 장점을 가지고 있다.

15) 에스키모인의 눈과 얼음으로 만든 집으로 팔레트화했을 때 항공기 화물실의 내부인 윤곽(contour)의 모양과 비슷하므로 붙여진 이름이다.

16) 잡화류의 운송에 있어 가능한 한 일정단위를 일관하여 문전에서 문전(door to door)까지 서비스를 행하는 체계로서 이를 위해서는 ① 단위(unit) 규격의 적정화·표준화, ② 화물을 단위로 작업하는 일의 원활화, ③ 협동일관운송체계의 확립이 필요하며, 단위화물체계는 하역의 기계화, 에너지절약, 화물손상의 방지, 적화의 신속, 차량회전율 향상 등을 가능하게 한다.

③ 이글루 : 유리섬유(fiber glass) 또는 알루미늄 등의 재질로 비행기의 동체 모양에 따라 만들어진 항공화물을 넣는 특수한 덮개로서 팔레트와 함께 사용되어 공간을 최대한 활용하도록 윗면의 모서리 부분이 둥근 형태로 고안되었다. 이글루를 이용하여 작업을 하게 되면 화물의 출입구를 제외하고 미리 네트를 쳐 놓았기 때문에 적재후의 완성된 윤곽(contour)에 대하여 신경쓸 필요가 없고 작업도 대폭 개선된다. 이글루의 종류에는 팔레트와 마찬가지로 88″×108″와 88″×125″ 등 2가지 종류가 있다.

[표 5-10] 항공기용 단위적재용기의 형태

<table>
<tr><th>description
base dims.</th><th>prefix</th><th>approx.
value
US$</th><th colspan="2">code and illustration</th></tr>
<tr><td colspan="3">pallet/net</td><td rowspan="2">P
AIRCRAFT
PALLET AND
NET</td><td rowspan="2">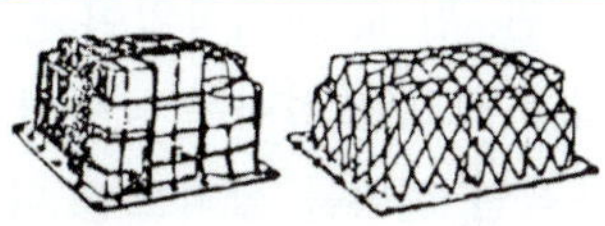</td></tr>
<tr><td rowspan="2">88″×125″
88″×108″
96″×125″
96″×235 ½″</td><td rowspan="2">P1
P2
P6
P7</td><td rowspan="2">625,—
625,—
750,—
3000,—</td></tr>
<tr><td colspan="2">(number is engraved in rim)</td></tr>
<tr><td colspan="3">igloo/net</td><td rowspan="2">U
NON-STR-
UCTURAL
IGLOO</td><td rowspan="2">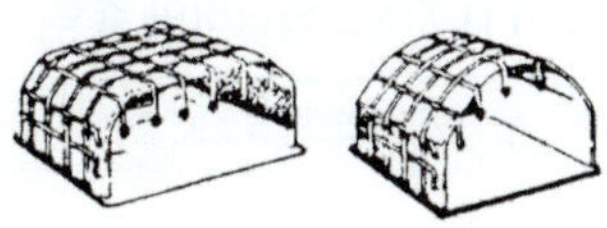</td></tr>
<tr><td rowspan="2">88″×125″
88″×108″
96″×125″</td><td rowspan="2">UA
UD
UQ</td><td rowspan="2">1000,—
1000,—
1000,—</td></tr>
<tr><td colspan="2">(numbers shown on side of shell/do not insert pallet No.)</td></tr>
<tr><td colspan="3">structural igloo</td><td rowspan="2">A or S or T

STRUCTURAL
IGLOO</td><td rowspan="2">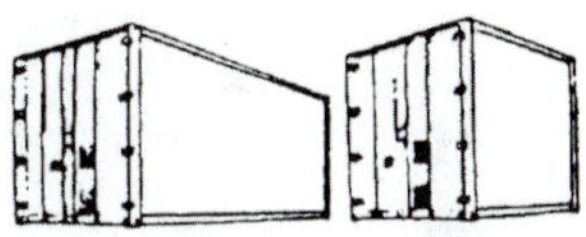</td></tr>
<tr><td rowspan="2">88″×125″

88″×108″</td><td rowspan="2">AA
SA
TA
AD</td><td rowspan="2">1500,—
1500,—
1500,—
1500,—</td></tr>
<tr><td colspan="2">(number is shown on side)</td></tr>
<tr><td colspan="3">8′×8′maindeck
container</td><td rowspan="2">A or B

MAIN DECK
CONTAINER</td><td rowspan="2">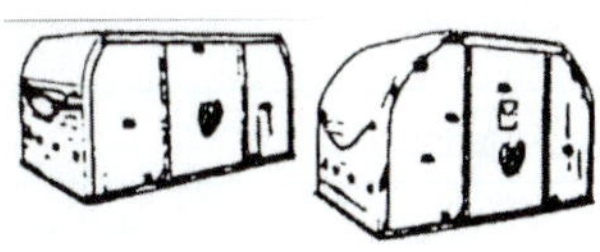</td></tr>
<tr><td rowspan="2">96″×117¾″
96″×125″
96″×238½″</td><td rowspan="2">AR/BR
AQ/BQ
AS/BS</td><td rowspan="2">5000,—
3500,—
3600,—</td></tr>
<tr><td colspan="2">(number is shown on side)</td></tr>
<tr><td colspan="3">lower deck
certified container</td><td rowspan="2">A

LOWER DECK
CONTAINER</td><td rowspan="2">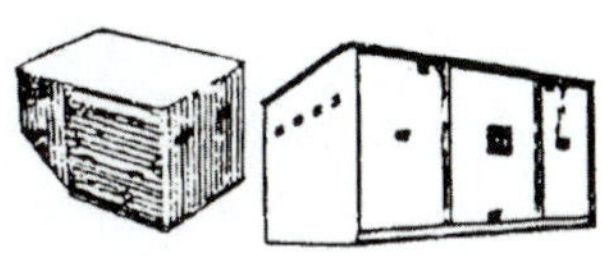</td></tr>
<tr><td rowspan="2">60.4″×61.5″
60.4″×125″</td><td rowspan="2">AV
AW</td><td rowspan="2">1000,—
1000,—</td></tr>
<tr><td colspan="2">(number is shown on side)</td></tr>
</table>

non certified aircraft container			D NON- CERTIFIED CONTAINER	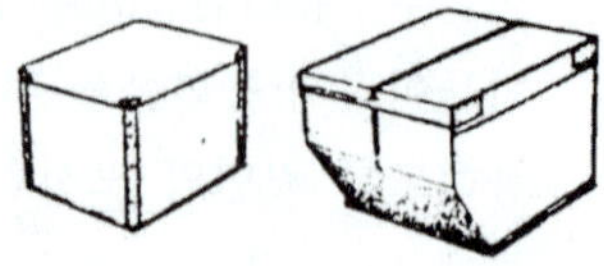
60.4″×61.5″ 60.4″×125″	DV DW	750,— 750,—	(may be made from material other than meta number is shown on side)	

4. 지상조업장비

항공화물의 적재 및 하역은 계획된 시간내 신속히 이루어져야 하며 이를 위하여 지상이동 및 보관, 탑재, 하역작업이 용이하도록 여러 가지 지상조업장비가 제작, 사용되고 있다. 지상작업에 필요한 설비는 공항별, 항공기의 종류 및 형태, 화물의 상태에 따라 상이하나 필요한 공통적인 설비를 살펴보면 다음과 같다.

[표 5-11] 지상조업장비의 종류

장비의 종류	내 용
transporter	적재작업이 완료된 단위탑재용기를 터미널에서 항공기까지 수평이동에 사용되는 장비
dolly	transporter와 동일한 작업을 하나 자체의 기동성은 없고 견인차(tug car)와 연결되어 사용
self-propelled conveyor	수화물 및 소형화물을 소형기의 belly 또는 대형기의 화물실에 낱개 단위로 탑재, 하역 시 사용되는 장비
fork lift truck	중량화물을 소형기의 belly에 탑재 및 하역 또는 단위탑재용기 적재작업 시 사용하는 장비
high loader	단위탑재용기를 대형기에 탑재 및 하역 시 사용하는 장비

[그림 5-6] 램프 조업을 위한 지상조업장비

2.2 항공화물의 적재방식

항공화물의 탑재방식은 살화물적재방식(bulk loading), 팔레트적재방식(pallet loading), 컨테이너적재방식(container loading)으로 구분된다.

1. 살화물적재방식

살화물적재방식은 가장 원시적인 적재방식으로 대부분의 화물이 적재작업의 능률이 항공기 자체의 가동률에 영향을 미치기 때문에 팔레트나 컨테이너에 의하여 적재되고 있으나, 화물전용기나 한정된 공간에 적재효율을 올리기 쉬운 제트기의 하부화물실(belly)[17]의 작업과 같이 인력에 의하여 개별화물을 직접 화물실에 적재하게 될 경우에 활용되고 있다.

2. 팔레트적재방식

팔레트적재는 항공화물 취급방식의 기초가 되는 것으로 1962년 지상체류시간의 단축을 위해 목판을 상하로 하드보드로 덮고 알루미늄으로 사방을 덮어씌운 팔레트라는 운송용구를 고안하여 이를 이용한 적재방식이다. 즉, 팔레트 위에 화물을 올려놓고 그물(net)로 고정시킨 뒤 항공기에 적재할 때에는 리프트 로우더(lift loader)와 항공기 화물실의 바닥면에 장치되어 있는 굴림대(roller bed) 위를 굴리고 이동시켜 기내의 정위치에 고정시키는 방식이다.

팔레트를 이용하여 적재할 경우에는 적재형태에 있어 항공기화물실의 윤곽(contour)을 고려하여야 하며 이에 따른 어려움을 해결하기 위하여 미리 윤곽에 꼭 맞는 금속제 또는 글라스 파이버제의 커버인 이글루(igloo)를 팔레트 위에 올려놓는 방법이 많이 사용되고 있다. 화물전용기에 사용되는 팔레트 사이즈는 88″×108″와 88″×125″가 표준 사이즈다.

3. 컨테이너적재방식

항공운송의 생명은 정시성으로 이를 위하여 고안된 것이 컨테이너라는 화물실에 알맞는

17) 하부화물실은 여객기 및 화물기의 전후방에 2실이 있다.

용기를 사용한 적재방식이다. 컨테이너 적재방식은 항공기 화물실의 입구에 있는 control box를 조작하여 화물실 바닥에 있는 전동식 롤러(roller)를 통해 자동으로 컨테이너를 적재하는 방식이다. 항공기에 사용되는 컨테이너는 해상운송에 사용되는 컨테이너보다 중량이 가볍고 외부의 충격을 적게 받기 때문에 강도 면에서도 약하게 제작된다.

컨테이너적재방식은 항공화물적재방식 중 가장 바람직한 방식이나 앞으로 항공운송용 화물의 다른 운송기관과의 공용성 및 일관성을 유지할 수 있는 방법의 강구 및 어떠한 형태나 종류의 화물도 적재가능한 방법의 강구가 요구되고 있다.

또한 화물전용기 이외의 여객용 항공기에는 객실 밑에 있는 하부 화물실에 수화물·우편물 등을 탑재하므로 Bulk Loading과 같다. 일부 항공회사들이 하부 화물실에 맞는 컨테이너를 개발했는데, 이를 Belly Container라고 부른다. Boeing 747-F형에는 8″×8″ 컨테이너가 좌·우열로 들어갈 수 있도록 설계되어 있다.

2.3 항공화물 운송업무

1. 항공화물의 예약[18)]

항공화물의 운송을 위해서는 화주나 항공화물대리점으로부터 운송화물에 대한 예약절차가 필요하다. 항공사 입장에서 예약의 목적과 기능은 ① 공급의 최적활동을 통하여 수입의 극대화 및 대고객 서비스를 제고하며, ② 가용공급을 즉각적으로 판매하고, ③ 수입극대화를 위한 공급의 최적 활용과 사전 정보제공으로 탑재 및 운송에 대한 사전준비로 효율적인 탑재관리를 도모하는 반면, 화주 입장에서는 화물을 확실히 운송하고자 하는 욕구를 충족시키기 위해 필요하다.

항공화물의 예약은 출발 6개월 전부터 가능하며, 예약접수는 화주를 대신하여 항공화물대리점이 항공회사에 하게 되는데 일반적으로 다음 사항이 필요하다.

- 항공편 및 날짜(freight number & date)
- 취급대리점 또는 송화인(air cargo agent or shipper)

18) 항공회사의 경우 예약 시 준수 사항은 다음과 같다. ① 예약의 취소 : 경제적 화물 공급운용 및 고객서비스 제고 차원, ② 할당량 관리 : 예약 당시의 중량, 용적과 실제 show-up시의 차이 최소화, ③ 운송경로 주선 : 가장 신속한 운송이 가능토록 운송경로 주선, ④ 정확한 용적 : 공간 최대 활용을 위한 기본전제로써 공간효율의 최소화 등이 필요하다.

- 항공화물운송장 번호(airway bill number)
- 수량 및 중량(number of package & weight of shipment)
- 품목과 용적(nature of goods & volume of shipment)
- 출발 및 도착지 공항(airport of departure & arrival)
- 운송경로(requested routing)

예약이 접수되면 제반 예약상황 및 운송일정을 통보받을 수 있다. 접수된 화물예약내용은 항공기 출발 약 10시간 전에 종합되고, 출발지 공항에서는 해당 항공편의 탑재지시서를 통보받을 수 있다.

2. 항공화물의 집화

화물의 집화는 항공사가 직접 화주를 상대로 하는 경우도 있지만 대부분 대리점, 혼재업자, 총판매대리점을 통한 간접집화를 통하여 이루어진다.

(1) 직접집화

직접집화의 대상은 수출자, 수입자 또는 양자가 되나 운송계약자, 즉 실제 운임을 지불하는 쪽을 상대로 유치활동을 벌이게 된다. 무역조건상 EXW, FCA, FAS, FOB 조건은 수입자, CFR, CIF, CPT, CIP, DAP, DPU, DDP조건은 수출자가 유치상대가 된다.

(2) 간접집화

① 대리점 집화

항공사는 다수의 송화인과 수화인을 대상으로 집화할동을 할 수 없으며, 대리점들의 화물집화의 배분에 있어 자기 항공사의 할당을 극대화시킬 필요가 있으므로 대리점 집화가 필요하다. 대리점(agent)은 계약 항공사를 대리하여 항공화물의 집화역할을 수행하며, 이에 대한 대가로 항공사로부터 수수료(commission)를 받는다.

대리점은 국제항공운송협회의 가입여부에 따라 IATA대리점과 NON-IATA대리점으로 구분되며, 양측 모두 적법한 대리점업 자격을 가지고 있지만 NON-IATA대리점은 원칙적으로 IATA항공사를 대신해 화물운송판매를 할 수 없으며, 항공사에 화물을 반입시켜도 단지 화주를 대리한 것으로 간주되어 수수료를 지급받을 수 없다.

② 혼재업자 집화

혼재업자(항공운송주선업자, consolidator)는 항공기없이 독자적인 운송약관과 운임요율표

(tariff)로서 개개의 화주나 대리점과 운송계약을 체결하며, 혼재업자용 화물운송장(house airway bill)[19]을 발행하는 자를 말한다. 따라서 혼재업자는 화주에 대해서는 운송인이 되지만 항공사에 대해서는 송화인(shipper)이 되는 중간역할을 하게 된다.

혼재업자는 항공사운임의 중량체감체계[20]를 이용하여 개개의 화주들로부터는 항공사보다 싼 운임을 적용해 다수의 화주나 대리점들로부터 집화된 화물을 1건의 대형화물로 재편성하여 항공사에 위탁 더 싼 요율을 적용받게 되며, 이때 화주나 위탁업자로부터 수취한 운임과 항공사에 지불하는 운임의 차액을 수익으로 하게 된다.

③ 총판매대리점 집화

총판매대리점(general sales agent)은 불취항(off-line)지역의 판매망 확장을 통한 수입증대를 목적으로 항공사가 임명하는 대리점으로, 지정된 국가 또는 지역에서 항공사의 노선을 이용하도록 홍보, 항공사의 시각표 및 운임요율표 등을 지역내 타지점에 배포 및 집화활동을 대행하게 된다.

④ 타사 집화

국제항공운송협회에 가입된 항공사는 자사가 운항하지 않는 노선이나 목적지에서 화물을 집화하거나 타 항공사를 통하여 자사의 노선이나 목적지를 판매할 수 있다. 이 협정에 따라 타 항공사를 대리하여 판매한 대금에 대해서는 협정에서 결의된 일정률의 수수료를 받게 되므로 각 항공사는 집화활동을 벌이게 된다.

3. 항공화물의 취급절차

(1) 수출화물의 취급절차

① 수출물품은 항공화물대리점을 통하여 육로운송으로 화물터미널에 도착 및 장치장에 반입[21]

② 화물의 척량검사 실시 및 수출화물반입계 발급

③ 세관에 수출화물 반입계 제출 후 보세구역(bonded area)[22] 장치지정 및 승인

19) 혼재업자가 자기의 운송약관에 근거하여 화주와 운송계약을 체결할 때 발행하는 운송장을 말하며, 혼재화물을 항공사에 위탁하기 위해 혼재업자가 송화인으로 기재된 master AWB과 구분된다.

20) 중량이 높아질수록 적용요율이 더 낮아지는 운임체계를 말한다.

21) 통관지와 항공기가 출발하는 탑재기가 같은 경우 대리점이 직접 운송, 반입하며 다른 경우는 탑재항공사의 보세장치장에 반입된다.

22) 관세선(customs line)을 출입하는 무역화물을 단속하기 위하여 세관에서 지정·감시하는 지역으로 화물이 보세구역에 있는 동안은 과세가 유보되며, 이곳에서 통관수속을 밟게 된다.

④ 수출신고서(export declaration), 신용장원본, 수출승인서, 상업송장(invoice),[23] 포장명세서(packing list),[24] 검사증(certificate of inspection)[25]을 첨부하여 수출신고

⑤ 수출신고서류의 심사 및 화물검사

⑥ 수출허가

⑦ 항공사에 운송장 및 화물의 인계

⑧ 항공기 특성을 고려 단위적재용기에 적재작업실시[26]

⑨ 항공기에 탑재작업

⑩ 적하목록(manifest) 및 환적적하목록(transfer manifest)[27] 작성

⑪ 항공기출발 및 도착지, 중간기항지에 탑재내용, 특수화물의 명세, 수화인(consignee), 탑재위치 등을 통보

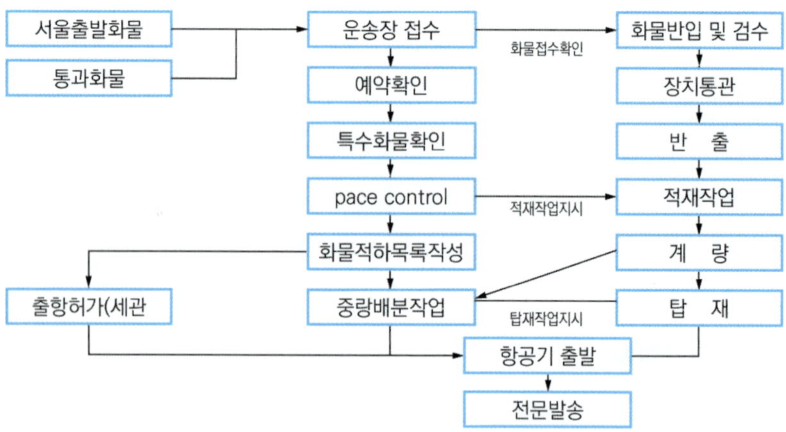

[그림 5-7] 수출화물의 항공운송절차

23) 선적서류의 일종으로 수출자가 작성하여 수입자에게 송부하는 선적화물의 계산서 및 내용명세서로서 수출자에게는 상품대금이나 비용의 청구서 역할을 하며, 수입자에게는 수입계산서 역할을 하는 무역계약을 정당하게 이행하였음을 증명하는 선적서류의 일종이다.

24) 상업송장의 기재내용을 보완하기 위하여 화물의 포장방법, 수량, 중량, 용량 등을 기재한 포장되어 있는 내장품의 명세서로서 송화인이 작성, 수화인에게 송부하는 선적서류의 일종이다.

25) 수출자가 수입국의 수출물품 또는 수출국의 특정업자가 수출하는 물품의 품질을 보장받기 위하여 수입물품에 대한 정부의 검사나 공인검사기관의 검사 또는 수입대리인의 품질검사 등 수입자의 지시나 요구에 따라 발급되는 서류를 말한다.

26) 단위적재용기에 적재 및 항공기 탑재는 김포공항의 경우 용역회사인 (주)한국공항에서 담당하고 있다.

27) 적하목록은 항공화물운송장에 의거 작성되는 화물일람표로 화물의 점검 또는 수입심사 시 사용된다.

(2) 수입화물의 취급절차

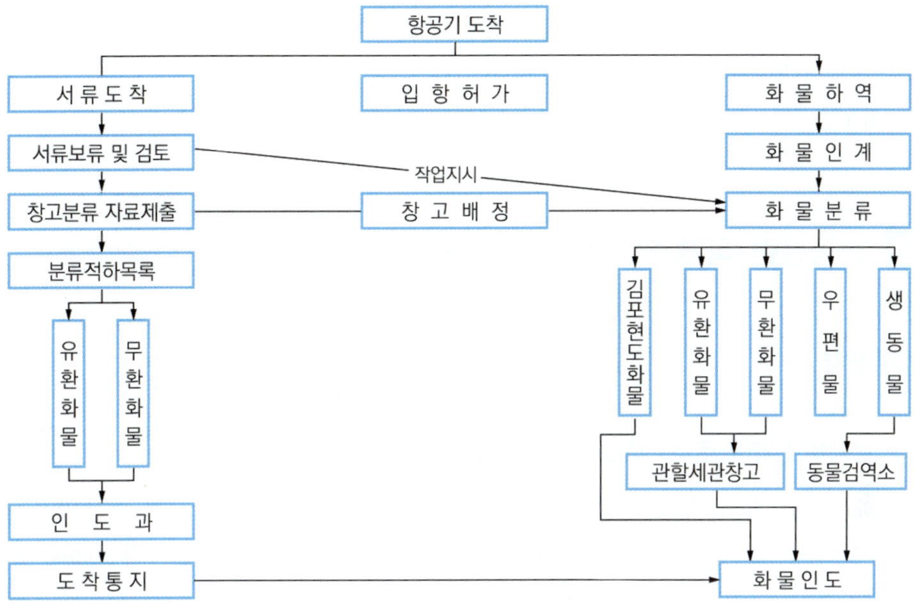

[그림 5-8] 수입화물의 항공운송절차

① 출발지로부터 도착화물에 대한 전문접수[28)]

② 항공기가 도착 시 기내검역 후 운항 또는 객실승무원으로부터 운송장, 출발지 출항허가, 적하목록 등을 인수 후 세관에 적하목록, 기용품목록 등을 제출하여 입항허가 취득

③ 허가취득 후 운송장과 적하목록을 대조하여 수입금지물품, 안보 위해 물품여부 확인 및 작업지시

④ 세관감독하에 운송장상의 목적지 또는 화주의 요청에 따라 창고배정작업

⑤ 창고배정완료 후 분류적하목록에 의거 실화물을 배정창고에 입고

- 무환화물 : 서울세관관할 영동창고로 보세운송 후 통관
- 김포현도화물[29)] : 무환화물 중 신문, 뉴스필름, 외교행낭, 생동물, 귀중품 등의 화물

28) 전문접수에 따라 항공기 도착전에 화물인수에 필요한 장비 및 시설을 준비하게 되고 수화인에게 신속한 인도를 위한 화물도착통지가 가능하게 된다.

29) 수화인이 자가 보세장치장을 가진 경우 김포공항에 도착 즉시 현장에서 인도하는 화물을 말한다.

은 김포에서 통관

- 유환화물 : 김포세관 관할 화물터미널에서 통관

⑥ 운송장의 분류 및 정리가 완료되면 통관지역에 따라 수화인에게 도착통지 및 송부

⑦ 본인이나 대리인에게 운송장인도[30)]

⑧ 보세운송

2.4 항공관련 국제조약 및 국제기구

1. 국제조약

(1) 바르샤바조약(와르소) Warsaw Convention

제1차 세계대전 후 급속도로 발달한 항공운송이 국제적인 교통수단으로 이용되고 국제적으로 적용할 법규 및 여객이나 운송인에게도 최소한의 보장이 요청됨에 따라 1929년 10월 12일 바르샤바(Warsawa)의 제2회 국제항공법회의(Int'l Conference on Air Law)에서 체결된 협약이다.

본 협약의 정식명칭은 「국제항공운송에 있어서의 일부규칙의 통일에 관한 협약(Convention for the Unification of Certain Rules Relating to Int'l Carriage by Air : Warsaw Convention)」으로 국제항공운송인의 민사책임에 관한 통일법을 제정하여 동일사건에 대한 각국법의 충돌(conflict of laws)을 방지하고 국제항공운송인의 책임을 일정한도로 제한하여 국제민간항공운송업의 발전에 그 목적을 둔 최초의 국제조약이다. 바르샤바협약 회의의 당사국들은 다음과 같은 두 가지 목적을 설정하였다. 첫째, 국제항공으로부터 발생하는 손해배상청구의 처리에 대한 통일적 제도를 마련하는 것, 둘째, 사고로부터 손해가 발생한 경우 항공운송인의 책임을 제한하는 것 등이다.

이 협약은 국제항공운송인의 민사책임에 관한 통일규칙을 마련한 것으로 항공운송인의 책임을 정한 최초의 조약이다. 바르샤바 협약의 책임원인은 과실책임주의와 유한책임주의로 요약된다. 과실책임주의란 운송인이 자신의 무과실을 입증하면 책임에서 벗어날 수 있다. 바르샤바협약 제20조 제1항은 운송인과 그 사용인이 손해를 방지하기 위한 모든 필요한 조치

30) 운송장을 인도시 본인은 주민등록증, 대리인은 주민등록증과 위임장을 제출하여야 하며, 운임착불(freight collect)인 경우 2%의 collect fee를 지불하여야 한다.

를 위하였다는 사실 또는 그러한 조치를 취할 수 없었다는 사실을 증명한 때에는 책임을 부담하지 아니한다는 것을 규정한다. 유한책임주의란 책임한도액을 설정하는 것이다. 여객기의 경우 125,000프랑을 한도로 정하고 탁송수하물 및 화물 같은 경우 1kg당 250프랑으로 한도가 정해져 있다. 다만 송화인이 물건 인도 시에 가액을 신고하고 필요한 경우 할증금을 지급한 때에는 예외이다.

[표 5-12] 바르샤바조약의 주요 내용

서명일		발효일
1929. 10. 12.		1933. 2. 13.
가맹국	미・영・소 등 101개국(한국, 태국, 터키 등은 미가입)	
책임한도액	여 객 : 1인당 U$10,000 위탁수화물 : kg당 U$20 휴대수화물 : 1인당 U$400 화 물 : kg당 U$20	
적용원칙	유한책임・과실책임주의	
청구기한	파손 및 손상 : 위탁수화물－수취일 후 3일 화 물－수취일 후 7일 화 물 지 연 : 위탁수화물－처분가능일자 화 물－14일	

(2) 헤이그 의정서(개정 바르샤바조약) Hague Protocol

바르샤바조약 체결 후 항공운송은 항공기술의 발달에 따라 비약적인 발전을 하였고, 이에 따라 그 안전도도 많이 증대되어 조약 체결 목적의 하나인 항공산업을 보호하여야 할 필요성도 크게 줄어들었다. 특히 항공운송인의 책임한도액이 현실에 맞지 않아 개정이 필요하여 1955년 9월 헤이그에서 열린 국제항공사법회의(Int'l Conference on Private Air Law)에서 1929년 10월 12일 바르샤바에서 서명된 「국제항공운송에 있어서의 일부규칙의 통일에 관한 협약을 개정하기 위한 의정서(Protocol to Amend the Convention for the Unification of Certain Rules to International Carriage by Air Signed at Warsaw on 12 Oct. 1929」)를 채택하였다.

[표 5-13] 헤이그 의정서의 주요 내용

서명일	발효일
1955. 9. 8.	1963. 8. 1.

구분	내용
가맹국	한・영・소 등 77개국(미・중공 미가입)
책임한도액	여 객 : 1인당 U$20,000 위탁수화물 : kg당 U$20 휴대수화물 : 1인당 U$400 화 물 : kg당 U$20
적용원칙	유한책임・추정과실주의
청구기한	파손 및 손상 : 위탁수화물－수취일후 7일내 화 물－수취일후 14일내 화물지연운송 : 위탁수화물－처분가능일후 화 물－21일

(3) 과달라하라 조약 Guadalajara Convention

정식명칭은 "계약 운송인 이외의 자에 의해 이루어진 국제항공운송에 대한 일부규칙의 통일을 위해 바르샤바협약을 보완하는 협약"이다. 과달라하라에서 1961년 9월 18일 채택, 1964년 5월 1일 발효되었다. 항공운송의 발달로 여객 또는 화주(貨主)와 운송계약을 체결한 자가 직접 운송하지 않고 항공 운송인과 고용기 계약형태의 대형화물로서의 운송계약을 체결하여 그 자에게 운송을 하도록 하고 있다. 따라서 여객 또는 화주와 직접 운송계약을 체결한 계약 운송인(Contracting Carrier)과 여객과 화물의 운송을 실제로 하는 실행 운송인(Actual Carrier)의 어느 쪽이 국제항공운송에 관한 바르샤바협약상의 운송인이 되는지 문제가 발생하게 되었다. 이 문제를 해결하기 위해 1961년에 과달라하라협약이 작성되었고, 이 협약에 의해 계약 운송인은 계약운송의 전부에 대해서, 실행 운송인은 자신이 실행하는 운송부분에 대해서만 바르샤바협약의 적용을 받게 되었다.

실행 운송인이 실행하는 운송에 관한 손해배상소송은 원고의 선택에 의해 실행 운송인 혹은 계약 운송인의 어느 쪽인가에 대해 또는 그 쌍방에 대해 제기할 수 있다. 그 경우 실행 운송인과 그 사용인 등의 작위 및 부작위는 계약 운송인의 작위 및 부작위라고 할 수 있으며, 한편 계약 운송인 및 그 사용인 등의 작위 및 부작위는 실행 운송인의 운송부분에 관한한 실행 운송인의 작위 및 부작위라고 할 수 있다. 또한 배상액의 합계는 협약상 계약 운송인 또는 실행 운송인에 대해서 부과할 수 있는 최고액을 넘어서는 안 된다. 운송인의 종류로는 여객・화주와 운송계약을 체결한 계약 운송인(the contracting carrier)과 계약 운송인을 위하여 또는 대신하여 실제로 운송의 일부 또는 전부를 담당하는 실제 운송인(the actual carrier)으로 구분된다.

실제 운송인이 운송을 담당할 경우 누구에게 협약을 적용하는가에 대해 법체계에 따라 해석을 달리[31]함에 따라 1961년 9월 멕시코의 과달라하라(Guadalajara)에서 개최된 외교회의(Diplomatic Conference)에서 「계약담당자가 아닌 운송인이 이행한 국제항공운송과 관련된 일부 규칙의 통일을 위한 바르샤바조약을 보충하는 협약(Convention Supplementary to the Warsaw Convention for the Unification of Certain Rules Relating to International Carriage by Air Performed by a Person Other than the Contracting Carrier)」으로 채택하게 되었다.

이 협약은 1964년 5월 1일부터 발효되고 있으나 우리나라와 미국 등은 가입하지 않았으며 바르샤바협약 및 헤이그 의정서와 함께 하나의 바르샤바체계(Warsaw system)를 이루고 있다.

(4) 몬트리올협정 Montreal Agreement

정식명칭은 "바르샤바협약 및 헤이그 의정서의 책임제한에 관한 협정"이다. 이 협정은 몬트리올에서 합의된 것에서, 그 이름이 붙여진 여객의 인신배상에 대한 운송인의 책임제한에 관한 항공회사 간의 협정이다. 미국을 출발지, 목적지 또는 경유지로 하는 국제항공운송에 대해서 국제항공운송에 관한 바르샤바협약 또는 헤이그 개정조약에 의해 개정된 바르샤바협약의 22조 1항의 규정에 기초하여 항공회사의 책임제한액은 소송비용을 포함한 75,000 달러로 한다. 또한 소송비용을 별도 제정한 국가에 있어서는 소송비용을 제외하고 58,000 달러로 인상할 것 및 항공업은 바르샤바협약상의 무과실의 항변을 하지 않을 것을 내용으로 하는 기업 간 협정을 작성하였다.

이 협정이 작성된 것은 미국 정부가 1956년에 헤이그 개정조약에 서명하였음에도 불구하고 조약상의 책임제한액이 낮은 것에 대한 불만이 있었기 때문에, 1965년 11월 15일 바르샤바협약의 폐기를 폴란드 정부에 통고하였다. 국제민간항공기구(ICAO)는 외교회의를 열어 미국의 번의(翻意)를 촉구하였지만 결과는 실패로 끝났다. 이와 같은 상황 하에서 국제항공운송협회(IATA)가 중심이 되어 미국과 협상하여 바르샤바협약의 폐기 통고를 철회할 약속을 성립시켰다. 이 협정은 1956년 5월 16일에 미국 민간항공위원회의 승인을 얻어 발효하였다. 미국과 관계하는 국제항공 운송에 종사하는 항공회사는 이 협정에 가입할 것을 의무화하고 있다.

1955년 헤이그 의정서에 대하여 미국은 여객에 대한 책임한도액에 불만을 표시하고 이를

31) 대륙법계에서는 계약 운송인과 실제 운송인 모두에게 적용되며, 영미법계에서는 오직 실제 운송인에게만 적용된다고 해석하는 것이 일반적이다.

비준하지 않다가 1965년 11월 15일 바르샤바조약의 탈퇴를 통고하였다. 이에 국제민간항공기구(International Civil Aviation Organization : ICAO)는 바르샤바조약과 개정조약에서의 여객에 대한 책임한도문제에 관한 특별회의를 가졌으며, 이에 따라 국제항공운송협회(International Air Transport Association : IATA)는 미국정부와의 협의로 1966년 5월 4일 몬트리올(Montreal)에서 협정을 채택하게 되었다.

미국을 경유 및 출입하는 항공사에 적용되는 몬트리올협정의 주요 내용은 다음과 같다.

- 여객에 대한 책임한도를 소송비 및 제 비용을 포함하는 경우에는 U$75,000, 소송비 및 제 비용에 대한 별도규정을 두고 있는 국가에서는 U$58,000으로 인상
- 바르샤바조약과 헤이그 의정서가 운송인의 책임에 과실추정주의를 취하는 데 반하여 절대책임주의 채택
- 항공운송인은 바르샤바조약의 운송인 책임배제에 관한 규정 원용불가

[표 5-14] 몬트리올협정의 주요 내용

서명일	발효일
1966. 5. 16.	1966. 5. 16.
가맹항공사	미국 : 573사, 외국 : 112사
책임한도액	여　　객 : 1인당 U$75,000(소송비용 포함시) 　　　　　1인당 U$58,000(소송비용 불포함시) 위탁수화물 : kg당 U$20 휴대수화물 : 1인당 U$400 화　　물 : kg당 U$20
적용원칙	유한책임 · 무과실책임
청구기한	바르샤바조약과 동일
탄생과정	• 1965년말 헤이그의정서와 관련 미국의 반발 • 여객에 대한 낮은 책임한도액에 불만-조약탈퇴선언 • 바르샤바조약 정신의 존속을 위해 국제항공운송협회와 미국간 잠정협정체결
적용구간	항공기의 출발지, 도착지 또는 예정 도착지가 미국 내에 있는 경우에만 적용

(5) 과테말라의정서

1965년 7월 국제민간항공기구 총회에서 협약상 책임한도액 개정의 필요성이 제기되어 법률위원회가 개정협약초안을 작성 1971년 2~3월 과테말라(Guatemala)의 외교회의에서 통과된

것이 과테말라 의정서(Guatemala Protocol)이다.

본 의정서는 1955년 헤이그 의정서의 개정서로서 아직 발효되지 않고 있으며, 주요 내용은 ① 여객의 사상에 대한 운송인의 절대책임,[32] ② 책임한도액의 절대성, ③ 한도액의 정기적 자동수정, ④ 화해촉진조항신설, ⑤ 국내적 보조조치(domestic supplement)[33]의 허용 및 재판관할원인의 확대[34] 등 현행 바르샤바체제의 근본적인 개정을 목적으로 하고 있다.

2. 국제기구

(1) 국제항공운송협회

국제항공운송협회(International Air Transport Association : IATA)는 다국간 국제선 정기항공회사가 1945년 4월 쿠바의 아바나에 모여 설립한 순수 민간단체로서, 설립목적은 전 세계인의 편익을 위해 안전하고, 정기적이며 경제적인 항공운송업의 발달과 항공교역의 육성 및 관련 운송상의 문제해결, 국제민간항공운송에 직·간접으로 관계되는 항공운송기업간의 협력수단제공, 국제민간항공기구(International Civil Aviation Organization : ICAO) 및 기타 국제기구와의 협력에 두고 있다.

이러한 목적에 따라 표준운송약관, 항공권, 화물운송장, 복수항공기업의 연대운송에 관한 협정, 총대리점 및 판매대리점과의 표준계약, 운임수불제 등에 관한 각종 표준방식을 설정하고 있다.

ICAO는 국제민간항공협약에 의하여 설립된 정부 간 국제기구로서 UN 전문기구의 지위를 가지고 있다. 반면 IATA는 항공사들로 구성된 동업 조합(trade association)이다. 100% 들어맞지는 않지만 이해의 편의상 버스운송에 비유하자면, ICAO는 국토교통부 대중교통과, IATA는 버스운송사업조합과 비슷한 지위에 있다고 볼 수 있다.

---

32) 여객의 사망 또는 신체상해로 인한 손해에 관하여 원인이 되는 사고가 항공기상 또는 승하강을 위한 작업 중 발생한 경우에는 운송인은 자신 및 이행보조자의 고의·과실을 불문하고 무조건 책임을 부담한다.

33) 국내법에 따라 조약내용의 변경이 가능한 것을 말한다.

34) 재판관할결정의 근거로 ① 운송인의 주소지, ② 운송인의 주된 영업소 소재지, ③ 운송인이 계약을 체결한 영업소 소재지 및 ④ 도착지 외에 ⑤ 여객이 주소 또는 영구적 주소를 갖는 체약국의 영역내에서 운송인이 갖는 영업소를 관할하는 법원의 재판관할권을 인정하고 있다.

국제항공운송협회의 주 업무인 운임협정은 화물과 여객을 불문하고 전 회원사가 동일하게 적용하고 있으며, 이에 따라 각 항공사는 상호 연대운송계약을 체결, 타 회사노선도 자사노선과 마찬가지로 이용할 수 있도록 함으로써 발생 가능한 불편이나 시간적 지연으로부터 이용자를 보호하고 있다.

현재 본 협회의 본부는 몬트리올 및 제네바에 있으며, 가입항공사는 1990년 말 현재 준회원사(associate member)[35] 34개사를 포함하여 196개사이며, 우리나라의 대한항공은 1989년 1월 1일부터 회원사가 되었다.

2017년 3월 현재 272개 항공사가 IATA 회원으로 되어 있어, 세계 항공 교통량의 83%가 IATA 회원사들에 의하여 수행되고 있다. 그러나 상당수의 저가 항공사는 IATA에 가입하고 있지 않다. 대한민국에서는 대한항공, 아시아나항공, 티웨이항공, 이스타항공, 제주항공이 IATA 회원사이다.

[표 5-15] 국제선 공항/국내선 공항 약어

국제공항	국내선 공항
인천국제공항 : ICN	원주공항 : WJU
김포국제공항 : GMP	포항공항 : KPO
김해국제공항 : PUS	울산공항 : USN
제주국제공항 : CJU	사천공항 : HIN
무안국제공항 : MWX	군산공항 : KUV
양양국제공항 : YNY	광주공항 : KWJ
청주국제공항 : CJJ	여수공항 : RSU
대구국제공항 : TAE	울릉공항 : VDH[3]

IATA에서 지정해 각국 항공사들이 공유하는 항공사 고유 두 자리 코드, 예약, 일정, 항공권, 결산, 정산 등에 사용된다. IATA 회원사가 아니라도 IATA 코드가 부여된다.

35) 국내선만 갖고 있는 회사를 말하며, 국제선을 갖고 있는 항공사는 정회원사(active member)가 된다.

[표 5-16] 국내 주요 항공사 고유 코드(IATA 기준)

주요 항공사	저가 항공사
대 항 항 공 : KE 아시아나항공 : OZ	진 에 어 : LJ 에 어 부 산 : BX 제 주 항 공 : 7C 이스타항공 : ZE 티웨이항공 : TW 에 어 서 울 : RS

(2) 국제민간항공기구

국제민간항공기구(International Civil Aviation Organization : ICAO)[36]는 국제항공의 안정성 확보와 항공질서 감시를 위한 관리기구로서 1944년 시카고 조약(Chicago Conference)[37]에 의거 1947년 4월 발족된 유엔전문기관이다.

본 기구의 목적은 국제민간항공의 발전, 평화적 목적으로 항공기 설계 및 운항기술 권장, 항공기와 공항 및 항공보안시설의 권장, 세계인의 요구에 부응한 안전, 정확, 능률적·경제적 항공운송촉진, 불필요한 경쟁으로부터 경제적 소비방지, 체약국의 국제항공기업육성에 공정한 기회부여, 비행의 안전증진, 국제민간항공의 전분야에 대한 발전촉진 등에 두고 있다.

국제민간항공기구에서 제정한 세계 각국 공항의 코드는 네 자리 알파벳으로 구성되어 있어 세 자리를 딴 IATA 코드와 구별된다. IATA 코드가 도시, 혹은 항공편과 연계된 철도역까지 관여하는 반면에 ICAO 코드는 철저하게 공항 코드만 부여하는 것도 차이점이다. 대신 항공기 이착륙이 가능한 군사기지나 활주로 심지어 헬기장(헬리패드)에도 부여되기도 한다.

IATA 코드와는 달리 지역구분 체계를 도입해 좀 더 체계가 있는 편이지만, 대개는 공항이

36) 국제민간항공기구는 유엔 산하 전문기구로, 국제 항공운송에 필요한 원칙과 기술 및 안전에 대해 연구하고 있다. 사람 생명을 다루는 곳이다 보니 WHO와 함께 UN에서 가장 권한이 강한 기관 중 하나이다.

37) 제2차 세계대전이 종결된 1944년 연합국과 중립국이 국제항공기구의 발전과 관리기구설립을 위해 제정된 조약으로, 이 조약에 의거 국제민간항공기구가 설립되었으며 후에 유엔의 발족으로 그 산하 기관이 되었다.

나 도시 이름에서 쉽게 유추가 가능한 IATA 코드에 비해 일반인들에게는 친숙하지 않은 편이며, 운항 관리 등 전문적인 영역에서 주로 사용된다. ICAO 코드의 앞의 1-2자리는 권역-국가별 코드로 구별된다. 좀 더 나가서는 지역별로 구별되기도 하나 보통은 1자리가 권역, 2자리가 국가로 나뉘는 편이다. 3-4자리는 지역이나 도시, 지역, 공항별로 구분되는 편이다.

[그림 5-9] 국제민간항공기구(ICAO) 고유 코드

현재 본부는 캐나다 몬트리올에 있고, 가입국은 1989년 말 현재 156개국이며 우리나라는 1952년 12월 31일 가입하였다. IATA 항공사 코드와 달리 3자리로 구성되어 있다. 웬만한 항공운송사업자는 IATA 코드는 없어도 ICAO 코드는 있다.

[표 5-17] 국내 주요 항공사 고유 코드(ICAO 기준)

주요 항공사	저가 항공사
대 항 항 공 : KAL 아시아나항공 : AAR	진 에 어 : JNA 에 어 부 산 : ABL 제 주 항 공 : JJA 이스타항공 : ESR 티웨이항공 : TWB 에 어 서 울 : ASV

(3) 국제주선인협회연맹

국제주선인협회연맹(International Federation of Freight Forwarders Associations : FIATA)은 국가별 대리점협회와 개별 대리점으로 구성된 기구로서, 1926년 비엔나에서 국제적인 대리점업의 확장에 따른 제반 문제점을 다루기 위하여 설립되었으며, 설립목적은 대리점업의 이익을 국제적으로 보호하며 대리점조직과 연관업체들의 협조관계를 유지하는 데 있다.

국제주선인협회연맹의 회원에는 화물대리점을 포함하여 국제운송의 일부분을 차지하고 있는 관련업체, 즉 통관업, 선박, 항공기 소개업, 창고업, 육상운송업, 혼재업 등이 포함된다. 1995년 말 현재 회원수는 138여개 국에 35,000여개의 회사가 가입되어 있다. FIATA는 나라별로 포워더 협회가 있는데 이들 협회들과 각 포워더로 구성된 국제민간기구로 주로 freight forwarder업계와 관계가 많다.

Freight forwarder는 국제물류주선인 또는 국제복합운송주선인이라고 하며 우리나라에 약 4천 개 정도가 있으며, 전 세계를 복합운송 연결로 주선하고 대행하는 역할을 한다. FIATA에서 복합운송 업계의 결속이나 발전을 도모하고 회원에는 국제화물 대리점뿐만 아니라 혼재업자, 창고업자, 육상운송업자, 통관업체 등이 포함되어 있다. 우리나라에서는 사단법인 한국국제물류협회(Korea Freight Forwarders Association)라는 단체가 여기에 속해 있다.

(4) 국제조약과 준거법

준거법이란 당사자 간에 계약이 성립될 때 당해 계약의 성립·효력 및 해석과 이로부터 발생하는 제반 문제의 해결과 규율의 근거가 되며, 규범 밖의 사항을 관할하는 지정된 법규로서 운송계약의 내용은 항공화물운송장이나 항공운송위탁서의 이면약관에 명시하게 된다.

국제항공운송협회의 회원인 항공사가 행하는 운송의 준거법은 당 협회가 제정한 준거약관(the General Conditions of Carriage)에 의거 바르샤바조약과 헤이그 의정서에 반하지 않는 범위내에서 약간의 수정을 가하여 적용하고 있다.[38)]

국제조약의 적용에 있어 바르샤바조약 및 헤이그 의정서 쌍방의 체약국(예 : 영국, 독일, 프랑스, 일본 등)과 바르샤바조약만의 체약국(예 : 미국)간의 항공운송에 대해서는 바르샤바조약만이 적용된다.

38) 대한항공의 경우 1989년 1월 1일 회원사로 가입하여 국제항공운송협회의 표준약관을 준용한 약관을 설정하여 사용함으로써 준거법은 바르샤바조약과 헤이그의정서가 준거법이 되고 있다.

2.5 남북한 통합항공망의 구축

2000. 6. 15. 남북정상회담을 계기로 남북한 통합항공망의 구축에 대한 관심이 높아지고 있다. 남북은 그 동안 직항로를 이용해 상호 방문한 적이 없었으나 6월 13일 평양에서 개최된 남북정상회담 참석 시 우리 측 대표단이 평양의 순안공항을 이용한 이래 8월 15일 남북이산가족 상봉과 북한 교향악단의 서울 연주시 직항로를 이용하기 시작했다.

남북한 통합항공망의 구축과 관련 북한의 항공시설은 폐쇄적인 경제체제와 여행통제로 항공수요가 많지 않기 때문에 극히 빈약하다. 북한의 항공시설로는 현재 공항이 33개사 있으나 민간이 활용가능한 것은 혜산공항뿐이며, 국제공항으로는 평양에서 22㎞에 위치하여 1955년 완공된 순안공항뿐이다.

북한의 공항은 정확한 수량 파악은 어려우나, 약 40여개의 공항(비행장)이 있는 것으로 위성분석으로 관측되어지고 있으나, 대부분 군용비행장이며, 이 중 민간항공이 가능한 곳은 10여개 공항만이다. 북한의 항공사로는 1992년 조선민항에서 이름을 바꾼 고려항공과 금강산항공[39] 등 2개의 항공사가 있으나 유일한 국적항공사는 고려항공뿐이다.

고려항공은 구소련에서 제작한 AN-24, TU-138 등의 항공기 24대를 보유하고 있다. 북한의 국내 항공노선은 순안공항에서 삼지연, 어랑, 선덕 등 11개 구간에서 운영되어지나, 이용승객이 적고 비용이 비싸 부정기적으로 운영되고 있다.

북한의 항공노선은 북경, 선양, 모스크바, 블라디보스토크, 하바로프스크, 베를린, 마카오, 방콕, 소피아에 정기노선이 개설되어 있으나 북경과 블라디보스토크선을 제외하고는 매주 1번 운항하고 있으며, 이중 운항회수를 감안해 볼 때 대표적인 노선은 평양-북경노선과 평양-블라디보스토크노선인 것을 알 수 있다.[40]

우리나라는 1994년 이후 일본과 중국 그리고 한국과 중국을 잇는 많은 항공노선을 개설하였으나 중국 동북부, 러시아 극동지역과 몽고를 연결하기 위해서는 운항 시 우회에 따른 많은 운임과 비행시간 등을 감안했을 때 동북아의 중심지에 위치한 북한 직항로의 개설이 필수적이다.

우리나라와 이웃한 국가와의 항공협정은 한·일간은 1967년, 한·러 간은 1990년, 한·몽간은 1991년 체결되어 운항이 이루어지고 있다. 앞으로 북한과의 통합항공운송망이 구축되기 위해서는 1989년 파리조약에 따라 영공주권주의로 반드시 상대국의 허가가 필요하므로

39) 1991년 북한의 외국관광객 유치를 위해 재미교포가 설립한 회사이다.
40) 실제 국제 항공노선은 평양-모스크바-베를린, 평양-블라디보스토크 등 7개 노선이 있다.

남북한 항공노선이 구축되기 위해서는 우선적으로 항공협정이 체결되어야 한다. 이를 위해서는 항공협정이 국가 간 조약이므로 남북한 국교정상화가 전제되어야 한다. 다만 국교정상화 이전에 항공노선을 개설하는 방법으로는 직접 항공노선 개설방법으로 남북한이 상호 쌍무협정(commercial agreement)을 체결하고 남북한이 승인하는 형태를 취한 후 공동운항방식으로 남북한 간 항공기가 운항에 참여하는 방법이 있을 수 있다.

간접 항공노선 개설방법으로는 북한이 가장 많이 취항하고 있는 북경과 블라디보스토크을 중계지로 설정하여 연결하는 방법이 바람직할 것으로 보인다.

2.6 우리나라 항공운송의 문제점과 합리화 방안

1. 우리나라 항공운송의 문제점

(1) 항공화물운송시장의 미성숙

우리나라 항공화물운송시장은 안정되지 못한 상태에 있다. 물량도 장기간에 걸쳐 안정적, 지속적으로 발생한다기보다 주요 거래상대국의 사정에 따라 일회성 물량이 많으며 이로 인하여 장기적인 정책수립, 합리적인 경영계획의 수립이 어려운 실정이다.

또한 항공운송시장이 좁아 독·과점이 이루어지고 있으며 이로 인하여 자유경쟁질서에 의한 건전한 시장거래에 지장을 초래하고 있다. 아울러 항공화물수송 관련업체들도 업무의 체계화·전문화·분업화가 이루어지지 않아 업체 간 불균형이 심화되고 있다.

(2) 항공부분에 대한 정부의 규제

항공운송은 정치적 특수성으로 인하여 정부의 통제 하에 있다. 이러한 통제는 제도적으로 강력한 규제로 나타나고 있으며 이는 결과적으로 항공화물운송의 발전에 지장을 주고 있다. 특히 항공화물통관절차의 복잡은 업무능률의 저하와 비용을 증가시키는 요인이 되고 있다.

(3) 관련 업무의 분산

수출입화물이 국내에 도착하여 최종 수입자에 도착하기까지는 여러 운송수단을 이용함으로써 가능하다. 우리나라의 경우 화물운송의 취급에는 여러 가지 관련 법규가 산재해 있다. 먼저 자동차운송에는 화물자동차운송사업, 철도운송에는 철도소운송업, 항공운송에는 항공운송총대리점업 그리고 해상운송에는 해운법의 적용을 받고 있다. 이러한 관련 업무를 취급하는 업종의 분산은 혼란과 업무능률저하의 요인이 되고 있다.

2. 우리나라 항공운송의 합리화 방안

(1) 해상 및 항공수송의 기능 통합

해상운송과 항공운송은 행정체제상 관련 법규가 해운법과 항공법에 나뉘어져 규정되어 있으나 수출입화물을 취급한다는 점에서 별 차이가 없다. 유사한 업무에 적용되는 법률의 상이는 전체적으로 불편과 비효율성을 증가시키며, 수출입화물의 경우 선박과 항공기를 동시에 이용하면 취급과 책임이 분산되므로 비효율적이다. 따라서 해운화물과 항공화물을 동시에 취급할 수 있도록 허용되어야 할 것이다.

(2) 복합운송주선업으로의 발전

장기적으로 수송수단에 관계없이 전운송구간을 책임지는 복합운송주선업을 개발하는 방안이 강구되어야 한다. 기존의 관련 법규에 따라 적용 및 운영되어 오던 화물자동차운송사업, 철도소운송업, 해운대리점업, 항공운송총대리점업 등에 관계없이 일정자격을 갖춘 경우 전 운송구간을 책임운송할 수 있도록 복합일관수송체제가 구축되어야 한다.

(3) 종합수송정보시스템의 구축

항공운송과 관련 제한된 공간에서 화물을 보다 신속히 처리하기 위해서는 자동화된 시스템이 무엇보다 요구된다. 항공화물수송정보시스템 구축을 기반으로 궁극적으로 육상, 해상, 항공정보시스템과 연결된 종합정보시스템이 구축되어야 한다.

(4) 항공터미널의 독점화 방지

우리나라 항공화물터미널내의 화물취급은 대한항공의 출자회사인 (주)한국항공(Korea Air)에 의하여 독점 운용되고 있다. 고객에 대한 서비스 증대와 업무효율 증대를 위해서는 다른 화물취급업체에 참여기회를 부여함으로써 경쟁력을 갖추도록 하여야 할 것이다.

제3절 항공화물대리점과 운송장

3.1 항공화물대리점

항공화물대리점은 업종에 따라 항공화물운송대리점(air cargo agent), 항공운송주선업(consolidator) 및 상업서류송달 대리점(courier)으로 구분된다.

1. 항공화물운송대리점

항공화물운송대리점(air cargo agent)은 항공사 또는 총대리점(general sales agent)[41]을 대리하여 항공사의 운송약관, 규칙, 운임률표(tariff)와 일정에 따라 항공화물의 판매, 항공화물운송장의 발행 등 이에 부수되는 업무를 수행하고 그 대가로 소정의 수수료를 받는 사업을 말한다.

항공화물운송대리점의 역할은 항공사로부터 업무를 위임받아 항공사를 대신하여 송화인과 수화인에게 영업활동을 전개하여 개개의 화물에 대한 항공사의 화물운송장(master AWB) 발행 등 필요한 운송서비스를 제공하는 것이라 할 수 있다.

(1) 수출입항공화물의 판매 및 유치

항공사를 대신하여 수출입화물의 항공수요를 개발, 유치하고 운송계약을 체결한다.

(2) 운송을 위한 준비

- 항공화물운송장의 작성
- 운송서류의 준비
- 포장별 확인작업(marking of packages)
- 포장
- 포장별 레이블작업(labelling of packages)

(3) 수출입통관 수속대행

화주의 요청에 따라 세관신고준비, 세관신고 및 세금지불 등 통관절차를 대행한다.

41) 항공운송사업자를 위하여 여권 또는 사증(visa)을 받는 절차의 대행을 제외하고 유상으로 항공기에 의한 여객 또는 화물의 국제운송계약의 체결을 대리하는 사업을 말한다.

(4) 트럭운송 주선

항공운송을 전후하여 화물의 인수 및 운송을 위하여 트럭을 주선한다.

(5) 기타 서비스 활동

기타 화주의 수출입의 규정 등 무역에 관한 상담(consultation), 항공운송 중 화물의 분실, 손실에 대비하기 위한 보험부보 및 화주의 요구에 의한 화물의 위치추적(tracing) 등의 역할을 수행한다.

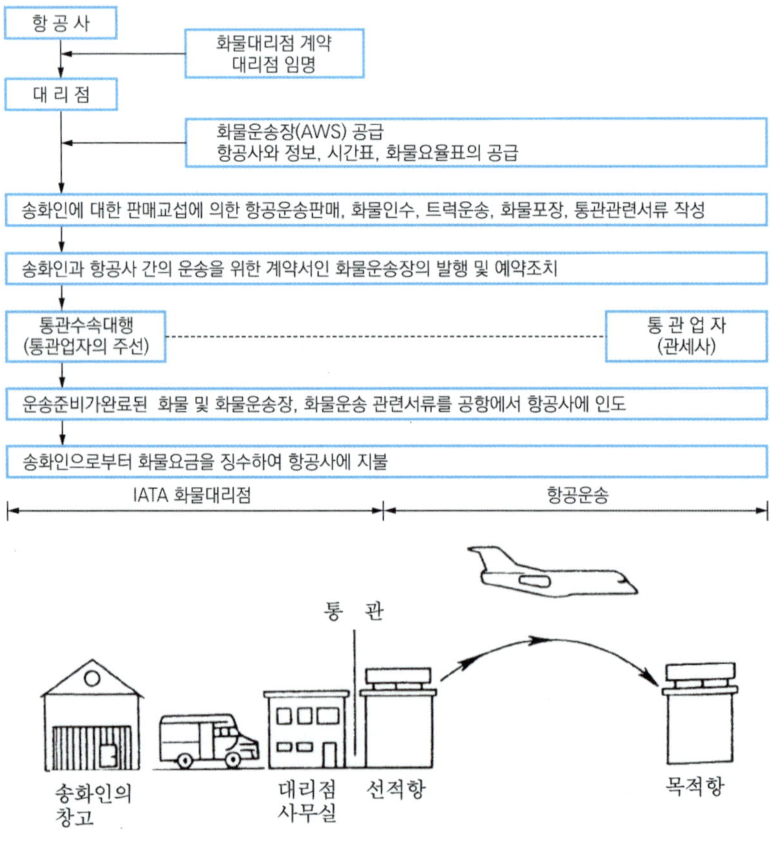

자료 : 대한항공 일반교육원, 화물초급(영업운송 00-1), 1990, p.3.

[그림 5-10] 항공화물대리점의 역할[42)]

2. 항공운송주선업

항공운송주선업(consolidator) 또는 혼재업[43]은 타인의 수요에 응하여 유상으로 자기 명의로 항공사와 항공기를 이용하여 화물을 혼재 및 운송하는 사업으로,[44] 항공운송주선업자는 항공사발행 화물운송장(master air waybill)에 의거 자체운송약관과 운임률표를 가지고 송화인과 운송계약을 체결하기 위하여 혼재업자용 화물운송장(house air waybill)을 발행한다.

항공운송주선업자가 수행하는 주요 업무는 다음과 같다.

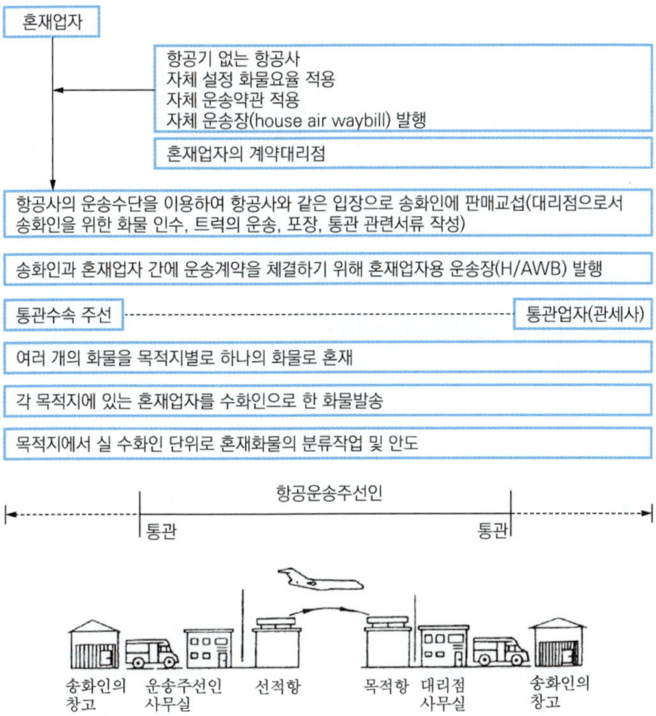

자료 : 대한항공 일반교육원, 전게서, p.45.

[그림 5-11] 항공운송주선업자의 역할

42) IATA화물대리점(IATA Cargo Agent) : IATA에서 허가를 받았거나 등록한 대리점으로 화물의 국제운송, 운임의 징수, AWB의 발행, 화물의 접수 등을 할 수 있다.

43) 혼재업은 항공법에서 항공화물운송주선업으로 부르고 있다.

44) 항공법 제2조

(1) 수출항공화물

- 화물의 혼적
- 화물의 출발, 환적(transit), 도착 등 화물이동에 대한 추적
- 살화물(bulk cargo)을 팔레트 또는 컨테이너화하여 단위화물작업

(2) 수입항공화물

- 통관과 문전 서비스(door to door service)를 위한 조치
- 수화인을 위한 수입통관 지급주선
- 재수출상품의 제반서류작성과 운송수단 결정 및 운송의뢰
- 국내보세운송 주선

항공화물운송대리점과의 관계에 있어 항공운송주선업자의 업무는 항공운송대리점과 운임률표, 운송약관, 항공사와의 관계에서 차이가 있으며, 항공사와 화주와의 사이에서 항공운송주선업자의 업무처리절차를 보면 다음과 같다.

[표 5-18] 항공화물운송대리점과 항공운송주선업과 차이점

구 분	항공화물운송대리점	항공운송주선업
활동영역	• 국내 수출입과 관련된 컨테이너 만재화물 취급(FCL화물) • 컨테이너 미만 소화물은 운송주선업체에 혼재의뢰(LCL화물)	국내외 수출입 컨테이너 미만 소화물 취급
운임	없음	있음
	항공사 운임률표 사용	자체 운임률표 사용
화주에 대한 책임	항공사 책임	주선업자 책임
운송약관	없음	있음
	항공사 약관 사용	자체 약관 사용
수화인	매 건당 화물수취	break bulk agent가 화물수취
수입	국제항공운송협회(IATA)의 5% 취급수수료 외 기타	국제항공운송협회(IATA)의 5% 수수료 외에 중량절감에 의한 수령운임과 지불운임과의 차액
항공운송장	항공사의 master AWB 사용	자체의 house AWB 사용

주 : AWB: air waybill

break bulk agent(혼재화물인수대리점) : 통관주선 외에 목적지에서 수화인으로부터 운임을 징수하고 출발지의 항공운송주선업자에게 송금을 처리하는 대리점

① 항공운송주선업자는 항공사로부터 특정 운송목적지까지 싼 운임을 설정받음
② 항공운송주선업자는 운송장(house air waybill)을 발행하여 개개의 운송인으로부터 화물을 인수
③ 수탁화물을 목적지별로 분류 및 정리함으로써 대형화물로 만듬
④ 항공운송주선업자 자신이 송화인이 됨
⑤ 목적지별로 항공운송주선업자가 지정한 혼재화물인수대리점(break bulk agent)을 수화인으로 함
⑥ 항공사의 중량할인 또는 특정품목할인 운임 적용
⑦ 항공사의 운송장(master AWB)을 항공사대리점을 통하여 발급받아 항공사에 운송위탁
⑧ 목적지의 혼재화물인수대리점은 수화인에게 개별적으로 화물인도

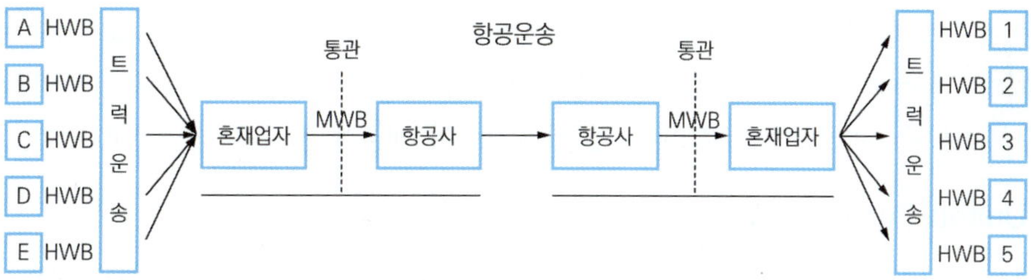

주 : HWB=House Air Waybill
MWB=Master Air Waybill

[그림 5-12] 항공운송주선업의 업무영역

3. 상업서류송달대리점

상업서류송달대리점(courier) 또는 국제택배업은 외국의 상업서류 송달업체와 계약을 체결하여 상업서류 및 소형·경량물품을 항공기를 이용하여 신속하게 발송 또는 배달하는 업으로 우편법에 제한적용을 받지 않는 상업서류와 서적, 잡지, 신문 등 정기간행물과 중량 45kg 이하의 시장가치가 없는 물품을 대상으로 자체 운임률표와 운송약관에 따라 문전에서 문전까지(door to door) 신속하게 운송하는 사업을 말한다.

1970년대 미국에서 항공운송사업의 규제완화를 계기로 개발된 신종 서비스인 상업서류송달 대리점은 미국계 기업에 의하여 행하여지고 있다.

미국의 주요 상업송달대리점은 다음과 같다.

(1) DHL Corporation

1969년 미국의 Dalsy, Hillblom, Lynd 등 3인 변호사가 설립한 미국 최대의 상업송달 운송업체로 취급하는 업무는 무역, 운송, 건설, 외자 및 기술도입 등 해외업무와 관련된 상업서류를 수·배송하는 상업서비스와 해외로 발송하는 수출용 견본품의 배달서비스를 대상으로 하고 있다. DHL은 285,000명 이상의 직원과 약 6,500개의 사무소, 420대 이상의 항공기, 76,200대의 차량으로 220여 개국, 12만이 넘는 도시에 연간 15억 개 이상의 화물을 취급하고 있다. 또한 세계에서 가장 빠른 배송을 자랑한다.

(2) Federal Express Corporation

1974년 서류 및 소형 포장화물을 대상으로 하여 익일배달(one night delivery)을 목적으로 창설된 기업으로 1989년 세계 최대의 화물전문항공사인 Flying Tiger를 매수하여 최대의 종합항공화물운송사가 되었다. 자기회사 소유 420여대의 항공기로 서비스를 하고 있으며 한때 전세계 90여개국에 걸쳐 1,664개의 배송망을 확보하기도 하였다. Fedex사의 전체 항공기 보유 대수는 647대(2015년 7월 기준)이며 전 세계 220여 개국에 물품을 전달하고 있다.

(3) United Parcel Service

1907년 창업 이후 미국 내 백화점, 우편주문 등의 배달서비스를 대행하면서 성장하였으며, 1982년부터 국내항공에 의한 소형 화물의 익일배달을 목적으로 서비스를 하였다. 그리고 자기회사 항공기를 이용 국제운송을 적극화 하였으며 한때 국내의 대리점은 금성항운이었다. 1996년 3월 대한통운과 합작으로 UPS 대한통운을 설립하기도 하였으며, 2008년 6월 18일 대한통운의 지분을 인수하여 단독 출자 대한민국 법인으로 개편하였다.

(4) Emery Worldwide

1946년 창업된 운송업체이나 1978년부터 상업송달업무에 참여하고 있다.

(5) 기타 업체

상기 업체외에도 Air Express, International, Burlington Air Express, World Courier 등이 있으며, 이외에도 항공사로서 NWA(Northwest Airlines), PWA(Pan American World Airways), UAL(United Airlines)[45] 등도 자사의 항공기를 이용하여 상업서류송달업에 본격적으로 참여하고 있다.

45) NWA(Northwest Airlines)는 한국지점을 국내에 설치하고 있으며, PWA(Pan American World Airways)와 UAL(United Airlines)은 반도에어 에이전시가 국내대리점이다.

3.2 항공화물운송장

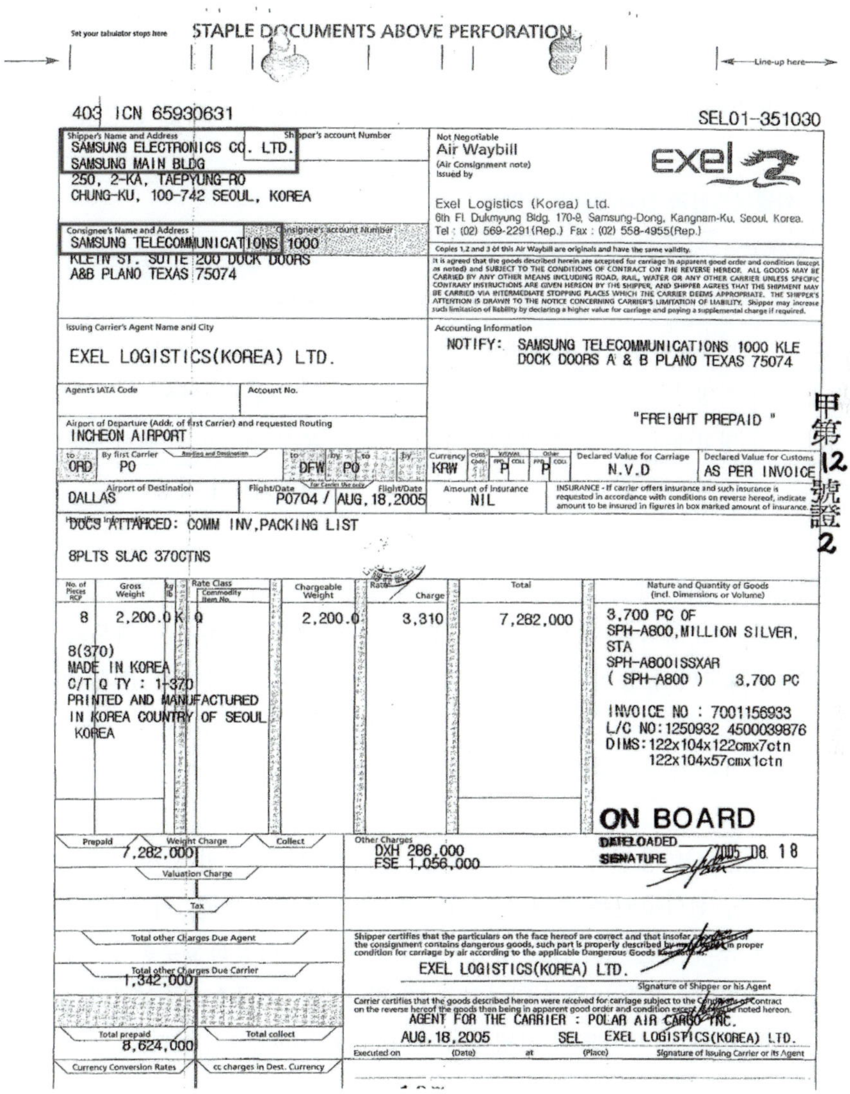

Set your tabulator stops here — STAPLE DOCUMENTS ABOVE PERFORATION — Line-up here

403 ICN 65930631 SEL01-351030

Shipper's Name and Address: SAMSUNG ELECTRONICS CO. LTD. SAMSUNG MAIN BLDG 250, 2-KA, TAEPYUNG-RO CHUNG-KU, 100-742 SEOUL, KOREA
Shipper's account Number

Not Negotiable
Air Waybill
(Air Consignment note)
Issued by
Exel Logistics (Korea) Ltd.
6th Fl. Dukmyung Bldg. 170-9, Samsung-Dong, Kangnam-Ku, Seoul, Korea.
Tel : (02) 569-2291(Rep.) Fax : (02) 558-4955(Rep.)

Consignee's Name and Address: SAMSUNG TELECOMMUNICATIONS 1000 KLEIN ST. SUITE 200 DOCK DOORS A&B PLANO TEXAS 75074
Consignee's account Number

Copies 1,2 and 3 of this Air Waybill are originals and have the same validity.

It is agreed that the goods described herein are accepted for carriage in apparent good order and condition (except as noted) and SUBJECT TO THE CONDITIONS OF CONTRACT ON THE REVERSE HEREOF. ALL GOODS MAY BE CARRIED BY ANY OTHER MEANS INCLUDING ROAD, RAIL, WATER OR ANY OTHER CARRIER UNLESS SPECIFIC CONTRARY INSTRUCTIONS ARE GIVEN HEREON BY THE SHIPPER, AND SHIPPER AGREES THAT THE SHIPMENT MAY BE CARRIED VIA INTERMEDIATE STOPPING PLACES WHICH THE CARRIER DEEMS APPROPRIATE. THE SHIPPER'S ATTENTION IS DRAWN TO THE NOTICE CONCERNING CARRIER'S LIMITATION OF LIABILITY. Shipper may increase such limitation of liability by declaring a higher value for carriage and paying a supplemental charge if required.

Issuing Carrier's Agent Name and City: EXEL LOGISTICS(KOREA) LTD.

Accounting Information: NOTIFY: SAMSUNG TELECOMMUNICATIONS 1000 KLE DOCK DOORS A & B PLANO TEXAS 75074

Agent's IATA Code | Account No.

"FREIGHT PREPAID "

Airport of Departure (Addr. of first Carrier) and requested Routing: INCHEON AIRPORT

to	By first Carrier	to	by	to	by	Currency	WT/VAL	Other	Declared Value for Carriage	Declared Value for Customs
ORD	PO	DFW	PO			KRW	P	P	N.V.D	AS PER INVOICE

Airport of Destination	Flight/Date	Flight/Date	Amount of Insurance	INSURANCE
DALLAS	P0704 /	AUG,18,2005	NIL	If carrier offers insurance and such insurance is requested in accordance with conditions on reverse hereof, indicate amount to be insured in figures in box marked amount of insurance.

Handling Information: DOCS ATTACHED: COMM INV,PACKING LIST

8PLTS SLAC 370CTNS

No. of Pieces RCP	Gross Weight	kg lb	Rate Class / Commodity Item No.	Chargeable Weight	Rate / Charge	Total	Nature and Quantity of Goods (incl. Dimensions or Volume)
8	2,200.0	K	Q	2,200.0	3,310	7,282,000	3,700 PC OF SPH-A800,MILLION SILVER, STA SPH-A800ISSXAR (SPH-A800) 3,700 PC INVOICE NO : 7001156933 L/C NO:1250932 4500039876 DIMS:122x104x122cmx7ctn 122x104x57cmx1ctn

8(370) MADE IN KOREA C/T Q TY : 1-370 PRINTED AND MANUFACTURED IN KOREA COUNTRY OF SEOUL KOREA

ON BOARD
DATE LOADED 2005 08 18
SIGNATURE

Prepaid	Weight Charge	Collect
7,282,000		
	Valuation Charge	
	Tax	
	Total other Charges Due Agent	
1,342,000	Total other Charges Due Carrier	
Total prepaid 8,624,000		Total collect
Currency Conversion Rates		cc charges in Dest. Currency

Other Charges: DXH 286,000 FSE 1,056,000

Shipper certifies that the particulars on the face hereof are correct and that insofar as any part of the consignment contains dangerous goods, such part is properly described by name and is in proper condition for carriage by air according to the applicable Dangerous Goods Regulations.

EXEL LOGISTICS(KOREA) LTD.
Signature of Shipper or his Agent

Carrier certifies that the goods described hereon were received for carriage subject to the Conditions of Contract on the reverse hereof the goods then being in apparent good order and condition except as noted hereon.

AGENT FOR THE CARRIER : POLAR AIR CARGO INC.
AUG.18,2005 SEL EXEL LOGISTICS(KOREA) LTD.
Executed on (Date) at (Place) Signature of Issuing Carrier or its Agent

甲第12號證2

[그림 5-13] 항공화물운송장

1. 항공화물운송장의 개념 및 법적 성질

항공화물운송장(air waybill : AWB)[46]은 항공사가 화물을 항공으로 운송하는 경우 송화인과 항공사 간에 운송계약의 체결을 증명하는 육상의 운송장(waybill)과 화물상환증(carriage note), 해상의 선화증권(bill of lading)에 해당하는 기본적인 운송서류이다. 운송계약은 화주 또는 그 대리인이 운송장에 서명하거나 해당 항공사가 인정한 항공화물대리점이 서명하여 발행한 순간부터 유효하며 운송장상 명시된 수화인(consignee)에게 화물이 인도되는 순간 종료되게 된다.

[표 5-19] 항공화물운송장과 선화증권의 차이점

구분	항공화물운송장(AWB)	선화증권(B/L)
성격	유가증권이 아닌 단순한 화물운송장	유가증권
유통성	비유통성(non-negotiable)	유통성(negotiable)
발행방법	기명식	지시식(무기명식)
발행시기	창고에서 수취하고 발행(수취식)	본선 선적후 발행(선적식)
작성자	송화인이 작성	선박회사가 작성

항공화물운송장의 기본적인 성격은 선화증권과 같으나 선화증권이 화물의 수취를 증명하는 동시에 유가증권적 성격을 가지고 유통되는 반면 항공화물운송장은 화물의 수취를 증명하는 영수증에 불과하며 유통이 불가능하다는 점에서 근본적인 차이가 있다. 이러한 항공화물운송장의 종류에는 항공사가 혼재화물에 대하여 발행하는 운송장(master AWB)과 항공화물운송주선업자(혼재업자)가 혼재화물을 구성하는 개개의 화물에 대하여 발행하는 운송장(house AWB)이 있다.

항공화물운송장은 선화증권과 동일한 기능을 하고 있으나 그 법적 성질에 있어서는 상당한 차이가 있다. 즉, 선화증권은 물권적 유가증권, 채권적 유가증권, 처분증권, 요인증권, 지시증권, 문언증권 등의 법률적 성질을 가진다. 이에 대하여 항공화물운송장은 운송인이 항공화물운송을 하기 위하여 운송품을 수취하였을 때 발행하는 화물수취증이지만 유가증권은 아니고, 또한 수취식으로 원칙적으로 기명식이고, 비유통성(비양도성)이다.

---

46) 항공화물운송장을 미국에서는 air waybill, 유럽에서는 consignment note 또는 air consignment note 라 부른다.

(1) 비유통성

IATA의 결의에 의해 유통성을 지니는 항공화물운송장의 발행이 금지되어 있으므로, 항공화물운송장은 "Non-Negotiable"(유통금지)로 표기되어 유통이 금지된 비유통성 증권(Non-negotiable instrument)으로만 발행된다. 장기간의 운송을 요하는 해상화물의 경우에는 해상운송 중인 화물의 전매가 신속하게 이루어질 수 있도록 유통성을 부여하여 증권자체를 매매대상으로 인정하였지만, 항공화물은 신속하게 운송되어 수화인에게 인도되기 때문에 항공화물운송장에 유가증권으로써의 자격을 부여할 필요가 없다.

(2) 지시증권

지시증권이란 송화인이 운송인에게 수화인의 지정, 보험부보여부 및 착화통지처의 지정 등 운송계약의 이행에 필요한 세부사항을 항공화물운송장을 통하여 지시하는 것을 말한다. 따라서 운송인은 타당한 이유 없이 송화인의 지시를 따르지 않아 화주에게 손해를 입힌 경우에는 그 책임을 져야 한다.

(3) 불완전 처분증권

항공화물운송장은 양도성이 없어 수화인이 목적지에서 화물의 인도를 청구하기 전까지는 송화인에게 처분권(right of disposition)이 인정되지만, 수화인에게는 완전한 처분권이 인정되지 않는다. 송화인은 출발지 또는 도착지 공항에서의 화물회수, 중간공항에서의 화물유치(Lien), 운송장에 기재된 수화인 이외의 자에게의 화물인도, 출발지 공항으로의 화물반송을 요구하는 등의 화물처분권을 갖는다. 이러한 처분권을 행사하기 위해서는 반드시 항공화물운송장을 제시하여야 하고, 권리행사로 생긴 비용을 부담하여야 하며, 그 권리행사로 인하여 운송인 또는 타인에게 불이익을 주어서는 안 된다.

한편, 수화인은 화물이 도착하면 항공사에 대해 항공화물운송장의 교부 및 화물의 인도를 청구할 권리를 갖는다. 수화인의 화물인도청구권은 운송계약상의 청구권이므로 자신의 지위를 입증할 수 있으면 항공화물운송장의 원본 없이도 화물의 인도를 받을 수 있다. 이에 항공화물운송장은 송화인만이 처분권을 갖기 때문에 불완전 처분증권이라 할 수 있다.

(4) 증거증권

증거증권이란 항공화물운송장이 항공운송계약의 존재사실, 화물운송조건에 관한 증거 및 운송인이 운송을 위하여 화물을 인수하였다는 사실을 입증한다는 것을 의미한다. 이에 항공화물운송장에 서명이 되어 있다면 운송인이 운송을 위하여 화물을 수령한 것으로 된다.

(5) 면책증권

면책증권이란 운송인이 정당한 운송장 소지인에게 화물을 인도하는 경우나 또는 수화인용 운송장을 제시하는 자에게 화물을 인도하는 경우에는 그 책임을 면한다는 것을 의미한다.

(6) 요식성

항공화물운송장의 기재·작성이 항공화물 운송계약의 성립요건은 아니며, 그 기재사항에 결함이 있는 경우에는 책임 있는 기재당사자가 그에 따른 불이익을 받을 뿐이며, 항공화물운송장 그 자체가 무효가 되는 것은 아니다. 또한 실무적으로 대부분의 항공사가 이용하고 있는 IATA 표준항공화물운송장에 수정이나 변경을 가한 경우에도 그 법적 성질에는 아무런 변함이 없다.

2. 항공화물운송장의 기능

운송장은 화물 운송계약의 체결 및 송화인으로부터 화물의 영수와 유통을 보장하는 기본적인 증거서류이다. 이것으로 화물은 그 운송거리에 관계없이 또는 운송에 참여하는 항공사의 수에 관계없이 출발지에서부터 목적지까지의 운송을 보장받게 된다.

운송장이 갖는 기능을 보면 다음과 같다.

- 송화인으로부터의 화물수취를 증명하는 화물수취증
- 송화인과 항공운송인 간의 항공운송계약 성립을 입증하는 운송계약서
- 운임, 요금의 청구를 나타내는 요금계산서
- 송화인이 화주보험에 가입한 경우 보험가입증서
- 통관 시 항공운임, 보험료의 증명자료로서 세관신고서
- 항공화물의 취급, 중계, 배달 등에 대한 취급지침서
- 수화인에 대한 화물인도증서

3. 항공화물운송장의 발행과 구성

항공화물운송장은 화주가 작성한 화물운송화주지시서(shipper's letter of instruction), 신용장, 상업송장, 포장명세서 등에 따라 화물 전량을 인수 후 항공운송인의 요청에 따라 송화인이 작성하는 것이 원칙이나 항공사나 항공사의 위임을 받은 대리점에 의하여 발행된다. 작성

된 운송장의 내용은 근거서류의 내용과 일치하여야 한다.

항공화물운송장의 양식은 세계의 항공사가 관련되어 있어 공통의 형식을 사용하지 않으면 효과적인 연계운송(successive transport)이 불가능하므로, 국제항공운송협회에서는 발행양식과 방식을 세부적으로 통일하고 표준화하여 통일된 양식을 사용하도록 의무화(IATA RESO 600)하고 있다. 이러한 운송장은 원본(original) 3통, 부본(copy) 6통으로 구성되는 것이 원칙이나 항공사의 필요에 따라 부본을 5장까지 추가할 수 있으며, 식별을 용이하게 하기 위하여 색종이를 사용하고 있다.

국제항공운송협회가 정한 국제항공화물운송장의 구성과 기능은 다음과 같다.

[표 5-20] 항공화물운송장의 구성과 기능

번 호	색 깔	용 도	기 능
원본 1	녹색	발행 항공사용 (for issuing carrier)	발행항공사가 운임, 기타 회계처리용으로 송화인과 운송인 간의 운송계약 성립을 증명하는 서류
원본 2	적색	수화인용 (for consignee)	화물과 함께 목적지에 보내 수화인에게 인도
원본 3	청색	송화인용 (for shipper)	출발지에서 송화인으로부터 항공사가 화물을 인수하였다는 수령증 및 운송계약의 성립을 증명하는 서류
부본 4	황색	인도 항공회사용 (delivery receipt)	도착지에서 수화인이 화물인수 시에 서명하고 인도 항공사에 돌려주는 화물인도증명서 및 운송계약이행 증거서류
부본 5	백색	도착지 공항용 (for airport of destination)	화물과 함께 도착지 공항에 보내져 세관통관 등 기타 업무에 사용
부본 6	백색	제3 항공회사용 (for third carrier)	운송에 참가한 항공사가 운임정산을 위하여 사용
부본 7	백색	제2 항공회사용 (for second carrier)	운송에 참가한 항공사가 운임정산을 위하여 사용
부본 8	백색	제1 항공회사용 (for first carrier)	운송에 참가한 항공사가 운임정산을 위하여 사용
부본 9	백색	발행 대리점용 (for agent)	발행 대리점의 보관용
부본 10–12	백색	예비용 (extra copy)	필요에 따라 사용

4. 항공화물운송장의 주요 내용

운송장은 화물과 함께 보내져 화물의 출발지, 경유지, 목적지를 통해 각 지점에서 적절한 화물취급 및 운임정산 등의 작업수행이 원활하게 이루어질 수 있도록 이에 필요한 사항이 기재되어 있다.

항공화물운송장의 주요 내용은 다음과 같다.

- Airport of Departure : 출발지 도시 또는 공항의 3 문자 코드 기재
- Shipper's Name and Address : 송화인의 성명, 주소, 도시, 국명기재
- Shipper's Account number : 항공화물운송장 발행 항공사가 임의 기재
- Consignee's Name and Address : 수화인의 성명, 주소, 도시, 국명 등이 기재되며, 수화인을 대신하여 은행이나 대리점이 수화인이 되는 경우 Handling Information난에 기재
- Consignee's Account Number : 고객분류를 위해 항공사 임의로 필요사항 기재
- Issunig Carrier's Agent, Name and City : 항공화물운송장 발행 대리점의 이름, 도시명을 기재
- Agent's IATA Code : 대리점의 IATA 코드 기재
- Issuing Carrier's Agent, Account Number : 발행항공사 임의로 사용
- Airport of Departure(address of first carrier) and Requested Routing : 출발지 공항과 운송기간 기재
- Accounting Information : 회계처리에 관한 필요사항 기재
- Routing and Destination : 예약에 의한 첫 구간의 도착지와 운송 항공사명이 기재되며, 최종 목적지까지 2개 이상의 항공사가 개입되는 경우에는 경유지와 운송항공사명을 코드별 기재
- Currency : 항공화물운송장 발행국의 화폐단위 코드 기재
- Charge Code : 항공사 임의로 필요사항 기재
- Weight/Valuation Charge-Prepaid/Collect : 운임지불방법에 따라 해당 난에 x자 표시
- Other Charges at Origin-Prepaid/Collect : 화물운임과 종가요금을 제외한 출발지에서 발행한 기타 요금의 지불방법을 해당 난에 x자 표시
- Declared Value for Carriage : 송화인의 운송 신고가격이 기재되며, 화물의 분실이나 파손 시 손해배상의 기준이 된다.
- Declared Value for Customs : 세관통관을 위한 송화인의 신고가격 기재
- Airport of Destination : 최종 목적지의 공항이나 도시명 기재

- Flight/Date : 항공사 임의로 항공편을 기재하며 변경 가능
- Amount of Insurance : 화주가 부보하고자 하는 보험금액 기재
- Handling Information : 다른 난에 표시할 수 없는 사항 기재
- Consignment Details and Rating : 화물의 수량, 요율결합지점, 실제무게, 무게단위, 화물요율별 해당 코드, 품목번호, 요금중량표시, kg당 또는 Lb당 적용요율, 화물품목 등 요금과 관련되는 세부사항 기재
- Weight Charge(Prepaid/Collect) : 운임지불방법을 해당 난에 기재
- Valuation Charge(Prepaid/Collect) : 화주의 가격신고에 따라 부과되는 종가요금을 지불방법의 해당 난에 기재
- Other Charges : 화물운임, 종가요금을 제외한 기타 비용의 명세와 금액 기재
- Total Other Charges : Other charge란 표시비용이 항공사 몫인지 대리점 몫인지 구분하여 해당 난에 기재
- Total Prepaid : 운임, 종가요금, 기타 제 비용 중 선불란에 표시된 금액의 합계 기재
- Total Collect : 운임, 종가요금, 기타 제 비용 중 후불란에 표시된 금액의 합계 기재
- Shipper's Certification Box : 송화인 또는 대리인의 서명이 표시
- Carrier's Execution Box : 항공화물운송장 발행일자, 장소, 항공사 또는 대리인의 서명이 표시되며, 월의 표시는 전체나 약자로 표시
- Airwaybill Number : 항공화물운송장 번호는 상단 좌우와 하단 우측에 명기되며, IATA Carrier 3 Digit Code[47]와 7단위의 일련번호 그리고 7진법에 의한 Check Digit 등 11 단위로 표시된다.

(예)

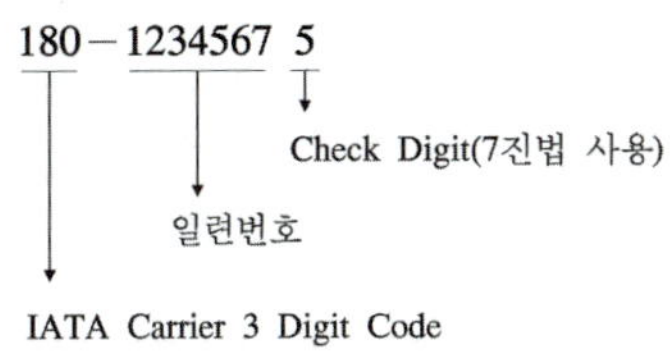

47) 180 : 대한항공, 988 : 아시아나항공, 131 : 일본항공, 023 : 페덱스, 205 : 전일본공수, 074 : KLM 네덜란드항공, 020 : 루프트한자 등이다.

5. 항공화물운송장의 주요 약관

운송약관이란 운송조건, 운임의 수령, 환불에 관한 사항 및 사고 시의 배상책임한도 등을 명시규정하는 송화인과 고객 간의 운송계약의 내용을 말한다. 이는 운송인이 여객 또는 화물의 운임수탁 시 개별 고객 또는 운송인과 건별로 개별계약을 체결한다는 것은 현실적으로 불가능하기 때문에 항공운송인은 국제항공운송협회의 표준약관을 준용하여 각국 항공법의 요구에 따라 고객과의 운송계약내용이 되는 운송약관을 설정, 정부의 허가를 얻어 시행, 운용하게 된다.

국제항공운송협회가 제정한 운송계약약관은 바르샤바조약(국제항공운송의 규칙통일에 관한 조약)의 범위 내에서 제정된 것으로 이 조약에 따라 화물운송장의 법률적 성격, 운송인의 책임범위, 배상한도,[48] 송화인과 수화인의 권리와 의무, 항공사의 권리와 의무 등이 규정된 것으로 운송인과 관련되는 주요 약관은 다음과 같다.

(1) 약관의 전제

화물의 발송국 이외의 국가가 최종목적지 또는 기항지가 되는 경우로서 바르샤바조약 제1조의 운송인의 책임이 손해화물 1kg당 250금프랑(약 U$20)으로 제한되고, 송화인이 보다 높은 가액을 신고하거나 필요로 하는 추가요금을 지급한 경우에는 바르샤바조약이 적용된다. 250금프랑은 금 1온스가 USD42.22로써 약 USD20에 상당한다.

---

48) 국제항공운송협회(IATA)가 글로벌 항공화물 배상한도를 2010년 6월 기준으로 표준화하였다. 즉, 모든 항로와 화물에 대해 몬트리올 협약으로 배상키로 하였는데, 한도를 적용하는 항공화물 배상한도 표준화 조치를 발표하였다. 이에 따라 화물 kg당 19SDR의 배상이 소급 적용된다. 'IATA 결의안 600b(IATA Resolution 600b)'의 '화주보험계약조건(Air Waybill Conditions of Contract)'을 모든 항로와 화물에 대해 '몬트리올 협약(Montreal Convention)' 배상한도를 적용하는 방식으로 변경하고, 분실 화물에 대해서는 kg당 19 SDR 특별인출권(Special Drawing Rights, SDRs / 한화 약 1,900원)의 배상을 적용하기로 표준화 하였다. 이 조치는 2010년 7월 1일부터 소급 적용되는데, IATA의 표준화 조치는 항공화물배상 간소화에 초점을 맞춘 내용으로 항공화물배상과 관련된 '송화인(shipper)'과 '운송인(forwarder)'의 업무 효율성을 높일 것으로 기대된다. 또한 IATA의 표준화 조치로 인하여 아래와 같은 효율성 증진이 기대된다. 첫째, 클레임 처리 및 서비스 결정에 대한 확실성 증가. 둘째, 다양한 상황을 표준화함으로써 클레임 절차에 대한 명료화. 셋째, 적용 가능한 협약이 존재하지 않거나, 기존 협약의 불합리성으로 인하여 발생되는 불확실성 제거. 이렇듯 항공업계에 모든 항로와 화물에 대해 몬트리올 협약 배상 한도 표준이 채택됨으로써 항공화물부문이 한 단계 발전할 수 있는 계기가 마련된 것으로 평가된다.

(2) 운송책임

약관에 의한 운송이 바르샤바조약에서 규정된 국제운송일 경우에는 바르샤바조약의 운송인의 책임한도에 대한 규정 및 기타의 책임규정을 따른다. 즉, 운송이 조약 제1조 2항에 규정된 국제운송인 경우에는 조약에 있어서 운송인의 책임한도에 대한 규정 및 기타의 책임규정에 따르기로 했다.

(3) 준수하여야할 규정

약관에 의한 운송에 있어 준수하여야 할 규정으로는 ① 국내법을 포함한 적용법령, ② 이 약관의 규정, ③ 적용운임요율, 운송조건, 규칙, 발착시각을 제외한 시각표 등이 있다.

(4) 바르샤바조약이 적용되지 않는 운송

바르샤바조약이 적용되지 않는 경우의 운송인의 책임은 운송화물 1 kg에 대하여 U$20을 초과하지 않는 것으로 하며, 다만 송화인이 높은 가격을 신고하거나 또는 추가요금을 지급하였을 경우에는 예외로 한다. 즉, 조약체약국에서 발송되어 비체약국에 도착하는 화물과 같은 비(非)바르샤바 운송화물에 대해서도 IATA가맹국의 항공회사에 의하여 운송된 화물에 대해서는 이 약관이 적용된다는 것을 규정한 것이다.

(5) 운송인의 책임에 대한 규정

운송인에 대한 책임은 ① 운송인의 대리점, 사용인, 대표자, ② 운송에 사용하는 항공기의 소유자, 그 대리인, 사용인 대해서 적용된다.

(6) 운송책임기간

운송인이 책임을 부담하여야 할 기간은 ① 화물이 자기의 관리 하에 있는 기간, ② 자기의 대리인의 관리 하에 있는 기간으로 발송공항에서 화물의 점유가 운송인에 의하여 개시된 때로부터 도착공항에서 화물이 운송인의 점유를 떠날 때까지이다. 또한 대리인이란 전술한 기간 내에서의 대리인을 가리키는 것이며, 그 이외의 장소에서의 대리인까지 포함하는 것은 아니다.

아울러 화물운송장에는 바르샤바조약과 헤이그의정서(Hague Protocol)에 따라 항공사가 행하여야 할 사항을 화물운송장 원본 이면에 규정하고 그 규정에 따라 위탁받은 화물의 운송에 대한 책임을 부담하도록 하고 있다.

3.3 항공화물운임

1. 국제항공운송협회와 운임

국제항공운송협회의 주요 기능은 화물의 운임, 운송조건, 기타 항공운송업무의 운영에 관한 제반 규정을 결정하는 데 있다. 이 중 화물운임에 관한 사항은 다국의 항공회사 사이에서 운임을 조정하여 협정을 체결하고 가맹항공사를 구속하는 것이다.

운임조정에 관한 사항은 국제항공운송협회 산하 운임조정회의(Cargo Tariff Coordinating Conference)에서 이루어지며, 편의상 세계를 3등분하여 3개의 지역회의 지역(TC : tariff conference)으로 나누어 각 지역 내의 운임을 협정하는 지역 간 회의를 개최하여 개별적으로 운임이 설정되고 있다. 이 회의에서는 운항 원가분석, 화물운임, 요율설정, 통화규정 그리고 기타 국제항공화물의 판매 및 처리에 종사하는 중간업자의 수수료 등 관계 규칙의 설정과 변경에 대한 사항이 협의된다. 항공운임요율은 항공사가 단독으로 결정할 수 있는 것이 아니라 해당 정부의 개입하에 일정한 방식과 절차에 따라 요율이 결정되고 있다.

[표 5-21] 국제항공운임의 결정과정

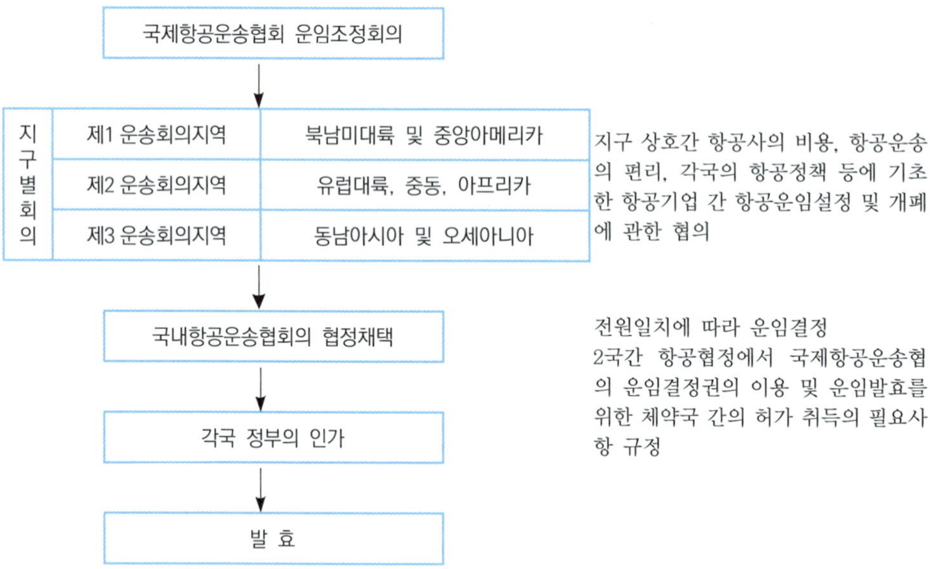

국제항공운임은 미국의 항공규제완화 이후 항공운송기업의 자유로운 운임 및 요율결정이 세계적인 추세이다. 또한 1979년 제정된 현행운임제도 역시 ① 운임조정회의(Cargo Tariff Coordinating Conference)에 참석하지 않은 가맹항공사는 국제항공운송협회의 운임협정에 따를 필요가 없고, ② 회의를 통하지 않고 2국간에 혁신적인 운임을 설정할 수 있게 됨에 따라 본 협회의 운임통제력이 점차 약화되어가고 있는 실정이다. 그러나 우리나라를 비롯한 대다수의 항공사들은 국제항공운송협회가 정한 운임표(tariff)와 규정인 「The Air Cargo Tariff I & II」에 따라 산출 및 합의된 운임을 산출하고 있다.

2. 운임결정의 일반규칙

국제항공운송협회의 항공운임 산출에 적용되는 일반규칙은 다음과 같다.

- 요율, 요금 및 그와 관련된 규정의 적용은 운송장 발행당일에 유효한 것을 적용
- 화물요율의 설정은 공항에서 공항까지이며 부수적인 서비스 요금(이적, 통관, 집화, 인도, 창고, 보관료 등)은 별도로 계산
- 화물의 요율은 출발지국의 현지통화로 설정하며, 출발지로부터 목적지까지 한 방향으로만 적용
- 별도의 규정설정을 제외하고 요율과 요금은 낮은 것을 적용
- 운임은 출발지에서의 중량(chargeable weight)에 kg/Lb당 적용요율을 곱하여 산출
- 모든 화물요율은 kg당 요율로 설정하고 있으나 미국 출발화물의 요율은 lb(파운드)당 및 kg당 요율로 설정. 단, 단위탑재용기요금(Bulk Unitization Charge : BUC)의 경우 미국 출발화물도 kg당 요율로 설정
- 운임 및 종가요율(valuation charge)은 모두 선불이거나 착지불이어야 함
- 화물의 실제운송경로는 운임산출 시 근거가 되었던 경로와 일치할 필요 없음
- 국제항공운송협회의 운송조정회의의 요율은 해당 정부의 승인을 얻어야 유효함

3. 운임산출중량의 결정

화물에 적용할 요율을 운임표에서 찾기 위해서는 운임부과중량(chargeable weight)을 결정하여야 하며, 운임산출중량은 ① 실제중량에 의한 방법, ② 용적중량에 의한 방법, ③ 저운임의 적용에 의한 방법에 의하여 결정된다.

(1) 실제중량에 의한 방법

실제화물의 중량(actual weight)을 기준으로 운임을 산출하는 방법으로 kg, Lb 모두 0.1단위까지 측정한다. 소수점이 있는 경우의 처리는 실중량이 0.5kg 미만이면 0.5kg으로 0.6kg 이상 1kg 미만은 1kg으로 계산하며, Lb는 소수점 이하를 절상하여 운임을 산출한다.

(2) 용적중량에 의한 방법

용적중량(volume weight)의 산출은 계산 전에 각 단위치수를 반올림하여 정수로 만든 후 가로×세로×높이의 방식으로 계산하나, 직육면체나 정육면체가 아닌 경우에는 최대 가로×최대 세로×최대 높이로 계산한다.

이때 부피를 운임부과중량으로 환산하는 기준은

1kg=6.00m^3=166inch^{3}와 1Lb=166inch^{3}로 한다.[49]

(3) 저임금의 적용에 의한 방법

높은 중량단계에서 낮은 중량을 적용하여 운임이 낮아지면 이를 운임으로 적용한다. 예를 들어 45kg 미만 기본요율이 U$15.0이고, 45kg 이상 요율이 U$10.0인 경우 35kg의 화물은 35kg×U$15=U$525와 35kg×U$10=U$350으로 계산됨으로 낮은 운임을 적용하여 운임산출중량을 45kg로 하여 U$525을 부과하게 된다.

4. 항공운임요율의 종류

(1) 일반화물요율

일반화물요율(general cargo rate : GCR)은 품목분류요율(class rate : CGR) 또는 특정품목할인요율(specific commodity rate : SCR)의 적용을 받지 않는 모든 화물의 운임에 적용되는 요율로서 다음과 같이 구분된다.

① 최저운임(minimum charge) : 화물운송에 적용되는 운임 중 가장 적은 운임을 말하며, 중량운임이나 부피운임이 최저운임보다 낮은 경우 적용되며 효율표에 'M'으로 표시

② 기본요율(normal rate) : 모든 화물요율의 기준이 되는 것으로 45kg 미만의 화물에 적용되는 요율이며, 요율표상 'N'으로 표시

49) 용적중량에 의한 방법에 따라 선박의 1CBM(1m³)을 중량으로 환산하면 100×100×100=1,000,000㎤, 1,000,000㎤÷6,000㎤=166.666kg이 되어 반올림하면 167kg이 된다.

③ 중량단계별 할인요율(정량요율)(quantity rate) : 일정단계(weight break)에 따라 다른 요율이 적용되는 화물요율에 있어 중량이 높아짐에 따라 kg당 요율을 낮게 적용하는 것을 말한다. 즉, 일반품목화물이 45kg 이상인 경우 45kg 이하 요율보다 약 25% 낮게 요율이 설정되어 있다. 이외에도 100kg, 200kg, 300kg, 500kg 이상의 중량 단계에 대해 점점 더 낮은 요율이 설정되어 있다.

④ 운임산출중량(chargeable weight) : 화물 태리프에 kg당 또는 Lb당 요율이 설정되어 있으며 어떤 한 건의 화물에 대하여 적용요율을 찾기 위해서는 먼저 운임산출 중량을 결정해야 한다.

운임산출중량은 다음 3가지 방법으로 결정된다.

ⓐ 실제중량에 의한 방법(by actual weight)

ⓑ 용적중량에 의한 방법(by volume weight)

ⓒ "높은 중량단계에서의 낮은 운임 적용" 규정에 의한 방법(lower charge in higher weight category)

(2) 특정품목할인요율

특정품목할인요율(specific commodity rate : SCR)은 특정구간에서 반복적으로 운송되는 동일품목에 대하여 일반품목보다 낮은 요율을 설정한 차별화된 요율로서 품목마다 다르게 설정되어 있다.

특정품목할인요율을 설정하는 목적은 항공운송을 이용할 가능성이 높은 품목에 대하여 낮은 요율을 적용함으로써 항공운송을 확대, 촉진하는 한편 선박이나 육상운송품목에 대하여 항공운송의 이용을 유도하는 데 있다.

이 특정품목 할인요율은 그 요율과 관련하여 설정된 최저중량이 제한받도록 되어 있으며, 이는 다량의 상품수송에 적용코자 하는 목적에 의한 것이다. 예를 들면 서울발 동경행 수산물에 적용되는 SCR 0300은 최저중량이 100kg로 설정되어 있어, 100kg 이상의 상기품목에 한해서만 SCR 0300이 적용될 수 있도록 되어 있다.

(3) 품목분류요율

품목분류요율(class rate: commodity classification rate : CGR)은 몇 가지 특정품목에만 적용되는 할인 및 할증요율로서 품목뿐만 아니라 특정구간, 특정지역에 적용되는 경우도 있다. 이 요율이 적용되는 특정품목으로는 6가지 종류가 있으며 이 중 화물로 운송되는 비동반수화물(baggage shipped as cargo), 신문, 잡지 등은 기본요율에서 할인된 요율이 적용되며, 귀중화물,[50] 생동물, 시체와 자동차는 일반화물요율에서 할증된 요율을 적용한다.

5. 항공운임의 종류

(1) 종가운임

종가운임(valuation charges)이란 화물운송에 있어 사고발생 시 항공사의 최대배상한도액(maximum liability)은 kg당 U$20이나 이를 초과하는 금액을 항공사로부터 배상받고자 할 경우 운송장 상에 그 화물의 가격을 신고하고 종가요금을 지불한 경우에 kg당 U$20을 초과하는 실손해액을 배상받을 수 있는 운임을 말한다.

종가운임의 신고조건은 1건을 구성하는 화물의 일부만을 가격신고하고 나머지를 제외할 수 없으며, 또한 일부분에 대하여 높은 가격을 신고하고 타 부분을 낮은 가격으로 신고할 수 없고 중량운임(weight charge)과 함께 선불(freight prepaid)이나 착지불(freight collect)이어야 한다.

송화인은 반드시 그 화물의 가격을 신고[51]하여야 하는 데 신고가격은 “Declared Value for Carriage”란에 기재하며 이때 kg당 U$20 미만인 경우에는 운송장 상 N.V.D(no value declared)로 표시되며, kg당 U$20 초과 시는 계산된 종가요금을 “Valuation Charge”란에 기재하게 되며 금액을 표기한다.

종가운임의 산출방법은 [운송신고가격－(총중량×U$20/kg 또는 U$9.07/Lb)×0.5%]에 의한다.[52]

(2) 단위탑재용기운임(BUC: bulk unitization charge)

항공사가 송화인 또는 대리점에게 컨테이너 또는 팔레트단위로 판매 시 적용되는 요금으로 국제항공운송협회에서 규정한 단위탑재용기의 형태에 따라 상이한 운임이 적용된다.

단위탑재용기의 단위운임은 기본운임(pivot charge)과 초과중량요율(over pivot rate)로 구성되고 각 형태마다 기본운임으로 운송할 수 있는 최고한도중량(정액한계중량 : pivot weight)이

50) 화물운송장 상 신고가격(declared value for carriage)이 kg당 U$1,000 이상이 되는 품목 및 금・백금계 금속(platinum, iridium, ruthenium, osmium 및 rhodium)으로 만들어진 여러 형태의 물품, 화폐, 유가증권, 주식 등이 해당된다.

51) 항공사의 배상책임 한도액은 가격신고를 하였을 경우 실제 가격을 배상하나 신고된 액수한도 내에서 책임을 부담하게 된다.

52) 예를 들어 운송신고가격이 U$1,680, 총중량이 15kg인 경우 kg당 U$20을 초과함으로 종가요금은 공식에 따라 U$6.90이 부과되며 운송장 상 운송신고가격은 U$1,680으로 기재하게 된다.

설정되어 있어, 정액한계중량 이하의 경우에는 기본운임이 적용되고 이를 초과 시에는 화물의 중량과 한계중량의 차액에 kg당 요율로 표시되어 있는 초과중량요율을 곱한 운임을 기본운임에 가산하여 전체운임으로 하게 된다. 단위탑재용기의 사용은 만 48시간 이내에서 무료로 제공되며 이후에는 하루 U$25씩 부과된다. 다만 BUC적용 시 위험품 규정집에 나타난 제한품목, 생동물, 귀중화물, 시체 등은 ULD 내에 실리지 못한다.

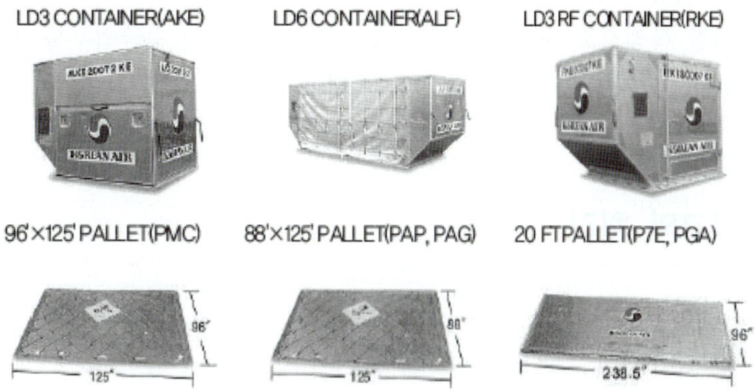

[그림 5-14] 항공화물 단위탑재용기

(3) 기타 요금

① 입체지불수수료(disbursement fee)

송화인의 요청에 따라 항공사, 수화인 또는 그 대리인이 선불한 비용을 수화인으로부터 징수하는 금액으로 입체지불금에 일정요율을 곱하여 산출하고 있다.

입체지불금에는 trucking service charge,[53] pick-up charge, 화물취급수수료(handling charge),[54] 항공운송장 작성수수료(AWB fee)[55] 및 기타 송화인이 요청한 금액 등이 포함되며, 요금은 입체지불금이 U$50 미만이면 건당 U$8, U$50 이상이면 최저 U$20로

53) 항공사가 운송할 화물의 인수를 위하여 화주의 지정된 장소로부터 인수하여 오는 경우 발생하는 차량운송비용으로 화물인수지연으로 차량이 대기하는 경우에는 대기비용을 부가하여 실비로 정산하게 된다.

54) 항공사가 화물을 취급하는 데 따른 서류발급비용, 통신비용, 포장비용 등 제반 서비스 제공에 대한 수수료의 성격으로 징수하고 있는 요금이다.

55) 항공사로부터 도착통지(arrival notice)와 항공화물운송장 인수비용 및 해외 현지거래처와의 교신이 있어 소요되는 통신비 명목으로 화주가 지불하는 부대요금이다.

서 입체지불금의 10%에 상당하는 금액이 된다.

② 위험품취급수수료(dangerous goods handling fee)

위험품 규정집에 위험품으로 명시된 품목에 대하여 부과되는 취급수수료를 말한다.

③ 착지불수수료(charges collect charge)

운송장 상 운임과 종가운임을 수화인이 납부하도록 기재된 화물에 대하여 운임과 종가운임을 합한 금액의 일정률에 대하여 수수료로 징수하는 금액을 말한다. 착지불수수료는 운송료를 항공사가 송화인으로부터 징수하지 않고 수화인에게 징수하는 것에 대한 위험을 방지할 목적으로 시행되며 통화에 대한 환차손 및 송금업무를 위해서 부과되며 운송료의 2%이며 최저요금은 건당 U$10이다.

3.4 화물사고의 처리

1. 화물사고의 유형

화물사고란 정상적인 화물취급과정을 벗어난 화물의 파손 및 손상(damage)으로 상품가치의 일부 또는 전부의 상실, 지연운송(delay)으로 인도 지연 및 분실(missing)로 인한 인도불능 상태가 되어 손해를 초래함으로써 피해당사자인 송화인, 수화인 또는 대리인이 항공사에 대하여 서면으로 손해배상청구하게 되는 것을 말한다.

2. 클레임청구기간 및 필요서류

(1) 클레임제기기간

클레임의 제기나 의사통고는 아래와 같이 규정된 기간 내에 서면으로 하여야 한다.

- 일부손실을 포함하여 화물파손 및 손상은 화물인수일자로부터 14일 이내에 제출
- 지연에 대한 클레임은 도착통지를 받아 물품이 인수권을 지닌 사람의 처분 하에 있는 날로부터 21일 이내 접수
- 분실에 대한 클레임은 항공운송장 발행일로부터 120일 이내에 접수

(2) 클레임에 필요한 서류

- 항공운송장 원본(original AWB) 및 운송인 발행 항공운송장(House AWB)
- 상업송장(invoice) 및 포장명세서(packing list)
- 파손, 지연, 손실 계산서와 클레임이 청구된 총계
- 지연으로 인한 손해비용명세
- 검사보고서(survey report)
- 기타 필요한 서류

[표 5-22] 화물사고의 유형

사고 유형		내 용
화물손상 및 손상(damage)		운송도중 발생한 상품가치를 소멸시키는 상태의 변화
지연(delay)	shortshipped(SSPD)	예정된 적하목록에는 기재되었으나 화물이 탑재되지 않은 경우
	offload(OFLD)	출발지, 경유지에서 선복부족으로 인한 의도적이거나 실수에 의한 하역
	overcarried(OVCD)	하역지점을 지나서 운송된 화물
	shortlanded(STLD)	적하목록에는 기재되어 있으나 화물이 도착되지 않은 경우
	cross labeld	실수로 인해 레이블이 바뀌거나 운송장 번호, 목적지의 잘못기재
분실(missing)		탑재 및 하역, 창고보관, 화물인수, 타항공사 인계 시 분실

3. 화물운송료와 클레임

운송료, 수수료 및 기타 항공사에 지불하여야 할 운임은 화물의 분실, 손상, 미도착과 운임지불방법에 있어 선불 및 후불에 관계없이 완전분실 또는 손상의 경우를 제외하고 모든 운송요금이 지불되어야 손해배상을 청구할 수 있다. 또한 손해배상청구액은 해당 운송요금으로부터 공제할 수 없으며, 손실의 보상은 오직 클레임에 의해서만 해결되어야 한다.

4. 인도불능선적의 처리방법

인도불능선적(non-delivery shipment)이란 운송장 상의 수화인으로부터 수취를 거절당하거나, 물품도착 후 14일 이내 수화인에게 인도될 수 없는 경우를 말하는 것으로 주요 원인으로는 ① 지불방법 상이로 인한 접수거절, ② 요율(rate)의 잘못 적용, ③ 주소의 오기 및 불명, ④ 수화인의 도산 및 휴·폐업 등이 있다.

인도불능 시 처리절차는 도착통지가 반송된 경우에는 일차 출발지에 재확인 후 정확한 주소로 재송부하며, 이때 7일 간격으로 3차에 걸친 도착통지에 대해 응답이 없을 경우에는 인도불능으로 취급하여 "Notice of Non-Delivery"를 작성하여 출발지 지점이나 운송장발행 항공사 또는 취급대리점에게 송부하게 된다.

비인도화물에 대한 송화인의 조치사항 중 제한 사항은 다음과 같다.

- 화물이 착지불인 경우에는 그 화물의 폐기나 폐기 시의 모든 운임을 부담하여야 한다.
- 화물도착 후 60일 이내에 운임과 창고료를 포함한 미청산요금의 지불을 동의하였을 때에만 화물의 유보지시(Instruction of Holding the Shipment Further)를 받아들일 수 있다.
- 화물을 분할하여 인도하거나 수화인을 2인 이상으로 지정할 수 없다.
- 송화인은 전화나 전문으로 처리지침을 통지할 수 있으나 확정을 위해 별도의 서면통지를 하여야 한다.

위와 같은 송화인의 지시에 대하여 목적지 지점에는 ① 더 이상 지체되지 않도록 가능한 한 신속하게 인도하여야 하며, 수화인이 계속 인수를 거절할 때에는 관련 지점으로 통지하고 후속조치를 취한다. ② 송화인의 지시에 의해 다른 목적지로 재운송할 경우에는 새로운 운송장을 발행한다. ③ 화물을 폐기할 경우에는 목적지 지점에서 도착지 국가의 규정에 따라 필요한 조치를 취하게 된다.

제4절 인천국제공항

4.1 인천국제공항의 필요성

21세기 동북아지역의 물류 중심지화에 따른 세계적 규모를 가진 중추(hub) 공항확보를 위하여 인천국제공항건설사업이 완공되었고, 일부는 현재 계속 추진 중에 있다. 1992년부터 영종도와 용유도 사이의 간석지를 매립해 조성된 부지에 2027년까지 4단계로 나누어 건설되고 있는 공항이다. 인천국제공항의 건설 계획은 2008년까지 2단계 계획이 완공되었고, 현재 3단계 계획(2017년말 완공)이 진행 중이며, 2027년까지 47㎢의 부지에 5본의 활주로와 연간 1억2천만명의 여객을 처리하는 시설을 갖추는 것을 목표로 하고 있다. 그 동안 우리나라 제일의 국제공항인 김포공항은 주변여건 상(장애구릉, 주거지역 밀집, 비행금지구역) 대규모 확장의 불가, 제주 및 김해공항 등 지방공항 대체활용의 한계, 항공기 안전운항 저해 및 정시성 저하, 운항시간대의 불가피한 심야화로 주변지역에 대한 소음피해 극심은 물론 1997년 한 해동안 3,649만명의 여객을 처리함으로써 이미 그 적정 처리용량을 초과하였다.[56)]

따라서 지난 수년간 연평균 12% 내외의 기록적인 항공교통량 증가 추세에 따른 미래 항공수요에 대비하고자 서울에서 52km 거리에 위치한 영종도 일원 해상에 새로운 공항을 건설하게 되었다.

1991년부터 2027년까지 4단계에 걸쳐 공사가 완료되는 인천국제공항은 1단계 공사가 완료되는 2000년에는 연간 17만회의 항공기 운항과 12,700만명의 여객수송 그리고 170만톤의 화물을 처리하게 되며, 최종 공사가 완료되는 2027년에는 연간 53만회 이상의 대형항공기 운항과 1억명의 여객, 그리고 700만톤의 항공화물을 처리하여 동북아 항공수송의 중추적 기능을 담당할 수 있게 될 것이다. 현재 기존 3개의 활주로에서 연간 총 41만회 처리 가능, 최종사업이 완료되어 2개의 활주로가 추가 되면 총 74만회로 증가할 예정이다. 여객 수용능력은 7,200만명으로 증가되고 제3여객 터미널이 완공되면 1억 3,000만으로 증가될 것으로 전망되며 이에 따라 화물처리능력은 580만 t으로 늘어날 것으로 추측된다. 실제 2016년 운항횟수는 33만 9,673회이며 이용객은 5,776만 5,397명, 화물운송량은 354만 2,643t이었다.

인천국제공항의 구조는 크게 비행장시설, 여객터미널시설, 화물터미널시설, 항해안전시설, 항공등화 및 전력시설, 항공기 서비스시설, 접근교통 및 주차시설, 정보통신시설, 조경 및 환경시설 및 기타 부대시설 등으로 구분된다.

56) http://www.airport.or.kr/21st/Main.html

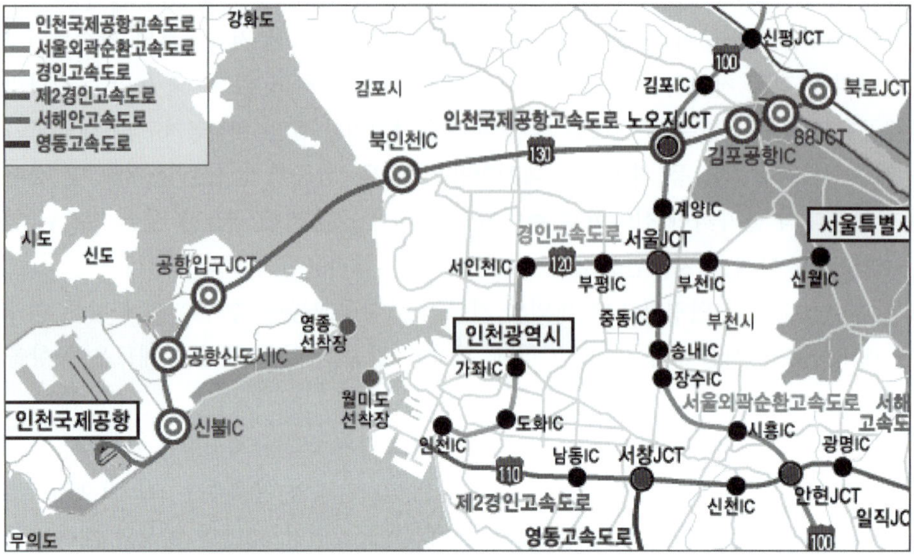

[그림 5-15] 인천국제공항의 위치도

4.2 인천국제공항의 특징과 시설

1. 인천국제공항의 특징

21세기 세계의 중심, 동북아 하늘의 거점 공항이 될 인천국제공항은 다음과 같은 특징을 가지고 있다.

첫째, 동북아의 중심, 세계 핵심항공노선의 관문에 위치하고 있다.

인천국제공항은 동북아 역내 항공망과 좌우로 중국과 일본, 남북으로 시베리아와 동남아의 중심부에 위치하고 있다. 또 동북아와 북미지역을 연결하는 북태평양 항공노선과 동북아와 유럽을 연결하는 시베리아 항공노선의 최전방에 위치하고 있어 탑승객과 화물의 중계공항으로서의 최적의 입지조건을 갖추고 있다.

둘째, 24시간 운영하는 국제선 전용공항이다.

인천국제공항은 인천 해안에서 15km 떨어진 해상에 위치하고 있어 항공기 피해가 없어 24시간 운영이 가능하다. 또한 우리나라 주요 지방공항과의 국제선-국내선 연결노선을 포함한 국제선 전용 공항으로서의 역할을 수행하게 될 것이다.

셋째, 최첨단 미래형 공항이다.

인천국제공항은 차세대 항공기를 수용할 수 있는 활주로와 시정거리 200m에서 안전 이착륙이 가능한 항공보안시설, 10분 내외에 수화물을 처리하는 자동수화물처리시설, 공항 전체를 통합 관리·운영하는 종합정보통신시스템을 구비한 최첨단 미래형 공항이다.

넷째, 다양한 하부기능을 갖춘 복합기능의 공항이다.

인천국제공항은 업무·레저·사업·주거 및 물류유통기능 등 다양한 편의시설을 갖추어 공항을 중심으로 일괄수송서비스가 제공되는 복합기능의 공항이다.

다섯째, 고품질 서비스를 경제적으로 제공하는 공항이다.

인천국제공항은 항공기의 이착륙에서부터 화물과 수화물처리, 여객의 입출국·환승 등 모든 면에서 신속·편리하며 매우 경제적으로 이용할 수 있는 공항이다.

2. 인천국제공항 제2여객터미널

2018년 1월 18일 제2여객터미널은 성공적으로 오픈했다. 여객처리용량이 7,200만 명(연간 5,400만 명에서 7,200만 명으로 증가)으로 늘어남에 따라 인천공항은 미래 공항 도약을 위한 인프라 기반을 적기에 확보하게 되었다. 또한 제2여객터미널은 스마트 서비스를 확대하고 최신 보안검색장비를 도입해 여객들에게 더욱 빠르고 편리한 서비스를 제공하고 있다. 그리고 1월 18일 개장 이후 2달여간 인천공항을 이용한 국제여객은 1,186만 여 명으로, 전년 동기 대비 9.9% 증가하였다. 또한 27%에 해당하는 319만 명의 여객이 제2여객터미널을 이용함에 따라 출입국시간은 단축되고 여객 편의가 대폭 향상되었다. 제2여객터미널의 이용자 만족도는 5점 만점에 4.48점으로 2017년 4분기 제1터미널의 4.26점 대비 0.22점이 향상되었다.

제1여객터미널이 아시아나, 저비용항공사, 기타 외국 국적을 가진 항공사를 가지고 있으며, 제2여객터미널은 대한항공, 델타항공, 에어프랑스, KLM 네덜란드항공이 운영하는 항공기를 포함하고 있다.

제2여객터미널은 2018년 개장 이후 5개월 만에 역대 여객 수의 최대치를 경신했고, 일일 수하물처리량 또한 197,120개로 역대 최대치를 기록했다.

4.3 인천국제공항의 주요 시설

1. 비행장시설

인천국제공항의 활주로는 3,750m×84m 2개가 설치되며 내측 활주로 간의 거리는 2,075m로 대형 항공기의 동시 이착륙이 가능하고 첨두시간대에는 평균 30초 간격으로 1대의 항공기가 이착륙할 수 있다. 이와 같은 장대형 활주로는 미래형 초고속 초대형 항공기의 취항을 가능하게 하며 항공수요 증가에 따라 추가로 활주로를 신설, 확장할 수 있는 부지가 동쪽에 위치하고 있다. 계류장에는 155대의 항공기가 동시에 주기할 수 있으며, 내측 활주로 사이에 2동의 여객청사와 4동의 탑승동이 설치된다.[57]

[그림 5-16] 인천국제공항터미널 전경[58]

57) 2016년 1월 현재까지 총 3본의 활주로가 완비되어 있으며 이후 계속하여 확장하고 있다. 세 활주로 모두 CAT-IIIb 등급이라 시정거리 75m에서도 착륙가능하며 특히 아시아 최초로 CAT-IIIb 인증을 받았다. 2017년 8월까지 ILS 첨단화 사업을 진행하였다. 제1활주로 ILS는 2015년 5월에 이미 신규 시설로 교체하였다. 3개의 활주로에 대한 상세한 내용은 다음과 같다. ① 제1활주로(16.06.06 UPS61편 사고로 인해 계기착륙시설 파손으로 1방향 3개월간 착륙제한, 이륙은 정상화). 3750m×60m/15R : CAT-IIIb, ILS/33L : CAT-IIIb, ILS, ② 제2활주로 3750m×60m/15L : CAT-IIIb, ILS/33R : CAT-IIIb, ILS, ③ 제3활주로는 가장 최근에 신조된 활주로며, 제일 길다. 현재 국내에서 An-225가 정상적으로 이착륙할 수 있는 유일한 활주로다. 4000m×60m/16 : CAT-IIIb, ILS/34 : CAT-IIIb, ILS.

58) 2단계 공사 후(2008년~현재) 탑승동과 제3활주로가 생겼다.

2. 여객터미널시설

신공항 여객청사는 청사 1과 2 그리고 탑승동으로 구성된 탑승동 분리식 중앙집중형 배치 구조로 건설된다. 1단계에 건설되는 제1터미널은 길이 1,066m, 폭 149m, 좌우 엔틀러 길이 725m이며, 지하 2층, 지상 4층 구조로서 연면적 15만 40평이며 44개의 탑승구가 있다. 각 층의 용도를 보면 지상 4층에는 편의시설이 위치하며, 지상 3층에는 국제선 출발여객을 위한 구역으로 탑승구속을 위한 여권심사, 출발 체크인 카운터와 탑승라운지 등의 시설이 들어서 시간당 6,400명의 여객을 처리할 수 있으며, 입출국 수속은 각각 30분 내에 이루어지게 된다. 지상 2층에는 국제선 도착과 국내선 도착·출발이 이루어지는 층으로 입국심사 및 검역 시설, 편의시설 등이 배치된다.

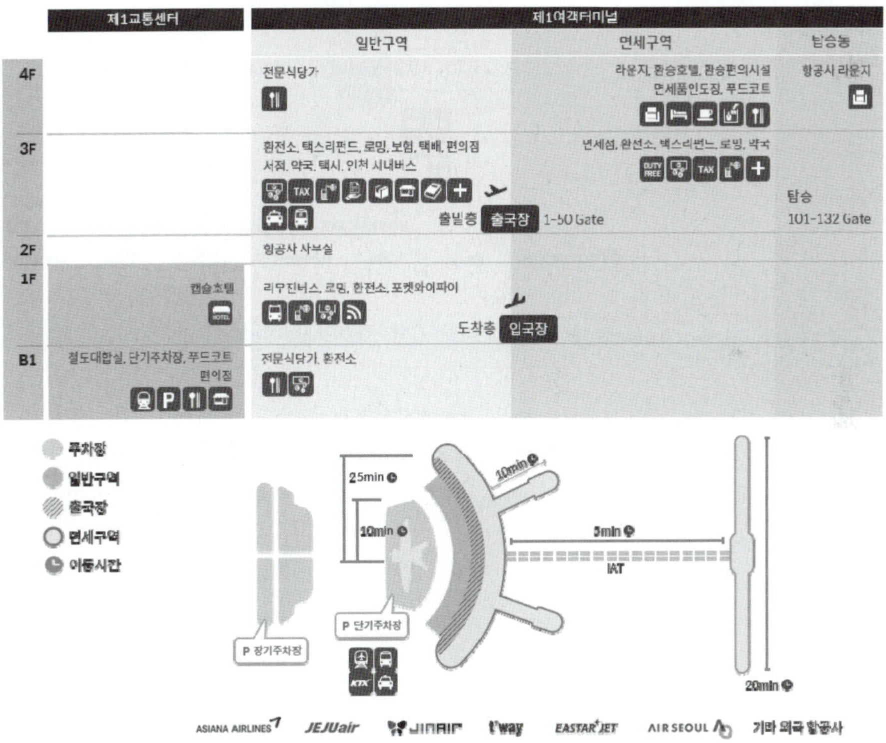

[그림 5-17] 인천국제공항 제1여객터미널

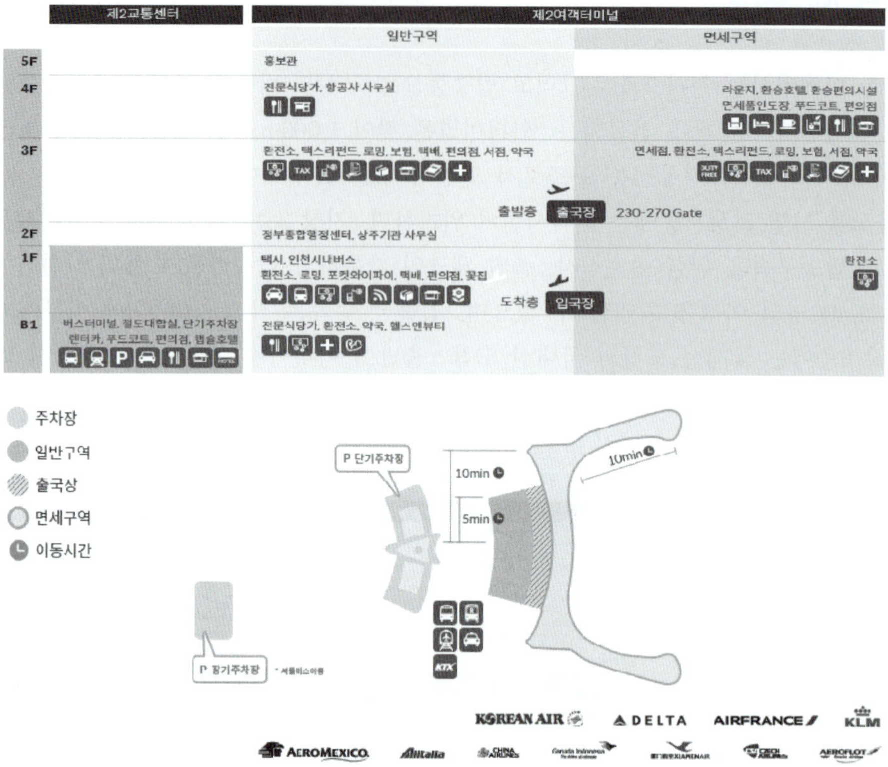

[그림 5-18] 인천국제공항 제2여객터미널

한편 지상 1층은 도착층으로 수화물 수취지역, 세관검사지역 등이 배치되며, 지하 1층에는 자동여객수송시스템(IAT : Intra Airport Transit)과 수화물 처리시설 및 각종 지원시설이 설치된다.

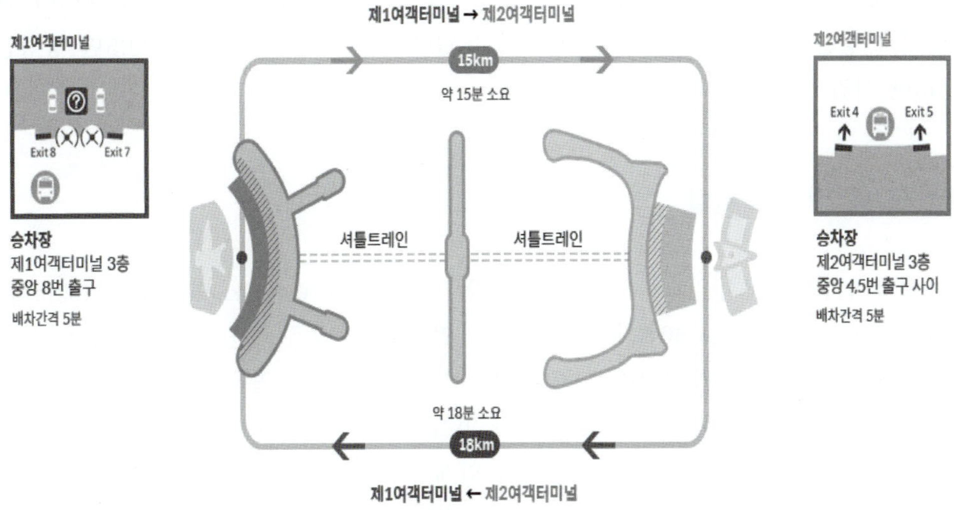

[그림 5-19] 인천국제공항 제1-2여객터미널간 이동 루트

3. 화물터미널시설

화물터미널은 항공화물과 위험화물을 처리하기 위한 청사로 총 47개 건물 중 15개는 일반화물, 32개 건물은 항공사대리점, 위험물 저장창고, 기타 지원시설로 사용된다. 여객청사와 화물청사간은 지하 수송도로를 통해 화물이 이송되며, 화물청사에는 자동운송장치, 자동적재, 분류선반 등의 시설과 첨단통신시설이 위치한다.

4. 항행안전시설

인천국제공항은 시정거리 200m에서도 항공기 안전 이착륙이 가능한 CAT-IIIa 등급의 초정밀 계기착륙시설(ILS)과 전방향무선표지시설(TVOR)이 설치됨은 물론 인공위성으로부터 4차원 정보를 획득 조종사와 관제사 사이의 데이터 통신을 제공하는 위성항행시설인 CNS/ATM이 설치되어 있으며, 2016년 현재 기준 위성항행시설을 운용하고 있다. 이러한 시설은 악천후 저시정의 기상상태에서도 24시간 운영을 가능하게 하여 항공기 결항률을 1% 이내로 유지하게 된다. 또한 공항 내 플랜트 시설 운영 또한 15년 연속 무재해, 무사고, 무중단을 기록하고 있으며 중수도시설, 자원회수시설 등 23개소의 환경오염방지시설에 대하여 환경관련법에서 정한 기준 이내로 엄격히 관리하고 있다. 인천국제공항공사는 2015년 항행안전시설 13만 시간 무중단 운영을 달성하고 있다.

5. 접근교통 및 주차시설

서울에서 인천국제공항은 8차선으로 건설되는 전용고속도로(40.2km)와 시속 110km의 복선 공항철도(61.5km)에 의해 40분대에 연결된다. 인천국제공항은 접근을 용이하게 하기 위하여 수도권 남부지역을 직접 이어주는 해저터널 건설과 제2, 3의 연육교 및 인천시 도시철도와의 연계는 물론 한강하류지역의 경인운하와 연결하여 국제적으로 중국의 주요 연안항구와 해상수송망과 연결되어 항공화물의 해상고속 연계수송체계를 구축할 예정이다.

주차장시설은 VIP주차장, 단기주차장, 장기주차장 그리고 화물주차장 등으로 구분하여 운용되며 2016년 기준 인천국제공항 주차수용능력은 1만 8천여대에 이른다.

6. 정보통신시설

인천국제공항은 21세기 정보화사회를 대비한 공항종합정보통신센터의 구축과 공항정보의 종합관리 및 통제기능확보, 공항이용객에게 최첨단 정보통신서비스제공 그리고 공항시설의 효율적인 관리와 공항업무의 자동화를 위해 공항운영데이터베이스, 공용사용자 인터페이스, 공항통합관리시스템, 네트워크관리시스템, 종합정보통신센터, 기간통신망 그리고 벤치마크 실험실 등 주요 핵심 7개 시설로 운영된다.

이러한 정보통신시설은 크게 정보종합처리, 시설관리, 안전관리, 통신망관리 등 4개의 부분이 기간통신망에 통합되어 실시간 정보의 상호교환, 공항운영의 효율성과 안전성, 편리성을 극대화시켜 줄 것이다.

송화주는 항공화물대리점에 연락하여 항공사에 예약

↓

항공화물 대리점은 송화주로부터 화물을 인수받아 포장 및 필요한 서류를 갖추어 공항으로 이동

↓

공항에서 대리점은 항공사에 화물을 접수시킴

↓

수출화물의 경우 통관수속을 밟고 국내선 화물의 경우는 검색절차 이행

↓

필요한 수속이 끝난 화물은 컨테이너나 팔레트에 적재

↓

컨테이너나 팔레트에 적재된 화물은 현대식 장비에 의해 해당 항공기에 탑재

↓

모든 안전검사를 마친 항공기는 목적지를 향해 출발

↓

목적지에 도착한 항공기로부터 화물하기

↓

하기된 화물은 자동화된 장비에 의해 화물터미널 내에서 차기 목적지로 분류

↓

자동화된 조업장비가 분류와 동시에 해당 위치에 화물보관

↓

현지 인도화물은 통관수속을 밟게 되며 차기 목적지로 운송될 화물은 해당 항공편에 탑재

↓

통관절차를 끝낸 화물은 수화주에게 인도

[그림 5-20] 항공화물의 흐름

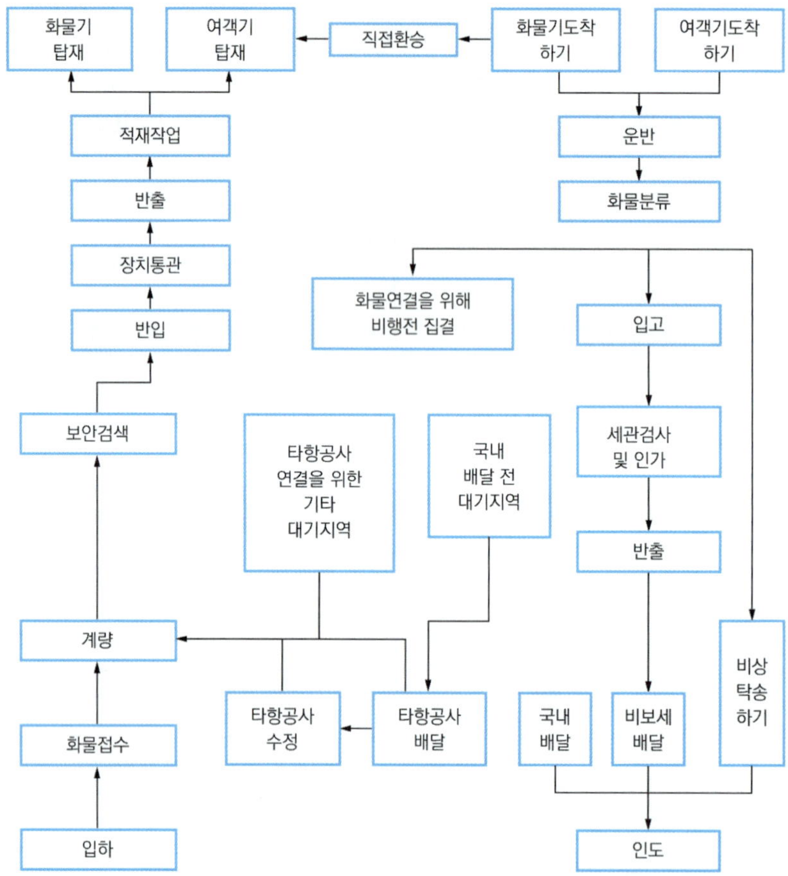

[그림 5-21] 화물터미널내의 화물유통

7. 수화물처리시스템

수화물처리시설은 출발(수출)수화물용, 조기수송화물용, 대형수화물용, 단체수화물용, 환승(통과)수화물용 및 도착(수입)수화물용으로 구분하여 운영되며, 수화물처리능력과 수화물처리 흐름도는 아래 [표 5-23], [표 5-24]와 같다.

[표 5-23] 수화물처리 능력

(단위 : 개, 시간)

구분	1, 2단계	3단계
출발	14,400	8,000
환승	10,800	
도착	33,120	14,400

[표 5-24] 수화물처리 흐름도

구분	제1여객터미널	제2여객터미널
일반수하물	출발/환승 → AT급 X-Ray EDS → 분류	출발/환승 → EDS → 분류
대형수하물	출발/환승 → AT급 X-Ray → 분류	출발/환승 → EDS → 분류

수화물처리시스템의 처리 절차는 다음과 같다.

- 출발(수출) : 체크인카운터 → 컨베이어 → 꼬리표 판독기 → 자동분류기 → 컨테이너 적재 → 항공기 탑재
- 도착(수입) : 항공기 하역 → 컨테이너 해체 → 도착 투입대 → 컨베이어 → 수취대 → 수화물 수취
- 환승(통과) : 항공기 하역 → 컨테이너 해체 → 환승투입대/수동코딩 → 컨베이어 → 자동분류기 → 꼬리표판독 → 출발 수화물 시스템 공동사용 → 항공기 탑재

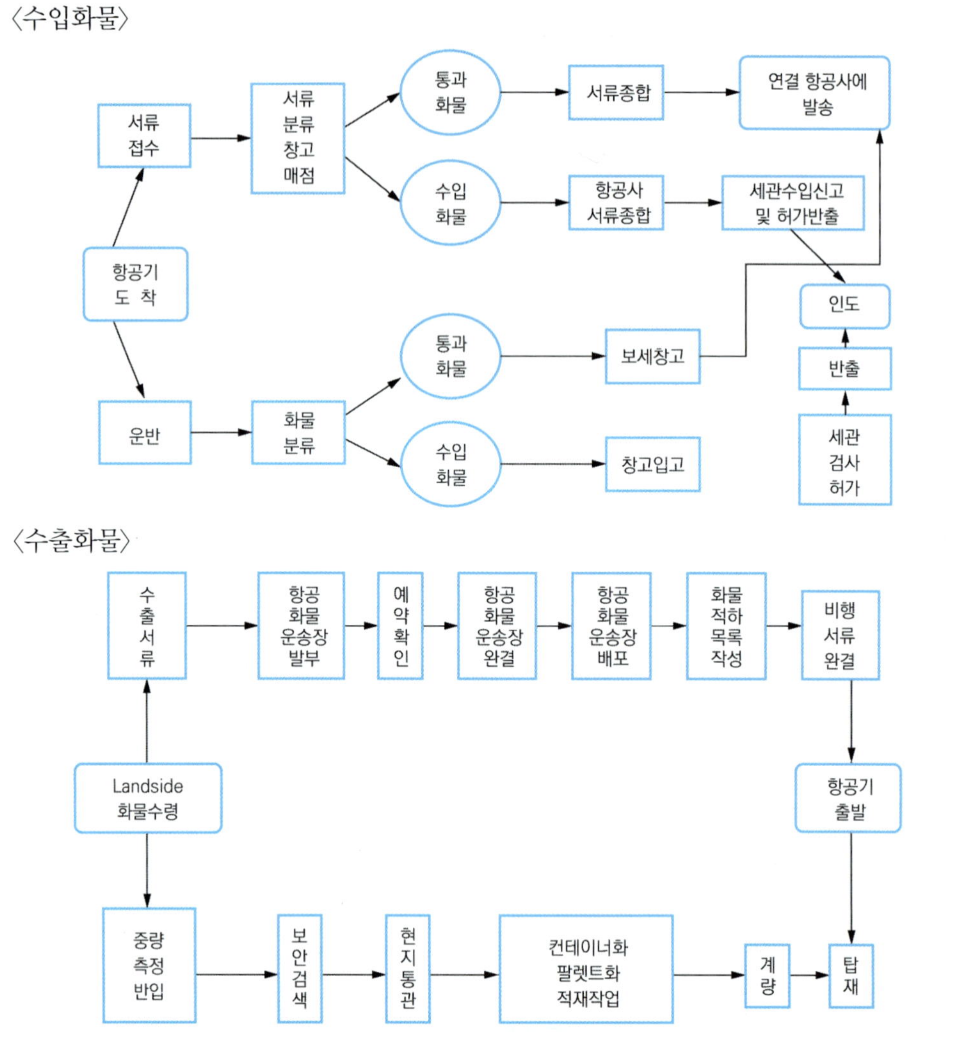

[그림 5-22] 수출입화물의 물적 및 서류유통도

Chapter 6

복합운송물류

6 복합운송물류

제1절 복합운송의 개념

1.1 복합운송의 의의

1. 복합운송의 개념

복합운송(combined transport)[1]이란 복합운송인(Multimodal Transport Operator : MTO)이 화물을 자기 책임하에 인수하여 어느 국가의 한 지점에서 다른 국가에 위치해 있는 지정 인도지점까지 복합운송계약에 의거하여 해상, 내륙수로(inland waterway), 항공, 철도나 도로운송 등 여러 운송방식 중에서 2종류 이상의 운송수단을 사용하여 운송하는 것을 의미한다. 이때 어느 한 운송방식에 의한 계약의 이행을 위해 부수적으로 행해지는 집화와 인도에 이용되는 운송방식은 복합운송으로 간주되지 않는다.[2]

육・해・공을 연결하는 복합운송은 하나의 운송수단에서 다른 운송수단으로 신속하게 환적할 수 있는 새로운 운송기술로서, 1929년 바르샤바조약(국제항공운송에 관한 규칙의 통일조약)에서부터 인정되고 있었으나 이종운송수단을 효율적으로 접속시키는 방법이 없었기 때문

1) 복합운송이란 용어의 사용은 1929년 바르샤바조약(Warsaw Convention)부터 이지만 실제로 사용된 것은 1949년 국제상업회의소의 국제화물복합운송증권의 초안에서부터 이며, 용어의 사용에 있어 미국에서는 intermodal transport, 유럽에서는 multimodal transport로 쓰고 있다.

2) ICC, 복합운송서류통일규칙(Uniform Rules for a Combined Transport Document) 제2조 a항, 유엔 국제복합운송조약(United Nation Convention on International Miltimodal transport of Goods, 1980) 제1조 1항

에 경제적 효용은 기대할 수 없었다. 그러나 1960년대에 들어 본격화된 컨테이너운송에 의하여 비약적인 발전을 이룩하게 되었다.

이는 국제간의 물품운송에 있어서 선박의 가동률을 향상하고 운송원가의 절감을 위해 개발된 운송용구인 컨테이너의 출현으로 화물취급 및 항만하역의 기계화가 가능하게 되었고, 국제운송의 신속성, 안정성 및 경제성을 도모할 뿐만 아니라 육상, 해상 및 항공운송 전반에 걸쳐 여러 가지 운송방식을 연결하는 일관운송, 즉 복합운송방식의 발달에 따라 국제운송의 이상인 문전에서 문전까지의 운송방식이 가능하게 되었기 때문이다.

컨테이너운송과 복합운송과의 관계에 있어 이는 전혀 별개의 개념으로 컨테이너운송이 용기에 의한 운송을 뜻하는 하드웨어적 개념이라면 복합운송은 재래식 단편운송체제(segment transport system)를 일관운송체제(door to door transport system)로 바꾼 소프트웨어적 개념이라는 점에서 차이가 있다. 다만 오늘날 컨테이너화에 의한 가장 효과적으로 사용되고 있는 시스템이 복합운송제도이고, 복합운송의 장점을 극대화시킬 수 있는 운송수단이 컨테이너이기 때문에 컨테이너운송과 복합운송은 같은 의미로 이해되고 있다.

2. 복합운송의 생성

제2차 세계대전 이후 세계경제는 대량생산체제로 진입하게 되었으며, 이에 따라 국제간의 물품운송에 있어 대량고속운송의 필요성이 높아지게 되었다.

개품운송이 중심을 이루고 있는 기존의 재래정기선운송으로는 이와 같은 해상물동량의 급증과 선복량의 과잉팽창을 수용하지 못하게 되었고, 그 결과 세계각지의 항만기능이 저하되고 항만하역이 비능률적으로 운영되는 가운데 1960년대까지 대량고속운송은 이루어지지 못하였다.

그 과정에서 선진국의 산업은 생산기술의 발전에 따라 대량생산시대에 접어들게 되었으며, 이를 위한 화물운송은 대형화, 전문화, 고속화 등 그 기능의 분화에 의한 생산성의 향상 및 운송비의 절감방향으로 진전되고 있었다. 이러한 문제를 해결하기 위하여 등장한 것이 컨테이너화(containerization)로 컨테이너는 국제간의 운송방식에 있어 일대 변화를 가져왔으며 운송, 보관, 하역, 포장 등 모든 과정에서 신속성과 안정성을 갖고 저렴하게 일관운송을 실현하게 되었으며, 이는 결과적으로 복합운송의 출현에 중요한 계기가 되었다.

컨테이너화는 운송분야에서 단위적재시스템을 실체화시킨 것으로 가장 발전된 운송형태로 처음 육상의 제조공장에서 도입되어 운송분야에서 실체화된 것이 컨테이너운송이다. 민간차원에서 컨테이너운송이 개시된 것은 1950년대 중반 미국의 철도운송회사로 자동차운송의 발전에 따른 시장잠식을 타개하기 위하여 처음 피기백(piggy back) 방식으로 도입되었다. 그 후 해상운송에서 컨테이너운송이 이루어진 것은 1956년 미국의 씨 랜드(Sea-Land Service, Inc)사가 뉴욕과 휴스턴에 60개의 컨테이너를 적재한 맥스톤(Maxton)호를 취항시킨 것이 그 시초이다. 그 후 동 회사는 1966년 35피트 컨테이너 226개를 적재한 풀 컨테이너선 페어 랜드(Fair-Land)호를 뉴욕과 구주항로에 취항시킴으로써 본격적인 컨테이너운송시대를 열게 되었다.

이와 같이 1950년대부터 컨테이너를 이용한 복합운송방식이 도입된 이래 오늘에 이르기까지 신속, 안전, 경제성의 이점을 가지고 활용되면서 복합운송은 오늘날 대부분의 국제운송에 있어서 보편적인 방법이 되고 있다.

3. 복합운송의 효과

복합운송의 최대효과는 문전에서 문전까지 운송서비스를 제공하는 데 있다. 이같은 복합운송은 수출입화물에 대하여 혁신적인 운송기술을 도입한 합리적인 협동운송체제로서 적합한 운송경로를 제공하고 신속한 화물정보를 전달하여 총비용의 절감으로 인하여 그 활용도가 날로 높아지고 있다.

[표 6-1] 복합운송에 관련되는 업자

구 분	종 류	
운송업자 (carriers)	• 선주 • 육상운송업자 • 철도	• 항공 • 내륙수로운송업자
비운송업자 (non-carriers)	• 컨테이너 터미널 • 창고업자 • 포장, 통관, 수출입수속, 외환거래 및 관련 수속 회사	• CFS 또는 혼재창고 • 컨테이너 임대회사
기타	• 은행 • 보험회사 • 외환관리기관	• 항만 • 세관

(1) 화주 입장에서의 효과

① 안정성

복합운송은 컨테이너라는 밀폐되어 있고 화물이 손상당할 경우에 대비하여 매우 견고하게 제작된 특수용기에 운송되므로 하역과정, 운송과정 및 보관과정에서 높은 안전성을 가지고 있다.

② 경제성

컨테이너화에 의한 복합운송은 컨테이너에 의한 화물의 단위화를 통하여 육·해·공 일관운송을 가능하게 함으로써 운송비, 하역비, 보관비, 포장비 등의 절감과 정보처리가 용이하다. 또한 안전성에서 오는 보험료의 절감 및 신속한 운송에 따르는 자금의 빠른 회전에서 현저한 비용절감을 가져온다.

[표 6-2] 컨테이너운송의 비용 절감효과

절감항목	비용절감효과(%)	절감항목	비용절감효과(%)
운송비	10~20	노무비	40~70
포장비	25~70	보험료	45~75
하역비	10~40		

③ 신속성

컨테이너 전용선은 속도면에서 재래선보다 30~40%정도 빠르기 때문에 운송기간에서 일반선에 비하여 40~50%까지 단축이 가능하며 하역과정의 기계화, 자동화로 재래식 운송방식에 비해 하역시간이 단축되고 선적 시 필수적으로 따르는 복잡한 사무절차의 간소화와 선적절차의 단축 등에서 여러 가지 이익이 따른다.

④ 투하자본율의 상승효과

재래선의 운송방식은 노동집약적인 제품하역으로 하역시간이 길고 우천 시 하역의 중단으로 선박의 정박기간이 길어져 운행률이 떨어지고 이로 인하여 자본회전율이 낮은 반면 복합운송은 기계화에 의한 정박기간의 단축으로 자본회전율이 높다.

(2) 운송인 입장에서의 효과

컨테이너운송에 의해 선박의 가동률 증대와 재래선보다 선적, 하역에 따르는 기계화의 영향으로 운항시간은 물론 항만에서의 정박시간이 단축되기 때문에, 규모의 경제를 실현할 수 있게 됨에 따라 화물단위당 비용이 절감되고 기계화, 자동화에 따른 대폭적인 인건비 절감 및 대량화물의 신속한 취급으로 이익이 상승된다.

4. 복합운송의 특성과 장점

복합운송은 국제간의 물품운송을 복수의 운송수단에 의해 문전에서 문전까지 일관운송을 지향하는 운송방식이며, 기본적으로 국제간(다른 나라간)의 이동, 복합운송계약체결의 단일성, 복합운송인에 의한 전 구간운송의 책임인수(운송책임의 단일성), 운송수단의 이종복수성(異種複數性), 복합운송증권의 발행 등에서 단순히 운송구간을 2번 이상 반복하는 통운송(through carriage)[3]과는 구별된다.

이러한 복합운송의 특성은 다음과 같다.

(1) 운송책임의 단일성

복합운송은 복합운송인이 전 운송구간에 걸쳐 화주에 대하여 단일책임(through liability)을 부담한다. 복합운송은 하나의 계약으로 다수의 구간운송행위가 결합되어 있으나 복합운송인은 자기명의와 계산으로 송화인을 상대로 복합운송계약을 체결한 계약 당사자이다. 또한 전체 운송을 계획하고 여러 운송구간을 적절히 연결 및 총괄하여 운송이 원활하게 이루어지도록 조정하고 감독할 지위에 있기 때문에 복합운송인에게 책임을 집중시킴으로써 복합운송 본래의 기능을 발휘할 수가 있다.

(2) 복합운송증권의 발행

복합운송인이 화주에 대하여 전 운송구간을 나타내는 유가증권으로서의 복합운송서류(combined transport B/L)를 발행하게 된다. 이러한 복합운송서류는 화주로 하여금 금융기관에서 금융의 편의(negotiation)를 제공받을 수 있는 매개역할을 한다.

(3) 단일운임의 설정

복합운송인은 복합운송의 서비스 대가로서 각 운송구간마다 분할된 것이 아닌 전 운송구

3) 통운송(through carriage)은 단일운송계약에 대해 2인 이상의 운송인이 관여하는 형태의 운송을 말한다. 이러한 통운송 중 각 구간 모두 동일운송수단에 의한 경우를 단순통운송이라 하고, 각각 다른 운송수단에 의한 일관운송을 복합운송이라 한다. 즉, 복합운송이란 동일 목적물에 관한 운송 내지 운송계약에 여러 운송인이 관여하는 종래의 통운송에 관한 특수한 형태로 다른 2가지 이상의 운송수단 또는 운송방법에 의한 물건운송을 말한다.

간이 단일화된 운임(through rate)을 부과한다. 전 운송구간에 대한 책임이 복합운송인에게 집중되어 있으므로 이에 대한 반대급부도 하나로 통합되는 것이다.

(4) 운송방식의 다양성

복합운송은 반드시 2가지 이상 서로 다른 운송방식에 의하여 이행되어야 한다. 이때 운송방식은 운송인의 다수가 중심이 되는 것이 아니라 운송수단의 종류가 문제가 되며 이러한 운송방식은 각각 다른 법적 규제를 받는 것이어야 한다. 따라서 내륙수로, 철도, 도로에 같은 육상운송법이 적용되는 우리나라 상법 하에서 행해지는 복합운송은 서로 다른 종류의 운송수단이 사용되었음에도 복합운송으로 간주되지 않는다.

이러한 다양한 운송방식의 이용은 반드시 계약상에 명시되어야 하는 것은 아니며, 운송구간의 제반 여건으로 보아 여러 운송수단의 사용이 불가피할 경우에는 복합운송으로 취급된다.

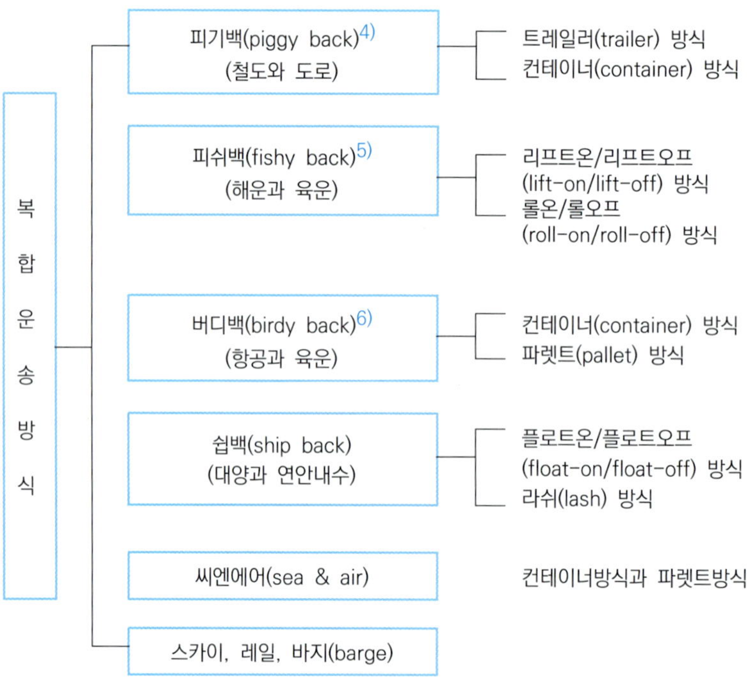

[그림 6-1] 복합운송방식

4) 피기백(piggy-back) 방식은 미국의 철도에서 1950년부터 채택한 철도수송과 도로수송을 원활하게 연

복합운송의 방법은 ① 트럭 - 선박 - 트럭 - 철도 - 트럭, ② 트럭 - 항공기 - 트럭, ③ 트럭 - 선박 - 트럭 - 항공기 - 트럭, ④ 트럭 - 선박 - 트럭 등으로 이루어진다.

(5) 위험부담의 분기점

복합운송에 있어서 위험부담의 분기점은 해상운송에 있어서 선박의 난간(ship's rail)이라는 개념과는 달리 송화인이 물품을 내륙운송인에게 인도하는 시점이 된다.

이러한 복합운송은 다른 어떤 경쟁 서비스보다 다음과 같은 장점을 가지고 있다.

- 화물추적 용이, 즉 단일의 운송인에 의해 취급되므로 화물의 추적 시스템화(Cargo Tracing System)가 용이하다.
- 운송에 있어서 에너지 등의 절감을 가져온다.
- 컨테이너, 철도운송용 화차, 도로운송 차량 등을 포함하는 통과서비스는 항구에서 신속한 환적으로 재래수단보다 화물 할증료가 낮고 인건비의 절감을 가져다 준다.
- 노동비와 자본비의 단계적 인상에도 불구하고 하부구조와 운송수단의 이용을 좋게 해 준다.
- 선화증권 발급업무가 통과화물기록, 통과운임 및 합동 책임규약의 이용으로 간소화된다.
- 신속한 통관은 특히 인도조건이 CIF인 경우 먼저 운임지불을 하도록 촉진시켜주며, 수입자로 하여금 창고저장을 최소화하여 과다한 운영자본비 지출을 막게 한다.
- 복합운송의 낮은 비용은 세계자원의 최적이용을 촉진시킨다.
- 복합운송의 발달은 국제적인 규칙·조약의 제정을 촉진시킨다.
- 국제규격화된 컨테이너의 이용으로 인한 합리화와 효율성으로 가용자본의 최적이용을 가능하게 한다.
- 복합운송에 의해 운반되는 화물은 컨테이너의 이용으로 재래의 운송보다 더 안전한 상태로 운송된다.

결하는 수송방식으로 컨테이너를 적재한 트레일러를 철도의 무개화차에 실어 운송하는 방식을 의미한다. 출입문 → 도로 → 철도 → 도로 → 출입문과 같은 경로로 수송되는 화물을 옮겨 싣는 일이 없이 송화주(送貨主)에서 수화주(受貨主)까지 운반하기 위해 화물을 적재한 트레일러를 철도화차에 실어 수송하는 방식이다. 피기백에는 트레일러 수송 외에 컨테이너 수송·플렉시반 수송도 포함된다.

5) 피시백(fishy-back) 방식은 컨테이너를 선박에 선적하여 운송하는 방식을 의미한다.

6) 버디백(birdy-back) 방식은 컨테이너를 항공기에 기적하여 운송하는 방식을 의미한다.

1.2 복합운송의 종류

1. 복합운송계약에 따른 분류

복합운송은 화주와의 계약관계에 따라 다음과 같은 형태가 있다.[7)]

(1) 하청운송

하청운송이란 최초의 운송인이 육·해·공의 다수의 운송구간에 관하여 운송계약을 체결하고, 후속의 운송인이 그 하청운송인으로서 그 운송계약의 이행에 관여하는 경우로 최초 운송계약자가 운송의 전부 또는 일부를 다른 운송인에게 하청 또는 도급을 준 경우이다. 이때 하청운송인들은 원 운송인의 이행보조자에 불과하므로 각 하청운송인은 자신이 인수한 운송구간에 대해서만 최초운송인에 대하여 중간운송서류를 발행하게 된다.

이때 원 운송인은 자신이 화주에게 발행한 복합운송서류에 따라서 책임을 부담하게 된다.

실무에서는 B/L상에 자신이 현실적으로 담당하고 있는 운송구간에만 자신의 책임을 한정시키는 취지의 약관을 삽입하는 경우가 보통이다. 따라서 복합운송서류의 소지인은 하청운송인에게 손해배상을 청구하는 경우 최초운송인으로부터 중간운송서류를 배서 등에 의해 그 권리를 수리하는 방법 이외에는 직접 청구할 방법이 없으며, 하청운송인과 송화인 사이에는 직접적인 법률관계는 존재하지 않는다.

(2) 공동(동일)운송

각 구간의 운송인과 구간에 관하여 운송계약을 동시에 체결하는 형태로서 각 운송인은 현실적으로 각 구간에 운송을 담당하고 있지만 이것은 운송인 상호간 내부적 결정에 불과하며, 실정법 상 상행위에 의한 연대채무관계가 성립하기 때문에 운송인은 당연히 연대적인 책임

7) 통운송을 광의로 연계운송과 동일한 개념으로 해석하여 여기서 예를 든 하청운송, 공동운송, 순차운송 이외에 다수의 운송인이 각자 독립하여 특정구간의 운송을 인수하고 각 구간마다 별개의 운송계약을 체결하는 부분운송을 포함하여 이해하는 입장도 있다 ; (石井照久, 商法Ⅱ, p.87.) 또한 복합운송은 전체운송을 포함하는 단일계약을 통운송계약으로 하고, 이 통운송을 단일계약에 의한 상기 3가지 운송을 나타낸다고 해석하는 경우도 있다 ; (小町谷操三, 商行爲法, p.274.) 그러나 복합운송은 각 운송방식이 효과적이며 유기적으로 연계될 것을 실질적 요건으로 하고 있어 운송수단별로 별개의 운송계약이 존재하는 부분운송은 개념상 타당성이 없으며 실제 복합운송서류, 책임 등을 논한 조약에서도 부분운송은 제외시키고 있다.

을 부담하게 된다. 이 경우 선화증권은 운송인이 함께 서명한 공동일관선화증권이 발행된다.

(3) 순차(연계)운송

후속의 운송인이 최초의 운송인과 송화인 간의 전체 운송에 대한 운송계약을 증명하는 1통의 운송증권에 따라 순차적으로 운송품을 연계하는 경우로서 2번째 이후의 운송인이 순차적으로 최초의 운송인과 송화인 사이의 운송계약에 개입하고 어느 운송인이나 전체 운송을 인수함을 인정하는 운송형태이다.

이 경우 송화인에게는 최초의 운송인에게 운송을 위탁함으로써 다른 운송인도 함께 이용할 수 있는 계약방식이 된다. 각 운송인은 상호 간에 운송상 연락관계를 유지하기 때문에 중계지에서 운송품의 인도는 운송인 간에 직접적으로 수행된다.

2. 운송주체에 따른 분류

복합운송인으로서 국제복합운송서비스를 제공할 수 있는 주체자에는 자기가 운송수단을 직접 보유하고 있는지 여부에 따라 운송주선인(freight forwarder)형, 운송인(carrier)형, 무선박 운송인형 3가지로 구분된다.

(1) 운송주선인형 복합운송인(계약 운송인, Contracting Carrier)

선박, 트럭, 항공기 등 운송수단을 자신이 직접 보유하지 않고 다만 계약 운송인(contracting operator)으로서 운송책임을 지는 형태이다. 이러한 유형의 복합운송인으로는 해상운송주선인(ocean freight forwarder), 항공운송주선인(air freight forwarder), 통관인(custom's clear), 컨테이너임대인 등이 있으며 이 중에서 가장 대표적인 복합운송인의 유형은 해상운송주선인이다.

(2) 운송인형 복합운송인(실제 운송인, Actual Carrier)

자신이 직접 운송수단을 보유하면서 복합운송인의 역할을 수행하는 형태로서 실제 운송인(actual carrier)형 복합운송인을 말한다. 이 범주에 속하는 것으로는 선박회사, 항공회사, 철도회사, 트럭회사 등이 있으며, 복합운송구간 중 해상구간이 차지하는 비중을 고려할 때 선박회사가 가장 대표적인 운송인형 복합운송인이라 할 수 있다.

(3) 무선박운송인

무선박운송인(non-vessel operation common carrier : NVOCC)에 대해서는 1963년 미국의 연방해사위원회(The Federal Maritime Commission : FMC) General Order 4(510, 21. b)[8]에서 처음 법적으로 실체화하여 규정하였으며, 그 내용은 광고, 권유 기타의 방법으로 운임률을 설정 및 고시하고, 해운법에 규정된 주간(州間) 또는 외국항로 사이에서 해상운송을 이용하여 화물 운송업무를 제공하고, 화물의 안전수송에 대한 의무를 다하고 법률에 따라 책임을 지는 자로 이용선박의 소유 또는 지배여부를 불문하고 하수운송인인 해상운송인과 자기명의로 당해 화물에 대한 운송계약을 체결하는 자를 말한다.

1984년 신해운법(The Shipping Act of 1984)[9]에서는 무선박운송인을 "해상운송에 있어서 자기 스스로 선박을 직접 운항하지 않는 보통운송인이며, 선박회사와의 관계에 있어서는 화주의 입장이 되는 자"로 정의하고 있다.

한편 1984년 해운법을 개정한 1998년 미국 외항해운개혁법(The U.S Ocean Shipping Reform Bill)[10]에서는 "무선박운송인이란 해상운송 서비스를 제공하는 선박을 운항하지 않는 보통 운송인을 말하며, 해상 보통운송인과의 관계에 있어서는 화주"로 정의하고 있다.[11] 외항해운개혁법에서는 운항선사 및 해운동맹이 무선박운송인과 직접 우대운송계약을 체결하는 것을 금지하고 있다.

1.3 복합운송인의 개념과 책임

1. 복합운송인의 개념

복합운송인[12]이라 함은 자기 또는 자신을 대리한 대리인을 통하여 복합운송계약을 체결하

8) 이 General order는 1981년에 개정되어 무선박운송인은 이 해운법에서 말하는 "common carrier by water"에 상당하는 것으로 규정하고 있으며, 1984년 신해운법에서는 무선박운송인이 common carrier라는 점을 명확히 하고 있다.
9) 신해운법 제3조 7항
10) 미국의 현행법으로 1984년 해운법에 대한 전면적인 법적 검토와 광범위한 여론 수렴 과정을 거쳐 필요한 부분이 과감히 수정되었으며, 1999년 5월 1일 부로 발효되었다.
11) The Ocean Shipping Reform Act of 1998, Sec.3.(17)(B).
12) 복합운송인에 대하여 복합운송조약안(TCM)에서는 combined transport operator(CTO), 유엔국제복합운송조약에서는 multimodal transport operator(MTO), 그리고 미국에서는 intermodal transport

고 송화인이나 복합운송업무에 관여하는 운송인의 대리인 또는 그러한 사람에 갈음하여서가 아니라 주체로써 행위를 하고 계약이행에 관한 책임을 지는 사람을 말한다.[13)]

복합운송인은 송화인으로부터 화물을 인수할 때 복합운송서류를 발행하며 서류상 표시된 인수장소로부터 인도장소까지의 전 구간의 운송을 인수할 뿐만 아니라 동시에 전 운송과정에 걸쳐서 어떠한 구간에서 발생한 운송물의 멸실 또는 손상에 대해서도 계약이 정하는 책임원칙에 따라서 복합운송서류의 소지인에 대하여 일차적 책임을 진다. 이는 전 구간 단일책임의 원칙을 적용한 것으로 화주가 운송에 대한 책임을 물을 상대를 명확히 정한 것으로 볼 수 있다.

복합운송인의 행위는 화주로부터 운송의뢰를 받아 화물을 인수한 후 화주에 대해서는 운송인의 지위에 서고 그가 이용하는 철도, 항공, 선박 등의 운송인에 대해서는 직접 화주의 입장이 되어 일관운송이 이행되도록 자기의 책임과 계산으로 영업행위를 하는 것이다. 이러한 복합운송인의 자격요건에 대하여 유엔조약에서는 각 국의 국내법에 일임하고 있다. 그러므로 복합운송인의 구체적인 실정법 상 자격은 각 국의 입법정책, 운송산업환경, 복합운송의 발달정도 등을 고려하여 이해하여야 할 것이다.

신용장통일규칙에서는 복합운송인에 관한 규정이 없으나 복합운송서류의 경우에는 전통적인 선화증권과는 달리 운송주선인이 발행했어도(FIATA CT B/L) 서류 자체에 하자가 없으면 은행에서 수리가 가능하도록 규정하고 있다. 다만 복합운송인은 광범위한 구간에 걸친 운송 자체를 실행시켜야 되므로 여기에 필요한 신용과 기술력을 구비하고 운송 중 발생한 손실을 부담할 수 있는 경제적 능력을 갖춰야 할 것이다.

operator(ITO)로 부르고 있다.

13) 복합운송인의 개념을 성문법상 명확하게 규정하고 있는 것은 유엔국제복합운송조약(United Nations Convention on International Multimodal Transport of Goods) 제1조 2항의 정의조항이다.

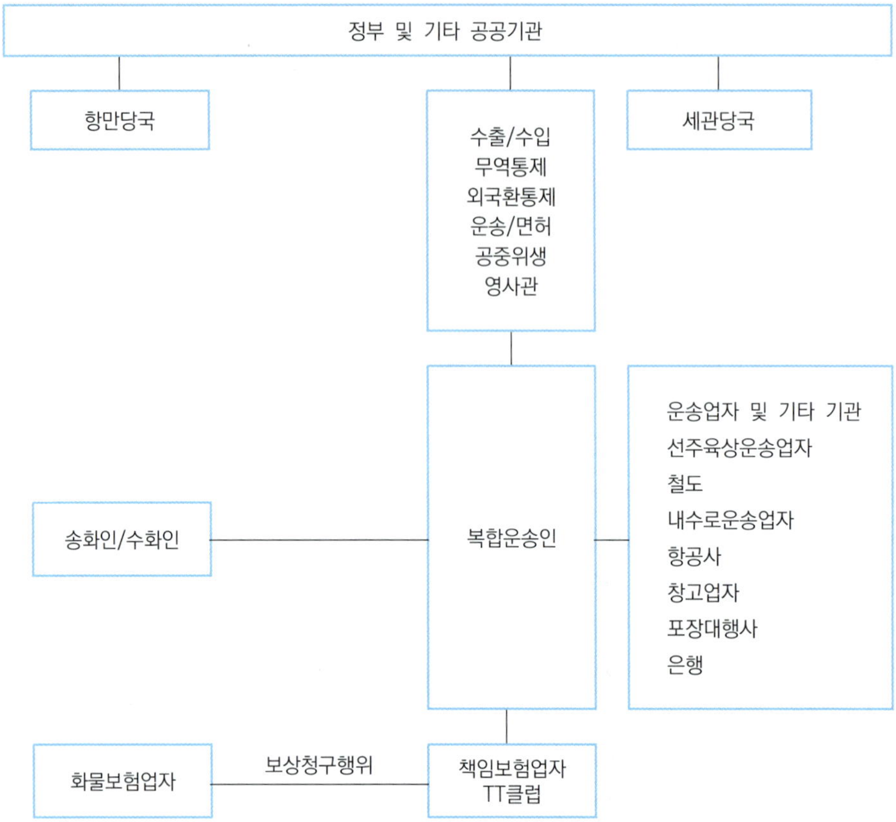

[그림 6-2] 복합운송인과 관계 당사자와의 관계

2. 복합운송인과 책임의 종류

(1) 과실책임

과실책임(liability for negligence)은 선량한 관리자로서 운송인의 주의의무, 즉 당해 사정에 대한 상당한 주의(reasonable care)를 전제로 구성되어 있는 책임관계로서 피해자측에서 운송인이 관계된 주의의무를 태만히 하였다는 운송인 과실을 입증하는 책임을 지는 원칙이다.

그러나 이것과는 반대로 그 입증책임이 운송인측에 전가되어 운송인측에서 자기나 사용인이 상당한 주의를 기울였다는 무과실의 입증책임을 지도록(과실이 확정될 때)하는 입법의 예

도 있다.[14)]

(2) 무과실책임

무과실책임(liability without negligence)은 운송인의 책임발생에 관해서 운송인이나 사용인의 과실을 그 요건으로 하지 않는 것을 말한다. 무과실책임에서는 엄격책임 또는 절대책임과는 달리 불가항력 및 기타 약간의 사유가 면책사유로서 인정되고 있다. 헤이그규칙, 바르샤바조약 등에서 무과실책임을 원칙으로 하고 있다. 무과실책임은 미국의 국제통상법 및 통일선하증권 약관, 프랑스의 상법, 독일 상법 상의 철도책임, CIM 및 CMR의 운송인책임 등에서 규정하고 있다.

(3) 엄격책임(절대책임)

엄격책임(strict liability, absolute liability)은 손해의 결과에 대해서 절대적으로 책임을 지는 면책의 항변이 인정되지 않는 것이다. 즉, 손해발생에 대해 운송인 측에게 과실이 없었다는 것을 입증하더라도 운송인은 책임을 면하지 못한다. 운송인은 손해의 발생이 송화인 또는 수화인의 행위로 인한 때 또는 운송물의 자연형태에서 기인된 때에만 배상책임을 면할 뿐이다.

3. 복합운송인의 책임체계

복합운송의 경우 복합운송인이 스스로 운송하지 않고 다른 운송인을 이용해서 계약을 이행하는 경우가 많다. 이 경우 다른 운송인은 하청운송인이 되고 직접적으로 화주와 관계를 맺는 일은 없다. 하청운송인 또는 실제 운송인이라는 관계를 형성하는 일은 원청인인 복합운송인과의 내부관계의 문제일 뿐이다.

복합운송인의 책임체계는 다음과 같다.

(1) tie-up system

일반적으로 복합운송에서는 그 계약을 체결한 복합운송이 전 운송에 대하여 화주에게 책임을 부담한다. "tie-up(pure network) system of liability"라고 불리는 이 책임체계는 화주가 각 운송구간의 운송인과 개별적으로 운송계약을 체결한 경우 각 운송인은 각 운송구간에 적용되는 책임원칙에 따라 운송책임을 부담하는 책임체계이다.

14) 우리나라 상법 제789조와 일본상법 제577조 및 일본의 국제해상물품운송법과 서독상법(HGB) 제429조에서는 입증책임이 전환된 과실책임으로 규정하고 있다.

해상운송 중 사고가 발생한 경우 해상운송에서 헤이그규칙(Hague Rules)이 적용되는 경우에는 헤이그규칙으로 정해진 책임을 지며, 항공운송에서 바르샤바조약(Warsaw Rules)이 적용되는 경우에는 그 조약에 의한 책임을 부담한다. 또한 이러한 강행법규가 존재하지 않을 경우에는 그 구간의 운송인이 통상 사용하고 있는 계약약관에 의한 책임을 지게 된다. tie-up system은 각 구간에 특정의 기존책임원칙을 조화하고 공존시킨 책임제도이다.

(2) 이종책임체계

이종책임체계(network system of liability)는 손해발생의 운송구간이 명확할 경우 그 운송구간에 강행법규인 조약 또는 국내법이 적용되는 경우는 그 규정에 따라 책임을 진다고 하는 점에서는 tie-up system과 동일하다. 그러나 적용하여야 할 강행법규가 존재하지 않는 경우나 불명손해의 경우 새로운 책임원칙을 적용, 그 책임원칙에 의한 책임을 부담하여 하청운송인이 통상 사용하는 계약약관의 원용을 인정하지 않는 점에서 tie-up system과 차이가 있다.

이종책임제도의 기본이념은 기존 운송법 상의 책임제도와 최대한의 조화를 이룬다는 것이다. 따라서 이종책임체계는 국제운송에 적용되고 있는 현존하는 합리적인 제도로서 전통적인 국제적 무역관행에 따라 갑작스러운 변화를 일으키지 않고 국제복합운송을 촉진하는데 촉매가 될 수 있는 책임체계이다.[15)]

(3) 단일책임체계(동일책임체계)

동일책임체계(uniform system of liability)는 손해발생의 구간 또는 불명손해 등의 여부를 불문하고 전 구간을 통해 단일의 책임원칙에 따라 복합운송인에게 책임을 부담시키는 체계이다.

이종책임체계는 해상운송구간에 헤이그규칙, 항공운송구간에 바르샤바조약이 적용된 경우에는 각각 그들의 국제조약을 적용하여야 하는 것이지만 동일책임체계는 그러한 국제조약 등을 전부 배제하고 단일의 책임원칙을 정한 것으로 이론적으로 가장 철저한 책임체계로 불린다.[16)]

15) 손해구간이 확인된 경우에는 그 구간의 기존 국내법이나 국제조약을 적용하고, 미확인된 경우에는 그 손해가 운송구간이 가장 긴 해상구간에서 발생한 것으로 추정하여 Hague Rule을 적용한다. 1975년의 ICC 복합운송증권통일규칙 및 FIATA CT B/L의 이면약관에서 채택하고 있다.

16) 운송물의 멸실, 훼손, 지연손해가 복합운송의 어느 구간에서 발생하였느냐를 가리지 않고, 복합운송인은 하나의 동일한 기준에 따라서 책임을 분담하여야 한다는 이론이다.

[표 6-3] 조약별 책임한도액 비교

(단위 : 운송물 1kg 당)

조 약 명	운송수단	책임한도액	US $
Hague-Visby 규칙	해상	30 포앙카레프랑	2.00
Hamburg 규칙	해상	2.5 SDR	3.75
CIM 1970	철도	50 제미날프랑	16.00
CMR	도로	25 제미날프랑	8.00
Warsaw 조약	항공	250 포앙카레프랑	16.00
UN 복합운송조약	-	2.75 SDR	4.20
UNCTAD/ICC 규칙	-	2 SDR	3.00

(4) 절충책임체계(수정단일책임체계)[17]

절충책임체계(flexible system) 또는 수정단일책임체계는 이종책임체계와 단일책임체계의 절충안으로 유엔 국제복합운송조약이 채택하고 있다. 동 조약은 원칙적으로 단일책임체계를 택하고 있으며, 예외적으로 손해 발생구간이 판명되고 다른 국제조약 등의 강행성을 가진 법규가 유엔 국제복합운송조약보다 더 높은 책임한도액을 정하고 있는 경우에는 높은 한도액을 적용하고 있다.[18]

1.4 복합운송 관련 법규

1. 복합운송에 관한 국제법규

(1) 유엔 국제복합운송조약

현재 각 국의 운송실태는 서로 상이한 법체계를 통해 발전되어 왔다. 즉, 화물이 이종의 운송수단에 의해 운송되면 각 구간마다 서로 다른 조약의 규율을 받는 운송서류가 발행되었

17) 원칙적으로 손해발생 구간의 확인 여부와 관계없이 동일한 책임규정을 적용하나 예외적으로 손해발생구간이 확인되고 그 구간에 적용될 법규의 책임한도액이 UN조약의 책임한도액보다 높은 경우에는 그 구간법을 적용한다는 이론이다. 1980년 UN국제복합운송조약, 1992년 UNCTAD/ICC 복합운송증권규칙 및 1978년 Hamburg Rules에서 채택하고 있다.

18) 유엔국제복합운송조약 제19조

다. 이는 동일운송에 대해 상이한 법규가 적용되기 때문에 발생되는 문제를 해결하기 위한 발생장소, 시기, 원인을 명확히 규정하는데 어려움을 주고 있다. 따라서 복합운송인은 이 어려움을 타개하기 위하여 복합운송서류 상에 일부의 약관을 삽입하게 되었고, 그 결과 여러 종류의 운송서류가 출현하게 되었다.[19]

이 때문에 복합운송서류의 이해관계자는 상거래에 있어 그 서류의 이면약관을 정확히 알지 않으면 책임관계를 명확히 알지 못하게 된다. 그 결과 거래관계자들이 번거로울 뿐만 아니라 화환신용장에 의한 거래에서 서류를 매입하는 은행은 서류의 담보력에 불안감을 갖게 되어 거래가 위축되는 문제점을 낳기도 하였다.

복합운송은 이를 규율하는 국제적인 강행법규가 없었기 때문에 실제로 사용된 복합운송서류는 그 형식과 내용에 있어 심한 차이를 나타내게 되었다. 그 결과 복합운송에 관련된 여러 문제에 혼란을 야기하여 결국은 복합운송의 발전을 방해하는 요인으로 작용하게 됨에 따라 복합운송에 관련되는 사항을 국제조약에 의해 통일적으로 규율하려는 시도가 이루어지게 되었다.

국제운송질서는 운송수단에 따라 통일적인 것이 아닌 자체의 분단되고 고립된 개별법체계를 통해 유지해 왔다.[20] 따라서 화물을 이종운송구간을 통해 운송하는 경우 각 구간마다 서로 다른 조약 또는 강행국내법의 규율을 받는 운송서류를 발행하게 된다.

국제복합운송에 관한 법규를 마련하고자 하는 작업은 국제해사법위원회의 1913년 코펜하겐회의까지 소급되지만 본격적인 논의는 1948년 국제상업회의소에 의해, 그리고 1956년 국제도로물건운송조약(International Convention of Transport of Goods by Road : CMR)의 서명국에 의해 복합운송에 관한 통일규칙을 마련하고자 하는 움직임이 있었지만 조약채택을 위한 보다 활발한 운동은 1960년대에 들어와 시작되었다.

19) 실제 컨테이너복합운송에서 실무자들이 사용하는 운송서류에서는 through B/L, combined transport B/L(document), multimodal transport B/L(document), FIATA combined transport B/L 등이 선박회사와 운송주선인에 따라 제각기 창안되어 쓰이고 있다. 이들 운송서류들은 그 명칭자체도 일정하지 않을 뿐 아니라 개개의 복합운송인이 기초한 약관에 따라 그 서류를 근거로 책임 내용도 각양각색이다.

20) 해상운송에서는 ① 1924년 선화증권통일조약(Hague Rules : 발효 중), ② 1968년 개정선화증권조약(Visby Rules : 미발효), ③ 1978년 유엔해상화물운송조약(Hamburg Rules : 미발효) 등이 있다. 육상운송에서는 ① 1956년의 철도에 의한 화물운송에 관한 국제조약(Convention International Concernant le Transport des Marchandises par Chemis de for 1970 : CIM, 유럽에서 적용), ② 도로에 의한 화물의 국제운송을 위한 계약에 관한 조약(Convention Relative au Contract de transport International de Marchandies per Route 1956 : CMR, 유럽에서 적용) 등이 있다. 항공운송에서는 1929년의 국제항공운송에 있어서의 일부규칙의 통일에 관한 조약(Warsaw Convention : 발효 중)과 1956년에 개정된 헤이그 의정서(Hague Protocal)가 있다.

이후 다음과 같은 국제조약안이 제정되었다.

- 1949년 국제해법회(Committee Maritime International : CMI)의 복합운송계약에 관한 조약 초안과 1969년 동경규칙
- 1970년 사법통일국제협회(Institute International Pour l`Unification de Droit Prive : UNIDROIT)의 TCM조약안
- 1971년 유럽경제위원회(ECE) 및 정부간 해사자문기구(IMCO)와의 공동작업에 의한 TCM 조약안
- 1980년 UNCTAD의 정부간 준비그룹(Inter-governmental Preparatory Group of a Convention on a International intermodal transport : IPG)에 의한 유엔 국제복합운송조약

위와 같은 단계를 거쳐 1980년 5월 24일 성립된 유엔국제복합운송조약은 1981년 8월 31일까지 서명을 위해 개시되었으며 무역거래량 또는 거래총톤 등의 기준에 관한 여하한 조건 없이 30개국의 비준이 있은 후 12개월이 경과하면 발효하게 되어 있으나(조약 36조) 아직까지 이 기준이 충족되지 못하고 있어 가까운 장래 30개국의 비준을 얻어 효력을 발생시키는 것은 어려운 실정이다.

함부르크규칙과 유엔 국제복합운송조약이 발효되고 있지 않기 때문에 복합운송서류는 헤이그규칙 체제를 근간으로 하고 있으나, 헤이그규칙 체제는 그동안 컨테이너가 출현하여 다양한 항해안전조치가 취해지고 세계일주 서비스가 등장하는 등 복합운송이 성장한 현재의 국제환경에 적합하지 않다.

유엔 국제복합운송조약은 전문, 제1장 총칙, 제2장 증서, 제3장 복합운송인의 책임, 제4장 송화인의 책임, 제5장 청구 및 소송, 제6장 보칙, 제7장 통관문제, 제8장 최종조항 등 8개장 40개조로 구성되어 있고, 그 부속서로서 6개조에 이르는 국제화물복합운송에 관한 통관규정을 두고 있다.

(2) 복합운송서류에 관한 통일규칙

유엔국제무역개발회의(U.N. Conference on Trade & Development : UNCTAD)의 정부간 준비그룹에 의한 복합운송조약의 심의가 지지부진한 상황에서 주목을 받은 것이 국제상공회의소에서 작성한 복합운송서류에 관한 통일규칙이다. 이 규칙은 1972년 11월 국제컨테이너운송회의의 TCM조약안의 백지환원에 의하여 복합운송조약의 조기성립을 기대할 수 없게 되자 1972년 11월 국제상업회의소가 작성하여 공표한 것이다.[21]

21) ICC Brochure No. 273.

그 후 1975년 5월 복합운송에 있어서 지연에 대한 책임에 따르는 실제상의 문제를 고려하여 약간의 개정이 이루어져 오늘에 이르고 있다. 앞으로 이 복합운송 서류에 관한 통일규칙은 유엔 국제복합운송조약의 발효 여부에 따라 큰 영향을 받게 될 전망이다.

복합운송서류에 관한 통일규칙은 ① 일반규정, ② 정의, ③ 유통증권, ④ 비유통증권, ⑤ 복합운송인의 책임, ⑥ 당사자의 권리의무, ⑦ 멸실이나 손상에 관한 책임, ⑧ 지연에 대한 책임, ⑨ 잡칙, ⑩ 제소기간 등 10개 항목의 규칙으로 되어 있다. 이 통일규칙은 기본적으로 국제해법회와 유엔/정부간해사자문기구에 의한 복합운송안, 즉 동경규칙 내지 TCM조약안에 그 근거를 두고 있다.

(3) 화환신용장통일규칙

1933년 전문 제5장 49조로 국제상업회의소에 의해 제정 공표된 화환신용장에 관한 통일규칙 및 관행(Uniform Customs and Practice for Documentary Credits)은 6차례 개정이 이루어졌다.

제1차 개정은 신용장통일규칙의 제정을 위한 주도적 역할을 담당해 온 미국이 이 규칙의 채택을 주저하므로 미국의 무역거래관행을 대폭적으로 반영하기 위해 1951년에 실시하였다. 그 결과 이번에는 오히려 미국관행이 크게 영향을 미치게 되어 영국을 위시한 스털링지역의 국가들과의 불화가 노골화되었고, 이에 1962년 그 조정작업으로 제2차 개정이 단행되었다.

제2차 개정 후 동서무역이 활발해짐에 따라 동구권의 무역거래관행과 타협을 기하고 전통적인 해상운송방식에서 육・해・공을 일관하는 복합운송방식의 도입으로 발생하는 무역관습상의 변화에 상응하기 위하여 1974년에 제3차 개정이 있었다.

또한 제3차 개정 후 바뀌게 된 여러 가지 국제무역관련 규정 및 규칙[22]과 각국에서 질의한 문제점이 예상 밖으로 많아서 1983년에 제4차 개정을 하게 되었다. 이 개정에서는 「ICC Pubilcation No. 290」의 제19조~23조에 규정되어 있는 선적서류에 관련된 내용에 관한 내용의 적용이 가장 두드러지게 부각되었다.

제4차 개정 이후 통일규칙의 적용과 해석에 관한 거래당사자 의견 불일치의 상존 및 Incoterms, 1990의 개정으로 1993년에 제5차 개정을 하게 되었다. 화환 신용장에 관한 통일규칙 및 관례가 2007년 7월 1일부터 새롭게 시행되었다. UCP 600은 제2조와 제3조를 추가

22) 1974년 : York-Antwerp Rules for General Average, 1978년 : UN Convention on the Carriage of Goods by Sea(Hamburg Rules), 1978년 : Uniform Rules for Collections, 1980년 : Incoterms, 1980 및 UN Convention on International Multimodal Transport of Goods, 1981년 : New Institute Cargo Clauses A.B.C. 등을 들 수 있다.

하는 한편, 기존의 49개 조항을 39개 조항으로 통합하였다. UCP 600에 눈에 띄는 내용상 변화는 서류심사기간이 제7은행영업일 내 상당기간에서 최장 5은행영업일로 단축되었다. 또한 연지급 신용장의 할인을 허용하고, 불명확한 용어를 제거하였다는 점이다.

(4) 무역조건의 해석에 관한 국제규칙(Incoterms)

무역거래 당사자들 간에 법률, 제도 및 관습이 다르기 때문에 발생하는 무역거래 상의 분쟁을 방지하고 국제무역의 확대를 도모할 목적으로 국제무역조건과 관습을 통일시키기 위하여 국제상업회의소가 국제법협회(International Law Association)의 협조를 얻어 1936년에 무역조건의 해석에 관한 국제규칙(International Rules for the Interpretation of Trade Terms 또는 International Commercial Terms : Incoterms)을 제정[23)]한 이후 1953년, 1977년, 1980년, 1990년 개정한 이래 2000년, 2010년 개정을 거쳐 현재 Incoterms 2020으로 개정하여 전 세계에 이 규칙에 의거하여 사용 중이다.[24)]

개정내용 중에서 복합운송과 밀접한 관련이 있는 개정안은 Incoterms, 1980이다. 그 배경에는 1970년대에 들어와서 국제운송면에서 컨테이너라는 혁신적 운송요구의 사용이 크게 증가하여 세계의 정기선해운은 보다 신속, 안전, 편리하게 되었다. 운송의 궁극적 목표인 문전에서 문전까지의 육·해·공 일관운송체제, 즉 선박, 자동차, 철도, 항공기 등 각각 서로 다른 여러 운송수단 간의 횡적 결합에 의한 일관운송체계인 복합운송이 이루어지게 되었다.

복합운송이라는 새로운 운송개념의 등장은 전통적인 국제상거래의 절차를 변모시키게 되었고 기존 해상운송 중심의 상관습만으로는 해결할 수 없는 많은 법률문제를 야기시키게 되었다. 그러므로 상관습과 국제운송에 관한 국제적인 규칙과 조약 등은 이를 수용할 수 있도록 수정하거나 새로운 조항이 신설되었다. Incoterms도 이러한 흐름을 반영하지 않을 수 없어, 복합운송에 적용될 수 있도록 Free Carrier...(named point) 조건과 Freight/Carriage and Insurance paid to 조건을 신설하는 한편, 종래 내륙운송에만 사용되던 Freight/Carriage paid to 조건을 복합운송에도 적용할 수 있도록 수정하였다.

그리하여 Incoterms 1953 이후에 1967 및 1976년의 추가조건과 1980년의 신조건을 포함하

23) Incoterms의 제정에 관해서는 이론이 있다. 즉, 石田貞夫와 국내학자의 대부분은 「Incoterms, 1936」을 제정으로 보고 있으며 Clive M. Schmittoff와 上板酉三은 「Incoterms, 1953」을 제정으로 보고 있으나 국제상공회의소는 전자의 입장을 취하고 있다.

24) 1967년 「Montreal Rules, 1967」에 의해 DAF와 DDP가 Incoterms에 추가되고 다시 1976년에 FOA가 추가되었으나 이로써 Incoterms의 개정을 단행하지 않고 다만 "Supplement"에 수록함에 그쳤으며, 1977년 4월에 이 추가약관을 정식으로 「Incoterms, 1977」에 수용하였다.

여 새로 편성한 Incoterms 1980을 공표하게 되었다.

Incoterms 1980이 간행된 후 1980년대에 전자문서교환방식(electronic data interchange : EDI)의 사용이 증대하였고, 새로운 국제복합운송기술이 발달하였으며, 거래조건별 세부조건이 명확하고, 철도운송조건의 내용상 오해로 인한 분쟁 증대 등으로 Incoterms 1990을 제정하게 되었다. 본 개정에서 복합운송과 연관된 부분은 크게 2가지 면으로 이해할 수 있다.

첫째, Incoterms 1980에서의 정형무역약관은 해상운송전용약관, 철도운송전용약관, 항공운송전용약관 및 복합운송을 포함하여 어떠한 운송수단에도 적용될 수 있는 운송형태불문약관 등의 4가지 유형으로 다기화되어 있었으나 Incoterms 1990에서는 해상 및 내수로운송전용약관과 운송형태불문약관의 2가지 유형만으로 통합·조정하여 이원화함으로써 단순화를 기한 것이다. 이것은 운송형태의 다양한 발달에 부응하여 가급적 단일운송형태전용의 정형무역약관을 축소하고 어떠한 운송형태에도 복합적으로 적용할 수 있는 정형무역약관을 확대하였으며, 동시에 해상운송전용약관을 내수로운송에도 원용할 수 있도록 활용의 범위를 확대하였음을 의미한다.

둘째, 선적서류의 적격성 인정범위를 확대하였다. 즉, 수리선화증권 및 비유통성운송서류의 수리 적격성을 명문화하여 제공한 서류로 인정한 것이다.

Incoterms 2010은 '어떠한 단일 또는 복수로 운송방식에 사용가능한 규칙'(복합운송규칙)과 '해상운송과 내수로운송에 사용가능한 규칙'(선박운송규칙)으로 구분하고, 복합운송규칙을 전면에 배치하여, FCA, CPT, CIP 등의 사용을 유도하고 있다. 특히, 컨테이너화물은 복합운송규칙의 습관적 사용을 수정하려 한 것이다.

Incoterms 2020은 이전 규칙과 비교하여 기존 FCA규칙에서 인도는 물품의 본선적재 전에 완료되므로 매도인이 운송인으로부터 B/L을 취득할 수 있을지는 확실하지 않았으나, 현재 매수인이 선적 후에 B/L을 매도인에게 발행하도록 그의 운송인에게 지시할 것을 합의할 수 있고, 매도인은 은행들을 통하여 매수인에게 B/L을 제공할 수 있도록 개정하였다. 또한, 매수인이 물품을 수취하기 위해서 자신의 영업구내까지 운송하기 위하여 자신의 차량을 사용하는 것도 가능하도록 하였다.

이번 개정의 가장 큰 변화는 DAT규칙의 명칭이 DPU로 변경하여 이는 '터미널'뿐만 아니라 어떤 장소든지 목적지가 될 수 있다는 현실을 강조하기 위한 의미를 두고있다. 따라서 DAT – DAP – DDP 조건 순서에서 DAP – DPU – DDP 조건의 순서로 변경되었는데, 이는 DAP 조건에서 '수출자의 양하 의무'만 추가한 것이 DPU 조건이다.

2. 복합운송에 관련된 국내법규와 등록

우리나라 복합운송은 각 업무별로 서로 다른 법과 기관에 의하여 규제되고 있다. 복합운송 또는 복합운송주선업에 대해 종합적으로 관리하는 법률이 제정되어 있지 않지만 복합운송주선인으로 활동할 수 있는 분야는 많다. 즉, 복합운송주선업, 화물자동차운송주선업 등 운송주선과 관련된 사업자가 모두 복합운송인이 될 수 있으며, 현재 각 사업별로 화물자동차운수사업법, 물류정책기본법, 항만운송사업법 등에서 따로 정하고 있다.

한편, 복합운송관련 사업인 보관업은 물류정책기본법에서, 하역업은 항만운송사업법에서, 통관업 및 보세운송은 관세사법과 관세법에서 규정하고 있다.

복합운송주선업을 영위하고자 하는 자가 복합운송과 관련된 운송, 보관, 하역, 통관 등 업무를 취급하기 위해서는 각각의 법률에서 규정하고 있는 허가, 면허, 등록을 취득하여야 한다.

[표 6-4] 복합운송관계법규와 관할기관

<table>
<tr><th>구 분</th><th colspan="2">업 종</th><th>근거 법률</th><th>규제정도</th><th>관할기관</th></tr>
<tr><td rowspan="3">운송</td><td rowspan="3">운송주선업</td><td>화물자동차
운송주선업</td><td>화물자동차운수사업법 제3조</td><td>허가</td><td>국토교통부</td></tr>
<tr><td>철도운송업</td><td>한국철도공사법 제2조</td><td>면허</td><td>국토교통부</td></tr>
<tr><td>국제물류주선업</td><td rowspan="2">물류정책기본법 제8조</td><td rowspan="2">등록</td><td rowspan="2">국토교통부</td></tr>
<tr><td>보관</td><td colspan="2">보관업</td></tr>
<tr><td>하역</td><td colspan="2">하역업</td><td>항만운송사업법 제4조</td><td>면허</td><td>해양수산부</td></tr>
<tr><td>통관</td><td colspan="2">통관업</td><td>관세법 제158조의 2</td><td>면허</td><td>관세청/세관</td></tr>
</table>

복합운송주선업은 「(구)화물유통촉진법」을 개정한 「물류정책기본법」에 의해 새로 국제물류주선업으로 규정되었다. 물류정책기본법에 따라 일정수준 이상의 자본금과 보증보험가입을 요건으로 하고 있다. 자본금의 경우 법인은 3억원 이상, 개인은 자산평가액이 6억원 이상이어야 하며, 1억원 이상의 인·허가 보증보험에 가입하여야 한다. 등록기관도 각 시·도지사로 변경되었다.

[표 6-5] 국제물류주선업 등록 기준

기 준	내 용
자본금 또는 자산평가액	법인인 경우 3억원 이상의 자본금 (법인이 아닌 경우에는 자산평가액이 6억원 이상)
보증보험 가입	1억원 이상의 보증보험에 가입할 것(다만, 각 호에 해당하는 경우에는 그러하지 아니함) ① 자본금 또는 자산평가액이 10억원 이상인 경우 ② 컨테이너 장치장을 소유하고 있는 경우 ③ 「은행법」 제2조에 따른 은행으로부터 1억원 이상의 지급보증을 받은 경우 ④ 1억원 이상의 화물배상책임보험에 가입한 경우
결격사유 (물류정책기본법 제44조)	1. 금치산자 및 한정치산자 2. 이 법, 「화물자동차 운수사업법」, 「항공법」 또는 「해운법」을 위반하여 금고 이상의 실형을 선고받고 그 집행이 종료(집행이 종료된 것으로 보는 경우를 포함한다)되거나 집행이 면제된 날부터 2년이 지나지 아니한 자 3. 이 법, 「화물자동차 운수사업법」, 「항공법」 또는 「해운법」을 위반하여 금고 이상의 형의 집행유예를 선고받고 그 유예기간 중에 있는 자 4. 이 법, 「화물자동차 운수사업법」, 「항공법」 또는 「해운법」을 위반하여 벌금형을 선고받고 2년이 지나지 아니한 자 5. 국제물류주선업의 등록 취소처분을 받은 후 2년이 지나지 아니한 자 6. 법인으로서 대표자가 제1호부터 제5호까지의 어느 하나에 해당하는 경우 7. 법인으로서 대표자가 아닌 임원 중에 제2호부터 제5호까지의 어느 하나에 해당하는 사람이 있는 경우

제2절 주요 복합운송경로

2.1 복합운송경로 개황

1. 해 · 륙 복합운송의 현황

(1) 랜드브리지시스템(land bridge system)

종전에 항로를 중심으로 한 해상운송 경로에 중간구간인 일부 대륙횡단경로를 매개운송구간으로 추가하여 일관운송업자의 책임 하에 화물의 환적 없이 선적된 화물 그대로 일관운송함으로써 최종 목적지까지 책임 하에 선박, 트럭 혹은 철도, 항공편 등 2개 이상의 상이한 운송수단에 의해서 운송되는 서비스를 말한다.

랜드브리지의 전형적인 경로는 극동에서 유럽지역까지 운송 시 파나마와 수에즈운하를 경유하지 않고 ① 극동 – 북미태평양연안 – (철도) – 북미 대서양연안–유럽을 연결하는 아메리칸랜드브리지, ② 극동 – 나호드카(러시아) – (철도) – 유럽 각국을 연결하는 시베리아랜드브리지 등이 있다. 보다 자세한 내용은 하기에서 기술토록 하겠다.

2. 해 · 공 복합운송의 현황

(1) 해 · 공 복합운송(Sea&Air)

해공복합운송방식은 해상운송이 가지는 저렴성과 항공운송이 갖는 신속성이라는 양자의 최대장점을 효과적으로 결합한 운송방식이다. 해공복합운송의 이점은 운임과 운송일수가 해상운송과 항공운송에서의 이점의 중간적 입장에 있으므로 항공운송에서의 고운임률과 해상운송에서의 운송기간의 장기성을 극복할 수 있는, 즉 항공운송보다는 싸고, 해상운송보다는 빠르게 운송되는 복합운송방식이라는 관점에서 경제적인 운송방식이라 할 수 있다. 이러한 해공 복합운송방식은 1962년 미국의 Flying Tiger사에 의해 개발되었으며 또한 1978년 concord사와 Japan Sea Air Service(JSAS) 등 2개 회사가 해공복합운송의 전문복합운송인으로서 업무를 개시한 이후 현재는 프레이트포워더에 의해 이 서비스가 활발히 제공되고 있다.

(2) 국내 해공복합운송 현황

2007년 기준으로 국내 주요항만별로 해공 복합운송 물동량추이를 살펴보면 인천항의 비중은 95.3% 44,682톤, 평택항의 비중은 3.9% 1,803톤으로 2개 항만의 비중이 전체의 99%, 46,485톤 이상을 차지하고 있다. 특히 부산항의 경우에는 2002년 14.4%의 비중을 보이던 것이 2007년 0.86%로 급격히 감소하였다. 이는 신속성을 중시하는 해공복합운송화물의 특성상 인천항과 평택항이 비교우위에 있기 때문이다. 구체적으로 김해 국제공항이 가지는 항공노선 운임 등의 한계점으로 인해 인천국제공항을 이용하면서 생기는 추가적인 비용과 시간이 가장 큰 장애요인이다. 또한 인천항과 평택항은 2004년부터 해공복합운송화물 환적 절차감소화의 혜택을 누리고 있으나 부산항은 이러한 혜택을 받지 못하기 때문이다.

[표 6-6] 우리나라 주요항만별 해 · 공복합운송 물동량 변화추이(항만중심)

(단위: 톤)

구분	2002	2003	2004	2005	2006	2007
부산항	6,728	5,145	2,136	852	541	411
인천항	13,109	21,867	31,004	39,857	42,260	44,632
평택항	5,073	5,481	6,254	4,146	2,781	1,803
기타항	1,187	943	389	91	98	2
합계	26,097	33,436	39,783	44,946	45,680	46,848

자료 : 관세청 및 한국관세무역연구원, 수출입물류통계연보(2008)를 기준으로 재작성

2.2 극동 · 구주간 복합운송경로

국제복합운송의 대부분은 랜드 브리지 시스템(land bridge system)에 의해 이루어지고 있다. 랜드 브리지 시스템이란 종전에 항로를 중심으로 한 해상운송경로에 중간구간인 일부 대륙횡단경로를 매개운송구간으로 추가하여 일관운송업자의 책임하에 화물의 환적없이 선적된 화물을 그대로 일관운송함으로써 최종 목적지까지 선박, 트럭 혹은 철도, 항공편 등 2개 이상의 상이한 운송수단에 의해서 운송되는 서비스를 말한다.[25)]

25) 랜드 브리지의 전제조건은 운송시설의 확충과 정비, 협동운송방법의 연구개발, 운송시설의 공동이용 및 운임체계의 정비 등이다.

기존의 정기선이 독점하던 해상루트에 대항하여 탄생하게 된 수송방식인 랜드 브리지 운송방식은 운송수단의 단축-재고량의 감소, 운송비의 절감-전 해상운송과의 경쟁에 의한 운송비 절감, 투자자본 효율의 상승-현존하는 시설의 전적인 이용가능 등을 통하여 거리, 시간, 비용을 절약하는 시스템으로 다음과 같은 2가지 형태가 있다.

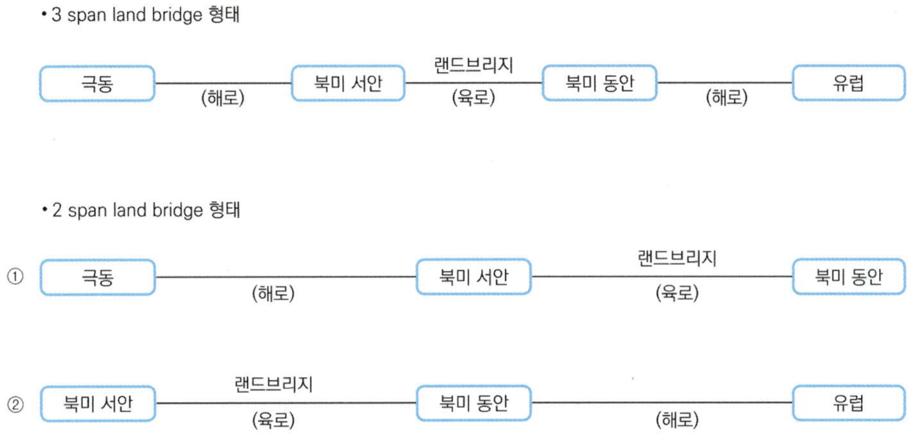

[그림 6-3] 랜드 브리지의 2가지 형태

랜드 브리지를 이용하는 경우 이점으로는 운송시간의 단축(재고량의 감소), 운송비의 절감, 투하자본효율의 상승(현존하는 시설의 전적인 이용가능)이 있다.

1. 시베리아대륙횡단철도운송

(1) 시베리아대륙횡단철도운송의 의의

시베리아대륙횡단철도(Trans Siberian Railroad : TSR 또는 Siberian Land Bridge : SLB) 운송은 시베리아철도를 이용하여 극동지역의 한국, 일본, 동남아, 호주 등과 유럽대륙과 스칸디나비아반도 및 중동간을 해·육 또는 해·육·해의 형태로 연결하는 복합운송시스템이다. 즉, 극동에서 유럽 및 중동행 화물을 집화하여 러시아의 나홋카(Nakhodka)항과 보스토치니(Vostochny)항으로 해상운송을 한 다음, 러시아의 전소련통과화물공단(全蘇聯通過貨物公團 SOTRA :

V/O SOJUZTRANSIT),[26] 유라시아 트랜스(Eurasia Trans)[27]사와 한국, 일본, 유럽의 무선박운송인들이 제휴하여 철도로 시베리아를 횡단, 중동근접지역이나 동구제국의 국경지역까지 운송하고, 여기에서 다시 동·서구, 스칸디나비아 반도, 지중해, 이란, 아프가니스탄 등지로 철도, 컨테이너선, 트럭 등으로 연결되는 국제복합운송이다.

[그림 6-4] 시베리아대륙횡단철도운송의 노선

시베리아대륙횡단철도운송은 19세기 말 시베리아철도가 부설된 초창기에는 여객운송만 담당하였으나 1930년대 초부터 화물운송이 시작되었다. 시베리아대륙횡단철도를 이용한 본격적인 컨테이너운송은 1971년 3월 구주운임동맹(FEFC)이 컨테이너선을 취항시키고 화물운송주선인을 설정하여 운영하면서 시작되었다.

시베리아대륙횡단철도를 관장하는 소련의 최고정보기구는 대외무역부(Ministry of Foreign Trade)이며 실질적인 시베리아대륙횡단철도의 운영은 전소련대외운송공단(全蘇聯對外運送工團)에 의해 독점되고 있다.

우리나라는 그 동안 외국의 운송주선업자와 계약을 통하여 간접적으로 참여해 왔었으나 최근 전소련통과화물공단, 유라시아 트랜스 등과 직접계약을 통하여 실질적으로 시베리아

26) 전소련통과화물공단은 대외경제관계성(Ministry of Foreign Economic Relations)의 하부조직으로 1980년 2월 1일 시베리안 랜드 브리지 시스템을 관장하고 있다. 전소련통과화물공단의 업무는 ① 해운·하천운수·철도·자동차 및 항공의 각 운송수단을 복합화하여 소연방이나 제3국 영토경유로 외국 통과화물의 유치와 조직화, ② 시베리아 대륙 횡단 철도운송에 대해 가장 합리적으로 진보적인 수단과 방법을 선택함으로써 통과화물운송에 관한 운용으로 외화획득과 효율화를 목적으로 하고 있다.
27) 러시아 철도부 산하의 32개 지역 철도들의 연합체인 구소련철도청협회(The Association of Soviet Railway : ASR)와 일본의 무선박운송업체인 주로(Jeuro)사와의 합작회사이다.

랜드 브리지를 이용하고 있다.

(2) 시베리아대륙횡단철도의 운송방식

시베리아대륙횡단철도의 운송방식은 부산, 일본 등의 각 항으로부터 러시아의 나홋카・보스토치니항까지 선박운송하고, 러시아영토 내는 철도운송을 이용하여 각각 유럽・중동의 국경까지 화물을 운송한다. 그 이후 각 운송수단의 결합에 따라 Trans-rail, Trans-sea, Tracons, Sea & Air 등 크게 4가지 경로로 나누어진다.

① Trans-rail

러시아 또는 유럽 및 중동의 Brest, Chop 등 국경역으로부터 각각의 목적까지 철도(궤도간격 152.4cm)로 연결한 것으로 전 운송량의 80~90%가 Trans-rail 경로로 운송되고 있다. 이 경우 유럽 내에서는 각 국의 국철(궤도가격 143.8cm)가맹의 intercontainer에 의해 운송이 이루어지며, 철도인입선을 이용하여 창고까지 운송되는 경우도 있다.

② Trans-see

러시아 서측항인 레닌그라드(Leningrad), 타린(Tallinn), 리가(Riga) 그리고 남측항이 즈다노브(Zhdanov), 일리체브스크(Iljichevsk)와 하천이용의 아프가니스탄 국경 터메즈(Termez)로부터 각각 구 소련해운성(MORFLOT) 산하의 국영해운회사의 해로(하천)선박을 이용하여 목적지의 근교 항이나 도시로 운송되는 형태이다.

③ Tracons

러시아 또는 폴란드국경의 브레스트(Brest)의 동쪽에 위치한 비소코리토브스크(Vysoko-Litovsk)까지 철도로 운송된 화물을 스위스, 프랑스 이북 등의 서비스지역까지 트럭으로 운송되는 형태이다.

④ Sea & Air

가장 빠르고 안전한 운송경로로 우리나라 일본 등으로부터 화물을 보스토치니/나홋카항까지 해상운송 후 블라디보스토크까지 육상운송하고 소련의 Aerofloat 항공기에 의하여 모스크바, 기타 유럽제국까지 항공운송하는 방식이다. 엄밀히 말하면 TSR운송이라기보다는 해・공복합운송방식이다.

⑤ 기타

이외의 운송경로로는 컨테이너에 적합하지 않은 중량물 또는 부적합한 산업용 차량, 플랜트류는 별도로 보스토치니 북쪽에 위치한 BAM 철도[28]와 연결된 바니노항에서 양

28) 페레스트로이카란 구 소련에서 사회주의 체제의 골격을 유지한 채로 정치, 경제, 사회, 문화 등 모든 분야에 걸쳐 혁명적인 개편을 단행함으로써 사회・경제발전을 촉진시키고자 하는 거국적인 대내개혁운동의 의미로 사용되고 있다.

륙되어 여기서 철도를 통하여 각 목적지로 연결되는 형태이다.

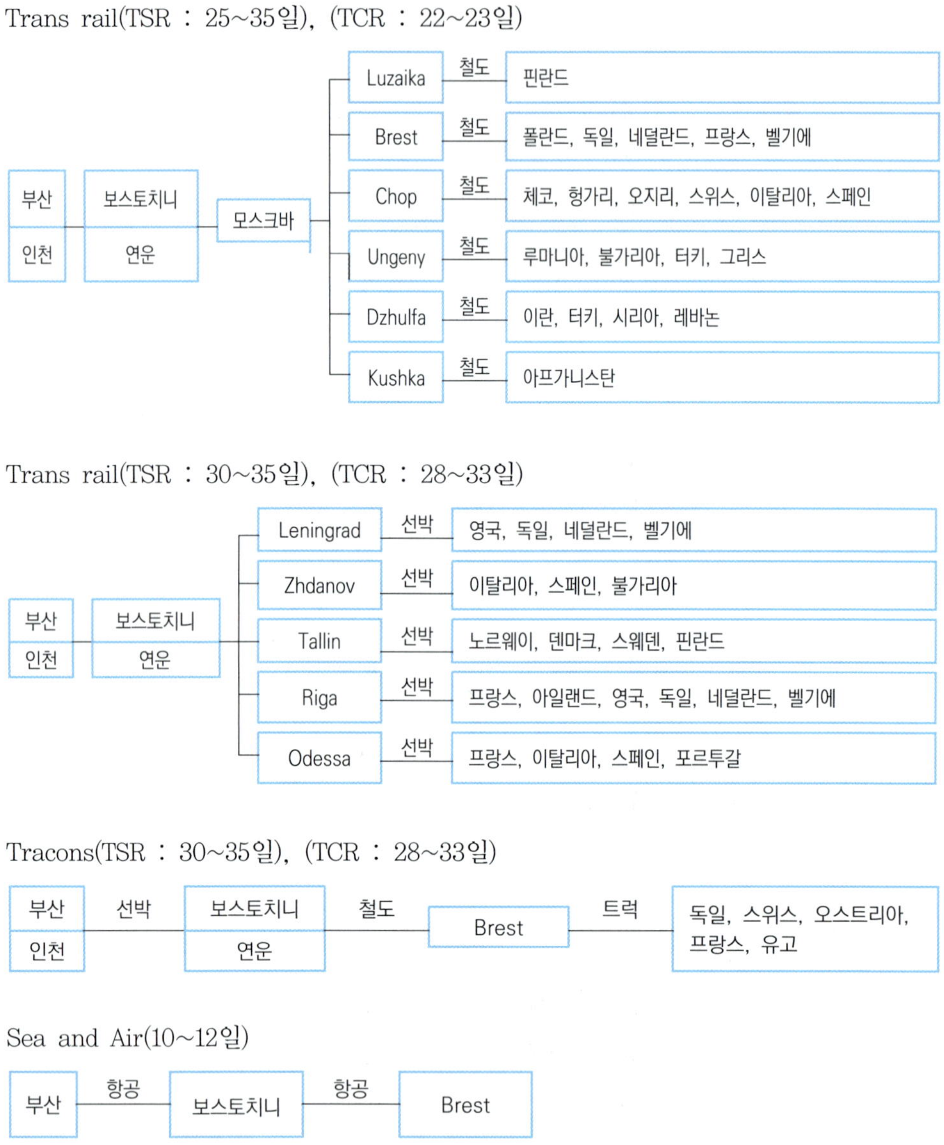

[그림 6-5] 시베리아대륙횡단철도의 운송수단

(3) 시베리아대륙횡단철도의 운송현황

페레스트로이카[29]의 영향으로 시베리아대륙횡단철도의 조직은 큰 변화가 생겼다. 1967년 이래 유럽 또는 극동 간의 컨테이너가 시베리아 철도를 통해 운송거리 상의 절대적 우위를 가지고 운송을 개시한 후, 유럽행 전 화물의 50% 정도까지 운송점유율을 예견하였으나 기대와는 달리 1976년의 120,000TEU를 최고로 기록한 다음부터 물동량은 점차 줄어들고 있다.

이는 전소련통과화물단(SOTRA)의 독점적 관리와 비효율적 운영에서 그 원인을 찾을 수 있다. 따라서 이를 개선하기 위해 32개 지역철도들의 연합체인 ASR(The Association of Soviet Railway)이 일본의 무선박운송업체인 Jeuro와 합작으로 유라시아 트랜스를 설립하여 시베리아대륙횡단철도운영에 참여하고 SOTRA와 경쟁체제를 갖추게 되었다.

유라시아 트랜스는 시베리아대륙횡단철도에서의 집화, 화물추적, 화물정보제공 등의 업무를 제공하며, 유럽행 운송시간은 25~40일에서 19일 정도로 단축시켰으며 그 조직도 ASR과 미국 운송그룹 CSX산하의 세계적인 Sea-land사와 1990년 5월에 협약을 체결하여 다양한 선진경영기술과 마케팅기술을 도입하여 새로운 국면을 맞게 되었다.

[표 6-7] 운송경로별 거리(요코하마-로테르담 기준)

구 분	운송 경로	거리(km)
1	TCR 이용 시	약 11,000
2	TSR 이용 시	약 13,000
3	북미대륙 경유 시	약 20,200
4	해상경로(수에즈 경유 시)	약 20,800
5	해상경로(파나마 경유 시)	약 23,000
6	해상경로(케이프타운 경유 시)	약 27,000

시베리아대륙횡단철도운송은 1967년에 처음 컨테이너를 운송하여 빠른 성장을 보였으며 1980년대에는 영국해운회의소(General Chamber of British Shipping)에서 시베리아대륙횡단철도를 통해 유럽으로 유입되는 컨테이너물량에 대한 쿼터 시스템을 제안하는 등 해상경로를 위협하는 운송경로로 부상하였다. 이는 운송거리의 단축과 이에 따른 저운송비에 커다란 이익이 있기 때문으로 분석된다.

---

29) 이 물동량에서는 이란, 중국, 아프가니스탄의 통계치는 제외되었다.

시베리아대륙횡단철도운송은 1972~1990년 동안 연평균 7.4%의 성장을 보였으나 당초 기대했던 만큼의 물동량의 확보에는 미치지 못했으며, 1976년을 정점으로 차이는 있으나 감소추세를 나타내고 있는 실정이다. 이는 시베리아대륙횡단철도의 물리적인 운송시설이나 배후설비의 낙후에서 그 원인을 찾기보다 운영시스템과 기술의 부족, 그리고 마케팅 활동, 화물정보체제 및 적기운송 등의 경영 및 관리상의 문제점에서 찾을 수 있다.

이러한 문제점들을 개선하기 위해서 시장경제원리와 경영의 자율화 등 자본주의적 경영기술이 도입되었으며 시베리아대륙횡단철도에도 종래의 독점적·관료적 경영에서 경쟁과 자율이 강조되고 대화주 서비스질을 높이기 위한 노력이 지속되고 있다.

(4) 시베리아대륙횡단철도의 장단점

가. 시베리아횡단철도의 장점

① 운송거리와 기간의 단축

부산과 로테르담 간에 컨테이너화물운송의 경우 해상운송경로에 비해 7,500km 정도로 단축되므로 대륙횡단철도운송이 해상운송경로에 비해 상당한 장점이 있으며, 화물운송기간에 있어서도 운송기일이 5~15일 정도 단축되는 효과가 있다.

② 저렴한 운송비

해운산업연구원의 자료에 의하면 1991년 기준 부산에서 로테르담까지 화물 TEU당 운임은 해상운송운임과 비교 시 200달러 정도가 저렴하다. 그러나 최근 들어 TCR과 해상운임에 비해 상대적으로 점차 떨어지고 있다.

③ 문전서비스를 통한 서비스의 극대화

TSR은 복합운송의 일종으로 컨테이너에 의한 문전서비스(door to door)를 제공함으로써 생산자로부터 소비자까지 직접 연결시켜주는 역할을 한다.

④ 동구권화물의 직접인도 가능

유럽내 동구권 국가(헝가리, 체코, 폴란드, 유고, 루마니아)의 경우 철도운송이 가능하므로 해상운송보다 기간단축이 가능하다. 목적지가 항구에서 멀리 떨어져 있을수록 TSR은 경쟁력을 갖는다.

⑤ 해운동맹에 의한 의존도 탈피

TSR경로는 우리나라 화주에게 있어 구주항로와 구주동맹에 대한 대체 경로이다. TSR을 이용함으로써 화주는 구주동맹의 독단적인 운임인상과 횡포로부터 벗어남은 물론 선택기회가 늘어나므로 운임에 있어 주도권을 가지게 된다.

나. 시베리아횡단철도의 단점

TSR운송경로는 1980년대 중반 이후 TSR운영조직의 개편, 선진경영기술의 도입, BAM철도의 개통 등으로 극동과 유럽 간 주요 화물운송경로로 부각되고 있으나 아직 서비스 상 문제점을 내포하고 있다.

① 컨테이너의 부족

극동지역의 대유럽 컨테이너수출이 70%인 반면 수입이 30%에 머물러 컨테이너화물의 불균형으로 빈 컨테이너가 원활하게 공급되지 않아 운송상 문제점으로 지적되고 있다.

② 서비스의 미흡

운영조직인 전소련통과화물공단과 직접 대리점계약을 맺지 못했을 경우 수출컨테이너화물운송 대리점은 해상운송에 비해 화물운송의 신뢰성, 신속성, 정확성, 추적능력 등에서 만족스런 서비스를 제공하지 못하고 있다.

③ 철도의 노후화와 규격의 상이

러시아의 철도는 광궤로 유럽의 철도와 궤도가 달라 러시아-유럽국경에서 환적 시 어려움과 화물운송의 지연의 원인이 되고 있다. 또한 철도시설의 노후와 운영관리의 정직성, 공산주의 국가의 관료주의에 따른 비효율성 등으로 화물인도기일을 지키지 못하는 경우가 발생하고 있다.

④ 화물추적시스템의 마비

나홋카-보스토치니 간 철도역에서 유럽의 국경역까지 화물추적체제의 미비로 적시에 화주나 수화주에 정확한 정보를 제공하지 못하고 있다. 이에 반해 해운선사는 경제적인 선박운항기술의 발달과 해상운송서비스의 개선, 비동맹선사와 동맹선사 간의 구주항로 간의 치열한 경쟁으로 해상운송경로에 비해 운임 경쟁력이 있던 TSR이 상대적으로 경쟁력이 상실되고 있다.

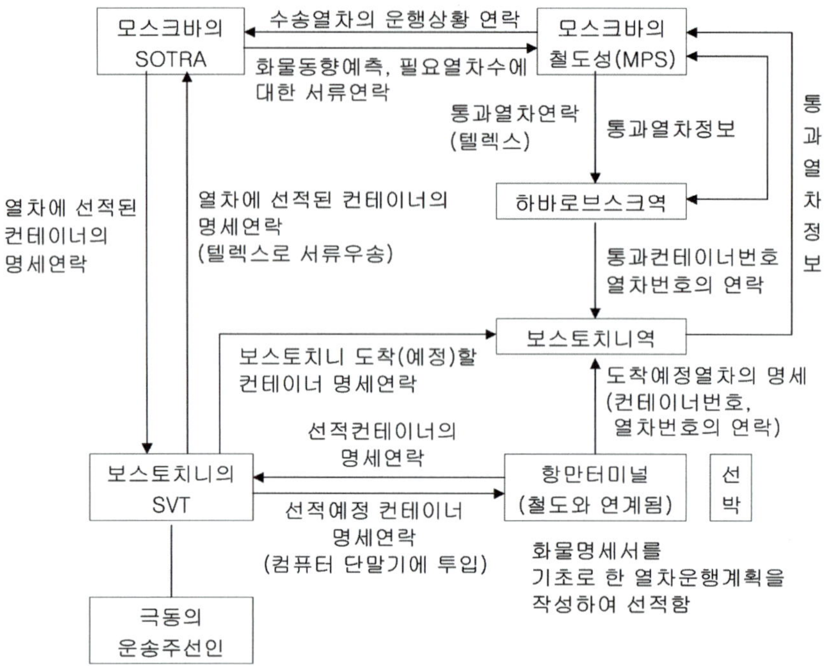

[그림 6-6] TSR운송서비스의 화물추적서비스

2. 중국대륙횡단철도운송

(1) 중국대륙횡단철도운송의 의의

중국대륙횡단철도(Trans China Railroad : TCR)는 한국, 일본, 대만, 홍콩, 동남아제국 등 극동지역을 기점으로 하여 화물을 일차 선박을 이용, 강소성 연운항까지 해상으로 운송한 후, 중국대륙을 동서로 관통하는 내륙운송의 동단기점에서 철도로 러시아철도의 접점까지 운송하고 여기서 러시아철도로 전환하여 구주지역, 즉 폴란드, 독일 등을 거쳐 네덜란드 로테르담항까지 연계운송하는 복합운송경로이다. 이 계획은 1982년 2월 북경에서 과거 중・소철도 화물운송협정이 조인되면서 성립되었으며 이로 인해 중국 또는 구주를 잇는 철도화물의 러시아 소련영토 통과가 가능하게 되었다.

유라시아대륙(Eurasia Continental)의 중국횡단철도망 연장계획은 강소성 연운항에서 감숙성의 난주, 난주에서 신강위그르 자치구의 우루무치(Urnmchi)까지 연결되어 있는 기존철도망[30]을 보완하면서 중·러시아국경까지는 철도를 새로 부설하여 기존의 러시아철도(Tu-rkman-Siberia)와 연결하는 것이다. 중국대륙횡단철도의 총 길이는 10,700km[31]이고 이중 중국내륙의 운송거리는 4,111km이며 강소, 협서, 감숙, 하남, 신강성의 5개성을 통과하게 된다.

중국은 특히 사천, 산서, 청해, 산동, 내몽고, 영하 등을 합해 내륙지구 11개 성 및 자치구를 TCR과 연계한 경제발전을 바라고 있다. 중국대륙횡단철도의 기본경로는 중국의 연운항 – 서천 – 정주 – 낙양 – 서안 – 보계 – 난주 – 가욕관 – 합밀–조노목제 – 석하자 – 조소(WuSu) – 아납산구 – 모스크바 – Brest – 로테르담이다. 우루무치 – 아랍산구의 강철로 중에서 우루무치 – 조소까지의 구간 236km는 1987년 9월에 개통되었으며, 1988년 5월에 시공에 들어간 조소 – 아납산구간 224km의 북강철도가 1990년 9월 12일에 개통되었다.

(2) 중국대륙횡단철도운송의 운행경로

중국대륙횡단철도의 운행경로는 대체로 다음과 같이 5개 경로로 나누어진다.

① 연운항 – 모스크바 – 로테르담 경로

연운항 – 우루무치 – 아랍산구(AlatasPass) – Druzhba – Aktogai – (Sajak) – Petrop-awowsk – 모스크바 – 바르샤바 – 베를린 – 로테르담의 경로는 기존의 시베리아대륙횡단철도보다 약 1,000km 정도 거리를 단축한다.

② 연운항 – Kuibyschew – Smolensk – 로테르담 경로[32]

③ 연운항 – Aktogai – Turow – Brest – 로테르담 경로

④ 연운항 – AlmaAta – Tehran

이 경로를 이용하기 위해서는 러시아의 Kachka부근의 이란의 Mashhad까지의 철로가 연결되어야 한다.

⑤ 연운항 – AlmaAta – Termez – Afganistan

---

30) 연운항에서 감숙성의 난주까지를 롱해선이라고 부르며 총길이는 1,759km이고 1592년 전선이 개통되었다. 또한 난주-우룸치선을 난신선이라 하며 길이는 1,892km, 1963년에 개통되었다.

31) 連云港經濟技術開發區 公共送系部提供資料

32) 이 경로도 시베리아 대륙 횡단철도보다 1,000km 정도 짧다.

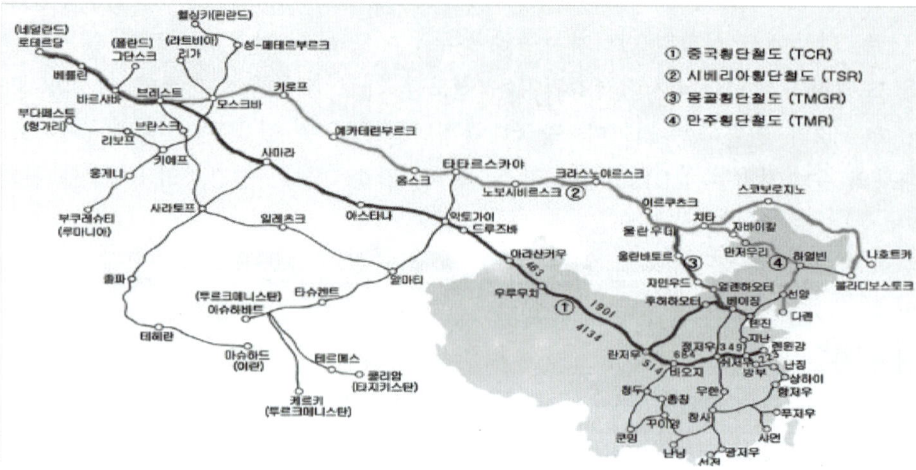

[그림 6-7] 중국대륙횡단철도의 운송경로

(3) 중국대륙횡단철도운송의 경제적 이점

우리나라가 중국대륙횡단철도를 이용함으로써 얻을 수 있는 경제적 이익은 다음과 같다.

① 중국대륙횡단철도는 위도상 소련의 시베리아 혹한지대보다 낮은 위도로 연결된 운송경로이므로 동절기에 액체화물이나 저온에 약한 화물운송에서 시베리아대륙횡단철도보다 화물손상의 위험이 적다.

② 운송거리 면에서 중국대륙횡단철도는 시베리아대륙횡단철도보다 약 1,200km 정도 단축된다.

③ 운송비면에서 중국대륙횡단철도는 시베리아대륙횡단철도보다 약 20% 이상 절감할 수 있다.[33]

④ 운송시간 면에서 약 4~5일 정도 단축할 수 있다.

⑤ 중국대륙횡단철도를 통한 화물운송은 당사국인 중국, 러시아, 일본, 한국 등의 사전협의와 협조가 이루어지는 동시에 정책적인 의견조정이 지속될 것으로 보이기 때문에 대북방정책의 촉매역할을 할 수 있을 것이다.

⑥ 각종 건설공사의 참여 및 차관공여로 인한 경제적 이익을 획득할 수 있다.

33) 국내운송에서 약 170달러, 철도육상운송에서 약 130달러 정도가 절감될 것으로 예상된다.

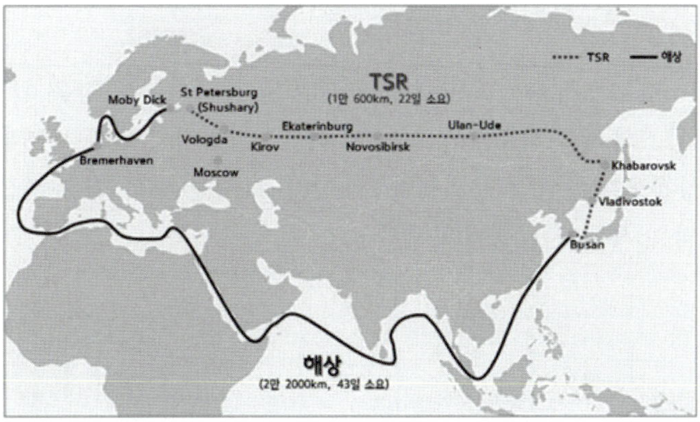

[그림 6-8] 해상운송과 시베리아대륙 및 중국대륙횡단철도의 운송경로 비교

3. 만주통과철도

만주통과철도(Trans-Manjuria Railway : TMR)는 대련항 – 하얼빈 철도와 하얼빈 – 만주 철도로 구성되며, 치타(Chita)에서 TSR과 연결된다. 만주통과철도는 천연자원이 풍부하고 중화학공업이 발달한 중국 동북지역과 대련항을 주요 기점항으로 자춘, 길림, 하얼빈, 치치하루 등 주요 도시를 통과한다.

일본의 요코하마항을 기준으로 대련에서 출발하는 만주통과철도는 TSR에 비하여 운송거리, 운임 및 운송일수에서 유리하다.

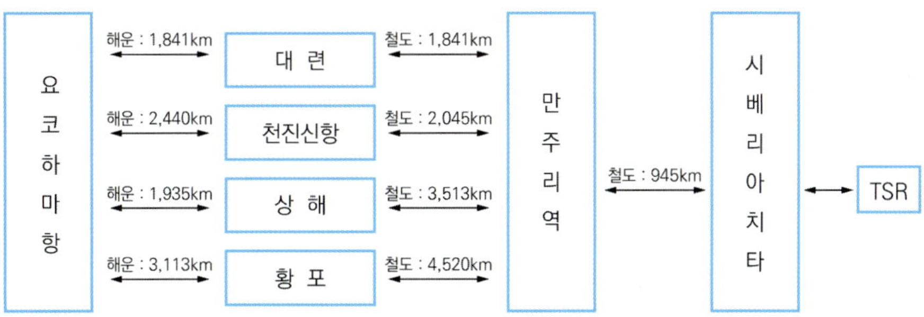

[그림 6-9] 만주통과철도의 주요 경유지와 운송거리

4. 몽고통과철도

몽고통과철도(Trans-Manjuria Railway : TMGR)는 중국의 천진항을 기점으로 북경과 이연호특(二蓮浩特), 몽고의 울란바토르(Ulaanbaatar)를 통과하여 TSR과 연결된다. 현재 천진-이연호특간의 육상철도는 운송능력이 포화상태이며, 북경경유 시 매우 복잡하며 북경지역의 운송압박이 가중되는 사태가 발생되고 있다.

[그림 6-10] 몽고통과철도의 주요 경유지와 운송거리

5. 아시아횡단철도

아시아횡단철도(Trans Asian Railway)는 아시아 지원 유엔기구(Economic and Social Commission for Asia and Pacifie : ESCAP)[34]에 의하여 추진 중인 한반도 - 중국(TCR) - 러시아(TSR)를 경유하여 로테르담까지 연결되는 새로운 철도망이다.

아시아횡단철도를 사용하는 경우 장점은 부산에서 로테르담까지 거리는 10,370km로 컨테이너운송이 약 24일 정도 걸리나 해상운송 시 거리인 20,000km보다 9,630km 짧아 운송기일이 4~5일 정도 빠르고 운임도 20% 이상 저렴하다.

아시아 지역 유엔기구는 북한에 철도건설을 위한 타당성 조사를 요청 중이나 수락하지 않을 경우 우리나라를 비롯 중국, 러시아 등 추진가능 지역부터 타당성을 시행[35]할 방침으로 있다.

34) 유엔의 5개 지역 경제사회이사회 중의 하나로서 1947년 3월 창립되었으며 설립 목적은 아시아·태평양지역의 경제·사회문제 해결에 필요한 기반구축을 지원함으로써 궁극적으로는 역내 지역의 경제 및 사회발전에 기여하는 것이다. 활동분야는 도시 및 농촌개발, 환경, 통계, 산업 및 기술, 에너지, 천연자원, 주거, 인구, 사회개발, 무역, 운수, 통신, 관광 등 다양한 분야를 망라하고 있으며, 가맹국은 현재 59개국으로 우리나라는 1954년, 북한은 1992년에 가입하였다.

35) 타당성 조사는 나라마다 다른 열차의 궤도규격과 신호체계 등 기술상의 문제를 우선 검토하고 우리나라의 휴전선 부근 등 미연결구간의 지질조사를 시행할 예정이다.

아시아횡단철도가 건설되는 경우 21세기 아시아 경제부흥을 촉진하게 될 것이며 우리나라는 동남아 주요 항과의 지리적 위치로 인한 열세에서 벗어나 부산, 인천, 광양항의 경쟁력을 강화시켜줄 것으로 보인다.

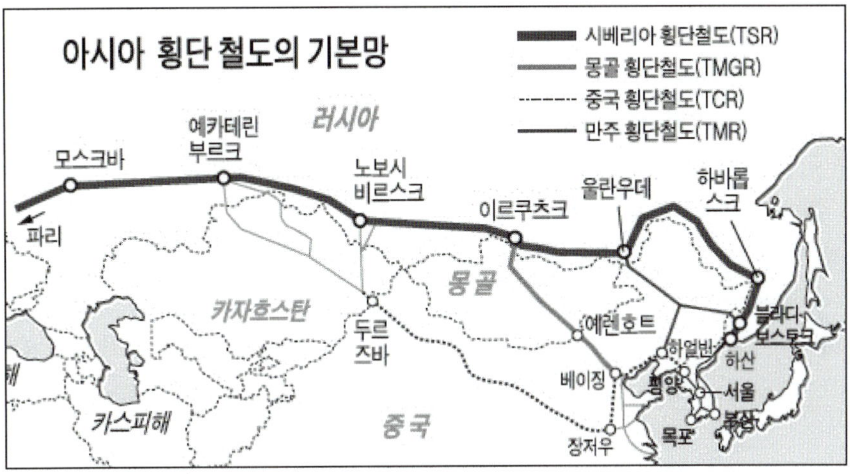

[그림 6-11] 아시아횡단철도계획

[표 6-8] 아시아횡단철도와 기존 해상운송의 비교

운송수단 / 지역	기존 해상운송			아시아횡단철도운송		
	거 리 (km)	운 임 ($/TEU)	운송일수	거 리 (km)	운 임 ($/TEU)	운송일수
부산	20,170	1,850	28	10,370	1,464	24
인천	20,109	1,840	28	10,246	1,449	24
고베	17,757	1,629	25	11,000	1,541	25
카오슝	15,995	1,467	23	10,806	1,518	25
홍콩	15,698	1,440	22	11,210	1,567	26
싱가포르	13,380	1,228	19	13,396	1,834	30

6. 아시안 하이웨이

아시안 하이웨이(Asian Highway)는 아시아 지원 유엔기구에서 추진 중인 아시아 각 국의 주요 교통유발지역을 상호 연결하는 고속화 도로망으로 아시아 상호 간 경제·사회교류를 증대시켜 궁극적으로는 가맹국의 소득향상에 기여하자는 취지에서 시작된 것이다.

아시안 하이웨이는 당초 동남아시아(태국, 월남, 인도네시아, 필리핀 등)와 서아시아(아프가니스탄, 이란 등)를 연결하는 65,000km의 도로망 구축에 있었으나, 동서냉전구조 속에서 중국, 월맹 등 사회주의 국가의 불참으로 필리핀 – 인도네시아 – 말레이시아 – 태국 – 인도 – 파키스탄 – 이란 등을 연결하는 남부노선을 대상으로 추진하여 왔다.

그러나 근래 동서냉전구조가 와해되면서 1988년부터 1991년까지 중국, 몽고, 베트남, 미얀마 등이 적극 아시아 지원 유엔기구에 가입함에 따라 한반도를 시점으로 중국 - 몽고 – 중앙아시아 – 유럽을 최단거리로 연결하는 북부노선이 추가되게 되었다.

또한, 아시아 하이웨이가 가동 시 아시아 각 국간 새로운 교류형태가 생성되기 시작하여 아시아 전역은 하나의 경제권이 되면서 복합운송 발전에 커다란 기여를 할 것으로 기대된다.

[그림 6-12] 동북아지역 아시안 하이웨이 구상도

7. 유라시아대륙횡단철도와 철의 실크로드

남과 북을 잇는 역사적인 경의선 철도복원 공사가 2000년 9월 18일 착공, 2002년 12월 마무리되었다. 남측은 547억원을 투입해 문산에서 임진강 철교를 건너 군사분계선에 위치한 장단역까지 12km 구간을, 북측은 장단역－개성역의 12km 구간을 복원하였다.

경의선 철도복원으로 아시아대륙횡단철도와 한반도 철도망의 연결이 실현될 경우 우리나라는 국제적인 물류거점으로서 역할이 더욱 강화될 수 있을 것이다. 특히 일본의 고베항, 대만의 카오슝항, 홍콩, 싱가포르 등 동남아 중요 항들과의 경쟁에서 열세를 면치 못했던 부산항, 인천항 및 광양항과 북한지역의 천진항, 나진항 등의 국제 경쟁력이 크게 강화될 것이다.

한반도를 종단하여 중국(TCR), 러시아(TSR)를 경유하여 유럽의 최대항만인 로테르담까지 대륙을 횡단하여 컨테이너를 운송할 수 있는 다국 간 네트워크가 연결되면 유럽까지의 거리가 약 10,370km로 24일 정도 소요될 것으로 예상된다. 이는 20,000km를 상회하는 해상운송에 비하여 약 절반에 가까운 운송거리를 단축할 수 있으며, 소요일수는 4~5일, 운임에 있어서는 20% 가량 절감할 수 있을 것이다.

이것이 현실화될 경우 유럽 내륙지역에 대한 접근성이 좋아지고 안전성・신뢰성에 문제가 있다는 중동 해운항로를 대체할 수도 있다. 정부는 경의선이 연결되면 2005년 한 해에 62만 6천TEU에 달하는 컨테이너 물동량이 북한・중국・중앙아시아・유럽 등지로 운송되며 통과수입으로 남한은 9천9백70만달러, 북한은 1억4천8백80만달러를 올릴 것으로 추정하고 있다. 또한 물량도 현재보다 1만TEU로 늘고, 운임수입도 남한은 1천1백만달러, 북한은 2천만달러를 벌어들일 것으로 예상되고는 있으나 진행 사항은 좀 더 면밀히 살펴볼 필요성이 있다.

[표 6-9] 대륙횡단철도와 해상운송 간의 컨테이너 운송여건 비교

(동남아 주요항－로테르담항)

주요 항	기존의 해상노선(A)			대륙횡단철도노선(B)			비교(A－B)		
	거리(km)	운임($/TEU)	수송일수(일)	거리(km)	운임($/TEU)	수송일수(일)	거리(km)	운임($/TEU)	수송일수(일)
부산항	20,170	1,850	28	10,370	1,464	24	9,809	386	4
인천항	20,109	1,845	28	10,246	1,449	24	9,863	396	4
고베항	17,757	1,629	25	11,000	1,541	25	6,757	88	0
카오슝항	15,995	1,467	23	10,806	1,518	25	5,187	−51	−12

홍콩항	15,698	1,440	22	11,210	1,567	26	4,488	-127	-4
싱가포르항	13,380	1,228	19	13,396	1,834	30	-16	-606	-11

주) 대륙횡단철도부문에서 화물운송 관련시설의 현대화와 운송체계의 효율화가 실현되면 거리, 운임 및 수송거리 등의 요인은 더욱 감소될 수 있다.

[표 6-10] 지역별 운임비교

(동북아~유라시아간 운송요금 비교)

동아시아 ~ 중앙아시아(알마티)			
운송수단	출발지	소요일수	요금($/TEU)
현행복합운송(선박 + 철도)	서울	29.3	2,100
	부산	29.0	1,700
	요코하마	31.0	1,707
경의선철도운송	서울	19.0	727

동아시아 ~ 동북3성(선양)			
운송수단	출발지	소요일수	요금($/TEU)
현행복합운송(선박 + 철도)	서울	3.8	1,000
	부산	3.5	600
	요코하마	6.0	800
	가오슝	5.5	650
	홍콩	6.5	650
경의선철도운송	서울	3.0	466

동아시아 ~ 유럽(베를린)			
운송수단	출발지	소요일수	요금($/TEU)
현행복합운송(함부르크경유)	서울	32.8	2,505
	부산	32.5	2,105
	요코하마	33.5	1,605
	가오슝	30.5	2,055
	홍콩	29.5	2,130
현행복합운송(선박 + 철도) 다렌 · 보스토치니 TSR · TCR	서울	28.3	2,050
	부산	28.0	1,650
	요코하마	30.0	1,657
	가오슝	34.0	1,786
	홍콩	35.0	1,786
경의선 철도운송	서울	28.0	1,010
	서울 - 신의주 - TMR - TSR - 베를린		

경의선 연결효과가 극대화되려면 현실적으로 북한의 사회간접자본 투자비 확보와 각국 간의 규율하는 법규의 상이와 철도규격의 상이 등 많은 문제점들이 해결되어야 한다.

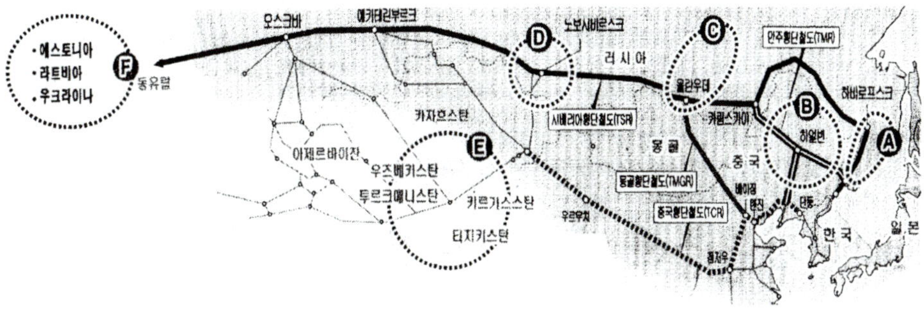

[그림 6-13] 철의 실크로드 권역별 자원분포도

A. 블라디보스토크-하바로프스크 권역	D. 바이칼호수권역	F. 중앙아시아 권역
• 연어 · 명태 등 수산자원 풍부 • 유연탄전(매장량 40억t) 및 금 · 주석 · 망간 · 마그네슘 등	• 사하(야쿠트)공화국 : 러시아 최대 가스전(매장량 8억t) • 이르쿠츠크주 : 매장량(매장량 2억t, 한 · 중 · 러 공동개발 중) • 치타주 : 티타늄과 리튬 (러시아 총 생산량의 40%) • 바이칼호 : 북극으로 흐르는 레나강 등의 발원지로 청정 관광지	• 카자흐스탄 : 세계 매장량 3분의 1망간 및 4분의 1인 우라늄과 석유(매장량 2억t) · 구리 · 석탄 · 주석 • 우즈베키스탄 : 세계 4위 면화 산지로 금 · 우라늄 매장량 세계 4위 • 천연가스는 세계 10위(대우자동차 · 삼성전자 · 갑을방적 등 현지 생산기지 운영 중) • 투르크메니스탄 : 석유(매장량 60~80억t) · 천연가스(매장량 세계 4위) · 유황 · 요오드 • 키르기스스탄 : 석유 · 석탄 · 안티몬 · 수은 · 금 • 타지키스탄 : 은(매장량 6만t) · 금 · 대리석 · 우라늄 · 갈탄
B. 중국동북3성 권역		
• 동포 2백여만명 거주 • 다롄 · 훈춘 등 경유하는 컨테이너 연간 물동량 1백만 TEU추정		
C. 동유럽권역	**E. 노보시비르스크 · 옴스크권역**	
• 에스토니아 : 목재 · 철 • 라트비아 : 이탄 · 백운석 · 석고 · 목재 • 우크라이나 : 석유(매장량 5천만t) • 천연가스, 대우계열사 자동차 · 전자 등 현지 생산기지	• 쿠즈바스 : 러시아 최대 석탄전 • 노비시비르스크 : 첨단과학 도시	

그러나 남북한이 철도로 이어져 중국・러시아・중앙아시아로 연결될 경우 액체화물 교역이 가능해지고, 교역품목의 다양화는 물론 일본과 선진국이 독점해온 이 지역의 자원개발, 인프라 건설 사업에 우리 기업들이 경쟁력 있게 진출할 수 있을 것이다. 2000년 남북정상회담 합의에 따라, 2003년 개성공단과 연결하는 경의선, 2006년 금강산과 연결하는 동해선을 개통한 바 있다. 그러나 2008년 남북관계가 악화돼 이 2개 노선은 현재 사용되지 않고 있다. 경의선은 중국횡단철도, 몽골횡단철도, 동해선은 시베리아횡단철도와 연결된다. 또한 서울과 북한의 원산을 연결하는 철도인 경원선 철도에 복원사업을 2015년 시작하였고, 이를 통해 북한의 주요도시인 함흥, 라선을 거쳐, 러시아의 하산 및 시베리아횡단철도(TSR)까지 연결이 가능하다. 그러나 경원선은 2016년에 사실상 중단되었다.

- 중국대륙횡단철도는 위도상 소련의 시베리아 혹한지대보다 낮은 위도로 연결된 운송경로이므로 동절기에 액체화물이나 저온에 약한 화물운송에서 시베리아대륙횡단철도보다 화물손상의 위험이 적다.
- 운송거리면에서 중국횡단철도는 시베리아대륙횡단철도보다 약 1,200km 정도 단축된다.
- 운송비면에서 중국대륙횡단철도는 시베리아대륙횡단철도보다 약 20% 이상 절감할 수 있다.[36]
- 운송시간면에서 약 4~5일 정도 단축할 수 있다.
- 중국대륙횡단철도를 통한 화물운송은 당사국인 중국, 러시아, 일본, 한국 등의 사전협의와 협조가 이루어지는 동시에 정책적인 의견조정이 지속될 것으로 보기 때문에 대북방정책의 촉매역할을 할 수 있을 것이다.
- 각종 건설공사의 참여 및 차관공여로 인한 경제적 이익을 획득할 수 있다.

2.3 극동・북미간 복합운송경로

1. 미국대륙횡단철도운송(ALB)

미국대륙횡단철도(American Land Bridge : ALB) 운송은 1972년 Sea train사가 개발한 경로로서 한국 및 극동지역으로부터 선적된 화물을 미국 태평양 연안의 오클랜드, 로스앤젤레

36) 국내운송에서 약 170달러, 철도육상운송에서 약 130달러 정도가 절감될 것으로 예상된다.

스까지 해상으로 운송한 후, 미국 동부연안인 대서양 연안이나 멕시코만의 항구까지 철도로 운송하여 이곳에서 다시 제2의 선박에 환적하여 유럽의 앤트워프, 함부르크, 로테르담, 브레멘 등 각 항구까지 해상운송하는 시스템으로 주로 미국계선박회사에 의해 운영되는 운송경로이다.

미국대륙횡단철도운송은 정기선보다 약 1주일 정도 긴 편이지만 운임 면에서 20~30%까지 저렴하며, 운송일수가 비교적 안정적이기 때문에 유럽항 직항 해상운송서비스와 경쟁관계에 있다.

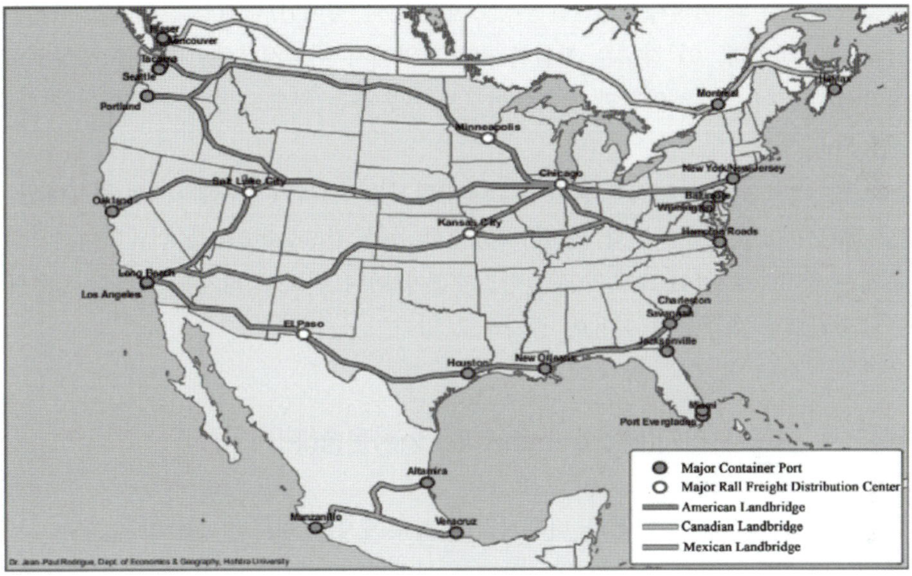

[그림 6-14] 북미지역의 랜드 브리지

2. 캐나다횡단철도운송(CLB)

캐나다횡단철도(Canadian Land Bridge : CLB)는 1979년 일본의 미쯔비시(三菱) 창고사가 1979년 캐나다의 캐나다철도(CPR)와 공동으로 개발된 운송경로로서 미국대륙횡단철도와 같이 한국이나 극동지역에서 캐나다 서해안에 있는 항구인 벤쿠버, 시애틀까지 해상으로 화물을 운송한 후, 캐나다 철도를 이용하여 몬트리올 또는 캐나다 동부해안까지 운송한다. 그리고 다시 캐나다 동부해안의 항구에서 제2의 선박에 환적하여 유럽의 함부르크, 로테르담, 르하브르 등 각 항까지 해상운송하는 시스템이다.

캐나다횡단철도의 특징은 운송일수의 안정에 있지만 운임 면에서 어느 정도의 가격경쟁력을 갖는 운임률을 결정할지가 금후의 과제로 대두되고 있는 운송경로이다.

3. 미니 랜드 브리지(Mini-Land Bridge)운송(MLB)

미니 랜드 브리지(Mini-Land Bridge : MLB)운송은 1972년 Sea Train선박회사에 의하여 개발된 것으로 기존의 미국대륙횡단운송경로에서 미국 동해안/대서양 간의 해상부분을 제외하여 단축시킨 것이다. 이 경로는 화물을 극동지역에서 미국서부해안지역을 해상으로 운송하고 여기서 미국이 동부해안항만까지는 철도로 운송하는 것으로 주로 컨테이너 복합운송에 많이 사용되고 있다.

운송일수는 극동에서 북미서부해안(4,800해리)까지 9일, 북미서부해안에서 동부해안까지는 5~7일로 총 14~18일이 소요된다. 한편 극동에서 뉴욕 간(9,700해리)을 컨테이너선으로 운송할 경우에는 약 16~20일이 소요되고 있다. 이같이 미니 랜드 브리지를 이용할 경우에 운송일수가 단축되므로 화주들의 이용이 증가하고 있다.

4. 마이크로 랜드 브리지(Micro-Land Bridge)운송(IPI)

미니 랜드 브리지운송이 미국의 내륙지점의 화주에게는 별다른 혜택이 없다는 문제점을 해결하고자 1980년 TPFCJ 선박회사에 의하여 개발된 운송경로이다. 한국/일본/태평양운임동맹에서는 Interior Point Intermodal운송으로 불리는 마이크로 랜드 브리지운송은 극동에서 북미서부해안까지 화물을 해상으로 운송하고 북미 내륙도시에는 철도나 트럭으로 복합운송하는 형태이다.

미니 랜드 브리지가 미국 동부연안의 항구지역으로 운송경로를 채택하고 있는 데 반하여 IPI는 미국 내륙의 주요 도시까지 복합운송서비스를 제공하고 있으며 화물은 내륙의 철도 터미널이나 선박회사 보유의 CY나 CFS에서 인도되고 있다.[37]

37) 미니 랜드 브리지와 마이크로 브리지와의 차이점은 미니 랜드 브리지가 port to port로서 미동부해안으로의 해상운송서비스의 대체수단으로서 동부해안, 카리브지역의 항구가 목적지인 반면에 마이크로 브리지는 미국내륙지점으로부터 최소한 2개 이상의 운송수단을 이용한 일관 복합운송 서비스로

극동(한국)
(CY/CFS)

북미서부해안항구
(시애틀, 오클랜드,
로스앤젤레스, 상파울로
롱비치 등)

북미동부해안항구
(철도터미널, CY/CFS)

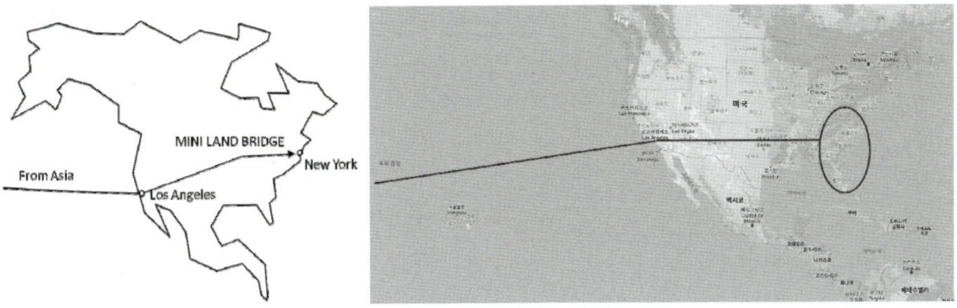

[그림 6-15] 미니 랜드 브리지운송 경로

5. 수정된 인테리어 포인트 인터모델 운송

수정된 인테리어 포인트 인터모델(Revised Interior Point Intermodal : RIPI) 운송은 1980년 마이크로 브리지 서비스에 대응하여 UN Line, Maersk 등에 의하여 개설된 경로로서 선박으로 파나마운하를 경유하여 북미동부해안 항구까지 화물을 운반한 후, 여기서 철도 및 트럭으로 내륙지역까지 운송하는 선박회사의 서비스로 Reversed Micro Bridge라고 불리기도 한다. RIPI는 운송소요일수가 IPI보다 약 2일이 더 소요되기 때문에 운임은 IPI보다 낮게 설정될 수 있는 품목들이 많이 이용되고 있다.

내륙 지점을 목적지로 하는 점에서 차이가 있다.

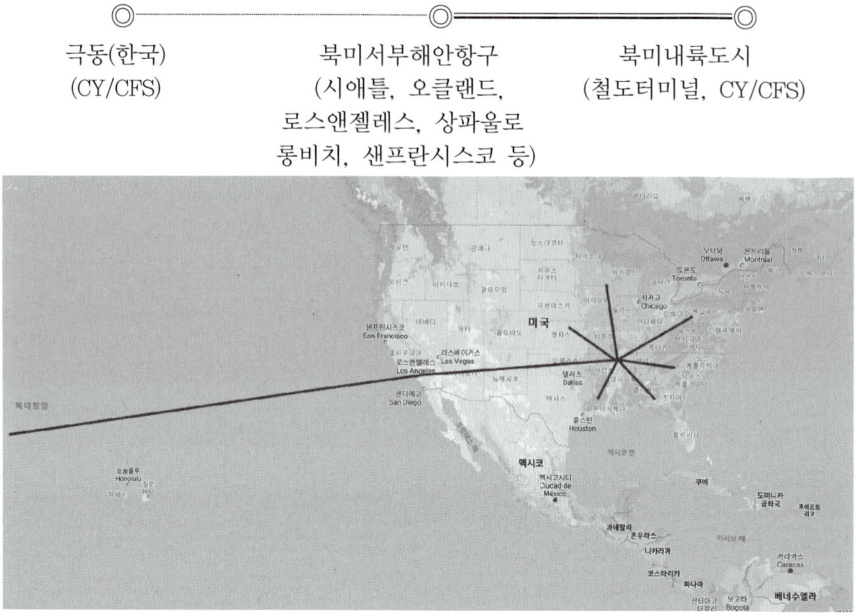

[그림 6-16] 인테리어 포인트 인터모델운송 경로

2.4 해 · 공 복합운송경로

해 · 공 복합운송은 항공운송의 신속성과 해상운송 저렴성의 장점을 결합시킨 형태로서 해상운송에 비해 운송일수가 대폭 단축되며, 항공운송에 비해 운송비가 절감되고, 전구간 해상운송에 비해 재고투자와 창고료 및 포장비의 절감이라는 종합물류비용을 절감시키는 장점이 있다.

해 · 공 복합운송은 운임은 전 구간 항공운송에 비해 1/2, 운송시간은 전 구간 선박운송에 비해 1/2의 수준이므로 제3의 운송수단으로서 존재가치를 지니고 있다. 해 · 공 복합운송을 이용할 수 있게 된 것은 해상운송의 컨테이너화의 진전과 항공기의 대형화 추세에 의한 것으로 볼 수 있으나 현실적으로는 해상운송으로 화물을 운송할 예정이었으나 납기 등의 지연사유가 발생하고 이를 전 구간 항공운송으로 실행하기에는 약간의 여유가 있을 때 이용하는 경우가 많다.

운송거리가 길수록 해상운송에 비해 단축률이 높아지고 항공운송에 비해 운송비가 저율화되는 해·공 복합운송에는 다음과 같은 여러 가지 운송경로가 제공되고 있다.

[표 6-11] 해 · 공 복합운송형태의 행선지별 중계지

행선지	중계지
북미내륙	로스엔젤레스, 시에틀, 밴쿠버, 기타 북미서부해안
유럽	북미서부해안, 보스토치니, 동남아시아(홍콩, 싱가포르, 방콕)
중남미	북미서부해안, 마이애미, 파나마
중동, 아프리카	동남아시아, 호주

1. 북미서해안 경유 해 · 공운송

1964년 Air Canada가 개발한 북미서해안 경유 해·공운송은 극동항구에서 미국의 서해안이나 캐나다의 밴쿠버항까지 해상운송하고 하역된 화물은 항공회사가 국제공항까지 육상운송한 후 항공기를 통하여 목적지까지 항공운송하는 형태이다.

2. 러시아 경유 해 · 공운송

Aeroflot항공사가 지정하는 부산항의 CFS에 화물이 반입되면 러시아극동선박공사(FESCO)의 컨테이너선에 의해 모스크바의 보스토치니(Vostochnty)로 운송되고 트레일러에 의해 블라디보스토크으로 육송된 후 Aeroflot항공의 화물기편으로 구주 각지로 운송되는 항로이다.

3. 동남아시아 경유 해 · 공운송

1980년대 항공화물운송업자에 의해 개발된 새로운 운송경로로서 부산에는 홍콩, 방콕, 싱가포르까지는 선박으로 운송하고 구주공항까지는 항공편으로 운송하는 운송경로이다. 이 운송경로는 국제항공운송협회에 가맹하지 않은 항공사나 부정기 화물전용 항공사의 저임금을 이용하며 서비스방법이나 운송경로개발, 운임설정 시 행정적 제약없이 자유경쟁에 의하여 이루어지고 있어 여러 가지 운송경로가 개발되고 있다.

2.5 아주지역 복합운송경로

1. 한 · 일 복합운송

부산에서 부관훼리, 국제훼리 또는 컨테이너선으로 일본의 각 항구로 운송한 후, 트럭이나 철도 등에 연결하여 내륙지역으로 운송하는 경로이다.

2. 한 · 중 복합운송

1980년대 초 중국 교통부의 중국외륜대리공사(PENAVICO), 중국 대외무역부 대외무역운수공사(SINOTRANS)와 운송주선업자 간 상호 대리점계약에 의해 개설된 경로로서 선박으로 대련, 천진, 청도, 상해, 황포, 홍콩 등 중국의 여러 항구로 운송한 후, 이곳에서 다시 철도나 트럭에 연결하여 내륙지역인 길림, 흑룡강성, 하북성, 산서성, 산동성, 호남 사천성, 광동, 내몽고 자치주 등으로 운송하는 경로이다.

2.6 기타 복합운송경로

지금까지 살펴본 복합운송경로 이외의 경로는 다음과 같다.

- 쿠웨이트 또는 아카바항을 경유한 이란 내륙지역향 운송경로
- 유럽 제 항구경유 유럽 내륙지역향 운송경로
- 경유 동부호주향 운송경로
- 제 항구경유 유럽내륙지역향 운송경로
- 경유 중국내륙향 운송경로

제3절 프레이트 포워더

3.1 프레이트 포워더의 개념

1. 프레이트 포워더의 의의

프레이트 포워더(freight forwarder)[38]란 '앞에(으로), 전방에(으로), 자진하여~하는, 진보적인 발송하다, 촉진하다' 등의 의미를 가진 forward에서 유래한 말로 아직까지 국제적으로나 국내적으로 통일된 개념이 정립되지 않아 forwarder, forwarding agent,[39] freight promotor, foreign freight forwarder, shipping & forwarding agent, shipping agent, air freight agent 등으로 표시하며 국문으로는 운송주선인, 국제운송주선인, 복합운송인, 복합운송주선인 등으로 혼용하고 있다.

프레이트 포워더란 일반적으로는 직접 운송수단을 보유하지 않은 채 그들의 고객을 위하여 화물운송의 주선이나 운송행위를 하는 자로 화주와 운송인 사이에서 화주에게는 운송인의 입장이 되고 운송인에게는 화주의 입장이 되어 기본적인 기능을 수행한다.

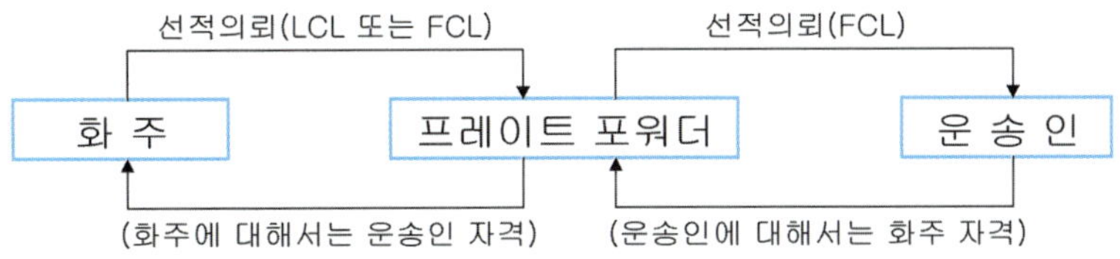

[그림 6-17] 프레이트 포워더와 화주/운송인과의 관계

38) 프레이트 포워더의 사전적 개념은 "운송을 위탁한 고객을 대리하여 화주의 화물을 통관, 입출고, 집화, 환적 또는 배달 등의 서비스를 제공하여 화주가 요구하는 목적지까지 안전하고 신속하게 운송하는 자"라고 정의되고 있다.

39) 본래 forwarding agent와 freight forwarder는 다른 개념이다. forwarding agent는 화주, 즉 수출자를 대신하여 선적수속, 선적서류의 작성, 화물의 본선에의 인도 등 작업을 하는 대행업체이나 freight forwarder는 혼재업무를 주로 하며 자기의 명의로 일관운송을 인수하는 계약 운송인을 말한다. 그러나 실제적으로는 freight forwarder의 업무는 대리점업무를 포함하여 광범위하고 다양하며 그 내용은 국가마다 다르다.

프레이트 포워더에 대하여 우리나라 상법에서는 운송주선인으로 표시하여 "운송주선인이란 자기의 명의로 물건운송의 주선을 영업으로 하는 자"로 규정[40]하고 있어 자기명으로 물건운송의 주선을 영업대상으로 하는 상인이 되며,[41] 물건운송인인 이상 육상, 해상, 항공운송 또는 3종류의 통운송의 어느 것이든 불문하고 있다.

한편 상법 제118조(개입권)에서는 "운송주선인은 다른 약정이 없으면 직접 운송할 수 있으며, 이 경우 운송주선인은 운송인과 동일한 권리의무가 있다"고 규정하고 있으며, 운송주선인이 위탁자의 청구에 의해 화물상환증을 작성한 경우에는 직접 운송하는 것으로 간주한다는 규정으로 볼 때 운송주선인은 단순한 주선인의 지위에 머무르지 않고 운송인의 지위도 동시에 갖고 있음을 알 수 있다. 또한 전조의 경우에 운송주선인이 운송인에게 변제한 때에는 운송인의 권리를 취득한다.

이렇게 볼 때 프레이트 포워더란 운송주선인으로 운송을 위탁한 고객의 대리인으로서 송화인의 화물을 인수하여 수화인에게 인도할 때까지의 집화, 입출고, 선적, 운송, 보험, 보관, 배달 등 일체의 업무를 주선할 뿐만 아니라 복합운송체제 하에서 스스로 운송계약의 주체자가 되어 복합운송인으로서 복합운송증권을 발행하여 전 구간의 운송책임을 부담하는 자 또는 법인을 말한다.

이 같은 화물주선을 업으로 하는 자를 우리나라에서는 운송주선인[42]으로 해상운송분야에서는 해상운송주선인, 항공운송에서는 항공운송주선인으로 각각 규정하고 있으며 미국에서는 "freight forwarding", 독일에서는 "spediteur", 프랑스에서는 "Commissionnaire de transport" 등으로 또한 그 밖의 국가에서도 비슷한 명칭으로 부르고 있다.

2. 프레이트 포워더의 기능

프레이트 포워더의 기능은 화주의 대리인으로서 적절한 운송수단을 선택하여 운송에 따르는 일체의 부대업무를 처리해 주는 전통적인 단순 포워더 기능과 오늘날의 복합운송체제하에서 독자적인 영업광고와 함께 스스로 컨테이너 등의 운송설비 등을 갖추고 집화, 분배, 혼재업무를 수행하는 운송의 주체자로서의 복합운송인으로서의 기능을 수행한다.

오늘날 국제운송에 있어서 프레이트 포워더는 실제 운송수단을 소유한 실제 운송인은 아

40) 상법 제114조

41) 상법 제4조, 제46조

42) 운송주선인의 명칭은 custom house agent, custom broker, shipping agent, forwarding agent, shipping and forwarding agent 등으로 다양하게 불리어지고 있다.

니지만 운송망을 이어주는 설계자로서 화주에게 보다 경제적인 운송수단과 경로를 제공해 주기 위해 실제 운송인과 마찬가지 입장에서 필요한 모든 조치를 취하고 있다.

일반적으로 프레이트 포워더가 제공할 수 있는 서비스로는 국제운송시황 및 선사와 해운동맹에 대한 정보제공, 복합운송증권 등 서류작성, 원가계산, 최적 운송경로의 선택, 특수화물에 대한 운송방법 연구 및 대행, 위험물에 대한 보험업무 대행, 혼재 및 복합운송서비스 제공, EDIFACT에 기초한 EDI망 활용 및 전산업무 대행 등이다.

이를 세부적으로 살펴보면 다음과 같다.

(1) 운송에 대한 전문적인 조언

화주의 요청에 따라 해상, 육상, 항공운송에 따른 소요비용과 시간, 신뢰성, 경제성을 고려하여 가장 적절한 운송경로의 선택과 화물의 형태 및 목적국의 운송규칙 그리고 운송서류를 용이하게 작성하도록 하는 등 운송에 따른 일체의 조언을 해 준다. 또한 해외 거래망을 통하여 외국의 구매자 소개와 국내시장에 관한 정보를 수집화는 등 수출입업자를 지원하고 있다.

(2) 혼재 서비스

운송 주체자로서 소량화물을 집화하여 컨테이너 단위화물을 만들어 운송하는 포워더 본연의 중요한 기능을 수행한다. 포워더는 소량화물을 단위화물로 운송함으로써 LCL rate와 Box rate[43]와의 차이에서 발생하는 차액, 다수의 송화인으로부터 위탁받은 교섭권을 활용하여 대형화된 화물량을 배경으로 운송인으로부터 유리한 운임혜택과 창고료 등 운송업무와 관련하여 부수적인 업무수행에서 발생하는 이익을 영업이익으로 한다.

(3) 관계 서류의 작성

포워더에 관계되는 서류 또는 취급업무는 선화증권, 항공운송장 또는 이와 유사한 서류, 통관서류, 원산지 증명서, 보험증권, 선적지시서 등 이들 서류들을 포워더가 직접 작성하든가 또는 화주가 작성하는 경우 효율적인 조언을 한다. 특히 우리나라의 포워더는 해상 또는 항공혼재 화물 적하목록을 작성해 EDI로 세관에 제출한다.

43) 적화화물을 톤 수나 입방미터로 계산하지 않고 적화 컨테이너당으로 계산하는 운임계산방식으로 컨테이너 안에 적재된 실수량에 의하여 영향을 받지 않는 데서 오는 LCL화물과의 차익을 복합운송인은 이익으로 할 수 있다.

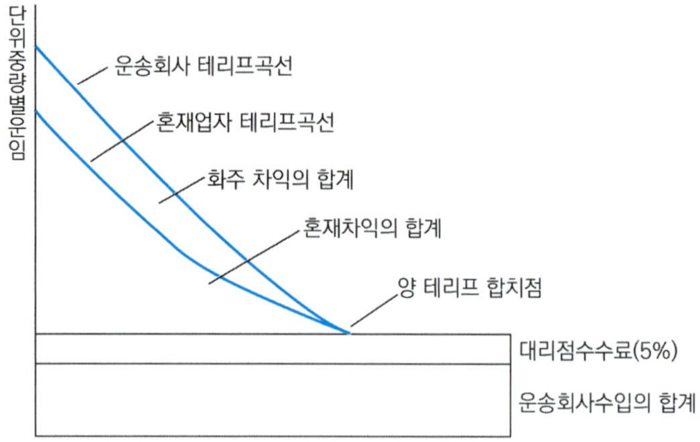

주 : 운송회사 혼재업자의 Tariff 공히 실제는 미끄러운 곡선을 나타내며 계단형태이다.

[그림 6-18] 혼재차익 도해

(4) 포장 및 창고보관

운송수단 또는 목적지에 적합한 포장방법에 대하여 운송수단방법이나 목적지인도에 가장 적절하고 효과적인 방법을 조언할 수 있으며, 운송 주체자로서 운송이나 LCL화물이 혼재업무과정에서 자신이 환적창고를 소유하여 일시적 또는 단기적으로 보관서비스도 제공한다.

(5) 복합운송업무

전 세계에 걸쳐 저렴한 비용으로 빠른 시간 내 제공할 수 있는 복합운송경로를 찾아 운송서비스를 제공하고 있다.

(6) 특수화물 서비스

특정한 공사계획에 따라 발생하는 화물에 대하여 처음부터 개입하여 원자재 도입은 물론 포장하여 인도지점까지, 공사의 시공에서부터 준공까지 일관된 운송서비스제공과 해외이주화물 등 특수화물과 상업화물의 해외상품전시회나 예술품 등의 전시를 목적으로 반출입되는 화물에 대하여 당해 화물의 포장에서부터 전시 후 반출될 때까지는 모든 절차를 서비스해 준다.

(7) 운송관련 각종 대행서비스 제공

국내외운송업무, 보험체결과 보험금청구 대행업무, 보관·하역·포장·통관·선적업무 대행 등 화주의 경제적인 편의와 업무향상을 도모하기 위한 일체의 서비스를 제공한다.

(8) 하우스 포워딩 서비스

불필요한 부대비용 및 인력을 절감하고 전문업체에 의한 신속하고 정확한 화물운송을 위하여 신용있는 운송주선인과 계약에 의하여 업무를 전담하게 함으로써 업무의 효율을 높일 수 있는 운송서비스를 제공한다.

(9) 통관수속

주요 항만이나 공항에 사무소를 두고 세관원 및 관세사들과 긴밀한 접촉을 유지하면서 화주를 대신해 관세사를 통해 통관수속을 한다.

(10) 운임 및 기타비용의 입체(立替)

포워더와 화주 간에 통상 거래관계가 확립돼 있는 경우, 포워더는 고객을 대신해 모든 비용을 입체(立替) 지불한다.

(11) 보험수배

화물보험에 관계되는 가장 유리한 보험형태, 보험금액, 보험조건 등 화주를 대신해 보험수배를 할 수 있으며, 운송화물의 사고가 발생했을 때, 화주를 효율적으로 보좌한다.

(12) 관리업자. 분배업자

수화인을 위한 관리업자의 역할을 한다. door to door의 전 운송과정에 걸쳐 화물의 안전과 원활한 흐름을 도모하기 위해 화주를 대신해서 감시하는 일이다. 또한 분배업자로서는 대량으로 수입되는 화물을 일괄적으로 통관한 뒤 각각의 수화인에게 화물을 배송, 인도하는 일이다.

(13) 시장조사

해외 거래망을 통해 외국의 바이어를 소개하기도 하고 국내시장에 관한 정보를 수집하는 등 여러 가지로 수출입업자를 지원한다.

[표 6-12] 프레이트 포워더의 서비스

조언자/컨설턴트
포장 – 포장형태의 선택
운송경로 – 운송계획, 운송수단의 선택
보험 – 화물에 대하여 필요한 적용범위의 형태
세관규칙 – 수·출입 통관
운송서류 작성 – 수반하는 서류(운송인)
신용장 규제 – 은행 요구사항
다음의 조직책으로써 :
수출·수입 및 통과화물
혼재 – 그룹화선적
특수 및 중량화물 운송 – 프로젝트 화물

수 입
화물의 양하 – 운송인의 운송수단으로부터 환적화물의 해체 통관

수 출
화물의 수령 포장 및 기호의 표시 화물운송/스페이스 예약 – 운송인 운송인에게 화물인도 운송서류 발행 – 운임 표시서류 화물발송 점검 화물발송 통보

통 관
견본 채취 재포장 보세창고 보관(세관 통제 하에) 재운송

3. 프레이트 포워더의 종류

(1) 실제 운송인형 프레이트 포워더

자신이 직접 선박, 트럭, 항공기 등 운송수단을 보유하면서 복합운송인의 역할을 수행하는 것을 말하며, 이에 속하는 것으로는 선박회사, 철도회사, 트럭회사, 항공회사 등이 있으며 복합운송구간 중 해상구간이 차지하는 비중을 통해서 볼 때 선박회사가 대표적인 실제 운송인형 프레이트 포워더이다.

(2) 운송주선인형 프레이트 포워더

선박, 트럭, 항공기 등 운송수단을 자신이 직접 보유하지 않고 다만 계약 운송인(contract carrier)으로서 운송책임을 지는 형태이다. 이러한 유형의 프레이트 포워더는 해상운송주선업자(ocean freight forwarder), 항공운송주선업자(air freight forwarder), 통관업자(custom's clearance), 컨테이너임대업자 등이 있으며 대표적인 형태는 해상운송주선업자이다.

4. 포워딩 업무(Forwarding Operation)의 구분

(1) 서비스 단계에 따른 구분

- 국내운송(domestic transporting) 업무
- 보험(cargo insuring) 업무
- 보관(warehousing & storing) 업무
- 포장(packing) 업무
- 통관(customs clearing) 업무
- 선적(shipping loading & discharging) 업무
- 하역(stevedoring) 업무
- 혼재(consolidation) 업무
- 도착지인도(delivery) 및 관련 하역, 통관, 국내운송

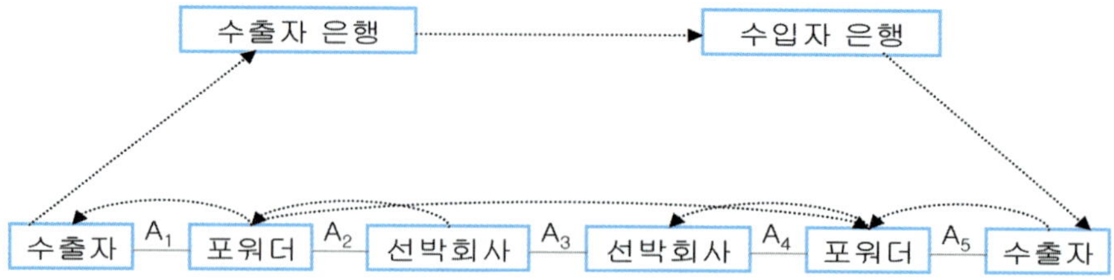

A) 화물(cargo)

A_1 : 인도(delivery) A_2 : 선적(shipping) A_3 : 운송(transportation)

A_4 : 수화(receiving) A_5 : 인도(delivery)

B) 하우스 선화증권(house B/L)

B_1 : 발행(issuing) B_2 : 매입(negotiation) B_3 : 은행경로(bank channel)

B_4 : 수령(acceptance) B_5 : 제시(presentation)

C) 해상 선화증권(ocean B/L)

C_1 : 발행(issuing) C_2 : 우송(mailing) C_3 : 제시(presentation)

자료 : 한국해사산업연구소, 「현대수송과 포워더의 기능」, 1978, p.29.

[그림 6-19] 포워딩 업무의 과정

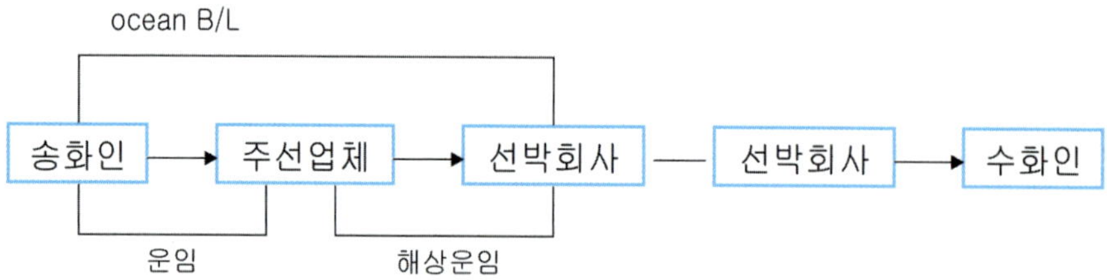

[그림 6-20] 일반 포워딩 서비스 기능

(2) 기능에 따른 구분

- 일반 포워딩 서비스(general forwarding service) : 운송지역과 화물특성에 적합한 운송수단을 선택하여 운송주선인으로서 제공하는 서비스
- 복합운송 서비스 : 선박회사 등의 운송업체를 매체로 하여 독자적인 운송망과 운임요율표에 의하여 복합운송인으로서 제공하는 서비스이며 독립적인 운송인의 자격으로 전 구

간 일관운송을 책임지고 제공한다.

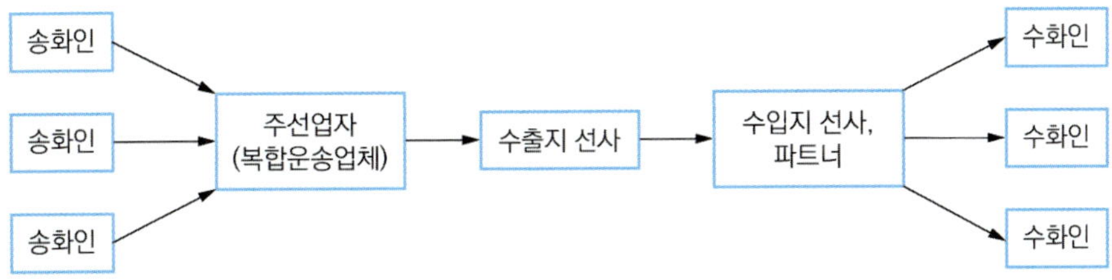

[그림 6-21] 복합운송인 서비스 기능

5. 프레이트 포워더와 복합운송인

컨테이너 사용을 전제로 하는 복합운송은 단일계약의 주체에 의해 조직되어 일관된 시스템으로 운영되는 것이 특징이다. 복합운송인이 될 수 있는 자는 선박회사, 트럭회사, 철도회사, 창고업자, 운송주선인 등 유통기능을 담당하는 자 가운데 단일책임을 지고 복합운송서류를 발행하는 자가 될 수 있다.

프레이트 포워더가 복합운송인의 기능을 수행하는 데 있어 결정적인 역할을 한 것은 1983년 개정 신용장통일규칙 제25조 d항으로 포워더가 발행한 복합운송서류(FIATA CTB/L)의 은행매입을 가능하게 함으로써, 증권의 융통성 부여와 미국의 신해운법(Shipping Act of 1984) 제3조의 규정에 의한 복합운송주체자로서의 법적 형태라 할 수 있는 무선박운송인의 법적지위를 명확히 한 것이라 할 수 있다.

복합운송이란 궁극적으로 물적유통(physical distribution)의 근대화 내지 합리화에서 비롯되었으며 프레이트 포워더는 이와 관련 해상, 육상, 항공의 각 운송모드(mode)를 유기적이고 과학적으로 결합하여 화주의 요구를 최대한 충족시켜줄 수 있는 능력을 보유한 운송전문가라는 점을 감안해 볼 때 컨테이너 이후의 국제유통의 발전추이로 보아 실질적으로 프레이트 포워더가 곧 복합운송인이고, 국제복합운송인이 바로 프레이트 포워더라 할 수 있다.

우리나라의 경우 프레이트 포워더와 복합운송인과의 관계는 상법과 화물유통촉진법의 규정[44]을 종합해 볼 때 운송주선인은 단순한 주선인의 지위에 있지 않고 운송인의 지위도 동시에 갖고 있는 것으로 볼 수 있으므로 운송수단을 보유하지 않은 프레이트 포워더형 복합운송업체를 뜻한다고 할 수 있다.

6. 프레이트 포워더와 무선박운송인

프레이트 포워더는 오랜 역사를 가진 고전적인 개념이지만 무선박운송인(non-vessel operation common carrier : NVOCC)은 최근 발전되어 온 컨테이너화의 산물이라 할 수 있다.

무선박운송인은 본래 미국 트럭업자와 철도회사들이 마련한 품목 무차별운임(freight all kind rate : FAK rate)[45]에서 출발하여 컨테이너운송에 경쟁력을 강화하고, 집화에 우위를 차지하려는 의도에서 탄생·발전되어 온 것이다.

무선박운송인은 1963년 미국의 연방해사위원회에 의하여 처음 법제화된 후 1984년 미국 신해운법에서 기존의 포워더형 복합운송인을 법적으로 확립하여 지위를 인정받았다.[46] 그러나 이는 정의나 기능을 표현한 것일 뿐 법적 자격을 규정하고 있지 않기 때문에 프레이트 포워더가 FIATA combined transport B/L을 발행하고 throught rate를 단일요율로서 화주에게 제시하여 서비스하게 되는 무선박운송인의 역할을 수행하는 데 있어서 지장이 없었다.

복합운송의 주체자인 국제복합운송인의 자격이나 정의에 관해서는 유엔 국제화물복합운송조약 이외에는 규정된 것이 없기 때문에 이론적으로는 누구든 이를 인수하여 복합운송인이 될 수 있으나 무선박운송인이 운송수단을 보유하지 않고 운송인의 역할을 수행하는 점을 감안해 볼 때 프레이트 포워더가 복합운송인이며 무선박운송인이 되는 것이다.

미국의 경우 프레이드 포워더와 무선박운송인이 엄격히 구분되어 있지만 우리나라의 경우 총체적 개념에서 거의 두 용어가 동의어처럼 사용되고 있다. 우리나라에서는 1992년 화물유통촉진법을 제정하면서 해상화물 운송주선업과 항공화물운송주선업을 복합운송주선업으로 통일시키며 법적으로 규정하였다.

---

44) 1993년 12월 항공법 개정으로 항공운송주선업을 삭제하여 화물유통촉진법 상의 복합운송주선업으로, 1995년 12월 19일 해운업법 개정으로 해상화물운송주선업을 삭제하고 1996년 6월 29일부터 시행되는 화물유통촉진법에서 복합운송주선업으로 일원화하고 있다.

45) 화물의 중량 또는 용적에 따라 설정되는 운임으로 화물의 종류나 내용에 관계없이 컨테이너당 또는 트레일러, 화차 당으로 정해지는 운임을 말한다.

46) 미국 연방해사위원회의 규정에는 해운업에 규정된 외항 및 내항의 해운을 이용하여 물건을 운송하기 위해 광고, 권유 및 기타의 방법으로 요율을 설정하여 공시하는 자, 물건의 운송에 관해 책임을 인수하거나 법적 책임을 지니는 자, 선박의 소유나 지배 유무에 관계없이 수상운송인을 하도급인으로 이용하여 자신의 이름으로 운송하는 자라고 되어 있다.

3.2 복합운송주선업의 발전

1. 외국의 복합운송주선업 발전과정

프레이트 포워더, 즉 운송주선인이 가장 먼저 발생된 곳은 13세기경 유럽대륙으로 국가간 교역활동을 활발하게 조성하기 위하여 각 국의 운송 및 상사제도, 무역관행, 통관, 세금문제 등에 관한 전문적 지식을 가진 중간 매개행위자의 필요에 따라 무역업자와 운송업자의 형태를 갖춘 상인인 프레이트 포워더의 효시라 할 수 있는 프렛쳐(Frachter)가 출현하게 되었다.

1600년경의 프렛쳐들은 유럽대륙의 독립상인으로 발전하였고 무역과 운송이 분화되면서 기능도 무역활동을 원활하게 촉진시켜주는 운송전문가로 활동하게 되면서 명칭도 Spediteur로 바뀌어 불리게 되었고, 이들의 활약으로 19세기 중엽에 이르러서는 확고한 위치를 확보하게 되었다. 운송주선인들은 여러 실무지식을 도입하여 유럽 각 국의 운송구조 운임체계 등의 마찰을 해소하고 공통적인 시스템을 형성하는 데 많은 기여를 하였다.

그 후 Spediteur의 발전된 형태인 프레이트 포워더는 국제적인 조직체를 결성하고자 하는 움직임이 있어 1926년 비영리 민간기구인 국제복합운송업협회(Federation Internationale des Associations de Transitairer et Assimiles : FIATA)가 창설되어 오늘에 이르고 있다.

한편 미국은 뉴욕항을 중심으로 1815년 선박중개인(ship broker)인 운송전문가가 등장하여 무역업자를 위해 선박수배를 하는 업무를 시작하였으며, 후에 운송노선의 확장, 원활한 화물운송을 위한 준비, 보관, 운송방법결정, 선화증권 발행 등으로 영역을 확장하게 되었다.

그 후 제2차 세계대전이 발발하면서 1942년 포워딩산업 보호육성법인 브랜드 프레이트 포워딩법(Bland Freight Forwarding Act)제정 이후 1950년 6월 연방해사위원회(Federal Maritime Commission : FMC)에 등록하도록 하였으며, 1961년 9월 19일 Public Law에 의거 Independent Ocean Freight Forwarder의 면허제가 법제화되었다.

오늘날 복합운송주선업이 첨단 무역산업으로 발전하게 된 중요한 배경으로는 운송시스템의 효율성을 극대화시킨 컨테이너의 등장이 있다. 컨테이너의 이용으로 일관운송이 일반화되면서 운송과정에서 불필요한 시간이 단축되고 화주의 대리인으로서의 전통적인 운송주선 기능이 축소되었다. 또한 운송방식의 연결을 용이하게 함으로써 복합운송의 발전을 촉진하게 되었고 운송주선인은 운송의 주체자로써 운송업체를 매개로 하여 독자적인 운송망의 구축과 운송요율표에 따라 복합운송의 주체자로써 중요한 역할을 담당하게 되었다.

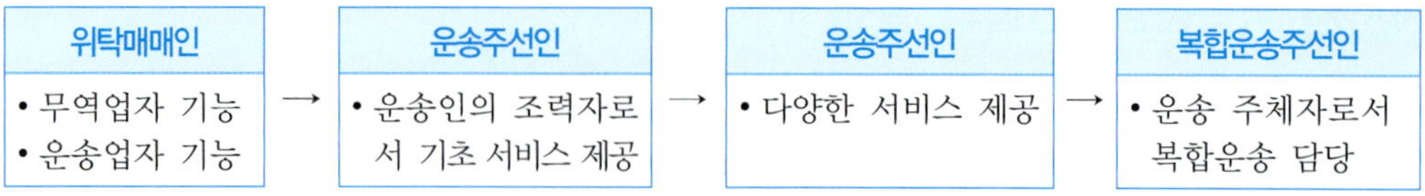

[그림 6-22] 복합운송주선업의 발전과정

2. 우리나라의 복합운송주선업 발전과정

(1) 도입기(1970년~1976년)

우리나라에 포워딩(forwarding) 제도가 도입된 것은 수출입국 정책을 주도하여 수출입 물동량이 크게 신장한 1970년대 초기부터이다. 경제개발 5개년 계획의 성공적 수행으로 화물 물동량이 증가하자 스위스, 독일 등 세계적인 포워더들이 우리나라에 진출하여 본격적인 서비스를 제공하기 시작하였다. 그러나 이때는 포워딩 업무를 전문적으로 취급하는 업체들이 거의 없었기 때문에 선박대리점 등이 외국포워더의 한국대리점(agent)의 역할을 수행했었다.

그 당시 우리나라 운송주선인의 역할은 외국 포워더가 자국 내 수입자에게 한국에서 상품을 수입할 경우 신용장에 포워더를 지정(nomination)하도록 한 후 해당 화물을 인수하여 선적 및 운임징수의 업무를 맡아 화물을 수입자에게 운송하고 외국파트너에게 소정의 수수료를 받는 정도였다.

선박대리점의 이러한 업무는 그들의 고유업무가 외국선주의 업무를 대행하여야 하는 입장이었기 때문에 전체 캐리어(carrier)를 상대하면서 화주의 대변인 역할을 해야하는 포워더의 이해와 서로 상충되었고 그 결과 1973년에 선박대리점에서 취급하던 포워딩업무가 별도의 독립법인체로 분리되면서 비로소 우리나라의 포워딩 서비스가 전개되기 시작하였다.

1973년 이후 포워더 서비스가 눈에 띄게 활발한 활동을 전개하게 되자 새로운 운송서비스 업종으로 관련 업체의 주목을 받게 되었고 이에 따라 포워더의 양적 팽창이 있었다. 그러나 국제 간의 영업활동에 수반한 제도적인 뒷받침이 없어 외국파트너에 대한 송금과 포워더가 발급한 B/L에 대한 외국환은행의 대금결제 지연 및 거부 등으로 많은 어려움이 있었다.

이러한 문제를 해결하기 위하여 1976년 2월 면허제 도입에 대한 업계 요청과 당국의 검토를 거쳐 운송주선인의 법적 근거를 해상운송사업법 중에서 외항부대사업면허조항에 있는 해상운송주선업으로 규정하고 정부에서는 수출경쟁력 강화와 국가보안상 해운항만 진흥의 필요성을 인식하여 교통부에 속해 있던 해운항만청을 신설하여 그 업무를 이관하였다. 또한 선진국가의 수출입화물 운송과정에서 차지하는 운송주선인의 중요성을 감안한 정부면허제를 도입하여 1차 26개 업체를 면허 발급함으로써 포워더의 본격적인 영업활동이 시작되었다.

(2) 정착기(1977년~1983년)

1976년 10월 30일 26개 회사가 처음으로 해운항만청의 면허를 받아 업무를 개시한 후, 1979년말까지 모두 50개사가 해상운송주선업의 면허를 취득하였다. 1980년부터 1982년까지 3년 동안 업체수가 과다하다는 정책적 판단으로 정부에서는 신규면허를 중지하였다가 1983년 들어와 이를 재개하여 6개사가 면허를 취득하였다. 따라서 이때까지는 업체수도 일정수준에서 크게 변동하지 않았으며, 업계에서 화물량도 겨우 10만 TEU 정도에 불과하였다.

초기의 면허정책은 신규면허요건강화(자본금, 시설기준) 등을 통하여 기존업체를 보호하는 한편, 선 B/L발행금지, 행정지침제정, 부실회사면허취소, 실적기준상향조정, 영업보증금제도 도입 등으로 업체의 부실화를 막기 위한 것이었다.

한편 업계에서는 전문인력양성의 필요성을 절감하고 1983년에 2차례에 걸쳐 해사연수원에서 해상운송주선업과정을 개설하였으며, 업계 외적으로 1983년에 해운산업합리화계획과 해상운송사업법의 전면 개정작업이 추진되었다.

(3) 성장기(1984년~현재)

1984년 1월 1일 신해운법의 시행과 함께 해상운송주선업이 등록제로 전환되었지만 정책당국이 업체수를 인위적으로 조절하여 업체수에 있어 커다란 변화는 없었다. 그러나 1987년 7월 등록요건만 갖추면 누구나 해상운송주선업을 영위할 수 있도록 법령이 개정됨에 따라 업체수는 급속히 팽창하였다.

업체수의 급작스런 증가는 단기적으로 시장질서를 문란시키고 전문인력의 절대부족사태를 유발시켰으며 이를 해소하기 위해 한국국제복합운송업협회에서는 복합운송기초반을 개설하여 초급전문인력을 양성하였으나 인력의 부당 스카웃 문제를 완전히 해결하지 못했다. 그 결과 한정된 시장에 업체수의 급증은 복합운송업체들의 업체당 평균 취급량의 감소를 가져왔다.

이에 정부에서는 업계의 무분별한 난립을 막기 위하여 1991년 2월 해운업법 시행규칙을 개정하여 자본금 2억원 이상으로 설립요건을 강화하였고, 그 동안 복합운송을 종합적으로 규율할 법이 없었던 점을 감안 자동차운수사업법, 해운업법, 항공운송법 등에 산재되어 있는 화물유통관련법들을 연계시켜 1991년 12월 화물유통촉진법[47]을 제정하여 운영하기에 이르렀다. 이어 1996년 6월 29일에는 무등록업체를 근절하고자 화물유통촉진법을 대폭 개정하여 복합운송주선업으로 일원화한 가운데 2020년 현재 약 3,600여개 이상의 복합운송주선업체가 영업활동을 하고 있으며, 우리나라 컨테이너화물의 약 30%를 취급하고 있다.

실제, 2016년 기준 복합운송주선업체 수는 약 2,260개였으며 KIFFA(한국국제물류협회) 가입 회원 수 716개였고, 이 외에도 미등록업체 상당하며 실제로 이용되는 복합운송주선업체 수는 2016년 기준으로 1,300여개 정도였다.

3. 우리나라 복합운송제도의 발전과정

복합운송 관련제도의 변천과정을 우리나라 복합운송의 실질적인 주체역할을 수행하여 왔던 해상화물운송주선업을 중심으로 살펴보면 크게 5단계로 구분할 수 있다.

첫 번째 단계는 해상화물운송주선업이 처음 제도화된 1976년 9월 해운항만청 공고 제6호 「외항해상운송부대사업면허요망」이 시행된 시점

두 번째 단계는 면허제에서 등록제로 개정되어 1984년 10월 「해운관련업의 등록 및 사후관리요령」이 공고된 시점

세 번째 단계는 해상화물운송주선업이 완전 등록제로 정착한 1987년 6월 해운항만청공고 제87-20호가 시행된 시점

네 번째 단계는 1991년 12월 화물유통촉진법이 제정되어 새로운 업종으로 복합운송주선업이 탄생하여 기존의 해성화물운송주선업이 양립하던 시기

다섯 번째 단계는 1995년 12월 화물유통촉진법의 개정에 의해 1996년 6월 29일부터 해상화물운송주선업이 복합운송주선업으로 흡수통합되어 업종이 단일화된 시기로 나눌 수 있다. 2007년에는 화물유통촉진법을 물류정책기본법으로 명칭을 바꾸어 전문개정을 하였으며, 그 해에 국내 포워딩 업체들의 정식 명칭이 '복합운송주선업'에서 '국제물류주선업'으로 변경되었으며 업종의 등록기관도 '건설교통부'에서 시·도지사로 옮기게 되었다. 이에 따라 한국 복합운송협회도 한국 국제물류주선업협회로 명칭이 변경되었다.

이러한 업종통합은 기존의 해운법과 물류정책기본법으로 이원화되어 있는 우리나라 복합운송업의 업종을 하나로 통합함으로써 명실공히 복합운송주선인으로서의 위치를 확립하고,

47) 물류정책기본법 제2조 (정의) 4항은 "국제물류주선업이라 함은 타인의 수요에 응하여 자기의 명의와 계산으로 타인의 선박·항공기·철도차량 또는 자동차 등 2가지 이상의 운송수단을 이용하여 화물의 운송을 주선하는 사업"이라고 규정하고 있다.

복합운송주선업이 보다 활성화될 수 있는 계기가 되고 있다.

4. 우리나라 국제물류주선업의 현황

우리나라의 경우 포워더와 같은 유사한 서비스가 시작된 시기는 대략 1960년대부터이다. 당시 수출입국의 국가시책에 따라 수출입물동량이 증가하면서 유럽지역 포워더들이 국내업체를 대리점으로 하여 서비스를 제공하면서 부터이다.

1969년 5월 항공법에 항공운송주선업이 정식 도입되었으며, 1976년 10월에는 해운법과 해상운송사업법에서 해상운송주선업이 규정되면서 우리나라에 항공운송주선인과 해상운송주선인이 정식으로 도입되었다. 이러한 주선업은 1995년 12월 29일 화물유통촉진법이 개정 공포되면서 복합운송주선업으로 일원화되게 되었다.

이러한 과정을 거치면서 우리나라의 운송주선업은 이제 운송전문가로서의 확고한 지위를 점하게 되었다. 등록관리 업무도 건설교통부(현, 국토교통부)에서 지방자치단체로 이관되면서 해마다 등록 업체 수는 크게 늘어나 2004년 말 약 2,300여개사에 이르고 있다. 이들 복합운송업체가 취급하는 화물의 양은 1999년 수출컨테이너화물 272만 2,973TEU 중 36%인 98만 8,951TEU를 취급하는 반면 수입컨테이너화물은 전체의 18%인 31만 1,251TEU를 취급하였다. 그러나 2020년 현재 등록된 업체 수 이외에 등록되지 않은 업체 수를 고려할 경우에 실제 국제물류주선업체의 수는 진술한 바와 같이 거의 3,600여개가 될 것으로 본다.

[표 6-13] 국제물류주선업의 5개년 단위별 컨테이너 화물 취급현황

(단위 : 천TEU, %)

구 분		2009	2010	2011	2012	2013	2014	2015	2016	2017	2018
		처리량	처리량	처리량	처리량	처리량	처리량	처리량	처리량	처리량	처리량
		△▽≡	△▽≡	△▽≡	△▽≡	△▽≡	△▽≡	△▽≡	△▽≡	△▽≡	△▽≡
전국 물량	계	16,341	19,369	21,611	22,550	23,468	24,798	25,681	26,005	27,468	28,970
	(전년대비, %)	-8.80	18.50	11.60	4.30	4.10	5.70	3.56	1.30	5.60	5.50
	수출입	10,369	12,349	13,413	13,662	13,948	14,601	14,701	15,414	16,311	16,636
	(수출입 전년대비, %)	-10.70	19.10	8.60	1.90	2.10	4.70	0.69	4.90	5.80	2.00
	환적	5,719	6,641	7,719	8,498	9,321	9,990	10,719	10,329	10,710	12,063
	(환적 전년대비, %)	-7.50	16.10	16.20	10.10	9.70	7.20	7.30	-3.60	3.70	12.60
	연안화물	253	378	478	390	200	207	260	262	477	271

3.3 프레이트 포워더의 주요 영업형태

1. 혼재운송

혼재운송(consolidated service or groupage)은 소량화물(LCL cargo)을 집화하여 컨테이너 단위화물(FCL cargo)로 만들어 운송하는 복합운송업체의 가장 대표적인 서비스형태이다.

복합운송업자는 소량화물을 단위화물로 운송함으로써 LCL rate와 Box rate와의 차액에서 발생하는 운임의 절감, THC(Terminal Handling Charge)[48], 창고료 등에서 발생하는 차익을 수입으로 한다.

[표 6-14] 혼재의 장점

구 분	장 점
수출자	• 운송업자에게 지불하는 운임보다 저렴한 운임 적용 • 하나의 포워더만 상대하면 다수의 선박회사와 상대하는 효과가 있으므로 효율적인 업무진행 가능 • 포워더는 선박회사가 제공하지 않는 Door to Door 서비스 제공
운송업자	• 개개의 소량화물을 취급할 필요가 없어지므로 복잡한 서류수속과 시간절약 • 물량의 단위화로 하역 및 운송취급 용이 • 포워더와는 FCL로 거래하므로 선복을 최대한 운용가능 • LCL 화물취급에 따른 설비, 장비가 필요 없으므로 비용 절약 • 소량화물화주에 대한 운임징수 위험부담의 회피가능
프레이트 포워더	• 수출자로부터 징수하는 운임총액과 운송업자에게 지불하는 차액을 이익으로 획득 • 부피중량과 실중량의 혼재로 중량감소 및 높은 중량단계의 낮은운임 적용으로 인한 수익증대
국가경제	• 전반적인 수출비용이 절감되므로 국제경쟁력 향상

48) THC는 수출화물의 CY 입고시점부터 선측까지, 그리고 수입화물의 본선선측에서 CY게이트 통과시까지 화물의 이동에 따르는 화물처리비용을 말한다. 예전에는 선사가 해상운임에 포함하여 징수하였으나 1990년에 FEFC가 분리하여 징수하면서 다른 항로에도 거의 대부분 확산되었다. 우리나라, 대만, 홍콩 등 극동지역, ASEAN국가, 유럽지역에서는 THC라는 명칭으로, 일본은 아시아 항로에 CHC(Container Handling Charge)를 부과하고 있으며, 미국은 DDC(도착지화물인도비용 : Destination Delivery Charge)라고 하여 THC에 내륙운송비를 추가하여 부과하고 있다.

혼재운송의 종류는 다음과 같이 수화인 혼재운송, 운송주선인 혼재운송 그리고 송화인 혼재운송으로 구분된다.

① 수화인 혼재운송(buyer's consolidation)

하나의 복합운송업체가 다수의 송화인으로부터 화물을 혼재하여 한 사람의 수화주에게 운송해주는 형태로 포워더는 수입자가 지불하는 혼재비용을 주 수입원으로 한다. 선적항의 CFS에서 혼재되어 목적항까지 운송되어 도착항의 CY/CFS에서 해체되지 않고 수입업자의 문전까지 컨테이너에 적입된 채로 운송되는 형태이다.

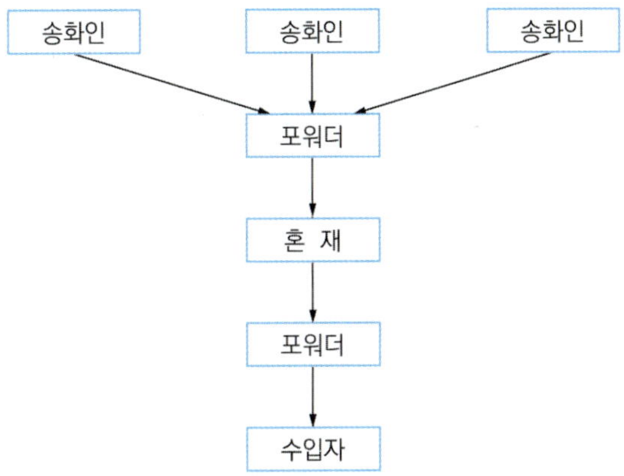

[그림 6-23] 수화인 혼재운송(buyer's consolidation)의 형태

② 운송주선인 혼재운송(forwarder's consolidation)

다수의 송화인으로부터 운송의뢰를 받은 LCL화물을 상대국의 자기 파트너 또는 대리점을 통하여 다수의 수입자에게 운송해주는 형태로 포워더의 주 수입원은 혼재에서 발생하는 운임차액이다.

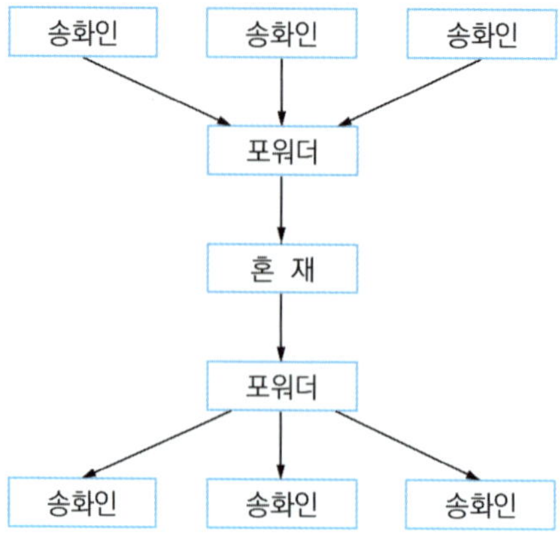

[그림 6-24] 운송주선인 혼재운송(forwarder's consolidation)의 형태

③ 송화인 혼재운송(shipper's consolidation)

단일 송화주의 화물을 다수의 수화인에게 운송해 주는 형태이다. 그러나 이 운송형태는 이론상 가능하나 현실적으로 각 화물의 행선지와 인도시기 등 여러 가지 복잡한 문제 때문에 거의 이루어지지 않는다.

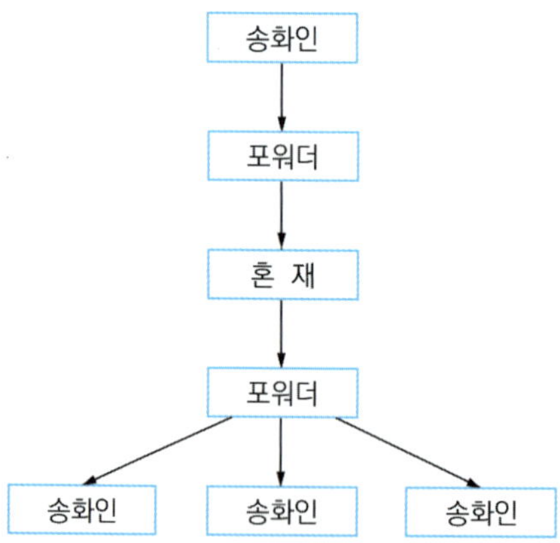

[그림 6-25] 송화인 혼재운송(shipper's consolidation)의 형태

혼재운송을 수행하는 혼재업자의 요건과 그 업무는 다음과 같다.

① 혼재업자의 요건

- 선적항 및 목적항에 화물을 취급할 수 있는 장비와 CFS, 보세창고, 컨테이너 등의 장비를 갖추어야 한다.
- 목적지의 항구에 자신을 대리하여 화물을 취급할 수 있는 대리점이 있어야 한다.
- 전문지식, 충분한 자금 및 무역업자를 안심시킬 수 있는 책임보험에 가입되어야 한다.
- 컨테이너 공간을 충분히 활용할 수 있도록 화물을 적재할 수 있는 경험과 전문기술을 보유하고 있어야 한다.
- 선박회사와 장기 서비스계약 및 운임계약을 통한 경제적인 혼재가 될 수 있어야 한다.

② 혼재업자의 업무

- 화물의 생산일자의 파악
- 화물의 혼재계획의 수립
- 선박의 수배 및 선복의 확보
- 선적서류의 작성 및 제출
- house B/L 또는 FCR[49], Sea Waybill의 발행
- 선적통지 전문발송
- 선적서류의 발송(covering letter, master B/L original&copy, house B/L copy, 상업송장, 포장명세서, CLP, cargo manifest, credit/debit note 등)

2. co-loading 업무

co-loading이란 포워더가 송화인으로부터 운송의뢰받은 LCL 화물이 FCL 화물로 혼재하기에 부족한 경우 동일 목적지의 LCL 화물을 보유하고 있는 다른 포워더에게 연합혼재(joint consolidation)를 의뢰하여 FCL 화물로 만들어 운송하는 업무를 말한다.

co-loading업무의 처리절차는 송화인으로부터 의뢰받은 LCL 화물이 FCL 화물로 단위적재가 불가능할 경우 포워더는 선적예정 선박의 적재만료일자(closing time) 1~2일 전에 동 지역의 조건이 갖춰진 다른 포워더를 선정하여 화물의 혼재를 의뢰하고 목적화물을 CFS로 이고시킨다. 당해 화물이 선적되면 포워더는 co-loading한 포워더로부터 B/L[50]을 발급받아 선적서류로 선적하여 송화인에게 교부하게 된다.

---

49) Forwarder's Cargo Receipt 또는 Forwarder's Certificate of Receipt의 약자이다.

50) 이때 발행된 B/L은 master B/L의 성격을 지닌다.

① 예약과정

② CFS에서의 절차

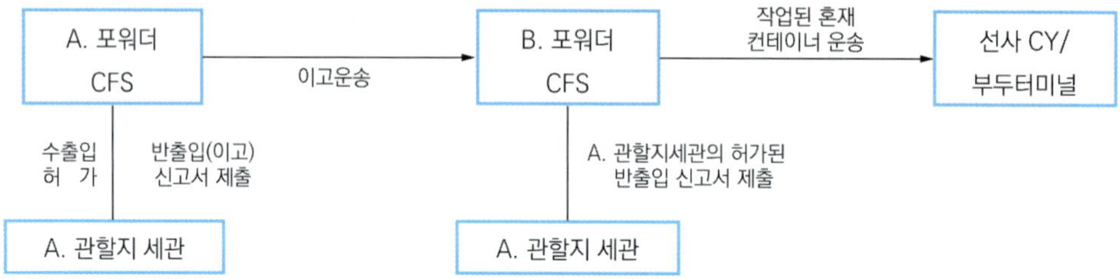

[그림 6-26] co-loading의 절차

③ 도착지 대리점에서의 절차

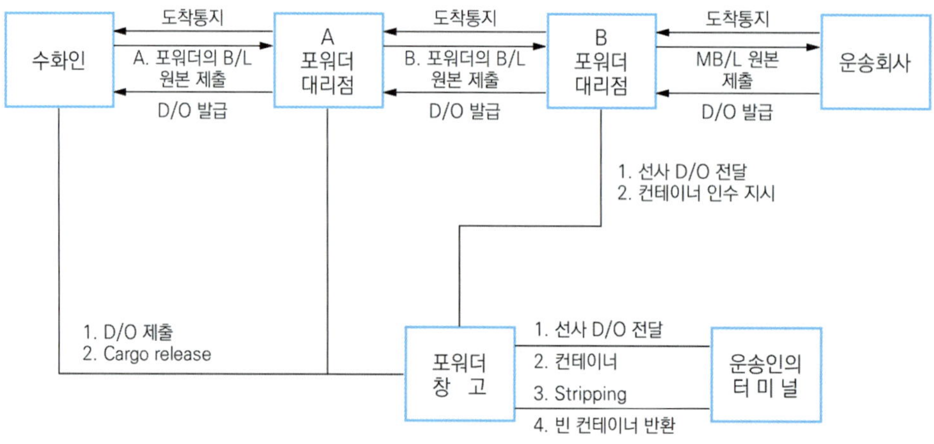

3. 시베리아대륙횡단철도서비스

우리나라가 1973년부터 개시한 시베리아대륙횡단철도는 해상운송주선업체가 최초로 무선박운송인 기능을 수행한 운송경로이다. 1987년 4월 1일부터 독일의 PCT사가 한국 총대리점을 취득함으로써 종래 일본 무선박운송인의 자유경쟁체제에서 PCT독점체제로 바뀌었다. 최근 동유럽국가와의 교역증대와 전소련통과화물공단의 시베리아대륙횡단철도서비스체제 개선 노력으로 향후 그 이용이 증대될 것으로 보인다.

4. 프로젝트 카고, 벌크카고 운송 서비스

프로젝트 카고, 벌크카고(project cargo, bulk cargo handling) 운송서비스는 특정한 공사계획에 따라 발생하는 화물의 운송서비스로, 특히 대형 건설공사의 경우 건설자재 또는 장비의 운송을 맡아 운송비의 원가계산에서부터 개입하고 원자재 또는 부품을 포장하여 지정된 인도지점까지 적기에 운송하는 방식으로 대부분 공사 시공부터 완공에 이르기까지 일괄 서비스를 제공한다.

우리나라 업체들은 이 분야에 관한 기술부족으로 참여하는 업체 수가 적고 취급물량도 컨테이너 화물과 비교하여 아주 미미한 실정이다.

프로젝트 카고, 벌크 카고 운송서비스의 처리 절차는 다음과 같다.

① 취급설비 또는 기자재의 사양서(specification)에 의한 취급범위, 방법 및 운영기일 협의
② 취급단계별 업체 선정, 소요경비 및 소요일자 산출
③ 견적서 작성 및 제출
④ 계약체결
⑤ 작업개시
⑥ 단계별 작업진행과정의 추적(tracing) 및 확인
⑦ 작업진행상황의 수시보고 및 변동사항 처리
⑧ 관계운송서류의 입수, 작성 및 처리
⑨ 작업완료
⑩ 소요경비 산출 및 청구

5. 특수화물(해외 이주화물, 미군화물) 운송서비스

해외 이주화물이란 내국인이나 외국인이나 일정기간 동안 우리나라 또는 외국에 거주하기 위하여 반입하거나 반출하는 물품을 말하며, 이 경우 제공되는 운송서비스는 화물의 포장과정부터 이민국의 최종목적지까지의 문전운송이다. 또한 미군화물 중에 특수물자를 제외한 군보급품, 개인용품 등의 운송을 우리나라 복합운송업체가 수탁 운송하는 서비스를 제공한다.

6. 행잉 가먼트 서비스

행잉 가먼트 서비스(hanging garment service)는 컨테이너에 의해 가죽 또는 모피와 같은 의류를 운송하기 위한 서비스의 형태로 컨테이너 내부에 의류의 원형 그대로의 보존상태를 유지하기 위한 필요 설비를 장착하여 제공되는 서비스이다. 이때 컨테이너 내부시설 설치에 추가되는 비용은 화주의 부담이 된다.

행잉 가먼트 서비스에 이용되는 행잉장치의 유형은 다음과 같다.

① 로프 시스템(rope system)

컨테이너 상단에 철재나 목재의 빔(beam)을 고정시킨 다음 로프로 고리를 매고 그 고리에 옷걸이를 정착하는 방법이다. 로프 시스템의 장점은 컨테이너 내부공간을 최대한 활용하여 많은 양의 의류를 적재할 수 있으나 단점은 원형상태가 변형될 가능성이 있다는 것이다.

② 바 시스템(bar system)

컨테이너의 상하를 의류의 길이에 따라 2~3개의 바(bar)를 고정 설치하여 옷걸이를 부착하는 방법으로 의류의 원형상태를 보존할 수 있는 장점이 있는 반면 빈 공간의 발생으로 로프 시스템과 비교하여 공간 활용도가 줄어드는 단점이 있다.

7. 전시화물취급 서비스

전시화물서비스(exhibition cargoes service)는 상업화물(commercial cargoes)의 해외상품박람회의 전시나 예술품(fine arts) 등의 해외전시를 목적으로 반출입되는 경우, 당해 화물의 포장에서부터 해외반출이나 전시 후 반입될 때까지 모든 절차를 일괄하여 처리해주는 서비스이다.

전시화물취급 서비스의 주요 업무는 다음과 같다.

- 포장(packing) 업무
- 국내운송(domestic transporting) 업무
- 통관(customs clearing) 업무
- 선적(shipping) 업무
- 해체(unpacking) 업무
- 장치(installing) 업무

8. 하우스 포워딩 서비스

하우스 포워딩 서비스(house forwarding service)는 불필요한 부대경비 및 인력을 절감하고 전문업체에 의한 신속하고 정확한 화물운송을 위하여 수출입당사자는 상품수출입에 관한 고유업무를 전담하고 운송에 관한 제반업무는 제약에 의하여 신용있는 한 포워더가 전담하여 일괄적으로 처리하는 운송서비스를 말한다. 불필요한 부대경비와 인력을 절감하는 한편, 전문업체에 의해 화물을 신속하고 정확하게 운송하기 위한 업무 형태이다. 하우스 포워딩은 포장, 국내운송, 통관, 보관, 하역, 선적, 보험, 재정지원(신용장 대리개설), 선적서류 작성 및 처리(documentation) 등의 일을 수행한다.

9. 운송관련 각종 대행서비스

일반적으로 문전운송과정에는 여러 가지 형태의 서비스가 필요하다. 이러한 서비스를 해상운송주선인이 직·간접적으로 수행 및 대행함으로써, 화주의 경제적 편의를 도모하고 있으며 이러한 서비스로는 포장, 육상운송, 통관, 창고업무 등이 있다.

3.4 포워딩의 선적업무절차

1. 수출업무절차

포워딩 수출업무절차를 흐름별로 보면 다음과 같다.

① 송화주로부터 선적의뢰접수
 선적요청서(shipping request) 3부, 상업송장(commercial invoice) 2부, 포장명세서(packing list) 2부, 신용장 사본 1부, 수출허가서 사본 1부
② 선박수배 및 선복(space) 예약
③ 화물의 CY/CFS입고 및 수출면장 구비 확인
④ LCL화물의 혼재작업 및 선박회사 지정 CY이송
⑤ 지정선박 선적확인
⑥ house B/L(forwarder's B/L) 또는 FCR(forwarder's certificate of receipt) 발급
⑦ 선박회사로부터 master B/L(ocean carrier's B/L) 수령
⑧ 목적지 대리점에 선적통지(shipping advice) 전문 발송
⑨ 목적지 대리점에 선적서류(shipping documents) 발송

2. 수입업무절차

포워딩의 수입업무절차를 흐름별로 보면 다음과 같다.

① 수화주의 선적의뢰 접수
② 선적지 대리점을 통하여 화물의 규격 및 생산일정 파악
③ 적정선박 수배, 운임파악, 선박확보(수출입지의 운송인이 각기 상호확인)
④ 화주에게 견적서 제출
⑤ 선적지 대리점으로부터 선적통보 전문입수
⑥ 선적서류 입수
⑦ 입수된 선적서류와 기타 부대경비 청구서 제출

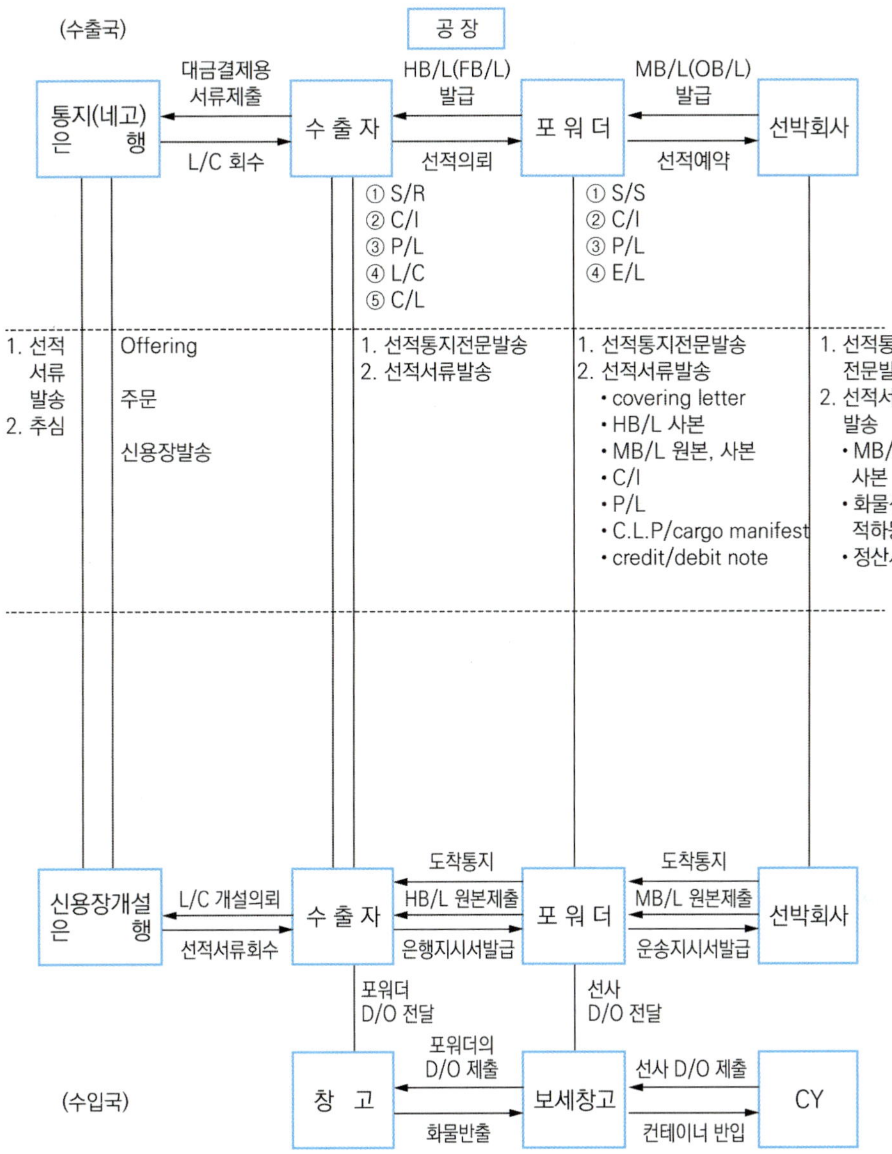

[그림 6-27] 수출입업무의 흐름도

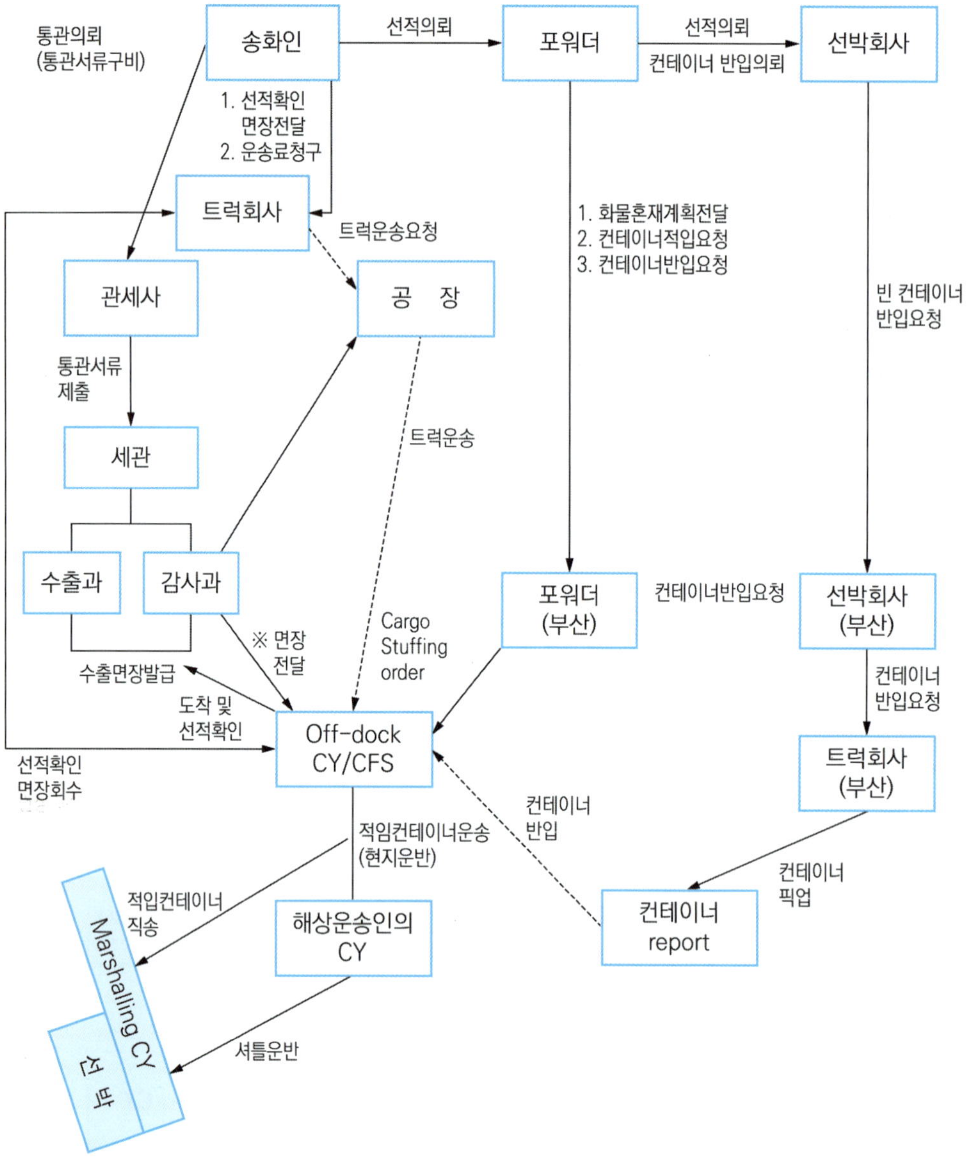

[그림 6-28] 수입업무의 흐름도

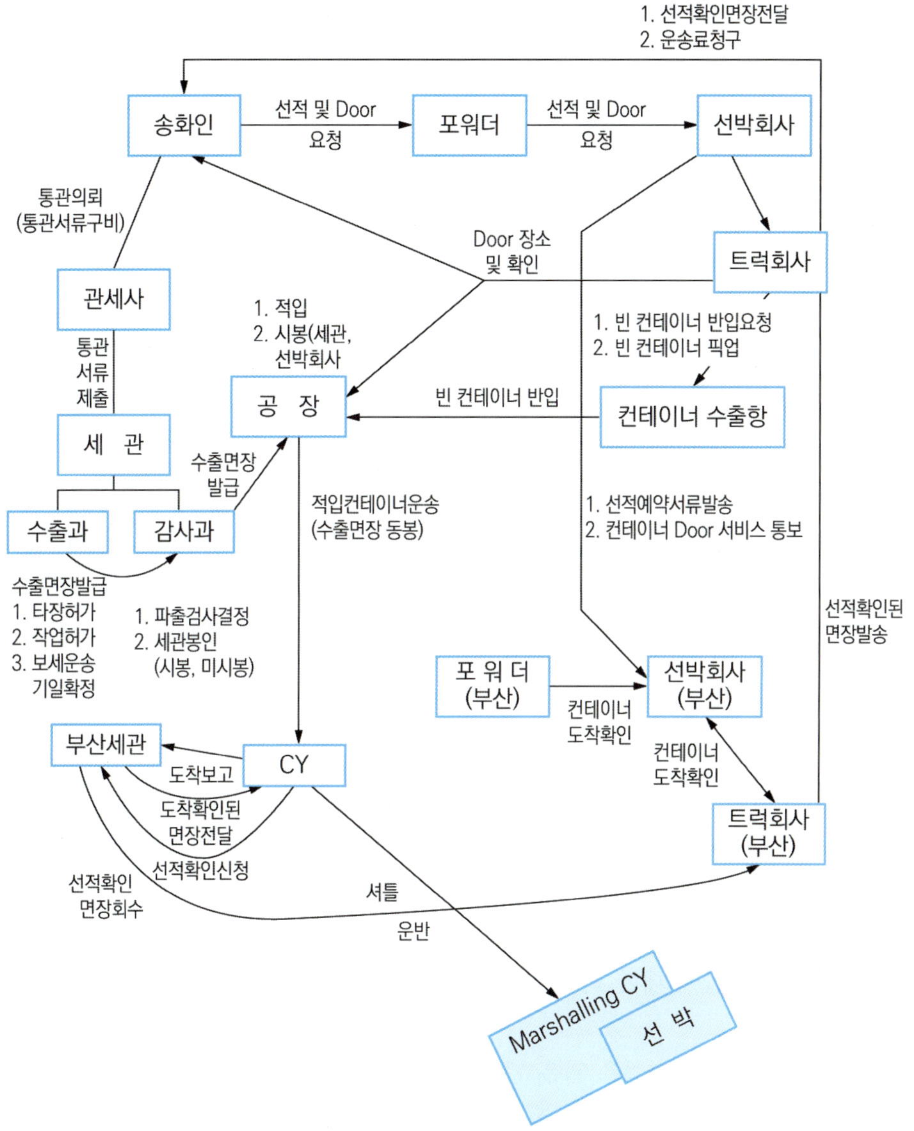

[그림 6-29] 수출업무의 흐름도

3.5 우리나라 복합운송의 문제점과 합리화 방안

1. 우리나라 복합운송의 문제점

(1) 영세한 영업규모

복합운송주선업은 단순히 운송주선기능만을 수행하는 것이 아니라 복합적인 운송기능을 수행하여야 하므로 기업의 대외공신력이 높고, 사업수행기반이 안정적이어야 하며, 나아가 기업의 규모가 적정하여야 한다. 그러나 우리나라 복합운송주선업의 영업구조는 자본금 5억 미만의 업체가 93.7%를 차지하고 있어 외국 프레이트 포워딩의 자본금이 대개 5,000만달러인 것과 비교했을 때 상대적으로 영세하다.

우리나라 해상운송주선업체의 해외지사는 약 40개에 불과한데 비해 독일의 SCHENKER 사는 90개국에 350개소, 독일 KUENGNE & NAGEL사는 32개국에 300여 개소, 스위스 DANZAS사는 37개국에 520여개소의 해외영업 조직을 가지고 있다. 규모의 영세성은 경영규모의 취약성을 보여줄 뿐 아니라 국제경쟁력에서 열위에 놓이는 결과를 가져오고 있다.

(2) 전문인력의 부족

복합운송업의 효율적인 수행을 위해서는 전문지식을 갖춘 인적자원 확보가 그 어떤 요인보다 중요한 요소이다. 복합운송업의 업무는 성격상 무역, 운송, 금융, 보험, 통관 등 관련분야에 대한 지식뿐 아니라 외국업자 및 고객과의 원활한 의사소통에 필요한 외국어능력, 새로운 서비스를 창출할 수 있는 창의력 등에 있어 폭넓은 지식과 경험을 소유한 전문인력이 요구되는 업종이므로 종사자들에게 고도의 전문성이 요구되고 있다. 전문 인력의 부족은 실제 업무수행 과정에서 화물에 대한 책임문제, 보험, 마케팅 차원 등에서 많은 손실과 위축을 가져올 수 있다.

그동안 우리나라 복합운송업은 짧은 기간 동안 양적으로 성장했지만 업체별 전문화가 미약하고 경쟁력의 기준이 되는 전문지식을 갖춘 인력부족이 지속적인 성장에 커다란 문제점으로 지적되고 있다.

(3) 업체 간의 과당경쟁

우리나라 복합운송주선업은 1984년 등록제 전환 이후 기하급수적으로 늘어나는 업체 간의 과당경쟁으로 출혈경쟁이 심화되고 있다. 현재 복합운송주선업체의 수는 약 1천 4백개에 이르고 있으며, 건설교통부(현, 국토교통부)에 정식등록하지 않은 무등록업체까지 포함한다면 수요에 비해 공급과잉 상태에 있다. 이러한 업체 수의 증가는 결과적으로 시장규모에 비해 한정된 국내시장을 놓고 물량확보를 위한 과열경쟁의 요인이 되고 있으며 나아가 생존을 위한 공정한 경쟁보다는 리베이트 제공 등을 통한 비정상적이고 불공정한 상태가 조성되는 등 부작용이 따르고 있다.

(4) 해외영업망의 미비

복합운송주선인이 복합운송서비스를 실시하기 위해서는 해외영업망의 구축이 이루어져야 한다. 이는 복합운송의 성격상 업무가 국내주선으로 끝나는 것이 아니라 화물의 최종목적지까지 일관운송을 병행해야 하므로 해외 각지에 영업망이 구축되어 있어야 정상적인 업무대행이 가능하기 때문이다.

해외영업망을 구축하는 방법으로는 대리점을 설치하는 방법, 외국 포워딩업체와 계약을 체결하여 운영하는 방법, 자사의 지점을 직접 현지에 설립하여 운영하는 방법 등이 있다. 이 중 가장 바람직한 것은 현지법인이나 지사의 설립이다. 그러나 우리나라의 경우 업체의 영세성 및 전문적인 지식과 경험부족으로 독자적인 해외영업망 구축은 곤란하며 대부분 외국업체와 제휴형태를 취하고 있다.

(5) 복합일관운송기능의 미비

복합운송주선업이 그 기능을 수행하기 위해서는 송화인으로부터 수화인에 이르기까지 일관운송서비스가 완벽하게 이루어져야 한다. 운송서비스의 최종 수혜자인 화주에 대해 고도의 서비스 제공과 아울러 규모의 경제를 통한 운송비용을 절감시키기 위해 운송주선인이 포장, 창고(보관), 하역, 운송 등의 서비스도 직접 담당하는 것이 바람직하다.

그러나 현행 복합일관운송체제하에서 운송, 보관, 하역, 포장 및 정보관리 등에 있어 복합적인 처리기능이 요구되나 자체운송업체를 소유하여 자체에서 이를 처리할 수 있는 업체는 극소수에 불과하다. 또한 국제운송의 편익 및 화물집화를 위한 영업조직이 미약하여 원활한 일관운송체제의 구축에 제한이 있으므로 국제운송에 있어 일관운송을 담당하는 영업형태와는 거리가 멀다.

(6) 복합화물유통관리기능의 결여

우리나라 운송부문에서 중요한 역할을 수행해 온 복합운송주선업은 서비스의 성격이나 물류의 중요성에 비추어 능동적인 역할을 수행하여야 하며 이러한 기능을 효과적으로 수행하기 위해서는 운송, 보관, 유통가공, 정보처리 등 종합화물유통관리업무 자체를 일관해서 처리할 수 있는 능력을 갖추어야 한다.

그러나 우리나라의 운송주선인들은 근본적으로 영세한 업체현실로 인해 소수 업체만이 CFS(Container Freight Station)를 보유하고 있다. 국제적으로 독자적인 문전수송서비스를 이루기엔 거리가 있어, 우리나라 복합운송주선업체는 영세하여 국제적으로 독자적인 문전운송을 이룩하기에는 그 기반이 매우 취약하다.

(7) 복합운송법체제의 미비

효과적인 복합운송이 이루어지기 위해서는 복합일관운송분야인 운송, 보관, 포장, 하역, 유통, 정보 등 복합적인 기능처리가 필요하나 이러한 기능을 일관하여 수행할 수 있는 복합운송주선업체가 거의 없는 상태로 일관운송을 보다 효율적으로 수행하는 데 장애가 되고 있다.

또한 우리나라에서 복합운송주선업을 규율하는 법이 각 사업별로 다른 법과 기관에 의해 통제가 이루어지고 있다. 본질적으로 동일한 기능을 가진 사업이나 제도가 서로 다른 제도적 장치와 주무관청에 의해 분리, 독립된 채로 일관성 없이 운용되고 있다. 따라서 복합운송서비스를 제공하는 데 있어 관련되는 법과 기관에서 요구하는 절차가 상이하므로 많은 시간과 비용이 소요된다. 일관성의 부족과 개별법에 산재해 있는 법체계간의 연계성 결여는 합리적인 화물유통체계의 구축에 저해요인으로 작용하고 있다.

(8) 화물유통체계의 미비

우리나라는 그동안 지속적인 경제성장에 따른 화물운송수요의 증가와 화물유통관리의 중요성에 대한 인식이 크게 제고되었으나 일관운송을 이행하여 그 이전을 화주에게 발휘할 수 있는 체제가 갖추어져 있지 못하다. 또한 상대국에서 일관운송을 대행해 주는 해외영업망이 부족하고 이를 뒷받침할 기반시설의 부족 및 정부제도 및 지원이 미비하여 화물유통경로에 많은 비효율적인 문제가 발생되고 있다.

국가기반시설인 항만뿐만 아니라 공항, 도로, 철도 등 내륙연계시설의 시설부족은 유통과정에서 부담을 주고 있으며 이는 수출경쟁력 약화로 이어지고 있다.

(9) 해외 네트워크 구성의 미비

물류선진국의 복합운송인은 각 대륙 및 지역별로 자사 네트워크망을 통해 끊임없이 해외영업망을 확충해 나가고 있다. 그러나 우리나라의 복합운송주선업체는 현재 그 현황을 제대로 파악할 수 없을 만큼 국외진출은 미미하다. 해외 네트워크의 구성은 외국 파트너를 통한 영업의존도를 탈피하여 독자적인 국외영업망을 구축한다는 의미와 덧붙여 국내외 화주에 대한 서비스 제고를 통해 더욱 다양한 수수료 수입을 획득하고자하는 문제점을 인식하고 있어야 한다.

(10) 전산화와 정보화의 미비

EDI의 도입은 문서전달과정의 오류발생방지 및 시간절약효과를 가져옴으로써 생산성을 증대시키고, 사무처리, 인건비, 재고관리 등의 운영비 절감, 다각적인 정보 및 구축에서 얻어지는 간접효과로서 이윤을 극대화시키고, 무역업무 처리비용을 절감할 수 있게 하는 등의 이익을 제공한다.

특히 수출에 있어서의 EDI도입은 수출절차 상의 필요한 서류를 현저히 감소시키며, 선화증권번호 및 컨테이너 번호만으로도 화물추적이 가능하고, 세관통과 사항의 수시 파악이 가능하며, 운항스케줄 정보 활용, 수주정보의 활용으로 생산예정계획의 수립이 가능하도록 하며, 선하증권의 신속한 전달로 신속한 대금회수와 수입자의 재고관리를 쉽게 하는 등의 이익을 가져다준다. 이처럼 정보화, 전산화는 여러 부분에서 다양한 이익을 제공하기 때문에 복합운송에 있어 정보시스템은 경쟁력 확보 면에서 필수적이라 할 만큼 매우 중요하다.

2. 우리나라 복합운송의 합리화 방안

(1) 기업규모의 확대와 운영의 전문화

소규모, 영세적인 복합운송주선인들이 서비스망을 갖춘 외국업체와의 경쟁에서 생존하기 위해서는 한정된 소수의 노선이나 특수화물에 특화함으로써 틈새시장(nitch market)을 공략하는 것 외에 업체의 규모가 대형화되고 광범위한 서비스망을 보유하고 있어야 한다. 서비스 네트워크의 확산 및 종사 전문 인력의 최대화, 각종 부대시설의 확보, 기업조직의 확대 등이 조성되어야 한다. 복합운송서비스의 네트워크는 전 세계적으로 형성시켜야 하고, 종사 인력은 각 영업패턴별로 전문화시키고, 조직 내에 전담기구를 설치하여 끊임없이 경영개선을 추진하고 새로운 서비스기술을 연구, 개발하여야 한다.

우리나라 복합운송주선업들이 규모의 영세성을 탈피하기 위해서는 업체 자체의 자본금 확충을 위한 노력과 함께 정부기관에서 업체를 보호, 육성하기 위한 금융상의 혜택이 주어져야 한다. 이러한 자본력의 강화는 화주에 대한 대외공신력을 제고시키고 나아가 국가경쟁력을 강화할 수 있기 때문이다. 또한 업체는 운영의 효율화를 위해 끊임없는 경영개선을 추진하여 새로운 전문분야의 서비스 분야를 연구, 개발하여야 한다. 복합운송주선업체들이 연구, 개발이 가능한 분야로는 소량화물의 혼재, 내륙지역까지의 문전서비스, 새로운 운송경로의 개발 등을 들 수 있다.

(2) 전문인의 양성

전문인력의 양성은 장기적인 복합운송산업의 발전과 진흥을 위해 중요한 과제이다. 자본금이나 설비투자가 부족하고 단순히 전문지식과 영업기술을 바탕으로 인력중심으로 운영되고 있는 우리나라 복합운송주선업의 경우에는 종사자들의 전문경영지식의 우위는 외국업체와의 경쟁에서 중요한 문제이다.

시설과 주변 여건이 아무리 좋아도 이를 운영하는 인재들이 부족하면 좋은 결과를 기대할 수 없다. 따라서 인재양성을 위한 투자가 적극적으로 이루어져야 한다. 복합운송업체에 적합한 인재의 유형으로는 고객에 대한 서비스정신이 충만한 사람, 복잡하고 다양한 국제운송전반에 대한 지식을 갖춘 사람, 무역과 관련된 실무업무에 능통한 사람, 넓은 시야와 정직한 마음으로 조직에 순응하며 운송관련업체 및 해외 파트너와 협조가 잘 되는 사람, 업무에 대한 사명감을 가지고 새로운 서비스를 개발하는 창의력을 지닌 사람이다.

전문적인 지식을 습득하기 위해서는 국내교육기관의 교과과정에 대한 재검토와 함께 선진상대국에 업무연수 또는 자격제도 등을 도입함으로써 복합운송전문업체로서의 지위와 고유의 영역을 확보하여야 할 것이다. 더욱이 운송주선업은 선박, 항공기 등과 같은 막대한 자본이나 시설투자가 긴요하지 않고, 노하우를 바탕으로 하는 Man-Power 업종이라는 점을 고려해 볼 때 자질 향상은 어느 산업분야보다도 더욱 절실히 요구된다. 따라서 한국해양수산개발원(KMI)이나 한국교통연구원(KOTI)에 복합운송연구실을 별도로 설치하여 국제복합운송제도의 개선과 발전방안을 지속적으로 연구함과 아울러, 계속적인 연수교육사업의 시행으로 종사자들의 자질향상을 꾀해야 한다.

(3) 물적유통시스템의 확립

국제무역에 있어서 총비용의 경쟁이 물적유통비용의 절감압력과 더불어 운송서비스도 일관운송인 문전에서 문전까지 서비스가 요구되고 있다. 이러한 화주의 다양한 요구에 부응하기 위해서 복합운송주선업자는 모든 유통과정을 파악하여 종합적으로 관리할 수 있는 체제를 구축하여야 한다. 종전 운송의 3원칙인 신속, 안전, 저렴하게만으로는 미흡하며 물적유통의 시스템화를 기하여 물류비용의 절약과 부가가치를 높일 수 있도록 한다.

(4) 경영규모의 대형화 및 전문화

복합운송의 활성화를 위해서는 장기적으로 업체의 경영규모의 대형화 및 전문화가 이루어져야 한다. 외국과의 경쟁에서 우위를 점하기 위해서는 복합운송서비스를 효과적으로 제공하기 위한 집화망, 서비스연결망의 확산, 각종 서비스관련 부대시설의 확보, 기업조직의 확대를 통한 화물의 집화, 중개, 혼재, 분류, 외부포장, 보관과 기타 복합운송에 따르는 업무를 효율적으로 수행할 수 있는 체제를 갖추어야 한다.

이렇게 함으로써 대외공신력을 제고시킬 수 있고, 일반화주도 그 재산권을 안전하게 보호받을 수 있는 것이다. 또한 회사별로 서비스경로의 개발, 영업유형, 취급화물 등으로 서비스 부분을 전문화시키는 방안도 강구되어야 한다. 업계의 규모 대형화는 기존 업계의 자력으로 해결할 수 없는 과제로 장기적으로 이루어져야 할 것이다.

(5) 물류정책의 일관성 유지

현재 정부의 물류관련정책의 시행은 해운정책 및 물류비용은 해양수산부, 사회간접자본의 조성은 국토교통부, 무역진흥은 산업통상자원부, 통관절차의 간소화는 관세청 등 소관 부처의 다원화와 부처 간 이해상충으로 일관성이 결여되고 있어 국가적 차원에서 종합적이고 유기적인 추진에 어려움을 주고 있고 효율성을 저하시키고 있다. 이를 개선하기 위하여 수출입 물류관련 정책집행은 현행대로 하더라도 정책결정 및 조정은 이해관계를 초월한 제3의 정부기관에서 총괄함으로써 정책의 일관성 유지 및 효율성을 제고시켜 나가야 할 것이다.

(6) 법과 제도의 정비

복합운송주선업무 수행과 관련되는 법과 제도의 보완이 필요하다. 복잡한 복합운송주선업 관련법체계를 완화하여 복합운송주선업 등록만으로 물류기능을 수행할 수 있는 제도적 뒷받침이 요구된다. 그동안 정부에서는 정부차원에서 규제를 완화하고 있으나 결과적으로 복합운송주선업의 난립을 초래하였으므로 앞으로 신뢰성 확보와 경쟁력 강화를 위해서는 복합운송주선업의 등록기준을 강화시키는 제도적 장치 마련을 검토하여야 할 것이다.

즉, 복합운송주선업을 영위하고자 하는 자에게 최소한의 설립요건을 강화시켜 최소 자본 규모 등을 의무화시켜야 할 것이다. 이는 최소한의 자격요건을 규제함으로써 수출업자들이 양질의 운송서비스를 제공받을 수 있고 부적절한 기업의 난립을 막고 보다 국제경쟁력을 갖춘 업계의 발전을 위하여 등록요건을 강화함으로써 국제경쟁력을 갖춘 기업으로 성장할 수 있게 하기 위해서다.

(7) 복합운송체제가 가능한 기반시설의 확충

우리나라 복합운송주선업은 종합화물유통체제의 구축, 정보시스템의 구축과 더불어 종합물적유통시설을 갖추어야 한다. 복합운송업체는 선박이나 철도, 트럭운송은 하청계약으로 업무를 수행할 수 있으나 운송과 관련된 물적유통시설은 모두 갖추어야 한다.

특히 기반시설의 확충과 관련 도로운송망의 확충이 필요하며, 이 중 항만과 철도역 사이, 그리고 철도역과 화주의 문전사이의 구간에서 도로운송을 위한 도로운송망의 확충이 요구되며 항만과 철도운송업자와의 유기적인 협조관계가 이루어져야 한다. 또한 철도의 효율적 운영이 필요하며 철도운송은 도로운송에 비해 장거리운송에 편리하고 비용이 저렴하며 정시성을 가지며 에너지 소모량이 적고 그에 따른 저공해성으로 환경친화적인 운송수단이다. 따라서, 앞으로 이러한 장점을 활용하기 위한 철도운송의 분담율을 높여야 할 것이다.

국제복합운송체제는 종합화물유통이 핵심적인 부분이다. 이에 따라 도로, 항만, 철도 등 수송기반시설의 확충, 물류기지 등 운송거점의 확보와 공급, 화물운송수단의 규격화, 표준화를 위한 국제기구에의 참여 등이 이루어져야 하며 화물수송망이 연결되어야 한다.

(8) 정보망 및 전산화 투자확대(정보시스템구축)

국제물류주선업체의 컴퓨터 시스템은 개별기업 또는 기관별로 독자적인 시스템 개발로 인해 정보망 간에 상호연계가 취약하고 개별기업 간 전자문서에 대한 표준화가 이루어지지 않아 어렵게 구축된 정보망도 제 기능을 수행하지 못하고 있다. 그러므로 국제물류주선업체는 정보화, 전산화에 대한 과감한 투자를 아끼지 말아야 할 것이며 관련업체와의 유기적인 업무협조, 수송 관리의 정보화, 광범위한 정보획득을 위한 종합적인 정보 체제를 구축하는데 전력을 다해야 한다.

(9) 신용도 제고 및 보험부보

화주에 대한 신용도를 제고시키고, 보험 부보에 의한 안정적인 기업 성장을 위해서도 우리나라 복합운송업체들의 컨테이너 국제복합운송관련 보험에의 부보를 유도할 필요가 있다.

3.6 종합물류업

1. 종합물류업의 개념

종합물류업에 대한 명확한 개념은 없으나 일반적으로 보았을 때 기존 물류업계에서 수행하고 있는 서비스 중 가장 포괄적인 범위의 물류서비스를 제공하는 서비스 개념으로 “3개 이상의 물류사업을 영위하면서 물류활동의 일부 또는 전부를 다른 기업으로부터 일정기간 유상으로 위탁받아 대행하는 사업"이라 할 수 있다.[51] 즉, 종합물류서비스는 "다양한 종류의 서비스를 통합적으로 제공할 수 있는 역량을 갖추고, 화주의 요구에 대응하여 one-stop service를 제공하는 사업"의 개념으로 정의될 수 있다. 이는 기존에 활용되어 오던 제3자 물류서비스의 정의와 일부 혼동될 수 있으나, 제3자 물류서비스 중 가장 종합적인 범위의 서비스를 의미하므로 제3자 물류의 전문적인 서비스 개념에 제4자 물류서비스의 개념을 결합한 것으로 정의할 수 있다. 그러므로 종합물류업체란 "화주로부터 단순기능이 아닌 복수의 주요 물류기능을 장기간의 일괄 위수탁계약 하에 위탁받아 물류기능을 수행하는 자산/비자산형의 물류업체"로 정의될 수 있다.

종합물류업을 육성하여야 하는 이유는 크게 국내 물류기업의 국제경쟁력 강화와 화주기업의 물류비 절감을 통해 국가적인 차원에서 산업전반의 비용구조를 개선하고, 물류산업을 통해 보다 많은 부가가치를 발생시킬 수 있는 기반을 마련하는 데 있다.

2. 종합물류업의 필요성

최근 물류에 대한 인식이 높아지고 있으나 기업에서 물류부분은 영업, 생산, 마케팅 등 다른 업무에 비해 상대적으로 관심이 저조한 실정이다. 크게 국내 물류기업의 국제경쟁력 강화라는 측면과 화주기업의 물류비용 절감이라는 두 가지 효과를 통해 국가적인 차원에서 비용적 구조를 개선하고, 물류산업을 통해 보다 많은 부가가치를 발생시킬 수 있는 기반을 마련하는데 있다.

기업은 물류효율화를 통한 원가절감과 고객서비스 제고 등을 위해 많은 노력을 기울이고 있으나 이러한 노력에도 불구하고 아직 선진국에 비해 상대적으로 과다한 물류비를 지출하고 있는 실정이다. 이의 주원인으로는 물류관련 설비, 기계화수준의 미비와 인프라의 부족, 도로위주의 수송체계, 물류아웃소싱의 저조, 자가물류위주의 구조, 연계수송체제의 미비, 물

51) (구)화물유통촉진법을 개정한 물류기본정책기본법 2조에 의해 종합물류업에 대한 내용이 나와있다. "물류사업"이란 화주(貨主)의 수요에 따라 유상(有償)으로 물류활동을 영위하는 것을 업(業)으로 하는 것으로 다음 각 목의 사업을 말한다.
가. 자동차·철도차량·선박·항공기 또는 파이프라인 등의 운송수단을 통하여 화물을 운송하는 화물운송업
나. 물류터미널이나 창고 등의 물류시설을 운영하는 물류시설운영업
다. 화물운송의 주선(周旋), 물류장비의 임대, 물류정보의 처리 또는 물류컨설팅 등의 업무를 하는 물류서비스업
라. 가목부터 다목까지의 물류사업을 종합적·복합적으로 영위하는 종합물류서비스업

류전문인력의 부족 등을 들 수 있다.

우리나라 물류산업의 문제점은 자가 또는 2자물류 위주의 시장구조로 인한 전문물류시장의 성장저해, 물류기업의 영세적 구조로 인한 경쟁력 부재, 신뢰성있는 물류기업의 부재로 물류아웃소싱의 형태가 소규모 단순업무에 한정되어 이루어지고 있다. 또한 대다수의 화주들이 제3자물류가 가지고 있는 장점과 효과에 대하여 인식하지 못하고, 화주를 대상으로 적극적인 마케팅활동을 할 수 있는 경쟁력있는 기업이 거의 없이 소규모 아웃소싱형태로 운영되고 있다는 것이다. 따라서 기업 간 기술과 원가에 따른 격차가 급격히 감소하고 있는 점을 감안해 볼 때 물류경쟁력의 약화는 결과적으로 국가산업의 경쟁력을 가져오므로 이에 대한 대책마련이 요구된다.

종합물류업의 필요성은 제조업은 생산과 판매에 주력하고, 물류는 전문기업이 담당함으로써 윈윈할 수 있는 시너지효과를 유도하고, 글로벌 물류기업과 경쟁하면서 우리나라 업체가 요구하고 있는 맞춤형 물류서비스를 제공할 수 있는 전문기업을 육성할 필요가 있다.

즉, 화주기업은 자가물류시설확충을 위한 대규모 투자유지관리비용과 수송보관비 등 물류비를 감축하고 전문화된 물류기업에 물류업무를 맡김으로써 물류서비스 수준 향상에 따른 고객만족도 제고에 기여하는 것을 말한다.

3. 종합물류업의 활성화와 인증제도입

최근 국내외적으로 물류산업 내에서 운송, 보관, 하역, 포장 정보 등을 구분하지 않고 물류업무전체를 일괄 처리할 수 있는 제3자물류 또는 종합물류업의 등장이 주목받고 있다. 이러한 역할을 수행할 수 있는 종합물류업이 활성화되기 위해서는 우선 종합물류시장의 수요증대, 제2자물류기업의 종합물류업 진출유도, 중소물류기업의 경쟁력 강화 및 종합물류업 진출유도 등이 수반되어야 한다.

이를 위해서 정부는 종합물류업을 육성하기 위한 인증제도도입을 추진하고 있다.

인증제는 비교적 규제적 요소가 적고, 대형화와 전문화달성이 가능하고, 주기적 평가를 통한 지속적인 관리가 가능하며, 종합물류업 자체가 개별법령에 의한 물류사업 외에 새로운 업종을 신설하는 것이 아니므로 별도 등록 또는 허가없이 채택이 가능하다. 이와 함께 인증을 받게 된다면 국가지방자치단체 또는 공공기관은 스스로 운영관리하는 다음의 시설에 다른 물류시설우선입수대상자 그 밖의 자보다 인증기업들을 우선 입주하게 할 수 있고 국가 또는 지방자치단체는 물류단지, 복합물류터미널, 항만법 배후단지 물류시설, 산업단지 물류시설

그밖에 대통령령으로 정하는 물류관련시설에 우선 입주 권고를 할 수 있다.

또 인증물류기업이 국가에서 정한 사업을 수행 시 다른 물류기업에 우선해 소요자금의 일부를 융자하거나 부지 확보를 위한 지원을 하는 혜택들을 받아 더욱 효율적인 물류활동을 하는데 도움을 받을 수 있다.

종합물류업의 종류는 주력업종에 따라 3가지로 분류된다. ① 선박, 항공기, 차량 등의 운송수단이 중심인 1종, ② 화물터미널이나 창고를 주력으로 하는 2종, ③ 복합운송주선이나 취급업, 서비스 등의 지식기반형 사업인 3종이다.

종합물류업을 인증받기 위하여 국토교통부가 제시한 공동기준으로는 ① 운송·물류시설 운영을 포함한 3개 이상의 업종영위, ② 일정수준 이상의 자본금 충족, ③ 제3자물류 매출액 등의 충족이다. 주력 업종별 추가기준으로는 제1종(수송위주)은 화물차, 선박, 차고지 등의 시설확보와 제2종(시설위주)은 주요 거점별 집·배송시설 확보가 전제돼야 한다. 그리고 이 외 제3종(서비스위주)은 주선업, 임대업, 취급업, 컨설팅업 등 업종별 전문인력과 장비 등을 확보해야 한다. 특히 주선업과 컨설팅업과 같은 지식형 업체는 무형적 노하우가 주요 자산이므로, 이를 표준화한 ISO 인증 등의 추가방안 등을 검토해 화물유통촉진법 시행령에 규정 등을 두어야 할 것이다.

인증제도의 인증을 받은 업체에 부여하는 혜택으로는 ① 종합물류업체에 70% 이상의 물량을 아웃소싱하는 업체는 3년 간 한시적으로 물류비 2%를 세액공제, ② 물류시설용지확층을 위한 부담경감, ③ 직접 보유하는 화물터미널, 창고 등 물류시설에 대해 취득세, 등록세, 재산세는 면제, ④ 종합토지세 50% 감면, ⑤ 유통단지 및 화물터미널 등에 우선 입주권 제공, ⑥ 물류연구 및 인력개발비에 대한 세액공제 및 물류시설 임시투자 세액공제 확대, ⑦ 제조유통기업의 물류시설 투자자금 지원 시 종합물류업참여의 제도화 등이다.[52)]

기존의 국토교통부와 해양수산부에서 시행하고 있었던 물류관련 인증제도는 종합물류기업인증, 우수화물운수사업자인증, 우수물류창고업체인증, 우수국제물류주선업체인증 및 우수화물정보망인증이 업종별로 시행되고 있었다. 인증제도가 시행된 후 개별인증 간의 중복인증획득에 따른 기업의 자원 및 인력 낭비 등의 개선요인이 발생하였다. 인증제도 간 연계가 이루어지지 않으면서 대형기업은 종합물류기업 인증 외에도 업종별 인증을 모두 취득해야 하는 등 인증 참여를 위한 부담이 증가하고, 중소·중견기업의 경우 규모적 속성이 부족하여 종합물류인증제도 참여가 어려운 상황이었다.

이에 정부는 물류기업의 경영상 부담을 최소화하고 규제완화를 위해 개별법에 따라 각각

52) 해양수산부, 종합물류업 및 지원방안, 2004.5. p.7.

운영하던 물류기업에 관한 인증제도를 물류정책기본법 개정을 통하여 종합물류기업 인증제도와 업종별 인증제도의 통합운영을 법제화(법 제2절 우수물류기업의 인증, 개정 2015.06.22. 시행 2015.12.23.)하였다. 따라서 종합물류업이 현재 우수물류업의 한 분야로 인증되고 있다. 현재 우수물류업 인증 현황으로 종합물류서비스기업 분야(18개사), 국제물류주선기업 분야(25개사), 화물자동차운송기업 분야(49개사), 물류창고기업 분야(23개사), 화물정보망기업 분야(4개사)가 있다.

[표 6-15] 우수물류업 인증기준

대 기준	세부 평가지표	비 고
기업규모	– 자산 • 투자자본금 • 운송수단 • 시설 • 기타 물류자산 – 매출 • 물류사업 총매출액 • 3자물류 매출액 • 일괄위탁 물류매출액	
다양성	• 국내거점수 • 해외거점수 • 영위업종수 • 고객수 • 최대고객 매출비중	
발전가능성	– 제3자물류화 • 3자물류 매출비중 • 3자물류 매출비중 증가율 • 일괄위탁 매출비중 • 일괄위탁 매출비중 증가율 – 국제화 • 해외투자규모 • 해외매출실적 – 정보화 • 정보시스템자산보유액 • 매출액 대비 정보화(R&D 포함) 투자율 • 화물운송추적서비스	

제4절 복합운송서류와 보험

4.1 운송서류의 개념과 내용

1. 운송서류의 의의

운송서류는 수출화물의 선적 및 선적과 관련된 여러 가지 사실을 증명하는 선화증권 등 수출업자가 수입업자에게 제공하는 여러 서류를 말한다. 국가 간 무역거래에 있어서 거래물품을 대표하는 운송서류는 물권의 소유와 밀접한 관계가 있기 때문에 중요한 거래수단이 되고 있다. 즉, 수화인은 해당 운송계약물품이 목적지에 도착하였다고 하더라도 운송물품을 대표하는 운송서류를 점유하지 않으면 물품의 소유권을 행사할 수 없으며 송화인의 입장에서는 대금결제를 받을 수 없다.

따라서 운송계약에 합의된 사항이나 수화인의 요구에 대해 송화인이 그 운송의무를 증명하는 증거서류로서 운송서류가 필요하다. 이러한 운송서류는 화주나 운송인 상호 간에 체결된 운송계약에 의해 물품의 선적, 발송, 수탁을 증명하기 위해 발행되는 것으로, 운송계약의 증거서류, 대금결제의 수단, 운송의 통지 및 운송안내의 수단이라는 중요한 기능을 가지고 있다.

1962년 신용장통일규칙에서는 선적 및 발송을 증명하는 서류를 선적서류라고 정의하고 있다. 한편 1983년 규칙에서는 선적, 발송 및 수령을 나타내는 서류를 운송서류라고 정의하고[53] 선적서류를 운송서류로 그 명칭을 변경하고 있다. 1993년 개정 신용장 통일규칙 제23조에서 제29조까지의 7개조는 8개 종류의 운송서류 각각에 대하여 규정하고 있다.

운송되는 당해 계약물품의 재산권을 대표하는 운송서류는 제4차개정 신용장통일규칙 이전까지는 선적서류라는 표현으로 선화증권, 보험서류(보험증명서)와 상업송장을 주요 선적서류(principal shipping documents)라 칭하고, 영사송장(consular invoice),[54] 세관송장(customs in-

53) 신용장통일규칙에서 운송서류의 정의는 다음과 같다.
1962년 규칙 : Documents evidencing shipment or dispatch(shipping document)
1974년 규칙 : Documents evidencing shipment or dispatch or taking in charge(shipping document)
1983년 규칙 : Documents indicating loading on board or dispatching or taking in charge(transport document)

voice),[55] 원산지증명서(certificate of origin), 검사증명서(certificate of inspection), 포장명세서(packing list) 등을 부속서류라 하였다. 그러나 운송수단의 발달로 인한 운송방식의 다양화로 운송형태가 변화함에 따라 신용장에 의한 무역거래에서도 선적서류의 개념이 운송서류의 개념으로 바뀌게 되었다.

[표 6-16] 운송서류의 변화

신용장통일규칙	운송서류		비 고
선적서류 (4차 개정전)	선적관계서류 보험관계서류 매매관계서류	선화증권 해상보험증권 및 보험증명서 상업송장	주요 서류
	세관관계서류 송장부속서류 기타 서류	세관송장, 영사송장, 원산지증명서, 포장명세서, 용적 및 용량증명서, 검사증명서	부속 서류
운송서류 (4차 개정 이후)	운송서류 보험서류 상업송장 기타서류	화물상환증, 선화증권, 항공화물운송장, 복합운송서류 보험증권, 보험증명서 중량증명서 및 기타서류	

한편 1993년 제5차 개정 신용장통일규칙에서는 해상선화증권, 복합운송서류, 우편수령증으로 되어 있는 모든 일반운송서류의 조항을 운송방식에 따라 해상선화증권(제23조), 비유통해상화물운송장(제24조), 용선계약부 선화증권(제25조), 복합운송서류(제26조), 항공운송서류(제27조), 도로/철도/내수로 운송서류(제28조), 특사/우편수령증(제29조) 등으로 세분하고 있다.

UCP600이라 불리는 제6차 개정 2006년 10월 25일(시행 07.07.01) 신용장통일규칙에서는 복합운송서류(제19조), 선화증권(제20조), 비유통 해상화물운송장(제21조), 용선계약부 선화증권(제22조), 항공운송서류(제23조), 도로, 철도 또는 내수로 운송서류(제24조), 특송배달영수증, 우편영수증 또는 우편증명서(제25조) 등으로 세분하고 있다.

54) 고의로 부정한 송장을 작성할 우려 때문에 몇몇 국가에서는 수출국에 소재하는 자국 영사의 확인을 받은 송장을 통관서류로 제출토록 하고 있다.
55) 수입국의 세관이 확인하는 송장을 말한다.

2. 운송서류의 일반적 요건

(1) 서류의 명시의무

운송서류는 계약상품의 재산권을 나타내고 있기 때문에 무역관계 당사자의 입장에서 어떠한 서류가 제시되었는가 하는 것은 대금결제와 상품인도에 있어서 중요한 의미를 갖는다. 무역결제는 원칙적으로 화환어음(documentary bill)에 의하게 되므로 수출자의 입장에서는 신용장조건과 일치하는 운송서류의 제시가 대금결제의 전제조건이 된다.

특히 신용장거래는 상품거래가 아니고 서류거래이므로 대금지급을 받기 위해 신용장조건과 일치하는 서류를 제시하는 것은 신용장거래에 있어서 중요하다. 수입자 입장에서는 완전한 상품을 인수하기 위해 상품인도에 필요한 서류 입수가 필요하며, 그 상품을 표징하는 서류와 조건을 신용장문면상에 정확히 명시하여야 한다.

(2) 한정적인 용어의 사용제한

신용장개설 신청인 및 개설은행은 신용장에 의거하여 요구하는 서류의 발행자를 한정하기 위하여 "일류의(first class)", "저명한(well known)", "자격있는(qualified)", "독립적인(independent)", "공적인(official)" 등과 같은 표현과 이와 유사한 용어를 사용해서는 안 된다.

신용장개설 신청인이 주의를 태만히 하기 위하여 언급한 용어를 사용하였을 경우에는 지급은행, 인수은행 또는 매입은행은 기타 조건이 신용장과 일치하는 한 제시된 대로 운송서류를 수리하게 되며 이로 인해 발생되는 문제에 대해서는 책임이 없다.

3. 운송서류심사의 원칙

(1) 운송서류심사의 목적과 범위

운송서류의 심사란 당해 매입은행, 인수은행 또는 지급은행에 제시된 운송서류를 무역거래의 원활화를 위하여 서류심사의 제 원칙에 따라 은행측에서 점검하는 것을 의미한다.

일반적으로 상품대금의 지급여부에 대한 은행결정권의 타당성은 상품의 소유권과 은행에 대한 수출자의 권리 뿐만 아니라 수입자로부터의 상환에 대한 권리와도 관련되므로 모든 당사자의 권리는 수입자의 요청에 의한 신용장개설에 연관된다.

신용장거래는 서면거래이므로 은행은 상당한 주의를 기울여 운송서류를 비롯한 모든 서류가 문면상 신용장조건에 일치하는지 여부를 확인하기 위하여 모든 서류를 점검하여야 한다.

이러한 은행의 운송서류 점검의 목적은 서류가 신용장조건에 합치하느냐의 여부를 확인하는 것이므로 그 범위는 어디까지나 운송서류의 문면상 문자에 한정하여 점검하여야 한다.

(2) 운송서류심사의 의무성

수출자가 제시한 운송서류와 환어음을 매입하는 매입(또는 할인)은행(negotiation bank)은 수출자가 제시한 환어음 및 운송서류의 기재사항이 신용장조건과 완전히 일치하는가를 확인하고 지급만기일까지의 이자를 공제한 다음 그 어음금액의 잔액을 할인하여 지급하게 된다.

매입은행이 수익자가 제시한 운송서류와 환어음에 대하여 신용장조건과 일치성 여부를 점검하는 것은 개설은행으로부터 매입을 수권받았기 때문이며 개설은행의 위임행위를 하는 것이 아니다. 이는 매입은행 자신의 위험과 계산으로 매입하게 되므로 신용장 조건과 일치하지 않는 운송서류와 상환으로 매입이 이루어질 경우에 개설은행으로부터 지급거절을 당할 위험이 있어 이를 회피하기 위한 방법으로서 수익자인 수출자가 제시한 운송서류를 비롯한 모든 서류를 점검하는 것이 매입은행의 의무인 것이다.

매입은행은 환어음과 운송서류를 비롯한 모든 서류를 매입하여 결제 후, 개설은행에 모든 서류를 접수시키며 개설은행은 접수된 서류를 최종적으로 점검하여 신용장조건과 일치함을 확인한다. 그 다음 매입은행의 행위에 대한 정당성을 인정하여 운송서류를 정식으로 수리함과 동시에 매입은행에 보상할 의무를 부담하며, 이때 개설은행의 보상의무는 운송서류와 그 이외의 모든 서류가 신용장조건과 일치한다면 절대적이다.[56]

4. 서류심사의 여러 원칙

은행은 제시된 서류를 심사함에 있어 서류거래로 인한 당사자 간의 분쟁을 방지하기 위하여 다음과 같은 신용장통일규칙의 원칙들을 철저히 적용하여야 한다.

(1) 신용장조건과의 엄밀일치성의 원칙

신용장거래에 있어서 지급, 인수 또는 매입하려는 자는 신용장조건을 준수해야 할 의무가 있으며, 그 의무를 준수하여야 비로소 지급 등을 받을 권리를 주장할 수 있다.

영국에서는 신용장조건에 엄격히 일치하지 아니한 서류를 은행이 거절할 수 있다는 법원리(doctrine of strict compliance)가 판례에 의하여 형성되어 있다.[57] 특히 불황기에 수입자는

56) 만일 신용장발행의뢰인이 지급불능 또는 파산상태라 하여 개설은행이 매입은행에 대해 보상을 거절한다면 서류에 의한 거래의 독립, 추상성에 위반되는 것이다.

은행이 이미 수리한 서류가 신용장조건에 엄밀히 일치하지 않는다는 이유에서의 이의 수리를 거절하는 사례가 빈번하게 발생되고 있다.

신용장거래에서 은행은 모든 신용장에서의 지시사항을 엄밀히 준수하여야 할 책임을 지고 있으므로 은행은 서류상 사소한 부분까지 검토하여 신용장조건과 일치하지 않는 경우에는 이를 거절하여야 하며 국제관계에서 이를 긍정적으로 받아들이고 있다.

(2) 조건해석의 엄격화의 원칙

지급은행, 인수은행 또는 매입은행이나 개설은행은 수익자로부터 제시된 서류에 대하여 신용장조건과의 일치여부에 대하여 엄격하게 해석하여야 한다. 은행자신의 독자적인 판단에 의하여 신용장조건을 해석해서는 안 되며, 비록 그것이 개설신청인이 제시한 취지에 상반되지 않는다고 생각되는 경우에도 마찬가지다.

(3) 문면에 의한 형식상 조사의 원칙

신용장거래에서는 은행의 엄격한 대조의무가 부과되어 있으나 그 범위는 신용장조건과의 일치여부를 문면상(on their face)으로만 대조, 점검하거나 서류자체의 형식상법적 요건을 구비하고 있는지의 여부를 조사하는 데 그친다.[58)]

신용장조건과 문면상 일치하는 서류 제시에 대하여 지급, 연지급, 인수 또는 매입 등을 수권한 경우에는 지급 등을 실제 이행한 은행에 보상하고 그 은행이 송부한 서류를 수리하여야 할 의무를 부담한다.[59)]

(4) 상당일치의 원칙(Doctrine of Substantial Compliance)

상당이행의 원칙이라고도 한다. 무역거래에서 수익자가 은행에 제시한 서류가 신용장과 완전히 일치하지는 않더라도 그에 상당하면 어음대금을 지급한다는 원칙이다. 신용장거래에

---

57) 이 원칙의 정당성에 대한 근거는 다음과 같다.
- 거래은행(경우에 따라 확인은행, 통지은행, 지급은행, 인수은행 및 매입은행이 됨)은 개설은행의 대리인이다.
- 발행은행은 신용장발행은행의뢰인(수입자)의 대리인이다.
- 위의 그러한 대리인이 제한된 권한을 가지고 있음에도 불구하고 그 권한 밖의 행위를 하였다면 본인은 그 대리인의 행위를 부인할 수 있으며 대리인은 이로 인하여 발생하는 손해를 본인으로부터 보상받을 수 없을 뿐만 아니라 그 거래에서의 모든 상업상의 위험을 부담하지 않으면 안된다.

58) 예를 들어 운송서류의 유효성, 상품의 실체 또는 운송서류의 발행자에 대한 신용상태 등의 조사의무를 부과하고 있지는 않는다.

59) UCP 600 신용장통일규칙 제14조 a항 참조

서 서류를 검토하는 기준의 하나로 완전히 일치해야 서류를 수리하는 엄격일치의 원칙(doctrine of strict compliance)에 상대되는 개념이다. 수익자가 제시한 서류가 서로 모순이 없고, 특정한 서류에 기재사항이 빠졌더라도 제시된 모든 서류의 내용이 신용장 내용을 충족시키고 있다면 유효한 서류로 간주된다.

서류심사에 있어서 은행의 재량권을 상당히 인정하는 원칙으로, 은행재량권을 얼마나 합리적으로 행사하였는지가 서류심사의 판단기준이 된다. 국제적으로는 엄격일치의 원칙을 완화하는 성격을 지녀 통용되고 있으나 전자신용거래에서는 아직 일반화되지 않았다.

4.2 복합운송서류의 개념

1. 복합운송서류의 정의와 용어의 유래

(1) 복합운송서류의 정의

복합운송은 현행 여러 운송수단을 이용하여 화물을 지정목적지까지 운송하는 것으로 전 운송구간에 걸쳐 모든 책임을 부담하는 복합운송인에 의하여 화물 운송이 이행된다. 이때 복합운송인이 물품의 수령과 계약조건의 이행을 증명하기 위해 발행되는 서류를 복합운송서류(Combined Transport Document : CTD, Combined Transport Bill of Lading : CT B/L, Multimodal Transport Document : MTD)라고 한다.

복합운송서류는 그 발행자인 복합운송인이 운송물의 수령을 증명하고 서류 상에 기재된 종류, 수량 및 상태의 화물을 수령지로부터 목적지까지 운송하기 위하여 자기의 지배하에 수리하였음을 증명하고, 운송서류의 발행 전에 이미 성립된 계약의 내용과 조건을 구체적으로 수리・명시하는 운송계약의 증거서류인 동시에 수화인이 배서 또는 교부에 의해 화물을 처분할 수 있는 운송물에 관한 권리증권(document of title)으로 유가증권의 성격을 가지는 운송서류를 말한다.[60)]

국제상업회의소의 복합운송서류통일규칙은 복합운송서류에 대해 복합운송계약에 의해 어떤 국가의 물품인수지로부터 다른 국가에 있는 인도지까지 최소한 2가지 이상 이종운송형식에 의한 물품운송의 이행 및 이행의 확보에 대한 계약을 증명하고 그 표면에 "Negotiable(or Non-negotiable) Combined Transport Document Issued Subject to Uniform Rules for

60) 유엔 국제복합운송조약(1980) 제1조 4항, 제6조 및 제10조 참조

Combined Transport Document(ICC Brochure No. 273)"이라는 두서가 있는 서류라고 규정하고 있다.[61)]

이러한 복합운송서류가 무역거래상 기능을 충분히 발휘하기 위해서는 운송계약의 체결이나 운송서류의 작성 배경에서 전혀 이에 관여할 수 없는 화환어음의 할인은행, 신용장개설은행, 화물의 매수인 등이 복합운송인의 지위를 철저히 보호하여 복합운송서류의 실존가치를 충분히 보장하여야 하며 이를 위해서는 복합운송서류를 뒷받침할 제도의 확립이 필요하다.

오늘날 발행되고 있는 복합운송서류는 그 형식이나 내용에 있어서 각기 상이하나 이들의 다양한 운송방식을 규정하거나 책임의무 및 서류작성의 표준화를 기할 수 있는 국제협정이나 각국의 국내법이 미비하여 통일된 복합운송서류를 찾기가 어려운 실정이다.

(2) 용어의 유래

복합운송서류를 Combined Transport Document로 표기한 것은 1970년 로마사법 통일국제협회와 국제해사위원회의 합동위원회(UNIDROIT) TCM조약안부터라고 할 수 있다. 초기의 로마사법통일국제협회의 박게안[62)]에서는 titre de transport international combine으로 표시되었고, 1969년 동경(Tokyo)규칙[63)]에서는 combined transport Bill of Lading으로 나타내고 있다.

---

61) ICC, 「*Uniform Rules for a Combined transport Document Rule 2*」, a and c.

62) 국제상업회의소의 의뢰로 국제법협회가 1949년 공표한 "국제복합운송계약에 관한 조약초안(Avent-project de Convention Internationale sur le contract de transport combine de marchandises)"을 말한다. 이 초안은 국제복합운송에 관한 세계 최초의 조약초안으로 이에 대한 연구는 당시 국제법협회 부회장이면서 스웨덴 최고 재판소 판사였던 Algest Baqge가 주재하는 국제위원회에 의해서 이루어졌다. 이 복합운송조약안의 심의는 1961년 로마사법통일국제협회(International Association for Unification of Private Law : UNIDROIT)의 작업위원회에 의하여 재개되어 새로운 국제복합운송에 관한 조약안(projectd'une convention sur le transport combine International de marchandises)이 채택되었다. 이 초안은 국제복합운송 법제화의 전형적인 체계를 나타낸 것으로 이 초안을 마련한 로마사법협회 작업위원회의 위원장 역시 박게판사였기 때문에 이를 박게안이라 부르고 있다.

63) 국제법협회(Comite Maritime International : CMI)는 1965년 9월 18일 뉴욕에서 개최된 상임위원회(Bureau Permanent)에서 Kai Pineus씨를 위원장으로 하는 국제컨테이너 소위원회를 설치하고 컨테이너에 대하여 검토할 것을 결의하였다. 이에 따라 피네우스 위원장은 1968년 9월에 이르기까지 9차례에 걸쳐 국제복합운송조약안을 초안하였는 바, 이 제9안이 1969년 3월 30일에서 4월 4일까지 열린 제28회 국제해법회 총회, 즉 동경총회에서 제안되어 만장일치로 채택되었으므로 이를 동경규칙이라고 한다.

[서식] 복합운송증권(Combined Transport Document)

Shipper
CHANG WON ELECTRONICS CO. LTD
C.P.O. BOX 606
SEOUL, KOREA

B/L No.
BURD2009

Consignee
TO ORDER

K.S. LINE

Korea Shipping Corporation
COMBINED TRANSPORT BILL OF LADING
BETWEEN EUROPE AND FAR EAST

Notify party

OSIO INTERNATIONAL B.V.
CONFECTIECENTRUM 3-1-15
WILHELMINAPLEIN 29, 1062HJ
AMSTERDAM, THE NETHERLAND

Pre-carriage by	Place of receipt BUSAN, CFS
Ocean vessel K.S. GLORY	Place of delivery BUSAN, KOREA
Port of discharge ROTERDAM	Final destination ROTERDAM

RECEIVED in apparent good order and condition accept otherwise noted the total number of Containers of Packages or units enumerated below for transportation from the place of receipt to the place of delivery subject to the terms hereof. One of the international Bill of Lading must be surrendered duly endorsed in charges for the goods. On presentation of this document (duly endorsed).
IN WITNESS whereof the number of Bill of Lading stated below have been signed one of which being accomplished the other(s) to be void.

Container No.	No. of Container	Charges and Descriptions of Goods	Gross Weight (KGS)	Measurement (CBM)
KACU2115018/30167	2 CNTRS	SAID TO CONTAIN: 2PCS, OF SOUND MIXER MODEL; MX-1630 CHECK NO : AF830243 "LCL SERV, CHARGES ARE DUE AT THE DESTINATION"	51	0.488

Total number of Containers
or Packages(in words) TWO(2) CONTAINERS ONLY

Freight and Charges	Reverse Tons	Rate	Prepaid	Collect
U.S. 7600 INTERIM BAF CAF SURCHARGE LCL SERVICE CHARGE(L) WHARFAGE	0.488	100.00/MC -0.20 % -14.50 % TOTAL $ 4.50 $ 0.22	 4.50 0.22	83.15 -0.17 -12.06 70.92

Freight amount As arranged	Freight payable at	Place and date of issue Seoul, Korea
	Number of Original FBL *THREE(3)*	Stamp and Signature As Multimodal Transport Operator **K.S. LINE** Korea Shipping Corporation

그러나 현재 사용 중인 복합운송을 증명하고 있는 운송서류 중 대부분은 분명히 복합운송서류로 인정할 수 있음에도 combined transport Bill of Lading이라는 명칭으로 표기하고 있다.

이는 동경규칙의 내용이 각종 국제복합운송조약안 등에 하나의 기준이 되어 기본구성과 각종의 용어가 이 규칙에서 규정된 것이 TCM조약안, 복합운송서류통일규칙 그리고 유엔 국제복합운송조약의 성립에까지 영향을 미치기 때문이다.

TCM조약안으로부터 표시되고 있는 combined transport document는 combined transport B/L이라는 명칭 중에서 B/L이라는 것이 육상을 포함한 기타의 복합운송수단에 어울리지 않는다는 입장에서 document라는 명칭을 쓴 것으로 보인다. 그러나 이 같은 명칭의 변경이 운송서류의 성격을 변화시킨다는 근거는 찾아볼 수 없고 편의상 명칭만 바꾼 것으로 생각된다.

그리고 복합운송서류에 관한 통일규칙 및 개정 TCM조약안과 신용장통일규칙에서는 combined transport document로 표기하고 있으며, 1980년 유엔국제복합운송조약과 Incoterms에서는 multimodal transport document로 표기하고 있다.

이처럼 복합운송서류의 표시가 여러 복합운송에 관한 규칙과 조약상 tire de transport international combine에서 combined transport B/L로 변경하고, 다시 combined transport document나 multimodal transport document로 변해 왔으나 아직도 복합운송의 실무면에서는 대부분의 복합운송서류의 명칭은 combined transport Bill of Lading으로 표시되고 있다.

앞으로는 점점 더 많은 운송인들이 combined transport document나 multimodal transport document로 바꾸어 표기할 것으로 보이며 그 표현도 복합운송증권에서 복합운송서류로 바뀔 것으로 예상된다.

2. 복합운송서류의 특징

복합운송서류의 특징은 다음과 같다.

① 육로, 철도, 내수로, 해상 또는 항공운송 등 상이한 운송수단에 의해 이루어져도 복합운송서류는 처음부터 끝까지(start to finish) 전 운송구간을 커버하는 서류이다.

② 복합운송서류는 복합운송인이 발행하며 전 운송구간에 대하여 책임을 부담하고 모든 단계에서 물품의 멸실, 손상에 대하여 책임을 지는 서류이다.

③ 본선 적재가 이루어지기 전에 복합운송인이 수탁 또는 수취한 상태에서 발행되는 서류

이다.

④ 선화증권과는 달리 운송인뿐만 아니라 운송주선인도 발행할 수 있다.

복합운송서류는 법적으로 선화증권과 똑같이 유통증권으로서의 기능을 갖는다.

다만 지시식 또는 무기명식으로 되어야 하며, 지시식으로 된 때에는 배서에 의해 양도 가능하다. 복합운송서류의 표면에 "Negotiable combined transport document issued subject to Uniform Rules for Combined Transport Document(ICC Brochure No. 273)"이라는 머리글이 기재되어 있다.

이 같은 성질에 의하여 국제운송에 있어서 복합운송인이 개입하게 되어 발생하는 여러 가지 문제 때문에 복합운송서류는 해상선화증권과 비교하여 다음과 같은 차이점을 갖게 된다.

(1) 발행자

복합운송서류는 복합적인 운송수단에 의해서 화물의 운송이 이루어질 것을 증명하는 서류이고 운송의 각 단계에 있어서 각각의 운송인이 유일한 계약주체가 되어 발행하는 단일의 운송서류이다.

또한 복합운송서류는 선박소유자, 기타 운송업자에 국한하지 않고 운송주선인에 의해 발행될 수 있으며 발행된 서류는 특정화물의 선적을 증명하는 서류가 아니라 운송을 위해 수리한 것을 증명하는 서류이다. 반면에 해상선화증권의 경우는 선박회사가 그 발행인이 된다.

(2) 운송구간

복합운송서류의 운송구간은 문전에서 문전까지(door to door), 즉 운송인이 화물을 수령한 내륙지점으로부터 그 화물을 인도한 도착지의 계약지점까지이다. 이에 반해 해상선화증권은 항구에서 항구까지(port to port)가 그 운송구간이 된다.

(3) 발행시기

복합운송서류는 복합운송인이 송화인으로부터 화물을 인수한 시점에서 발행되며 해상선화증권은 선적선화증권인 경우에는 화물을 선적한 후, 수리선화증권인 경우에는 화물을 야적장 및 창고에 입고한 때에 발행된다.

(4) 책임구간

복합운송서류의 책임구간은 운송인이 송화인으로부터 화물을 인수한 지점으로부터 최종 도착지점까지이며, 복합운송인은 화주에 대해 전 구간 단일책임을 지는 반면 해상선화증권은 출항지 또는 출항지 야적장 및 장치장으로부터 입항지 또는 입항지의 야적장 및 창고까지가 책임구간이 된다.

(5) 송화인 및 수화인

복합운송서류 상에 송화인은 화주이며 수화인은 상대국의 화물수령자, 즉 매수인이지만 해상선화증권 상에서는 송화인은 복합운송인이며 수화인은 상대국의 복합운송인이 된다.

(6) 운송서류의 효력

복합운송서류와 선화증권은 유통증권과 비유통증권으로 구분되며 유통증권은 배서가 가능하고 신용장통일규칙에 따라 추심은행에 제출하여 추심할 수 있다. 다만 복합운송서류는 신용장조건 상 선적일자의 표시가 있어야 하는 경우 송화인이 복합운송인에게 물품을 인도하는 시점에서 복합운송서류를 발급받은 후에 선적이 되면 다시 그 복합운송서류를 제출하여 선적일자(on board date)의 기재를 요구하면 된다.

통선화증권과 복합운송서류의 차이점은 다음과 같다.

[표 6-17] 통선화증권과 복합운송증권과의 비교

구 분	통선화증권	복합운송증권
운송수단의 조합	동종운송수단과의 조합 이종운송수단과의 조합	이종운송수단과의 조합만 가능
운송계약의 형태	형태불문, 최종목적지까지 운송 증명만으로 가능	복합운송계약(하청운송형태)
운송인의 책임형태	각 운송인 분할책임(Network Liability System)	전 구간 단일책임(network 및 Uniform Liability System)
1차운송인과 2차운송인의 관계	2차운송인에 대한 1차운송인의 지위는 화주의 단순한 운송대리인에 불과	1차 운송인 : 원청운송인 2차 운송인 : 하청운송인
증권발행인	선박회사나 그 대리인	발행인의 특별한 제한이 없고 운송주선업자도 가능(FIATA B/L에 한함)
증권의 형식	B/L 형식	B/L 이외 형식도 존재
선적증명(on board notation)	shipped B/L으로서 특정선박에의 선적증명	taking in charge만 증명
준거법	Hague/Hague-Visby/Hamburg Rules	UNCTAD/ ICC Rules for Multinational Transport Document

3. 복합운송서류의 분류

(1) 유통성에 의한 분류

복합운송서류는 선화증권의 형식 여부를 불문하고 유통성과 비유통성 복합운송서류로 분류하며, 유통성 복합운송서류는 다시 지시식(order's form)과 소지인식(holder's form)으로 구분하는 유가증권적 관점에서 분류할 수 있다.

복합운송서류에 관한 통일규칙에는 복합운송서류를 유통성 복합운송서류와 비유통성 복합운송서류로 규정하고 있으며,[64] 유엔 국제복합운송조약에서는 유통성 복합운송서류, 비유통성 복합운송서류[65] 그리고 기계나 전자장치에 의하여 발행되는 운송서류[66] 등 3종류의 복합운송서류로 규정하고 있다.

복합운송서류는 어떤 형태를 취하든 복합운송계약, 즉 복합운송인에 의하여 물품이 인수된 것과 계약상의 조항에 따라 물품을 인도할 것을 약속한 운송계약을 증명하는 서류로 법적인 효력이 발생한다.

① 유통성 복합운송서류

유통성 복합운송서류는 지시식 또는 소지인식으로 발행되며 유통성 복합운송서류가 발행된 경우 운송물의 인도는 필요한 경우 정당하게 배서된 유통성 복합운송서류와 상환으로 복합운송인 또는 그 대리인에게 이를 청구할 수 있다. 유통성 복합운송서류가 2통 이상의 원본을 1조로 발행한 경우 복합운송인 또는 대리인이 원본 1통과 상환으로 물품을 인도한 경우에는 복합운송인은 물품인도의 의무를 면한다.

ⓐ 지시식 복합운송서류 : 현행 실무상 대부분의 복합운송서류는 지시식으로 발행된다. 지시식 복합운송서류는 증권 상의 권리자인 수화인을 지정하여 수화인 또는 그 지시인에게 물건을 인도하도록 한 경우[67]와 수화인을 지정하지 않고 단순히 수화인란에 "— 또는 그의 지시인 (...or order)"으로 표시되는 2가지 형태가 있다.

복합운송서류가 후자로 발행되었을 경우에는 복합운송인에게 물품을 탁송한 송화인이 서류상 권리자로서 물품의 인도를 청구하든가 단순히 지시증권의 교부로써 인도청구권을 이전할 수 있다. 이에 반하여 복합운송서류가 전자의 형태로 발행된 경우에는 그 특정인(수화인)에 의해서만 운송물인도청구권이 배서 · 양도된다. 이 경우에는 송화인은 매수인이 매매계약

---

64) 국제복합운송증권통일규칙 제3조 및 제4조 참조

65) 유엔 국제복합운송조약 제6조 및 제7조 참조

66) 유엔 국제복합운송조약 제5조 4항 참조

67) 이때에는 "A or order 또는 to the order of A"라고 표시한다.

을 완전히 이행하지 않으면 그 서류를 유치함으로써 사실상 이행을 강제할 수 있다.

수화인이 특정된 지시식 복합운송서류는 그 운송서류가 수화인의 수중에 들어가기 전까지는 누구도 운송서류를 처분(背書)할 수 없으므로 그 한도 내에서는 유통성이 제한된다고 볼 수 있다.[68]

지시식 복합운송서류의 양도는 배서에 의하여 성립되며[69] 이때 피배서인[70]은 정당한 소지인의 지위를 얻게 된다. 이는 단순한 채권양도와는 달리 복합운송인이 배서인에 대한 항변[71]이 성립되지 않는다. 또한 어음과는 달리 복합운송서류의 배서에는 담보적 효력이 없으며, 서류의 정당한 소지인의 지위는 배서의 연속이 있는 서류의 소지인이어야 한다.

이러한 배서는 증권의 이면이나 이에 부착된 보전에 기재할 수 있다. 배서에는 피배서인의 성명을 기재하고 배서인이 기명날인한 정식배서와 단지 배서인의 기명날인만으로 이루어지는 약식배서(백지배서)가 있으나 실무상으로는 후자가 널리 통용되고 있다.

ⓑ 무기명식(소지인식) 복합운송서류 : 무기명식 복합운송서류는 배서 없이 그대로 양도가 가능하다.[72] 무기명 복합운송서류는 그 취득의 정당성 여부를 불문하고 이를 소지한 자가 화물의 합법적인 인수자로 간주된다. 따라서 이 운송서류를 분실하였을 경우 화물의 수취는 불가능하게 되므로 현행 실무상에서는 무기명식 복합운송서류의 사용을 회피하고 있다.

② 비유통성 복합운송서류

상법에서는 선화증권이나 화물상환증은 당연히 지시증권으로 규정[73]하여 유가증권성을 부여하고 있으므로, 이 같은 운송서류는 대부분 유통성을 지니고 있다. 그러나 실무적으로 선화증권은 원본 3통이 발행되고 비유통성의 사본이 여러 가지 목적상 발행될 수 있다.

복합운송서류에 관한 통일규칙이나 유엔국제복합운송조약[74]에서는 "복합운송서류가 비유통성 형식으로 발행된 경우에는 지명된 수화인을 표시하여야 한다"라고 규정하고 있다. 이는 복합운송서류가 비유통성으로 발행되는 경우 기명식 복합운송서류만을 발행할 수 있다는 것

68) 매수인으로서는 지시식 복합운송서류가 송화인의 수중에 있거나 또는 송부 도중에 분실된 경우에도 수화인의 배서가 없기 때문에 이를 선의 취득한 것으로 인정받을 수 없으므로 수화인은 보호받으려면 수화인을 지정한 이 형태가 바람직하다.

69) 상법 제65조/민법 제580조/복합운송서류에 관한 통일규칙 제3조 b/유엔국제복합운송조약 제6조 1항 b.

70) 백지식 배서의 경우에는 최후 소지인을 말한다.

71) 예를 들면 복합운송인이 서류의 발행인으로서 배서인에 대하여 가지고 있는 인적 청구권.

72) 상법 제65조/민법 제523조/복합운송서류에 관한 통일규칙 제3조 c항/유엔 국제복합운송조약 제6조 1항 참조

73) 상법 제130조, 820조 참조

74) 복합운송서류에 관한 통일규칙 제4조 a항/유엔 국제복합운송조약 제7조 1항

을 인정하는 것이다.

복합운송인은 그러한 비유통성 복합운송서류에 지명되어 있는 수화인 또는 복합운송인이 일반적으로 서면으로 정당하게 지시를 받은 그 밖의 사람에게 화물을 인도한 경우에는 복합운송인은 물품인도의무를 면한다.[75)]

복합운송서류통일규칙이나 유엔 국제복합운송조약이 비유통성 복합운송서류를 인정하는 이유는 항공운송에서는 운송물이 운송서류보다 더 빨리 목적지에 도착하기 때문에 전통적으로 항공업계가 선호해 온 비유통성 운송서류의 발행을 견지하도록 하기 위한 조처이다. 이러한 경향은 비단 항공운송분야에 한정된 것이 아니고 다른 운송분야(해상운송을 포함)에도 운송수단의 기술혁신에 따라 운송에 소요되는 시간이 단축되고 있기 때문에 비유통성 복합운송서류에 대한 관심이 증대되고 있다.

그러나 비유통성 복합운송서류는 은행의 화환취결 시 운송물에 대한 담보가 될 수는 없으며 단지 신용장을 근거로 하여 은행에서 수리가 가능하기 때문에 그 유통상 상당한 제약을 받고 있다.

기명식 복합운송서류는 특정된 자만이 정당한 소지인이 되기 때문에 배서에 의한 양도는 불가능하지만 지명채권양도의 방법에 의해 양도할 수 있다. 기명식 복합운송서류도 유가증권의 일종에 속하는 것으로 보는 것이 일반적인 견해이기 때문에 복합운송서류와 상환으로 운송물의 인도를 청구할 수 있다고 볼 수도 있다.

보통 기명식 복합운송서류는 물품의 매도인과 매수인, 즉 송화인과 특정된 수화인 사이에 지급도조건(document against payment : D/P)에 의하여 지급을 확보하는 수단으로 이용하여 왔다. 이러한 유형의 복합운송서류는 복합운송서류에 관한 통일규칙과 유엔국제복합운송조약에 명시적으로 규정되어 있지도 않고 또한 신용장통일규칙 상에서도 명확한 해석상의 지침을 주고 있지 않기 때문에 실무상 취급 시 상당한 주의가 요망된다.

(2) 복합운송인의 책임한계에 의한 분류

① Tie-up System의 형식을 취하는 복합운송서류

Tie-up System 방식을 채택한 복합운송서류로는 일본 선박회사가 북아메리카나 오스트레일리아 등에 컨테이너를 제공할 때 쓰는 복합운송서류, 유럽/아프리카 간 컨테이너 서비스를 행하고 있는 프랑스의 Chargeurs Reunis사의 복합운송서류, 북대서양항로에 종사하는 ACL (Atlantic Container Line) 사의 복합운송서류, 스웨덴의 선화증권 등이 있다.

75) 복합운송서류에 관한 통일규칙 제4조 b항/유엔 국제복합운송조약 제7조 2항

이러한 형식의 복합운송서류는 전통적인 선화증권의 내용을 상당히 따르고 있으며 복합운송인이 화주와의 관계에 비추어 당해 운송구간에 적용될 강행법규로서 국제조약이나 국내법 또는 하청운송인에 의하여 사용된 계약약관도 적용할 수 있다.

② 이종책임제도의 형식을 취하는 복합운송서류

이종책임제도는 복합운송인의 책임을 기존의 각 운송구간 운송법의 책임에 합치시킴으로써 복합운송질서의 급격한 변혁을 방지하려는 것으로 주로 선진 해운국이 지지하는 제도이며, Tie-up System의 단점을 보완한 책임원칙으로 단일운송계약을 위해 사용된 약관의 적용을 배제하고 있다.

이종책임제도의 형식을 취하는 복합운송서류는 1970년 사법통일국제협회(UNIDROIT)의 TCM조약안에 근거를 두고 있으며 국제상업회의소의 복합운송서류통일규칙도 이러한 형식을 취하고 있다.

현행 실무상에 사용되고 있는 대부분의 복합운송서류는 이종책임제도를 택하고 있다.[76] 이 제도의 가장 큰 특징은 불명손해에 대하여 고유한 책임제도를 창조한 데 있다. 즉, 손해발생구간이 확인된 경우와 확인되지 않은 경우를 구별하여 다른 책임법규를 적용하도록 하였다.

③ 단일책임제도의 형식을 취하는 복합운송서류

단일책임제도의 형식을 취하고 있는 복합운송서류로는 화물보험부 복합운송서류인 UC & D(Universal Carloading Distributing Inc.) B/L, OCL/ACT(Overseas Containers, Ltd. /Associated Container transportation, Ltd.) B/L 및 REA(Railway Express Agency Inc.) 등이 있다. 또한 1973년 9월 CMI작업부회에 의하여 만들어진 UNIDOC형 복합운송서류도 이 제도의 형식을 취하고 있으나 아직까지 사용되고 있지 않다.

단일책임제도는 운송물의 멸실, 훼손, 지연손해가 복합운송의 어느 구간에서 발생하였는가에 관계없이 복합운송인이 동일한 기준에 따라 책임을 부담하는 제도이다. 따라서 컨테이너에 따른 복합운송형태에 부응하기 위해서는 복합운송인에게 책임을 집중시키고 합리적인 수준의 과실책임에 입각한 단일책임제도의 형식을 취하는 복합운송서류를 적극적으로 채택하여야 할 것이다.

76) 대표적인 것으로 다음과 같다.
- BIMCO제정의 Combiconbill : 1971년 2월 제정, 1977년 7월 수정
- FIATA제정의 FIATA CT B/L(FBL) : 1973년 제정, 1978년 수정
- IDIT(Institute du Droit International des Transport : 국제운송법협회) 제안의 복합운송서류
- 컨테이너 국내운송조합의 복합운송서류 : 서헌제, 「컨테이너복합운송인의 책임법리」, 삼지원, 1986, p.123.

(3) 발행주체에 의한 분류

복합운송서류를 발행주체별로 유형을 분류하면 다음과 같다.

① 개별적 복합운송인 또는 복합운송인 그룹이 발행하는 운송서류

② Carrier combined transport document 서식

③ Forwarding combined transport document 서식

④ 운송인 또는 운송주선인 등의 국제단체나 다른 국제기구에 의해 표준화된 복합운송서류

- 1971년 발틱국제해사협의회(Baltic and International Maritime Conference : BIMCO)가 제정한 Combiconbill.
- 1970년 운송주선인국제협회(International Federation of Freight Forwarder's Association : FIATA)가 제정한 FBL
- 1974년 국제선주협회(International Shipowner's Association : INSA)가 제정한 증권(Code 명칭 없음)
- 1977년 BIMCO와 INSA가 국제상업회의소의 복합운송서류통일규칙에 따라 제정한 국제상업회의소 승인 CMBIDOC
- 1973년 세계해법회(Committee Maritime International : CMI)의 작업부회의에 의해 제정된 UNIDOC 등이 있다.

4.3 복합운송서류의 법적성질과 효력

1. 복합운송서류의 법적성질

복합운송서류는 복합운송계약의 근거가 되고 물품수령의 증거인 동시에 유통성을 가진 권리증권이다. 이러한 복합운송서류는 선화증권과 같이 국제상거래에 있어서 화주에게 화환의 담보기능과 편익을 주기 위하여 발행된다. 무역거래에서 복합운송서류는 무역결제의 대상으로 사용되고 있으므로 선화증권이 갖는 특성[77]은 그대로 복합운송서류에도 적용된다.

77) 선화증권의 특성은 다음과 같다.
- 유상증권적 특성(면책성, 지시성, 상환성, 제시성, 문언성, 항변절단성)
- 인도증권으로서의 특성(영 · 미에서는 권리증권 : document of title)
- 기타 운송증권으로서의 일반적 특성 : 수령증(receipt)기능(때에 따라 처분금지의 기능)

복합운송서류의 법률적 성질은 다음과 같이 구분되나 각각은 별개의 성격이 아니고 종합적으로 6가지 성격을 구비하여야 한다.

(1) 물권적 증권

복합운송서류 상 기재되어 있는 화물에 관한 권리는 운송서류 자체에 이전되고 있다. 복합운송서류는 화물에 관한 모든 권리를 상징하고 있으므로 복합운송서류의 인도는 화물의 인도와 같다. 이와 같이 복합운송서류는 화물과 완전히 동일한 성격을 가지고 있기 때문에 물권적 증권이라고 말한다.

(2) 채권적 증권

복합운송서류의 소지인은 운송서류를 인도함으로써 복합운송서류 상 기재되어 있는 화물을 인도하는 것이 된다. 복합운송서류를 제시하게 되면 서류상 기재되어 있는 화물의 인도를 거부할 수 없기 때문에 복합운송서류는 화물의 인도청구권과 같은 채권적 성질을 가지고 있다.

(3) 요인증권

복합운송서류는 실제 화물의 운송에 관한 계약이 일정한 요인을 충족시켜야만 계약의 효력이 발효되는 증권이다. 송화인이 화물을 선적하기 위하여 운송인에게 인도하면 이를 화물의 실제 선적으로 간주하는 것과 같이 일정한 요건이 충족되면 처음의 운송계약이 유효하게 되는 증권의 성격을 말한다.

(4) 요식증권

증권으로 존재하는 이상 화물 및 운송에 대한 내용을 증권 상에 명기하여야 한다. 증권 상에 기재되는 항목은 예를 들면 화물의 수량, 화물명, 화물의 인도지, 운송경로 그 밖의 사항 등이며 법률에 의해 일정한 기재사항이 요구되는 증권이다.

(5) 문언증권

실제적으로 복합운송서류 상에 기재되어 있는 운송계약 이외의 요구에 대해서는 운송인은 거부할 수 있다. 이와 같이 복합운송서류는 기재되어 있지 않은 사항에 대하여 책임을 부담하지 않는 성격을 지닌 증권이다.

(6) 지시증권

상법에 규정되어 있는 것과 같이 특별히 배서양도에 대한 금지규정이 없는 한 원칙적으로 배서에 의해 증권을 제3자에게 양도할 수 있는 성격을 지닌 증권이다.

2. 복합운송서류의 유보 및 기재효력

1924년 선화증권통일조약과 1968년 개정의정서의 전면 개정이 국제연합 국제무역법위원회(United Nations Commission on International trade Law : UNCITRAL)의 국제해운입법작업부(Working Group on International Shipping Legislation)에 의해 1975년 2월 해상물품운송조약초안(Draft Convention on the Carriage of Goods by Sea)으로 발표되었다. 이 조약안에서 선화증권의 유보 및 기재효력에 관한 규정[78]이 1980년 유엔국제복합운송조약 제9조와 제10조에 반영되어 있다.

유엔 국제복합운송조약은 복합운송서류의 기재효력과 관련 운송물이 동일성이나 외관상태의 부실기재에 대하여 운송인에게 불이익이 되는 범위를 인정하고 있다. 즉, 복합운송서류는 유보에 관한 사항 및 그 유보의 범위를 제외하고 복합운송인이 동 서류에 기재된 대로 물품을 자기의 보관하에 인수하였다는 것에 대한 추정증거가 된다는 것이다.

유엔 국제복합운송조약 제9조와 제10조의 규정에 의거 복합운송서류의 유보와 기재효력을 보면 다음과 같다.[79]

(1) 복합운송서류 상의 유보

유엔 국제복합운송조약 제9조는 복합운송서류 상의 기재에 대하여 유보(reservation)를 붙일 수 있는 경우와 그 기술방법에 관한 내용을 규정하고 있다. 유보를 붙일 수 있는 사항은 화물의 일반적 종류, 주요 화인, 포장, 개품의 수, 중량 또는 수량이다. 이는 송화인의 통고에 의해 기재되는 사항으로 이러한 사항은 매매거래 상 중요한 요소를 이루고 화주로서도 서류상 기재를 필요로 하는 것이기 때문에 복합운송인은 송화인의 통고대로 기재하되 유보를 붙임으로써 그 기재에 의한 구속을 받지 않을 수 있게 하였다.

이때 운송인이 복합운송서류에 유보를 붙일 수 있는 것은 송화인의 통고가 운송물을 정확

78) 해상물건운송조약초안 제16조(선화증권) : 유보 및 기재효력

79) Article 9. Reservations in the Multimodal Transport Document. Article 10. Evidentiary Effect of the Multimodal Transport Document 참조

하게 표시하고 있지 않는 사실을 알고 있거나, 그렇게 의심할만한 정당한 이유가 있을 경우 또는 그러한 사항을 확인할 적당한 방법이 없을 경우에 한한다.

유보의 형식에 관해서는 일반적인 표현에 의한 막연한 유보가 아니라 "부정확하다는 것", 정확한 표시가 아니라고 의심할 만한 "정당한 이유" 또는 "확인하기 위한 적당한 방법이 없다는 것"에 관한 기술을 복합운송서류 상 삽입하여야 한다. 이때 복합운송서류 상 "said by shipper to contain", "shipper's load and count" 등의 유보문언을 기재하는 것으로 충분하다고 보지만 그 유보문언의 대상이 되고 있는 명세의 내역을 명확하게 밝혀야 한다.

운송인이 같은 유보조항을 명기하지 않음은 곧 운송인의 의무를 해태한 것을 의미하므로 후에 화물 자체에 하자가 있었다 하더라도 복합운송서류 상 화물에 대한 외관상태에 관한 유보문언이 없는 한 외관상 양호한 상태로 운송물이 수령되었다는 것을 나타내게 되는 것이다. 그러므로 운송인은 반증을 들어 화주와 다툴 수가 없게 되는 것이다.

이는 복합운송서류가 단순히 운송계약의 증거라는 것을 넘어서 운송물의 매매, 담보, 기타의 처분 또는 거래를 원활하게 하는 유통증권(negotiable document)이므로 운송물의 외관 상태에 관한 선화증권 상의 기재 가치에 대한 상당한 보장이 필요하다는 데서 기인한 것이다.

(2) 복합운송서류 상의 기재효력

유엔 국제복합운송조약 제10조는 복합운송서류 상 나타난 기재효력을 규정한 것으로 유보에는 그 한도에서 기재효력에 관한 본 조 규정의 적용을 배제함으로써 유보문언의 효력이 미치는 범위를 명백히 하고 있다. 예를 들어 송화인이 통고한 내용에 대하여 "one bale short in dispute"라는 유보문언 또는 적요 표시(remarks)를 붙인 경우 나머지 부분에 대해서만 복합운송서류 상의 기재효력이 생기는 것이다. 그리고 복합운송인이 복합운송서류를 송화인에게 발급한다는 것은 그 자체가 화물을 서류에 기재된 대로 자기 보관하에 수령했다는 것에 대한 추정증거가 된다.

또한 본 조항은 복합운송서류가 유통증권서식으로 발행될 때 운송인이 반증을 들 수 없는 선의의 복합운송서류의 소지인 중에 수화인도 포함한다는 뜻을 명기하고 있다. 이는 남미제국, 이집트와 같이 수화인도 운송인과 함께 운송계약의 당사자라는 법률구성을 하고 있는 나라의 요청에 따라 불필요한 오해를 피하기 위하여 신설된 것이다.

4.4 국제규칙과 복합운송서류의 내용

1. 유엔 국제복합운송조약과 복합운송서류

1980년 5월 채택된 유엔 국제복합운송조약은 발효요건을 충족하지 못해 적용이 지연되고 있어 일반화되기에는 많은 시간이 필요할 것 같다. 그러나 이 조약은 함부르크규칙과 함께 화주의 이익을 적극 옹호하고 있기 때문에 효력의 발효 이전이라도 신용장거래에 이용될 가능성이 크다.

그 이유는 국제상업회의소의 복합운송서류통일규칙이 국제조약으로 성립되기까지 잠정적으로 이용하기 위해서 제정된 것이기 때문이다. 따라서 이 조약의 준거여부는 복합운송서류 통일규칙의 발효 여부에 있다기보다는 거래당사자들의 제약상 이 조약의 적용여부에 따라 결정될 것으로 보인다.

유엔 국제복합운송조약 상에 나타난 유통성 복합운송서류(제6조)와 비유통성 복합운송서류(제7조)의 요건은 다음과 같다.[80)]

(1) 유통성 복합운송서류

복합운송서류가 유통 가능한 형태로 발행되었을 경우에는 다음과 같이 작성하여야 한다.

- 지시식 또는 무기명식으로 작성
- 지시식일 경우 배서에 의하여 운송서류의 양도가 가능
- 무기명식일 경우 배서 없이 운송서류의 양도가 가능
- 2통 이상의 원본이 1조로 발행된 경우, 조를 이루고 있는 원본의 통수를 기재
- 사본을 발행한 경우 매 사본마다 "비유통성 사본"이라고 표시

화물의 인도는 필요한 경우 정당하게 배서된 유통성 복합운송서류와 상환으로 복합운송인 또는 그 대리인에게 청구할 수 있다.

유통성 복합운송서류가 2통 이상 원본을 1조로 발행한 경우에는 복합운송인 또는 그의 대리인이 선의로 원본 중 1통과 상환으로 화물을 인도한 때에 복합운송인은 화물을 인도할 의무로부터 면제된다.

80) Article 6. Negotiable Multimodal Transport Document./Aricle 7. Non-negotiable Multimodal Transport Document

(2) 비유통성 복합운송서류

복합운송서류가 비유통성 운송서류의 형태로 발행된 경우 지명된 수화인을 서류상에 기재하여야 한다.

복합운송인은 그러한 비유통성 복합운송서류에 지명되어 있는 수화인에게 또는 그가 일반적으로 서면으로 정당하게 지시받은 그 밖의 사람에게 화물을 인도한 경우에는 화물을 인도할 의무로부터 면제된다.

2. 복합운송서류의 내용

유엔 국제복합운송조약에서는 복합운송서류의 내용을 다음과 같이 규정하고 있다.[81)]

복합운송서류에는 다음과 같은 사항을 포함시켜야 한다.

- 일반적인 종류, 화물 식별에 필요한 주요 화인, 해당되는 경우 화물의 위험성에 관한 내용, 포장 및 개품의 수, 화물의 총중량 또는 그 밖의 표시에 의한 수량, 기타 송화인이 제출한 모든 사항
- 화물의 외관상태
- 복합운송인의 명칭과 주된 영업소의 소재지
- 송화인의 명칭
- 송화인이 지명한 경우는 수화인
- 복합운송인이 화물을 자기 보관아래 인수한 일자
- 화물의 인도지
- 당사자 간에 명시적으로 합의된 경우에는 인도지에서 화물을 인도할 날 또는 기간
- 복합운송서류가 유통성인지 비유통성인지를 나타내는 표시
- 복합운송서류의 발행지 및 발행일
- 복합운송인 또는 그로부터 수권한 자의 서명
- 당사자 간 명시적으로 합의된 경우 각 운송수단별 운임 또는 수화인이 지급할 범위의 운임과 운임으로 지급할 통화 및 운임을 수화인이 지급할 것임을 나타내는 기타 표시
- 예정된 운송경로, 운송수단 및 복합운송서류의 발행 시 알려진 경우에는 환적지
- 제28조 3항에 언급된 내용의 기재[82)]

81) 유엔 국제복합운송조약 제8조.

82) 복합운송서류에는 당해 복합운송이 송화인 또는 수화인이 불이익으로 이 조약을 해하는 조항은 무효

- 그 밖에 당사자 간에 복합운송서류에 기재하기로 합의된 사항으로서 복합운송서류가 발행된 나라의 법에 저촉되지 아니하는 사항

복합운송서류의 제8조 제1항에서 언급된 사항 중 하나 이상의 결여가 있더라도 제1조 4항[83]에 규정된 요건을 충족하는 한 복합운송서류로서 법률적 성질에 영향을 미치지 않는다.

3. 복합운송서류에 관한 통일규칙과 복합운송서류

복합운송서류에 관한 국제적인 통일규칙을 말한다. 복합운송인(multimodal transport operator)의 책임을 주요 내용으로 하는 규칙으로, 1975년 국제상업회의소(ICC)가 도쿄규칙(Tokyo rules)과 TCM협약안을 기초로 제정하였다. 그 후 국제운송주선인협회(FIATA) 선하증권의 이면약관으로 채택되었으며, FIATA 복합운송선하증권(multimodal transport B/L)으로 수정되어 1994년 3월부터 시행되고 있다. 한국은 1979년에 가입하였다.

신용장에서 국제상업회의소의 복합운송서류에 관한 통일규칙에 준거하는 복합운송서류를 명시적으로 요구한 경우 복합운송서류 표면에 "Negotiable(또는 Non-negitiable) Combined Transport Document Subject to ICC Publication No. 298"과 같은 문언을 삽입하여야 한다.[84] 이 경우 제시된 서류가 복합운송서류로 표시되지 않은 다른 표제의 서류라 하더라도 신용장에서 요구하고 있는 유통성이나 비유통성을 지닌 서류로서 국제상업회의소의 복합운송서류에 관한 통일규칙에 준한다는 취지가 명시되어 있으면 수리가 가능하다.

복합운송서류에 관한 통일규칙 제3조와 제4조에서는 복합운송서류의 요건을 규정하고 있으며 그 내용은 유엔 국제복합운송조약 제6조와 제7조의 규정과 동일하다. 다만 복합운송서류를 나타내고 있는 용어가 "multimodal transport document"에서 "combined transport document"로 변경되어 있다는 것과 조항을 표시하는 방법이 약간 상이할 뿐이다.[85] 동 규칙은 복합운송서류가 유통성 있는 형태와 비유통성의 형태로 발행될 수 있도록 규정하고 있으며 유통성 있는 형태로 발행된 경우에는 지시식 또는 무기명식으로 하여야 하며(3조 a), 지시식은 배서에 의해(3조 b) 그리고 무기명식은 배서 없이 양도를 할 수 있다(3조 c).

복합운송서류가 비유통성으로 발행되었을 경우에는 운송서류 상에 지명된 수화인을 기재

로 한다는 조약의 규정의 규율을 받는다는 뜻의 기재를 포함하여야 한다.

83) 복합운송서류란 복합운송계약과 복합운송인이 자기의 보관아래 물건을 인수하였다는 것 및 그 계약의 내용에 따라서 운송인이 물건을 인도할 의무를 부담하는 것을 증명하는 증권을 말한다.

84) 복합운송서류통일규칙 제2조 c항.

85) 복합운송서류통일규칙 제3조 및 제4조 참조.

하여야 하고(4조 a), 복합운송인이 그러한 수화인에게 정당하게 물품을 인도할 때 복합운송인은 그 물품을 인도할 의무를 면한다(4조 b). 또한 복합운송서류가 유통성 있는 형태로 발행된 경우 물품의 인도는 정당하게 배서된 복합운송서류와의 상환에 의해서만 청구할 수 있다고 규정하여(3조 f) 선화증권에서와 같은 인도증권의 기능을 갖도록 하고 있다.

상기의 국제상업회의소의 신용장통일규칙 이외에 "개정 TCM조약안"을 그 준거약관으로 취하는 운송서류도 많은데,[86] 이 경우에는 보통 그 두서(heading)를 생략하는 경우가 많다.

4. 신용장통일규칙과 복합운송서류

오늘날 대부분의 복합운송서류는 선화증권형식인 "multimodal transport Bill of Lading"이 주로 사용되고 있다. 이러한 복합운송서류에 대한 명칭의 사용은 복합운송법제의 형성에 선화증권에 관한 헤이그규칙을 기본으로 했으며 또한 복합운송구간에 해상운송이 차지하는 비중이 컸음을 반영하는 것이라 할 수 있다.

선화증권형식의 복합운송서류의 명칭에는 복합운송을 나타내는 말을 포함시키고 있고 운송형태는 하청운송형태를 나타내고 있다. 현재 사용되고 있는 선화증권형식의 복합운송서류를 나타내고 있는 명칭으로는 "combined transport Bill of Lading", "multimodal transport Bill of Lading, intermodal transport Bill of Lading" 등의 다양한 명칭을 사용하고 있다.

복합운송서류의 명칭이 "Combined Transport Document"로부터 "Multimodal Transport Document"로 변경이 된 이유는 다음과 같다. 국제상업회의소는 1973년에 "복합운송증권에 관한 통일규칙(Uniform Rules for a Combined Transport Document, ICC Publication No. 298)"을 제정하였다. 국제상업회의소는 UNCTAD(유엔무역개발회의)의 협력을 얻어 전술한 "복합운송증권에 관한 통일규칙"을 개정하고 새로이 "복합운송서류에 관한 UNCTAD/ICC 규칙(UNCTAD/ICC Rules for Multimodal-Transport Documents, ICC Publication No. 481)"을 1991년 6월에 제정하였다. 이 과정에서 "Combined"보다 "Multimodal"의 편이 보다 적절히 복합운송을 표하는 것으로 하여 "Multimodal"로 변경된 것이다.

복합운송서류의 명칭 중 하나가 신용장에 요구서류로 기재되어 있는 경우에는 특정의 표제가 있는 서류로서가 아니라, "Combined Transport Document"로 표시된 서류가 제시된 경우에도 그 명칭의 여하에 관계없이 운송형태가 복수의 운송수단에 의해서 행해지고 있는 경우에도 규정된 요건을 구비하고 있는 한 수리되는 것으로 된다.

86) 예를 들어 트리오그룹에 의한 극동/유럽간의 컨테이너 이용 CT B/L, FIATA CT B/L 등이 있다.

그러나 통선화증권을 복합운송서류와 동일한 것으로 생각하기에는 신용장거래 상 문제가 있기 때문에 "through Bill of Lading"이란 말을 표제로 사용할 때는 각별히 유의하여야 한다. 이때에는 신용장통일규칙 제26조 b항[87]에 통선화증권이 예시되어 있지 않으므로 선화증권형식의 복합운송서류를 의미하는 것으로 신용장 상에 명백히 밝혀두어야 한다.

운송서류 상 복합운송을 나타내는 명칭은 없고 단지 B/L의 명칭으로서 해상운송계약 외에 "place of receipt" 및 "place of delivery"난에 기재함으로써 복합운송계약에 사용할 수 있는 경우에는[88] 신용장에서 지정수령지로부터 지정인도지까지의 운송에 대한 복합운송을 정하고 있는 한 국제상업회의소에서는 2중목적의 운송서류도 복합운송서류로 간주한다고 확대해석하고 있다.

5. Incoterms와 복합운송서류

선적서류 중 특히 선화증권은 운송화물의 반환청구권을 나타내고 그 권리의 행사와 이전에는 증권의 점유를 요하는 유가증권이며 원칙적인 법률적 특질로는 채권증권, 요인증권, 지시증권, 처분증권, 제시증권, 환수증권, 유통증권 등을 들 수 있다.

선화증권은 이같이 화물의 청구권을 나타내는 기능과 이를 타인에게 양도함으로써 물품의 양도에 갈음하는 기능 등 2가지를 가장 중요한 기능으로 지니므로 유가증권성과 유통증권성 및 채권증권성 또는 청구증권성을 보유한 선화증권이어야 할 것이다.

Incoterms 1980에서 C&F나 CIF로 무역거래를 하는 경우에는 매도인은 선적선화증권(shipped or on board B/L) 또는 선적이서선화증권(on board endorsement B/L)이며[89] 유통식 선화증권을 매수인에게 제공하여야 한다는 취지를 규정하고 있다.

선화증권의 기능 가운데 그 양도로 물품의 양도와 동일한 법률적 효력을 갖게 하는 유통의 기능을 배제시켜도 목적지에서 매수인이 물품에 청구권을 행사함에 아무런 지장을 주지 않는다면 그러한 선화증권도 적격한 것으로 인정할 수 있을 것이다. 실제로 비유통적인 해상화물운송장을 제공하도록 허용하는 경우가 날로 증가하고 있다. 다른 한편으로는 선적전에 선화증권이 교부되는 경우도 많다.

87) 1974년 3차개정 신용장통일규칙 제19조 a항에는 through B/L에 관한 규정이 있었으나 1983년의 제4차 개정에는 이 규정이 삭제되었다.

88) 예를 들면 ACL B/L, Mitsui O.S.K. Line Ltd. B/L 등이 있다.

89) on board endorsement B/L이란 수리선화증권(received for shipment B/L)에 선적완료의 부기를 한 선화증권을 말한다.

이상과 같은 점을 고려하여 1990년 개정된 Incoterms 1990에서는 선화증권과 그밖에 일부 운송서류의 적격성의 인정범위를 확대하였다. 변경사항 중 중요한 것은 다음과 같다.

첫째, 선적선화증권 또는 선적이서선화증권만 적격한 것으로 보는 규정을 삭제하여 단순한 수리선화증권도 적격한 것으로 인정함으로써 현행 해상운송체제와 신용장통일규칙에 부합시켰다.

둘째, 유통성 선화증권뿐만 아니라 비유통성 해상화물운송장(non-negotiable sea waybill), 내륙수로운송서류(inland waterway document), 항공화물운송장(air waybill), 철도화물수탁서(railway consignment note), 육로화물수탁서(road consignment note) 및 복합운송서류 등 유통성이 없거나 유가증권이 아닌 운송서류도 적격하고 제공가능한 서류로 인정하였다.

셋째, 선화증권 기타 운송서류와 상업송장 등은 매매 당사자 간에 전자통신수단으로 교신하기로 합의한 경우에는 전자문서교환(EDI message)[90]으로 대체할 수 있도록 규정함으로써 전송문서교환에 의한 선적서류도 적격함을 인정하였다.

넷째, CIF에서 매도인이 매수인에게 제공하여야 하는 보험서류로 Incoterms 1990에서는 해상보험증권(policy of marine insurance)으로 하고 있었으나 Incoterms 1990에서는 이에 한정하지 않고 기타 부보를 증명할 수 있는 서류도 포함시키고 있으므로 보험증명서(certificate of insurance)도 적격한 보험서류임을 명문으로 인정하였다.[91]

다섯째, 상업송장을 매도인의 필수 제공서류(required documents)로 명시하고 있으나 원산지증명서(certificate of origin)를 매도인의 임의 제공서류(optional documents)로 명시하지 않고 있으므로 원산지증명서가 필수 제공서류인지 임의 제공서류인지 분명하지 않다.[92]

무역거래에서 선적서류로는 운송서류가 가장 중요하다. Incoterms 1990에서는 운송서류로 유통성 선화증권, 비유통성 해상화물운송장, 내륙수로운송서류, 항공화물상환증, 철도화물수탁서, 육로화물수탁서 및 복합운송서류 등을 열거 예시하고 있다.

그리고 정형무역조건에 따라 이들의 일부 또는 전부 가운데 하나를 매도인으로 하여금 필수 제공서류나 임의 제공서류로 매수인에게 제공하거나 그 조달에 협조하도록 규정하고 있다.[93]

---

90) 전자자료교환이라고도 하나 "무역업무자동화촉진에 관한 법률"에서 전자문서 또는 전자문서교환이라는 용어를 사용함으로써 "전자문서"라는 명칭으로 공식화하였다.

91) 「Warsaw-Oxford Rules for C.I.F. contract, 1932」의 규칙 12 제2항과 「Revised American Foreign Trade Definitions, 1941」의 C.I.F 매도인의 의무 제5조에서는 처음부터 보험증명서의 적격성을 명문으로 규정하고 있다. 보험증명서는 포괄예정보험(open cover)의 경우에 발행되는 것이 일반적이다.

92) 다만 DEQ와 DDP의 경우에는 매도인의 임의적 제공서류가 없으므로 문제가 되지 않을 것이다.

93) 비유통성이고 유가증권(security)도 아닌 이러한 여러 가지 운송서류의 적격성을 인정한 이유에 대하

Incoterms 1990에서 종래와는 달리 특히 비유통성 해상화물상환증을 적격한 서류로 인정한 것은 적절한 입법이라 하겠다. 그러나 이들 운송서류 가운데 특별히 문제가 되는 것은 선화증권과 복합운송서류이다. 이 중에서 복합운송서류와 관계되는 문제점은 다음과 같다.

선화증권의 경우 신용장통일규칙(UCP, 1983) 제26조 C항 4호(iv)에 의하여 운송인이 대리인의 지위에서 운송주선인이 발행한 선화증권이 아닌 한, 즉 법률상 대리관계에 있지 않은 단순한 운송주선인이 발행한 선화증권은 적격한 운송서류가 아니므로 신용장 당사자인 은행이 이를 수리하지 않는다. 이러한 계약은 다른 운송서류의 경우에도 동일하다.

복합운송서류의 경우에는 단순히 운송주선인이 발행한 것이라도 그것이 국제상업회의소가 승인한 FIATA 복합운송서류인 경우에는 적격한 운송서류로 인정되어 신용장 당사자인 은행이 이를 수리하도록 규정하고 있다. 이것은 원래 복합운송이 육・해・공의 일관운송이기 때문에 물품의 수령지와 실제의 선적지가, 또는 양륙지와 최종목적지가 상이한 것이 보통이므로 이러한 복합운송의 특성을 고려한 조치이다.

Incoterms 1990에서는 복합운송서류의 적격(구비)요건에 관한 규정은 설정되어 있지 않으므로 FIATA 복합운송서류도 당연히 적격으로 보아야 한다는 주장도 있을 수 있다. 그러나 오늘날 무역거래의 상당부분이 신용장에 의한 것임을 감안할 때 "신용장통일규칙 1983" 제25조 d항에서와 같이 단순히 운송주선인이 발행한 FIATA 복합운송서류도 적격성을 지닌다는 주의규정만이라도 Incoterms에 포함시켜 둘 필요가 있을 것이다.

Incoterms 2000에서는 첫째, 각 조건의 전문(preamble)에 복합운송을 포함한 모든 운송방식에 사용 가능한지 또는 해상운송에서만 사용 가능한지 여부를 밝히고 있다. 둘째, 당사자가 전자식으로 통신하기로 합의한 경우 전자문서가 위의 전통적 선화증권을 대신할 수 있다고 규정하였다. 셋째, 매도인의 물품인도 증빙서류로 선화증권 이외에 해상화물운송장(sea way will), 정기화물운송장(liner waybills), 화물수령증(freight receipt) 등 비유통서류도 사용할 수 있도록 하였다

Incoterms 2010에서는 전자적 수단에 의한 통신에 대하여 종이에 의한 통신과 동일한 효력을 부여하여 전자서류도 허용된다는 것을 명확하게 하였다. 그리고 보안관련 통관 및 정보를 강화하였다.

Incoterms 2020에서는 운송의무 및 비용 조항에 보안관련 요건을 포함시켰으며, FCA조건에 관한 서류절차를 당사자의 합의로 '본선적재표시(On-board notation)가 있는 선하증권'을 요구할 수 있도록 하였다.

여는 Incoterms 1990의 서문(Introduction) 제18항 참조.

6. 화물보험부 복합운송서류

복합운송서류에 화물보험이 일정한 형태로 직접 명시되어 있는 운송서류에는 UC & D[94] 컨테이너 B/L과 OCL/ACT[95] 복합운송서류의 표제에는 "Combined Transport Bill of Lading and Certificate of Insurance"로 되어 있고 로이드(Lloyd)의 보험증명서가 운송서류의 하단에 기재되어 있다.

UC & D 복합운송서류에 삽입되어 있는 운송약관에는 운임에 해상보험료를 포함하도록 하고 있으며 공동해손부담금을 자사가 부담한다고 규정하고 있다. 반면에 OCL/ACT 복합운송서류가 화물보험과 관련되어 있는 경우에는 복합운송인의 책임은 더욱 강화된다.[96] 그 대가로서 운송인은 보험료를 징수하거나 자기들을 통해 보험계약을 체결하도록 하는 시스템을 제공하며, 그 목적은 경제규모의 원칙에 따른 저렴한 보험료로 많은 화물을 유치하려는 데 있다.

7. 기타 형식의 내용

(1) FIATA 복합운송서류

화물운송주선업자가 발행하는 복합운송증권으로서 1926년에 설립된 국제운송주선업협회연맹(FIATA)이 제정하고 국제상업회의소(ICC)가 승인한 표준양식에 의거하여 발행된 복합운송선화증권(FIATA combined transport bill of lading : FBL)을 말한다.

국제운송주선인협회연맹(International Federation of Forwarding Agent's Association : FIATA)[97]

---

94) 미국을 중심으로 국제컨테이너 서비스를 행하고 있는 미국 제1의 국내운송주선업자이다.

95) OCL은 P & O, Alfred Holt, British & Commonwealth, Furness Withy의 4개 회사로 구성된 컨소시엄이다.

96) 보험부 운송서류의 발행인들은 모두 화주에 대해 전 구간 단일책임에 의해 엄격한 일관책임을 부담하고 있다.

97) 유럽제국의 화물운송인 간의 협조를 통하여 업자의 이익을 옹호하려는 것을 목적으로 1926년 바인에서 설립되었으나, 현재는 세계적인 운송주선인의 대표기관으로서 그 본부를 스위스 베른에, 사무국은 취리히에 설치하여 활발한 활동을 전개하고 있다. 그 지위는 ECE, IRU, UIC, IATA 등과 동일 시되고 있다. 우리나라는 한국해상운송주선업협회가 1977년 9월 로스앤젤레스총회에서 정회원으로 가입하였다. 이 연맹은 유엔의 기타 국제운송관계회의에 참가하여 forwarder의 지위향상에 노력하고 있으며, FIATA 총회는 2년에 한번 개최하고, 국제항공운송협회(International Air Transport Association : IATA)에 의하여 항공화물대리점의 국제적 대표기관으로 공인되어 있고, FIATA 내에 항공운송위원회(Air Freight Institute)가 설립되어 있다.

은 TCM조약 초안에 근거하여 1970년 6월 독자의 복합운송서류의 이면약관을 준비양식(FIATA Combined Transport Bill of Lading)으로 제정 발표하였다. FIATA의 이 복합운송약관은 1978년, 1982년, 1987년에 개정 및 보완되었고, 1992년 제4차 개정이 있었다. 또 다시 1992년에 개정하여 1994년 3월 1일부터 시행하고 있다.

지금까지 운송주선인(Freight Forwarder)에 의해 발행되어온 FIATA복합운송증권(FIATA Combined Transport Bill of Lading : FBL)은 국제상공회의소(ICC)가 1973년에 제정한 [복합운송증권에 관한 ICC통일규칙]을 근거로 한 것이었다. 그 후 ICC통일규칙은 복합운송의 발달과 비교하여 상당한 정도 시대에 뒤떨어져 있었으므로 ICC는 1992년에 [복합운송증권에 관한 UNCTAD/ICC규칙]으로 개정, 발전시켰으며 1992년에 개정된 FIATA 복합운송증권(FBL)은 이것을 근거로한 것이다. FIATA는 1992년에 복합운송증권의 양식을 변경함과 동시에 이면약관도 개정하여 시행에 들어갔다.

FIATA는 국제적인 운송주선인의 조직으로서 운송주선인 화물운송증(forwarding agent certificate of transport : FCT),[98] 운송주선인 화물수령증(forwarding agent certificate of receipt : FCR)[99] 및 복합운송서류의 표준양식을 정하고 있으나 FCT나 FCR은 각 사가 독자적인 양식을 정하는 경우가 많다.

FIATA가 세정한 복합운송서류는 발행인이 화주에 대한 단일책임을 지는 것이 일반적이나 FCT나 FCR은 운송상의 책임을 부담하지 않으며 양자의 차이는 FCR이 운송처리를 위한 화물의 수령증에 불과한 데 반하여 FCT는 화물상환증 곧, 유가증권의 성격을 가지고 있다. 그러므로 FCT는 그 성격으로 미루어 보아서 운송증권의 역할이 가능하다고 볼 수 있다.

이러한 양식의 운송서류는 유럽에서 점차 사용빈도가 증가되는 추세이나 운송서류의 표면에 보면 발행자는 운송주선인으로서 행동하는 것이므로 제3자를 주의깊게 선택해야 할 책임을 지나 제3자의 행위에 대해서는 책임을 지지 않는다는 것을 명시하고 있으므로 은행은 이러한 운송서류를 수리할 경우 세심한 주의가 필요하다.

① 신 FIATA FBL의 이면약관 내용

현재 국내는 물론 세계적으로 통용되고 있는 FIATA FBL(FIATA CT B/L)은 1970년 복합운송서류의 양식을 제정하여 1978년과 1988년 각각 개정하였고, 1992년 다시 개정하여 1994년

98) 운송주선인이 자기가 지정한 대리점을 통하여 도착지에서 화물운송 중에 기록된 조건에 따라 정당하게 서류를 소지한 사람에게 화물을 인도해 줄 것을 약속하는 서류로서 은행에서 매입가능하며 원본서류를 제출하여야만 화물을 인도받을 수 있다.

99) 이것은 운송주선인이 화물을 인수했다는 것을 공식 확인하는 서류로서, 수화주가 이 서류를 제출하지 않고도 화물을 인도받을 수 있기 때문에 은행에 매입되는 서류는 아니다.

3월 1일부터 시행하고 있다. 1992년 개정한 FIATA FBL은 국제상공회의소의 복합운송서류에 관한 UNCTAD/ICC 규칙에 따라 복합운송서류의 양식과 이면약관을 개정하게 된 것이다.

신 FIATA FBL의 이면약관의 내용을 보면 다음과 같다.

- 서류의 발행 : 운송주선인이 FIATA FBL을 발행하여 전 운송구간에 생긴 물품의 멸실, 손상 및 인도지연에 대하여 1차적인 책임이 있으며 나아가 복합운송주선인이 FIATA FBL에 대하여 본인의 책임뿐 아니라 이행보조자의 작위 또는 부작위에 대해서도 책임을 진다.
- 유통성과 물품에 대한 권리 : FIATA FBL은 선화증권과 같이 운송계약의 증거, 수령한 물품의 중량과 상태 등을 증명하는 수령증 및 권리증권의 기능을 가지며, 배서, 양도함으로써 물품의 인도와 같은 법률적 효과가 있다.
- 위험물과 배상 : 증권표면에 기재한 사항은 화주가 신고한 것이므로 그 정확성에 대하여 운송주선인은 책임이 없으며 송화인의 잘못된 정보제공으로 운송주선인이 입은 손실을 배상할 의무가 있다. 복합운송인으로서의 운송주선인이 FCL화물의 경우 송화인이 포장한 내용물을 검사하지 않고 용기의 외관만 보고 clean B/L을 발행하더라도 내용물의 포장이나 적부상태에 대하여 책임을 지지 않는다.
- 운송주선인의 책임 : 운송인은 물품을 운송주선인의 관리하에 있는 전 기간을 대상으로 하며, 운송주선인의 책임은 절대책임이 아니라 과실추정의 원칙에 기초한다. 물품이 인도되지 않았을 경우 지연의 발행은 운송주선인에게 요구되는 합리적인 기간으로 하며, 인도일 경과 후 90일이 지나면 전손의 발생으로 추정하며 복합운송인이 면책되기 위해서는 이를 입증하여야 한다.
- 지상약관 : 선진국이 헤이그 규칙이나 헤이그 비스비규칙을 국내법화한 경우 이들 규칙에 따라 FIATA 복합운송서류가 효력을 가지며, 운송계약에 적용될 수 있는 국제협약 또는 국내법의 강행규정 예를 들면 미국해상물품운송법(COGSA)은 이 약관에 우선하여 적용된다고 규정하고 있다
- 운송주선인의 책임제한 : (8조 1항) 운송주선인이 배상하여야 할 금액의 산정은 물품이 인도되는 장소와 시기에 있어서의 가액으로 한다. 2항은 배상액의 산정기준이 되는 물품가액은 현행 상품거래소가격, 현행 시장가격, 동일한 종류의 통상가격 순으로 한다. 3항 송화인이 물품가액을 신고한 경우를 제외하고 운송인의 배상한도는 kg당 2 SDR 개수당 666.67 SDR 중 유리한 쪽으로 한다. 그러나 만약 운송주선인이 물건을 인수하기 전에 송화인이 물건의 특성과 가액을 밝히지 않고 운송주선인이 이를 수령하지 않거나 혹은 종가운임이 지불되고 그 가액이 운송주선인에 의해 본 선화증권에 기재된 후에는

그 가액이 보상금 한도액이 된다. 4항 컨테이너 속의 물품수량이 기재되었을 경우 책임 한도의 산정기준으로 사용할 수 있으며, 5항 해상운송이나 내수로운송이 포함되지 않을 경우 8.33 SDR까지 배상한다. 물품의 멸실이나 손상이 발생한 구간이 판명된 경우 이종 책임체계 불통일책임론(Network Liability System)를 채택한다.

- 불법행위에 대한 적용 : 계약상뿐만 아니라 불법행위상의 손해배상청구에 대해서도 이 면약관이 적용된다.
- 사용인 및 기타의 책임 : 손해배상청구가 운송주선인의 이행보조자를 상대로 제기된 경우에는 이 약관이 적용되며 이들의 총책임은 운송주선인의 책임범위(8조의 범위)를 벗어나지 않는다.
- 운송방법 및 경로 : 복합운송의 경우 2가지 이상의 운송수단이 사용되는데 운송수단과 경로는 복합운송인으로서 운송주선인의 재량이다.
- 물품의 인도 : 복합운송인이 불가항력인 상황에 있을 때 복합운송인으로서 물품운송을 종료시킬 수 있다.
- 운임과 요금 : (13조 1항) 운임은 현금으로 지불하여야 하며, 운송주선인이 물품의 인수와 동시에 획득한 것으로 보며 어떠한 경우에도 반환되지 않는다. (13조 4항) 불가항력 또는 기타의 사유로 인하여 이로, 지연 또는 추가비용이 발생한 경우 운송주선인은 화주에게 추가운임 또는 기타 비용을 청구할 수 있다.
- 유치권 : FIATA 복합운송증권 상 지급의무가 있는 채무자에 대하여 운송주선인이 물품과 관련서류에 유치권을 행사할 수 있다.
- 공동해손 : 공동해손이 발생한 경우 운송주선인이 선박회사에게 공동해손 분담금을 지불해야 한다면 화주로부터 그에 비례하여 상환받을 수 있고 담보도 제공받을 수 있다.
- 통지 : 물품의 멸실이나 손상이 외관상 명백한 경우 수화인은 운송주선인에게 그 사실을 서면으로 통지하여야 하며, 외관상 명백하지 않은 경우에는 수화인에게 물품이 도착한 날로부터 6일 이내에 서면으로 통지하여야 한다. 만약 통지가 지연되었을 경우에는 손해배상청구권이 멸실이나 손상에 대해 명백한 증거를 제시하지 않는 한 운송주선인은 멸실이나 손상이 발생하지 않은 것으로 추정할 수 있는 증거를 확보하게 된다.
- 제소기간 : 수화인이 물품이 멸실된 것으로 간주할 수 있는 권리를 가지게 된 날로부터 9개월 이내에 소송이 제기되지 않고 달리 명백히 합의되지 않는 한 운송주선인은 이 약관에 의거한 모든 책임으로부터 면제된다.
- 일부무효 : FIATA 복합운송증권의 경우 일부조항이 국제협약이나 국제법의 강행규정에 저촉되어 무효가 된다 하더라도 증권자체의 효력과 다른 조항에 아무런 영향이 없다.

• 재판관할권 및 준거법 : 물품의 운송과 관련하여 발생하는 분쟁을 해결하기 위한 재판 관할권은 운송주선인의 주된 영업장 소재지의 법원에 있으며 운송계약의 준거법은 본국 법으로 한다.

② FIATA FBL 사용 시 운송주선인의 이점

FIATA FBL을 발행함으로써 운송주선인의 지위는 향상될 수 있다. 그는 운송행위 자체는 하지 않아도 "계약상"의 운송이 곧, 운송의 주체(principal)가 된다. 이는 실질적인 운송인이 하청운송인으로 된다는 뜻이다.

FIATA FBL은 국제상업회의소가 승인한 유일한 운송서류로 사용상 엄격한 제한을 받고 있으며, 또한 이 서류는 전 세계적으로 통일되어 있고 바탕이 파란색으로 되어 있어 쉽게 식별할 수 있다. 대부분 국가의 은행은 별다른 문제없이 FIATA FBL을 인수하고 있다.

FIATA FBL은 현대의 운송에 있어 그 흐름에 잘 부합되고 있다. 곧 송화인은 취급당사자도 한 사람, 운송서류도 한 장, 책임도 한 사람이 지고, 운송비 역시 일괄해서 한번에 지불하기를 원하고 있기 때문에, 운송주선인은 FIATA FBL로 바로 이 점을 충족시켜 줄 수 있다고 본다.

(2) 화물운송장(Waybill)

① 해상화물운송장(Liner(Sea) Waybill)

해상운송수단의 발달로 운송기간이 단축됨에 따라 발행과 제도가 번거로운 해상선화증권 대신에 이용되는 비유통성 화물운송장을 말한다. 해상화물운송장은 선화증권에서와 같이 물품에 대한 권리를 나타내는 권리증권을 인도해 주지 않아도 좋은 해외 자회사나 신용 있는 고객사와의 청산계정(open-account)[100]을 통한 거래 등에 이용된다. 목적지에서 물품은 수화인이나 그의 대리인임을 입증하면 인도되므로 서류절차를 간소화시켜 서류의 미도착으로 인한 지연, 지체료, 창고비용 등을 절감하기 위해 발행된다. 해상화물운송장은 주로 유럽 및 북미에서 선화증권 대신으로 많이 사용되고 있다.

해상화물운송장은 유가증권성이 없는 비유통성증권으로서 이면약관에 인쇄를 생략한 약식선화증권(short form B/L)의 형식을 취하고 있으며, 무역관계절차의 간소화를 위하여 스웨덴 및 영국에서 제창되어 해상뿐만 아니라 해상을 포함한 복합운송용으로도 사용할 수 있는 형식이라 판단된다.

따라서 신용장 상에 특정의 형식을 표시하지 않고 복합운송서류를 요구하는 경우나 화물

100) 동일한 거래처와 반복하여 거래가 이루어지는 경우 매 거래마다 결제하지 않고 일정기간별로 채권과 채무를 상계하여 그 잔액에 대해서만 결제하는 방법을 말한다.

이 복합운송될 것을 표시하고 해상화물운송을 요구하는 경우는 복합운송서류로 수리할 수 있다. 그리고 신용장에서 해상화물운송장을 요구하고 있으나 그것이 복합운송을 위한 것이라거나, 관계화물이 복합운송되는 것이라는 사실을 나타내지 않은 경우에는 일반운송서류로서 적용할 수 있을 것이다.

② 항공화물운송장(Air Waybill)

원래 항공화물운송장은 화물을 항공으로 운송할 경우에 발행되는 운송서류로서 선박운송에 의해 발행되는 선화증권과는 그 성질이 다르다. 항공화물운송장은 운송인이 화물을 영수하였다는 사실과 운송계약의 조건을 증명하는 서류일 뿐이며 선화증권과 같이 화물을 대표하는 유가증권은 아니다. 또한 이 항공화물운송장은 기명식으로 된 비유통성 증권이며 실무상에 있어서도 모두 수취식으로 발행되고 있는 점 등에 유의하여야 한다.

화물이 해상운송과 항공운송의 통운송으로 이행될 경우에는 항공운송의 항공화물상환증이 발행되며, 이 운송서류에는 해상운송구간의 운송을 위한 선화증권의 명세가 기재되어 있고 선화증권과 연결되는 것으로서 발행되었다는 내용이 표시되어 있다. 그리고 발행자인 항공회사가 해상운송도 포함하여 인수하였다는 표시는 없으며 실제 이 같은 운송계약은 성립되고 있지도 않다.

이러한 항공화물운송장을 복합운송서류로는 볼 수 없으며 화물이 해상과 항공을 조합시켜 운송될 때는 통상 매매계약 단계에서 인지할 수 있고, 신용장에서 특별한 조언에 따라 요구하는 것이기 때문에 일반운송서류로서 파악하여 본 규정을 적용할 수 있다. 따라서 항공화물운송장이 복합운송서류이냐의 여부는 신용장거래에서는 별로 문제되지 않지만 화환어음의 담보라는 점에서는 해・육복합운송에서 쓰이는 것과 같은 엄밀한 의미에서의 육・해・공 복합운송서류의 출현을 필요로 하고 있는 것이다.

[표 6-18] 항공화물운송장과 선화증권의 차이

항공화물운송장(AWB)	선화증권(B/L)
유가증권이 아닌 단순한 화물운송장	유가증권
비유통성(non-negotiable)	유통성(negotiable)
기명식	지시식(무기명식)
수취식(창고에서 수취하고 발행)	선적식(본선 선적 후 발행)
송화인이 작성하는 것이 원칙	운송인이 작성

(3) Data Freight Receipt

Data Freight Receipt는 서류가 수화인에게 직접 발송되지 않고 송화인이 이 운송서류의 원본을 갖고 ACL[101]사에 의해 입력된 중량, 용적, 마크, 상품명, 송화인과 수화인의 주소, 통지되어야 할 제3자, 선박의 명세 등의 물품에 대한 모든 정보를 자체의 전달수단을 통해 목적지로 보내게 되면 그 목적지의 컴퓨터가 자동으로 도착통지서(arrival notice)를 찍어 수화인에게 선박이 입항하기 전에 송부하게 된다.

세관당국에서는 선화증권 대신에 이 서류를 상품인도가 이루어지기 전에 수화인임을 증명하는 서류로서 인정해주고 있다. 이렇게 함으로써 선적물품에 적화목록은 2시간 내에 송부되고 이에 따라 송화인과 선박회사, 수화인의 불필요한 비용[102]과 절차를 생략하게 되어 이들에게 큰 도움을 주고 있다.

이 제도는 1968년 ACL사가 미국과 유럽 간에 자료(data) 교환을 통한 서류체계를 도입함으로써 실제서류의 이전작업을 대폭 줄이고 물품의 유통을 빨리하기 위해서 물품명세를 입력한 펀치카드를 전신으로 교환하는 과정에서 성립한 것으로 볼 수 있다.

Data Freight Receipt는 항공화물운송장과 같이 컨테이너운송에 사용되며 수취식으로도 발급되고 약식으로 발행되기 때문에 이면약관은 없다.

4.5 복합운송주선인이 발행하는 복합운송증권

복합운송주선인은 복합운송체제 하에서 운송물을 대표하는 증권이나 화물상환증, 선화증권, 항공운송장 등과 같은 증거서류를 발행하여 전 구간의 운송책임을 진다.

복합운송증권에 대하여 UN국제물품복합운송조약 제1장 제1조에서는 "복합운송계약을 증명하고, 복합운송조약에 의거하여 복합운송인이 자기의 보관 하에 화물을 인수하였다는 것과 그 계약내용에 따라 물품을 인도할 의무를 부담하는 것을 증명하는 증권"이라고 정의하고 있으며, 복합운송증권에 관한 통일규칙 2의 C에서는 복합운송증권이라 함은 복합운송을 이행 및 또는 그 이행을 수행하기 위한 계약을 증명하는 서류로써 그 문면에 "복합운송증권에 관한 통일규칙(ICC Publication No.298)에 의해서 발행된 유통가능한 복합운송증권이다." 또는 "복합운송증권에 관한 통일규칙에 의해서 발행된 유통불능의 복합운송증권이다."라는 두서

101) ACL은 미국 화주의 25%, 유럽 화주의 15%가 종래의 정규 B/L 대신에 Data Freight Receipt를 사용하고 있다고 추정하고 있다.

102) 예를 들면 체선료(demurrage charge) 같은 것이 있다.

가 있는 서류를 의미한다고 정의되고 있다.

복합운송증권은 그 형태의 분류상 몇 가지 기준이 있다.

첫째, 복합운송인의 책임형태에 따라 책임분할형증권과 단일책임형증권이 있으며, 이 중 단일책임형은 다시 이종책임형과 단일책임형으로 구분된다.

둘째, 증권의 발행인에 따라 육상운송인 발행증권, 해상운송인 발행증권, 항공운송인 발행증권으로 구분된다.

복합운송주선인이 발행하는 복합운송증권은 다음과 같다.

(1) 통선화증권(through B/L)

수개의 선박 또는 다른 운송수단에 의해 화물이 운송될 때 각 운송과정마다 다른 운송수단에 대한 계약을 대리하여 화주는 운송주선인으로부터 통선화증권을 받는다. 이때 통선화증권은 반드시 복합운송주선인에 의하여 발행되어야 하는 것은 아니고 발행자가 전 운송구간에 대하여 책임을 부담한다면 육상운송인이든 해상운송인이든 관계 없다.

화주가 통선화증권을 취득했을 때 그 증권에 서명한 운송인과 운송계약을 체결하는 것이 되며, 이 운송인을 통해서 나머지 운송인과 환적을 약정한 것이 되고, 수화인이 수취한 통선화증권의 1부를 최종운송인에게 제시함으로써 물품은 인노된다. 그러나 통선화증권 상에서는 증권의 발행인은 담당운송구간에서만 책임을 진다는 약관과 후속운송인에 대해 화주의 대리인 역할을 하는 것이 보통이므로 복합운송증권으로서는 부적합하다.

(2) House B/L

복합운송주선인이 수명의 화주로부터 물품을 인수 및 혼재한 후 각 화주에 해당물품에 대하여 발행하는 증권이다. 신용장에 별도의 명시가 없는 한 은행은 운송인 또는 지정운송인의 대리인으로서가 아닌 복합운송주선인의 운송서류를 거절하기 때문에 제6차 신용장통일규칙에서는 이 House B/L에 대하여 복합운송주선인이 운송인 또는 지정운송인의 대리인 자격을 가지고 있음을 강조하고 있다.

(3) FIATA 복합운송증권

House B/L의 법적 지위의 불확실성과 은행에서의 매입문제 등과 관련하여 복합운송주선인의 지위를 강화하기 위해 FIATA가 승인한 표준양식에 의거하여 발행된 복합운송증권으로서 제6차 개정 신용장통일규칙에 의거 "양도불능(non-negotiable)"이란 표시가 없는 한 유통성이 보장된다.

FIATA복합운송증권 상의 복합운송주선인은 복합운송인으로서 수출자로부터 물품을 인수하여 수입자에게 인도할 때까지 화물의 멸실 또는 훼손에 대하여 책임을 진다.

FIATA복합운송증권과 해상선화증권(Ocean B/L)과의 차이점은 다음과 같다.

첫째, 해상선화증권이 해상운송만을 증명하는 선화증권인 데 반하여 FIATA복합운송증권은 복합운송을 증명하는 선화증권이다.

둘째, 해상선화증권은 운송인 또는 그 대리인이 발행하거나 이들을 대리하여 행동할 수 있는 복합운송주선인이 발행하여야만 수리가 가능하나 FIATA복합운송증권은 복합운송주선인이 발행한 것뿐만 아니라 단순한 복합운송주선인이라도 FIATA의 일원인 경우에도 이들이 발행한 서류는 수리가 가능하다.

셋째, 해상선화증권은 원칙적으로 물품이 본선에 적재된 상태에서 발행되나 FIATA복합운송증권은 물품의 본선적재뿐만 아니라 수탁된 상태에서도 발행이 가능하다.

넷째, 해상선화증권은 선박, 선적항 또는 양륙항에 관련하여 "Intended"의 표시가 있으면 원칙적으로 수리가 되지 않으나 FIATA복합운송증권은 그렇지 아니하다.

(4) 운송주선인 운송증과 수령증

운송주선인 운송증은 물품이 복합운송주선인에게 인도되면 수화인에게 전달된다. 이로써 운송인의 지시에 따라 그 증권에 명시된 대로 특정화물을 인도할 책임을 진다는 것을 나타낸다. 한편 운송주선인 수령증은 복합운송주선인이 특정수화인 또는 수취대리인에게 물품을 인도하기 위하여 그 물품을 적절히 인수하였다는 인수증명서이다. 운송주선인 운송증이 유가증권적 성격을 가진 증권인 반면 운송주선인 수령증은 비유통성증권으로 양자는 신용장상 그 수리를 명시한 경우에만 수리가 가능하다.

4.6 복합운송과 보험

보험이란 보험자가 상대방에게 발생할 수 있는 특정사고의 금전적인 결과에 대하여 일정 범위 내에서 보상해줄 것을 약정하며 이에 대한 대가로서 보험료를 징수하는 반면 피보험자는 계약에 명시된 위험에 대하여 보험자의 금전적인 보장을 획득하기 위하여 보험료를 지불할 것을 약정하는 보험자와 피보험자 사이의 계약을 말한다.

복합운송과 관련되는 보험의 종류로는 우연하고 외래적인 사고로 인하여 화물, 컨테이너 등의 물품에 손해가 발생하는 경우 보상하는 물보험(物保險)과 우연한 사고로 인하여 타인의 생명이나 신체를 해치거나 재물에 손해를 입혔기 때문에 피보험자가 법률상의 배상책임을 부담함으로써 입은 손실을 보상하는 보험인 배상책임보험(賠償責任保險)이 있다.

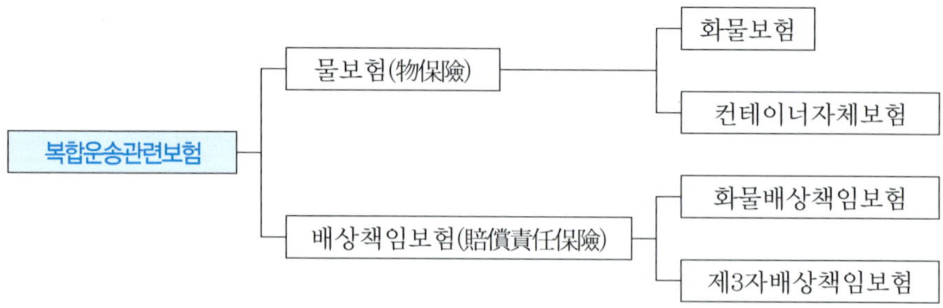

[그림 6-30] 복합운송관련 보험의 구분

(1) 화물보험

화물보험의 기본조건으로는 구협회적하약관 상 전위험담보조건(A/R), 분손담보조건(W.A.), 단독해손부담보조건(F.P.A.)과 신협회적하약관 상 구약관의 A/R과 담보범위가 같은 ICC(A), W.A.와 유사한 ICC(B), F.P.A.와 유사한 ICC(C)의 3가지 조건이 있다.

[표 6-19] 신 · 구협회적하약관의 비교

구협회적하약관	신협회적하약관
전위험담보조건 : ICC A/R 분손담보조건 : ICC W.A. 단독해손부담보조건 : ICC F.P.A.	Institute Cargo Clause(A)[ICC(A)] : A Clause Institute Cargo Clause(B)[ICC(B)] : B Clause Institute Cargo Clause(C)[ICC(C)] : C Clause

1. 구협회적하약관 상 보험조건

(1) 전위험담보조건(all risks : A/R)

1951년 제정, 육상 및 해상운송 중 발생할 수 있는 모든 위험을 담보한다. 전 위험을 담보하는 조건이나 모든 손해나 멸실을 담보하는 조건은 아니다. 약관 상 규정된 면책사항을 제외한 위험으로 인해 발생한 손해를 담보하는 조건으로 적하보험 중 가장 범위가 가장 넓은 조건이다.

–약관 상 규정된 면책사항
- 보험계약자 또는 피보험자의 고의 또는 불법행위로 인한 일체의 손해
- 보험목적물의 고유의 하자 또는 성질에 기인한 손해
- 운송지연으로 인한 손해
- 전쟁, 폭동, 동맹파업 등으로 인한 위험
- 위험요건을 구비하지 않은 사유에 의한 손해

–통상적인 손해 상기 면책사항 중 전쟁, 폭동, 파업으로 인한 손해는 전쟁 및 동맹파업 특별약관을 첨부해 담보가능

(2) 분손담보조건(with average : W.A.)

1921년 제정, 기존 F.P.A보다 담보범위가 확대된 분손담보조건이다. 법률의 규정 또는 보험증권의 약관에서 제외된 것이 아닌 한 전손과 공동해손은 물론 단독해손에 의한 손해까지 보상해 주는 조건이다.

–해상고유 위험 중 하나인 악천후로 야기된 단독해손

–해상위험 중 투하나 강도로 인한 단독해손

[표 6-20] 구협회약관 상 보험조건

ICC (F.P.A.): 1~5 / ICC (W.A.): 1~6 / ICC (A/R): 1~7

1. 본선 및 부선의 침몰, 좌초, 화재, 충돌(S.S.B.C. : sinking, stranding, burning, collision)로 인하여 발생한 화물의 전손(현실전손 및 추정전손) 및 분손(공동해손 및 단독해손)
2. 악천후로 인하여 발생한 전손 및 공동해손
3. 선적, 환적, 양하작업 중 추락으로 인하여 발생한 포장당 전손
4. 피난항에서 양하작업으로 인하여 발생한 손해
5. 비용손해(손해방지비용, 구조비, 특별비용 등)
6. 악천후로 인하여 발생한 단독해손
7. 다음을 제외한 모든 손해

가. 일반면책위험
① 피보험자의 고의적 비행에 의한 손해
② 보험목적물의 통상적 손해
③ 포장부적합으로 인한 손해
④ 보험목적물의 고유의 하자 또는 성질에 의한 손해
⑤ 지연으로 인한 손해

나. 선박 및 운송용구의 불내항 및 부적합

다. 전쟁위험(War Risk)

라. 동맹파업위험(Strikes Risk)

(3) 단독해손부담보조건(free from particular average : F.P.A.)

1912년 최초로 만들어진 협회적화약관으로 분손부담보조건이라고도 한다. 전손 및 공동해손의 경우와 손해방지비용, 구조비, 특별비용, 특정분손[103] 등의 손해를 보상하는 조건으로서 단독해손 이외의 모든 손해를 보상하는 조건이다.

- 현실전손 및 추정전손
- 본선 또는 부선의 침몰, 좌초, 대화재로 인한 단독해손(이 경우 면책비율이나 인과관계와 상관없이 보상함)
- 선적, 환적, 하역 중 발생한 포장단위당 전손
- 화재, 폭발, 본선 및 부선의 물품 이외의 물체와의 충돌이나 접촉으로 인한 단독 해손
- 피난항에서 화물의 양하에 정당하게 기인한 단독해손
- 공동해손
- 손해방지비용
- 중간 기항항이나 피난항에서 양하, 창고보관 및 계반을 위한 특별비용

(4) 전손담보

전손담보(total loss only : TLO)란 보험목적물이 전부 멸실할 경우의 손해, 즉 현실전손(actual total loss) 및 보험목적물에 막대한 손해를 입어 전손으로 추정하는 경우의 손해, 곧 추정전손(constructive total loss)에 한하여 보험자가 담보의 책임을 지는 조건이다. 이는 분손, 곧 공동해손이나 단독해손의 경우에는 보상하지 않는 조건으로서 실제로는 거의 이용되지 않고 있다.

2. 신협회적하약관 상 보험조건

(1) ICC(A)조건 Institute Cargo Clause A : (구약관 A/R 조건과 유사)

ICC(A)는 종래의 보험조건 중에서 전위험담보조건(A/R)과 유사한 것으로 그 명칭만 변경되었을 뿐 실질적인 내용상의 차이는 별로 없다. 보험자는 일반면책위험, 불내항 및 부적합, 전쟁위험 및 동맹파업을 제외한 피보험목적물에 발생한 멸실·손상 또는 비용일체를 담보하

103) 특정분손(specific particular average)이란 선박 기타 수송용구의 침몰, 좌초, 화재, 다른 화물과의 충돌, 탈선, 전복으로 인한 분손과 선적·하역·환적 중에 발생한 화물의 추락으로 인한 포장단위의 전손을 말한다.

는 조건으로, 약관 상 규정된 면책사항을 제외한 위험으로 인해 발생한 손해를 담보한다.

–약관 상 면책사항

- 피보험자의 고의적 위법행위
- 포장불완전 또는 부적합
- 피보험 목적물 고유의 하자 또는 성질
- 지연
- 선박소유자, 관리자, 용선자 또는 운항자의 파산 또는 재정상 궁핍, 채무불이행
- 원자력, 핵무기의 사용
- 선박 또는 부선의 불감항
- 화물의 안전 운송을 위한 컨테이너 또는 운송용구의 부적합
- 전쟁, 내란, 혁명, 모반, 반란 또는 이로 인해 발생한 국내투쟁이나 교전국에 의한 적대행위, 교전국에 대한 적대행위
- 포획, 나포, 강류, 억지, 억류(해적행위 제외)
- 유기된 기로, 어뢰, 폭탄 기타 유기된 전쟁병기
- 동맹파업자, 직장폐쇄를 당한 노동자 또는 노동분쟁, 소요, 폭동의 결과로 생긴 것, 테러리스트, 정치적 동기 행위

(2) ICC(B)조건 Institute Cargo Clause B : (구약관 W.A. 조건과 유사)

ICC(B)는 종래의 보험조건 중에서 분손담보(W.A.)의 담보위험이 명확하지 않았던 것을 보완하여 보험자가 보상하여야 할 담보위험을 위험약관(risk clause)상에 구체적으로 열거함으로써 피보험자가 담보위험의 범위를 용이하게 이해할 수 있도록 하였다. ICC(A)의 면책위험을 제외한 멸실과 손상을 담보하는 조건이다.

ICC(A)의 면책위험을 제외한 멸실과 손상을 담보하는 조건이다.

- ICC(C)의 조건 일체
- 지진, 화산의 분화, 낙뢰
- 투하 또는 파도에 의한 갑판 상의 유실
- 본선, 부선, 선창, 운송용구, 컨테이너 또는 보관장소에 해수, 호수, 강물의 유입
- 본선이나 부선으로의 선적 또는 양륙작업 중 바다에 떨어지거나 갑판에 추락한 화물의 포장단위의 전손

[표 6-21] 신협회적하약관 상 보험조건

ICC (C)
1. 화재 또는 폭발로 인하여 발생한 손해
2. 본선 또는 부선의 좌초, 침몰, 전복으로 인하여 발생한 손해
3. 육상운송용구의 전복 또는 탈선으로 인하여 발생한 손해
4. 선박, 부선 또는 운송용구와 물 이외의 화물과의 충돌 또는 접촉
5. 피난항에서 화물의 하역 중 발생한 손해
6. 공동해손희생
7. 투하로 인한 손해
8. 쌍방과실충돌

ICC (B)
9. 지진, 화산의 분화 또는 낙뢰로 인한 손해
10. 투하 또는 파도에 의한 갑판 상 유실로 인한 손해
11. 본선, 부선, 선창, 운송용구, 컨테이너 또는 보관 장소에 해수, 호수, 강물의 유입으로 인한 손해
12. 본선, 부선으로의 선적 또는 양륙작업 중 바다에 떨어지거나 갑판에 추락하여 발생한 포장당 전손

ICC (A)
13. 다음을 제외한 모든 손해

가. 일반면책위험
① 피보험자의 고의적 비행에 의한 손해
② 보험목적물의 통상적 손해
③ 포장부적합으로 인한 손해
④ 보험목적물 고유의 하자 또는 성질에 의한 손해
⑤ 지연으로 인한 손해
⑥ 본선의 소유자·관리자·용선자 또는 운항자의 파산 또는 재정상의 궁핍으로 인한 멸실·손상 또는 비용
⑦ 원자력 또는 핵의 분열 및 또는 융합 또는 기타 이와 유사한 반응 또는 방사능이나 방사성 물질을 응용한 무기 또는 장치의 사용으로 인하여 직접 또는 간접적으로 발생한 멸실·손상·비용

나. 선박 및 운송용구의 불감항 및 부적합

다. 전쟁위험(war risk)
① 전쟁, 내란, 혁명, 모반, 반란 또는 이로 인해 발생한 국내투쟁이나 교전국에 의한 적대행위, 교전국에 대한 적대행위
② 포획, 나포, 강류, 억지, 억류(해적행위 제외)
③ 유기된 기로, 어뢰, 폭탄 기타 유기된 전쟁병기

라. 동맹파업위험(strikes risk)
① 동맹파업자, 직장폐쇄를 당한 노동자 또는 노동분쟁, 소요 또는 폭동에 가담한 자에 의하여 생긴 것 또는 결과로 생긴 것
② 테러리스트, 일체의 테러행위
③ 정치적·사상적·종교적 동기 행위

(3) ICC(C)조건 Institute Cargo Clause C : (구약관 F.P.A. 조건과 유사)

보험조건 중 보험범위가 가장 제한된 것으로 분손부담보(F.P.A.)와 유사하다. ICC(A), ICC(B)를 제외한 멸실과 손상을 담보하는 조건이다.

- 화재 또는 폭발
- 본선 또는 부선의 좌초, 교사, 침몰, 전복
- 육상운송용구의 전복 또는 탈선
- 본선, 부선 또는 운송용구와 물 이외의 다른 물체와의 충동 또는 접촉
- 피난항에서의 화물의 하역
- 공동해손 희생손해
- 투하
- 쌍방과실 충돌약관에 의한 손해
- 공동해손, 구조비(단, 면책위험으로 인해 발생되는 것은 제외)

(4) 신약관과 구약관의 비교

실무에서는 구협회적하약관과 신협회적하약관이 모두 사용된다. 구약관의 A/R과 신약관의 ICC(A)에서는 두 조건 모두 담보라는 점이다. 구약관 W.A.와 신약관 ICC(B)의 차이점은 W.A.에서는 지진, 화산의 분화, 낙뢰로 인해 손해가 부담보지만 ICC(B)에서는 담보라는 점이 다르다. 또한 W.A.에서는 악천후로 인한 손해는 담보되지만 ICC(B)에서는 악천후가 발생해도 직접적인 물의 침입이 없는 경우는 부담보 대상이 된다. 또한 ICC(B)에서는 빗물에 의한 손해는 부담보 대상이다. 구약관 F.P.A.와 신약관 ICC(C)의 차이점은 선적이나 환적 또는 하역 작업 중 화물의 포장당 전손은 F.P.A.에서는 담보되나 ICC(C)에서는 부담보 대상이다.

3. 부가위험담보조건

해상운송 중의 화물은 기본조건인 전위험 담보조건(A/R)으로 부보하는 것이 가장 바람직하지만 보험료가 상대적으로 비싸므로 화물의 종류, 포장방법, 운송방법 등을 고려하여 기본조건인 F.P.A., W.A.나 ICC(C), ICC(B)에 열거된 위험을 추가하여 부보함으로써 보다 저렴한 보험료로써 전위험 담보조건으로 부보한 것과 동일한 효과를 거둘 수도 있는데, 이러한 조건을 부가위험 담보조건이라고 한다.

다음의 부가위험들은 추가보험료를 납입하고 특별약관에 의하여 담보되는 조건들이다.

[표 6-22] 부가위험담보조건

- TPND(theft, pilferage & non-delivery) : 도난, 발하 및 불착
- RFWD(rain and/or fresh water damage) : 빗물 또는 청수에 의한 손해
- COOC(contact with oil & other cargo) : 유류 또는 다른 화물과의 접촉
- JWOB(jettison & washing over-board) : 투하 및 갑판 유실
- Leakage and/or shortage : 누손, 중량부족
- Hook and hole : 갈고리에 의한 손해
- Breakage : 파손
- Denting and bending : 패이거나 구부러지는 것
- Sweat and heating : 습기와 발열
- Rats and vermin : 쥐와 벌레
- Mould and midew : 곰팡이
- Rust, Oxidation, Discoloration : 녹, 산화, 변색
- Contamination : 오염손
- Spontaneous combustion : 자연발화
- War and SRCC(strikes, riots and civil commotion risks) : 전쟁 및 동맹파업위험

4. 확장담보조건

(1) 내륙운송확장담보조건(inland transit extension : I.T.E.)

송화주나 수화주의 창고가 내륙에 위치하는 경우 송화주의 창고나 보관창고로부터 선적항 또는 하역항으로부터 내륙의 수화주의 창고까지 내륙운송 중의 위험을 신협회적하약관 및 기타 특별약관에 따라 당초의 적하보험증권에 추가하여 확장담보하는 조건이다.

이 조건의 보험요율은 선적 전과 하역 후로 구분하여 각기 별도로 적용되며, 수출(수입)시 보험요율은 ICC(A)는 0.09%(0.15%), ICC(B)와 ICC(C)는 0.048%(0.08%)이다.

(2) 내륙보관확장담보조건(inland storage extension : I.S.E.)

본선으로부터 하역되어 중간창고에 입고, 장치 중인 화물에 대하여 통관업무 상 문제점이 발생하여 장기간 장치가 필요하거나, 원매자를 찾기 위하여 보관해 두어야 할 경우 60일이 경과하면 적하보험의 효력이 종료됨으로 별도의 담보를 설정하여야 한다.

내륙보관확장담보조건은 중간창고나 보세창고에 보관 중의 위험을 적하보험 증권에 명시

된 기간(수출: 모선으로부터 하역 후 60일, 수입: 보세창고 입고 후 10일) 이상으로 연장할 경우 신협회적하약관 및 기타 특별약관에 따라 확장담보하는 조건이다.

수출(수입)시 보험요율은 ICC(A)의 경우 I.S.E. 30일은 0.048%(0.08%), I.S.E. 60일은 0.096%(0.15%), I.S.E. 90일은 0.144%(0.23%)이고 90일 초과 시는 10일 단위로 0.016%(0.08%)씩 할증된다.

① 컨테이너 자체보험

컨테이너 자체의 멸실, 손상에 대한 물보험으로 통상 영국에서 제정된 Institute Container Clauses-Time이라는 기간보험용으로 인수된다. 이 보험에서는 컨테이너 운송, 보관, 검사 및 수리 중에 발생한 우연한 외부사고로 인한 컨테이너 자체의 손해가 보상되고 있다. 컨테이너는 통상의 운송과정에서도 다소의 손해를 입기 때문에 Total Loss, 공동해손을 제외하고 컨테이너사고에 대해 일정액의 공제가 이루어진다.

컨테이너 자체의 보험은 단독부보가 가능하지만 기타 컨테이너 소유자의 제3자에 대한 손해책임보험과 컨테이너 운영자의 화물손해배상책임보험은 컨테이너 자체의 물보험(物保險)이 손해보험회사에 부보되어 있어야 계약할 수 있어 컨테이너 자체의 보험과 결합시켜 부보할 수 있다.[104)]

② 배상책임보험

화물손해배상책임보험과 제3자손해배상책임보험이 있으며, 화물손해배상책임보험은 화물이 멸실, 손상에 의한 운송인의 법률상 배상책임을 담보하는 것으로 상업과실로 인한 화물의 손해나 선박의 불감항(不堪航)으로 인한 화물의 손해에 대해서 운송인이 법률상 배상책임을 부담함으로써 입은 경제적 손실을 보상하는 것이다. 화물손해배상책임보험은 컨테이너소유자 등의 제3자에 대한 배상책임을 담보하는 보험이다.

104) 이들의 특징은 첫째, 소손해면책액 즉 컨테이너 1개당 면책 공제액이 적용되며, 둘째 1년 단위의 기간보험이며, 셋째 1사고당 및 1계약당 책임한도액(limit of liability)이 설정되어 있다는 점이다 ; (加藤修, 「貿易保険の實務」, 同文館, 1985, p.27).

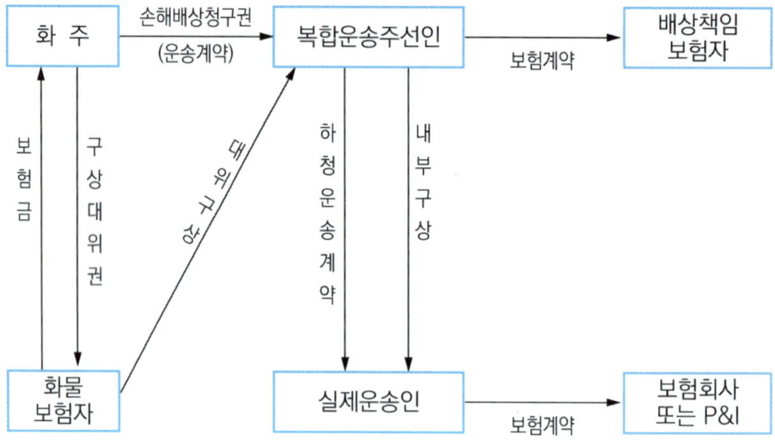

[그림 6-31] 복합운송주선인의 손해배상과 구상

Chapter 7

소화물일관 운송물류

7 소화물일관운송물류

제 1 절 소화물일관운송의 의의

1.1 소화물일관운송의 개념 및 특징

소화물일관운송[1)]은 일명 특송, 택배서비스 또는 문전배달제라고도하며 개인 또는 기업의 화주로부터 소형, 소량화물을 의뢰받아 화물의 접수로부터 포장, 수송, 배달에 이르기까지 송화주의 문전에서부터 수화주의 문전까지(door to door service) 운송인의 책임 하에 화물운송 및 이에 관련된 일련의 서비스를 신속·정확하게 제공하여 주는 편의위주의 운송체계이다.

이같은 운송체계는 신속한 배달, 정확한 문전간 수송 및 다양한 고객의 요구에 부응하는 자동차운송의 특징을 모두 살릴 수 있는 물류시대에 가장 적합한 운송으로 다른 운송체계와 비교하여 볼 때 도시내 또는 도시간 소화물수송에 적합하며, 신속성·정확성·안전성·편리성·경제성을 그 기본 특징으로 하고 있다.

소화물일관운송의 특징은 다음과 같다.

① 소화물일관운송은 소형·소량화물수송을 위한 운송체계이다.

소화물일관운송에서 취급되는 품목은 범위가 일정하게 규정되어 있지는 않지만 화물운송수요의 소량화, 다품종화 등 수요의 고도화와 다양화에 따라 일반적으로 30kg 이하(현, 25kg 이하), 1.5CBM(가로 + 세로 + 높이의 합이 160㎝ 이내(단, 최장변이 100㎝ 이내) 소량화물을 대상으로 한다.

---

1) 건설교통부(현, 국토교통부)에서 정한 용어로는 소화물일관수송이라 하며, 미국에서는 small package express service, door to door service, courier service, 일본에서는 택배편(宅配便), 국내에서는 수화물 일관수송, 택배, 특송, 문전배달 등 여러 가지 명칭으로 불리고 있다.

초기 자동차운수사업법에서는 화물의 무게를 30kg(현, 25kg)으로 규정하였으나 1997년 법 분리제정 시 완전 삭제되었으며, 현재 일반적으로 인식되고 있는 30kg라는 중량제한은 택배업체에서 자율적으로 정하고 있는 기준으로 이는 1인의 택배사원이 혼자 힘으로 취급할 수 있는 정도의 중량을 의미한다.

② 소화물일관운송은 포괄적인 운송서비스이다.

기존의 철도, 우편, 노선화물운송서비스는 집·배송체제 및 화물취급 서비스에 있어서 극히 제한적이다. 이에 반해 소화물일관운송체계는 송화주의 문전에서 수화주의 문전까지 모든 수송서비스를 포괄적으로 제공한다.

③ 소화물일관운송은 일관책임운송제도이다.

최근 화물운송체계의 발전추세는 운송업자가 화주의 물품을 발송지에서 도착지까지 모든 운송상의 책임을 부담하는 일관책임제이다. 이는 운송과정에서 운송수단이 바뀌거나 기타 운송업자의 직접책임이 아닌 원인에 의하여 문제가 발생되는 경우에도 화주에 대한 책임은 원칙적으로 운송업자가 부담하게 된다.

④ 소화물일관운송은 신속성과 안전성을 특징으로 한다.

신속성과 안전성은 소화물일관운송의 중요한 특징으로 컴퓨터 정보시스템에 의한 신속한 추적서비스와 포장서비스가 제공되고 일관책임 하에 운송이 이루어지며 노선화물과는 달리 신속할 뿐만 아니라 분실과 파손의 위험도 적다. 운송업자는 신속성과 안전성을 기반으로 한 다양한 서비스 기술을 개발하여 변화하는 고객에게 제공하고 있다.

1.2 소화물일관운송의 등장배경

현대산업사회로의 발전과 함께 상품이 대량생산단계에서 다품종소량생산시대로 전환되면서 제조업의 물류비용이 증가하고 있으며, 사회전반에 걸친 소비자 욕구(needs)의 다양화, 고급화 및 편의화 추세에 의한 제반 물류환경의 급속한 변화는 새로운 운송체계의 등장을 요구한다.

이러한 요구 속에서 소화물일관운송의 등장배경은 다음과 같다.

① 상품의 대량생산단계에서 다품종생산단계로의 전환

② 기업의 물류부분에서의 적극적인 합리화 추진(물류센터의 통합, 유통단계의 축소, POS시스템과 SCM의 도입 등)

③ 소비자 욕구의 다양화, 고급화 및 편이화 추세에 의한 물류환경의 변화
④ 새로운 운송체계의 등장 요구
⑤ 전자상거래와 홈 쇼핑의 활성화
⑥ 식품류의 원격지 간 배달 일반화
⑦ 선물문화의 변화

이러한 요구 속에서 소화물일관운송의 발달은 운송서비스에 있어서 이용자의 편리성을 향상시키고, 운송인과 일반소비자를 직접 결합시키는 효과를 가져오며 또한 일반소비자의 운송산업에 대한 인식과 평가를 높이는 결과를 가져왔다.

소화물일관운송체제가 기존의 수송체제에 비해 개선된 점은 다음과 같다.

① 기존의 철도・우편・노선화물 수송서비스가 화물의 집배달을 포함한 화물취급서비스에 있어서 제한적이었던 점에 반하여, 송화인의 문전에서부터 수화인의 문전까지 모든 수송서비스를 포괄적으로 제공한다.
② 기존 운송체제 하에서는 송화주가 물품을 포장하여 집화지점까지 운송하여야 하는 반면 소화물일관운송체제 하에서는 소화물일관운송업자가 송화주의 소재지 부근에 물품취급장을 설치해 놓고 물품을 직접 집화 및 포장까지 함으로써 운송의 편의성이 크게 향상되었다.
③ 우편소포를 제외한 기존의 수송체제는 수화주가 화물을 직접 인수하여야 하며, 수화주의 요구에 따라 문전배달 서비스가 있는 경우 별도의 요금을 부과하는 반면 이 수송체제에서는 수화주의 문전까지 신속하게 배달서비스가 이루어진다.
④ 기존 운송체제 하에서는 공식 송장(送狀)이 없고 또 공인된 운임체계가 적용되지 않는 경우가 많으며, 물품의 배달지연 및 훼손에 따른 보상제도가 확립되어 있지 않은 반면 소화물일관운송체제에서는 책임운송[2]제도가 확립되어 있다.

소화물일관운송은 선진국에서는 보편화된 수송서비스로 특히 도시내 및 도시간 수송에 적합하며 다른 수송체제와 비교해 볼 때 소화물의 집화에서 최종배달 확인에 이르기까지 신속하고 안전하게 수송하는 최첨단 운송서비스로 부각되고 있다.

2) 화물의 멸실・훼손 또는 인도지연으로 인한 운송업자의 손해배상책임에 대해서는 상법 제135조 규정을 준용하고 있다.

1.3 소화물일관운송의 발전과정

1. 일본의 발전과정

일본에서 소화물일관운송사업의 시작은 1984년 10월 민간운송업체인 Green 택배편(三入五貨物自動車運送)에 의해서다. 소화물일관운송은 1970년대 초반 제1차 오일 쇼크를 거쳐 일본경제가 저성장기로 접어들면서 물품이 가볍고, 얇고, 짧고, 작아지는 경향이 뚜렷해졌고 대량화물의 총량이 줄어들자 운송업자들은 우편과 철도와의 경쟁력 강화를 위한 새로운 운송체제의 필요성을 느끼게 되었다.

소량화물은 취급상 시간이 더 소요되나 가격할인이 적어 수익률이 높고 개인생활이나 기업관리 상 발생하는 수요이므로 경기변동에 따른 수요변동이 적다는 장점을 가지고 있었다.

따라서 1975년 이후 일본에서는 소규모 화물수요 중 가장 소규모 단위수요에 특화한 서비스로써 노선트럭업자의 택배편이 등장하게 되었으며, 종래의 철도소화물・우편소포도 트럭운송사업의 대상이 되었다. 동시에 일반소비자 화물도 사무소, 공장 또는 소규모 공장에서 발생한 소단위의 업무용 화물도 다량 운송되고 노선트럭업자가 대폭적으로 이 시장에 진출하게 되었다.

이처럼 노선트럭업자가 택배시장에 참여하게 된 것은 저성장시대(1975년 이후)를 맞이하여 수송량이 장거리화, 대량화를 도모한 노선트럭수송에 질적전환이 요청되었으며, 고속화시대에 신속・저렴・확실을 추구하는 택배편의 수요가 급증함과 아울러 종래의 철도소화물운송수요가 줄어들면서 서비스가 저하되어 트럭택배로 수요가 이동하기 시작한 것 등의 이유 때문이다.

일본에서 본격적으로 소화물일관운송의 기초가 되는 운송업이 등장하게 된 것은 1976년 2월 야마토운수의 "택급편"이라는 상품명에 의해서다. 야마토운수는 미국의 UPS사나 Allies사로부터 운송기술을 배웠으나 대상을 20kg 이하의 소량화물로 좁히고, 작업의 기계화를 철저하게 추구함으로써 미국기업들의 서비스와는 차별화된 새로운 체제를 탄생시키게 되었으며, 이는 소비자에게 급속하게 확산되어 발전하게 되었다.

야마토운수가 택급편사업을 시작한 후 1977년에는 일본통운의 "페리칸호", 서농운수의 "캥거루편" 등이 등장하였고 잇따라 일정한 노선을 따라 운행하는 노선운송업체들이 속속 택배시장에 진출하여 1981년에는 대형 노선운송업체들이 대부분 이 시장에 참여하게 되었다.

이러한 택배서비스의 사업개시 초기에는 주로 일반소비자들의 소화물취급을 위주로 하였으나 차츰 기업을 대상으로 한 상업적 소화물비중이 늘어나 상업화물이 주종을 이루게 되었으며, 유사업종인 우편소포, 철도소화물 등에 비해 점차로 시장점유율이 높아지고 있다. 업체별 시장 점유비율은 야마토운수가 각 가정의 소화물 수송에 중점을 두고 있는 반면 일본통운은 30kg 이하의 기업화물에 중점을 둔 결과 현재 기업화물 대 가정화물의 비중은 야마토운수는 6 : 4, 일통운수는 8 : 2 정도로 유지되고 있다. 일본에서의 택배업은 성장률이나 장래의 성장여력을 볼 때 기업소화물의 증가추세는 앞으로도 계속될 것으로 보인다. 이러한 택배편의 등장은 소비자의 생활양식, 기업물류, 상품유통, 우편소포, 정부의 운수규제 등에 광범위하게 영향을 미치고 있다.

[표 7-1] 소화물일관운송업의 신규참여 규제내용 비교

구 분	우리나라	일 본
목적	• 소비자의 새로운 욕구에 부응할 수 있는 수송서비스인 소화물일관운송체제를 확립하여 운송업의 하나로 규정 • 소화물일관운송서비스의 적정한 수준유지	• 도로운송사업의 적정한 운영 및 공정한 경쟁을 확보하고, 도로운송에 관한 질서를 확립함으로써 도로운송의 종합적인 발전도모와 공공복지 증진 • 수송질서의 확립
소화물일관 운송을 할 수 있는 자	• 노선화물자동차사업자 • 일반구역화물자동차운송사업자 • 용달화물자동차운송사업자	• 일반자동차운송사업자 • 일반노선화물자동차운송사업자
참여구분	• 등록제	• 허가제
참여기준	• 건설교통부령이 정하는 시설 및 장비구비 • 소화물일관운송 등록신청서를 관할 관청에 제출	• 사업개시가 수송수요에 대하여 적절할 것 • 사업개시에 의해 노선, 사업구역에 관계하여 공급수송력이 수송수요량에 대하여 불균형이 되지 않을 것 • 사업수행 상 적절한 계획을 가지고 있을 것 • 사업을 적절하게 수행할 만한 능력을 가지고 있을 것 • 사업개시가 공익상 필요하고 또한 적절한 것일 것
관련 법규	• 화물자동차운수사업법	• 도로운송법 • 화물자동차운수사업법 • 화물운송취급사업법

이와 함께 일본 내 택배 중 99%를 차지하는 트럭 기사 부족은 심각한 사회문제로 거론되고 있다. 2017년 하반기에 일본 최대 택배회사인 야마토운수가 일손부족을 이유로 27년 만에 운임 인상을 단행했으며, 일본의 고질적인 물류인프라 부족현상이 표면화되는 등 일본 물류유통업계가 위기에 봉착하고 있다는 시각이 지배적이다. 또한 배송루트의 다양화, 택배 건수의 증가 및 건별 화물의 소형화추세, 대기업 간의 M&A가 활발히 추진되는 등 큰 변혁기를 맞이하고 있다.

뿐만 아니라, 물류유통업에 종사하는 기업의 생존과 성장이 그 어느 때보다 어려운 가운데 중소, 중견 유통기업의 경우 특화가 생존 및 성장을 위한 중요한 키워드로 자리잡고 있다. 공동배송을 통해 같은 배달 동선을 각기 다른 회사의 배달원들이 중복해서 다니는 비효율을 없애고 투입되는 인력을 줄이려고 하고 있다. 더불어 택배업계 인력난 해결을 위해 일본 정부는 이동혁명의 실현이라는 기치를 내걸으며 하늘에는 드론을 띄우고 도로에는 운전자 한 사람이 무인차량을 끌고 가는 대열 주행을 실현해 인력난을 없앤다는 계획을 밝히기도 하였다.

2. 우리나라의 발전과정

우리나라의 국내 소화물운송은 주로 트럭, 철도, 우편에 의하여 이루어져 왔다. 그러나 기존의 소화물운송방식은 문전 집화·배달서비스를 제대로 제공하지 못함에 따라 이용자에게 커다란 불편을 주었다.

트럭을 이용한 노선화물의 경우 도시에서 발송하는 농어촌용 생필품과 농어촌에서 발송하는 소량의 농수산물 등이 주종을 이루고 있으나 집화·배달에 어려움이 있고, 이용이 가능하다 하더라도 운임이 비싸고 신속하지 못하여 이용이 한정되어 있다.

철도를 이용하는 경우에는 서비스지역의 제한과 운송의 완결성의 부족으로 매년 취급하는 물량이 감소하는 추세이며 집화·배달서비스는 화주의 요구가 있을 때만 이루어지나 활성화되지 못하고 있다.

한편 우편소포, 우편낭 등 정보통신부의 소화물운송은 주로 도시를 위주로 한 상업서류 및 소량화물을 대상으로 이루어져 수화주 가정까지 배달이 이루어지고 있으나 집화는 원칙적으로 시행하지 않고 있었다.

이러한 상황에서 국내에 소화물일관운송이 탄생하게 된 배경은 물류환경변화에 따른 대응 및 이에 따른 새로운 운송시장의 형성에 기인한다. 소비자들의 소득증대에 따른 소비의 다양화, 상품수명의 단축에 따른 다품종소량생산체제로의 전환 등에 의한 소비패턴의 변화에 따라 기존의 다량운송 중심의 운송체계로는 소비자의 수송욕구를 충족시키지 못함에 따라 소량다빈도배송의 필요성이 대두되었으며, 또한 유통업체들의 물류비 절감과 서비스 수준의 향상을 위한 수단으로서의 제3자 물류에 대한 관심이 고조됨에 따라 새로운 수송수단의 등장이 불가피하게 되었다.

여기에 유통단계의 축소 및 신업태의 등장에 따른 유통업의 근대화는 다양한 물류 서비스에 대한 욕구를 증대시켰으며, 유통업체의 대형화에 수반되는 다점포화 및 체인화는 물류패턴의 변화를 가져왔고, 통신판매, 다단계판매, 홈쇼핑, TV사이버 쇼핑 등 무점포 판매의 급성장은 개인 직배송 수요의 확대를 가져와 새로운 운송시장 특히 소화물일관운송의 수요를 창출하였다.

우리나라에서 소화물일관운송을 이용한 서비스는 1970년대의 상업서류송달업(일명 pouch)가 그 효시라 할 수 있다. 1970년대 이전에도 심부름센터, 시내배달업체, 민원대행업체 등이 유사한 업무를 수행해 왔지만 이들은 조직망이나 규모, 서비스 수준에서 일관된 문전배달서비스를 정식으로 수행한 업체로 보기 어렵다. 그 후 1970년대 후반에는 상업서류송달업체가 등장하여 기업체의 본지사 간 본사와 공장 간 및 협력업체와 원청업체 간에서 발생하는 소화물에 대하여 제한적인 서비스를 수행하였다. 이러한 소화물일관운송은 1977년 12월 31일 우편법의 개정에 따른 '상업서류송달업 지정 등에 관한 요령'이 1978년 3월 31일 교통부고시 제7호로 공포됨으로써 법적 근거가 마련되었다.

1980년 후반부터 일부 업체에 의해 시작된 국내 소화물일관운송은 그동안 관련 법규의 미비, 전문성의 부족, 일반대중의 인식부족에도 불구하고 꾸준히 성장하여 왔다. 이는 경제규모가 확대됨에 따라 물동량이 크게 증가되었을 뿐 아니라 소비내용도 질적으로 고도화되어 각종 화물이 소량화, 다빈도화되는 추세에 있기 때문이다.

소화물일관운송이 회사형태로 영업이 시작된 것은 1977년 (주)일양해운이 국내대리점 형태로 처음 국제 간 상업서류 송배달을 시작하면서부터이며, 이후 제도적 차원에서 모양새를 갖추게 된 것은 1989년 8월 자동차운수사업법 개정법률(안)이 입법 예고되고 1991년 9월 자동차운수사업법 시행규칙이 개정공포되면서 소화물일관운송에 대한 시설과 허가기준이 설정되면서부터이다.

처음 허가제로 출발한 소화물일관운송은 1991년 12월 (주)한진이 국내 최초로 면허를 취득한 이래 금호수송, 경동화물이 소화물일관운송사업면허를 받아 이 사업에 진출한 이래 뒤를 이어 많은 업체들이 이 업종에 진출하였다.

소화물일관운송은 앞으로 신용카드업체와 대규모 유통업체의 전화와 우편에 의한 통신판매 그리고 최근 전자상거래에 의한 새로운 거래방법의 등장으로 판매형태가 다양화, 활성화됨에 따라 새로운 수송방법으로 각광받으면서 지속적으로 발전할 것으로 예상된다.[3)]

1.4 소화물일관운송 관련제도의 변천과 수송업의 형태

1. 소화물일관운송 관련 제도의 변천

우리나라 공로상의 소화물운송체제는 노선화물자동차운송사업, 철도소화물, 우편소포 등으로 분산되어 있었다. 기존의 소화물일관운송은 그 동안 문전집화·배달 서비스를 제공하지 못함에 따라 이용자에게 큰 불편을 준 것이 사실이다. 이러한 현실에서 소비자의 새로운 수송서비스 욕구에 부응할 수 있는 제도의 도입이 검토되기 시작하였다.

우리나라에서의 소화물일관운송업은 기존 자동차운송사업법을 개정하여 일반소비자의 수송서비스에 대한 새로운 욕구에 부응하고자 소화물일관운송제도를 확립하기에 이른 것이다. 당시 교통부는 소화물일관운송업을 운송업의 하나로 규정하기 위하여 1989년 8월 1일 관보 제11294호, 교통부 공고 제4호, 자동차운수사업법 개정법률(안) 입법예고의 주요 개정내용에서 '노선에 의한 화물자동차 운송사업을 하는 자만 할 수 있는 화물의 집배·배달업무를 소화물 일관운송제도를 확립하기 위해 전국을 사업구역으로 하는 화물자동차운송사업자에게도 화물의 집·배달업무를 할 수 있도록 한다'라고 하였다.

이어 우리나라에서 최초로 소화물일관운송업이 도입될 수 있는 법적 근거가 되는 법률인 자동차운수사업법 제16호(2조) (소화물일관수송)가 1989년 12월 30일 법률 제4190호로서 개정·공포되었다. 이와 같이 소화물일관운송사업을 규정하기 위한 법률적 근거인 자동차운수사업법, 동법 시행령, 동법 시행규칙이 개정·공포되어 소화물일관운송업의 허가기준이 설정되고 소화물일관운송약관이 인가되었으며, 또한 운임·요금이 신고·수리됨으로써 우리나라에

3) 근래 국내 소화물 운송시장의 현황은 다음과 같다. ① 해외시장 진출 등 블루오션 창출을 위해 노력하고 있다. 그 일환으로 국제물류 인프라와 글로벌 네트워크를 구축하고자 노력하고 있으며, 국제택배와 3자물류 등과 같이 해외시장을 블루오션으로 인식하고 있다. 이와 함께, 국내 주요 물류기업의 경우 미주, 중국, 일본, 호주, 유럽 등에 자체 네트워크를 보유하고 있거나 구축하고 있는 중이다. ② 대기업의 택배시장진출이 가시화 되었다. 즉 대기업의 인수합병으로 대형화가 되었는데 (주)한진의 신세계드림익스프레스 인수, 동원택배 퇴출 등 경쟁력이 약한 영세기업의 퇴출이 지속적으로 예상되고 있다. ③ 수익성 극대화 전략으로 전환하고 있는데 이는 경쟁심화로 수익성이 악화되어 가고 있기 때문이다. 수익성 악화 요인으로는 고유가, 인건비 상승, 증차제한 등이 있다. 또한 대형 택배회사 중심의 수익성 강화 전략을 내세우고 있다. 롯데글로벌로지스는 서비스 품질 향상에 따른 수익성 위주의 영업정책을 진행하고 있으며, (주)한진은 저단가 정책을 지양하고 있고 CJ대한통운은 저단가 정책 지양 및 비용절감 정책을 펼치고 있다. 또한 택배회사의 이익을 대변하는 택배협회 설립으로 공동 협의체를 구성하기도 하였다.

서도 소화물일관운송업이 본격적으로 개시되기에 이른 것이다.

한편 1997년 3월부터는 기업활동 규제완화에 관한 특별조치법 개정에 의한 자동차운수사업법 개정에 따라 화물자동차운수사업자는 허가없이도 소화물을 운송할 수 있도록 하였으며 운임 및 요금을 신고하지 않고도 사업을 할 수 있도록 하였다.

또한 1997년 12월 자동차운수사업법이 여객 자동차운수사업법과 화물자동차운수사업법으로 분리제정되면서 규제완화차원에서 소화물일관운송에 대한 조항이 완전히 삭제되었다. 따라서 자동차를 이용하여 소화물일관운송업을 하고자 하는 기업은 화물자동차운수사업법이 정하는 각종 규정을 준수하면 되고, 자동차가 아닌 오토바이 등의 도구를 이용하여 영업을 하고자 하는 자는 자유업으로 아무런 제한없이 사업을 할 수 있게 되었다.

이러한 여건 변화 속에서 1989년부터 준비되어 온 소화물일관운송사업의 시행문제가 완료됨에 따라 1991년 12월 (주)한진이 최초로 면허를 취득한 이래 현재 대한통운, 현대물류 등 많은 업체들이 소화물일관수송업의 인가를 받아 본격적인 영업을 시작하였으며, 서비스 영역도 일반소화물의 다빈도정시수송은 물론 지방특산물, 수산물 등을 신선한 상태로 배달해 주는 서비스, 세미나 등의 자료를 정시에 배달해 주는 서비스 그리고 도시 내의 오토바이 서비스 등 그 형태가 다양해지고 있다.

1998년 화물운송사업면허를 보유한 업체가 총 6,122개 사로 약 14만 대가 운행 중이나 1997년 8월부터 화물자동차운수사업이 일반화물자동차운송사업, 개별화물자동차운송사업 및 용달화물자동차운송사업 등 3개 업종으로 단순화되면서 소화물일관운송업을 영위하는 업체에 대한 파악이 어려운 실정이다. 또한 정식으로 영업허가를 받은 업체 외에 약 5백여개의 업체가 난립하고 있는 것으로 알려졌다. 그 업체 수를 정확히 파악할 수 없는 오토바이 택배업 및 음성적으로 사업을 하고 있는 무면허업체까지 포함하면, 실제 소화물일관운송 업체수는 상당수에 이르고 있는 것으로 보이며, 운행차량 대수도 지입차량, 일반구역화물 등록차량 등을 이용하여 서비스에 투입하고 있기 때문에 4,000대 이상의 집배송차량이 투입되고 있는 것으로 추정된다.

[표 7-2] 국내 소화물일관운송 관련 법규의 개정과정

일 자	구 분	주요 내용	비 고
1989. 8. 1.	자동차운수사업법개정법률(안) 입법예고	• 소화물일관수송을 할 수 있는 자에 노선화물자동차운송사업자 외에 전국을 사업구역으로 하는 전국화물자동차운송사업자를 추가	관보 제11294호, 교통부 공고 제4호
1989. 12. 30.	자동차운수사업법 개정 공포	• 소화물일관수송업을 할 수 있는 자를 동법 시행령에서 정하도록 하고 동 사업을 하고자 하는 자는 교통부령이 정하는 시설과 장비를 갖추어 교통부장관이 허가	자동차운수사업법 제16호 제2조(소화물일관수송)
1990. 3. 19.	자동차운수사업법시행령개정 입법예고	• 소화물일관수송 기존업체협의회에서 수정안 제출 • 소화물일관수송업을 할 수 있는 화물자동차운송사업자는 노선 화물자동차운송사업자와 전국화물기존자동차운송사업자로서 3년이상 당해 사업을 경영하고 있는 자로 규정	
1991. 1. 29.	자동차운수사업법시행령개정・공포	• 소화물일관수송업을 할 수 있는 자동차운송사업자 -노선화물, 일반구역화물, 용달화물자동차운송사업자	
1991. 9. 27.	자동차운수사업법시행규칙개정・공포	• 소화물의 범위(개당 30kg이하인 화물) • 소화물일관운송 시설 등의 기준 • 소화물일관운송의 허가 -관할관청이 심사 후 허가	
1992. 3. 5.	소화물일관수송 약관인가	• 운송인의 권리와 의무관계 규정 -사업의 종류 -운송인 수, 소화물취급에 관한 사항 -운송인의 권리와 의무 -손해배상에 관한 사항 등	자동차운수사업법 제9조 동법시행규칙 제19조
1992. 6. 5.	소화물일관수송 운임・요금신고・수리	• 포장단위 당, 중량, 지역별로 구분하여 운임/요금 설정 -기본운임률 설정 -할인・할증제도	자동차운수사업법 제16(2)조
1997. 3. 1997. 5. 1.	기업활동규제완화에 관한 특별조치법	• 기업활동에 관한 규제를 일률적 완화 -허가제 폐지 및 요금의 자율화 -운송약관의 신고제 전환	특별조치법 제60조의 9③, 9①

1997. 8. 30.	화물자동차운수 사업법제정공포	• 화물자동차운수사업법 제정(개편) -등록제로 전환 -진입규제 완화 -운임・요금 자율화	

우리나라 정부는 2018.8.14.에 국내 소화물일관운송 관련 법규 일부를 개정 시행했는데 그 주요 내용은 다음과 같다.[4)]

택배 등 면대면 서비스를 제공하는 일부 화물운송사업을 이용하는 소비자를 성폭력 등 강력 범죄로부터 보호할 필요가 있어 강력 범죄자의 택배 종사를 제한하고, 화물차 교통안전 강화를 위하여 운송사업자 및 운수종사자가 최고속도제한장치를 무단으로 해체하는 경우 사업허가 및 자격의 취소 등을 할 수 있도록 하며, 운수종사자의 보수교육을 의무화하여 직접 화물을 운송하는 운수종사자로 하여금 교통안전에 대한 관심을 환기시키고, 소비자에게 부

4) 이를 좀 더 상세히 살펴보면 다음과 같다. ① 강력범죄자의 면대면 화물운송사업 종사제한이다. 재범률이 높은 일부 흉악 강력범죄자에 대해 택배와 같이 면대면 서비스를 제공하는 일부 화물운송사업의 종사를 제한하고, 면대면 화물운송사업에 종사 중인 자가 강력범죄를 저지른 경우 범죄경력을 확인하여 종사자격을 취소함으로써 택배 등 면대면 서비스를 제공하는 일부 화물운송사업을 이용하는 전 국민의 안전을 확보하도록 한다. ② 사업용 화물자동차 교통안전 강화를 위해 운송사업자 및 운수종사자가 최고속도제한장치를 무단으로 해체하는 경우 사업허가 및 자격의 취소 등을 할 수 있도록 하고, 운수종사자의 보수교육을 의무화하여 미이수 시 과태료를 부과하도록 한다. ③ 부당요금을 수취한 운수종사자의 화물운송 종사자격을 취소할 수 있도록 하여 부당요금을 수취한 콜밴, 레커차 운수종사자에 대한 제재의 실효성을 강화한다.(제23조 제1항 제8호). ④ 화물자동차 유가보조금 수급 요건을 충족하지 않은 화물 차주에게 유가보조금이 지급되지 않도록 관할관청에서 경찰청 등으로부터 수급요건 확인을 위한 화물차주의 수급자격에 관한 정보를 받을 수 있는 근거를 마련하고, 거짓이나 부정한 방법으로 유가보조금을 수급한 화물 차주에게 형사 처벌이 가능하도록 벌칙 조항을 신설하여 부정수급을 방지하고자 한다.

그리고 2018.09.21. 현재 강력 범죄자의 택배 종사제한, 최고속도제한장치 무단 해체자 처벌 강화, 운수종사자 보수교육 의무화, 부당요금 수취 운수종사자 제재 실효성 확보, 유가보조금 부정수급자 사전 차단 등을 위해 화물자동차운수사업법이 개정(법률 제15743호, 2018.08.14공포)됨에 따라 그 시행에 필요한 사항을 구체화하기 위해 개정을 한다. 그 주요 내용은 다음과 같다. ① 법 제9조의2 제1항에서 위임한 "대통령령으로 정하는 형태의 화물자동차 운수사업"이란 화물을 집화・분류・배송하는 형태의 화물자동차 운수사업으로 규정한다. ② 제9조의2 제1항 제1호에서 위임한 "대통령령으로 정하는 기간"은 법적 형평성을 고려하여 대면서비스를 제공하는 여객자동차 운수사업과 동일한 수준으로 기간 설정한다. ③ 제62조 제2항에서 위임한 "대통령령으로 정하는 자료"란 유가보조금 수급자격과 관련된 운전면허, 화물운송종사자격의 취소여부 및 의무보험 미가입 여부 등으로 구체적으로 기술한다. ④ 법 개정에 따른 운송사업자 등의 의무사항이 추가됨에 따라 관련 위반사항에 대한 행정처분 기준 마련 등이다.

당요금을 수취한 콜밴·레커차 운수종사자에 대한 제재의 실효성을 강화하기 위해 부당요금을 수취한 운수종사자에 대해 화물운송 종사자격을 취소할 수 있도록 한다. 또한, 유가보조금관리시스템(FSMS : Fuel Subsidy Management System)과 경찰청, 보험개발원 등 유관기관이 보유한 정보시스템들 간 시스템 연계를 통해 유가보조금 부정수급을 효과적으로 방지할 수 있도록 정보 제공과 관련된 법적 근거를 마련하고, 유가보조금 부정수급자에 대한 처벌을 강화하여 유가보조금 지급의 효율화 및 건전화를 도모하려는 것이다.

2. 소화물일관운송업의 형태

소화물일관운송업은 수송의 대상인 화물의 주체와 운송업체의 사업영역에 따른 특성에 따라 크게 2가지로 대별된다.

수송의 대상인 화물의 주체에 따른 분류로서는 수송될 화물이 일반소비자의 가정으로부터 접수되는 개인화물(가정화물)인 일반 소화물일관운송업과 개인이 아닌 기업을 상대로 하여 기업화물을 수송하는 전문 소화물일관운송업으로 구분된다. 일반 소화물일관운송업은 소화물일관운송업 고유의 사업취지에 적합한 것이지만, 수송대상인 화물의 종류가 다양하여 수송이 까다로운 점, 소화물일관운송업에 대한 노하우의 축적여부가 사업성패의 관건이 되는 점 그리고 현재 국내 수요자의 인식부족 등 때문에 사업전개에 어려운 점이 많다.

한편 전문 소화물일관운송업은 수송화물의 대상이 개인이 아닌 기업화물을 주 대상으로 하는 것으로 보통 상업서류, 의류, 가전제품, 기계부품 등을 주 대상으로 하여 긴급을 요하는 물품을 원단위로 계약을 맺고 익일 배달체제로 운송하는 수송체제이다.

또한 소화물일관운송업은 사업영역에 따른 특성에 따라 국내 소화물일관운송업과 국제 소화물일관운송업으로 나눌 수 있다. 국내 소화물일관운송업은 전술한 일반 소화물일관운송업과 전문 소화물일관운송업을 모두 포함한 개념으로, 국내 지역을 영업대상으로 하여 가정용품, 식료품, 기계부품, 상업서류 등을 화주로부터 수송의뢰받아 국내 간에 문전서비스로 수송하는 체제이다.

국제 소화물일관운송업은 쿠리어 서비스(courier service) 또는 SP(small package)서비스 등으로 불리어지는 것으로, 이에는 선적서류, 은행서류, 계약서 등의 상업서류와 설계도면, 컴퓨터 펀칭카드, 카탈로그 등을 주 대상으로 하여 desk to desk로 수·배송하는 서류송달서비스(documents courier service)와 데이터 프로세스용 자기테이프, 비디오용 자기테이프, 마이크로필름, 영화, 사진용 필름, 서적, 잡지, 샘플류, 부품(spare parts) 등에서부터 최근에는 판매화물을 비롯하여 한약, 김치 등 유학생을 대상으로 하는 소화물까지 전문으로 수·배송하는 서비스를 제공하고 있다.

[표 7-3] 소화물일관운송업의 분류

구 분		주요 내용
화물의 주체에 따른 분류	개인 소화물일관 운송업	• 소화물일관운송업 고유의 사업취지에 적합하지만, 수송대상인 화물의 종류가 다양하여 수송이 어려움 • 소화물일관운송업에 대한 노하우의 축적여부가 사업성패의 관건임 • 현재 국내 수요자의 인식부족 때문에 사업전개에 어려움이 많음 • 개인 소화물일관운송업에서 취급하는 상품 종류로는 서적, 의류, 식료품, 가전제품 등이 주 대상이 되고 있음
	기업 소화물일관 운송업	• 수송화물의 대상이 개인이 아닌 기업화물을 주 대상으로 함 • 보통 상업서류, 의류, 가전제품, 기계부품 등 긴급을 요하는 물품을 원단위로 계약을 맺고 익일배달체제로 운송하는 수송체제를 말함
사업 영역의 특성에 따른 분류	국내 소화물일관 운송업	• 개인 소화물일관운송업과 기업 소화물일관운송업을 모두 포함하는 개념 • 국내 지역을 영업대상으로 하여 가정용품, 식료품, 기계부품, 상업서류 등을 화주로부터 수송의뢰받아 국내 간에 문전서비스로 수송하는 체제를 말함
	국제 소화물일관 운송업	• 쿠리어 서비스(courier service) 또는 SP(small package) 서비스 등으로 불리워짐 • 선적서류, 은행서류, 입찰서류, 계약서 등의 상업서류와 설계도면, 컴퓨터 펀칭카드, 카다로그 등을 주 대상으로 하여 desk to desk로 수·배송하는 서류송달서비스(documents courier service)와 데이터 프로세스용 자기테이프, 비디오용 자기테이프, 마이크로 필름, 영화, 사진용 필름, 서적, 잡지, 샘플류, 부품(space parts) 등의 소화물을 전문으로 수·배송하는 스몰 팩키지 서비스가 있음

3. 소화물일관업의 종류

소화물일관운송업을 배달수단을 기준으로 세분하면 다음과 같다.

(1) 화물자동차택배업

일반적으로 사회적으로 인식하고 있는 택배업은 대부분 화물자동차택배업을 지칭한다. 화물자동차를 이용하여 서비스를 제공하기 위해서는 자동차를 이용한 유상운송행위가 되므로 반드시 화물자동차운수사업등록을 하여야 하며, 화물자동차운수사업법이 정하는 운임과 약관에 관한 규정을 준수하여야 한다.

현재 국내에는 1990년대 초부터 네트워크와 시스템을 가지고 현대택배(현 롯데글로벌로지스), 대한통운(현 CJ대한통운), 한진택배 등 대기업과 중소업체들이 치열한 경쟁을 벌이고 있다. 2018년 현재 택배시장 업계 1위는 CJ대한통운의 독주체제로 이어지고 있으며 점유율은 50% 이상이다. 뒤를 이어 한진택배와 롯데글로벌로지스가 차지하고 있는데 이 3개 업체의 시장 점유율을 합치면 70% 이상이다. 나머지는 17개 내외 업체가 30%를 나눠가지고 있다.

(2) 이륜택배업

오토바이나 자전거 등을 이용하여 화물이나 서류 등을 배달해 주는 택배업으로 교통체증이 심한 도시 내에서의 신속한 배달과 배달 원가를 낮추기 위한 목적으로 이용되고 있으나, 현재는 급송기능보다는 저렴한 운송비에 의한 물류비절감 차원에서 이용도가 높아지고 있다.

처음 시작은 급한 서류나 샘플 등 급송의 일환으로 인식되었으나 지금은 낮은 운임으로 운송이 가능한 운송수단의 한 축으로 자리 잡아 가고 있다. 이륜택배업은 여러 가지 문제점이 많으나 낮은 진입문턱으로 인한 신규사업자들의 가격덤핑문제, 분실 시 보상문제 등이 커다란 문제점으로 대두되고 있다. 2000년도 하반기 현재 서울시내에만 약 5천대 이상, 전국적으로 1만대 이상의 택배용 오토바이가 운영되고 있는 것으로 추정되며, 1999년 4월 이륜택배업체들이 업권보호 및 합법화를 위하여 이륜택배협회를 창립하여 운영하고 있다.

오토바이를 이용한 이륜택배의 특징은 다음과 같다.

① 적게는 2~3대에서 많게는 170여대까지 다양한 규모로 운영되지만 대부분 20~30대 정도의 소규모로 운영되고 있다.

② 오토바이기사들은 1일 또는 월간 소개료를 업체에 지급하고 업체로부터 배달의뢰인을 소개받아 운송서비스를 제공한다.

③ 오토바이기사들은 송화인으로부터 수금한 택배요금은 부가세 등과 관계없이 100% 자신의 수입으로 처리한다.

④ 사고위험율이 높아 보험회사에서 보험인수를 하지 않아 화물사고 시 보상에 어려움이 있다.

(3) 긴급서류송달업

일명 파우치서비스라고 하며 무역관련 서류, 본지점 간의 공문서 등을 신속하게 배달해 주는 서비스로 일반적으로 오후 근무시간 종료직전에 집화하여 익일 오전 중 배달하여 준다.

제 2 절 소화물일관운송서비스

2.1 소화물일관운송시스템의 개념

1. 소화물일관운송시스템의 의의

화물운송수요의 소량화, 다빈도화, 다품종화 등 수요의 고도화 및 다양화로 물류비가 상승함에 따라 도시내 교통사정의 악화에 대처하기 위한 교통체계의 시스템화에 대한 문제가 대두되고 있다.

물류는 도시간 물류와 도시내 물류로 구분된다. 종래에는 고도성장의 기반이 되는 사회간접자본 정비의 일환으로 고속도로, 트럭터미널, 항만시설의 정비 등 도시간 물류에 중점을 두었으나, 도시내 교통량의 급증으로 야기된 심각한 교통체증 등에 의해 도시내 물류비가 크게 상승되어 생활물자 가격인상의 큰 비중을 차지하고 있다.

도시내 물류는 공장→도매→소매간의 상업물류인 집・배송과 소매→가정간 또는 가정→가정간의 직접 일반주민과 접촉하는 소화물일관운송으로 구분할 수 있다.

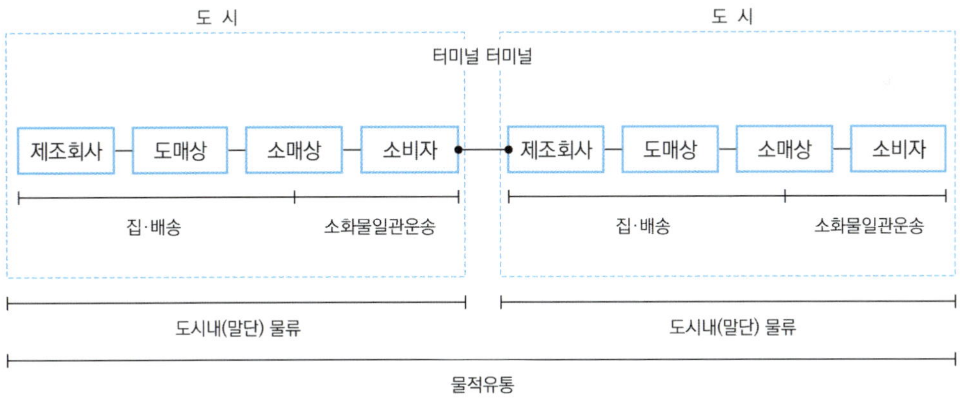

[그림 7-1] 물류부분에 있어서 소화물일관운송의 위치

1970년대 구미지역에서 산업침체기에 잠재수요와 소비자 서비스개발을 목적으로 개인의 소단위 경량화물과 기업 및 관청의 소단위 상품 또는 사무서류의 문전서비스를 위하여 사업화한 운송형태인 소화물일관운송사업은 후에 일본에서 노선사업상 일반소화물과 구분하여 독자적 차별화된 운송으로 고품질의 운송서비스, 즉 소화물일관운송을 개발하여 판매하기에 이르렀다.

소화물일관운송시스템이 1970년대에 들어와서 선진국에서 급성장을 하게 된 원인은 다음과 같다.

① 24시간 내 배달과 포장의 간소화 등을 통해 고객의 이용 편의를 증대시키기 위하여 인접지역에 자동차운송업과 취급대리점을 배치하여 집화·배달의 신속화 및 정확화를 도모하여 고객의 요구(needs)를 최대한으로 충족시킬 수가 있다.

② 철도소화물운송을 위하여 운송구간의 취급역의 집약·폐지와 취급역의 역류(驛留)를 실시함으로써 고객의 고질화(高質化) 요구를 충족시킬 수가 있다.

③ 종래의 소포우편(대개 24kg 이내)과 철도편(대개 20kg 이내)에는 중량제한이 있고, 시간, 요금, 서비스 등에 여러 가지 문제점이 노출되어 트럭에 의한 소화물일관운송을 선호하게 되었다.

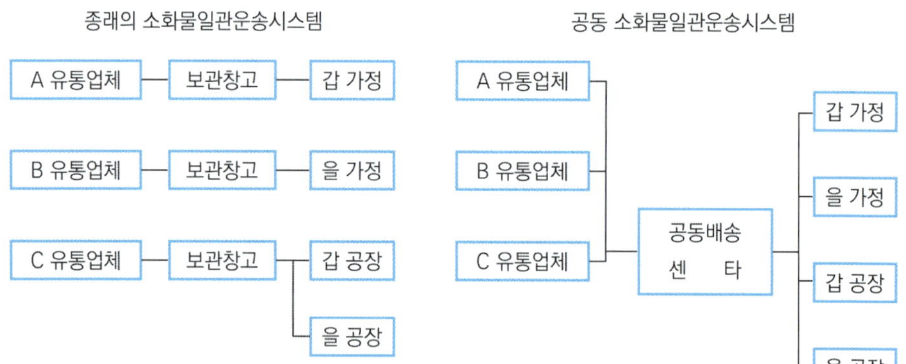

[그림 7-2] 종래의 소화물일관운송시스템과 공동 소화물일관운송시스템의 비교

소화물일관운송시스템을 합리화하기 위해서는 먼저 하드웨어(hardware) 측면의 대책으로서 물적유통관련시설, 즉 도로의 정비, 화물거점시설의 충실, 차량의 대형화 및 새로운 화물

운송시스템의 도입 등을 들 수 있으나 기존의 대도시에서 도로정비나 화물거점시설을 구비하기에는 거액의 투자와 공해문제가 수반되며 차량의 대형화도 교통사정 등을 고려할 때 그 실현에는 상당한 어려움이 있다.

소프트웨어 측면에서의 대책으로는 집·배송요금과 상품가격의 분리, 즉 소화물일관운송의 유료화 등 개별기업의 합리화를 추구하여야 한다. 그러나 개별기업에서의 소화물일관운송의 합리화에는 한도가 있으므로 비용을 절감할 수 있는 공동 소화물일관운송시스템의 도입을 검토할 필요가 있다.

2. 소화물일관운송서비스제도 도입의 의의

소화물일관운송시스템의 도입은 기존의 소화물운송체제인 노선화물운송시스템, 철도화물운송시스템 및 우편소포시스템과 비교하여 볼 때 다음과 같은 차이가 있다.

① 고객의 편의성에 주안점을 둔 운송체제이다.

기존의 소화물운송체제에서는 운송자가 화주의 문전에서 도착지까지의 서비스를 책임지지 않는 것이 보통이다. 소포의 경우 배달과정에서 문전서비스가 이루어지지만 대상이 6kg 이하로 제한되어 있어 불편한 실정이다. 특급우편제도로는 30kg까지 문전서비스가 가능하나 운임이 상대적으로 고가이다.

이에 비하여 소화물일관운송제도는 고객의 요청에 따라 운송업자가 직접 송화주의 문전에서 집화하여 수화주의 문전까지 배달하는 것을 원칙으로 하여 그에 관련된 화물의 포장, 운송계약 등 부대서비스도 동시에 이루어지며 또한 운송약관의 설정, 운임의 약정 등 운송계약에서도 고객의 편의상 단순하고 명쾌하게 그 표준이 설정됨을 원칙으로 하고 있기 때문에 편리하다.

② 고가 소량화물의 안전하고 신속한 운송이라는 사회적 요구에 부응할 수 있는 제도이다.

개인의 소득증가와 생활수준의 향상으로 기호가 다양화되면서 재화의 수요가 다품종소량위주로 변화하는 경향을 보이고 있다. 또한 기업의 입장에서 볼 때 각종 견본, 상업용 서류, 도면 등과 같은 고가의 소량화물 수요의 증대와 유통업체의 무점포판매 및 통신판매의 확대에 따른 소량화물의 증대가 예상된다. 이러한 고가의 소량화물운송은 이용자의 편의성 외에 안전성과 신속성을 생명으로 하고 있으나 기존의 소화물운송체제는 시대적인 화물추세수요와 운송업자의 운송전반에 걸친 서비스의 취약으로 오늘날의 현실에는 맞지 않는다.

③ 기존의 낙후된 운송체제에 자극을 가하여 운송체제 발전에 동기부여 효과를 볼 수 있다.

우리나라의 화물운송체제는 업종과 직무를 막론하고 운송체계의 목표인 경제성 및 유통의 효율화, 안전성, 신속성, 가격의 저렴, 고객의 편의성 등에서 만족스럽지 못한 수준을 유지하고 있다. 그러나 그간 기존 운송업체에 대한 경영합리화시책은 운송사업자체의 발전적 인식 부재로 효과를 보지 못하였다.

이러한 시점에서 소화물운송제도의 도입은 국내의 분산된 소화물시장의 재정비와 운송수요의 확대에 따른 운송업체의 발전적 자극으로 개선을 유도하는 계기가 될 것이다.

2.2 소화물일관운송업의 현황과 수배송체제

1. 소화물일관운송업의 현황

2019년 국내 택배 물동량은 2018년 대비 10.2% 성장한 총 25억 5,000만 개를 기록하는 한편 연간 매출액만 5조 7,000억원에 달할 만큼 큰 시장으로 성장했으며 현재 국내 택배시장은 약 5조 5,000억 원의 가치를 가지고 있다. 이와 함께 오토바이 등의 소형 화물차로 서비스되는 퀵서비스 물류시장 규모 역시 택배업과 유사한 수준을 넘어섰고, 최근 식음료 배달업 매출까지 더하면 소화물 물류서비스 산업은 10조원을 훌쩍 넘을 만큼 거대한 시장으로 성장하였다.

현재 국내택배산업 시장점유율은 국내 상위 5개 택배기업(CJ대한통운, 롯데글로벌로지스, (주)한진, 로젠, 우체국)이 압도적으로 높은 것으로 나타났으며 상위 5개사의 취급물량은 전체 택배시장의 89.5%에 달하고 있다.

한편 국제물류시장 점유율은 DHL이 39.9%를 기록하였으며 그 뒤를 이어 FedEx, UPS 등 주요 3사[5]가 시장 대부분을 장악하고 있다. 이들은 우리나라 업체들이 큰 비중을 두지 않는 국제특송 부문 등 틈새시장에서 두각을 나타내며 꾸준한 성장세를 이어가고 있다. 대표적인 외국계 국제특송업체인 DHL은 2019년 기준 매출액 4,488억원, 영업이익 77억원을 기록했으며 FedEx는 2019년 기준 매출액은 689억원, 영업이익 30억원을 기록했다.

외국계 업체들이 국내외 특송 시장에서 주도권을 잡을 수 있었던 것은 폭넓은 해외 네트워크 확보 덕분이다. CJ대한통운 등 국내기업들도 전 세계로 네트워크를 늘리며 해외사업을 확대 중이지만, 전 세계 220개국에 물류망을 구축 중인 DHL과 FedEx에 비하면 턱없이 부족

5) DHL이 36%로 가장 높은 점유율을 기록했고, 이어 FedEx 26%, UPS 22% 순으로 조사됐다.

하다. 국내기업들이 국제물류시장 점유율을 확보하지 못하는 이유는 국제적인 운송연결망을 갖추지 못하여 영업기반이 취약하고 업체 육성을 위한 정부의 제도적 미흡이 그 원인으로 지적되고 있다. 즉, 국제일관운송업의 등록요건으로 50개 이상의 대리점망을 갖춘 외국 상업서류송달업체와 계약을 맺거나 6개국 이상의 해외지점망을 갖추도록 규정하고 있으나 국내영세업체로서는 이행하기 어렵기 때문에 현재는 외국업체의 대리점으로 있는 실정이다.

또한, 국내 소화물일관운송업계에서는 DHL과 FedEx가 독자적인 영역을 구축하고 있는 가운데 한진택배와 CJ대한통운이 각각 국내시장 확보에 적극적으로 나서고 있다. 또한 국제 소화물일관운송업계와 국내 소화물일관운송업계의 제휴는 상호 간의 필요성과 이익을 감안해 볼 때 국내시장에서 보다 활성화될 것으로 보이며 이러한 제휴는 앞으로 계속될 것으로 보인다.

2. 소화물일관운송업의 주요 서비스상품

국내 소화물일관운송업체에서는 소비자의 욕구를 충족시켜주기 위하여 다양한 상품을 개발 서비스하고 있다. 일반적으로 제공되는 전형적인 서비스 상품으로는 기업화물과 개인화물을 수배송하는 것이나 업체들은 자신의 고유한 상품명 아래 서비스를 제공하고 있다.

소화물일관운송업에서 취급하는 상품의 유형과 형태는 크게 긴급화물을 당일에 배송하는 당일배송편, 약속된 시간 내에 배송이 지원되는 시간지정편, 지방특산물의 시장확대를 위한 산지직송편, 제조업체와 관련있는 하청회사와 대리점을 위한 휴일집배편 등으로 구분된다.

우리나라 소화물일관운송업체들이 제공하는 서비스 상품의 종류를 분류해 보면 [표 7-4]와 같다.

이외에도 소화물일관운송업들은 의류, 고급화물의 신속한 서비스를 통하여 고객만족을 유도해 나가거나 잡지류, 출판물의 소화물일관운송제도를 도입하고 있다. 일부 소화물일관운송업체에서는 교통체증과 주차문제로 인한 문제점을 해결하기 위하여 TRS를 장착한 오토바이서비스업체와 계약하여 장기적인 오토바이 서류송달서비스를 실시함으로써 배송시간을 단축시키고 신속한 서류송달로 인한 고객서비스의 질을 개선하고 있다.

[표 7-4] 우리나라 소화물일관운송업체의 서비스 상품

소화물일관운송상품	내 용
당일택배편	긴급을 요하는 화물을 오전에 접수하여 당일 배송하는 서비스로 긴급 시 항공편 이용
24시간택배편	접수 후 24시간 이내에 다음 날까지 전국으로 배달
산지직송택배편	생산자와 소비자를 직접 연결하여 전국 산지에서 생산되는 특산물을 배달
귀중품택배편	문화재, 골동품, 고가품 등을 안전하게 목적지까지 배송
골프택배편	3~4일 전 전화로 신청하면 고객이 원하는 장소까지 전용커버를 이용하여 안전하게 배달 및 사용 후 집까지 왕복배송
스키택배편	스키장비를 왕복배송
냉동택배편	채소, 과일, 어류, 냉동식품 등을 신선도를 유지한 채 문전배달
긴급서류택배편	본사와 지점 간 일상서류나 긴급문서, 회의자료 등을 배달
꽃다발택배편	축하, 근조, 화환 등을 3~4시간 내 배달
국제택배편	소화물일관운송업체의 영업망과 항공사의 노선을 연결시켜 항공기를 이용하여 장거리 운송구간을 신속하게 서비스

3. 소화물일관운송의 수배송체제

국내 소화물일관운송업체들이 적용하고 있는 수배송체제는 크게 허브 앤 스포크(Hub and Spoke)방식과 포인트 투 포인트(Point to Point)방식 그리고 이 둘을 절충한 절충방식이 있다. 허프 앤 스포크방식은 간선운송과 지선운송차량을 이용하여 수배송하는 것으로 지선운행에는 2.5톤 또는 1톤 소형 밴을 이용해 고객으로부터 화물을 직접 방문하거나 취급점을 통해 집화한 후 각 영업소에 모여진 화물은 오후에 셔틀 또는 11톤 대형차량을 이용 야간에 허브 터미널로 수송한다. 허브 터미널에서는 최종 행선지별로 분류하여 구역별 셔틀 또는 구간차량을 이용하여 배송지 영업소까지 운송 후 소비자별로 익일 배송원칙에 따라 배달하는 시스템이다.

포인트 투 포인트 방식은 한 터미널에서 다른 터미널로 수송될 화물을 각 개별 터미널별로 발송하는 시스템으로 화물의 규격이 일정할 때 효율적으로 이용할 수 있으며, 효율적인 운영을 위해서는 거점터미널 인근의 중소터미널은 집화나 발송을 거점터미널에 집중시킬 수 있을 때 많이 이용되는 방식이다.

한편 절충방식은 두 방식을 혼합한 방식으로 터미널과 터미널 간에 운반된 화물이 차량 1대뿐일 때에는 배송목적지별로 직접운송하고 1대 미만일 때에는 허브 터미널로 운송집화한 후 이를 터미널별로 분류하여 분산발송하는 시스템이다.

2.3 국제 소화물일관운송서비스의 운송형태

국제 일관운송서비스란 소화물을 항공기를 이용하여 화주의 문전에서 문전까지 배달하는 운송시스템으로서 이는 항공기에 의한 간선(幹線)운송과 자동차에 의한 집배의 연계에 의해 행해지는 국제복합운송의 한 형태이다.

국제 일관운송서비스는 처음 미국에서 항공사업 규제에 대한 규제완화를 계기로 운송업계에서 개발한 사업영역으로 최근에는 기업들이 해외진출과정에서 신속한 정보전달의 수단으로 많이 이용하고 있는 실정이다.

국제 일관운송서비스는 현재 대부분 무역업체의 소화물이 주류를 이루고 있으며, 일반소비자의 이용은 해외여행객에 의한 별송품 서비스 정도에 머물고 있으나 향후 국제 간의 소형 이삿짐을 비롯하여 각종 선물의 운송이나 현재 우편소화물 등이 국제일관운송서비스 품목으로 전환될 것으로 보인다.

국제 일관운송서비스는 선적서류, 업무서류, 카탈로그 등 항공기를 이용한 문전운송인 쿠리어(courier) 서비스와 상품의 견본, 선물, 각종 기계류 부품 등의 소형·경량제품의 운송을 담당하는 별송서비스로 구분된다.

국제 일관운송서비스는 취급화물이 국내 일관운송서비스와 마찬가지로 30kg 이하의 소화물운송에 국한되며 대부분의 화물이 대중가격의 상품이고, 일정기간 내에 신속한 인도를 목적으로 의뢰된다. 일반적으로 항공기를 이용한 국제일관운송업은 다음과 같은 방법으로 많이 이용되고 있다.

(1) 자사혼재(consol)에 의한 운송형태

항공이용운송사업자에 의해 국제 일관운송화물로서 인수한 소형화물을 일정단위로 모아 자사 혼재화물의 네트워크(network)에 의해 직접 운송하는 것을 말한다. 이 형태는 주로 쿠리어 대상화물로서 서류 등의 운송에 사용되고 있다.

(2) 타사의 혼재시스템을 이용하여 운송하는 형태

고유의 국제 일관운송업자가 취하는 방법으로 항공이용운송사업자의 혼재화물 네트워크를 이용하여 화물을 운송하는 방법이다. 별송품의 경우 대부분이 이 방법을 이용하고 있다.

(3) on-board 운송형태

국제 일관운송화물을 송・수화물로 분류하여 항공회사에 탁송하는 방법으로 쿠리어대상의 서류운송에 많이 이용하고 있다.

2.4 국제 소화물일관운송업

국제 소화물일관운송업은 소형의 샘플, 서류, 화물 등을 국내에서 집화하여 외국으로 또는 외국에서 집화하여 국내의 지정된 곳까지 배달해 주는 서비스로 국제상업서류송달업, 국제쿠리어업 또는 국제택배업이라고 한다.

현재 국제 소화물일관운송업으로는 DHL, FedEx, UPS 등 소위 3대 업체가 세계시장을 장악하고 있으며, 국내에도 이들의 국내법인 또는 총대리점이 운영되고 있다. 한편 국내 운송업체 중에서는 CJ대한통운 등이 해외배달망의 구축을 추진 중이나 취급가능물량에 비해 과다한 비용소요로 인하여 이들 외국업체와 제휴 또는 대리점으로서의 영업을 하고 있는 실정이다.

(1) DHL

DHL사는 1969년 Dasley, Hillblom, Lind 등 미국 변호사 3인의 이름을 따 설립된 미국 최대의 국제일관운송업체이다. DHL의 업무처리는 전 세계지점이 완벽하게 표준화되어 IBM컴퓨터를 이용하여 DHL고유의 송・배달 추적확인시스템, 자동요금계산청구시스템, 발송분류확인시스템, 발송물의 종적조사시스템 개발에 성공하여 고객은 자신의 발송품에 대한 확실한 배달정보를 획득할 수 있다.

DHL은 현재 229개국, 9만여 도시에 걸쳐 가장 광범위한 네트워크를 보유하고 있으며, 36개의 화물 집하 및 분류센터(HUBS)를 비롯해 270대의 전용 화물기, 17,000대의 장비 및 차량, 4,070개의 지역 사무소를 보유한 세계 굴지의 종합 물류 서비스 회사이다. 전 세계 직원 수는 약 380,000명으로, 전 세계에 6,500여 개의 사무소, 420대 이상의 항공기, 7만 6,200여 대의 차량으로 연간 15억 개 이상의 화물을 취급하며 국제 우편 서비스를 비롯하여, 특송,

항공 및 해상운송, 육상운송, 계약물류 솔루션 등 운송에 필요한 전문적인 서비스를 제공하고 있다. 특히 우편・전자상거래・소포부문은 매출액 44억 1,000만 유로, 영업이익 1억 800만 유로를 기록하였으며 특송사업은 40억 4,600만 유로의 매출액과 1,700만 유로의 영업이익을 기록했다.

DHL사는 자체 네트워크를 통해 신속, 정확, 안전을 모토로 발송인의 책상에서 수취인의 책상까지(desk to desk) 서류 및 소화물, 중대형화물을 특급으로 배달하는 국제항공특급 송・배달 서비스를 제공하고 있다. 이를 위하여 인공위성추적시스템, 인터넷을 통한 화물추적시스템 등 방대한 네트워크와 전 세계 34개 주요 지역에 설치된 화물집화 및 물류센터 등의 물류시설이 업무를 뒷받침해 주고 있다. 국내상업서류시장의 65%, 소화물시장의 45%를 장악하고 있다.[6)]

국내진출은 1977년부터 일양 익스프레스가 총대리점을 맡아 업무를 수행하고 있으며, 국내 최초로 상업서류 송달업무를 개시한 이래 무역, 운송, 건설, 외자 및 기술도입 등 해외업무와 관련된 상업서류를 송배달하는 상업서비스와 해외로 발송되는 ① 중량품 250kg 이내의 소화물, ② A4사이즈 20매 이하의 상업용 서류와 부속자료 서비스, ③ 수출용 견본품 송・배달 등 배달서비스를 하고 있다.

DHL사의 일관운송서비스의 처리는 다음과 같은 절차에 따라 이루어지고 있다.

① 고객의 전화를 통한 픽업요청이 오면 고객 서비스부(Customer Service Division) 직원들은 고객의 정보를 컴퓨터에 등록하고 입력된 정보는 주문을 연계해 주는 직원들에 의해 유・무선으로 지역담당 쿠리어에게 전달되어 DHL 서비스맨에 의하여 발송물이 수리된다.

② 수리된 서류, 소화물은 각 국의 목적지별로 분류되면서 컴퓨터에 의한 check in & bagging이라는 이중대조 확인절차를 거친 후 적하명세서를 작성하여 지역에 따라 색상으로 구분된 고유의 행낭 방수백에 포장된다.

③ 발송물 수리 후 2시간 이내에 분류 및 포장을 완료하고 통관수속을 마친 후 가장 빠른 항공기에 탑재하여 발송시킨다.

---

6) http://www.dhl.co.kr/htm/k_info.html

• TIS 시스템 구도

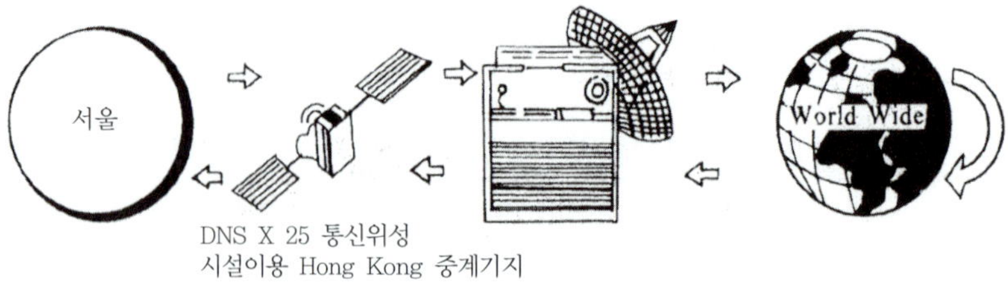

• 스케터 시스템 구도

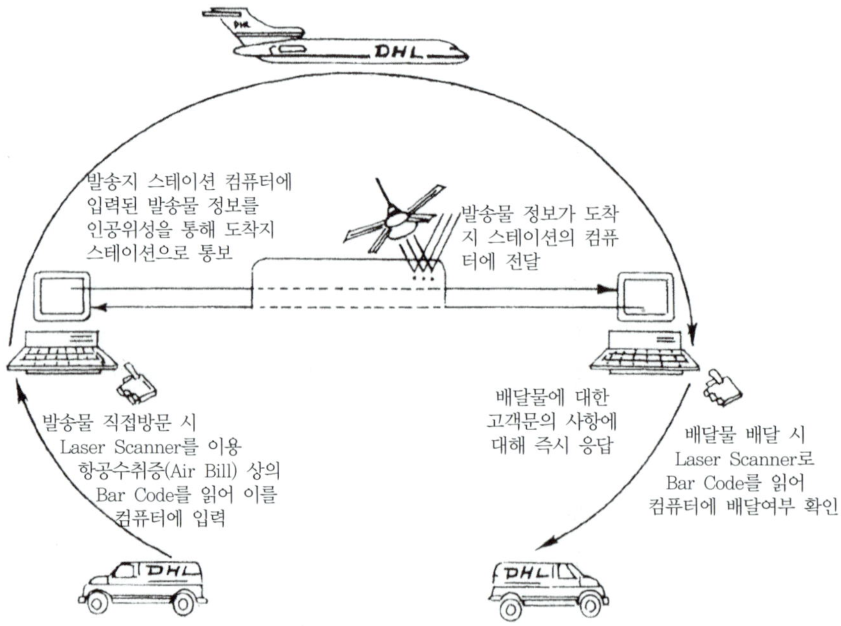

[그림 7-3] DHL사의 TIS에 의한 업무처리절차

④ 주요 항공노선에 DHL의 운송관리요원이 탑승하여 탑재에 관한 업무를 직접 처리하며 도착지에서는 당사 운송관리인이 신속하게 통관 후 현지 서비스맨이 최대한 빠른 시간 내 POD(Payment on Delivery)의 발부와 함께 배달목록에 배달 날짜와 시간 및 수취인의 서명을 받는다.

⑤ 배달된 서류의 배달목록은 DHL사의 컴퓨터에 입력되고 이것이 인공위성의 중계를 통해 발송지의 고객에 전달되는 TIS(Tracking Inbound Shipment System)에 의해 배달즉시 배달날짜와 시간, 수취인 성명을 확인할 수 있다.

(2) FedEx

프레드릭 스미스(Fredrick W. Smith Jr.)에 의하여 1973년 설립된 소화물운송 세계 최고기업인 Fedral Express(FedEx)는 소비자의 욕구를 만족시키기 위한 독특한 운송사업방식인 Hub and Spoke[7]운영체제와 화물을 추적하기 위한 DADS(The Digital Assisted Dispatching Systems)[8]서비스를 도입하여 다른 업체와 차별화하여 운영하고 있다. FedEx의 회사규모는 종업원 수 18만 명 이상이며 서비스 국가는 220개국에 375곳 이상의 공항에 화물을 운송하고 있고, 보유항공기 수는 650대, 보유차량은 47,500대, 연 매출은 580억 달러로 미국 내 시장점유율 2위를 차지하고 있다.

이 회사의 COSMOS(The Customer Oriented Services and Management Operation System)[9]서비스는 Super Tracker[10]를 이용하여 각 선적물의 바코드를 검색하여 개별화물의 모든 정보를 전 세계 도시로 전달하는데 사용되고 있으며, 통신위성과 연결된 최첨단 화물추적시스템은 빠른 수송을 가능하게 하고 있다. 또한 FedEx 허브에 설치된 Automated tracker system은 전화문의 시스템에 대한 번거로움을 해소시켜 고객 만족도를 향상시켰을 뿐 아니라 비용면에서도 원가 절감 효과를 얻을 수 있었다. 한편 FedEx는 2000년 9월 미국의 우체국과 협조하여 공동배송·운송을 실행하기로 결정하였다. 이로써 우체국은 미국의 전 지역을 집배인이 매일 방문하는 현재의 배달망을 이용하여 물품의 배달, 수거를 맡고, FedEx는 우체국을 거점으로 운송을 책임지게 된다. 이러한 체제가 현실화되면 FedEx는 배달비용을 대폭 절감

7) 현 회장인 프레드릭 스미스가 1968년 예일대학에 제출한 논문에 기원을 갖고 있으며, 물건을 출발지에서 허브로 불리는 중심축에 보내면 같은 시간대에 다른 곳에서 온 물건과 합류되고, 합류된 화물은 초 현대적 분류시설에 의해 목적지별로 재분류되어 물건을 싣고 온 비행기편에 다시 실어서 개별 목적지로 보내는 시스템이다.

8) 기존의 COSMOS를 1979년 발전시킨 것으로 탁송지의 수화물수집에서부터 목적지에 배달되는 순간까지의 모든 과정을 추적할 수 있도록 한 것으로 수송차량에 설치하여 운용되고 있다.

9) FedEx의 핵심적인 데이터베이스 관리시스템으로 모든 화물에 대하여 트럭에 적재되는 순간부터 수신자에게 전달되는 지점까지 철저하게 통제할 수 있는 시스템으로 1979년 DADS로 발전되었다. 이들 시스템을 통하여 화주는 화물이 존재하는 현위치에 대한 확인이 가능하다.

10) FedEx 직원이 현장에서 휴대하고 있는 소형컴퓨터로 수화물을 접수 시 이에 대한 정보를 입력하면 수송차량에 있는 DADS를 통하여 COSMOS에 직접 연결되는 기능을 통하여 각 단계에서 언제라도 수화물을 추적할 수 있다.

할 수 있는 반면 우체국은 잘 짜여진 항공망을 활용함으로써 운송비를 절감할 수 있으며 발송수속대행에 따른 수수료 수입도 기대할 수 있게 된다.

또한 FedEx는 FedEx 익스프레스, FedEx 그라운드, FedEx 로지스틱스 등 여러 계열사를 통해 익일 항공 화물 특급 배송을 비롯하여, 국제 항공 특급 배송, 항공을 이용하지 않는 미국 내 트럭 택배 서비스, 온도 조절 배송 서비스 등 다양한 서비스를 제공하고 있다.

FedEx는 2010년 전자상거래문서 솔루션의 시작으로 발송인은 국제 발송 문서를 전자 업로드하여 통관절차를 간편하게 만들고 시간 및 리소스를 절감할 수 있었으며 FedEx International First 서비스의 시작으로 Door-to-Door 서비스를 실현하고 화물을 당일 오전 10시까지 배송하는 정시 배송 시스템을 도입했다. 국내의 활동에는 2015년 대한민국에서 FedEx SMS 배송조회서비스를 통해 핸드폰 하나만으로 배송조회를 가능케 하였으며 2016년 인천국제공항공사와 MOU를 체결하여 신규 FedEx 전용 화물 터미널이 2019년에 완공되어 활용 중이다.

(3) UPS

1907년 설립된 UPS는 220여개 이상의 국가와 지역에 서비스를 수행하고 있으며, 현재 500,000명의 종업원이 근무하고 있다. 장비는 자체 항공기 520대, 110,200 여대의 차량 그리고 1,800개소의 허브와 센터를 보유하고 있다.

UPS는 거리와 시간에 따라 차등 요금을 부과함으로써 고객이 서비스를 선택할 수 있게 하고 Document Exchange Service를 제공하여 정보교환을 원활히 수행할 수 있도록 해주며, 인터넷을 무료 제공하여, 이용자가 자신의 홈페이지에서 주문관리 및 통합적인 운송관리가 가능하도록 Online Solution을 제공하고 있다. 또한 COMPASS(Computerized Operations Monitoring, Planning and Scheduling System)을 통해 전 세계에서 비행 계획, 예약 작성 및 로드 취급을 제공하는 가장 앞선 정보 시스템을 구축했으며 DIAD라는 UPS 네트워크를 통해 고객에게 디지털 그림을 포함해 발송물에 대한 실시간 정보를 제공하고 기록해왔다. 게다가 Sonic Air를 인수하며 오버나이트 서비스를 제공할 수 있게 되어 오전 8시 오버나이트 배달을 보증하는 최초의 회사라는 역사를 가졌다.

국내에는 1989년 고려항공화물과 대리점계약을 통해 진출하였으나 현재는 대한통운과 UPS-CJ대한통운을 설립하여 업무를 수행하고 있다.[11] 2020년 주요 사업으로 UPS Express 서비스 포트폴리오 확대, 수출 발송물에 대한 픽업 마감 시간 연장, 대륙간 항공 화물 수용

11) UPS에 대해서는 http://www.ups.com/about/glance.html 참조.

력 증대, 철도 운송 서비스 노선 확대, 대체 배송지 옵션 도입 등을 계획 실행 중이다.

(4) TNT

TNT는 Ken Thomas가 1946년 호주에서 한 대의 트럭으로 특송 사업을 시작한 것으로 야간배송 서비스를 도입하면서 번창하였다. 네덜란드 최대 우편정보통신회사인 KPN이 100% 투자한 이 회사는 전 세계 200여국에 약 59,200명의 임직원을 두고 있으며 54대의 항공기를 보유하고 있으며 1,000,000개의 물동량을 기록하고 있다. 자회사로 벨기에의 화물 항공사인 TNT Airways가 있으며 이를 통해 항공 운송을 전문으로 하였다. 50년 동안 전 세계를 잇는 광대한 항공, 육상 네트워크와 인수합병을 통해 세계적인 회사로 자리 잡았으나 2016년 5월 특송 부문이 FedEx에 44억 유로에 인수합병 되었으며, 같은 연도에 항공운송 부문이 ASL Airlines에 인수되었다.

[표 7-5] 국내외 주요 소화물일관운송업의 현황비교

구 분	국내업체			국외업체			
	CJ대한통운	롯데글로벌로지스	(주)한진	DHL	FedEx	TNT	UPS
국적	대한민국			미국		네덜란드	미국
설립(사업)년도	1930.11.	1988.06.	1945.11.	1969년	1973년	1946년	1902년
장비수	운영차량 19,000대		운영차량 5,700대	항공기 270대 트럭 17,000대	항공기 650대 트럭 47,500대	항공기 54대 트럭 17,000대	항공기 520대 트럭 110,200대
매출액	7조 1,100억원	2조 546억원	1조 8,117억원	160억 2,000만유로	580억달러	789만 4,700달러	180억달러
종업원수	6,379명	1,417명	1,600명	380,000만명	180,000만명	59,200명	500,000만명
서비스 특징	• 기존운송영업망 활용 • 직영조직 중심의 영업 • 축적된 분류	• 협력업체 중심영업 • 정보시스템에 강함	• 창고를 이용한 일관배송 • 고속버스, 대한항공을 이용한 당일운송	• 서류 및 샘플 운송에 강함	• 순수 항공운송사 • 최초 Hub Spoke시스템 구축	• 유럽 우체국과 합작제휴 • 일반상용기 활용	• 최대 트럭킹 수송회사 • 중량택배(70kg까지)
국내 진출	노하우(기업인지도) 활용			일양익스프레스가 국내 총대리점 역할	2000년 9월부터 직영서비스	자체 현지법인 설립 운영	대한통운과 합작회사 설립

2.5 국내 소화물일관운송업

1999년 이후 국내 소화물일관운송은 대기업과 중소기업들의 시장진출로 뜨거운 경쟁을 벌이고 있다. 소화물일관운송서비스가 국내에 등장한 것은 1977년 (주)일양해운이 DHL의 국내 대리점 형태로 처음 국제간 상업서류송배달을 시작하면서 부터이다. 그러나 일반인에게 친숙해 진 것은 1992년 (주)한진이 이 사업에 진출하고 오토바이특송이 늘어나면서 부터이다. 이후 대한통운과 현대물류(현, 롯데글로벌로지스)가 1993년과 1994년 이 시장에 진출하였다.

현재 국내 소화물일관운송시장은 CJ대한통운이 전체 시장의 50% 가까이 점유하고 있으며 그 외 롯데글로벌로지스, (주)한진, 로젠, 우체국 등이 주로 점유하고 있다(89%). 국제 소화물일관수송의 경우 세계 최대의 민간종합물류업체인 UPS를 비롯해 DHL, FedEx, TNT(FedEx에 인수합병) 등 4개 업체가 국내에 진출하였으며, 시장 구분은 DHL사가 월등한 브랜드인지도를 토대로 국제특송 가운데 민간특송부분에서 압도적 우세를 보이고 있는 반면 기업대 기업(BtoB) 물량은 UPS와 FedEx가 양분하고 있다.

편리성을 추구하는 소비자의 욕구변화에 따라 우리나라의 소화물일관운송산업은 시장규모가 해마다 2배씩 증가하는 등 최근 급성장하고 있으며, 업계에서는 1997년 총 매출액이 2천억원에 이르고, 2000년에는 3천억이 넘는 규모로 늘어났으며, 2010년에는 2조9천억, 최근 2019년에는 5억 규모로 급성장 했다. 우리나라에서 전국 규모의 기업형 소화물일관운송서비스가 도입된 것은 1992년 (주)한진이 이 사업에 참여하면서 부터이며, 전체 소화물과 상업서류 수요의 50% 이상이 이같은 방식으로 처리되고 있다.[12)]

국내 주요 소화물일관운송업체와 신규진입업체의 서비스 내용을 보면 다음과 같다.

(1) 한진택배

(주)한진(www.hanjin.co.kr)은 국내 최초의 소화물일관운송업체로 1992년 6월 '파발마'란 이름으로 개인과 기업소화물을 일관운송하기 위해 사업에 진출한 이래 매년 50% 이상의 성장을 해 왔으며, 현재 한진은 50여 개의 영업소와 1,100개의 취급점을 갖추고 육, 해, 공을 모두 이용할 수 있는 복합운송체제를 갖추어 적은 운송비로 가장 빠른 서비스를 제공하고 있다.

한진은 1995년 대한항공의 해외물류네트워크를 활용 국제 소화물일관운송사업을 추진하여 1996년 TNT Express와 제휴하였으며, 국제 소화물일관운송은 미주와 유럽, 아시아로 나누어 각 지역의 대표적인 업체 및 항공사들과 제휴해 전 세계 220여 곳에 효율적인 서비스를

12) http://www.empas.com/search/text.htmll?i=7567804&w=cc&k

실시하고 있다. 현재 미국 로스엔젤레스는 대한항공 및 한진택배 지사를 이용하고, 나머지 지역은 DHL 및 에어 본사와 제휴해 신속한 운송망을 확보했으며, 일본은 세이노사, 사가와 규빙과 제휴계약을 맺고 있고, 중국은 에어차이나사와 각각 연계하고 있다.

한진의 최대 강점은 그룹내 계열사로서 육상은 (주)한진과 한진고속, 그리고 항공은 대한항공이 각각 역할을 분담하여 수송을 맡고 있어 업무의 효율성을 증대하고 있으며, 화물추적시스템을 이용하여 총 9단계로 나눠 화물이 이동되는 과정을 확인해 배달사고를 최소화하고 있다는 점이다.

한진은 전국 주요 공단 및 유통단지에 44개의 대단위 물류창고 또는 터미널을 보유하고 있으며, 300여개의 영업장과 2,000여개의 취급점을 네트워크로 연결하여 365일 연중무휴 24시간 내 집배송체제로 "고객공감 물류서비스 제공"이라는 기치 아래 타 업체와 차별화된 다양한 서비스를 꾸준히 실시하고 있다. 현재 총 130여개의 물류터미널, 700여개의 집배점, 5,600대의 운송차량을 운행하고 있다.

한진의 서비스 상품은 전국 지방특산물을 엄선해 중간유통마진없이 가정까지 배달해 주는 '고향맛 편'을 비롯해 전국 주요 도시를 대상으로 대한항공 및 한진고속을 이용하여 12시간 내 배달해 주는 '당일편', 30kg 이내의 소화물을 24시간 내 전국 어디에나 집배송해 주는 '익일편', 30kg에서 100kg까지의 TV, 냉장고 등 가전제품, 소형가구, 쌀 등 중량화물을 전국 48시간 내 집배송해주는 '중량화물편', 선어류, 육류, 야채 등 냉동 냉장품을 냉동차량 및 전용용기를 이용하여 전국 24시간 내 배송해 주는 'COOL편', 골프백을 집에서 골프장까지 집배송 해주는 '골프택배'편 등을 운용하고 있다.

이중 '고향맛편'은 한진택배의 전국네트워크를 이용해 영광 굴비, 제주 옥돔, 횡성 한우, 설악산 자연송이 등 235종류의 지방 특산물을 엄선해서 중간 유통마진없이 가정으로 배달해주고 있다. 한진은 집배송 시 서비스 실명제와 하자발생 시 24시간 내 선보상제도를 실시하고 있으며, 추가로 경조편서비스와 시간지정서비스를 개발하여 실시하고 있다.

(2) CJ대한통운(주)[13)]

1993년 4월 소화물일관운송사업에 진출한 대한통운(www.korex.co.kr)(현 CJ대한통운)은 국내

13) 2011년 12월 CJ그룹의 계열사로 편입되었으며, 2012년 CJ대한통운㈜으로 상호를 변경하였다. CJ대한통운의 사업영역은 크게 CONTRACT LOGISTICS, 포워딩, 택배/국제특송으로 이루어져 있다. 또한 덤프트럭, 트랙터, 화물차에 이르기까지 1만 여대 이상의 장비를 바탕으로 일반화물 3만5천톤 컨테이너 1,000TEU의 일괄수송능력을 갖추고 있다. CJ대한통운은 수도권, 영남권, 호남권, 중부권 4개 지역에 거점물류 복합터미널을 운영 중인데 화물의 수출입 물류는 물론이고 국제택배, 상업서류 송달 등 항공 및 해상 포워딩을 진행하고 있다. 전국 15,000여개 택배 취급점을 갖추고 있는 CJ대한

소화물일관운송시장에서 가장 오랜 역사와 매출액을 기록하고 있으며, 2017년 기준 국내 12개 허브터미널, 270여개 서브터미널을 운영 중[14]이며, 해외로는 태국, 말레이시아, 중국, 필리핀 등 4개국에 진출하여 해외 4개 허브터미널, 64개 서브터미널을 운영 중이다. 또한 다이소, 편의점을 중심으로 하여 2.4만개의 택배 취급점을 가지고 있고 총 18,000여대의 운영차량을 보유하고 있다.

CJ대한통운은 대전에 17,000평 규모의 허브앤 스포크 시스템을 운영, 각 터미널의 물량을 집결한 후 시간당 13,000개의 화물을 분류할 수 있는 화물자동분류기로 분류하여 목적지로 발송하고 있다. 이 시스템은 포인트 투 포인트 시스템보다 차량의 공차율이 줄어들어 차량운영비용을 대폭절감할 수 있고 전국을 24시간 내 배달권으로 묶는 장점이 있다.

CJ대한통운의 서비스품목으로는 경조택배, 익일배달택배, 골프택배, 배낭택배, 휴일배달택배, 특산물(명품)택배, 슈퍼 퀵 서비스, 냉동냉장택배, 그리고 고객이 상품을 구매한 경우 상품배달과 함께 판매대금의 회수를 대행하는 COD 택배 등을 선보이고 있으며, 업계 최초로 택배서비스 리콜제를 시행함으로써 48시간 이상 지연배달이나 불친절 등으로 고객불만이 발생할 경우 해당 운임요금을 환불해 주고 있으며, 고객편의를 위하여 야간접수제를 실시하여 픽업주문을 받고 있다.

CJ대한통운은 전자상거래시장을 선점하기 위한 사이버 물류기업도약을 내세우고 있으며, 사내 벤처 "Etrans"와 제휴함으로써 전자상거래 시장을 겨냥한 발판을 마련하고 있다.[15]

국내 서비스의 경우 주요 대도시는 합작사 직영, 중소도시 및 오지지역은 CJ대한통운이 집화 및 배송을 담당하고 있으며, 국제 서비스는 UPS 화물기를 이용해 업무를 수행하고 있다.

(3) 롯데글로벌로지스

현대택배(www.hlc.co.kr)(현, 롯데글로벌로지스)는 1993년 사업을 시작한 이래 전국 12개 터미널, 15개 센터, 29개 지점, 480개 영업소를 가지고 있으며, 국내 최초로 건립된 소화물일관전용 물류센터인 현대 군포터미널에는 화물을 레이저로 자동분류 가능한 최첨단자동화시스템이 구축되어져 있다. 롯데글로벌로지스는 정시도착, 정시배송을 실현하기 위하여 인터넷

통운은 업계 유일하게 인력과 장비를 직영체제로 운영되며 국내 최대 규모의 대전 문평동 메가허브터미널과 전국 주요도시에 위치한 170여개의 서브터미널 등 안정적인 인프라를 보유하고 있다.

14) 2018년 10월 가동을 목표로 했던 CJ대한통운의 "택배 메가허브터미널"은 시설과 분류능력 면에서 아시아 최대 규모로 건설되었으며, 총 3,819억 원을 투자해 건설되는 "택배 메가허브터미널"은 연면적이 30만㎡(약 9만평)으로 축구장 40개 넓이와 맞먹고 마라톤 코스보다 긴 43km에 달하는 화물처리용 컨베이어벨트가 설치되어져 있다.

15) http://www.mk.co.kr/cgi-bin~.

으로 화물을 추적하기 위한 물류종합 전산시스템인 하이덱스(HYDEX)를 도입하여 운용하고 있다.[16)]

롯데글로벌로지스는 육해공 복합운송체제를 구축하기 위해 해운부문은 HMM과 항공부문은 아시아나와 업무제휴를 통해 다양한 운송서비스 체제를 구축해 나가고 있다.

주요 서비스상품으로는 제조업체가 생산한 다품종 소량화물을 전국의 각 지점이나 대리점, 영업소, 일반소비자에게 전달해 주는 '기업택배', 금강산 유람선과 출발지인 동해항 여객터미널에 택배취급소를 설치해 유람선 탑승객의 짐을 집까지 배달해 주는 '금강산택배', 전국 농림수산 특산물 산지와 업무제휴를 맺고 품질 좋고 신선한 특산물을 시중가격보다 30~40% 저렴한 가격으로 48시간 내 전달해 주는 '특산물택배', 화물의 접수에서 배달까지 일관된 온도관리로 화물의 신선도와 맛을 유지하는 '쿨택배'와 고객의 주문번호 및 운송장번호를 이용하여 택배진행 상황을 알 수 있는 '인터넷 택배', 그리고 서울지역에 150여대의 오토바이를 투입하여 수도권 2시간 배달을 실현하고 있는 '당일택배' 등이 있다.

(4) (주)콜롬버스

우리나라 최초의 기업형 도매물류회사인 콜롬버스는 1989년 설립되었으며, 1990년 도매물류사업을 시작한 이래 1991년 약 3,000여평의 이천물류센타를 건립함으로써 물류대행사업의 기반을 조성하였다.

콜롬버스의 물류사업은 도매물류, 판매대행, 물류대행 등 3대 부분을 중심으로 전개하고 있으며, 단순히 식품, 비식품 등의 공산품 위주의 물류대행에 국한하지 않고 배송, 물류가공, 유통정보제공 등 다양한 상품의 운영 및 배송체계를 갖추고 있다. 콜롬버스는 그동안 월트디즈니, 한국애보트, 한화유통 등의 물류대행사업을 진행해오다 국내 장류업계의 대표적인 식품회사인 (주)삼원식품과 가공햄제품의 OEM업체인 (주)다이몬사와 공동물류계약을 체결함으로써 물류대행업체로서의 선두적인 입지를 굳히고 있다.

콜롬버스는 신규 주력사업으로 택배사업, 사이버쇼핑몰사업과 산업자재의 물류관리를 통한 수발주에서 배송, 상품판매전략까지 신물류시스템 구축에 역량을 강화해 나가고 있다.

(5) 정보통신부/우체국 소포방문서비스

전자상거래시대의 핵심배달기지로 우체국이 변신하고 있다. 정보통신기술과 접목되면서 보험, 금융은 물론 승차권, 항공권구매, 입장권예매, 농어촌특산물 주문배달, 인터넷쇼핑 그

16) http://www.hyundaiexpress.com/company/introduce.html

리고 전자우편까지 폭 넓게 서비스를 제공하고 있다.

우체국은 국내 온라인시장을 받쳐주는 오프라인 조직을 완벽하게 갖추고 있는 강점이 있으며, 110년간 쌓아온 신뢰를 바탕으로 소화물일관운송업계에 급부상하고 있다. 현재 우체국은 전국 22개 우편집중국과 400개 집배센터 그리고 3,660여 개 우체국과 현재 31,200여명의 인력을 기반으로 전국을 거미줄처럼 연결하고 있다.

정보통신부는 2000년 8월부터 우체국에서도 소포방문서비스를 시작하면서 소화물일관운송사업을 개시하여 민간업체와 치열한 경쟁을 예고하고 있다.

우체국은 배달원이 직접 고객을 방문하는 방문소포서비스를 실시하고 있는 강점을 살려 1999년 한 해 동안 30만 건을 처리한 바 있으며, 2001년 3월에는 CJ대한통운과 소포택배업무에 대해 제휴하여 우체국에서 취급하기 어려운 20kg 이상의 소화물을 CJ대한통운의 택배시스템을 이용하여 신속하고 정확한 배달을 가능하게 하였다.[17)]

방문접수하는 소포우편물은 특수지역을 제외하고 익일배달을 원칙으로 배달하며, 대전 우편집중국과 대전교환센터를 개국하면서 집배 광역화와 함께 안전도와 신속성을 대폭보강하여 전문적으로 소포서비스 개선에 들어갔다. 정보통신부는 1999년 11월부터 우체국 인터넷 쇼핑몰을 통해 우체국에 접수시킨 등기소포우체국의 배달상황을 직접 조회할 수 있도록 화물추적시스템을 구축한 바 있다. 최근 급성장하여 국내 택배의 8.1%를 점유하여 국내 4위를 달성하였다.

(6) 지하철/온누리서비스

지하철 퀵서비스 업체인 온누리서비스(www.onnuryservice.co.kr)는 남자배달원들로 구성된 오토바이 퀵서비스 대신 여성파트타임생을 이용하여 택배틈새시장을 파고들었다. 지하철 퀵서비스의 장점은 오토바이처럼 위험하지 않고 심각한 교통체증에 관계없이 거미줄처럼 연결된 지하철망을 이용하여 정확한 시간에 배달이 가능하고 사전에 도착예정시간을 알려줄 수 있는 장점이 있으며, 여기에 남자배달원 대신 20대 초반의 여성파트타이머들이 깎듯한 인사와 미소가 함께 배달된다는 점에서 신선하다.

온누리서비스에서 고용하고 있는 여성배달원수는 약 40명 정도로 이중 여대생의 비율이 80%를 차지하고 있다. 지하철 퀵서비스는 여대생들의 파트타임으로 인기가 높다. 그 이유는 특별한 기술이 없어도 누구나 할 수 있는데다가 이어폰을 꽂고 다니면서 음악을 듣거나 책을 읽을 수 있고 수입도 좋기 때문이다. 하지만 터무니없이 높은 택배 요금과 포장하지 않고 빠

17) http://news.naver.com/read?id=2000081100000012043

르게 배송한다는 명목으로 무포장, 그에 따른 높은 상품 훼손율을 보였고 중간에 상품이 유실되는 경우가 잦아지고 불친절한 고객 응대 등으로 현재 이용되고 있지 않다.

(7) 비디오숍/한국인터넷유통(주)

전국의 비디오 가게 유통망을 활용한 택배 '인터넷 비디오 숍(IVS)'이 2001년 7월부터 본격 영업에 들어갔다.

한국인터넷유통(주)(www.korid.co.kr)는 전국의 비디오 가게 유통망을 활용한 "IVS(Internet Video Shop) 택배시스템"을 개발하고 이를 위해 이미 IVS시스템의 특허출원을 끝낸 상태이며 20여명으로 조직을 구성한바 있다. IVS시스템이란 전국의 비디오 가게와 기존 비디오 유통망을 이용한 택배시스템으로, 인터넷 주문상품(BtoC 또는 CtoC)을 주문자의 가장 가까운 비디오가게로 신속, 정확하게 배달하는 방식이다. 보통 비디오 유통은 가맹점에서 비디오를 주문하거나, 신프로가 나왔을 때 영업사원들이 가맹점을 방문하는 방식에 의한 판매방식을 이용하고 있으며, 한국인터넷유통은 영업사원 150명이 봉고차를 이용하여 거의 매일 가맹점을 순회하는 방식을 취하고 있다.

IVS택배시스템은 전국에 산재해 있는 비디오 가맹유통망을 이용하여, 고객이 주문한 물건은 영업사원이 직접 생산회사를 통해 물건을 받아서 영업소로 가져오면 영업소에서는 중앙물류센터로 보내고 그곳에서 화물을 분류한 후 가맹점으로 가는 방식이다. 물론 반품도 가맹점을 통해서 받는다.

현재 전국 가맹점은 전산으로 연결되어 있어서 RF칩을 이용하면 주문한 물건의 화물추적도 가능하게 되고, 전국 유통망으로 24시간 배달도 가능하다고 보고 있다. 하지만 배달의 특성상, 냉동, 냉장식품과 가전제품 등 설치를 요하는 물건은 취급하지 않는다. 한국 인터넷유통(주)는 현재 존재하지 않는 기업이며, (구)CJ GLS가 이를 활용하여 2008년 삼성디지털프라자, 비디오대여업체인 영화마을과 계약하여 전국구에 택배 취급점을 구비하여 당일배송시스템을 구축했으나, (구)CJ GLS의 합병과 비디오 대여점의 감소로 현재는 이 역시 실시되고 있지 않다.

(8) 오토바이특송/(주)퀵서비스

우리나라에서 처음으로 이륜특송업을 선보인 (주)퀵서비스(www.quicksvc.co.kr) 1993년 오토바이 5대를 갖추고 사업을 시작하였다. 사업초기 주문량은 하루 20건 정도였으나 약속을 지키지 못할 경우 배달비의 50%를 돌려주는 벌금제의 도입과 신속, 정확에 신뢰까지 얻게 되자 급속도로 배달물량이 늘어났다.

1999년에는 전국 단일 대표전화번호를 도입하여 전국 어디서나 국번없이 누르면 즉각 연결되도록 하는 대표전화제의 시행으로 퀵서비스는 자사의 지능망 서비스의 장점을 최대한 살려서 각 발신지역에서 가장 가까운 대리점 및 본사에 연결하여 빠른 배송서비스가 가능하게 되었다. 최근 퀵서비스 전용 앱과 모바일 쿠폰 제도를 도입하면서 편리한 사용을 배려하고 지속적인 거래를 유도하며 활성화되고 있다.

(9) 꽃배달전문/(주)유어버스데이

꽃배달전문업체인 (주)유어버스데이(www.7.co.kr)는 서울을 비롯한 전국 유통망을 거점으로 택배사업진출을 위한 사업타당성 검토에 들어갔다. 유어버스데이의 유통망은 서울지역에 강남직매장 1개와 5개의 배송센터, 지방에 38개의 지점과 50여개의 취급점을 구축하고 신속 정확한 배달서비스를 실시하고 있다.

종업원수는 임시직을 포함한 30명이며, 텔레마케터 30명을 확보하고, 서울 5개의 배송센터에 10대의 차량을 보유하고 있다. 해외에는 미국에 ESA라는 상호로 종업원 3명과 차량 3대로 미국 및 전 세계지역의 배송을 맡고 있다. 꽃뿐만 아니라 케이크, 떡 등 자체 상품 제작과 특정 기념일 기획전 등(수능, 빼빼로 데이)으로 판매하여 활성화 하려는 시도를 하였으나 잦은 배송사고와 품질유지가 잘 되지 않아 현재 거의 이용되고 있지 않다.

2.6 소화물일관운송의 전망

2000년대 이전 우리나라의 소화물일관운송시장은 국내업체들의 영세성으로 인하여 대형 외국업체의 국내 대리점에 의하여 90% 이상이 점유되고 있고 나머지 10%를 놓고 국내업체들이 경쟁을 벌이고 있다. 하지만 2019 국내시장 점유율을 살펴보면 CJ대한통운이 45%로 가장 높은 점유율을 기록했고, 이어, 현대로지스틱스(현, 롯데글로벌로지스) 12.6%, 한진택배 12.2%, 우체국택배 8.1%, 로젠택배 7.1% 순으로 외국업체들이 아닌 국내 업체들의 경쟁으로 시장이 점유되고 있다는 사실을 알 수 있다.

이에 향후 소화물일관운송의 전망을 보면 다음과 같다.

첫째, 사회경제적인 환경변화와 소비자의 수배송서비스에 대한 욕구의 변화와 이에 따른 기업의 제품생산형태의 변화 등에 의해 더욱더 급격한 성장이 이루어질 것이다.

둘째, 소화물일관운송업은 고도화, 혁신성이 높은 서비스를 제공하고 있기 때문에 그 발전 가능성은 매우 높다. 즉, 소화물일관운송업은 문전서비스의 포괄적인 일관서비스를 제공하고 화물의 집배송 및 화물취급서비스에 있어 완전한 서비스를 제공하며, 직접방문 집화 등 고도의 편리성과 신속성과 안전, 정확성을 제공하고 있으며, 소비자의 다양한 기호를 충족시켜줌은 물론 다품종 소량화물의 신속한 운송에 적합하므로 그 전망이 밝다.

셋째, 소화물일관운송업은 시대적인 물류환경의 변화에 부응하여 탄생한 것이므로 물류에 대한 인식변화와 유통구조의 개선에 따라 수송서비스의 질적인 향상이 이루어질 것이다.

넷째, 국내 소화물일관운송업은 규제완화에 따라 제한적이던 영업형태가 활성화될 것으로 기대된다.

그러나 우리나라의 소화물일관운송이 지속적으로 성장하고 서비스개선을 통해 경쟁력을 강화하기 위해서는 다음과 같은 전략의 수립이 요구된다.

첫째, 물류업체의 경쟁우위확보를 위한 물류 정책적인 측면의 후원과 시스템 등 인프라구축을 위한 지속적인 투자가 필요하다. 그 구체적인 방법으로 ① 소화물일관운송업체의 서비스 경쟁력 강화를 위해 소화물일관운송업체와 전자상거래업체 간의 물류공동화 촉진과 함께 외국 소화물일관운송업체와의 전략적 제휴를 유도하여야 한다. ② 물류인프라의 전자상거래 대응능력의 강화를 위해서 종합물류정보망의 인터넷 서비스의 기반을 강화하고 물류기반시설의 정보 인프라를 정비하며, 화물 또는 화물차량 관리시스템의 개발을 지원하여야 한다. ③ 물류산업의 전자상거래 대응 능력 강화를 위해 제3자 물류산업의 육성과 택배사업의 서비스 경쟁력을 강화하여야 한다. ④ 전자상거래 관련기술의 개발을 위해 SCM-EX solution 개발사업의 지원 등을 실시하여야 한다.

둘째, 기업의 물류시스템을 전자상거래에 적합한 시스템으로 바꾸어야 한다.

그 세부사항으로 ① 화주업체와 배송업체 간 재고, 출하 시스템의 연계 등으로 고객서비스 만족을 위한 배송관리시스템을 구축하여야 한다. ② 안정적인 공급망 구축, 타 사이트와의 연계서비스를 실시하며, 주문상품에 대한 배송서비스의 효율화를 모색하여야 한다. ③ 기술적인 문제의 해결을 위해서 서버를 구축하고 네트워킹을 정비하며, 보안시스템과 전자결제시스템을 개발, 보완하며, 효과적인 데이터베이스 구축과 더불어 주문처리를 위한 일괄 프로세스를 발전시켜야 한다

셋째, 고객서비스 향상과 비용절감을 동시에 추구해 나가야 한다.

현재 우리나라의 소화물일관운송업체들은 고객서비스 개선보다는 비용에 더 가중치를 두고 있는 것이 사실이다. 하지만 고객들의 생각은 더 높은 서비스 수준을 원하고 있지만 이율배반적으로 비용이 더욱 낮아지기를 원하고 있다. 비용과 서비스 수준은 상충관계에 있어서 비용을 높이지 않으면 서비스 수준이 높아지지 않으며, 반대로 비용이 낮아지면 서비스 수준도 낮아지게 된다.

이러한 상황을 소화물일관운송업체들은 잘 인지하여 낮은 비용으로 고품질의 서비스를 수행할 수 있는 시스템의 연구와 운영합리화에 더욱 노력해야 할 것이다. 또한 업계의 과당경쟁으로 과다하게 낮아진 운송요율의 인상이 시급한 문제이며, 고객들도 적당한 대가를 치르고 서비스로 정당한 대가를 바라는 의식의 개혁도 필요하다 하겠다.

넷째, 고객만족위주의 배달서비스 및 사후서비스를 강화하여야 한다.

즉, 배달시스템 개발 및 운영으로 고객의 주문상품에 대한 배달상황 조회 서비스 제공을 강화하고 GPS 등을 이용한 차량 위치추적기술연구 및 개발로 배달체계 효율화와 고객 신뢰도를 향상시켜야 한다. 화물의 이동에 있어 부가가치를 창출할 수 있는 부분이 바로 이동사항을 추적하여 이를 이용자들에게 즉각적으로 제공하는 것이다. 소화물일관운송업 체제에 있어서 송화인과 수화인은 자신의 화물이 어느 지역에 있고 어떠한 상태에 있는지에 대하여 알고자 하는데, 소화물일관운송업체는 전국에 걸친 네트워크 및 장비와 인력을 통해 화물의 이동지점마다 관련 정보를 시스템에 입력하여 이를 이용자들이 필요 시 조회해 볼 수 있도록 하고 있다. 즉, 운송장번호나 송·수화인의 성명 및 전화번호나 상품주문번호를 입력하면 소화물일관운송시스템이나 인터넷 상에서 실시간으로 화물의 현재 위치와 발송, 도착 시간이 제공된다.

특히 인터넷을 활용한 화물추적은 그 대표적인 예가 되며 불과 몇 년 전만 하더라도 극히 초보적이었던 화물추적시스템은 현재 다양한 방법을 통한 조회가 가능하게 되었다. 이러한 화물추적시스템을 통하여 소화물일관운송업체는 고객에게 고품질의 수송서비스를 제공하며 택배수송의 안전성과 확실성을 제고할 수 있다. 일반적으로 화물추적시스템을 운영함으로써 기대되는 효과는 화물의 행방에 대한 고객의 요구에 즉시 응할 수 있고, 수송과정 중 오류가 발생하지 않도록 사전관리를 할 수 있으며, 전문 소화물일관운송업체에 있어서 고객과의 연계시스템을 구축할 수 있게 된다는 것이다.

특히 고객서비스 측면에서 화물추적시스템은 반드시 구축되어야 하며, 배송속도와 적시배송은 가장 중요한 관건이 되어감에 따라 고객에 대한 서비스의 향상과 화물의 오분류 방지, 분실 및 사고처리와 실적관리, 비용정산 등의 관리측면에서도 효율적이고 정확한 화물추적시스템의 구축은 소화물일관운송업체에 있어서 중요한 과제가 되고 있다.

도입된지 불과 수 년밖에 되지 않는 인터넷은 Web기반사회의 도래를 가져왔고 이러한 Web기반사회는 전자상거래를 일반화시키고 있으며, 전자상거래의 많은 부분은 소화물일관운송이 최종적인 물류서비스를 제공하여야 비로소 거래가 완성될 수 있게 된다. 따라서 전자상거래 관련 물류가 어떠한 형태로 발전하든 많은 수요를 창출할 것으로 보인다.

또한 컴퓨터와 정보통신의 발달에 의한 의사결정이나 생산·판매·소비 등 경제활동이 최대한 신속하게 이루어져야 성공적으로 사업을 경영할 수 있는 사업환경, 즉 시간가치의 중요성이 더욱 커지고 있다. 따라서 이를 뒷받침하는 물류로 신속하게 이동되어야 하며 신속을 무기로 서비스하는 소화물일관운송의 수요는 계속 증가할 것이다.

2.7 우리나라 소화물일관운송업의 문제점과 합리화 방안

1. 소화물일관운송업의 문제점

(1) 과도한 주정차단속 및 통행제한

소화물일관운송은 특성상 화물의 인수와 전달과정에서 일시적인 주정차가 불가피하나 도심의 경우 단속대상이 되고 있다. 단속에 의한 범칙금은 결과적으로 화주에 전가되어 물류비를 상승시키는 원인이 되고 있다. 또한 화물자동차의 운행과 관련 서울·부산·대구 등 주요 대도시는 도심권 및 부도심권 내에 화물자동차의 진입과 운행을 제한하고 있어[18] 제한시간 내 집배업무를 어렵게 하고 있으며, 이는 배송효율과 생산성저하 및 요금상승으로 작용하고 있다. 그러나 근래에는 주·정차와 관련하여 다소 많은 완화가 이루어졌다.

(2) 투자설비의 부진과 불확실성

소화물일관운송업은 향후 무한한 발전가능성을 가지고 있다. 그러나 우리나라의 경우 업계의 영세성으로 인하여 물류시설, 장비투입, 전산 및 화물을 신속하게 분류할 수 있는 자동분류기(auto sorting systems) 및 화물추적시스템에 대한 현대화가 부진한 실정[19]이다. 또한 업체 간 과다경쟁에 따른 시장성의 약화로 인한 투자의 불확실성으로 과감한 시설투자를 어렵게 하고 있다.

---

18) 1.5톤 미만(09:00~10:00), 1.5톤 이상(07:00~10:00, 3.5톤 미만(18:00~21:00), 3.5톤 이상(07:00~22:00), 노선화물(24시간 단, 토요일 오후 규제는 10:00~15:00).

19) 물품취급소의 부족에 대해서는 편의점을 활용하는 등 이미 시행되고 있다. 편의점이 취급소로 활용하기에 좋은 점은 365일 24시간 택배물의 접수 및 수령이 가능하다는 점이다. 바코드 부착을 통한 화물추적시스템도 현재 활용되고 있다. 운송장에 있는 바코드를 스캔하면 화물의 운송정보가 종합물류관제센터로 전송되어 화물추적서비스를 이용할 수 있게 된다. 송화인, 수화인, 운송인이 동일한 정보를 공유함으로써 운송과정의 오류가 발생할 위험이 줄어든다.

(3) 인력관리의 미흡과 서비스부족

소화물일관운송업은 영세성으로 인하여 종업원에 대한 체계적인 교육이 어렵고 사명감의 결여로 이직률이 높다. 국내 소화물일관운송업에 종사하는 운전기사들은 단지 운전기사로서의 역할에 국한되므로 고객과 가장 근접한 위치에 있음에도 수주 또는 영업활동을 할 수 없을 뿐만 아니라 수송을 통한 부가가치를 제고하지 못하고 있다. 또한 국내 대부분의 업체들은 사업시작이 일천하고 초기단계에 있어 몇몇 대기업을 제외하고는 대부분 서비스가 충분히 이루어지지 못하고 있다. 더욱이 등록제의 폐지와 신고제의 도입으로 인하여 영세업체들의 난립으로 이미지 저하와 시장질서를 어지럽혀 시장의 조기정착을 어렵게 하고 있다.

(4) 과도한 경쟁

화물자동차운송사업의 시장진입이 전면 개방되고, 등록제의 신고제로의 전환에 의한 규제완화 그리고 운임이 자율화됨에 따라 신규업체의 무분별한 증가는 과당경쟁을 유발하여 신규투자의 축소 및 서비스의 질적저하를 야기시키고 있다. 특히 선진화된 외국 대형업체의 국내진입은 국내시장의 대부분을 잠식하고 있다.

2. 소화물일관운송의 합리화방안

(1) 규제 완화

미국의 경우 소화물일관운송차량에 대하여 1블록당 10분간의 정차를 허용하며, 일본의 경우에도 예외를 인정하고 있다. 따라서 우리나라의 현행 도로교통법 상 무단 주정차 금지조항에 예외조항을 두어 업무수행에 필요한 최소한의 주차시간을 허용하는 것을 검토하고, 집배차량에 대하여 도심권과 부도심권의 진입과 통행제한을 허용하는 방안이 강구되어야 할 것이다. 실제 일부는 실시 중에 있다.[20]

20) 현행 도로교통법 상 배송시간에 대한 규정이 없어 지방자치단체가 자율적으로 배송시간을 정하고 있다. 지방자치단체는 정책의 형평성을 고려하여 택배차량에만 특혜를 줄 수 없다는 입장이며 특히, 서울특별시는 교통행정이란 출퇴근 시간 등 교통이 혼잡한 시간의 교통을 원활히 하고 보행자의 안전을 위한 것이라면서 그 외 시간에는 택배차량에 대한 단속시간을 융통성 있게 시행하겠다고 밝혔다. 한편, 김포에서는 주정차 단속시간을 기존의 10분에서 20분으로 늘렸다. 김포시는 택배차량이나 생계형 차량이 신속성을 요하는 만큼 안전문제가 발생할 여지가 많아 시행하게 된 것이라고 밝혔다.

(2) 전국적인 네트워크와 정보시스템의 구축

소화물일관운송은 불특정 다수의 화주로부터 물품을 인수하여 익일 내 화물배달이 이루어져야 하므로 주요 도시를 망라한 수송네트워크의 구축이 무엇보다도 중요하다. 수송네트워크의 구축을 위해서는 전국적으로 지점망, 취급소의 확대가 필요하며,[21] 그 결과 고객의 이용편의성이 증대하게 되는 것이다.

소화물일관운송업의 정보시스템은 집화지령시스템, 운행정보시스템, 화물추적시스템,[22] 전표관리시스템 등으로 이루어지므로 이러한 정보시스템의 구축은 서비스수준의 확립에 필수적이다. 정보시스템의 구축을 통하여 수송품질의 점검, 고객화물의 정확한 위치파악, 운행중인 차량과의 의사소통, 고객들과의 집화주문과 청구, 청산 및 배달확인이 가능하게 된다.

(3) 시설과 장비의 현대화

소화물일관운송은 서비스산업이므로 고객에 대한 서비스가 충분히 이루어질 수 있도록 장비의 자동화와 전산화가 필요하다. 대표적인 장비로는 화물자동분류기, 바코드스캐너, 차량휴대단말기, 차량상·하역장비와 적재보조장비 등이 있다. 화물을 고객으로부터 집화하여 배달에 이르기까지 안정성을 확보하기 위해서는 충분한 보관시설과 분류시설, 그리고 충분한 화물터미널과 집배송장비 및 자동 분류기 등 장비의 자동화가 품질을 결정하는 주요 요소가 된다.

(4) 교육훈련과 서비스 전략의 강화

기업이미지의 제고는 직원들에 대한 지속적인 교육을 통하여 가능하다. 소화물일관수송업의 대고객서비스를 향상시키기 위해서는 업무에 종사하는 직원들에 대한 교육이 우선적으로 이루어져야 한다. 특히 영업사원들에 대해서는 단순한 영업에 국한하지 않고 화물의 흐름에 대한 면밀한 관찰을 통하여 새로운 아이디어를 제시할 수 있도록 교육훈련이 실시되어야 하며, 아울러 서비스의 질적 향상을 위한 제도적인 배려와 함께 이직율을 낮추기 위한 방안이 강구되어야 한다.

---

21) 일본의 야마토의 경우 초기 집화화물의 80% 정도를 취급점을 통해 집화함으로써 초기단계의 정착에 크게 기여하였다.

22) 화물추적은 운송장번호, 고객성명, 전화번호, 고객사용번호 등 다양한 방법을 통해 가능하며, 고객이 필요로 하는 화물집화명세, 배달일시, 인수자 확인 증명자료, 배달지연내역 및 사유, 물품대금 수금내역 등은 EDI, 인터넷 및 전용회선 등을 통하여 가능하다.

(5) 업체 간 협력체제 구축

소화물일관운송업은 몇몇 대기업을 제외하고 대부분 영세하며, 화물수송체계 또한 열악하다. 따라서 업체 간에 공동수배송이 이루어질 수 있도록 협력체제를 구축하여 경쟁력을 높여야 할 것이다. 영세업체들이 협력체제를 구축하여 지역별 분담체제와 공동화가 이루어진다면 수지균형과 업무의 효율성을 제고하는 데 기여할 수 있을 것이다.

Chapter 8
파렛트운송물류

8 파렛트운송물류

제1절 일관파렛트화의 개념

1.1 단위적재시스템

1. 단위적재시스템의 의의

현대와 같이 화물이 가볍고, 얇고, 짧고, 작아지는 시대는 중량, 용적, 포장, 화물의 형상을 통일함으로써 하역의 기계화, 운송의 효율화, 포장의 간이화 등에 의한 성력화를 통해 물류비를 절감하고 기업의 이익을 극대화할 수 있는 물류 시스템의 필요성이 높아지고 있다.

단위적재(unit load)란 수송, 보관, 하역 등의 물류활동을 합리적으로 처리하기 위하여 복수의 물품 또는 포장화물을 기계・기구에 의한 취급에 적합하도록 하나의 단위로 정리한 화물을 뜻한다. 단위적재시스템(unit load system)이란 하역의 혁신을 통하여 운송의 합리화를 도모하기 위한 체제로서 화물을 일정한 표준의 중량 또는 용적으로 단위화(unit)하여 기계적인 힘에 의해 일괄적으로 운송하는 물류시스템을 말한다.

단위적재시스템은 파렛트와 컨테이너에 의해 화물을 화주의 문전에서 문전까지 일관운송할 수 있는 체제로서, 북미에서 해상운송과 육상운송(주로 철도)을 연계하는 협동일관운송에 처음 도입되었다.

단위적재시스템은 물류합리화의 기본적인 요건이며, 하역의 기계화 및 합리화, 화물파손의 방지, 적재작업의 신속화, 차량회전율의 향상 등을 가능하게 하는 협동일관운송(intermodal transportation)의 전형적인 운송시스템이다.

[그림 8-1] 프레이트 라이너(freight liner)

단위적재시스템을 도입하기 위한 선결과제로는 파렛트의 표준화, 포장단위치수의 표준화, 거래단위의 표준화, 운송장비 적재함 규격의 표준화 그리고 컨테이너화(containerization), 프레이트 라이너(freight liner),[1] 국제복합운송 등이 있다. 단위적재시스템의 대표적인 방식으로는 파렛트를 사용하는 방법과 컨테이너를 사용하는 방법이 있으며, 이를 위한 3가지 기본 원칙은 다음과 같다.

① 기계화의 원칙[2]

각각의 물품을 1개의 단위적재로 하고 활성화되도록 하려면 하역과 운송의 기계화가 가능한 상태가 되어야 한다.

② 표준화의 원칙[3]

하역, 운반의 기계화를 위해서는 파렛트의 크기와 형상의 표준화는 물론 적재화물이 포장치수와 하역작업 등의 표준화가 선행되어야 한다.

③ 하역최소의 원칙[4]

출발지에서 최종목적지까지 수배송되기까지 가능한한 하역횟수를 최소로 하여야 한다.

---

1) 이 운송방식은 1965년 영국 국철이 개발한 정기급행열차로서 대형 컨테이너를 적재하고 터미널 사이를 정기적으로 운행하는 화물 컨테이너 운송방식이다.

2) 인력작업을 기계로 대체하는 것으로 단순한 대체가 아닌 인간과 기계의 결합을 배려한 시스템까지 포함한다.

3) 유니트화의 원칙에 대응하는 것으로 표준적인 하역작업을 통해 하역작업의 효율성을 추구한다.

4) 하역최소의 원칙은 다음과 같다. ① 하역작업 횟수를 감소시켜 0(zero)에 접근, ② 하역작업 톤·킬로(하역작업 대상의 수량×이동거리)를 최소화, ③ 하역투자의 최소화와 하역작업의 최대화를 의미한다.

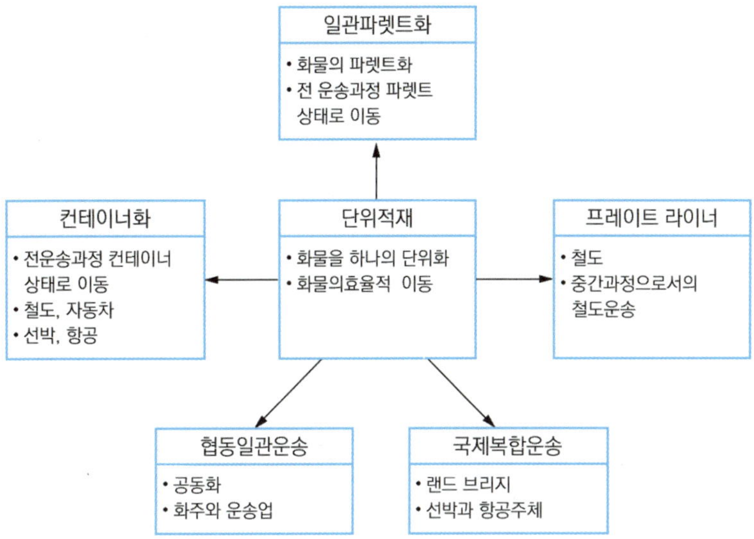

[그림 8-2] 단위적재를 기본으로 한 시스템

2. 단위적재시스템의 효과와 장단점

(1) 단위적재시스템의 효과

단위적재시스템의 도입 시 다음과 같은 효과를 가져올 수 있다.

① 인건비와 포장비의 절감

파렛트화와 컨테이너화에 따라 하역작업이 각종 장비에 의해 기계화됨에 따라 인력이 절감되고, 물동량을 단위화된 크기로 작업이 이루어지므로 포장의 간이화가 가능하며 인력작업과 비교 시 포장자재비의 절감이 가능하다.

② 물류흐름의 신속화

하역단위가 대형화되고 기계화됨에 따라 빠른 속도로 작업이 가능하므로 물동량의 유통속도가 빨라지게 되고 물류비의 절감과 생산성이 향상된다.

③ 작업의 표준화

표준화된 단위로 운송, 보관, 하역, 포장되므로 물류의 전 과정에서 작업의 표준화가 가능하게 된다. 또한 재고파악이 용이하고 유통과정에서의 서류수속을 간소화할 수 있다.

④ 수송장비와 자동화 설비의 이용가능

트럭이나 철도화차, 컨테이너, 선박 등 수송장비의 상·하차작업이 신속하게 이루어지므로 하역작업 대기시간이 단축되고 수송장비의 운행시간이 늘어난다. 따라서 운송비의 절감과 함께 장비의 회전율이 향상됨은 물론 물동량이 단위화됨으로써 각종 운반하역장비, 보관시설, 포장기계의 이용이 가능하게 된다.

⑤ 적재효율의 향상

물동량을 표준화된 단위로 규격을 설정하게 되므로 창고내부 적재공간의 효율을 향상시킬 수 있고 운송장비의 적재효율을 제고시킬 수 있다.

(2) 단위적재시스템의 장·단점

단위적재시스템에는 기본적으로 단위규모의 적정화, 단위화작업의 원활화, 협동운송체제의 확립이라는 3가지 기본요건이 필요하다. 단위적재시스템은 개품잡화의 취급은 비교적 용이하지만 액체, 분립체, 비포장화물의 경우 화물의 중량, 용량, 포장, 형태 등에서 통일성이 없기 때문에 도입이 어렵다.

그러나 최근 중량화물과 대량화물을 취급하는 경향이 증가하고 있어 인력작업으로는 한계가 있어 성력화할 수 있는 최적의 방안으로 평가받고 있는 방식이 컨테이너화와 파렛트를 이용한 운송방식이다. 이 운송방식들은 그 개발동기가 상이하나 화물의 특성과 형상, 운송거리의 장단, 운송수단의 종류에 따라 개별적으로 선택하여 이용하거나 또는 혼합하여 사용이 가능하다.

단위적재시스템의 장·단점은 다음과 같다.

1) 단위적재시스템의 장점

① 하역 시 파손, 오손, 분실 등을 방지하여 품질보증이 확실하다.

② 운송수단(트럭, 기차, 항공기, 선박 등)의 운용효율이 높아진다.

③ 하역의 기계화로 작업생산성이 높아진다.

④ 포장이 간단하여 포장비가 절감된다.

⑤ 시스템화가 용이하다.

⑥ 운임이 절감된다.

⑦ 노동조건이 향상된다.

2) 단위적재시스템의 단점

① 컨테이너와 파렛트의 확보에 경비가 소요된다.

② 자재관리에 시간과 비용이 소요된다. 빈 파렛트와 컨테이너의 회수와 이의 관리, 지역적인 소요량의 조정, 관리 등 온라인시스템의 구축과 관리가 필요하다.

③ 하역기기 등의 고정시설투자가 필요하다.

④ 작업에 필요한 넓은 공간이 확보되어야 한다. 포크 리포트를 사용할 경우 작업에 2m 정도의 공간이 필요하다.

⑤ 적재효율이 저하된다. 파렛트적재의 경우 파렛트 자체나 공간이 적재효율을 저하시키므로 회전율을 향상시켜 이를 보완하여야 한다.

3. 단위적재시스템의 종류

단위적재시스템의 도입 방법으로는 파렛트와 컨테이너에 의한 방법이 있다.

(1) 일관파렛트화

파렛트는 단위적재시스템의 대표적인 용구로서 물품을 운송, 보관, 하역하기 위해 단위수량을 적재할 수 있는 적재깔판인 하역대를 말한다. 이러한 일관파렛트화의 추진은 기업, 사회적인 요청과 산업전반에 걸쳐 커다란 효과가 있다. 일정단위의 화물을 파렛트 위에 적재하여 운송하는 경우 하나의 단위로 문전에서 문전까지 일관운송할 수 있으며, 운송수단에 관계없이 운송도중에 인력을 사용하지 않고 다른 운송기관에 중계하거나 적재작업을 하역기계를 통해 파렛트 적재상태로 복합운송할 수 있는 특징을 가지고 있다.

파렛트의 활용은 작업기계화의 기본이며 운송의 근간이 되는 것으로 작업자체를 표준화할 수 있어 운송효율과 적재효율 및 작업효율을 증대시키는 데 적합한 운송용기이다. 이러한 파렛트를 사용하는 방법은 1940년경 미국이 처음 개발하였으며 1947년 스웨덴, 1949년에는 일본, 1952년에는 스위스로 전파되었다. 우리나라는 문헌상 파렛트 운송에 관한 기록은 찾기 어려우나 6·25 전쟁 중 미군의 군수물자 운송 시 도입된 것으로 추정되고 있다.

파렛트는 최초 공장 또는 영업소 내에서 운송합리화의 수단으로 사용되었으며, 포크 리프트가 개발되면서부터 화물의 전 운송과정을 파렛트 적재상태로 일관하여 운송할 수 있는 일관파렛트가 도입되게 되었다

(2) 컨테이너화

컨테이너는 단위적재시스템의 중심을 이루는 방법 중의 하나로 컨테이너는 파렛트와는 달리 처음부터 운송에 이용되도록 고안된 용기이다. 이 컨테이너를 이용하여 운송하는 것을 컨테이너화(containerization)[5]라 하며, 컨테이너운송은 1920년 미국의 철도운송에서 처음 도입

5) 컨테이너화란 모든 운송수단의 단일화, 시스템으로의 통합을 전제로 한 것으로 컨테이너화란 송화인으로부터 최종 수화인까지 컨테이너로 화물을 운송하기 위한 물적유통의 전 구성요소를 통합하는 개

하여 트레일러로부터 특수무개차(flat car)에 의한 피기 백(piggy back)[6] 운송에 처음으로 사용하였다. 그 후 1929년 영국에서 민간용 컨테이너 화물을 유럽대륙에 운송하기 시작하였으며, 제2차 대전 중에는 미국의 군사운송에 이용되었고[7], 대전 후에는 유럽 대륙의 철도에 컨테이너운송이 본격화되었다.[8]

우리나라는 1968년경부터 컨테이너선이 입항하기 시작된 것으로 추정되며, 풀 컨테이너선의 본격적인 입항은 1970년 3월 시 랜드(Sea-Land) 선박회사가 한진상사와 대리점계약을 체결한 이후부터이다. 이러한 컨테이너운송은 최근에는 해·육복합운송뿐만 아니라 항공운송에도 확대·적용되고 있다.

컨테이너는 공로운송에 이용할 경우에는 트랙터(tractor)에 의해 견인되는 연결차량인 세미트레일러(semitrailer)로 운반되며, 철도운송의 경우에는 컨테이너전용화차인 무개화차에 의해 운반된다. 또한 해상운송에서는 세미컨테이너선(semicontainer ship)과 풀 컨테이너선(full container ship)에 의해 운송되며, 항공운송에서는 보잉 747기와 같은 대형화물전용기에 의해 운송되어진다.

파렛트와 컨테이너는 독립적으로 대표적인 단위적재시스템의 수단이지만 화물이 적재된 상태로 컨테이너 운송을 통한 상호복합적인 활용이 가능하다.

[표 8-1] 단위적재시스템의 장단점

파렛트화	컨테이너화
• 하역의 기계화로 인한 보관효율향상 및 성력화 • 하역시간단축으로 인한 작업인원의 감소 • 제품파손의 감소와 포장비 절감 • 수송의 편의성과 트럭 회전율의 향상 • 과도한 노동력 투입감소에 따른 노동복지 증진 • 포장·검품·검량의 간이화 등 물류효율 향상 • 작업환경의 향상	• 왕복운송으로 인한 운송시간 단축 • 포장표준화에 의한 포장비 절감과 하역시간 단축 • 대량화물에 대한 운송 및 포장비 절감 • 운송 중 화물의 손실·훼손·멸실 등 발생 감소 • 회전율 향상으로 인한 금융비 절감과 자본의 회전성 증대 • 화물 인도의 신속성과 운송 일정의 보장 • 낮은 보험료율 적용에 따른 보험료 절감

념이 된다.

6) 도로운송에서 철도-트럭의 장점을 활용 트레일러나 컨테이너를 화차 위에 싣고 운송하는 방식으로 미국의 Chicago North Shore & Milwakee railroad사가 LCL화물의 서비스개선을 위해 시작한 데서 유래한 운송방식으로 오늘날 주요 운송수단이 되고 있다.

7) 미군은 이 계획을 CONEX plan이라 불렀다.

8) 해상운송에서 컨테이너를 도입한 최초의 시기는 1956년 미국의 Sea-Land Service, Inc가 C-2형 선박 37척의 선대를 운영하면서 처음으로 T-2탱커를 개장하여 컨테이너 갑판적으로 이용할 수 있는 플레트 폼을 만들고 여기에 60여개의 컨테이너를 적재한 것이 그 시초가 된다.

(3) 프레이트 라이너

프레이트 라이너시스템(freight liner system)은 컨테이너에 화물을 적입한 다음 컨테이너 전용열차를 이용하여 정기적으로 화물을 운송하는 방식을 말하며, 이와 같이 컨테이너를 전문적으로 운송하는 고속 화물전용열차를 일컬어 프레이트 라이너(freight liner)라 한다.

1930년대 컨솔리데이티드 프레이트웨이(Consolidated Freightways)에서 미국 서부 산악지형에 대응하는 강력한 트럭을 생산하기로 결정하면서 시작되었다. 제2차 세계대전을 거치면서 생산라인이 잠시 중단되었다가 1949년, 첫 고객인 하이스터 컴파니(Hyster Company)의 발주를 시작으로 지금까지 이어져 내려오고 있다. 현재 미국의 상용차 생산업체 중 최대 규모를 자랑한다.

(4) 랜드브리지시스템

랜드브리지시스템(land bridge system)은 컨테이너와 같은 단위적재용기에 화물을 적입하여 해상운송, 철도운송 및 해상운송을 순차적으로 수행하여 화물을 송화인의 문전에서 수화인의 문전까지 일관운송하는 유닛로드시스템을 의미한다.

4. 단위적재시스템을 위한 기기

단위적재시스템을 위한 기기에는 운송기기, 보관기기, 하역기기, 포장기기 등이 있다. 이러한 기기들은 파렛트와 컨테이너 등과 결합함으로써 단위적재시스템의 발달을 가속화시키고 있다.

단위적재시스템은 물류합리화의 구체적인 방법으로 파렛트와 컨테이너를 매개로 하여 완성되기 때문에 운송·보관·하역·포장에 있어서 개선이 선행되어야 한다. 따라서 이러한 개선은 우선 물류기초시설을 정비하고, 육·해·공 운송기관의 협동일관운송시스템의 완성 등 물류의 부차적인 시스템을 통합한 전체적인 시스템을 실현시킴으로써 단위적재시스템을 발전시킬 수 있다.

물류시스템화의 목적은 비포장화물의 개품운송에서 화물을 파렛트와 컨테이너를 이용하여 단위화함으로써 단위적재시스템에 의한 전문화, 대형화, 전용화, 고속화하여 화물을 안전·확실·신속·저렴하게 송화인으로부터 수화인의 문전까지 이동시키는 데 있다.

이같은 단위적재시스템을 통해 물류를 시스템화하기 위해서는 각종 물류시설과 기기를 정비하는 동시에 운임체계를 정비하여 구체적으로 운송·보관·하역·포장·유통가공·정보 등 물류활동을 전개하여야 하며 여기에는 물류시설, 물류기기, 협동방식, 공동 이용제도 등이 적절히 선택되어야 한다.

(1) 운송기기

운송기기에는 자동차운송을 전담하기 위해 파렛트 로더(pallet loader)를 부착하거나 컨테이너를 적재할 수 있는 트럭이 있으며, 철도는 컨테이너 전용화차, 해상은 컨테이너 전용선 및 파렛트 적재(pallet loading) 장치 그리고 항공운송에는 컨테이너탑재 전용기 등이 있다.

[그림 8-3] PALLET LOADER와 PALLET LOADER 부착차량

[그림 8-4] 컨테이너 탑재 전용기와 컨테이너 탑재 전용기 내부

(2) 보관기기

보관기기의 대표적인 것으로는 랙(rack)이 있다.

[그림 8-5] 랙

(3) 하역기기

하역기기에는 파렛트 위에 포장화물을 탑재하는 파렛트 로더와 단위적재의 이동을 위한 기기로서 컨베이어 그리고 수평이동과 상하이동을 위한 승강기 등이 있다.

(4) 포장기기

포장기기에는 화물의 붕괴를 방지하기 위해 플라스틱 필름을 사용하는 대형포장기와 수평, 수직방향으로 결속하는 밴드(band) 등이 있다.

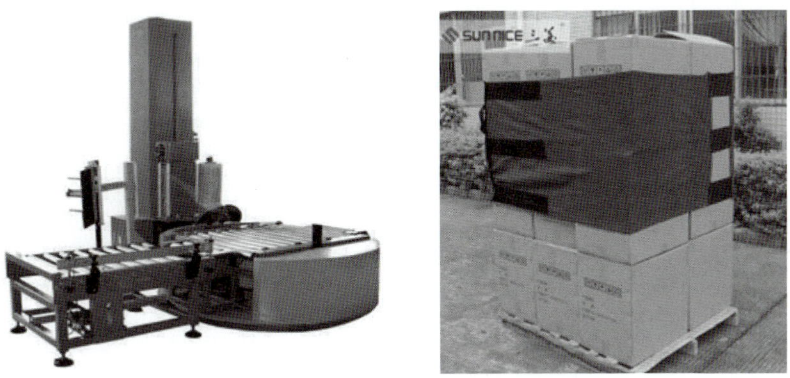

[그림 8-6] 파렛트 포장 기기와 수평 결속 밴드

[표 8-2] 단위적재시스템을 위한 기기의 종류

분류		기기의 종류
운송기기	자동차운송	파렛트 로더, 트레일러
	철도운송	전용차량
	해상운송	파렛트 로딩, 컨테이너 전용선
	항공운송	컨테이너 탑재 전용기
보관기기		랙
하역기기		파렛트 로더, 컨베이어, 승강기
포장기기		플라스틱 필름 포장기, 밴드 조립기

물류시스템화와 단위적재시스템과의 관계는 다음과 같다.

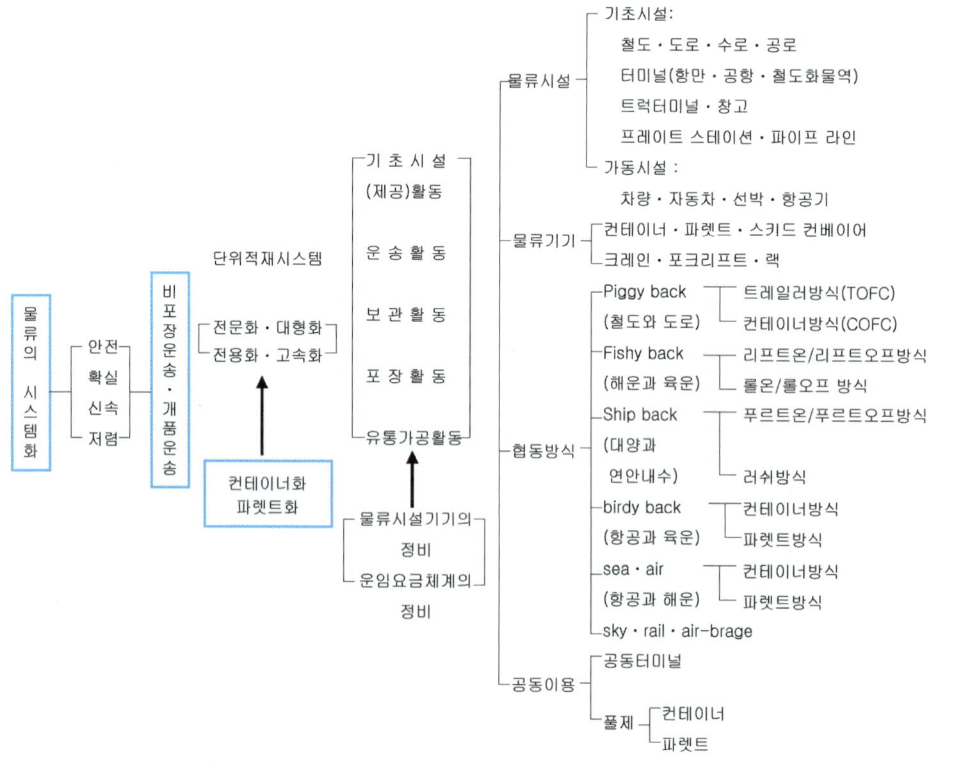

[그림 8-7] 물류시스템화와 단위적재시스템

1.2 일관파렛트화의 의의와 효과

1. 일관파렛트화의 개념

일관파렛트화(palletization)란 화물의 운송에 있어서 송화인으로부터 수화인에게 도달할 때까지 전 운송과정을 일관하여 파렛트로 운송[9]하는 것을 말한다. 일관파렛트화는 '물품의 이동'의 흐름을 파악하고 활성지수를 높여 생산자로부터 최종 소비자까지 동일한 형태로 이동시키는 시스템(system)[10]으로서 기계적인 시스템과 결합을 통하여 합리화의 효용을 극대화시킨다.

일관파렛트화의 특징은 운송수단에 관계없이 운송도중에 개개의 화물에 입력에 의하지 않고 다른 운송기관에 중계하거나, 적재작업을 하역기계를 통하여 효율적으로 수행하여 파렛트 적재 상태로 일관운송하는 데 있다. 이 운송방식은 연속된 여러 운송수단(기차, 자동차, 선박, 항공기 등)을 이용하여 운송할 경우에 하역작업의 합리화 등으로 물류비의 절감을 가능하게 하고 전체적인 시스템의 효율을 제고시킨다.

일관파렛트화는 화물의 이동을 시스템적으로 관리하고 있으므로 파렛트와 컨테이너의 규격화・표준화가 절대적으로 요구되며, 파렛트 풀 시스템(pallet pool system)은 파렛트의 이용률을 향상시키며 파렛트화를 도와주고 있다. 표준화된 파렛트를 사용함으로써 하역패턴이 정형화되고 이에 따라 적재효율의 향상이 급속히 이루어지므로 파렛트의 표준화는 그 중요성이 날로 높아지고 있다.

2. 일관파렛트화의 필요성

일관파렛트화 방식은 스위스 및 스웨덴을 비롯한 유럽지역에서 철도운송분야에 높은 비율로 보급되었으며 주로 파렛트를 이용하여 화물을 운송하고 있다. 일본은 파렛트 전용화차의 이용은 부진하지만 트럭이나 철도를 통한 일관파렛트화는 급속도로 진전되고 있다.

우리나라는 표준파렛트를 보급하고 있는 단계에 있으므로 물류선진국과 비교할 수는 없으나 물류활동과 관련된 운송과정에서 일관파렛트화 도입으로 인한 물류비의 절감과 경제적인 효과에 대한 인식이 아직도 미미한 실정이다.

---

9) 파렛트의 이용은 1940년 미국에서 최초로 사용하기 시작하였으며 1947년 스웨덴에서 보급한 후 1952년 스위스에서 파렛트에 의한 운송을 실시하기 시작하였다.

10) 시스템(system)이란 하나의 구역(boundary) 또는 기능(function) 단위로 이루어진 여러 개의 독립된 구성인자나 개체(component)가 전체적인 목표달성을 위하여 유기적으로 결합되어 만들어진 독립적인 성격의 개체를 말한다.

그러나 1990년경부터 관련 업체들이 공장과 창고의 자동화, 자동분류기를 통한 하역의 합리화, 종합물류센터의 자동화시설, 택배시스템 등을 통해 일관파렛트화가 급속히 진전되고 있으며, 표준규격의 파렛트를 생산하는 업체들도 많이 설립되고 있어 향후 비약적인 발전이 예상된다. 한국파렛트컨테이너협회는 2017년 2월 "물류표준화 추진을 위해 국토교통부 산업통상자원부 국가기술표준원 등 관련 기관들의 물류시책 수립에 적극적으로 참여하고 협력할 것"이라며 한국파렛트컨테이너산업대상 및 글로벌 유닛로드 창의성 공모전 등을 실시해 표준파렛트·컨테이너 보급 및 일관파렛트화 촉진을 홍보하겠다고 언급했다.

우리나라에서 일관파렛트화가 발전하지 못한 주요 원인은 다음과 같다.

- 파렛트와 물류시설에 막대한 자금소요로 표준파렛트의 보급률 저조
- 빈 파렛트 회수에 많은 시간과 노력 필요
- 화물착지에 하역시설 불충분
- 업종과 상품특성에 따라 파렛트 단위화가 곤란한 품목 존재

물류비의 절감이라는 측면에서 화물을 일관파렛트화하여 운송하는 것은 부분적으로 파렛트를 이용하여 운송하는 것보다 경제성이 있다. 따라서 화물의 운송에는 일관파렛트화가 필요하며, 이를 위해서는 파렛트 풀 시스템을 도입하고, 파렛트 및 파렛트 운송수단(화차, 자동차 등)의 규격을 비교하여야 하며, 또한 빈 파렛트 회송비의 대폭적인 운임인하가 뒤따라야 한다.

3. 일관파렛트화의 전제조건

파렛트의 활용은 하역시간의 단축, 신속·원활한 제품이동, 직업·기계 표준화의 용이, 물품의 보호 및 보관을 용이하게 한다. 따라서 이의 활용은 작업 기계화의 기본이 되며, 운송의 근간이 됨은 물론 작업자체를 표준화할 수 있어 운송효율과 적재효율 및 작업효율을 증대시키는 점에 있어 중요하다.

이러한 파렛트를 이용하여 일관파렛트가 이루어지기 위한 전제조건은 다음과 같다.

첫째, 파렛트에 대한 규격의 표준화와 자동차, 철도화차 등의 규격에 대한 통일화가 이루어져야 한다.

둘째, 파렛트의 규격에 맞추어 제품의 치수를 정하는 방법을 통하여 이용률을 증대시키고 나아가 파렛트 관리가 용이하고 비용이 적게 드는 파렛트 풀 시스템(pallet pool system)과 단위적재시스템이 도입되어야 한다.

셋째, 화물붕괴방지 대책의 강구와 출하방식 및 출하단위의 조정이 이루어져야 하며, 나아가 관련 당사자 간의 이해관계에 따른 합의가 이루어져야 한다.

넷째, 물류모듈체계의 확립이 필요하다. 단위적재시스템의 효율화를 도모하기 위한 물류모듈은 물류전반을 통하여 치수의 정합화를 구축할 수 있도록 포장규격, 파렛트규격, 컨테이너트럭의 적재함규격, 하역보관기기, 수송장비, 점포 등의 표준화가 이루어져야 한다.

물류모듈의 규격에는 실제물동량의 치수로 평면치수인 Net Unit Load Size(UNLS)와 포장단위들을 하나의 집합체로 구성할 때 돌출부나 변형을 포함한 밑면과 수직인 4개면의 간격인 입체면으로부터 설정되는 Plan View Size(PVS) 등 2종류의 단위적재규격이 있다.

우리나라의 경우 정방형 규격으로서 1995년부터 T11형 파렛트(1,100×1,100mm)만 유일한 일관 수송용 파렛트로 지정되어 있었지만, 2013년 산업통상자원부 국가기술표준원은 국내·외 물류유통의 효율성 증대를 위해 유닛로드 시스템(UNIT LOAD SYSTEM)[11] 통칙(KST0006)에 T12형(1,200×1,000mm) 일관 수송용 파렛트를 추가해 개정·고시했다.

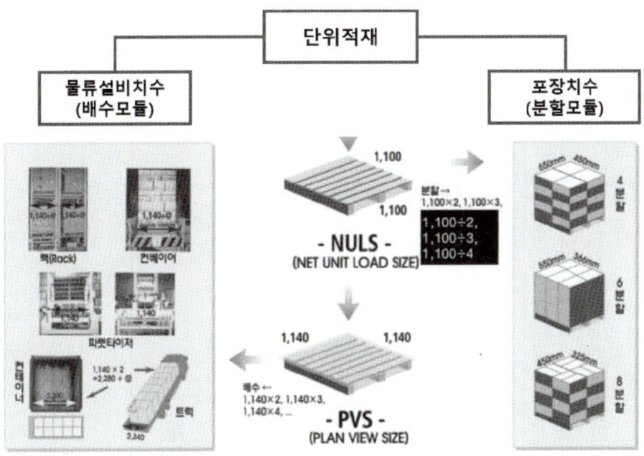

주 : • 물류설비치수(배수모듈) : 단위적재 규격인 1,140mm × 1,140mm을 기준으로 하고 최대 허용공차 40mm를 인정하며 이를 배수로 하여 물류시설이나 장비들의 물류치수를 설정한다.
• 포장치수(분할모듈) : KS A 1002에서 제정된 표준치수로 1,100mm × 1,100mm을 정수(1, 2, 3…)로 분할, 가로와 세로의 치수들을 합산하여 1,100mm가 되는 숫자들이며 포장모듈치수들은 이들의 조합이다.
• Net Unit Load Size(NULS) : 파렛트위에 쌓거나, 자체중량에 의한 포장의 변형, 장기보관에 의한 포장의 변형 등으로 발생된 허용치수를 제외한 단위적재의 순수치수를 말한다. 이 NULS치수는 파렛트치수와 포장단위치수를 결정할 때 기본이 되는 규격으로 포장치수(분할모듈)와 연결된다.
• Plan View Size(PVS) : 보관 중 또는 출하장에 대기 시 단위적재의 가장 바깥부분에 튀어나온 점들을 연결하여 직각으로 교차하는 4개의 수직과 평면으로 둘러싸인 직육면체의 형상을 말한다. 이 PVS치수는 단위적재규격의 최대허용치수로 물류설비치수(배수모듈)와 연결된다.

[그림 8-8] 물류모듈체계도

11) 낱개단위의 물동량을 일정한 규모의 단위(UNIT)화물로 만들어 일관된 수송, 보관 하역체계를 구축하여 물류활동을 합리적으로 하도록 고안된 시스템을 말한다. 물류표준화는 Unit Load System에서 시작하고, Uint Load System의 근간은 물류모듈이다.

4. 일관파렛트화의 경제적 효과

일관파렛트화의 경제적 효과는 작업능률의 향상, 하역의 기계화, 화물의 효율적 관리, 물류비의 절감과 사내물류의 효율화 등을 들 수 있다.

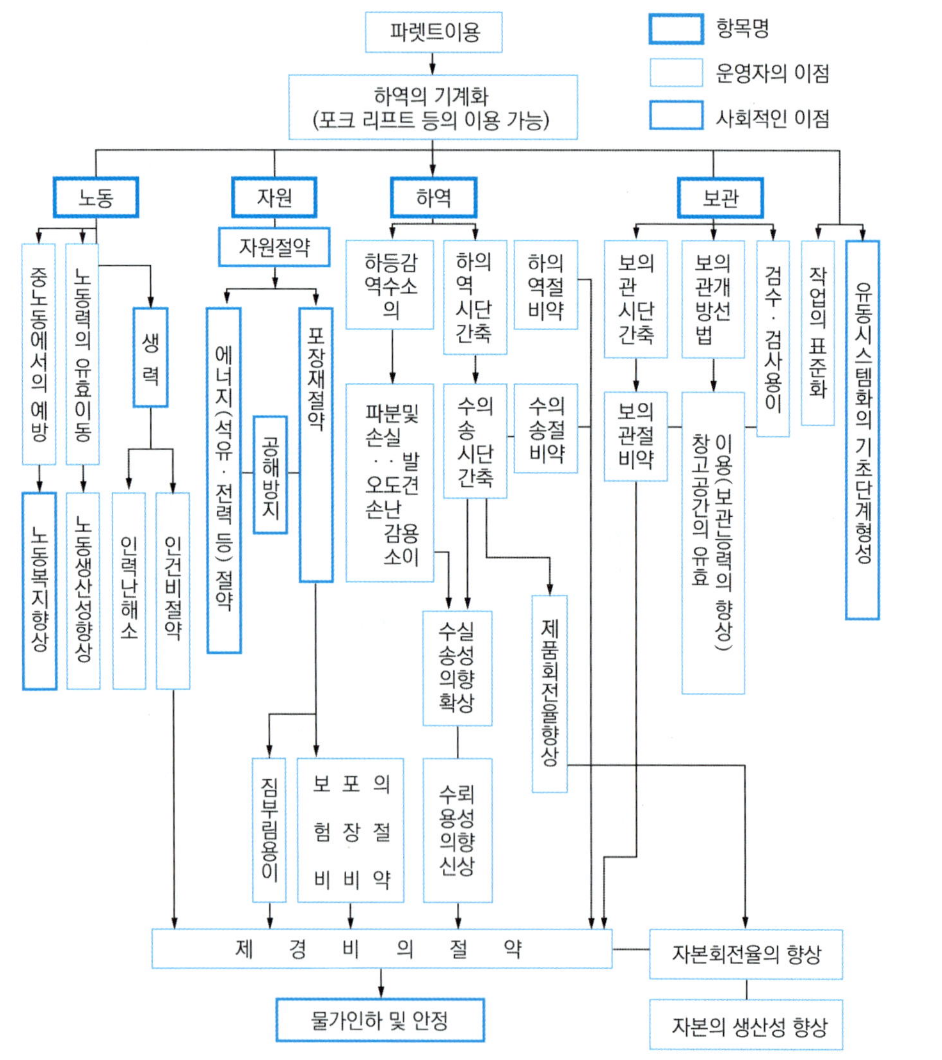

[그림 8-9] 일관파렛트화의 경제적 효과

이러한 일관파렛트화의 경제적 효과를 기업과 운송업자의 입장에서 보면 다음과 같다.

(1) 기업의 입장

① 물류의 효율화 및 원활화 : 파렛트를 사용함으로써 기업 전체의 물류의 효율화와 원활화를 가져오며 이는 결과적으로 소비자 물가의 안정을 가져오게 한다.

② 다른 시스템과의 유기적 시스템 형성 가능 : 파렛트를 사용함으로써 물류의 제 기능간의 유기적인 시스템 형성이 가능하게 되어 단위화물운송방식간의 공동이용을 촉진시킨다.

③ 작업능률의 향상 : 기계에 의한 운반 및 포장작업에 소요되는 시간이 절약되므로 포장작업의 능률향상과 출하장 시설의 이용효율이 높아지며, 작업대기시간을 단축시켜 수송장비의 운반효율을 향상시킨다.

④ 하역·포장 간소화에 의한 포장비 절감 : 파렛트에 의하여 화물이 단위화 되어 포크 리프트(fork lift)[12) 등 기계에 의한 하역작업이 가능해지고 포장의 간소화로 물류비를 절감할 수 있다.[13)]

⑤ 화물의 손해방지 및 운임의 절감 : 기계로 작업이 이루어지므로 입력에 의하여 작업이 이루어지는 것보다 부주의에 의한 위험과 화물파손이 감소되어 직접적인 손실이 경감된다.

⑥ 보관비의 절감 : 보관방법의 개선 및 전반적인 물류작업의 신속화, 보관능률 향상과 재고감축 등으로 보관비가 절감된다. 동시에 파손, 손상 등에 의한 수량부족이 줄어들고 보충하여 발주하는 등의 노력이 없어지는 이점이 있다.

또한 포장의 간소화 및 화물중량이 감소하기 때문에 톤당 운임 및 부대비용을 절감시킬 수 있다.

(2) 운송업자의 입장

① 작업능률의 향상 : 하역작업의 기계화가 가능해짐에 따라 하역작업에서 시간과 인원을 절감할 수 있다.

② 효율적인 운송의 실현 : 기차 및 트럭 등 다른 운송수단에 빠르게 적재할 수 있으므로 운송수단의 회전율이 빨라지게 된다.

---

12) 포크(fork) 등으로 상하차시키는 마스트를 갖춘 동력부착 하역운반 차량을 말한다.

13) 파렛트에 적재하여 일관파렛트화하면 인력에 의하여 적재하는 것보다 낙하도가 30% 정도 저하되며 동시에 그만큼 포장비가 절감된다.

③ 사고 발생률의 감소 : 기계에 의하여 작업이 이루어지므로 사고의 발생빈도가 줄어들며 이에 따라 사고수습에 따른 불필요한 시간과 경비가 줄어들게 된다.

그러나 이러한 이점에도 불구하고 일관파렛트화는 빈 파렛트의 회수·보관·정리 등 관리가 복잡하고 파렛트의 규격이 통일되어 있지 않고 운송수단 적재함의 규격이 상이하여 파렛트 규격의 일원화가 불가능함으로 적재함을 규격화할 필요가 있다. 또한 제품의 다양화에 적합한 파렛트의 다종화가 요구되는 한편 아직까지 파렛트에 대한 인식부족으로 인력에 의존하는 업체가 많으므로 이의 활용을 극대화할 수 있는 방안이 강구되어야 할 것이다.

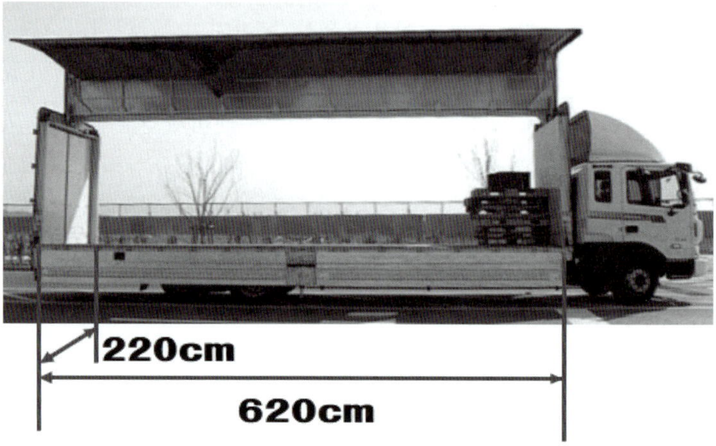

차종	차폭(CM)	길이(CM)	적재가능높이(CM)
5톤 윙바디	220	620	230
8톤	234	730	240
11톤	234	910	250

[그림 8-10] 5톤 윙바디 차량의 차폭(CM)과 길이(CM)

④ 적재효율의 극대화

다음은 우리나라 KS표준 파렛트를 규격화 후 20피트 컨테이너 박스에 적입했을 때 T-11형과 T-12형의 적재효율을 비교한 것이다.

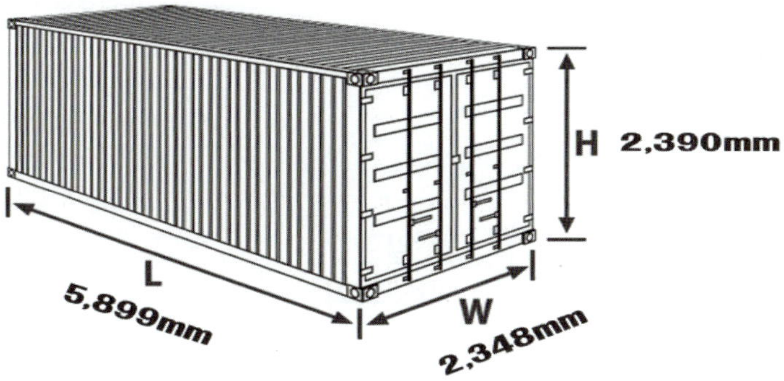

[그림 8-11] 20피트 컨테이너

ㄱ. 한국 KS표준 파렛트 규격 기준

- T-11형 : 가로 1,100mm×세로 1,100mm
- T-12형 : 가로 1,200mm×세로 1,000mm
- 5톤 : T-11형 5개씩 2열 적재가능-총 10개
- 8톤 : T-11형 6개씩 2열 적재가능-총 12개
- 11톤 : T-11형 8개씩 2열 적재가능-총 16개 적재 가능

ㄴ. 한국 KS표준 파렛트 규격 기준

- T-11형 : 가로 1,100mm×세로 1,100mm
- T-12형 : 가로 1,200mm×세로 1,000mm
- T-11형 : 가로 2열/세로 5열 총 10개 적재 가능
- T-12형 : 가로 2열/세로 5열 총 10개 적재 가능

ㄷ. 남는 공간 계산 시

T-11형 적재효율 > T-12형 적재효율. 따라서 적재효율 측면에서는 T-11형이 T-12형보다 적재효율이 높다고 할 수 있다.

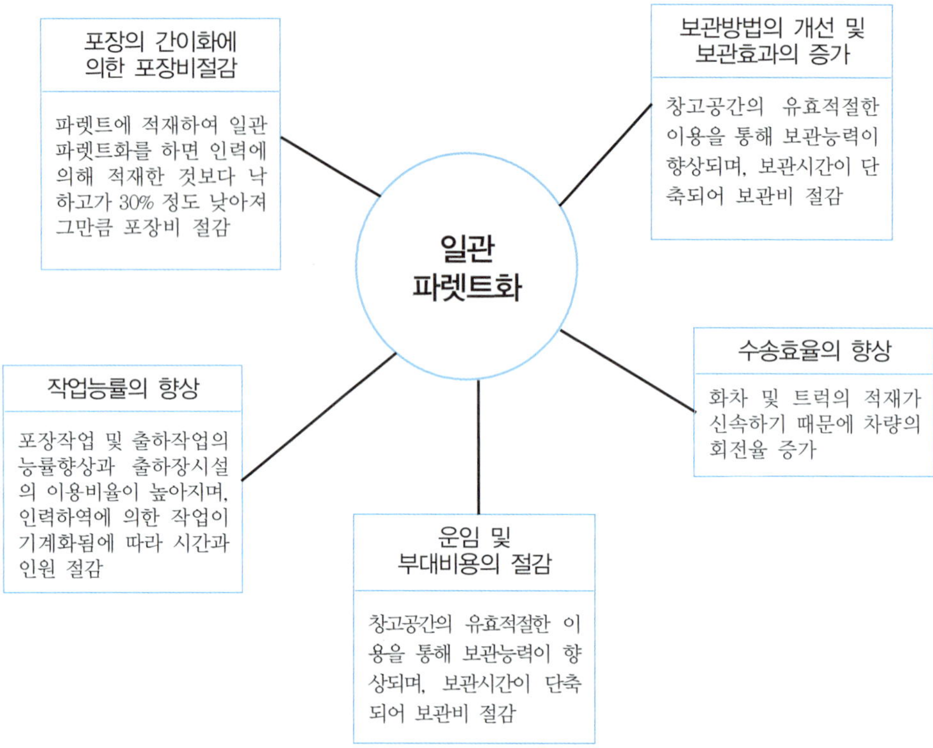

[그림 8-12] 일관파렛트화의 효과

[그림 8-13] 보관방법의 개선

5. 일관파렛트화의 이용방식

일관파렛트화 운송의 이용방식은 화주소유, 물류업자 소유 및 파렛트 풀 회사소유에 의하여 이용하는 3가지 방식으로 구분되며 그 내용은 다음과 같다.

(1) 화주 소유 파렛트 이용방식

송화인이 자신의 파렛트에 화물을 적재하여 자사 또는 물류업자에게 운송을 위탁하는 일관파렛트화 방식으로, 이 경우에는 화주의 파렛트와 타사 파렛트와 구별이 어렵고 장거리 운송 시 회수가 어렵다는 단점 때문에 외부기업까지 확대하여 일관파렛트화를 실시하기가 곤란하다는 한계가 있다.

(2) 물류업자 소유 파렛트 이용방식

물류업자가 보유한 파렛트를 이용하여 송화인의 문전까지 화물을 운송하는 일관파렛트방식으로 파렛트를 반송하거나 회수할 필요가 없으나 파렛트를 임차하는 데 비용이 많이 소요되는 단점이 있다. 현재 일본에서는 일부 기업들이 국철(國鐵) 및 일통(日通) 등이 보유하고 있는 파렛트를 이용하여 일관파렛트화를 실시하고 있다.

(3) 파렛트 풀 회사 소유 파렛트 이용방식

이 방식은 파렛트를 가까운 내륙거점(inland depot)에 반환하면 되며, 임차료도 비교적 저렴하기 때문에 지금까지 언급한 파렛트의 이용방식 중에 가장 이상적인 방법으로 오늘날 가장 많이 이용되고 있는 방법이다.

[표 8-3] 자사파렛트와 일관파렛트의 비교

구 분	자사파렛트	일관파렛트
공파렛트반송	• 자사에서 출고지로 반송필요 • 과다 반송비용 발생 • 반송작업 번거로움	• 도착지에서 가까운 거점물류센터로 반납
물동량변동에 따른 유휴파렛트	• 물동량 성수기에 맞추어서 보유 • 비수기에는 가동률이 저하 • 유휴파렛트 보관, 관리에 문제있음	• 물동량 변동에 맞추어 필요한 수량만큼 이용 • 거래처에는 유휴 파렛트 존재하지 않음
파렛트품질 관리	• 파렛트 품질 유지를 위해서 불필요한 인력 및 경비 소요	• 파렛트 전문 업체이므로 점검을 통해 항상 양질의 파렛트를 제공 가능 • 파렛트 보관 전용 물류센터 완비

[표 8-4] 파렛트 이용방식별 장점

파렛트 이용방식	특징
화주 소유 파렛트 이용	• 송화인이 보유한 파렛트에 화물을 적재하여 자사 또는 물류업자에게 운송위탁하는 일관파렛트화 방식 • 화주의 파렛트와 타사 파렛트와 구별 곤란 • 장거리 운송 시 회수 곤란 • 외부기업까지 확대 일관파렛트화 실시 곤란
물류업자 소유 파렛트 이용	• 물류업자가 보유한 파렛트를 이용하여 수화인의 문전까지 화물을 운송하는 일관파렛트 방식 • 파렛트 반송 및 회수 불필요 • 파렛트 임차 시 추가 비용 소요
파렛트 풀 회사 소유 파렛트 이용	• 파렛트 풀 회사가 보유한 파렛트를 임차하여 화물을 운송하는 일관파렛트화 방식 • 사용한 파렛트를 가까운 내륙거점(inland depot)에 반환 • 임차료 저렴 • 가장 합리적인 방법으로 현재 폭 넓게 이용

제 2 절 일관파렛트화의 이용형태와 소유관리

2.1 일관파렛트화의 이용형태

일관파렛트화에 의한 물류의 일반적인 형태는 생산자가 화물을 파렛트에 적재하여 화주의 창고로 이송하며, 창고에서의 화물적입은 포크 리프트를 사용한다. 주문에 의해 화주창고를 떠난 화물은 중계과정뿐만 아니라 운송업자에 의해 집화된 상태로 파렛트와 함께 파렛트 전용화차 및 트럭에 적재되며, 선박 및 항공기를 이용하는 경우에도 파렛트 상태로 협동일관운송[14]을 하게 된다. 도착지에서 파렛트화물은 집화 때와 같은 형태로 수화인의 문전까지 배송된다.

14) 화물의 운송도중에 한 선박으로부터 다른 선박 또는 해운과 육운을 접속하는 등 2개 이상의 운송기관에 의하여 목적지까지 운송하는 것을 말한다.

파렛트의 이용범위는 화물의 특성에 따라 장단점에 있으나 기본적인 형태는 다음과 같다.

① 송화인의 공장에서 최종사용자까지 파렛트운송을 실시하는 경우로서 종이업계가 그 대표적인 업종이다. 그 이유는 물류경로가 타 업계보다 비교적 짧고 단순하며, 최종사용자까지 파렛트단위로 출하하기가 용이하고, 상품자체의 중량이 인력하역으로는 곤란하여 파렛트 이용의 이점이 크기 때문이다.

② 송화인 공장에서 배송센터(청주, 가전업계, 양판점(GMS) 등)나 도매상(맥주, 비누 및 세제업종 등)까지 파렛트운송을 실시하는 경우로서 대부분의 공산품 및 생필품이 여기에 해당하며 배송센터에 비해 도매상의 파렛트 이용률이 높고 이점도 많다.

③ 운송단계에서는 파렛트를 사용하지 않고 공장내의 반송, 보관에서 사용하는 경우로서 의약품업계가 제일 많이 이용하고 있다. 그 이유는 유통경로가 복잡하고 거래단위가 적으며, 상품의 종류가 규격별로 다양하고, 경량품의 운임을 용적단위로 계산함으로써 파렛트분의 운임할인이 되지 않아 운임상에 큰 영향을 끼치기 때문이다.

2.2 일관파렛트화 규격의 표준화

1. 규격표준화의 의의

파렛트는 컨테이너와 함께 물류에서 단위적재시스템을 구축하는 수단으로 선진국에서는 파렛트의 규격을 표준화하여 물류혁신을 이루고 있다. 우리나라에서는 유닛로드 시스템 통칙(KST0006)에 T11(1,100×1,100mm)형과 T12(1,200×1,000mm)형을 복수표준안으로 사용하고 있지만 2011년 한국파렛트컨테이너협회의 파렛트 컨테이너 생산 및 사용실태 조사 보고서에 따르면 약 60% 가량은 아직도 표준화되지 않은 파렛트가 사용되고 있어 엄청난 물류비의 추가적인 손실을 발생시키고 있는 실정이다.

파렛트는 컨테이너와 함께 물류에서 단위적재시스템을 구축하는 수단으로 선진국에서는 파렛트의 규격을 표준화하여 물류혁신을 이루고 있다. 우리나라에서는 1973년 제정한 KS규격의 운송용 표준파렛트(KSA2155)인 1,100×1,100mm(T-11형)와 1,100×800mm(T-8형)의 2종류가 있다.

실제, 파렛트의 표준화가 달성되지 못하면 일관파렛트시스템의 구축이 불가능하여 결국 물류비의 비효율성을 탈피하지 못하게 되며, 또한 목재 등의 자원의 장비와 폐기 파렛트의 산업공해의 원인이 되기도 한다.

이러한 제반 문제점을 해결하기 위해서는 단위적재시스템 도입의 필요성을 인식하고 포장치수의 표준화와 아울러 파렛트의 표준화를 시급히 추진하여야 할 것이다. 국제적으로 표준화된 파렛트의 규격 중에서 가장 널리 이용되고 있는 것은 40″×48″(1,000×1,200mm)이다.

파렛트의 표준화는 70년의 긴 역사를 가지고 있는 미국에서도 50년이라는 시간이 소요되었지만 아직도 비표준파렛트가 범람하고 있으며 이웃 일본의 사정도 마찬가지이다. 우리나라는 1960년대 이후 파렛트를 사용하기 시작하여 1970년대에 들어와 산업부흥과 함께 수요가 급속히 신장하였다.

현재 국내에서 생산 또는 수입판매하고 있는 파렛트의 종류는 재질별로 목재, 플라스틱, 철재 등이 있으며, 용도별로는 수출용(일회용), 야적창고(CY)용, 운반용, 자동창고용 등으로 사용되고 있다.

파렛트 총수는 1978년도에 미국에서 약 20억매로 국민 1인당 10매 정도의 수준을 유지하고 있으며, 일본은 약 1억매 정도를 보유하고 있다. 현재 우리나라에서 사용되고 있는 파렛트의 총수는 대략 4,000만에서 5,000매만 정도로 추산되고 있어 앞으로 파렛트의 수요가 급성장할 것으로 보인다. 파렛트는 이제 단순한 보관용 깔판이 아니라 물류합리화의 시발점이 되고 있다.

[표 8-5] 세계 각국의 파렛트규격

ASA(미국)	ISO	유 로	JIS(일본)	KS(한국)
1,016×1,219 1,067×1,067 1,219×1,219 1,219×1,016 1,219×1,067 1,016×1,016 1,219×1,143 1,118×1,118 914×914 1,219×914 889×1,156 1,219×508	1,016×1,219 1,000×1,200 1,165×1,165 1,067×1,067 1,100×1,100 800×1,200	800×1,200 1,200×1,000 1,000×1,200 800×600 600×400 400×300	800×1,000 800×1,100 800×1,200 1,000×1,000 1,100×1,100 1,000×1,200 1,140×1,140 1,200×1,800	1,100×1,100 1,200×1,000
12종	6종	6종	8종	2종

[표 8-6] ISO 규정 파렛트 규격

Dimensions (W×L) millimetres	Dimensions (W×L) inches	Predominant region
1,016×1,219	40.00×48.00	North America
1,000×1,200	39.37×47.24	Europe, Asia
1,165×1,165	45.9×45.9	Australia
1,067×1,067	42.00×42.00	North America, Europe, Asia
1,100×1,100	43.30×43.30	Asia
800×1,200	31.50×47.24	Europe

[표 8-7] 미국 규정 파렛트 규격

Dimensions (W×L) millimetres	Dimensions (W×L) inches	Industries Using
1,016×1,219	40.00×48.00	Grocery, many others
1,067×1,067	42.00×42.00	Telecommunications, paint
1,219×1,219	48.00×48.00	Drums
1,219×1,016	48.00×40.00	Military, cement
1,219×1,067	48.00×42.00	Chemical, Beverage
1,016×1,016	40.00×40.00	Dairy
1,219×1,143	48.00×45.00	Automatical
1,118×1,118	44.00×44.00	Drums, Chemical
914×914	36.00×36.00	Beverage
1,219×914	48.00×36.00	Beverage, Shingles, packaged paper
899×1,156	35.00×45.50	Military 1/2 ISO Container
1,219×508	48.00×20.00	Retail

[표 8-8] EURO 규정 파렛트 규격

EURO pallet type	Dimensions (W×L) millimetres	Dimensions (W×L) inches
EUR 1	800×1,200	31.50×47.24
EUR 2	1,200×1,000	47.24×39.37
EUR 3	1,000×1,200	39.37×47.24
EUR 4	800×600	31.50×23.62
EUR 5	600×400	23.62×15.74
EUR 6	400×300	15.75×11.81

이러한 필요성에도 불구하고 유통업계에서 표준파렛트의 사용을 꺼리고 있는 이유는 유통업자의 고객들이 비표준파렛트를 이용하고 있으며, 기준 비표준파렛트에 대한 내부적인 투자가 이미 이루어졌고, 각 사의 비표준파렛트가 자사제품의 포장과 보관에 더 적합하기 때문이다. 따라서 파렛트의 규격은 적재화물의 크기에 맞게 결정되므로 취급 및 운송장비의 적합성을 검토하고 표준화된 파렛트를 제작하여 파렛트 풀 시스템(pallet pool system)이 도입되도록 유도되어야 한다.

표준파렛트가 갖고 있는 경제성은 다음과 같다.

① 경제적이며 국제적으로 공인을 받고 있다.
② 공로 및 철도운송에 적합하다.
③ 하역기기에 적합하게 설계되어 있다.
④ 환적(transshipment)시에 비용절감 효과가 있다.
⑤ 표준단위적재의 기본이 된다.
⑥ 대부분 기업에서 비용절감의 이유로 장려하고 있다.
⑦ 상호교환(interchange arrangements)을 촉진한다.
⑧ 수출과 하역 등의 단위적재 형성을 단순화할 수 있다.

2. 우리나라 파렛트의 표준화

우리나라의 일관수송용 표준파렛트인 1,100 × 1,100mm(T-11형)는 1972년 한국디자인포장센터(현 한국디자인진흥원)의 연구용역을 거쳐 공업진흥청(현, 국립기술품질원)에서 KS규격으로 1973년 12월에 제정되었다. 하지만 국제적으로 많이 사용하고 있는 T12형과 크기가 달라 수출입 화물 처리에 비효율이 발생하는 문제점이 지적돼 왔다. 또한 수입의 경우 T12형에 적재된 수입화물을 T11형에 작업자가 일일이 옮겨 담아야 하는 번거로움이 발생했고, 산업통상자원부 국가기술표준원은 2013년 T12형 파렛트를 T11형과 더불어 표준파렛트로 지정했다.

T-11형의 규격은 (가로)1,100 × (세로)1,100 × (높이)144mm로 머리글자에 "T"자가 있는 것은 영어 Throught Transit의 일관수송이란 의미이다. 이 규격은 ISO의 TC 51(기술위원회 5)에서 ISO파렛트로 인정하고 있는 파렛트규격 중의 하나로 현재 국제 표준파렛트규격(ISO 6780)에는 유럽의 1,200×1,000mm와 미국의 48″×40″(1,219 × 1,016mm) 그리고 호주규격(1,165×1,165mm)과 일본, 한국규격(1,100 × 1,100mm), 중간 규격인 1,067mm×1,067mm 및 800×1,200mm규격 등 6종류로 구성되어 있다.

파렛트 적재치수

일관파렛트 규격을 정하는 데 있어서 기준은 그 나라의 주요 운송수단과의 정합성(적재효율)이며, 우리나라의 경우 T-11형을 선택한 것은 우리나라의 주된 화물운송수단은 도로운송이며, 도로운송의 주요 수송수단은 5톤 이상의 화물자동차이고 이 화물자동차의 적재함에 대한 파렛트 적재효율이 중요한 기준이 된다. 따라서 T-11형을 선정한 이유는 국내의 주된 운송수단인 8톤 이상 트럭과 화차의 적재함 및 국제 해상용컨테이너의 안 치수에 정확하게 맞기 때문이다.

우리나라 표준파렛트의 채택은 1993년 2차에 걸친 공청회를 거쳐 이루어졌으며, 1995년 산업통상자원부가 유니트 로드 시스템 통칙에 그 지위를 확고히 부여하였다.

T-11형 표준파렛트의 장점은 다음과 같다.

첫째, T-11형 표준파렛트는 8톤 이상 대형트럭의 안 치수가 2,350mm로 2열 적재가 가능하며 적재효율이 90% 이상으로 뛰어나다. 다만 4.5~5톤 트럭은 적재함의 안 치수가 2,120mm로 2열 적재가 불가능하여 적재효율이 떨어진다.

둘째, 국제성에 있어서 우리나라와 같은 무역국가로서는 국제해상컨테이너의 안 치수와의 정합성(적재효율)이 중요하다. 해상컨테이너의 안 치수는 2,330mm로 우리나라 T-11형 표준파렛트가 가장 효율이 뛰어나다.

셋째, 국가표준파렛트는 주 수송수단에 대한 정합성에 뛰어나고 국제성이 있어도 파렛트 위에 적재할 화물의 포장규격이 파렛트 규격과 적합성을 가져야 한다. 개별기업의 포장규격은 우리나라의 거의 모든 기업이 자사 상품에 맞추어 포장규격을 정리하고 있어 일관파렛트화가 추진뒤기 위해서는 포장의 모듈화가 선행되어야 한다.

이 수송포장의 모듈화에 있어 T-11형 표준파렛트는 69개의 수송포장 모듈이 있는 반면 T-12형(1,000×1,200mm)은 40개의 수송포장모듈이 있어, 기업들이 일관파렛트화를 추진하는데 선행되어야 할 포장모듈화에 있어 T-11형이 더 유리한 이점이 있다.

넷째, 정사각형의 파렛트와 직사각형 파렛트는 작업 안전성면에서 정사각형의 파렛트가 6 : 4정도로 작업안전도가 높다.

[표 8-9] T-11형 파렛트 선정의 의미

- 파렛트의 공동보유 가능
- 파렛트로서 사용 가능

⬇

- 발화주에서 착화주까지의 일관파렛트화 실현
- 기업 내의 파렛트가 통일되어 생산라인과 보관창고의 효율화를 도모
- 파렛트화와 주변기기가 표준화되어 물류기기의 제조비 저하
- 수송기관 상호 간의 접속이 원활해져 복합수송 가능

⬇ ⬇

기업으로는	사회적으로는
• 현장에서 기계화가 추진되어 노동환경 개선 • 보관, 하역, 운송의 효율적 진행 • 수송과 하역시간의 단축 • 물류비용의 저렴화 • 효율적인 물류시스템 형성 가능	• 효과적인 물류시스템이 여러 경제효과를 파생시켜 국가전체의 낭비감소 • 물류시스템의 이미지 향상 • 국제적 물류시스템의 제휴도모 • 도로혼잡의 해소 • 환경문제의 해소

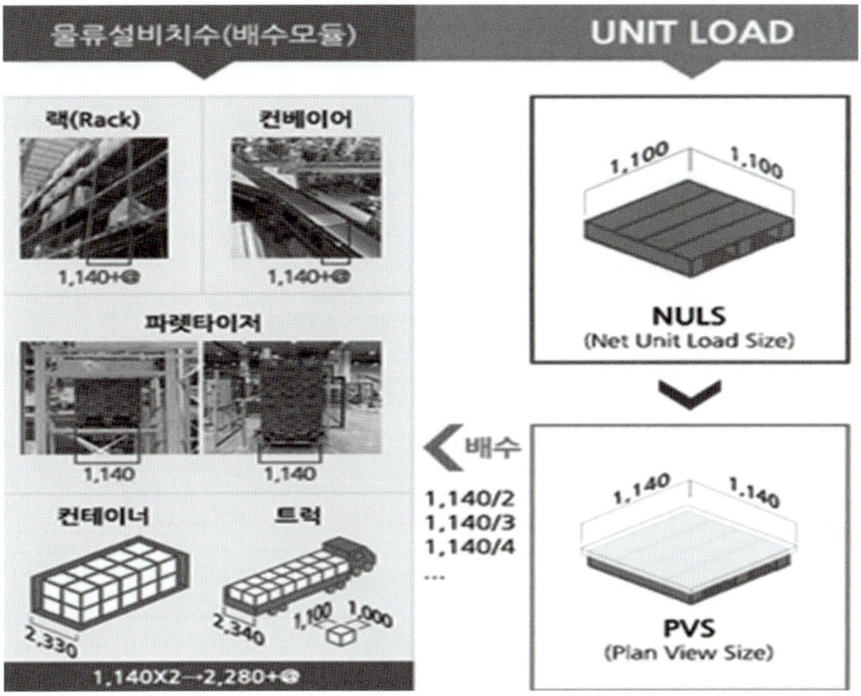

[그림 8-14] 파렛트 적재 방법

[표 8-10] 우리나라 화물차량 적재함 규격

(단위 : mm)

차 종	적재함 길이 (길이×폭)
5 TON	6,250×2,280
8 TON	8,000×2,340
11 TON	9,000×2,340
18 TON	10,100×2,340

종 류 (길이×폭,mm)	파렛트 규격(mm)	적재방식	적재 매수	적재 효율
20ft (5800×2330)	1100×1100	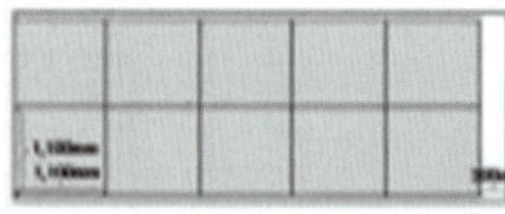	10매	89.5%
	1200×1000	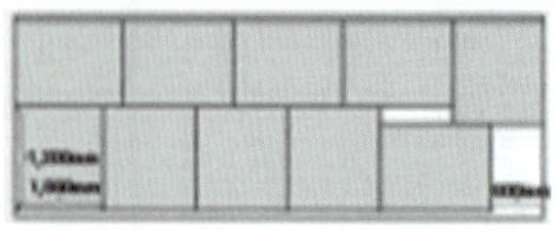	10매	97.6%
40ft (11960×2330)	1100×1100	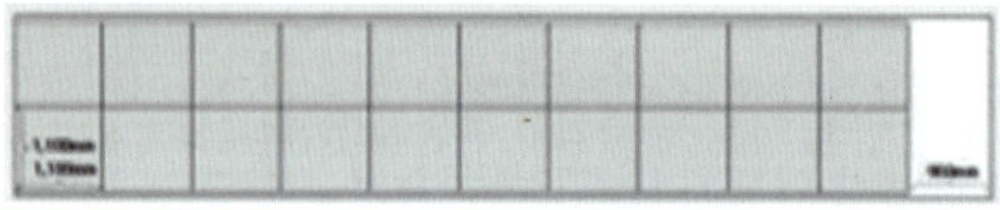	20매	86.8%
	1200×1000	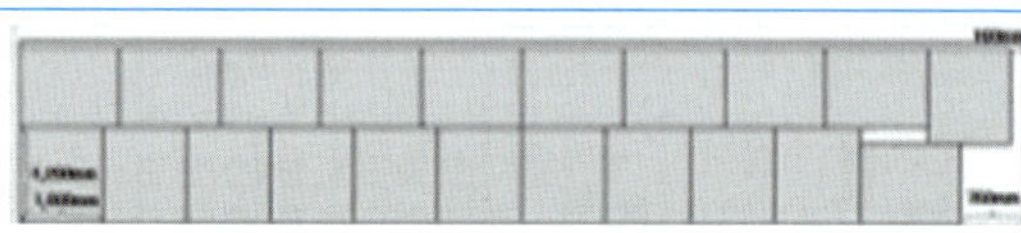	21매	99.4%

종 류 (길이×폭,mm)	파렛트 규격(mm)	적재방식	적재 매수	적재 효율
5톤 (6300×2330)	1100×1100	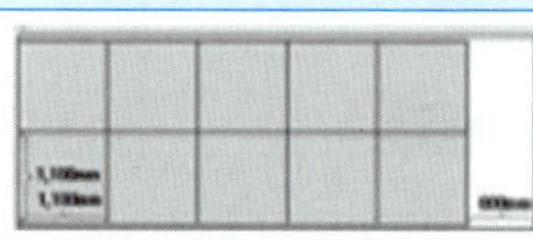	10매	82.4%
	1200×1000	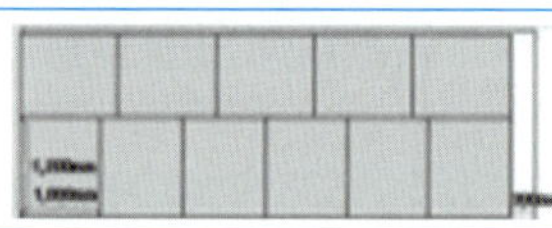	11매	98.9%
11톤 (9800×2350)	1100×1100	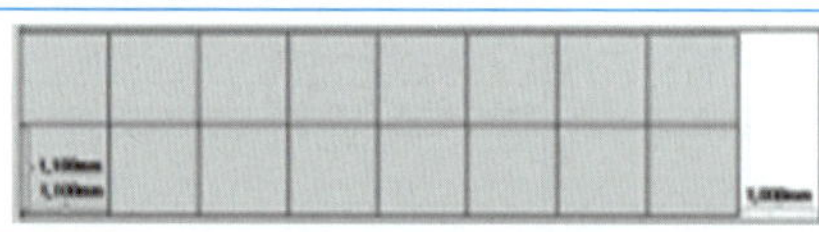	16매	84.1%
	1200×1000	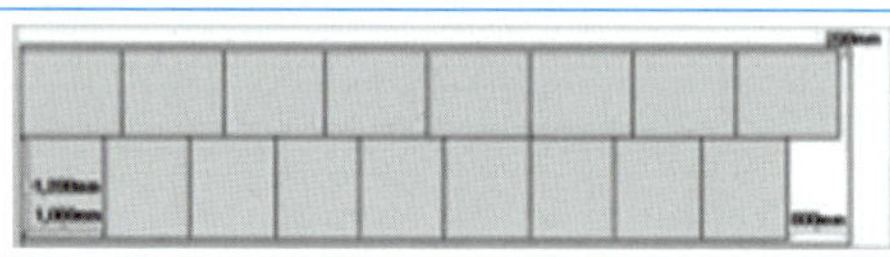	17매	97.4%

[그림 8-15] T-12형 복수규격 제정 이유

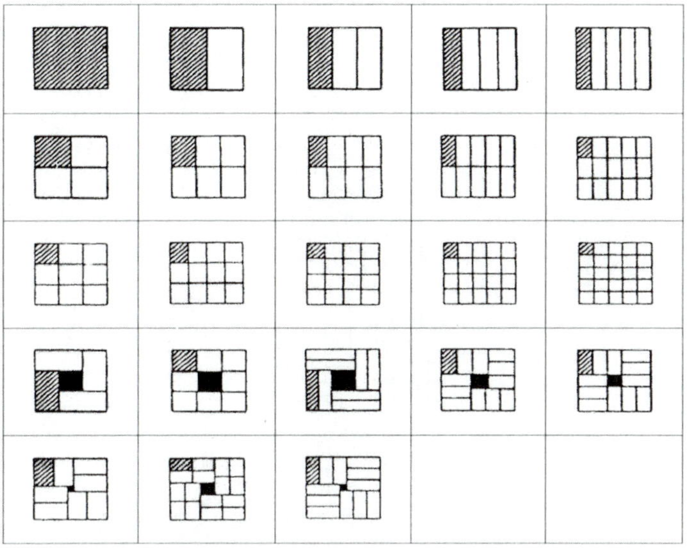

[그림 8-16] 파렛트 적재 방법

대표적인 파렛트 적재방식에는 아래와 같은 방법들이 있다.

1. 블록 쌓기 : 파렛트에 물품을 쌓는 형태의 일종으로, 각 단에 쌓아 올리는 모양과 방향이 모두 같은 방식을 말하며(일명 막대기 적재, 일렬 적재라고도 함), 가장 간단한 방법으로 파렛트에서 갈라지기 쉬워 안정감이 없다.

2. 벽돌 쌓기 : 파렛트에 물품을 쌓는 형태의 일종으로, 1개의 단에서 물품을 가로와 세로로 조합해서 쌓고, 다음 단계에서는 이것을 180도 방향으로 바꾸면서 교대로 겹쳐 쌓는 방식을 말한다. 벽돌을 쌓는 것과 같이 종렬과 횡렬의 조합이고, 직사각형의 파렛트에도 적용이 가능하다.

3. 교호열 쌓기 : 파렛트에 물품을 쌓는 형태의 일종으로, 1개의 단에서는 물품을 모두 같은 방향으로 나란히 정돈하여 쌓고, 다음 단에서는 방향을 90도 바꾸어 교대로 겹쳐 쌓는 방식을 말한다. 짐이 갈라질 염려가 없으며 정사각형 파렛트에만 적용이 가능하다.

4. 핀홀 쌓기 : 파렛트에 물품을 쌓는 형태의 일종으로, 중앙에 공간을 두고 그것을 둘러쌓아 풍차형으로 쌓아 올리는 방식을 말한다. 통상 각 단을 교대로 방향을 바꾸면서 겹쳐 쌓는다. 짐의 갈라짐이 방지되고 정사각형의 파렛트에 적합하다.

5. 스플릿 쌓기 : 파렛트에 물품을 쌓는 형태의 일종이지만, 벽돌 적재의 경우 물품 상호간에 공간이 생기는 것을 말한다.

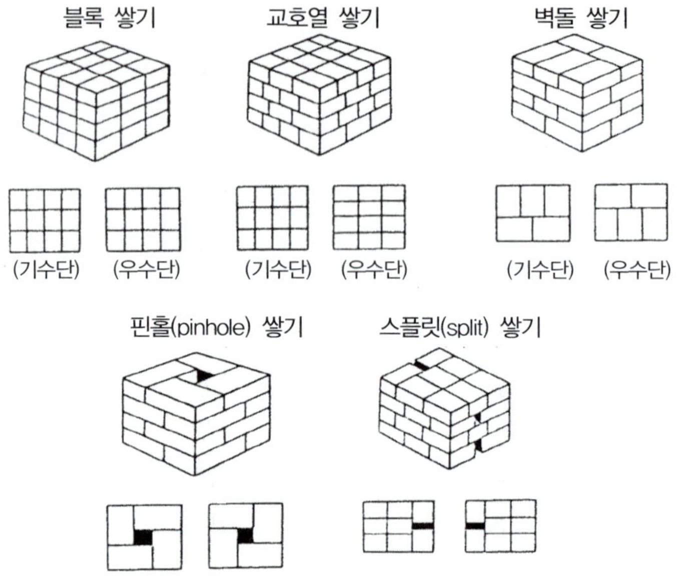

[그림 8-17] 대표적인 파렛트 적재방식

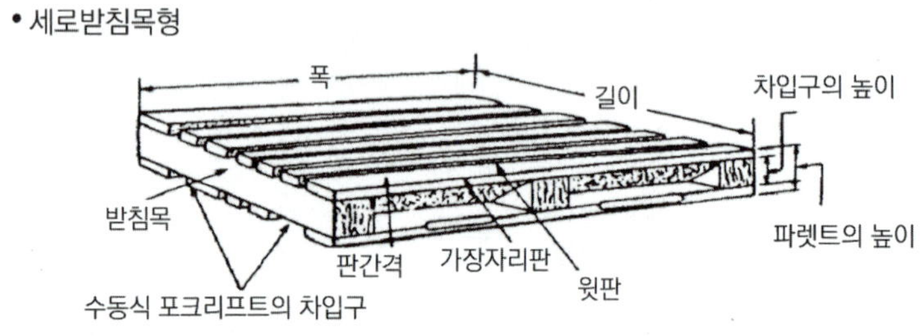

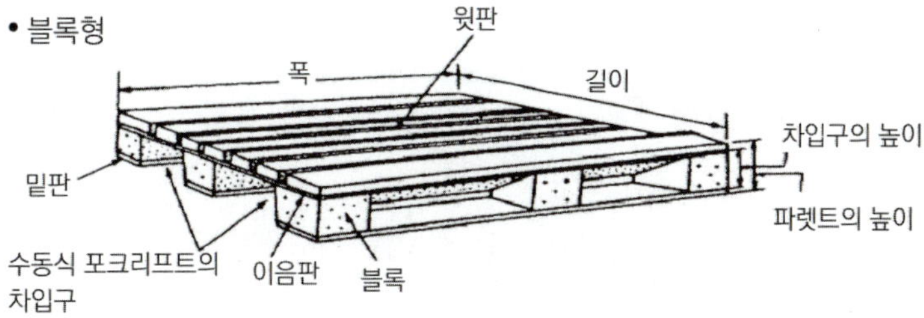

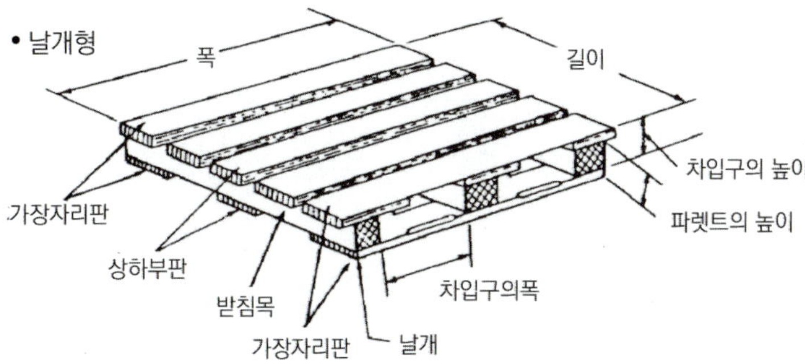

[그림 8-18] 파렛트 주요 부분의 명칭

3. 우리나라 파렛트의 종류

일반적으로 파렛트는 평면 파렛트(flat pallet), 박스 파렛트(box pallet), 포스트 파렛트(post pallet) 등이 있다. 이를 용법에 따라 구분하면 장내용 파렛트(captive pallet), 비장내용 파렛트(non-captive pallet), 1회용 파렛트(expendable pallet), 재사용 파렛트(reusable), 스키드(skid, stillage), 세미 리브 스키드(semi-live skid) 등으로 분류된다.

파렛트의 제작에는 여러 가지 재료가 사용되지만 가장 널리 쓰이는 재료는 활엽수로 된 단단한 목재이다. 그 외에도 강철, 플라스틱, 알루미늄 그리고 다양한 합성재료가 있기 때문에 재질의 결정은 그 비용과 화물의 특성에 맞게 선정되어야 할 것이다.

[표 8-11] 파렛트의 재질별 특징

구 분	특 징
목재	• 플라스틱 파렛트보다 슬링(미끄러짐)현상이 적음 • 재질이 단단하며 복원력이 강함 • 파손 시 즉시 보수가능 • 플라스틱 파렛트에 비해 가격이 저렴하며 경제적임 • 흡습 및 흡수성이 큼
합판	• 처리가공에 따라 난연성・방부성・방충성・배합가능 • 데크보드 1장으로 제작 • 적재나 하역 시 화물손상 방지 • 접착공법이 가능하고 외관이 보기 좋으나 가격이 비쌈
철재	• 강도나 내구성 유지 • 조형의 조립성 • 무겁고 보수곤란 • 하역 시 잘 미끄러짐
알루미늄	• 내충성이나 가공성 겸비 • 가벼우나 가격이 비쌈
종이	• 1회 사용 시 편리 • 가격이나 강도상 문제점 보유
플라스틱	• 목재 파렛트와 비교하여 비교적 가벼움 • 내수성・내약성이 뛰어나며 살균・세척이 가능하여 위생적임 • 치수, 중량이 일정하여 파렛트별 계량가능 • 사용치수의 물성과 특수구조에 의해 냉동창고에서 사용 가능

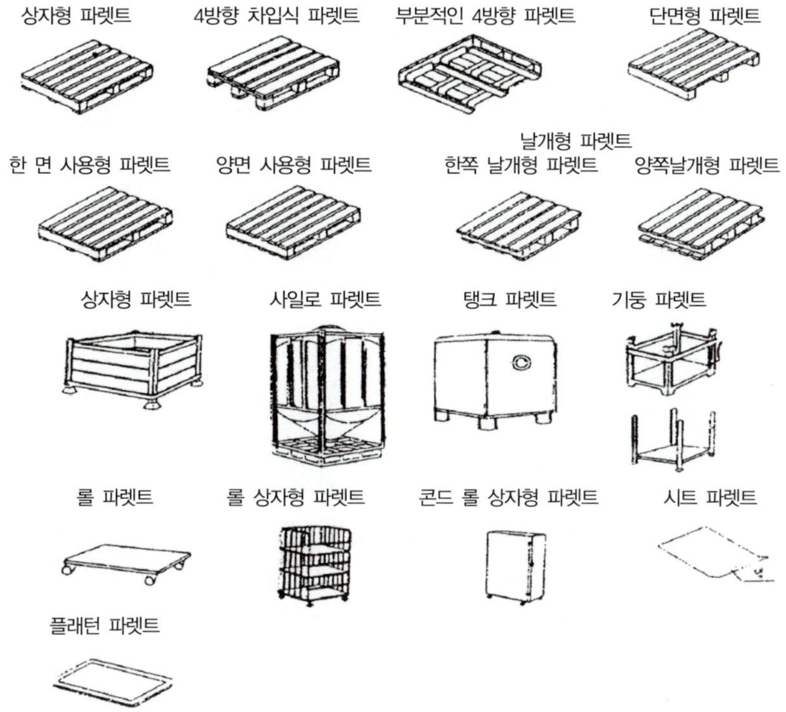

[그림 8-19] 파렛트의 형태

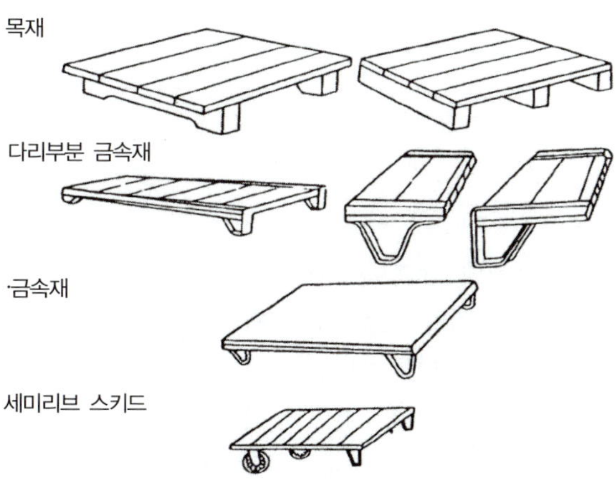

[그림 8-20] 스키드 파렛트

2.3 상품별 유효성의 평가

파렛트의 이용은 운송화물을 단위적재화하는 하나의 수단이므로 전 물류과정을 통하여 그 유효성을 평가할 필요가 있다.

파렛트 이용의 유효성에 대한 평가지표는 다음과 같이 3가지로 구분하여 평가할 수 있는데, 이 방법은 각 방법별로 유효성과 한계가 있기 때문에 모든 업종과 상품에 일괄하여 적용하기에는 어려움이 있으므로 각 화물의 특성에 맞게 사용하여야 한다.

1. 상품특성의 평가

운송화물은 상품의 고유특성, 즉 화물형태, 비중, 로트(lot), 파손성 그리고 동일상품 내에서 제품종류 등에 따라 일관파렛트화의 유효성을 평가하는 방법으로 예를 들면 다음과 같다.

- 화물형태 : 액체 및 미립체는 컨테이너 적재가 효용성이 높고, 1개의 화물모듈이 파렛트 규격에 적합한 형태가 아니면 파렛트 이용의 효과는 낮다.
- 비중 : 단위체적당 중량이 지나치게 높거나 낮으면 파렛트의 유효성은 감소된다.
- 로트 : 하나의 운송단위가 파렛트 적재량과 일치하지 않으면 유효성은 감소된다.
- 파손성 : 파손성이 높아서 기계하역이 곤란한 도자기, 유리제품, 전자전기제품 등은 일관파렛트에 의한 운송의 유효성이 낮다.
- 다품종 소량생산물 : 동일화물이라도 다품종 소량 생산물의 경우 모듈이 상이하면 유효성이 낮다.

2. 운송특성의 평가

운송특성은 화물을 운송하는데 사용되는 운송수단과 결합될 때 평가하는 특성이다. 일반적으로는 파렛트운송의 효율이 가장 높은 운송수단은 트럭과 철도운송이며, 항공운송의 경우는 파렛트 네트(pallet net)나 이글루 네트(igloo net)를 활용할 때 그 유효성이 높아진다.

선박운송에 있어서는 특히 원양화물운송선은 재래선을 제외하고는 컨테이너 전용선에는 파렛트의 적재가 거의 불가능하다(파렛트화물을 컨테이너에 적입 시 가능). 운송 중의 파렛트의 활용은 운송경로 상의 중계자가 많거나 발착지에 파렛트 보관시설이 되어 있는 경우에는 그 유효성이 높지만 그렇지 못할 때에는 유효성이 낮다.

3. 분화특성의 평가

분화특성은 일관파렛트화의 적입 시에 평가하는 특성으로 공장에서 한 화물을 보관지점에서 중간유통업자를 경유하여 소매상에게 운송할 때 첫째, 발송지 공장에서 도착지 소매상까지 한 파렛트 단위로 운송되는 동안 화물의 통합가능성, 둘째, 보관지점 및 중간유통업자단계에서 분화하여 다른 화물과 결합, 새로운 로트로 만들 수 있는가 하는 문제가 바로 분화의 특성이다.

이때 전자의 경우에는 일관파렛트화가 비교적 용이하나, 후자의 경우에는 유통과정에서 화물을 통합하여야 하므로 이 과정에서 화물붕괴의 위험성으로 인하여 일관파렛트 실시에 어려움이 있다.

분화횟수와 화물운송 운영주체 또는 화물소유권자의 추이변화 횟수에 의하여 구성되는 분화특성은 유통과정에서 화물자체의 횟수가 많을수록 파렛트의 이용에 의한 운송을 곤란하게 한다.

이상과 같이 파렛트 이용에는 물품특성별, 운송특성별, 분화특성별로 그 유효성과 한계가 있기 때문에 모든 업종과 물품에 일괄하여 적용할 수는 없다. 일관파렛트화의 진전에서는 물류활동과 관련하여 그 유효성을 점검해보고 물품별로 유효성을 평가하여야 한다.

제 3 절 파렛트 풀 시스템

3.1 파렛트 풀 시스템의 개념

1. 파렛트 풀 시스템의 의의

파렛트 풀 시스템(pallet pool system : PPS)은 파렛트의 규격, 척도 등을 표준화하고 상호교환성이 있도록 한 후, 이를 서로 풀(pool)로 연결하여 사용함으로써 각 기업의 물류합리화를 달성하여 물류비를 절감하려는 제도를 말한다

파렛트 풀 시스템이란 표준화된 파렛트에 의해 여러 화주 물류업자들이 공동으로 파렛트

를 이용하는 제도로서 파렛트를 다량 확보하고 있는 풀 조직이 파렛트에 대한 납품, 회수관리, 수리 등을 담당하는 파렛트 공동이용제도라고도 할 수 있다.

파렛트의 상호교환성을 증가시키기 위해서는 일정 규격의 파렛트를 풀 시스템 제도에서 관리·운용하여야 하며, 풀 시스템 하에서 일관파렛트화의 원활한 추진은 화주나 유통업자의 부담을 경감시키는 데 그 목적이 있다.

우리나라 물류분야를 보면 각 분야별로 기계화나 시스템화를 추구해 오고 있다. 그러나 분야별 발전에는 한계가 있으며, 경제성장이나 화물량의 대폭적인 증가에 부응하기 위해서는 각각의 물류분야를 종합적으로 파악하여 전 분야의 물류합리화를 모색할 필요가 있다. 이를 위한 것이 단위적재시스템이며 단위적재시스템의 핵심이 바로 파렛트 풀 시스템의 구축이다.

일관파렛트화 실현의 어려움은 빈 파렛트의 회수 및 반환이 원만하게 이루어지지 않는 것으로 이 문제를 해결하기 위해서는 파렛트를 표준화하고 통일화하여 상호교환성을 지닌 파렛트의 공용화가 이루어져야 한다.

파렛트 풀 시스템이 가지고 있는 특징은 다음과 같다.

① 전국적으로 폭 넓은 파렛트의 집배망이 갖추어져 있다.

② 표준파렛트를 다량 보유하여 화주에게 파렛트를 대여해 준다.

③ 빈 파렛트의 회수가 용이하다.

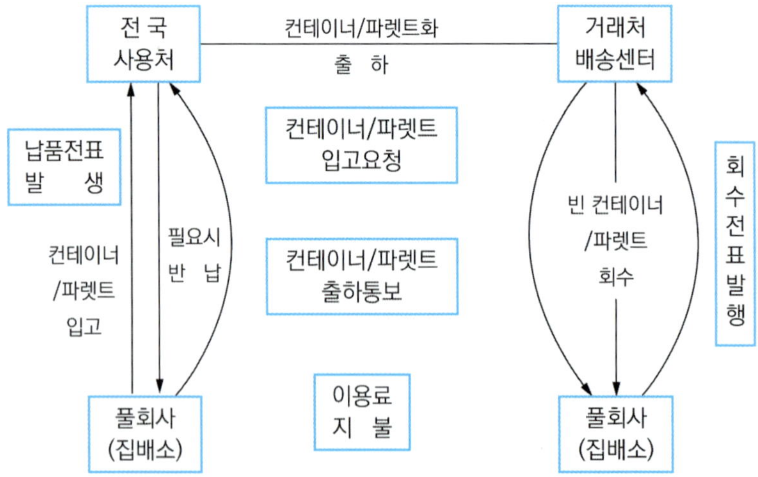

[그림 8-21] 파렛트 풀 시스템의 운영체계

2. 파렛트 풀 시스템 도입의 필요성

경제성장과 더불어 물동량은 증가일로에 있으나 이에 수반되는 운송수단의 능력은 한계를 가지고 있다. 따라서 신기술의 도입과 기계화, 설비투자 등의 촉진을 통하여 화물량의 증가와 물류 인적자원의 부족에 대비함과 동시에 물류비의 절감을 도모하여 물가의 안정에 기여할 필요성이 증대되고 있다.

이를 위하여 운송, 보관, 하역 등의 기계화, 표준화를 발전시키는 단위적재시스템의 구축이 필요하며 이를 위한 전제조건으로 파렛트 풀 시스템의 성립이 필요하다. 이 시스템의 도입에 의하여 화물운송의 단위화가 촉진되고 각 유통단계의 효율화가 가능하게 되어 물류비의 절감을 달성할 수 있다.

파렛트 풀 시스템 도입의 필요성은 다음과 같다.

① 일관 파렛트화의 실현 : 제품생산에서 최종 소비자에 도달할 때까지 파렛트적재를 통하여 일관운송과 취급이 가능하다.

② 지역간 수급불균형 해소와 계절적 수요 대응 : 파렛트 풀 시스템에 가입된 회사간에 파렛트를 공동으로 사용함으로써 지역간 파렛트의 불균형을 해소할 수 있음은 물론 업종간 공동이용으로 성수기와 비수기의 파렛트의 수요변동에 효율적인 대응이 가능하다.

③ 회수관리시스템의 구축 : 집배소를 공동으로 활용할 수 있어 회수에 따른 비용을 절감할 수 있고, 회수관리업무를 일원화할 수 있다.

④ 설비자금의 절감과 사회자본 투자의 낭비제거 : 비수기에 불필요한 파렛트비용을 절감하여 타용도로 전용이 가능하므로 비용이 절감되며, 국가 전체로 볼 때 파렛트 제작비용을 줄일 수 있으므로 사회간접자본에 대한 투자부담이 줄고, 물류기기 및 시설의 규격화와 표준화가 촉진된다.

⑤ 파렛트 관리부담 및 분실위험의 제거 : 파렛트 풀 관리회사에서 일괄 관리함으로써 분실이 줄고 관리의 효율성이 높아진다.

3. 파렛트 풀 시스템의 경제적 효과

경제성장과 동반하여 변화하는 화물의 물동량은 매년 증가일로에 있고 이에 수반하는 운송수단은 신속화, 대형화를 목표로 발전되고 있으나 노동력은 감소하고 그 비용은 증가하고 있다. 따라서 앞으로 신기술의 도입과 기계화, 설비투자 등의 촉진을 통하여 화물량의 증가와 물류인적자원의 부족에 대비함과 동시에 물류비의 절감을 도모하여 물가의 안정에 기여할 필요성이 증대되고 있다.

이를 위하여 운송·보관·하역 등의 기계화, 표준화를 발전시키는 단위적재시스템의 구축이 필요하며 단위적재시스템의 구축에는 그 전제조건으로서 파렛트 풀 시스템의 도입이 필요하다.

파렛트 풀 시스템을 도입함으로써 얻을 수 있는 경제적 효과는 다음과 같다.

① 포장간소화에 따른 포장비의 절감
② 작업능률의 향상
③ 화물파손의 감소
④ 운임 및 하역효율의 향상

파렛트 풀 시스템의 경제적 이점은 ① 파렛트 데포(pallet depot)에 빈 파렛트를 반환하기 때문에 파렛트 회수에 대한 노력이 필요없고, ② 기업의 파렛트 수요에 맞추어 대출하고 불필요시 반환받기 때문에 파렛트 수요의 탄성력이 있으며, ③ 지역적·시기적(계절, 월, 주) 수급파동을 조정할 수 있고, ④ 빈 파렛트의 보관, 처리 등의 문제를 해결할 수 있어 파렛트 관리체제를 크게 개선할 수 있다.

그러나 파렛트 풀 시스템의 도입에는 다음과 같이 몇 가지 한계점이 있다.

① 유통의 폐쇄성과 공공성의 결여
② 유통의 다단계와 물류시설의 미비
③ 상품규격과 파렛트 규격의 불일치
④ 물류기술의 다양화
⑤ 규격화 촉진
⑥ 표준화 촉진

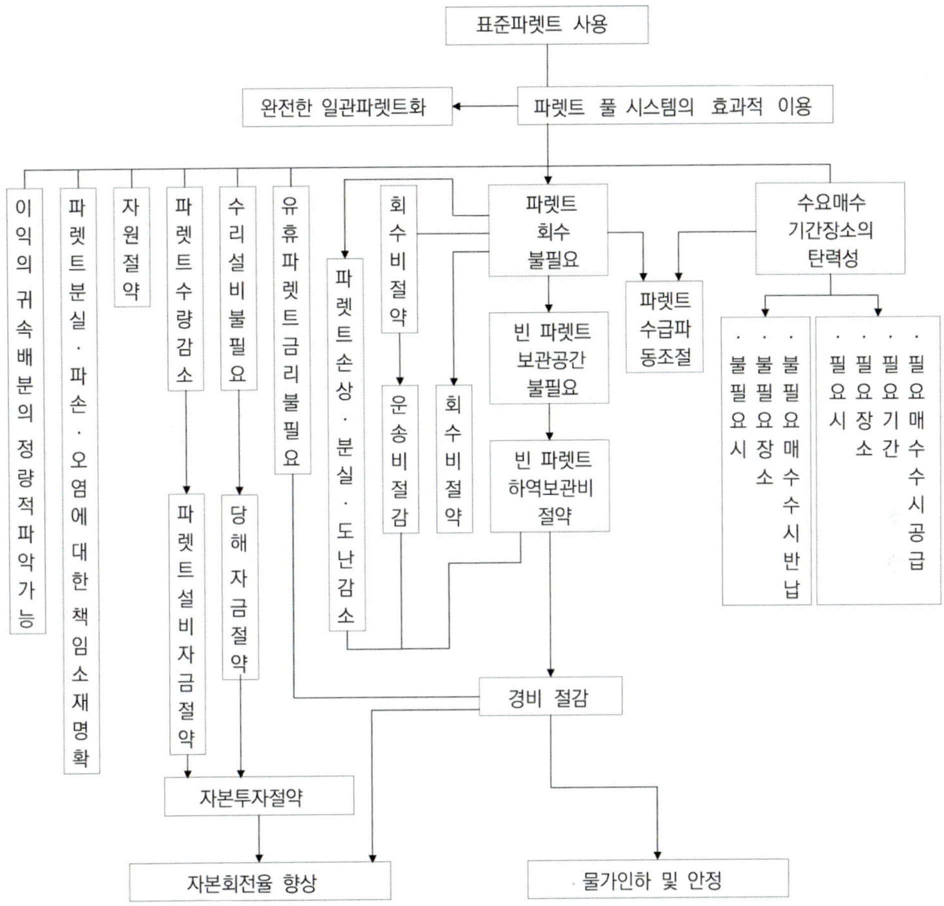

주 : 한 종류의 파렛트만을 사용할 경우 유리한 이유는 다음과 같다.

- 한 종류를 대량생산함으로써 파렛트의 단위비용 절감
- 완전한 교환성 보유
- 포크 리프트, 파렛트 로더 등을 한 종류의 파렛트로 적용 가능

[그림 8-22] 파렛트 풀 시스템 이용의 이점

3.2 파렛트 풀 시스템의 내용

1. 파렛트 풀 시스템의 유형

파렛트 풀 시스템 실시단계의 종류에는 작게는 한 기업 내의 파렛트 풀 시스템에서부터 크게는 국제 파렛트 풀 시스템에 이르기까지 그 범위가 광범위하여 일반적으로 동일기업 간, 계열기업 간, 거래기업 간, 동종업계 간, 이종업계 간, 국가단위, 국제단위로 구분할 수 있다.

파렛트가 유통과정에서 사용되는 범위와 파렛트가 이동하는 공간적 범위의 2가지 측면에서 파렛트 풀 시스템을 분류하면 다음과 같다.

(1) 기업단위 파렛트 풀 시스템

기업단위 파렛트 풀 시스템은 기업이 자사 파렛트를 파렛트 대여 전문회사로부터 일괄차입하여 자사거래처의 유통단계까지 독점적으로 이용하며 그 거점은 당해 기업의 공장 및 창고가 된다. 이 형태는 파렛트가 한 기업에 의하여 독점적으로 운용됨으로써 반송파렛트의 유효 이용이 어렵고, 생산활동에 따라서는 파렛트의 정체 및 유휴를 감소시키는 데 어려움이 있다.

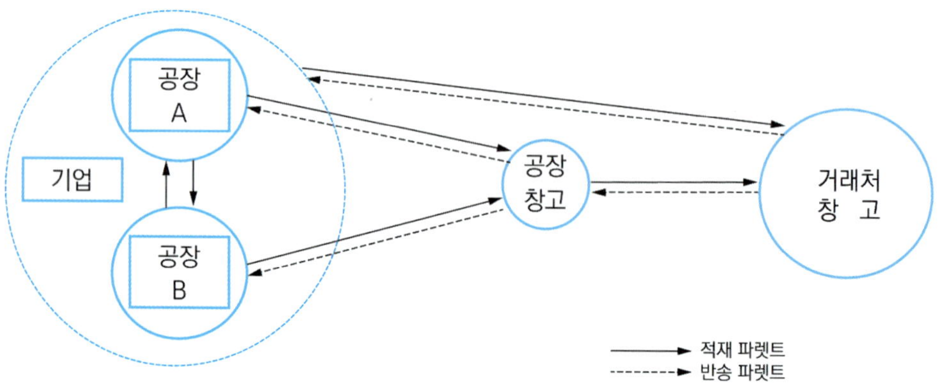

[그림 8-23] 기업단위 PPS의 거점 간 파렛트 이동 형태

(2) 업계단위 파렛트 풀 시스템

일반적으로 파렛트 풀 시스템의 운영은 하나의 업계 및 하나의 기업그룹을 단위로 실시되는 것이 보통이나, 업계단위의 파렛트 풀 시스템은 각 기업이 각각의 파렛트를 소유하되 업계가 일정한 규율 하에 공동으로 이용하는 형태로서 파렛트 적재화물은 기업 간 공동 유통창고를 통하여 최종 소비단계까지 확대하여 이용하는 방법이다.

이 형태는 파렛트의 이용효율면에서 볼 때 기업단위의 파렛트 풀 시스템과 큰 차이가 없으나, 반송면에서 이점이 있다. 또한 업계 공통의 파렛트 풀로 하는 비율이 높아진다면 파렛트 자체의 효율적 운용도 가능해진다.

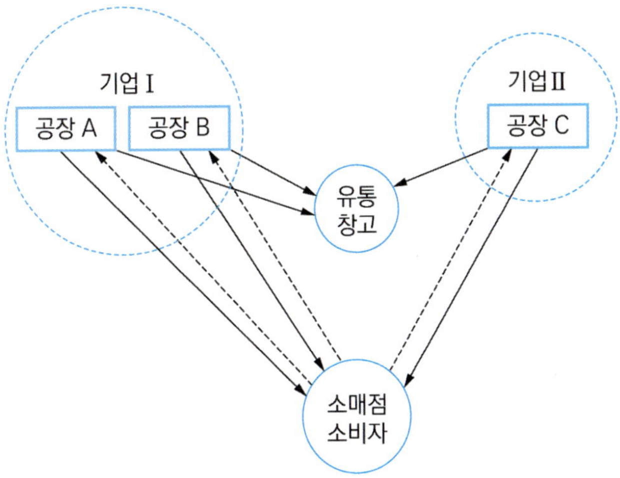

[그림 8-24] 업계단위 PPS의 거점 간 파렛트 이동형태

(3) 개방적 파렛트 풀 시스템

파렛트 풀 시스템의 가장 이상적인 형태로 제3자가 소유하는 파렛트를 복수사업소에서 공동으로 이용하여 파렛트의 유통범위를 극대화시키는 방법이다. 이 형태는 각 기업의 수요변동에서 야기되는 일시적인 유휴파렛트를 감소시키며, 일관파렛트운송의 확대를 가져오고, 빈 파렛트의 회송효율을 높여 이동효율이 제고된다.

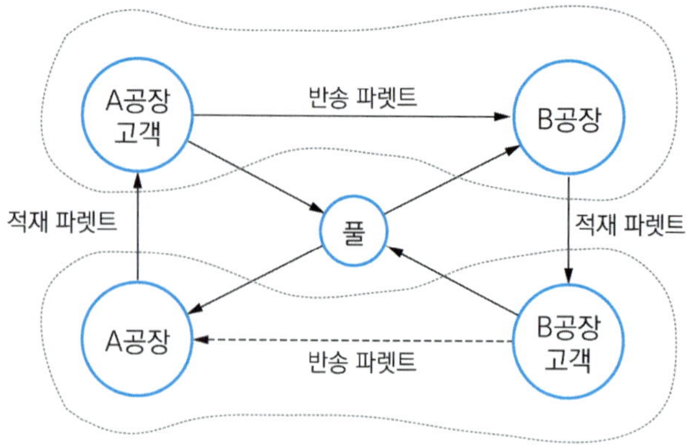

[그림 8-25] 개방적 PPS의 거점 간 파렛트 이동형태

2. 파렛트 풀 시스템의 운영방식

파렛트 풀 시스템의 운영방식은 교환방식(서구방식), 리스・렌탈방식(호주방식), 교환・리스 병용방식, 대차결제방식의 4가지로 분류할 수 있으며 그 중에서 교환방식, 리스・렌탈방식이 가장 많이 이용되고 있다.

(1) 교환방식(서구방식)

교환방식의 파렛트 풀 시스템은 철도시스템이 잘 발전되어 있는 유럽에서 국유철도를 중심으로 실시되는 방식이다. 송화인이 국유철도에 화물을 파렛트에 적재한 상태로 탁송하면 이와 교환으로 발송역 국유철도에서 같은 수의 빈 파렛트를 지급받게 되며, 수화인측에서는 도착역에서 인수한 같은 수의 빈 파렛트를 국유철도 측에 인도하는 시스템이다.

같은 수의 파렛트를 적시에 교환하기 위해서는 파렛트의 품질, 척도, 규격의 표준화가 필요하며 전국적 및 구체적으로 파렛트의 규격이 통일되어야 한다.

교환방식은 운송업자가 파렛트의 교환에 참여하고 있기 때문에 운송업자의 적극적인 협력이 필요하나 송화인에서 수화인까지의 운송과정에서 복수운송업자 또는 운송수단의 이용이 복잡할 경우 운송과정에서의 파렛트의 교환이 원활하지 못하다는 점과 파렛트의 적재율이 저조하고 예비 파렛트를 보유하여야 하는 필요성으로 인해 추가적인 비용이 소요되는 단점이 있다.

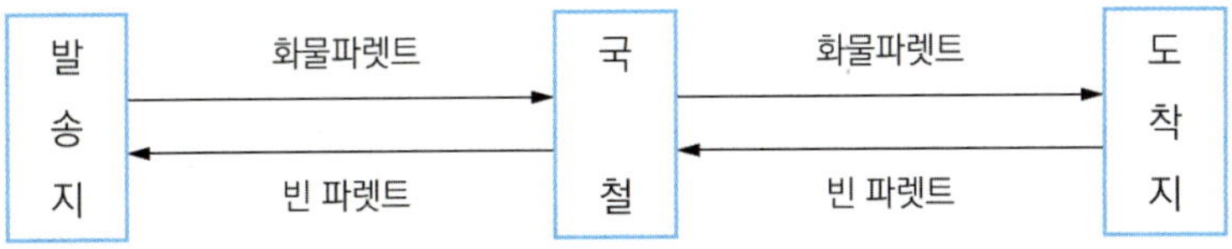

주 : 교환방식이 사용되는 파렛트의 규격은 1,200mm × 800mm이며, 파렛트의 「EUR」이라는 각인이 표시되어 있다.

[그림 8-26] 교환방식

(2) 리스 · 렌탈방식(호주방식)

리스 · 렌탈(lease & rental)방식은 오스트레일리아에서 시작하여 미국, 캐나다, 일본 등지에서 도입한 제도로서 특히 오스트레일리아의 Brambles industries, Ltd의 CHEP (Common-wealth Handling Equipment Pool) 부문이 실시하고 있는 파렛트 풀 시스템이 대표적인 방법으로 개별기업에서 각기 파렛트를 보유하지 않고 파렛트 풀회사에서 일정 규격의 파렛트를 필요에 따라 임대하여 사용하는 방식이다.

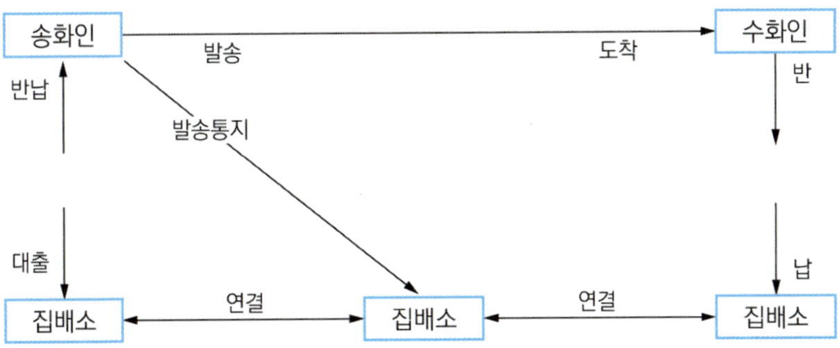

주 : 현재 일본의 NPP(주)에서 이 방법을 도입 실시 중이다.

[그림 8-27] 리스 · 렌탈방식

리스·렌탈방식은 파렛트 이용의 성수기가 서로 상이한 기업 간의 수급파동을 조정할 수 있으며, 원칙적으로 파렛트에 매수를 최소화하여 운영할 수 있는 장점이 있다.

그러나 화주의 편재나 발착화물량의 불균형 등에 의해 파렛트의 체류지역이 발생하고 렌탈회사가 상시 파렛트기지로 배송해 주어야 하며, 운영면에 있어서도 파렛트의 인도, 반환 등의 전표처리나 렌탈계산 등 사무처리가 복잡하다는 단점이 있다.

(3) 교환 · 리스병용방식

교환·리스병용방식은 전술한 교환방식과 리스·렌탈방식의 단점을 보완한 방식으로 화주가 A지점으로부터 B지점으로 화물을 운송하는 경우, 송화인, 수화인, 운송회사는 각각 가까운 대여회사의 파렛트 데포에서 필요한 양의 파렛트를 렌탈하여 송화인은 파렛트에 화물을 적재하여 A지점에서 운송회사의 빈 파렛트와 교환하고, 운송회사는 이를 B지점까지 운송한 후 수화인이 렌탈한 빈 파렛트와 교환하여 화물을 인도하는 방식이다. 이때 송화인, 수화인, 운송회사는 빈 파렛트가 회수되는 시점에서 가장 가까운 파렛트 데포에 반환함으로써 대차관계를 정리하게 된다.

교환·리스병용방식은 1975년 영국의 파렛트 풀 회사인 GKN-CHEP사이에서 국내의 파렛트 풀의 설정을 위하여 개발한 방식으로 교환방식과 리스·렌탈방식보다는 편리하나 운송회사에게 파렛트를 임대하여 반환하여야 한다는 책임이 추가되므로 실질적인 면에서 대여파렛트와 교환파렛트의 양자를 관리하여야 되기 때문에 운영상의 어려움이 많아 활성화되지 못하고 있다.

(4) 대차결제방식

대차결제방식은 교환방식의 단점을 보완하기 위하여 1968년 스웨덴의 파렛트 풀 회사에서 개발한 제도로 국유철도역에서 파렛트를 즉시 교환할 필요는 없고 단지 일정기간 내(파렛트 화물이 도착한 날로부터 3일 이내)에 반환하면 되며 소정일수를 초과한 반환과 분실은 정해진 변상금을 지불하게 되어 있다. 파렛트의 회수를 확실히 보장하기 위해서는 그 책임의 소재를 명확히 해야만 교환방식의 결점을 보완할 수 있다.

3. 파렛트 풀 시스템의 이용조건

민간기업이 파렛트 풀 시스템을 이용할 경우에는 자사 보유 파렛트를 사용하는 것보다 이점이 있어야 하며, 사회적 관점에서도 파렛트 풀 시스템에 의한 자원 절약, 에너지 절약 등의 평가가 우선되어야 한다. 그리고 실제적으로 기업의 자사 파렛트를 폐기하고 파렛트 풀 시스템을 도입하기 위해서는 기업경영상의 이윤에 공헌할 필요성이 있다.

우리나라의 일부 기업에서는 파렛트의 운용을 공장 내나 터미널 등으로 한정시키고 있는 경향이 있다. 즉, 구내운송이나 보관 또는 동일기업 내에서 공장이나 창고 간 운송에만 파렛트를 이용하고 있는 경우가 많다. 이같이 파렛트의 이용범위가 일개기업이나 기업계열 내에 한정되는 경우에는 파렛트의 회수나 수리는 비교적 용이하고 또한 자사파렛트의 경우는 탄력적 운용이 가능하다.

이러한 폐쇄적 파렛트 이용에 한정되어 있는 회사가 외부의 파렛트 풀 시스템을 이용할 경우에는 일시적으로 파렛트 구입에 거액의 투자가 필요하며 자금운용에 지장을 초래할 우려가 있다. 따라서 파렛트 풀 시스템을 이용한 파렛트 임대에 의하여 물류비를 절약할 필요가 있다. 우리나라에서 현재 자사보유 파렛트만을 사용할 경우 필요 매수의 2배 이상의 파렛트가 소요되며, 파렛트 풀을 이용하면 전체 소요경비의 1/3 정도만으로도 동일한 효과를 얻을 수 있다는 통계가 있다.

우리나라의 파렛트 풀 시스템은 유럽철도망에서 공동이용하고 있는 교환방식보다는 호주의 CHEP(Commonwealth Handling Equipment Pool) 방식을 채택하고 있다. 국내에는 1985년 10월 유일, 용마유통, 유동기업 등 물류 및 파렛트 관련 업체 10개사와 일본의 일본파렛트랜탈(주)이 공동출자한 한국파렛트풀(주)(KPP : Korea Pallet Pool)이 운영되고 있으며, 동 회사는 2014년 기준 KS규격 표준파렛트 T-11형(KSA 2155) 약 1,200만매를 확보하고 8만여개의 기업에 파렛트를 제공하고 있다.

2000년대에는 AJ네트웍스가 파렛트대여업계의 경쟁자로 등장하였고 2016년 900억대의 매출을 기록하였다. 한편 한국파렛트풀(주)은 국내 파렛트 풀 시스템과 함께 일본의 일본파렛트렌탈(Japan Pallet Rental : JPP) 및 대만의 대만파렛트렌탈(Taiwan Pallet Rental : TPR)과 공동으로 아시아 파렛트 풀(Asia Pallet Pool : APP)을 결성하여 3개국 간에 국제 파렛트 풀 시스템을 운영하고 있다.

3.3 파렛트 풀 시스템의 도입과 추진방향

1. 파렛트 풀 시스템 도입 단계

파렛트 풀 시스템은 단일종류의 파렛트 규격을 생산 이용함으로써 대량생산을 가능하게 하여 파렛트의 단위당 생산비용을 낮추고 완전한 교환성을 갖게 하며, 포크 리프트나 파렛트 로더 등의 하역기기사용을 효율화시킬 수 있다. 이러한 파렛트 풀 시스템을 도입하기 위해서는 다음과 같은 몇 가지 단계를 거쳐야 한다.

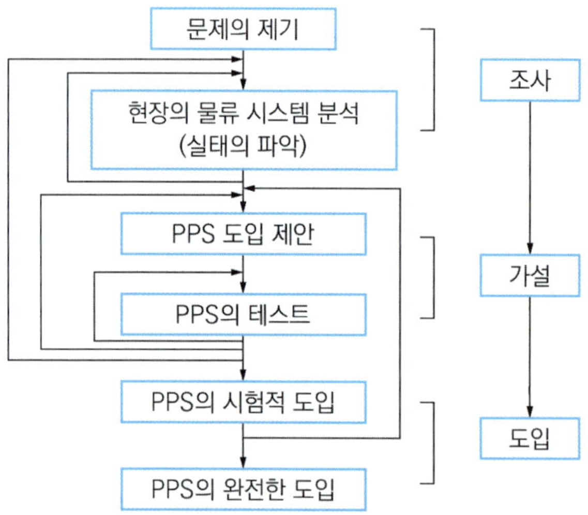

[그림 8-28] 파렛트 풀 시스템의 도입절차

2. 파렛트 풀 시스템 도입 과제

파렛트 풀 시스템을 도입하기 위해서는 상품의 특성이나 유통기구의 구조를 감안하여 이에 대응한 형태의 파렛트 풀 시스템을 채택하여야 하며 이를 구체적으로 열거하면 ① 파렛트 풀 시스템 이용의 주체가 되는 도매단지, 배송센터 등의 거점을 조성하여야 하며, ② 이미

일관파렛트화를 실시하고 있는 업종에 있어서는 이것을 육성하고 동시에 연결이 가능한 업종과의 연계를 도모하고(pair system의 구축), ③ 현재 일부에서 사용하고 있는 렌탈방법 이외에 교환방법 등 생산회사나 유통거점의 특질에 맞는 파렛트 풀 시스템 방식을 적용할 필요성이 있다.

현재 우리나라에서는 파렛트 풀 시스템의 일원적 보급이 불가능하며 유통기구의 정비, 도매업자의 체질강화 및 공동화 등이 그 전제조건으로서 적극적으로 추진되어야 할 것이다.

3. 파렛트 풀 시스템 추진 방향

우리나라는 현재 부분적 파렛트 풀 시스템을 적용하고 있으므로 물류의 효율화를 기대하기 어려운 상황이나 이를 개선하기 위해서는 전 업계가 일률적으로 적용할 수 있는 파렛트 풀 시스템을 구축하여야 한다.

현실적으로 추진할 수 있는 방법으로는 기업단위에서 실시하고 있는 파렛트 운송을 업계단위로 추진하는 방법과 업계단위로 통합이 어려운 분야는 파렛트전문회사를 주체로 한 개방적 파렛트 풀 시스템으로 전개하는 2가지 방법이 있다.

(1) 업계단위로 파렛트 풀 시스템 추진 방법

업계의 주요 기업이 공통적인 조직을 만들어 이것을 파렛트 풀 시스템의 핵으로 하여 협력하는 방법으로 업계에서 사용하는 파렛트 규격이 통일되어 있어야 하며, 각 사의 유통과정이 유통단계에서 교차되도록 하여야 한다.

업계단위로 파렛트 풀 시스템을 추진하는 단계로는 제1단계에서 각 기업의 파렛트회수, 반송의 대행업무를 실시하는 기구를 설치하며, 제2단계에서는 각 기업소유 파렛트의 수를 줄이며, 제3단계에서는 각 업계의 파렛트 풀 기구를 통합할 때까지 파렛트전문회사를 흡수하여 운영한다.

(2) 개방적 파렛트 풀 시스템 추진 방법

파렛트 풀 시스템을 개방적으로 유도하기 위해서는 먼저 송화인과 수화인의 수용태세를 정비하고 복잡한 유통과정을 단순화한 후, 파렛트의 발송과 회송을 위한 체제를 구축하고, 파렛트의 사용자 및 파렛트가 유통되는 데포와 도착지에서 빈 파렛트의 체화상황을 정확히 파악할 수 있는 정보 그리고 이를 운영하기 위한 시스템의 확립이 우선되어야 한다.

그리고 정부 및 관련업계에서는 표준파렛트에 의한 일관파렛트화를 실시할 수 있도록 최선의 노력을 기울여야 할 것이다. 이를 위해서 정부는 표준파렛트에 대한 각종 제도[15)]를 정비하여 실시하고, 파렛트의 모듈화를 위해 효과적인 파렛트의 적재방법과 화물붕괴방지법 등의 기술개발을 추진하고, 각 기업 및 물류업자가 표준파렛트를 기준으로 한 물류근대화의 투자를 확대하여 사회적으로도 그 필요성을 증대시켜나가야 할 것이다.

15) 예를 들면 표준파렛트화물에 대한 운임, 요금의 우대조치, 조세감면, 장려금제도의 실시 등을 열거할 수 있다.

Chapter 9

컨테이너운송물류

9 컨테이너운송물류

제1절 컨테이너운송의 개념

1.1 컨테이너화의 의의

1. 컨테이너의 정의

컨테이너(container)는 화물의 단위화(unitization)를 목적으로 하는 운송도구로서 육・해・공을 통한 화물운송에 있어 경제성, 신속성, 안전성의 이점을 갖고 물적유통 부문의 운송・보관・포장・하역 등의 전 과정을 가장 합리적으로 일관운송할 수 있는 혁신적인 운송용구이다.

이러한 컨테이너의 정의에 대해서 국제표준화기구(ISO : International Orgainzation for Standardization)[1)]는 "컨테이너란 다음 조건을 만족하는 운송설비의 용구를 말한다"라고 규정하고 있다.

- 내구성을 지니고 반복사용에 적합한 충분한 강도를 지닐 것
- 운송도중 내용화물의 이적 없이 하나 또는 그 이상의 운송형태에 의해 화물의 운송을 용이하도록 설계
- 운송형태의 전환 시 신속한 취급이 가능한 자치구비
- 화물의 적입과 적출이 용이하도록 설계

1) 국제표준화기구는 1947년에 설립되어 물자 및 서비스의 국제적 교환을 용이하게 하고 지적・과학적・기술적・경제적 활동분야에 있어 각국 상호간의 협력을 발전시키기 위해 세계의 표준화발전을 추구하는 국제기구로서 ISO 규격 및 ISO 추천규격을 제정, 각국에 권고하고 있다.

• 내용적이 1입방미터(35.3ft3) 이상일 것

한편 우리나라의 관세청 고시 제2014-101호, 2015-11-10, 일부개정 [컨테이너관리에 관한 고시]-제2조(정의)에 의하면 "컨테이너"란 일종의 운송기기(리프트 반(lift van), 가반탱크(可搬탱크, movable tank) 또는 그 밖에 유사한 구조)로서 다음 각 목의 요건을 충족하는 것을 말한다.

가. 물품을 보관하기에 용이하도록 격실을 형성하고 있을 것
나. 항구적으로 반복하여 사용할 수 있도록 견고할 것
다. 운송 도중에 재적재하지 않고 하나 또는 그 이상의 운송수단으로 물품의 수송이 용이하도록 설계될 것
라. 운송수단 간 환적이 용이하도록 설계될 것
마. 물품의 적출입이 용이하도록 설계될 것
바. 1㎥ 이상의 내부용적을 가지고 있을 것
사. 「1972년 컨테이너에 관한 관세협약」(이하 "컨테이너협약"이라 한다) 부속서 4에 제시된 컨테이너의 기술적 조건을 충족할 것

2. 컨테이너화의 의의와 목적

(1) 컨테이너화의 의의

운송의 컨테이너화란 컨테이너라고 하는 일정한 용기에 미리 화물을 적입하여 운송하는 단위적재시스템(unit load system)[2]의 일종으로 송화인으로부터 최종수화인까지 컨테이너로써 화물을 운송하기 위해 물류의 전 구성요소를 결합하는 것을 말한다.

이러한 컨테이너화는 하역과 포장과정에서 기계화, 자동차화를 가능하게 하고 대형운송기관에 정형화된 화물을 대량으로 적재·운송할 수 있도록 함으로써 규모의 경제 실현을 가능하게 한다. 또한 운송과 관련되는 전 과정을 유기적으로 결합시킴으로써 육·해·공 일관운송체제를 가능하게 한다.

2) 운송기술의 한 형태로 화물을 하역 및 운송에 적합한 단위로 조작하여 하역·운송·보관을 기계화하는 방식으로 대표적인 방법으로 파렛트를 이용하는 방법과 컨테이너를 이용하는 방법이 있다.

[표 9-1] 컨테이너화의 계기와 영향

컨테이너화의 계기	컨테이너화의 영향
• 화물단위화의 필요성에 의한 단위적재시스템화 • 하역시간 단축에 의한 선박 운항회전율 제고 • 재래선운송의 선적 및 하역상 비능률성의 개선을 통한 항만경비 압박 해소 • 대량생산과 대량소비를 직결시키는 유통구조 혁신으로 산업구조의 고도화	• 정기선사의 컨테이너 운송방식 도입을 위한 투자확산으로 교통자본의 합리화, 극대화 • 정기선 화물의 육·해·공에 걸친 일관운송실현 • 하역형태의 기술적 변화 • 정기선 해운의 경영형태 변화 • 정기선 해운시장의 경쟁질서 변화 • 해운관계 법체제의 변화

(2) 컨테이너화의 목적

컨테이너화의 목적은 총 물류비를 최소화하는 데 있다. 송화인의 문전에서 수화인의 문전까지 컨테이너에 적입된 내용물을 운송과정에서 운송수단의 전환에도 불구하고 재적입이나 적출없이 운송함으로써 이에 따른 경제적 이익을 얻을 수 있고 따라서 컨테이너에 의한 이상적인 복합운송이 달성될 수 있다.

오늘날 대부분의 국가에서는 이러한 이점으로 인하여 컨테이너를 도입하여 사용하고 있으며 우리나라에서도 1970년대부터 이 방식을 도입하고 있다.

(3) 컨테이너 운송의 특징

① 수송비, 포장비 및 하역비를 절감할 수 있다.

② 장비사용의 효율성 및 노동생산성을 향상시킨다.

③ 항구적인 성질을 가지며 반복 사용에 적합한 강도를 가지고 있다.

④ 컨테이너 규격에 맞는 화물만 취급이 가능하다.

⑤ 환적이 용이한 구조를 가지고 있다.

3. 컨테이너운송의 장·단점

(1) 컨테이너운송의 장점

컨테이너 운송은 대량운송과 기계화 및 자동화를 가능하게 함으로써 운송의 3대 원칙인 경제성, 안전성, 신속성을 가져오는 장점이 있다.

1) 경제성

컨테이너의 가장 큰 경제적 효과는 비용절감을 통한 경제성이다. 컨테이너는 하역장비의 기계화에 의한 시간과 비용의 대폭적인 절감과 함께 생산자의 창고에서부터 수화주의 목적지까지 일관운송을 가능하게 한다. 또한 컨테이너 자체가 보관창고 역할을 하므로 이에 따른 보관비의 절감은 물론 컨테이너 자체가 화물의 포장역할을 가능하게 하여 파손, 변질, 손실, 누수, 도난 및 기타 요인으로부터 내용물을 보호할 수 있어 개별포장과 보호장치에 필요한 비용을 절감할 수 있다.

2) 안전성

컨테이너운송은 재래식 운송보다 높은 안전성을 보인다. 컨테이너는 그 자체가 견고하게 제작되고 화물을 보호하는 소창고와 같은 역할을 수행하므로 하역, 운송, 보관과정에서 높은 안전성을 부여한다.

3) 신속성

컨테이너운송은 하역과정이 기계화, 자동화되어 절차가 단순화됨으로써 재래식 하역과정에 비해 시간이 단축될 뿐만 아니라 운송기관의 대형화로 대량화물을 일시에 신속하게 운송할 수 있다.

(2) 컨테이너운송의 단점

컨테이너운송은 재래선에 비하여 여러 장점이 있으나 다음과 같은 단점도 있다.

1) 대규모 자본의 소요

컨테이너전용선은 재래선에 비하여 고가일 뿐 아니라 각종 하역기와 운반장비의 구비에 막대한 자본이 필요하다. 더욱이 이를 운용하기 위해서는 대단위 컨테이너부두의 건설과 내륙운송장비의 확충, 컨테이너터미널의 설치 및 철도와 육로의 연결 등이 필요하다.

2) 운항관리와 경영에 고도의 전문적 지식과 기술 필요

컨테이너선의 운항에는 적재와 하역시 각종 기기의 활용, 짧은 시간내 터미널내에서의 보관과 적재가 이루어져야 하는 등 운항관리가 복잡하다. 이를 위해서는 컴퓨터화가 불가피하고 이를 활용하는 데 따른 전문적인 지식과 기술이 요구된다.

3) 컨테이너화물의 제한

컨테이너선에는 일부 특수화물의 경우 특수 컨테이너의 개발로 어느 정도까지는 취급이 가능하나 근본적으로 중량, 장척화물, 산적화물은 취급할 수 없는 단점이 있다.

4) 컨테이너 운송체제의 운용제한

컨테이너선박은 컨테이너하역시설이 갖추어져 있지 않은 항구에서는 작업이 불가능하다. 그것은 컨테이너선 자체에 적재와 하역장비를 가지고 있지 않고 있어 갠트리 크레인(gantry crane)[3]이 설치되어 있는 부두에서만 작업이 이루어질 수 있다.

5) 컨테이너 회수문제

왕복항 간 불균형으로 컨테이너선의 경우 공 컨테이너 회수문제가 발생한다. 국내 대형 화주들이 컨테이너의 장기보유를 확대함으로써 컨테이너의 회수기간이 보통 10일 정도에서 1개월 이상으로 장기화 되어가고 있다. 이러한 컨테이너 보유의 장기화는 컨테이너 수급의 효율성을 저하시키는 주요 요인이다.

1.2 컨테이너운송체제의 발전

컨테이너운송에 대한 최초의 발상은 1801년 영국인 제임스 앤더슨(James Anders)에 의해서 시작되었다. 이러한 컨테이너운송에 대한 발상의 실현은 1920년대 미국의 철도화물운송에 컨테이너가 처음으로 등장하였으며, 해상운송에서는 제2차 세계대전 중 미군이 군수물자의 운송에 사용하였다. 각종 운송수단에의 적응성과 호환성을 갖춘 컨테이너를 최초로 개발한 곳은 미국의 New York Central철도로 1921년에 이르러 처음 컨테이너서비스를 개시하였다.

컨테이너를 본격적으로 사용하게 된 것은 제2차 세계대전 중 미 육군이 CONNEX 전략계획에 의거 군의 전략적 기동력을 강화하기 위하여 군수물자수송에 처음 운송을 실용화하면서 부터이다. 그 후 제2차 세계대전 후에는 RO-RO선을 개발하여 미군의 보급품 운송에 활용하게 되었다.

해상운송에 있어 컨테이너화는 1956년 미국의 Mclean Industries사에 의하여 연안해상 컨테이너운송이 시작된 데 이어 1957년 최초의 풀 컨테이너 구조선 Gate City호가 취항하였다. 이후 컨테이너선박의 항로진출은 1966년에 미국의 Sea Land사가 북대서양항로에 처음 풀 컨테이너선을 투입함으로써 재래항로의 컨테이너화가 본격적으로 개시되었다.

우리나라에서의 컨테이너운송은 1969년 United States Line사가 미군화물을 컨테이너를 사용하여 운송하면서 시작된 이래 1970년 3월 미국 Sea Land사의 컨테이너선인 Pittsburgh

3) 컨테이너를 적재 또는 하역하기 위하여 설계된 안벽용 교형(橋型) 크레인으로 보통 전동식으로 부두에 설치되어 전후방으로 레일위로 이동하며 시간당 30개 정도 처리되고 있다.

호가 부산항에 입항함으로써 본격화되었다. 우리나라 화물에 대하여 컨테이너서비스가 시작된 것은 1970년 10월 미국 United States Lind사의 American Mini호가 부산-고베항을 취항하면서부터이다. 우리나라 최초의 컨테이너 운용선은 1972년 한일항로를 운항한 컨테이너 피더선인 인왕호(仁王號)이지만 컨테이너전용선은 1975년 북미항로를 운항한 Korea Wonis One호가 최초이다.

한편 컨테이너정기선의 세계일주서비스(worldwide service)는 1984년 7월 대만 Ever Green Line사에 시작된 이래 오늘날에는 대다수의 선박회사가 서비스를 하고 있다.

컨테이너운송체제의 발전과정을 연도별로 살펴보면 다음과 같다.

[표 9-2] 컨테이너운송의 발전과정

구 분	연 도	발전 내용
태동기 (1세대)	제2차 세계대전 중	• 미 육군의 CONNEX 전략계획에 의거 컨테이너운송시도
	제2차 세계대전 후	• RO-RO선 개발 및 해외 미군 보급품 운송에 활용
	1950년	• 민간 상업차원에서 미국 내 육상운송에 이용(piggy back system)
	1956년	• 미 Mclean Idustries(Sea-Land사의 전신)사가 최초로 연안운송에 컨테이너 도입하여 트레일러 자체를 선적하는 방식(LO-LO 방식) 채용
	1957년	• 최초의 풀 컨테이너 구조선 Gate Ci ty호 취항
	1958년	• Matson사가 샌프란시스코↔하와이간 컨테이너선 Hawaiian Merchant취항
발전기 (2세대)	1966년	• Sea-Land사가 북대서양↔구주 간 국제항로 진출
	1967년	• 미 Matson사가 일본 우선 및 소화해운과 제휴 극동↔PSW 간 정기항로개설
	1968년	• 미 American Mail Line 극동↔PSW 간 정기항로개설
	1969년	• 영국, 서독, 프랑스, 네덜란드, 호주 등 선사들이 컨소시움을 결성 호주↔구주 간 항로개설
	1970년	• Australlian National Line(RO-RO선)과 일본 우선(LO-LO선)의 호주↔극동항로 간 취항
성숙기 (3세대)	1971년	• Trio 그룹(NYK, MOL, OCL, BEN Line, Hapag- Lloyd)이 극동↔구주항로 취항
	1975년	• 국내 첫 풀 컨테이너선 Korea Wonis One호 극동↔북미동해안 항로취항
	1984년	• 대만 Ever Green Line사 세계일주 서비스 개시

1.3 컨테이너와 컨테이너선의 종류

1. 컨테이너의 종류

화물의 운송과정에는 다양한 종류의 컨테이너가 사용되고 있다. 최근 산업기술의 발전에 따라 과거에는 취급이 불가능했던 화물을 운송하기 위한 다양한 형태와 크기의 컨테이너가 등장하고 있다. 컨테이너의 구분은 일반적으로 크기, 재질, 용도에 따른 분류가 이루어지고 있다.

(1) 운송수단에 의한 분류

1) 해상용 컨테이너

해상운송용 컨테이너는 항공용 컨테이너와는 달리 다양한 크기와 형태 그리고 재질을 가진 컨테이너가 사용되고 있다. 본 장에서 다루는 내용들은 대부분 해상용 컨테이너를 대상으로 하고 있다.

2) 항공용 컨테이너

항공용 컨테이너는 해상용 컨테이너와는 달리 비행기라는 수송수단의 내부 형태에 맞도록 제작되어야 하기 때문에 크기와 형태 그리고 재질면에서 제한이 있다. 항공용 컨테이너의 종류는 크게 국제항공운송협회(IATA : International Air Transport Association)의 허가아래 각종 항공기의 화물칸에 맞도록 제작된 컨테이너와 화물칸의 탑재상태와는 관계없이 제작된 비항공용 컨테이너로 구분된다.

(2) 크기에 의한 분류

해상운송에 사용되는 컨테이너는 높이와 폭은 8′× 8′로 동일하거나 길이에 따라 20Feet, 40Feet, 45Feet로 분류된다. 20Feet와 40Feet의 경우 그 폭과 넓이가 동일하나 High Cube Container의 높이는 그보다 1피트 높은 9피트 6인치로 Jumbo Container라고도 불린다. 우리나라에서는 높이 때문에 국내통행을 제한하고 있으며, 20Feet 컨테이너를 TEU(Twenty feet Equivalent Unit)라 하여 물동량산출의 표준단위로 삼고 있으며, 이 단위는 컨테이너 선박의 적재능력의 표시 기준이 되고 있다.

[표 9-3] 컨테이너의 화물적재량

컨테이너 규격별 상세(ISO국제규격표준)

컨테이너 규격 유형	내장 치수 (mm)	DOOR OPENING (mm)	적재가능한 Measurement (CBM)	순중량 Net weight (kg)	컨테이너 중량 (kg)	총중량 Gross weight (kg)
20″ DRY(일반)	L 5,896~5,905 W 2,348~2,352 H 2,372~2,393	L 5,896~5,905 W 2,276~2,343 H 2,272~2,283	32.8~33.2	18,015~21,710	2,210~2,340	24,000
20″ OPEN TOP	L 5,898 W 2,340 H 2,381	L 5,898 W 2,338 H 2,244	32.6	21,500	2,390~2,450	24,000
20″ FLAT RACK	L 5,542~5,959 W 2,018~2,148 H 2,077~2,176	좌동	25.0~27.6	27,610~27,760	2,650~2,870	24,000
40″ DRY(일반)	L 12,023~12,057 W 2,234~2,352 H 2,359~2,395	L 12,023~12,057 W 2,314~2,343 H 2,272~2,282	66.2~67.8	26,260~29,580	3,900~4,220	30,480
40″ OPEN TOP	L 12,032~12,036 W 2,346~2,352 H 2,321~2,381	L 12,032~12,036 W 2,322~2,338 H 2,244~2,284	66.4~66.6	26,230~26,430	4,120~4,160	30,480
40″ FLAT RACK	L 11,676~12,092 W 2,108~2,240 H 1,962~2,034	L 11,676~12,092 W 2,290 H 2,508	67.3	39,020~39,550	5,450~5,980	45,000
40″ REEFER (냉장)	L 11,554 W 2,286 H 2,216	L 11,554 W 2,286 H 2,182	58.52	6,280	4,200	30,480
40″ HQ DRY (HIGH CUBE)	L 12,033~12,036 W 2,348~2,352 H 2,695	L 12,033~12,036 W 2,337~2,343 H 2,583	76.0~76.2	26,230~26,430	4,050~4,250	30,480
45″ HQ DRY (HIGH CUBE)	L 13,555 W 2,348 H 2,690	L 13,555 W 2,337 H 2,577	85.6	25,600	4,880	30,480

(3) 재질에 따른 분류

① 철재 컨테이너 : 외관이 미려하고, 우연성과 내구성을 가진 철재로 되어 있는 컨테이너. 제조원가가 싸고 물의 침투나 흡수, 투과를 막는 수밀성이 높다. 손상이 쉬우며, 무

겁고 녹이 스는 단점이 있다.

② 알루미늄 컨테이너 : 가볍고 유연하며 내구성이 있는 알루미늄합금으로 만든 컨테이너로 내마모성과 강도가 부족하며 가격이 비싸다.

③ 강화플라스틱 컨테이너 : 고성능 강화섬유로 합성수치를 가공한 섬유 플라스틱(fiberglass reinforced plastic)에 합판을 접착한 재료로 만든 컨테이너로 녹이 슬지 않고 가벼우며, 내약품성과 방열성이 우수한 컨테이너로 점차 활용도가 높아지고 있는 컨테이너이다.

(4) 용도에 따른 분류

컨테이너는 용도에 따라 표준 컨테이너(standard container)와 온도조절 컨테이너(thermal container) 그리고 특수 컨테이너(special container)로 크게 구분된다. 이 중 표준 컨테이너는 일반화물의 운송에 사용된 것으로 건화물의 컨테이너가 있으며, 온도조절 컨테이너는 농수산물을 운송하기 위해 제작된 컨테이너로 냉동 컨테이너가 있다.

한편 특수 컨테이너는 특수한 목적으로 사용하기 위하여 제작된 컨테이너로 건화물 컨테이너와 냉동컨테이너를 제외한 대부분의 컨테이너가 이에 해당된다.

① 건화물 컨테이너

건화물 컨테이너(dry container)는 온도조절이 필요 없는 일반잡화를 운송하기 위한 표준컨테이너로 주로 최적상품 및 적합상품을 운송하는 데 이용된다. 규격은 8′×8′×20′, 8′×8′6″×40′, 6′×8′× 35′ 등 3 종류가 있으며, 문은 위, 뒤, 옆의 3방향 중 하나를 여닫을 수 있도록 되어 있다.

[표 9-4] 건화물컨테이너의 규격 및 사양

(단위 : m)

규 격 \ 종 류	20′컨테이너		40′컨테이너	
	내장치수(mm)	DOOR OPENING (mm)	내장치수(mm)	DOOR OPENING (mm)
길이(L) 넓이(W) 높이(H)	5,896 ~ 5,905 2,348 ~ 2,352 2,372 ~ 2,393	5,896 ~ 5,905 2,276 ~ 2,343 2,272 ~ 2,283	12,023 ~ 12,057 2,234 ~ 2,352 2,359 ~ 2,395	12,023 ~ 12,057 2,314 ~ 2,343 2,272 ~ 2,282
용적(CBM)	32.8 ~ 33.2		66.2 ~ 67.8	
적재중량(kg)	24,000		30,480	

*DOOR OPENING : 문입구 규격

② 냉동 컨테이너

냉동 컨테이너(reefer container, refrigerated container)는 건화물 컨테이너와 규격은 같으나 냉동화물이나 과일, 야채, 생선, 물류 등의 보온 및 보냉이 필요한 화물을 운송하기 위한 컨테이너로서 —28℃에서 +26℃까지의 온도를 임의로 조절할 수 있다. 이용료 및 운송료가 비싼 편이다.

③ 천장개방형 컨테이너

천장개방형 컨테이너(open top container)는 특수 컨테이너의 일종으로 일반 건화물 컨테이너의 지붕과 측벽, 단벽의 상부가 개방되고 상방에서 하역이 가능하며, 개구부는 방수가 될 수 있도록 canvas 등으로 싼 컨테이너이다. 중량물이나 장척물을 크레인을 활용 컨테이너의 위쪽으로부터 적재 및 하역할 수 있도록 되어 있다.

[표 9-5] 천장개방형 컨테이너의 규격 및 사양

(단위 : m)

종 류 / 규 격	20′컨테이너		40′컨테이너	
	내장치수(mm)	DOOR OPENING (mm)	내장치수(mm)	DOOR OPENING (mm)
길이(L) 넓이(W) 높이(H)	5,898 2,340 2,381	5,898 2,338 2,244	12,032 ~ 12,036 2,346 ~ 2,352 2,359 ~ 2,395	12.19 2.44 2.59
용적(CBM)	32.6		66.4 ~ 66.6	
적재중량(kg)	24,000		30,480	

*DOOR OPENING : 문입구 규격

④ 플랫 래크 컨테이너

플랫 래크 컨테이너(flat rack container)는 목재, 승용차, 기계류 등과 같은 중량화물을 운송하기 위한 컨테이너로 건화물 컨테이너의 지붕과 벽을 제거하고 기둥과 버팀대만 두어 전후좌우 및 쌍방에서 하역할 수 있는 특징을 갖고 있다.

⑤ 동물용 컨테이너

동물용 컨테이너(live stock container 또는 ventilated container)는 소나 말과 같은 살아 있는 동물을 운송하기 위하여 만들어진 컨테이너로서 통풍과 사료를 넣어주기 편리하도록 만들어져 있다.

⑥ 탱크 컨테이너

탱크 컨테이너(tank container)는 유류, 술, 화학품 등과 같은 액체상태의 화물을 운송하기 위해 필요한 특수구조와 시설을 갖춘 컨테이너이다.

⑦ 플랫폼 컨테이너

플랫폼 컨테이너(platform container)는 중량물이나 부피가 큰 기계류, 철재 등의 화물을 운송하기 위한 컨테이너로서 길이 67.5m, 너비 4.10m, 높이 4.50m, 중량 40톤 까지의 화물을 적재할 수 있다.

⑧ 솔리드 버크 컨테이너

솔리드 버크 컨테이너(solid buck container)는 몰드, 곡물류 등과 같은 화물을 운송하기 위해 제작된 컨테이너로 대개 지름이 50cm 정도의 3개의 맨홀이 있으며, 컨테이너의 내부는 청소가 용이하고 외부기온에도 견디도록 강하게 만들어져 있다.

⑨ 행거 컨테이너

행거 컨테이너(hanger container)는 봉제품이나 의복 등을 천장에 매달아 운송할 수 있도록 제작된 컨테이너이다.

⑩ 통풍 컨테이너

통풍 컨테이너(ventilated container)는 과일, 야채, 식물 등과 같은 화물은 부패성이 강하기 때문에 수송할 때에 공기가 계속 순환되는 것을 돕기 위하여 측면에 통풍구멍을 낸 컨테이너이다.

⑪ 자동차용 컨테이너

자동차용 컨테이너(car container)는 자동차를 운송하기 위하여 자동차 크기와 높이로 구조물만 설치된 2단 구조의 컨테이너이다. 자동차 컨테이너에는 자동차를 고정하여 운송할 수 있도록 바닥에는 바퀴를 고정하는 장치가 있고 측면에는 지지대를 세워 자동차의 이탈을 방지하는 장치가 되어 있다.

(5) 소유의 형태에 따른 분류

① 선사소유 컨테이너

선사는 선박으로 사람이나 화물을 운송하는 사업을 하는 회사이다.

② 화주소유 컨테이너

화주는 화물의 주인으로 쉽게 말해 컨테이너에 실은 짐의 주인이다.

③ 리스회사 소유 컨테이너

컨테이너를 소유하고 있는 회사에서 이용자가 원하는 물건을 리스 업자가 조달해준 뒤 리스업자의 유지와 관리・책임 아래 이용자가 일정기간동안 대가를 지불하고 필요한 기간 동안 임차자산을 이용하는 것이다.

2. 컨테이너선의 종류

(1) 선박의 형태에 따른 분류

① 바지운반형 컨테이너선(barge carrier ship)

본선에 화물을 적재한 부선을 그대로 적재하는 방식으로 하역에 안벽을 필요로 하지 않고, 작업이 간단하고 효율적이며 하천 등을 이용 시 화주에게 화물을 직접 인도할 수 있는 이점이 있다.

② 혼재형 컨테이너선(convertible ship)

재래선의 갑판이나 선창에 일반잡화와 컨테이너 화물을 혼재하여 운송하는 선박으로 컨테이너 이외의 포장화물의 운송을 주목적으로 하거나 2지역 간에 운송되는 화물의 종류에 차이가 있는 경우 사용되는 선박의 형태이다.

③ 분재형 컨테이너(semi-container ship)

재래선의 특정 선창에 컨테이너 전용창을 설치해 놓았거나, 갑판을 개조하여 컨테이너를 적재할 수 있도록 하고 화물의 크기나 부피로 인하여 컨테이너에 적재할 수 없는 부분을 일반화물을 적재할 수 있도록 설계된 선박의 형태이다.

④ 전용형 컨테이너(full container ship)

선박을 처음 제조할 때부터 갑판과 선창에 컨테이너만을 적재하도록 설계된 선박으로 그 구조는 선창이 cellular형태로 되어 있어, 컨테이너는 cellular에 수직으로 적재되고 cell guide에 의해 이동하지 않도록 고정되어 있다. 컨테이너의 적재는 6단까지 가능하며, 갑판에는 전체 컨테이너의 1/3을 적재하도록 설계되어 있고, 컨테이너만을 적재하도록 설계된 선박을 말한다.

(2) 적재방식에 따른 분류

① lo-lo(lift on/lift off) 방식

연직하역 방식이라고도 하며 갠트리 크레인(gantry crane)을 이용하여 수직으로 컨테이너를 선박에 적재 또는 양륙하는 일반적인 컨테이너에 사용되는 방식이다. 이 방식을 도입하는 선박은 창구가 넓기 때문에 선창의 양현에 상형(箱型)탱크를 설치하는 동시에 cross deck beck beam(sponson beam)을 설치하고 있으며, 대부분의 컨테이너선에서 이 방식을 사용하고 있다.

② ro-ro(roll on/roll off) 방식

자동차나 철도화차를 운송하는 ferry boat에서 종전부터 이용해 오던 방식으로 컨테이너에 샤시를 부착한 채로 육상전용의 트레일러를 선미와 현측의 현문에 설치된 경사관(ramp)를 거쳐 트랙터로 수평으로 끌어들이거나 끌어내리는 방식을 말한다.

ro-ro 방식은 lo-lo 방식과 비교하여 비적재공간(broken space)을 3~5배나 필요로 하기 때문에 화물적재량은 감소되지만 근거리 운송 시 하역시간의 단축을 통하여 하역비를 절감할 수 있고 파손, 붕괴, 도난이 방지되는 이점이 있으며 feeder서비스에 많이 이용되고 있다.

③ float on-float off(lash) 방식

수직, 수평이동이 가능한 본선 선미에 위치한 갠트리 크레인을 이용하여 부선(barge)을 들어올려 본선에 적재하는 방식으로 항구에서 설비가 없거나 부족하여 컨테이너선박이 기항할 수 없는 경우 사용하는 방식으로 선박의 회전율을 높이고 규모의 경제를 적용하여 화물취급비용을 감소시키기 위하여 개발된 방식이다.

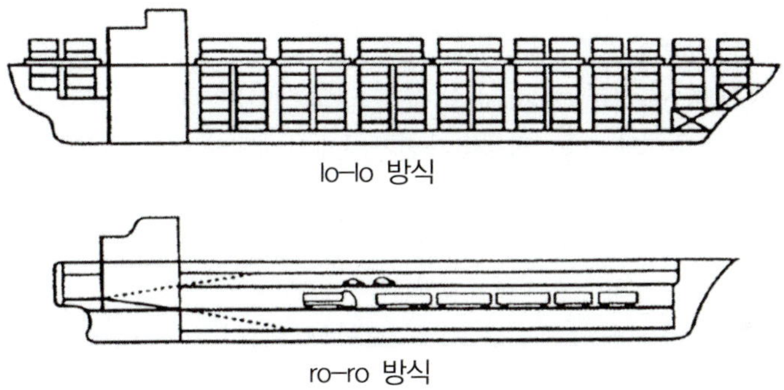

[그림 9-1] 컨테이너선의 적재방식

(3) 하역설비의 유무에 의한 분류

① Geared 컨테이너선 : 갑판에 하역용 갠트리 크레인을 장비하고 있는 컨테이너선의 한 형태이다.

② Gearless 컨테이너선 : 선박 자체에 갠트리 크레인 없이 부두에 설치된 크레인을 이용하여 적재와 하역작업을 하는 컨테이너선으로 대부분의 대형 컨테이너선의 형태이다.

〈Geared 컨테이너선〉

〈Geareless 컨테이너선〉

[그림 9-2] 컨테이너선의 하역설비 유무

3. 컨테이너화물의 종류

(1) 최적상품

최적상품(prime containerizable cargoes)은 대체로 고가이며 해상운임도 비교적 높은 건화물로서 공산품 중에서 주류, 의약품, 직물, 가전제품, 시계, 카메라 등 부피가 별로 크지 않는 상품이 이에 해당된다.

(2) 적합상품

적합상품(suitable containerizable cargoes)은 최적상품보다 가격이나 해상운임률이 저가인 상품들로서 전선, 함석판, 철사, 포대커피, 포대소맥 등이 여기에 속한다.

(3) 한계상품

한계상품(marginal containerizable cargoes)은 물리적으로 컨테이너에 적재할 수 있는 저가, 저운임의 화물로서 도난이나 손상의 가능이 없는 각종 주괴(ingot) 및 원목 등이 이에 속하며 부피, 중량, 포장 면에서 컨테이너화하기에 어려움이 많은 화물을 말한다.

1) 일반화물 컨테이너 (General Cargo Container or Dry Container)

2) 특수 컨테이너 (Special Container)

① 살화물 컨테이너 (Bulk Container)

② 탱크 컨테이너(Tank Container)

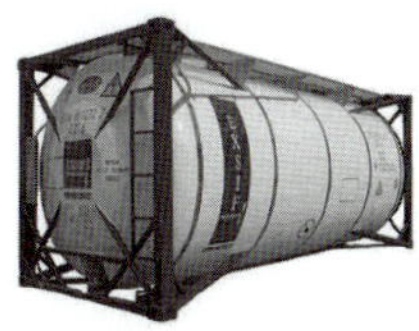

③ 오픈 탑 컨테이너(Open top Container)

④ 플랫폼 컨테이너(Platform Container)

⑤ 플랫 래크 컨테이너(Plat Pack Container)

⑥ 냉동 컨테이너(Reefer Container)

⑦ 자동차 컨테이너(Car Container)

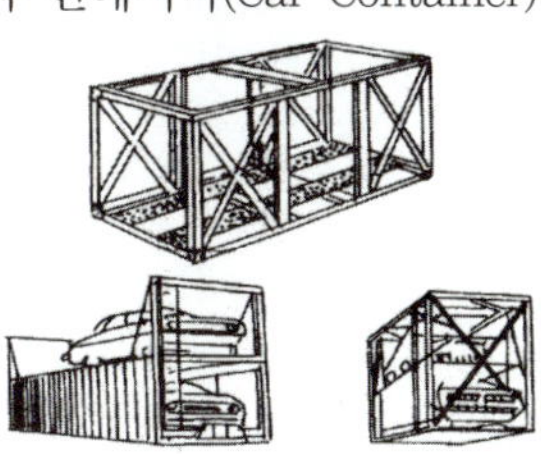

[그림 9-3] 해상운송용 컨테이너의 종류

(4) 부적합상품

부적합상품(unsuitable containerizable cargoes)은 물리적으로 컨테이너에 적재하는 것이 불가능한 살화물(bulk cargo) 및 자동차, 대형 터빈, 교량, 철탑 등과 같은 중량화물(weight cargo)과 원유, 액화가스 등과 같은 운송 시 전문적인 시설이 필요한 화물을 말한다.

description base dims.	prefix	code and illustration
8′×8′ maindeck container		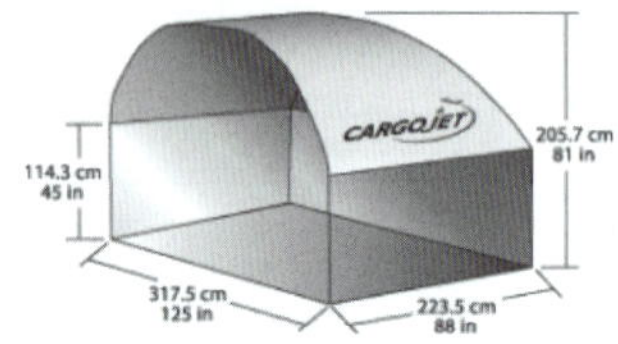
96″×117¾″	AR BR	A or MAIN
96″×125″	AQ BQ	B DEC
96″×238½″	AS BS	CONTAINER (number is shown on side)
lower deck certified container		A LOWER DECK 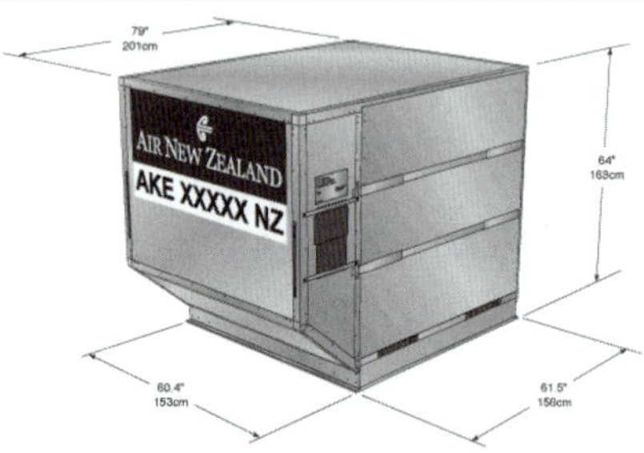
60.4″×61.5″ 60.4″×125″	AV AW	CONTAINER (number is shown on side)
non certified aircraft container		D 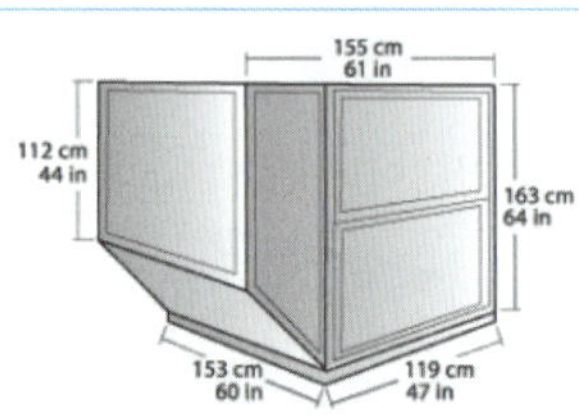
60.4″×61.5″ 60.4″×125″	DV DW	NON- CERTIFIED CONTAINER (may be made from material other than meta number is shown on side)

[그림 9-4] 항공운송용 컨테이너의 종류

4. 항공용 컨테이너

ULD(Unit Load Device)로 화물기 및 여객기 하부에 탑재되는 컨테이너이다. 항공용 컨테이너는 박스들의 한쪽 귀퉁이가 모두 대각선으로 깎여 있는데, 둥그런 항공기 내벽 모양에 딱 맞게 설계되었기 때문이며, 원래 알루미늄으로 제작되지만 그 자체 무게가 상당하기에 요즘은 특수 합성수지로 제작되어 무게를 줄인 형태로도 나온다.

Type	IATA Code	image	Max Copacity (Tare Weight)	Dimension	Remarks
LD3일반	AKE		1,588kg(105kg)	60.4×61.5×64	일반적으로 가장 많이 사용되는 컨테이너
LD3냉장	RKE		1,588kg(270kg)	60.4×61.5×64	부패성 화물 냉장 보관 운송
LD3냉장	RKN		1,588kg(260kg)	60.4×61.5×64	RKE 동일 목적, 온도 자동 조절 기능
LD6	ALF		3,175kg(175kg)	60.4×125×64	
LD9 냉장	RAP		6,033kg(519kg)	88×125×64	부패성 화물

[그림 9-5] 항공용 컨테이너의 종류

1.4 컨테이너 터미널의 주요시설 및 하역장비

(1) 컨테이너의 주요시설

① 안벽(Quay) : 배가 화물을 선적하고 양하할 때 편리하도록 석조 또는 콘크리트재로서 해저로부터 수직으로 만들어진 벽이다.

② 선석(Berth) : 항내에서 선박 1척을 계선(묶어둠) 및 정박시키는 시설을 갖춘 접안장소이다.

③ 에이프런(Apron) : 부두에서 바다와 가장 가까이 접한 곳으로 안벽에 접한 야드 부분에 나란히 뻗어 있는 하역작업 공간이고 폭은 30~50m 내외의 공간이다.

④ 마샬링 야드(Marshalling Yard) : 선박에 선적예정인 컨테이너를 적부도(Stowage Plan)에 따른 선적순서에 따라 정렬해두거나 하역을 위해 필요한 공간으로 보통 에이프런과 접해 있다.

⑤ CY(Container Yard) : 화물이 적입된 컨테이너가 화주로부터 운송인에게 운반되어지고 또한 컨테이너가 되돌아오는 지역으로 즉 컨테이너를 인수, 인도 및 보관하는 장소이다.

⑥ CFS(Container Freight Station) : 컨테이너 화물처리장이라고도 부르며 컨테이너 한 개를 채울 수 없는 LCL화물을 인수, 인도, 보관, 집화, 혼재, 분류작업을 하는 장소이다.

⑦ CY 게이트(CY Gate) : 화물의 인수에 필요한 서류(E/P, I/P) 등을 확인하고 화물을 인수/인도하는 CY 출입 장소로 즉, 외부하고 컨테이너 반출입의 교환이 이루어지는 장소를 말한다. 운송사 또는 화주들이 보내주는 정보를 통해 컨테이너 터미널에서 장치계획을 하고 선박의 양하, 적하 체계를 잡을 때 이용된다.

(2) 컨테이너 터미널의 하역 장비

① 갠트리 크레인(Gantry crane) : 갠트리 컨테이너은 컨테이너, 광석, 고철 등 다양한 화물을 작업하기 위해 스프레더(Spreader), 버켓(Bucket), 마그네트(Magnet), 훅(hook) 등의 하역 보조 장비를 장착하여 컨테이너를 효율적으로 하역하거나 선박에 선적하기 위한 대형 크레인이다.(LO-LO방식)

② 스트래들 캐리어(Straddle carrier) : 컨테이너를 양다리 사이에 끼우고 주행하는 운반차량이다.

③ 트랜스테이너, 트랜스퍼 크래인(Transtainer, Transfer crane) : 컨테이너를 몇 단으로 쌓거나 내리는 작업을 하기 위한 크레인이다.

④ 리치 스태커(Reach stacker) : 긴 붐(boom)을 이용하여 CY 내에서 컨테이너를 적재 또는 섀시에 컨테이너를 싣거나 내리는 장비이다.

⑤ 톱 핸들러(Top handler) : 스프레더를 장착시킨 장비로 CY 내에서 컨테이너를 이동하는 장비이다.

⑥ 야드 트랙터(Yard tractor) : 야드 섀시를 연결하여 CY내 또는 CY와 에이프런 간에 컨테이너를 운반하는 트럭이다.

⑦ 야드 섀시(Yard chassis) : 야드 트랙터에 견인되어 부두와 CY 간에 컨테이너를 적재 운반하는 장비이다.

⑧ 윈치 크레인(Winch Crane) : 크레인 자체를 회전시키면서 컨테이너 트럭이나 무개화차로부터 컨테이너를 양·적하하는 하역장비이다.

1.5 컨테이너 관련 국제협약

1. 컨테이너통관협약

컨테이너통관협약(Customs Convention on Container : CCC)은 컨테이너 자체가 국경을 통과할 때 발생하는 당사국 간의 관세와 통관 문제를 해결함으로써 해상운송에 있어 컨테이너의 사용을 보다 용이하게 하기 위하여 1956년 유럽경제위원회에서 채택된 협약이다.

이 협약은 TIR협약과 함께 컨테이너의 육상운송 시의 편의를 위하여 제정된 것으로 주요 내용은 협약국은 상호 간에 수입화물 운송을 위해 체약국에 일시적으로 수입된 컨테이너를 3개월 이내에 재수출하는 조건으로 수입세를 면세하고, 국내보세운송에 있어서 체약국 정부 세관의 봉인(seal)을 존중하는 것 등을 규정하고 있으며, 우리나라는 1981년 10월 정식으로 가입하였다.

2. TIR협약

TIR협약(Customs Convention on the International Transport of Goods under Cover of TIR Carnet)[4]은 도로주행차량 또는 차량에 적재되는 컨테이너를 도중에 환적하지 않고 국경을 통과하여 운송되는 운송화물의 관세취급에 관한 협약으로 1959년 유럽경제위원회에 의하여 제정되었다.

컨테이너통관협약이 컨테이너 자체를 그 대상으로 한 협약으로 컨테이너 그 자체의 국제적 통관절차의 간소화를 꾀한 것인 데 반하여, 본 협약은 컨테이너에 적재된 화물을 그 대상으로 하여 적재된 화물의 국제적 이동절차의 간소화를 도모한 것에 차이가 있다.

이 협약의 주요 내용은 체약국은 도로운송차량에 의하여 컨테이너에 적입되고 봉인되어

4) TIR(trailer interchange receipt)은 컨테이너 용기의 대차를 위해 트레일러의 수도증을 발행할 때 이용되며, TIR Carnet은 TIR조약에 의거 발행되는 국제도로운송수첩으로 TIR조약에 입각한 국제운송에 주어지는 편익을 보증하는 증서를 말한다.

운송되는 화물에 대해서는 일정조건 하에 경유지 세관에서 수입세나 수출세의 납부 또는 공탁을 면제하며, 원칙적으로 경유지 세관에서의 세관검사가 면제된다.[5] 우리나라는 컨테이너 통관협약과 함께 1981년 10월 정식 가입하였다.

3. ITI협약

ITI협약(Customs Convention on the International Transit of Goods)은 관세협력이사회가 국제운송에 관련된 통관조약의 작성작업을 추진하여 1971년에 채택한 협약이다.

TIR협약과의 차이점은 TIR협약이 도로주행차량 또는 이에 적재된 컨테이너에 의한 도로운송을 대상으로 하고 있는 데 반하여 본 협약은 각종 운송기기에 의한 육·해·공의 모든 운송수단을 대상으로 하고 있다.

4. 컨테이너안전협약

컨테이너안전협약(International Convention for Safe Containers : ICSC)은 1972년 국제연합과 국제해사기구(IMO)가 컨테이너의 운송과 하역 시 안전성을 확보하기 위하여 1972년 11월 채택된 협약이다.

컨테이너통관협약과 TIR협약이 컨테이너 유통에 따른 관세행정상의 편익을 위한 것인 반면 이 협약은 컨테이너의 취급·적취 및 운송에 있어서 인명의 안전을 유지하면서 국제컨테이너운송의 발달을 촉진하기 위하여 컨테이너의 구조상 안전요건을 국제적으로 공통화 함을 목적으로 하고 있다.

이를 위하여 체약국은 본 조약의 규정에 따라 컨테이너의 구조요건, 시험, 정비점검의 내용을 국내법으로 제정하여 합격한 컨테이너에 안전승인판(safety approval plate)을 부착하도록 규정하고 있다. 우리나라는 1979년 12월 정식 가입하였다.

5) 본 협약의 적용을 받기 위해서는 ① 도로운송차량 또는 컨테이너는 소정의 기술요건을 구비하고 사전에 이를 인정받을 것(승인판의 부착), ② 출발지 세관이 봉인하고 그 봉인에 이상이 없을 것, ③ 국제운송수첩(TIR carnets)에 의한 보증이 있어야 한다.

제2절 컨테이너의 운송체계

2.1 컨테이너 운송체제의 기본형태

1. Trans Ocean Service 시스템

컨테이너 전용선이 대양을 횡단하여 사전에 공포된 주요 항구를 기항하면서 컨테이너를 운송하는 형태로 이때 컨테이너선은 하역기기와 설비를 갖춘 컨테이너 터미널이 있는 주요 항구만을 기항지로 한다. 컨테이너전용선은 선박의 안전성을 높이고, 컨테이너의 적재율을 향상시키기 위하여 별도의 하역기기를 보유하고 있지 않아 고도의 운항능률화와 합리화를 도모하고 있는 시스템이다.

2. Costal Feeder service 시스템

피더(feeder)선에 의하여 기간항과 군소항 사이에 컨테이너화물을 운송하는 형태로 컨테이너 전용선이 직접 취항할 수 없는 경우 사용되는 형태로 Trans Ocean Service System과는 상호보완적인 관계에 있다. 이때 사용되는 피더선은 컨테이너전용선에 비하여 소형이며, 저속으로 피더선에는 하역용 갠트리 크레인이 장치되어 있다.

이와 같은 컨테이너 수송시스템의 기본 형태를 그림으로 나타내면 아래와 같다.

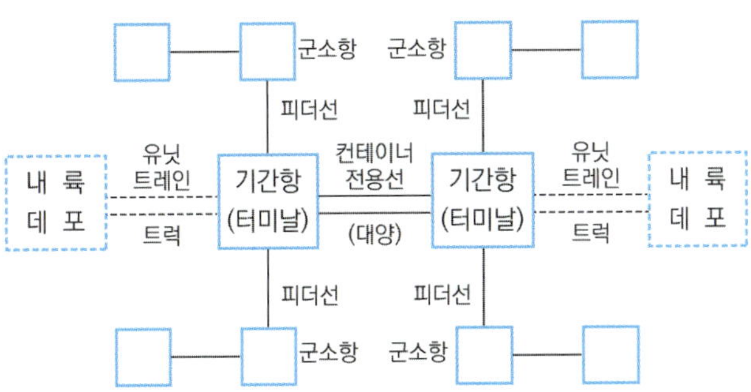

[그림 9-6] 컨테이너 운송시스템의 기본형태

2.2 컨테이너화물의 유통경로

컨테이너화물의 유통경로는 FCL화물의 경우에는 화주의 공장이나 창고 또는 영업소 등에서 화물을 컨테이너에 적재하여 내륙데포(inland deport)[6]로 운반되며, LCL화물은 내륙데포에서 화물을 집결하여 목적지나 혼적의 적부를 고려하여 하나의 컨테이너에 다른 화물과 혼재하여 FCL화물과 마찬가지로 컨테이너전용열차에 의해 컨테이너 터미널로 운송된다.

컨테이너 터미널은 내륙데포의 기능도 겸하고 있어 FCL화물은 이곳에서 직접 받아들이기도 하고, LCL화물을 컨테이너 터미널에 부설되어 있는 CFS에서 혼재업무를 수행하기도 한다. 이렇게 컨테이너 터미널에 집결된 화물은 컨테이너전용선에 의하여 목적항까지 운송되며 그곳에서 다시 트럭이나 철도 또는 항공기에 의하여 최종목적지까지 운반된다.

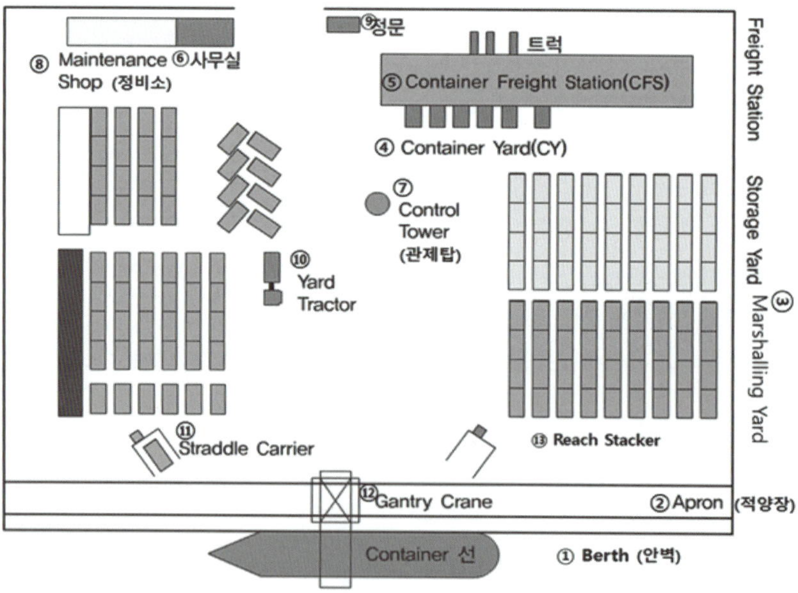

[그림 9-7] 항만 컨테이너터미널 내부 구조

6) 화물을 보다 능률적으로 운송하기 위하여 항구지구와 연결된 내륙오지의 주요 공업도시 주변에 설치한 컨테이너의 인수 및 인도장소를 말한다.

① Berth(안벽) : 선박이 안전하게 접안해 화물의 하역을 행하기 위한 시설

② Apron(적양장): 항구의 계류시설[7)]과 창고사이의 공간

7) 계류시설이란 선박이 하역, 필수 물자의 보급 또는 기타의 목적으로 접안 계류하는 시설을 말한다. 여기서 계류는 선박을 부두나 부이 또는 해양구조물 등의 접안 설비에 고정하는 상태를 뜻한다.

③ Marshalling Yard(마샬링 야드) : 컨테이너선에 선적될 컨테이너를 바로 선적할 수 있도록 선적항 순서별로 쌓아놓거나 선박으로부터 양륙되는 컨테이너를 정렬시켜 두는 넓은 공간

④ Container Yard(CY, 컨테이너 야드) : 컨테이너를 보관·장치하고 인도 및 인수하는 장소

⑤ Container Freight Station(CFS, 화물집화소): 컨테이너 1개를 채울 수 없는 소량화물의 인수, 인도, 보관 또는 LCL 화물을 컨테이너 안에 적입(stuffing, vanning)하거나 적출하는(unstuffing, devanning) 작업을 하는 장소

– 외부 모습

– 내부 모습

⑥ 사무실

⑦ 관제탑

⑧ 정비소

⑨ 정문

⑩ Yard Tractor(야드 트랙터) : 부두와 Container Yard 사이에서 컨테이너를 운반, 적재하는 장비

⑪ Straddle Carrier(스트래들 캐리어): 컨테이너를 양각 사이에 두고 하역을 담당하는 운전기계

⑫ Gantry Crane : 일반적으로 컨테이너 전용 부두에 설치되어 있고 컨테이너를 싣거나 내리는 작업을 하는 대형 크레인

⑬ Reach Stacker : 부두 또는 Container Yard에서 컨테이너를 직접 운반하여 적재하거나 반출하는데 사용되는 장비

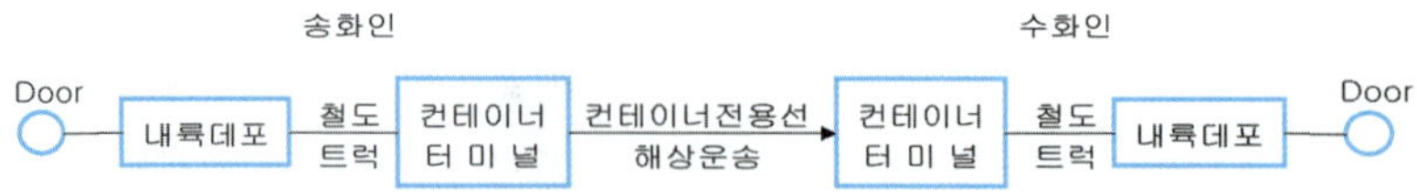

[그림 9-8] 컨테이너화물의 일반적인 유통경로

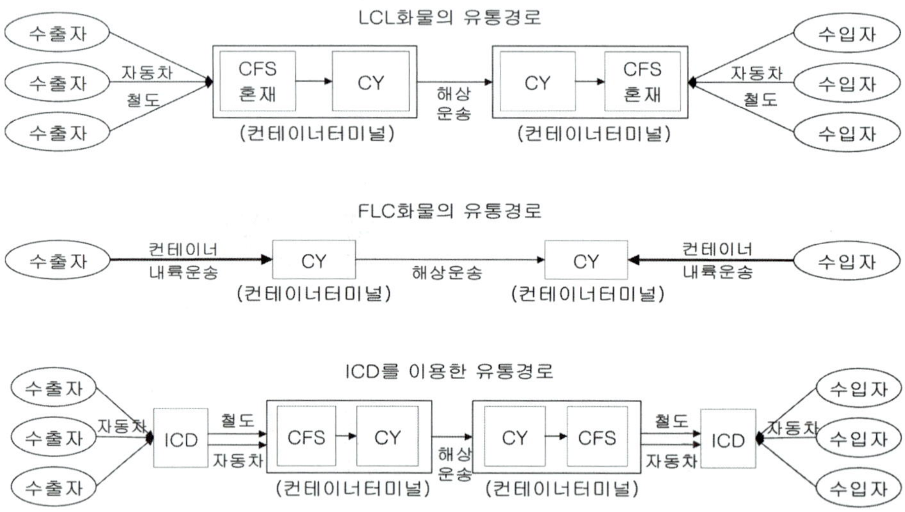

[그림 9-9] 컨테이너화물의 유통경로 유형

일반적으로 컨테이너를 열차에 적재하여 운송하는 것을 piggy back운송[8], 선박에 적재하여 운송하는 것을 fishy back운송[9], 항공기에 적재하여 운송하는 것을 birdy back운송이라고 하며, 만약 컨테이너 화물이 부족하여 대형 컨테이너선박을 이용하기가 부적합하거나 이들

8) 도로운송에서 철도-트럭의 장점을 활용 트레일러나 컨테이너를 화차에 싣고 운송하는 방식으로 미국의 Chicago North Shore & Milwakee Railroad사가 LCL화물의 서비스 개선을 위해 시작한 데서 유래한 것으로 오늘날 주요 운송수단이 되고 있다.

9) 운송비의 절감, 운송시간의 단축, 운송능률 증대를 위하여 도로운송과 해상운송의 장점을 활용한 트럭과 선박의 혼합 이용 운송방식이다.

의 출입이 불가능할 경우에는 feeder service[10]를 이용하여 인접한 대형 터미널까지 운송하는 방법도 있다. 컨테이너화물의 운송형태는 화물의 양, 목적지, 집화방식 등에 따라 서로 상이하며 운임구조와 책임한계 등도 이에 따라 결정된다.

컨테이너화물의 운송형태별로 그 내용을 보면 다음과 같다.

[그림 9-10] 컨테이너화물의 운송형태

1. CY/CY(FCL/FCL : Door to Door) 운송

송화인의 공장이나 창고에서 수화인의 영업소나 창고까지 육·해·공을 연결하여 컨테이너화물을 운송하는 형태이다. 이 방법은 복합운송의 가장 대표적인 운송형태로 신속성, 경제성, 안전성 등의 운송의 3대 원칙을 최대한 충족시켜주는 일관운송형태로 운송인의 책임한계는 선적항의 CY에서 목적항의 CY까지이다.

2. CY/CFS(FCL/LCL : Door to Pier) 운송

이 운송방법은 선적지의 운송인이 지정한 CY로부터 목적항의 지정 CFS까지 컨테이너화물을 운송하는 형태로 1인의 송화인이 동일 목적항을 갖는 다수의 LCL화물을 FCL로 혼재하여 목적항의 CFS까지 운송한 후, 이곳에서 다수의 수화인에게 화물을 인도하는 경우에

10) 항만시설 또는 물동량 사정으로 인하여 대형선박이 기항하지 못하는 경우 소형선박을 이용하여 취항선이 직접 기항하는 항구까지 보조적인 운송을 하는 것을 말한다.

이용되는 운송형태이다. 즉, 한 수출자가 동일한 지역의 여러 소규모 수입자에게 동시에 화물을 운송할 경우에 이용되는 형태로 운송인의 책임한계는 선적항의 CY에서 목적항의 CFS까지이다.

3. CFS/CFS(LCL/LCL : Pier to Pier) 운송

CFS/CFS운송은 선적항의 CFS에서 컨테이너에 혼재되어 목적항의 CFS에서 컨테이너로부터 반출되어 여러 수화인에게 인도하는 가장 기본적인 형태로 부두에서 부두까지(pier to pier) 또는 LCL/LCL 운송이라고도 한다.

이 방법은 운송인이 여러 화주로부터 LCL화물의 운송을 위탁받아 이를 목적지별로 분류하여 한 개의 컨테이너에 혼재하여 운송한 후, 목적항의 CFS에서 다수의 수화인에게 화물을 인도하는 운송방법이다. 그러므로 LCL화물의 운송형태는 다수의 송화인과 수화인으로 구성되며 운송인은 선적항 CFS에서 목적항 CFS까지만 해당 해상운임을 징수하고 이에 따른 운송책임만 지게 된다.

4. CFS/CY(LCL/FCL : Pier to Door) 운송

CFS/CY운송은 운송인이 지정한 선적항의 CFS로부터 목적지의 CY까지 컨테이너화물을 운송하는 형태로 운송인이 다수의 송화인으로부터 LCL화물을 선적항의 CFS에서 집화하여 한 개의 컨테이너에 적입한 후, 최종 목적지인 수화인의 공장이나 창고까지 운송하는 형태로 CFS/CFS운송보다 진일보한 방법이다.

일반적으로 대량의 수입자가 다수의 송화인으로부터 각각의 LCL화물을 주문하여 일시에 자기의 창고까지 운송하는 경우에 이용하는 방법으로 운송인의 책임한계도 선적항의 CFS에서 목적항의 CY까지이다.

[표 9-6] 컨테이너화물의 운송방법

운송구분	운송방법	해상 출고지 → 출발점 → 도착항 → 수화주 운송 창고
CY/CY (FCL/FCL)	송화주의 공장이나 창고에서 수화인에게 전달될 때까지 동일한 컨테이너에 적재된 상태로 일관운송하는 방법	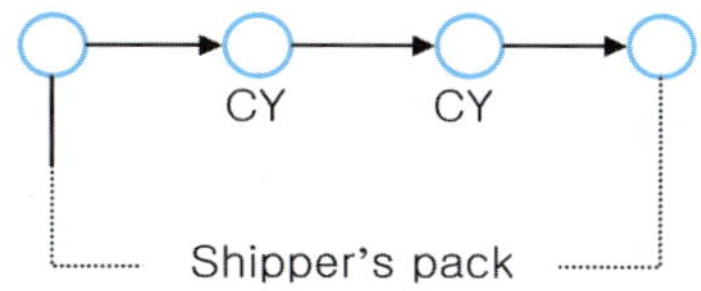
CY/CFS (FCL/LCL)	송화주의 공장이나 창고에서 FCL 상태로 떠나 도착지에서는 여러 명의 수화주에게 전달하기 위해 도착항의 CFS에서 분배	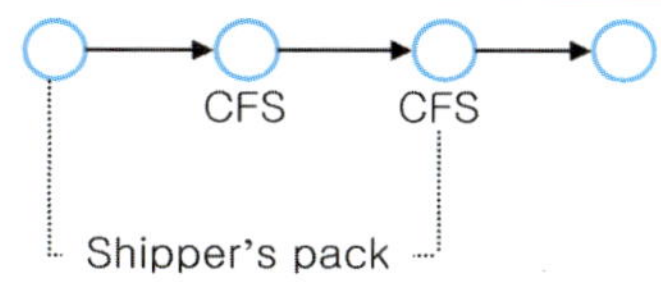
CFS/CFS (LCL/LCL)	다수의 송화주로부터 모은 LCL화물을 CFS에서 혼재하여 다수의 수화주에게 인도하는 방법으로 주로 운송인의 집화에 이용	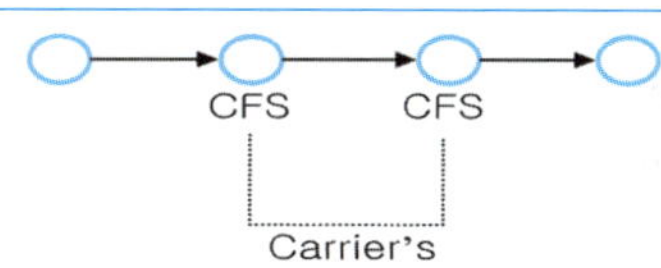
CFS/CY (LCL/FCL)	출발지의 CFS에서 혼재된 화물이 도착항에서는 단일의 수화주에게 전달되는 방법으로 구매자의 집화에 이용	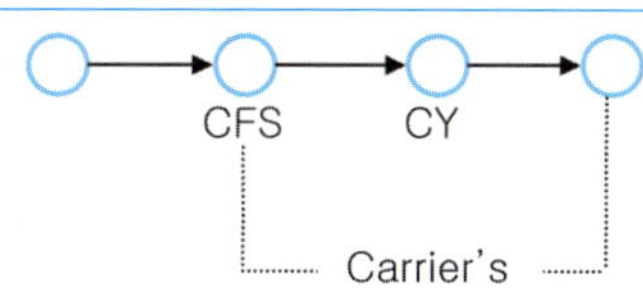

2.3 컨테이너의 내륙운송방식

1. 컨테이너의 철도운송방식

컨테이너를 철도로 운송하는 방식에는 크게 TOFC(trailer on flat car)방식과 COFC(container on flat car)방식이 있다.

(1) TOFC방식

TOFC방식은 화차 위에 고속도로용 트레일러를 함께 적재한 운송방식으로 이를 피기백 방식(piggy back system)이라 한다. TOFC방식은 장거리 정기노선에 있어서 운송의 효율성을 높이고 트럭에 의해 지역 간의 집화 및 인도를 신속하게 하고자 2가지 운송체제가 결합한 것으로 하역기구의 불필요, 열차배차의 규칙성, 정시인도(on-time delivery) 및 연료의 효율성 등의 장점을 가지고 있다.

(2) COFC방식

COFC방식은 컨테이너만을 화차에 적재하여 운송하는 피기백 방식이다. COFC방식은 대량의 컨테이너를 신속히 취급하기에 효율적인 방식으로 컨테이너운송에 있어 TOFC방식보다 발전되어 보편화된 방식이다.

이 방식은 컨테이너의 상하차를 위하여 오버 헤드 크레인(over head crane) 또는 사이드 로러(side loader) 등의 하역기기를 필요로 하므로 주요 거점에 한하여 취급되며, 또한 기점과 종점에 각기 샤시 또는 트레일러(flat bed trailer)의 준비가 필요하다.

2. 컨테이너의 육상운송방식

컨테이너를 육상으로 운송하기 위해서는 트레일러(trailer),[11] 트랙터(tractor), 트럭(truck), 돌리(dolly)[12] 등의 운송기기가 필요하다. 컨테이너 육상운송은 이런 기기를 연결하는 방식

11) 전기 또는 가솔린을 이용하는 소형자동차에 부착시켜 화물을 운반하는 차량으로 엔진부분이 없어 트랙터에 의하여 견인된다.

12) 소형의 중량품을 이동시키기 위하여 사용되는 운반대 또는 바퀴가 달린 무개차를 말한다.

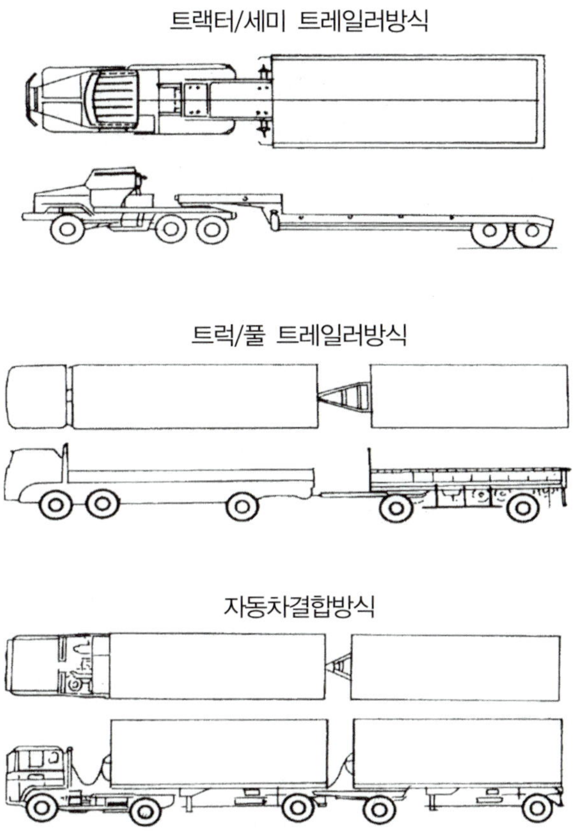

[그림 9-11] 컨테이너 육상운송방식

에 따라 다음과 같이 구분된다.

(1) 트랙터/세미 트레일러방식

트랙터/세미 트레일러방식(tractor/semi-trailer system)은 1대 동력차(tractor)에 1대의 세미 트레일러를 연결하는 형태로서 컨테이너 운송의 대부분이 이 방식에 의하여 이루어지고 있다.

이 방식은 트레일러의 자체 뒷부분에 차대 버팀장치와 결합된 차축이 있어 나머지 중량을 지탱할 수 있기 때문에 트럭/풀 트레일러방식보다 사용하는 데 탄력성이 있다. 또한 계약에 따라 트랙터는 세미 트레일러와 연결시키기만 하면 되기 때문에 컨테이너를 적재 또는 하역하는 동안 트랙터는 다른 컨테이너의 운송을 담당할 수 있어 효율성이 높다.

(2) 트럭/풀 트레일러방식

트럭/풀 트레일러방식(truck/full-trailer system)은 트레일러 자체 중량과 적재화물의 중량을 뒷부분의 차축에 의하여 지탱시키는 방식이다. 이 방식은 두 방면의 화물을 트럭과 트레일러에 각각 분할적재하고 분리하는 등 장점이 있으나 트럭의 적재부분이 항상 추진기관에 연결되어야 하기 때문에 운영상 탄력성이 부족하다.

(3) 자동차결합방식

자동차결합방식(moter vehicle combination system)은 1대의 트랙터에 1대 이상의 트레일러를 연결하여 견인하는 방식으로 도시 간의 컨테이너운송에 이용되고 있다.

2.4 컨테이너화물의 수출입절차

1. 컨테이너화물의 수출절차

(1) 수출컨테이너화물의 적재절차

컨테이너화물의 적재절차는 다음과 같다.

① 화주가 선박회사의 지점 및 대리점에 선적예약(booking)

② 지점 및 대리점은 화물선적거래서(booking note) 작성 및 컴퓨터 입력

③ 집계된 화물인수예약명세서(booking list)를 관계 지점에 송부

④ 예약목록(booking list)을 기초로 선박회사의 지시에 따라 CY(container yard) operator는 필요한 빈 컨테이너(empty container)를 화주에게 대출[13]하고 기기수도증(equipment interchange receipt : EIR) 접수

⑤ FCL(full container load)[14]화물의 화주는 빌린 빈 컨테이너에 화물을 적입하고 CY에 반입

13) 빈 컨테이너는 선박회사가 자체보유하고 있거나 임대회사로부터 단기 또는 장기계약으로 임대한 것을 사용하게 되며 거리를 감안 대전 이북 지역은 부곡 내륙컨테이너기지를 주로 사용하고, 대전 이남지역은 양산 내륙컨테이너기지, 부산지역의 항외 컨테이너야드와 영업용 장치장 등에 있는 컨테이너를 이용하게 된다.

14) FCL화물이란 컨테이너 1개를 채우기에 충분한 양의 화물을 말하며, CLP(Container Load Plan)를 각 컨테이너마다 작성한 다음 필요한 서류를 작성하고, 사전에 세관에서 교부받은 수출허가서(export permit : E/P)를 첨부한 다음 CY operator에게 제출한다. 또한 LCL화물의 화주는 dock receipt(D/R)와 E/P를 첨부하여 화물을 CFS에 반입하며, CFS operator는 LCL화물을 집합 분류하여 컨테이너에

⑥ CY 및 CFS operator는 컨테이너화물을 인수할 때 부두수취증(D/R : dock receipt)[15]에 서명한 후 반환
⑦ 본선이 입항하면 CY operator는 컨테이너를 겐트리 크레인을 사용하여 본선에 적재
⑧ 부두 수취증을 수취한 화주는 이를 선박회사에서 선화증권(B/L : bill of lading)과 교환하고 운임선불인 경우에는 운임 지급
⑨ 선적완료 후 CY operator는 stowage plan(적부도)과 특수화물목록을 작성하고 선사나 관계처에 배포

한편 선박회사는 컨테이너화물을 적재하기 위하여 다음과 같은 업무를 수행한다.

- 컨테이너의 준비
- 출하정보의 파악과 화물의 인수
- 컨테이너의 배치
- 화물의 인수
- 선적서류의 작성과 송부

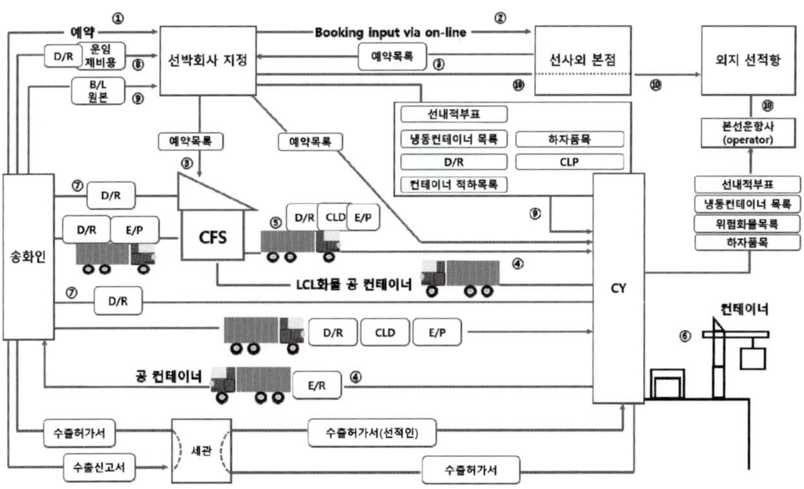

[그림 9-12] 수출컨테이너화물과 서류의 흐름

적입한 다음 CLP를 작성, CY operator에게 인도한다.

15) 재래선의 M/R(mate's receipt)에 해당하는 서류로서 컨테이너 운항선사가 화물의 수령증으로 발행하는 서류를 말한다.

(2) 수출컨테이너화물의 운송절차

① FCL 화물의 운송절차

서울·경기지역의 FCL화물의 운송절차는 화주의 문전에서 통관 후 컨테이너에 적입되어 공로와 철도를 통하여 양산 내륙컨테이너기지 또는 부산지역으로 운송되는 경우와 일반화물의 형태로 양산 내륙컨테이너기지 또는 부산지역으로 운송되어 통관 후 컨테이너에 적입되는 2가지 경우가 있다.

ⓐ 컨테이너의 공로운송 : 수출통관 후 화주의 문전에서 적입이 완료된 컨테이너화물이 중량을 초과하여 고속도로를 이용할 수 없는 경우 트랙터나 일반트럭을 이용하여 고속도로나 국도를 이용하여 양산 내륙컨테이너기지 또는 부산지역에 있는 컨테이너 야드까지 운송하게 된다.

이때 통관이 이루어지지 않았을 경우에는 컨테이너에 적입된 상태로 수출통관을 하거나 벌크 상태로 항외 컨테이너 야드(off dock container yard : ODCY)까지 운송된 후 통관하여 컨테이너에 적입하게 된다.

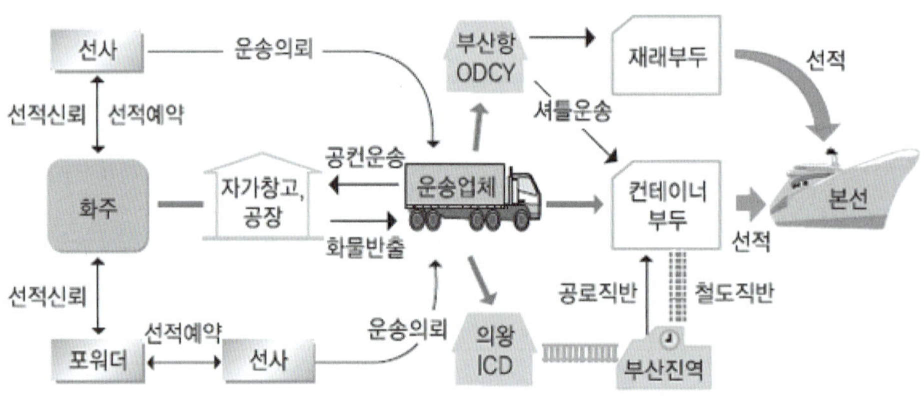

[그림 9-13] 경인지역 수출 FCL화물의 운송경로

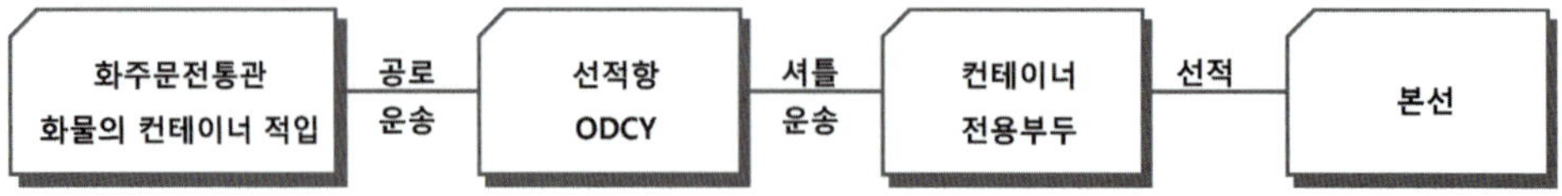

[그림 9-14] FCL화물의 공로운송절차

ⓑ 컨테이너의 철도운송 : 컨테이너가 철도운송을 이용하는 경우는 대체적으로 다음과 같다.

- 컨테이너화물운송 특별간이보세운송면허를 가지고 있는 소운송업체들이 자체장비로 할 수 없는 경우
- 중량화물로서 도로통행의 제한을 받는 경우
- 철도운송이 반입마감 시의 작용을 받지 않음으로 해서 허치슨부산컨테이너터미널(HBCT)의 반입마감시간에 맞추어 반입될 수 없는 경우
- 컨테이너화물의 집중으로 운송장비가 부족한 경우
- 빈 컨테이너 등 운송운임이 저렴한 경우

경인지역 컨테이너화물의 부곡 내륙컨테이너기지에서의 철도운송절차를 보면 다음과 같다.

① 철도소운송업체는 철도운송 담당자에게 컨테이너철도운송을 의뢰 및 화차배정요청

② 소운송업체는 기지에 컨테이너를 반입하여 일시정지하거나 조착작업 중인 화차에 상차[16)]

③ 철도운송[17)]부산진역에 도착한 컨테이너는 HBCT에 직반입될 컨테이너만을 재조차 작업하여 HBCT간 지선을 통하여 HBCT에 직반입

④ HBCT에 직반입되지 않는 컨테이너는 철도 CY에 하차되어 일시 장치되거나 하차 즉시 부산시내 셔틀운송으로 항외CY에 반입

⑤ 항외CY에 반입된 컨테이너는 선적일정에 맞춰 시내 셔틀운송을 통해 HBCT, PECT 또는 재래부두에 반입

⑥ 철도로 직반입된 컨테이너 또는 항외CY를 경유하여 반입된 컨테이너 일시대기 장소인 마샬링 야드에 이송, 장치 후 선적순서목록(loading sequence list)에 따라 본선에 선적

⑦ 재래부두에 선적될 컨테이너는 시내 셔틀운송을 통하여 본선의 재래부두 입항시간에 맞춰 재래부두에 반입되었다가 선적순서목록에 따라 본선에 선적

---

16) 상차작업은 하역업체인 홍익회에서 실시하며, 홍익회에서는 일시 장치 중인 컨테이너를 구내 이송하여 열차조성작업이 끝난 화차에 상차 또는 화주문전에서 직반입된 컨테이너를 즉시 화차에 상차시키는 작업을 수행한다.

17) 철도청에서는 컨테이너수송능력 증대와 컨테이너화물운송의 원활화를 통한 수출화물의 대외경쟁력 강화를 위해 주간에 3회, 야간에 10회 컨테이너 열차를 운행하고 있으며 이 열차는 의왕에서 11 : 08분부터 13 : 14분까지 부산진역에서는 11 : 22분부터 02 : 26분사이에 출발한다. 열차의 운송속도는 70km/h로, 부산 의왕간 약 7~9시간이 소요되고 있다.

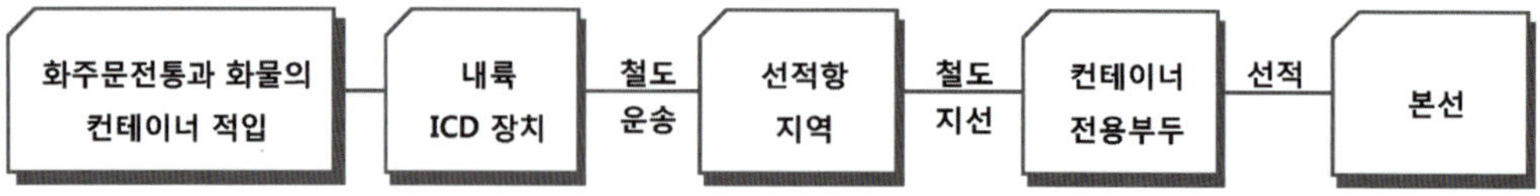

[그림 9-15] FCL화물의 철도운송절차

② LCL화물의 운송절차

LCL화물은 화주가 직접 일반차량을 수배해서 CY/CFS까지 운송하고 있으며, 운임상의 혜택과 동일지역행 화물의 혼재를 용이하게 하기 위하여 운송업자(forwarder)를 이용하고 있다. 운송업자를 이용하는 경우 운송형태는 운송주체자에 따라 구매자에 의한 혼재(buyer's consolidation) 형태와 운송업자에 의한 혼재(forwarder's consolidation) 형태가 있다.

- 구매자에 의한 혼재형태 : 운송업자가 특정 수입자의 위탁을 받아 여러 화주의 소형화물을 집화하여 컨테이너에 적입, FCL화물로 만든 다음 수입자가 지정하는 지점까지 운송하는 형태를 말한다.

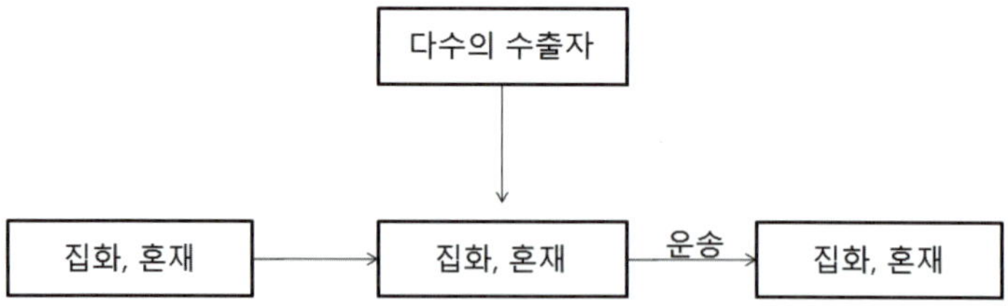

[그림 9-16] 구매자에 의한 혼재형태

- 운송업자에 의한 혼재형태 : 운송업자가 주체가 되어 목적지가 동일한 여러 화주의 소량화물을 집화하여 FCL화물로 만든 다음 목적지에 위치한 해당 운송업자의 대리인 또는 대리점을 통하여 다수의 수입자에게 운송하여 주는 형태를 말한다. 이때 어느 한 운송업자가 단독으로 소량화물을 FCL화물로 만들 수 없는 경우에는 다른 운송업자와 상호 간 협조에 의하여 공동으로 작업(co-loading)을 하는 경우도 있다.

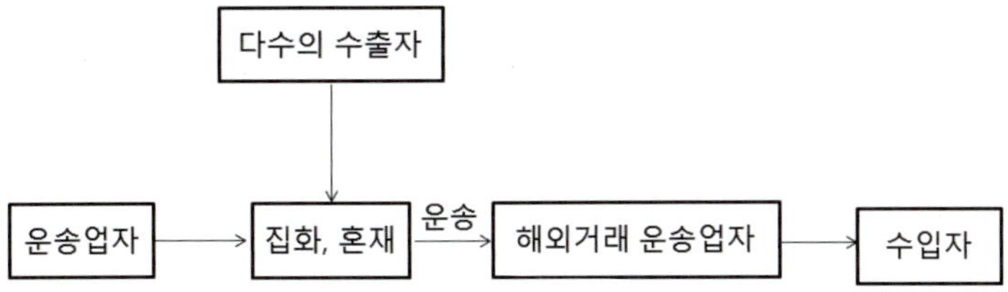

[그림 9-17] 운송업자에 의한 혼재형태

2. 컨테이너화물의 수입절차

(1) 수입컨테이너화물의 양륙절차

수입지에서 컨테이너화물과 서류의 흐름은 다음과 같다.

① 선적항에서 선적이 완료되면 본선은 출항하며, 이때 D/R의 사본(copy)이나 컨테이너내 적치표(CLP : container load plan)의 사본 등 적화관계서류는 선박회사로 송부

② 적하목록(cargo manifest), 도착예정통지서(arrival notice), 화물인도지시서(D/O : delivery order), 운임청구서(freight bill) 등의 서류를 관계처에 송부

③ 선박회사의 지점이나 대리점은 도착예정통지서, 운임청구서를 수화인 및 착화통지처(notify party)에 송부

④ 수화인은 은행 등에서 선화증권을 찾아 선박회사에 제시하고 운임 및 비용을 지불하고, 선사의 지점이나 대리점은 화물인도지시서를 발행하여 수화인에게 교부

⑤ 본선이 입항하면 컨테이너는 CY에 반입되고, LCL화물은 CFS로 이송되어 컨테이너에서 적출(devanning), 수화인별로 화물을 분류하여 인도

⑥ 수화인은 D/O와 교환으로 FCL화물은 CY에서 LCL화물은 CFS에서 인수

한편 선박회사는 컨테이너화물을 수화인에게 양하하기 위하여 다음과 같은 업무를 수행한다.

- 컨테이너의 양륙준비
- CY operator, CFS operator에게 관련서류의 송부
- 도착통지서 및 운임청구서의 발송
- 화물인도지시서의 발행
- 컨테이너화물의 과부족 발생 시 양화화물의 추적조사

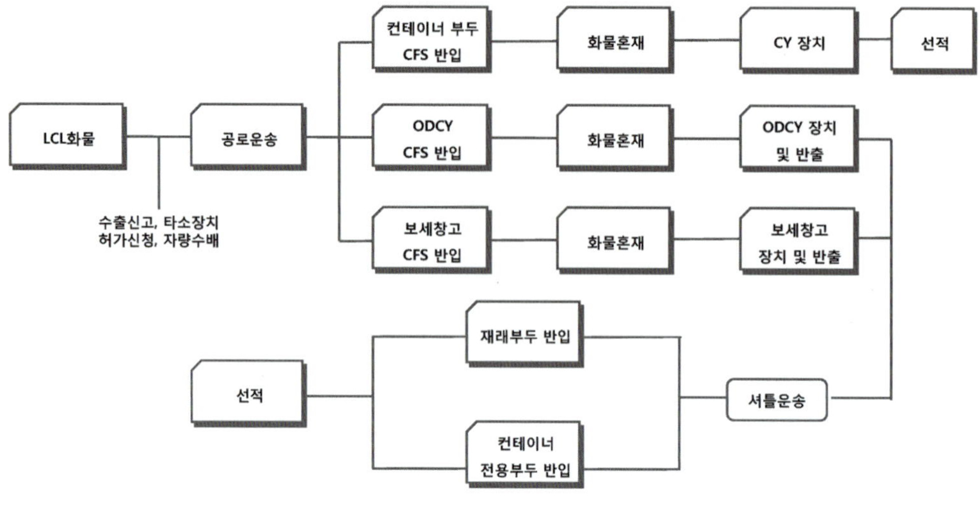

[그림 9-18] LCL화물의 운송절차(door 통관)

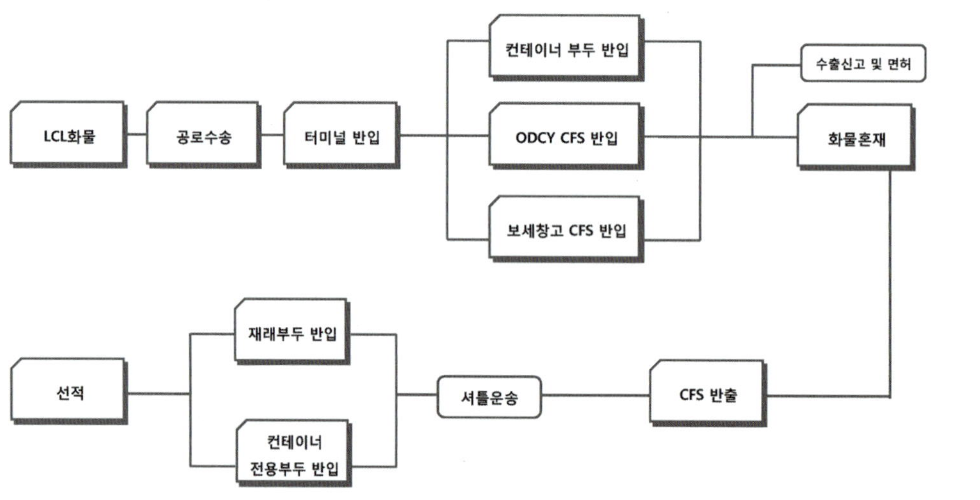

[그림 9-19] LCL화물의 운송절차(선적지 통관)

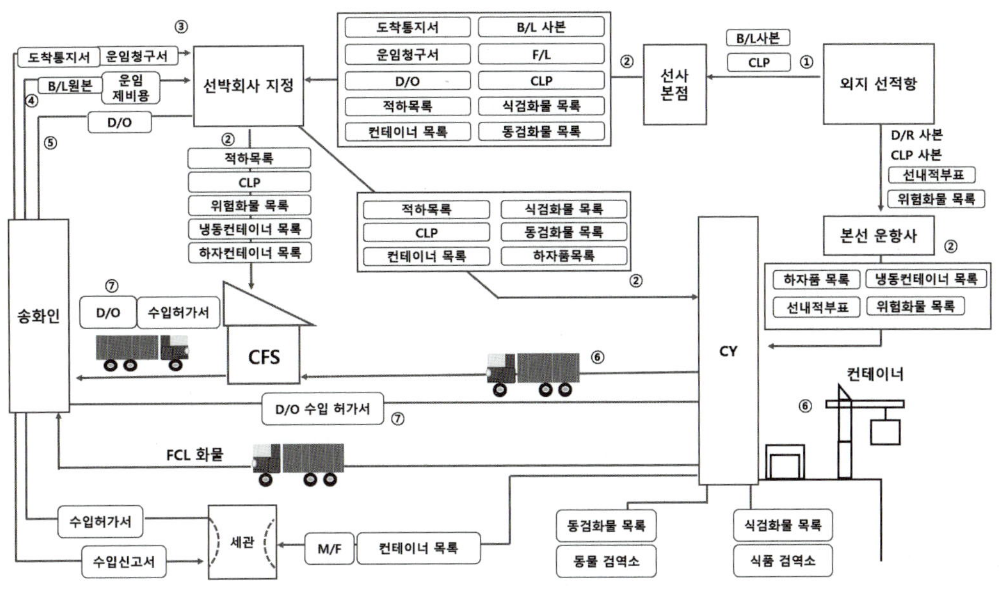

[그림 9-20] 수입컨테이너화물과 서류의 흐름

(2) 수입컨테이너화물의 운송절차

① FCL화물의 운송절차 : 부산 컨테이너터미널에 하역된 FCL화물은 다음과 같은 경로를 통하여 화주에게 인도되고 있다.

ⓐ 터미널에서 보세운송으로 부두직반출 운송(컨테이너 내장물품의 부두보세운송)

ⓑ 터미널 통관 후 부두직반출 운송(컨테이너 내장물품의 부두통관)

ⓒ 터미널 양하 → 보세운송 및 타소장치허가 → 철도이용 보세운송 → 부산진역 경유 부곡 ICD도착 → 화차하차 → 트럭상차 → 화주문전도착 → 수입통관 → 컨테이너 내장물품 인출 → 빈 컨테이너 반환

ⓓ 터미널 양하 → 게이트 반출 → 항외 CY반입 → 장치 및 부두통관 → 화주의 화물반출 → 화주 문전운송

ⓔ 터미널 양하 → 게이트 반출 → 항외 CY반입 → 보세운송 및 타소장치허가 → 도로보세운송 → 화주 문전수입통관 → 컨테이너 내장물품 인출 → 빈 컨테이너 반환

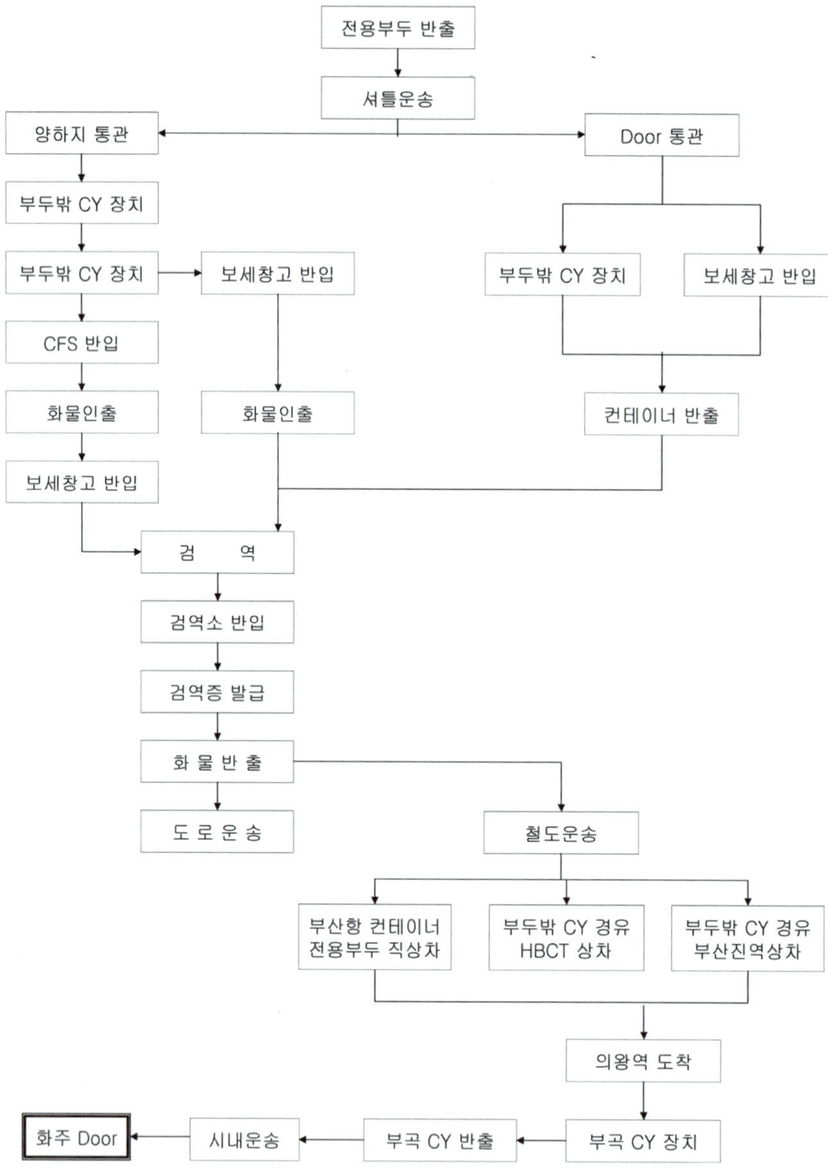

[그림 9-21] 수입컨테이너화물의 흐름도

② LCL화물의 운송절차 : LCL화물은 일반적으로 수출국의 CFS에서 복수 화주의 LCL화물로 혼재되어 컨테이너 화물로 집화되므로 거의 모든 LCL화물은 양륙지의 CFS에서 인출 및 통관된다. 양륙지에서의 운송절차는 다음과 같다.

ⓐ 부산 컨테이너터미널에서 통관하는 경우
터미널 양하→구내이송→CFS입고→반입신고→수입통관 및 수입면장 발급→화주별 또는 선화증권별 컨테이너 내장물품 인출→필요 시 검수, 검량, 감정→화물반출

ⓑ 부두 밖의 CFS에서 통관하는 경우
터미널 양하→터미널 게이트 반출→셔틀운송→부두 밖 CY반입→CFS반입→수입통관 및 수입면장발급→컨테이너 내장물품 인출→필요 시 검수, 검량 감정→화주의 화물반출

2.5 컨테이너화물의 운임

1. 해상운임

해상운임이란 선박이 사람이나 화물을 운송한 대가로서 지불 또는 수취하는 보수로서 운임의 결정은 시장경제의 수요와 공급의 원칙에 따라 결정된다.

해상운임의 종류를 분류하여 보면 다음과 같다.

[표 9-7] 해상운임의 분류

구 분	내 용	
지급시기에 따른 분류	선불운임 (freight prepaid)	화물을 선적할 때 선화증권과 상환으로 선박회사에 지불하는 운임
	후불운임 (freight collect)	화물의 운송이 완료된 후에 지불하는 운임
부과방법에 따른 분류	종가운임 (ad valorem freight)	특별관리를 필요로(귀금속 등 고가품)하는 화물의 경우 화주가 신고한 가격을 기초로 하여 일정률을 징수하는 운임
	최저운임 (minimum rate)	화물의 용적이나 중량이 일정기준 이하일 경우 징수하는 일정운임

	차별운임 (discrimination rate)	운임부담력이나 수요탄력성에 기초하여 동일비용의 운송에 대해 화물, 장소, 화주에 따라 운임을 차별화하거나 상이한 비용의 운송에 대해 동일하게 설정하는 운임
	무차별 운임 (freight all kinds rate)	화물의 형태, 성질, 가격 등과는 관계없이 운송거리를 기준으로 동일한 운임률을 적용하는 방식
	중량(weight)기준 운임	실제 중량(ton)을 기준으로 한 운임
	용적(measurement) 기준 운임	실제 중량에 비하여 용적이 큰 경우, 용적(CBM)을 기준으로 부과하는 운임
	운임톤 (R/T : Revenue Ton)	기본운임(basic rate)은 중량(weight) 또는 용적(measurement) 단위로 책정되며 2가지 중 운임이 높은 쪽이 실제 운임으로 결정되는데 이러한 실제운임
	Box rate	톤당 운임에 기초한 운임 산정의 번거로움을 줄이기 위하여 화물의 종류나 중량에 관계없이 컨테이너당 정한 운임
선내 하역비 부담에 따른 분류	Berth Term (B/T)	정기선 운항 시 선적비용과 양륙비용 모두 선주가 부담하는 조건으로, 정기선에서 이용되는 지급조건이기 때문에 'Liner Term' 또는 'Gross Term'이라고 함
	Free In (FI)	부정기선 운항 시 선적비용은 화주(용선자)가 부담하고 양륙비용은 용선료에 포함되어 선주가 부담
	Free Out (FO)	부정기선 운항 시 선적비용은 선주가 용선료에 포함되어 부담하고 양륙비는 화주(용선자)가 부담
	Free In&Out (FIO)	부정기선 운항 시 선적비용과 양륙비용 모두 용선료에 포함되지 않아 화주(용선자)가 부담
	FIOST (Free In and Out, Stowed and Trimmed)	부정기선 운항 시 곡물적재와 같은 경우에 적부 및 트리밍 비용까지 포함한 모든 하역비용을 용선주가 모두 부담하는 조건
특수운임	특별운임 (special rate)	해운동맹이 운임률표 상의 기본운임과는 달리 특정화물의 원활한 운송촉진, 맹외선에 대한 대항 조치, 대량화물에 대한 우대조치를 위해 일정기간에 한해 적용하는 할인운임
	경쟁운임 (open rate)	화물운임을 해운동맹에서 결정한 운임률표에 의하지 않고 가맹선사가 임의로 결정할 수 있는 운임
	접속운임 (overland common point rate)	운송업자가 해상운송 및 육상, 항공운송까지 화물주를 대신하여 북미내륙의 overland common point 지역까지 운송하는 경우 화주가 운송업자에게 지불하는 운임
미 신해운법 상 운임	기간물량운임 (time volume rate)	선박회사나 해운동맹이 일정기간 제공되는 화물량에 따라 여러 가지 다른 운임률을 부과하도록 승인된 운임

우대운송계약 (service contract)	화주 또는 화주단체(shipper's association)가 정기선운송을 위해 운임동맹 또는 비동맹선사와 체결하는
독자운임결정권 (independent action)	미국항로에 취항하는 동맹선사들에게 운임률표에 신고된 운임률(tariff)이나 기타 조건에 관계없이 독자적인 운임률을 설정, 실시할 수 있도록 허용된 권한

2. 부대비용

운송의 발달에 따라 운송관련 시설이나 인력의 증가 및 복잡전문화에 따라 선박회사는 해상운임만으로 경영에 어려움이 있으므로 이의 보전을 위해 도입되는 운송과 관련된 해상운임의 비용을 청구하고 있다.

선박회사에서 청구하고 있는 각종 부대비용의 종류 및 내용은 다음과 같다.

[표 9-8] 부대비용의 종류

종류	내용
터미널 화물조작비 (terminal handling charge : THC)	화물이 컨테이너터미널에 입고된 순간부터 본선 선측까지 혹은 본선선측에서 CY의 게이트를 통과할 때까지 화물이동에 따른 모든 비용
도착지 화물인도비용 (destination delivery charge : DDC)	도착항에서의 터미널 작업비용과 목적지까지의 내륙운송비를 포함한 화물인도에 따른 비용
CFS 작업료 (CFS charge)	컨테이너 한 개의 분량이 못되는 소량화물(LCL cargo)을 운송하는 경우 CFS에서 소화물을 모아 컨테이너에 혼적하거나 분류하는 작업에 소요되는 비용
서류발급비 (documentation fee)	선사가 일반관리비 보전을 목적으로 수출 시 선화증권(B/L)을 발급해 줄 때, 수입 시는 화물인도지시서(D/O)를 발급해 줄 때 징수하는 비용
체화할증료 (port congestion surcharge)	항구의 혼잡으로 인하여 화물의 체화가 발생할 경우 일정기간 동안 청구하는 비용
유류할증료 (bunker adjustment factor : BAF)	유가의 변동에 따라 발생되는 손실을 보전하기 위하여 부과하는 할증요금
통화할증료 (currency adjustment factor : CAF)	운임표시 통화의 가치하락에 따른 손실을 보전하기 위하여 부과하는 할증요금

성수기할증료 (peak season charge)	수출화물이 특정기간에 집중되어 화주들의 선복수요를 충족시키기 위해 선박용선료, 기기확보 비용의 성수기 상승분을 보전받기 위해 대부분 원양항로에 적용되고 있는 요금
지체료 (Detention Charge)	화주가 컨테이너 또는 트레일러를 대여 받았을 경우 규정된 시간 내에 반환을 못할 경우 벌과금으로 운송업체에 지불해야 하는 비용

2.6 우리나라 컨테이너 운송체제의 문제점과 합리화 방안

1. 우리나라 컨테이너 운송체제의 문제점

(1) 컨테이너 처리시설의 부족

우리나라의 해상 수출입컨테이너는 부산항의 포화상태에 따른 처리시설부족으로 인하여 항내CY(on dock CY)가 아닌 재래부두나 항외CY(off dock CY)를 통하여 처리되고 있다.

이에 따라 불필요한 환적비와 ODCY까지의 이송비 그리고 추가비용의 발생 등을 가져오고 있으며, 이는 국가 경제적으로 커다란 손실과 함께 대외경쟁력을 약화시키는 요인이 되고 있다.

(2) 부산항 컨테이너 유통경로 상의 문제

부산항을 이용하는 컨테이너는 항만시설의 부족과 전용부두의 부족에 따라 항외CY를 경유함으로써 불필요한 이중작업과 비용발생은 물론 화물유통의 신속성과 경제성을 저해하고 있다. 부산지역에 산재해 있는 항외CY의 이용은 시내의 교통체증, 소음공해의 유발과 함께 도시기능을 저해할 뿐만 아니라 수출입화물관리의 비효율성을 가져오고, 화주의 운송비부담의 증가와 경쟁관계에 있는 CY업체 간의 과당경쟁으로 유통질서의 문란 등을 가져온다.

(3) 도로운송 상의 문제

소량화물의 경우 화주의 입장에서 자동차의 수급사정에 따라 운임변동이 따르고, 차주입장에서는 노선별 주요 화물의 확보와 공차문제 등의 어려움이 따른다. 아울러 컨테이너화물의 경우 도로수송을 위해서는 관련되는 법규와 관리기관이 분산되어 있을 뿐만 아니라 차량운행 시 높이, 길이, 폭 및 중량에서 제한이 따른다. 이를 초과 시에는 사전에 도로교통법에 따라 화물출발지의 경찰서로부터 허가를 받아야 하며, 고속도로를 운행하려면 도로공사로부터 제한차량운행허가를 받아야 한다.

한편 우리나라의 도로망은 고속도로와 일반국도를 중심으로 이루어지고 있어 전국의 기간도로와 지선도로망의 연계수송이 원활하지 못하여 대도시와 지방 간의 물자유통에 어려움이 있다. 특히 컨테이너화물의 경우 90% 이상이 경부고속도로에 집중되어 운송되고 있어 경부간 고속도로의 정체 및 교통혼잡의 원인이 되고 있다.

(4) 철도운송 상의 문제

철도운송은 그 특성상 도로운송에 비해 기동성이 낮고 자체완결력도 떨어진다. 철도 운송체제는 화주 중심이 아니라 철도가 통과하는 역이 중심이 되므로 철도로 기간수송을 하더라도 도로에 의한 2차수송이 불가피하다.

철도화물 컨테이너 운송의 또 다른 문제점은 본선운송을 제외한 조작업무는 임대계약한 운송업자가 관리하고 있고 철도청은 본선운송만을 담당하고 있어 체계적인 책임관계가 이루어지고 있지 않을 뿐만 아니라 철도화물을 취급하는 컨테이너는 소운송업자에게 대여하고 있어 수송물량의 확보와 철도이용의 활성화에 어려움을 주고 있다.

2. 우리나라 컨테이너 운송체제의 합리화 방안

(1) 컨테이너처리시설의 확충

우리나라 수출입 컨테이너화물의 90%가 부산항을 경유하여 취급되고 있다. 급격히 늘어나고 있는 컨테이너화물을 신속하게 처리하기 위해서는 기존의 부산항과 함께 이를 보완할 인천항의 화물취급방법의 개선 그리고 새로운 컨테이너항의 개발이 시급하다. 다행히 1998년 5만톤급 4선석으로 광양항이 개장되고 2011년까지 총 24선석의 전용터미널이 확보되어 앞으로 컨테이너의 적체문제는 어느 정도 해결될 수 있을 것으로 보인다. 이후 부산신항에서의 선석개발도 계속 이루어지고 있다.

(2) 인천항 컨테이너부두의 활용

경인지역에서 발생하는 수출입화물의 인천항 이용을 증대시키기 위해서는 인천항의 시설확충과 항만입출항 경비인하 등 여건 개선과 함께 충분한 선복량을 확보하고 인천항을 통과하는 화물에 대한 통관서비스 개선 등 대책이 수반되어야 한다.

인천항은 자연항으로 지리적 여건상 긴 항로와 간만의 차 등으로 선박의 입출항에 지장을 주고 있으나 신속하고 안전한 선박운항 및 조수대기의 영향을 줄이기 위해서는 선박관계 서비스시스템의 도입과 컨테이너화물 운송체제가 원활하게 이루어질 수 있도록 배후수송망의 건설과 수송체제의 구축이 필요하고, 부산항과의 내륙연안운송을 이용한 연계수송이 원활하게 이루어질 수 있도록 하여야 할 것이다.

(3) 항외CY의 통합운영

부산항에 위치한 사설CY의 산재는 복합운송체제의 효율적인 장점을 살리지 못한 컨테이너 유통으로 인한 교통혼잡과 주거지역 내 컨테이너의 장치와 보관으로 환경문제를 야기하므로 이를 통합하여 한 곳에 설치 운영한다면 관리가 용이하고 컨테이너 적체현상을 어느 정도 해소할 수 있을 것이다.

(4) 컨테이너내륙기지의 설치 운영

우리나라는 내륙수송시스템의 미비가 중요한 문제점으로 부각되고 있어 이를 해결하기 위한 컨테이너내륙기지의 건설이 필요하다.

내륙컨테이너기지는 내륙운송의 구심점으로 내륙항만으로서의 기능, 컨테이너 집화센타로서의 기능, 내륙수송 및 수송정보제공기능, 보관 및 재고관리기능, 컨테이너의 조작, 분류, 분배뿐만 아니라 통관기능까지 수행하는 지역유통기지로서의 기능을 가지므로 컨테이너부두의 일부기능을 내륙지로 이전하는 효과와 함께 협동일관수송의 수립을 위해서도 절실히 필요하다.

내륙컨테이너기지가 출현하게 된 배경은 지속적인 물량증가에 따라 컨테이너부두는 증가하나 항만공간은 상대적으로 부족하므로 본선작업을 제외한 보관 및 분류기능을 수행할 공간의 내륙지에의 건설이 불가피하고 ICD는 생산자가 편리하다고 생각되는 지역에 건설이 가능하고 건설측면에서 항만보다 유리하기 때문이다.

ICD의 건설은 화주입장에서 총소요시간의 단축과 수송비의 절감 및 비용지불의 간소화가 기대되고 부산항 입장에서는 내륙수송기지의 확보에 대한 사전정보의 입수로 선적계획수립이 가능하다. 철도운영측면에서는 수송량 증가로 수입증대를 도모할 수 있으며, 국민경제적으로는 고속도로 교통체증의 완화와 중량물 수송에 따른 고속도로 훼손 방지와 에너지 절약을 기대할 수 있다. 따라서 컨테이너의 원활한 유통을 위해서는 철도수송과 연계된 내륙컨테이너기지가 주요 지역별로 설치되어야 할 것이다.

(5) 컨테이너 내륙수송방법의 개선

컨테이너운송의 효율화를 위해서는 철도수송 서비스의 다양화와 도로수송화물의 대단위화가 필요하다. 효율적인 일관수송을 위해서는 해당 운송주체를 하나로 통합운영하는 것이 바람직하며, 나아가 철도수송과 도로수송의 효율적인 운영을 위해서 철도컨테이너터미널을 중심으로 한 도로운송의 집화기능을 강화하고, 철도의 주요역에는 컨테이너터미널과 적환터미널이 설치되어야 한다.

(6) 협동일관수송체제의 확립

컨테이너운송의 효율성 증대를 위해서는 수송의 경제성, 신속성, 안전성 등을 감안 협동일관수송체제의 도입이 필요하다. 협동일관수송체제가 도입되기 위해서는 컨테이너운송의 주체인 선박회사, 항공사, 철도 및 자동차 회사들을 서로 계열화하고 수송의 전과정을 하나의 운송주체가 담당하면 효율적이다.

우리나라의 현행 운송주선인제도는 운송수단에 따라, 관련 법규에 따라 영업영역과 관리기관이 상이하다. 컨테이너운송이 경제적으로 이루어지기 위해서는 화물에 대한 정보가 운송 관련자에게 신속하고 정확하게 전달되어야 한다. 정확한 화물정보는 불필요한 장거리수송이나 빈 컨테이너의 이동을 감소시키고 수송비용의 절감을 가져오기 때문이다. 따라서 협동일관수송체제의 구축을 위해서 관련 운송주체와의 계열화와 함께 분산되어 있는 정부 각 기관간의 유기적인 협력체제가 갖춰져야 한다.

Chapter 10
운송물류거점

10 운송물류거점

제1절 운송물류거점

1.1 물류거점의 개념

운송은 출발지에서 도착지까지 직행운송을 제외하고 물류거점(node)과 수송로(link)의 연결에 의하여 이루어진다. 이 과정에서 물류거점은 복수의 공급자와 수요자가 존재하는 물품의 흐름에서 공급자와 수요자의 중간에 위치하여 물품의 수수, 환적 보관, 운송하는 중심적 역할을 다하는 장소의 통칭으로 항만, 공항, 화물역, 트럭 터미널, 컨테이너 터미널, 내륙컨테이너기지, 복합화물터미널 등 주로 사회간접자본에 따라 배치되는 것과 유통창고, 배송센터, 스톡 포인트 등 기업차원에서 배치되는 것으로 구분된다.

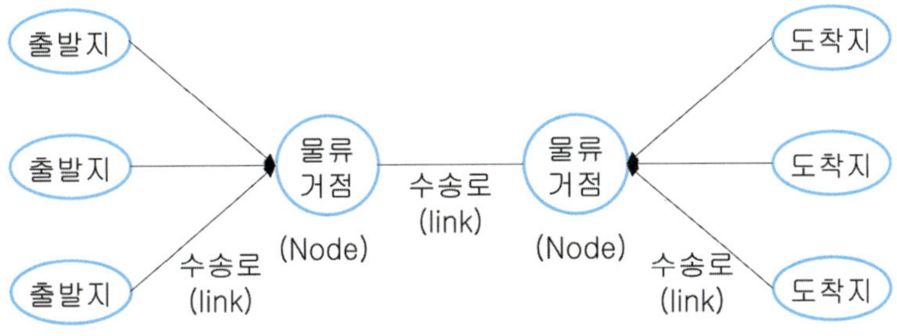

[그림 10-1] 물류거점의 일반적인 형태

물류거점은 복수의 공급자와 복수의 수요자를 신속, 정확하게 연결함으로써 효율성을 높이기 위하여 다음과 같은 기능을 수행하게 된다.

① 보관을 통한 공급과 수요의 완충 또는 조정역할
② 집화·배송을 위한 배송기지와 운송비 절감을 위한 중계역할
③ 제품확보와 판매촉진을 위한 판매촉진역할

이러한 물류거점을 운영 또는 활용함으로 인해서 얻어질 수 있는 기대효과는 다음과 같다.

① 복합일관운송체계와 간선 위주의 운송체계구축을 통한 화물운송체계의 개선
② 화물유통체계의 개선으로 물류비용의 절감과 간선운송체계의 구축으로 인한 도로혼잡과 교통난의 완화
③ 기업의 운송, 보관, 하역비 등 물류비의 절감

이들 운송물류거점은 건설, 소유, 운용방식에 따라 민간, 공공, 제3섹터[1)]로 구분된다.

제 2 절 컨테이너 터미널

2.1 컨테이너 터미널의 개념과 분류

1. 컨테이너 터미널의 기능

컨테이너 터미널은 해상운송과 육상운송을 연계하는 복합운송시스템으로서 표준화된 운송시스템을 사용하는 현대식 물류시스템이다.

컨테이너운송의 가장 큰 장점은 컨테이너화물의 수취와 인도, 보관, 각종 관련 장비의 관리운영 등의 효율을 높임으로써 컨테이너를 신속, 정확, 안전하게 운송하는 데 있다. 이러한 기능을 수행하기 위해 설치 운영되고 있는 곳이 컨테이너 터미널(container terminal)이다.

1) 사회간접시설이나 대규모 유통시설을 건설할 때 민간기업이 공기업이나 지방정부와 합작하여 공사를 진행하는 방식을 말한다.

컨테이너 터미널은 화물유통의 중추인 해·육 운송을 연결하는 접속점의 역할을 담당하는 곳으로 컨테이너를 신속하고 효율적으로 컨테이너선에 선적하거나 양륙하고, 트럭과 기차와의 컨테이너화물의 수도, 컨테이너의 장치, 빈 컨테이너의 집적, 컨테이너 및 그 관련 기기의 정비 및 수리 등의 업무를 수행하는 장소이다.

재래운송에 있어서 터미널은 해상과 육상운송의 종착역으로 간주되었으나, 컨테이너 운송체제에서는 전 운송체제에서 접점으로 필수적인 부분으로 평가되고 있다. 즉, 컨테이너화는 전 운송체제에서 터미널의 역할과 개념의 변화를 가져온 것이다.

2. 컨테이너 터미널의 조건

컨테이너 터미널은 화물의 단위(unit)화를 통하여 그 처리방법을 표준화, 신속화하여 하역기기의 기술혁신과 함께 선박의 생산성과 항만기능 사이에 종래의 불균형을 해소시켰으며, 그 결과 재래 정기선시대에 비하여 대량화물의 선적, 양륙시간을 획기적으로 단축시켜 정박시간을 감소하고 선박의 회전율을 높였다.

그리고 터미널 내에서 하역의 획일화에 의하여 컨테이너의 연속적인 움직임에 대한 종합적인 계획을 사전에 입안할 수 있게 되었고, 인수·인도로부터 하역까지의 일정도 쉽게 인지하여 접속, 집배의 시간조절(timing)에 대한 신뢰도가 높아져 다른 운송수단의 생산성 향상에 크게 기여하였다.

컨테이너운송이 활성화되기 위해서는 컨테이너전용선의 활용, 항만에서의 하역작업 그리고 내륙운송수단과의 연계과정 등이 컨테이너운송에 적합하여야 한다. 특히 항만기능의 중추는 컨테이너 터미널이며 이것은 컨테이너운송을 구성하는 시스템 속에서 하나의 센터로서의 역할과 더불어 복합적이며 물류의 합리화, 집약화를 도모하는 기능을 담당하여야 한다.

이를 위해 컨테이너 터미널은 기본적으로 다음과 같은 조건을 갖추어야 한다.

① 컨테이너선은 안전항해, 이·접안, 계류가 가능하고 하역용 갠트리 크레인을 장치하고 있어야 한다.

② 컨테이너선에 적재, 양륙되는 컨테이너를 육상운송수단에 신속, 정확하게 수도하는 능력이 있고 컨테이너의 상태를 검사할 수 있는 시설과 조직을 갖추고 있어야 한다.

③ 컨테이너 터미널을 통과하는 대량 컨테이너를 신속, 정확하게 처리할 수 있는 시설과 조직을 갖추고 있어야 한다.

④ 컨테이너 터미널을 통과하는 대량 컨테이너를 신속, 정확하게 처리할 수 있는 능력이

갖춰진 시스템 하에서 운영되어야 한다.

⑤ 내륙운송의 접점의 역할을 수행하기 위해서는 발달된 도로망이나 충분한 운송능력이 있는 철도에 직접적으로 접속되어 있어야 한다.

⑥ 대량 컨테이너를 동시 수용하기 위해 배후에 넓은 CY나 CFS를 확보하고 있어야 한다.

3. 컨테이너 터미널의 분류

컨테이너 터미널은 건설, 소유 및 운영형태에 따라 기본적으로 공공 터미널과 전용임대 터미널의 2 종류로 구분된다.

(1) 공공 터미널(public terminal)

공공 터미널은 본선의 화물을 선적 또는 양륙하는 작업 기간에만 안벽, 컨테이너 크레인 및 일정한 마샬링 야드를 항만관리자로부터 임대하여 사용할 수 있는 터미널이다.

공공 터미널은 컨테이너운송의 규모가 적은 초기의 형태로서 세계 각국의 컨테이너 도입 초기에 채용한 방식이며 비교적 정박시간이 짧은 다수 선사의 컨테이너선을 취급하는 항구에서 많이 이용되고 있다. 이 터미널의 요금부과 방식은 모든 항만시설 및 기기를 항만관리자의 직접적인 관리하에 두어 항만요율에 따라 부과하고 있다.

공공 터미널을 이용하는 경우 통상적으로 양륙한 컨테이너는 수일 이내에 일괄하여 내륙에 있는 자신의 CY에 반입하며, 선적할 컨테이너도 본선이 입항하기 수일 전에 자신의 CY로부터 마샬링 야드에 반입하여 선적을 대기하게 된다.

(2) 전용임대 터미널(exclusive terminal)

전용임대 터미널은 선박회사, 항만하역회사(terminal operator)가 국가 또는 항만관리자로부터 안벽과 인접하는 CY를 일정기간 동안 차용하여(보통 10년에서 30년 간) 여기에 개인의 컨테이너 터미널을 설치하는 형태로 현재 세계적인 터미널은 거의 모두 이 방식을 도입하고 있다.

전용임대 터미널의 경우 선박회사는 자유로이 안벽 사용의 우선권을 얻어 컨테이너선의 운항 효율성을 향상시키고 동시에 터미널 운영시스템, 컴퓨터 시스템, 화물 수도의 점검방법 등 자기의 전체 시스템에 가장 적합한 시스템을 선정할 수 있으나, 터미널을 이용하는 컨테이너수가 적정규모 이하일 경우에는 시설임대료가 비싸기 때문에 2~3개 선박회사가 공동으로 전용 터미널을 이용하는 방법도 있다.

4. 하역시스템

컨테이너 터미널의 하역시스템은 터미널의 설계에 따라 적절한 시스템을 도입하여야 하며, 단순히 한 가지 시스템만 활용하는 것보다 여러 가지 시스템을 지역 특성에 맞게 혼합하여 선정하는 것이 합리적이다.

현재 사용하고 있는 컨테이너 터미널의 하역시스템으로는 장비가 무엇인가에 따라 크게 샤시방식(chassis system), 스트래들 캐리어방식(straddle carrier system), 트랜스테이너방식(transtainer system)(또는 트랜스퍼 크레인 방식), 지게차에 의한 방식(Top Handler, Reach Stacker), 혼합방식(mixed system) 등 5가지로 구분된다.

(1) 샤시방식

샤시[2)]방식(chassis system, trailer storage system)은 수입컨테이너를 갠트리 크레인을 이용하여 본선으로부터 야드 트랙터(yard tractor)가 이끄는 샤시 위에 직접 양륙한 다음 지정된 장치장까지 이동하여 트레일러 상태로 장치되어 필요 시 즉각 운송할 수 있도록 대기하고, 수출컨테이너의 경우에는 샤시에 실린 채 컨테이너 야드에 반입되어 적치되었다가 트랙터에 의해 선측으로 이동되어 컨테이너만 본선에 적재되는 시스템이다.

샤시방식의 운영은 매우 신속하고 효과적이나 컨테이너를 1단 밖에 장치할 수 없어 방대한 면적과 수천대의 샤시와 많은 트레일러가 필요하므로 지가(地價)가 저렴한 지역에서 선박회사가 트레일러를 제공하거나 터미널을 임차하여 전용 운영하는 경우에 도입가능한 방식이다.

샤시방식은 작업의 신속성과 조작비 절감, 컨테이너 파손율의 감소, 야드의 고정비 감소, 컨테이너 수도의 융통성 부여 등과 같은 장점이 있으나 반면에 넓은 컨테이너 장치장의 필요, 샤시 투자비용의 증대, 야드 내 내륙운송업자의 출입으로 사고 발생 시 책임한계의 불명확, 크레인 운영의 비효율 등의 한계점을 가지고 있다.

(2) 스트래들 캐리어방식

스트래들 캐리어방식(straddle carrier system)은 컨테이너를 양각 사이에 들어 올려 주행하는 특수차량으로 컨테이너를 크레인 하방으로부터 이동시켜 CY 내에서 일단 지상 또는 다른 컨테이너상에 다단으로 장치하였다가 화물을 인도할 때에 다시 스트래들 캐리어로 집어서

2) 육상을 운행하는 밴 트레일러(van trailer)에서 컨테이너를 말하는 것으로 보기(bogie)와 프레임(frame)으로 구성된다.

샤시 위에 올려놓은(화물인수 시는 이와 반대) 방식이다. 샤시방식에 비해 기기에 의한 취급회수가 한 번 더 많으나 야드 내에서 장치효율은 대단히 높다.

스트래들 캐리어는 약 30톤의 컨테이너를 들어 올리는 기능과 약 25km의 속력으로 주행하는 기능을 겸비한 새로운 형태의 산업기계인 동시에 차량이다.

이 방식은 비교적 면적이 좁은 터미널을 이용하였던 초기의 컨테이너 작업에 가장 널리 이용하던 방법으로 컨테이너를 2~3단 적재할 수 있으므로 토지이용의 효율성이 높고, 터미널 내에 작업량이 급증할 경우에도 이를 해결할 수 있는 탄력성이 있으며, 운반이나 적재에 융통성이 많다는 장점이 있다. 그러나 정밀한 작업이 요구되어 장비보수비용과 시간이 많이 들며, 아스팔트 포장에 손상률이 높아 계속적인 도장이 필요하며 장비와 컨테이너의 파손율이 높은 단점이 있다.

(3) 혼합방식

혼합방식(mixed system)은 특정작업에 대해 지금까지 설명한 방식 중에서 가장 적합하다고 판단되는 하역방식을 적용하는 방법이다. 즉, 수입컨테이너를 이동할 때 트랙터로, 인도할 경우에는 스트래들 캐리어를 사용하고 수출컨테이너를 야드에 직접 선측까지 운반할 경우에는 트랜스테이너를 사용하여 작업의 효율성을 높이는 방법을 말한다. 이 방식이 성공하기 위해서는 종합적인 정보시스템과 작업에 대한 확실한 계획이 필요하다.

(4) 지게차에 의한 방식

톱 핸들러 또는 리치스택 등의 대형 지게차를 이용하는 방식으로 장비의 특성 상 융통성이 매우 좋다.

(5) 트랜스테이너 방식

컨테이너선에서 야드의 샤시에 탑재한 컨테이너를 마샬링 야드에 이동시켜 트랜스퍼 크레인으로 장치하는 방식이다. 트랜스테이너 방식은 좁은 면적의 야드를 가진 터미널에 가장 적합한 방식이며, 일정방향으로만 이동하기 때문에 전산화에 의한 완전 자동화가 가능하다. 또한 트랙트와 문형 크레인의 결합에 의해서 안전도가 높고 운행비가 스트래들 캐리어 방식에 비하여 훨씬 적게 드는 장점이 있다. 반면에 작업량이 급증하는 경우에 탄력적으로 대응할 수 없어 대기시간이 늘어나는 단점이 있다.

[표 10-1] 컨테이너 터미널의 운영방식

구 분 / 운영방식	야드의 필요면적	자본 투자	야드의 효율성	갠트리 크레인의 효율성	컨테이너 양육시간	하역장비 유지비용	야드작업의 융통성	자동화
샤시방식	대	대	고	저	단	소	불가	저
스트래들 캐리어방식	중	중	중	고	중	대	가	중
트랜스테이너방식	소	소	저	저	장	소	불가	고

2.2 컨테이너 터미널의 주요 시설 및 기기[3)]

1. 컨테이너 터미널의 주요 시설

컨테이너 터미널은 선박에서 화물의 적재 양륙, 적치(stowage), 화물과 컨테이너의 수도가 일어나는 장소이다. 따라서 터미널은 대량화물이 신속하고 효율적으로 운반되기 위해 가장 적합한 시설과 장비를 갖추어야 한다.

일반적으로 터미널에는 컨테이너선이 입·출항하는 임해컨테이너 터미널과 컨테이너의 집배, 컨테이너 화물의 적입(vanning, stuffing), 적출(devanning, stripping) 등의 작업장 및 통관절차를 이행하는 장소로서의 기능을 가진 내륙 컨테이너 기지(inland container depot : ICD)로 구분된다.

임해컨테이너 터미널의 주요 시설은 다음과 같다.

(1) 안벽

컨테이너선이 접안할 수 있도록 한 시설을 안벽(선석, berth, quay, pier, wharf)이라고 하며 안벽의 길이는 컨테이너선에 따라서 다르나 대체적으로 300m 이내가 보통이며 그 수심은 간조 시에도 접안할 수 있도록 12m 정도이다. 그 앞면이 거의 연직인 벽을 가진 구조물 중 수심이 큰 것(4.5m 이상)을 안벽이라 한다. 본선을 계류해서 육상과의 사이에 직접 여객이 승강하고 화물을 싣거나 풀기 위한 설비이다. 안벽과 같은 구조물로서 바지(barge : 부선)·기타 소형선을 계류하기 위한 설비를 선창이라고 한다.

3) 제9장 컨테이너운송물류 참조.

(2) 에이프론

에이프론(apron, wharf surface)은 부두의 여러 부분 중 가장 바다에 접해있는 부분으로 안벽을 따라서 포장된 야드의 일부분으로 컨테이너의 적재와 양륙작업을 위하여 임시로 하치하거나 크레인이 통과주행을 할 수 있도록 레일을 설치하는 데 필요한 공간을 말하며, 그 폭은 하역시설에 따라 다르나 보통 30~50m(터미널의 대형화로 변화된 평균)이다. 에이프론에는 안벽당 2개의 컨테이너 전용 갠트리 크레인이 선석 전체에 걸쳐 활용할 수 있도록 crane bail이 설치되어 있다.

(3) 마샬링 야드

컨테이너선에 컨테이너를 선적하거나 양륙하기 위하여 작업순서에 따라 컨테이너를 정렬시켜 놓은 넓은 공간을 마샬링 야드(marshalling yard)라 하며, 에이프론과 인접하여 설치하는 경우가 많다.

보통 컨테이너선이 입항하기 전에 사전에 계획된 선내적부계획(stowage plan)에 따라서 선적예정 컨테이너를 도착지 항구에서 하역할 순서대로 정렬하거나, 항구에 입항한 컨테이너선으로부터 양륙할 컨테이너를 언제든지 화주의 요구에 부응할 수 있도록 정렬할 공간을 준비해야 한다.

마샬링 야드는 컨테이너의 양륙과 하역을 준비하는 정도이기 때문에 컨테이너 야드 중에서 가장 넓은 면적을 차지하는 장소로 운영방법에 따라 규모가 다르나, 컨테이너 터미널운영의 효율성에 직접적으로 영향을 미치는 중요한 부분이다. 이곳에서는 슬롯(slot)이라고 불리는 사각형의 선을 그려넣는 곳이 있으며 1개의 슬롯에는 1개의 컨테이너가 선내적부계획에 따라 장치된다.

(4) 컨테이너 야드

컨테이너 야드(container yard : CY)는 마샬링 야드의 배후에 위치하고 있으며 마샬링 야드까지 포함하여 컨테이너 야드라고 불리기도 한다. 컨테이너 야드에서는 만재화물(FCL)을 받아 건네주는 작업이 이루어지는 곳으로 해상운송인의 책임은 여기서 시작되고 종결된다. 그 기능은 컨테이너의 인수, 인도, 보관에 있고 컨테이너 야드의 크기는 컨테이너선의 적재능력, 항해빈도수, 컨테이너화물의 반·출입분포, 컨테이너의 하역방법에 따라 결정되나 표준크기는 200m길이 안벽당 75,000㎡, 300m길이 안벽당 105,000㎡이다.

부산항의 경우 컨테이너 터미널 안에 있는 5, 6부두의 CY는 항내CY(on-dock CY)라 부르며, 감만 등 따로 떨어져 있는 CY는 항외 CY(off-dock CY)라 부르고 있다.

컨테이너운송은 화물의 출하지로부터 최종목적지까지 화물을 컨테이너에 적입한 상태로 문전에서 문전으로 운송하는 것이 기본적인 서비스형태이다. 그러나 LCL화물의 경우 수출 시에는 특정장소에 화물을 집적하였다가 목적지별로 선별하여 하나의 컨테이너에 적입(stuffing)하며, 수입 시에는 혼재화물을 컨테이너로부터 소화물을 인출(unstuffing 또는 devanning)하여 목적지별로 선별하여 보관하였다가 수화인에게 인도하여야 한다. 이와 같이 소량화물(LCL)을 인수, 인도, 보관하거나 컨테이너 안에 적립 또는 적출 작업이 이루어지는 곳이 바로 컨테이너 프레이트 스테이션(container freight station : CFS)으로 통관업무도 보통 여기서 처리된다.

CFS는 반드시 터미널 내 또는 인접한 곳에 설치할 필요는 없으며 컨테이너 야드와 원활한 연결이 이루어질 수 있는 장소에 설치하면 된다. 최근의 컨테이너 터미널은 공간적으로 보다 넓게 사용하기 위하여 CFS를 터미널 외부에 설치하는 경우도 있으나 항내 CY와 연결되어 설치하는 것이 바람직하다.

(5) 메인트넌스 숍

메인트넌스 숍(maintenance shop)은 컨테이너 자체의 검사, 보수, 사용 전후의 청소 등을 포함하여 컨테이너 터미널 내에서 사용하는 모든 기기의 정비공장이다.

세계 각지를 항상 이동하고 있는 컨테이너를 완전한 상태로 유지하기 위해서는 컨테이너 집적지 중심에 있는 컨테이너 터미널에서 철저히 점검하여 신속한 수리를 할 필요가 있다. 정비공장 내에는 냉동컨테이너용 전원, 용접기 및 충전에 필요한 여러 기계류가 설치되는 것이 보통이다.

(6) 컨트롤 센터

컨트롤 센터(control center)는 본선의 하역작업, 컨테이너 야드 내의 컨테이너 배치가 본부의 계획이나 지시대로 이루어지도록 통제, 감독하는 기능을 갖고 있다. 일반적으로 컨트롤 센터는 컨테이너 터미널의 전경이 잘 바라보이는 장소에 위치하며, 현대화된 터미널 내에서는 컴퓨터 등을 사용하여 신속하고 합리적으로 중앙통제기능을 수행하고 있다.

(7) 출입문

출입문(gate)은 터미널을 출입하는 FCL화물이나 빈 컨테이너 등이 통과하는 출구로 출입 시에 필요한 서류의 접수, 봉인, 손상의 유무를 점검하고 컨테이너의 중량을 측정하는 장소이다. 출입문은 해·육 복합운송에서 책임이 이전되는 접점으로서 중요한 기능을 가지고 있다.

2. 컨테이너 터미널의 기기

효율적인 컨테이너 터미널이 되기 위해서는 가장 합리적이고 신속하게 컨테이너를 처리하여 컨테이너선의 안벽 접안시간을 최대한 단축할 수 있는 하역장비를 갖추고 있어야 한다. 그러나 하역장비는 터미널의 설계, 취급물량, 사용가능한 토지의 넓이 등 각각의 터미널의 사정에 따라 그 성능이나 제원이 다른 것이 사용된다.

어떤 형의 기기를 설치할 것인가를 결정하는 것은 특정한 터미널의 하역체제를 계획하는 데 중요한 요소가 된다. 일반적으로 터미널에 설치하여야 하는 기기로는 다음과 같은 것이 있다.

(1) 갠트리 크레인

갠트리 크레인(gantry crane)은 컨테이너 하역용으로 특별히 설계된 안벽용 및 교형 크레인으로 에이프론에 설치되어 있는 레일을 따라 본선과 평행으로 주행하면서 컨테이너의 직재하역작업을 하는 기기이다. 부속기기로서 spreader hook가 부착되어 있어 20~40피트짜리 컨테이너를 시간 당 30~40개 정도 적재 또는 하역할 수 있으며 일회에 약 40톤 화물을 90초 내에 하역할 수 있다.

(2) 스트래들 캐리어

스트래들 캐리어(straddle carrier)는 컨테이너 터미널 내에서 컨테이너를 양다리 사이에 놓고 운반과 하역작업을 동시에 할 수 있는 자동주행기로 기동성이 풍부하고 작업자 수에 있어 유연성을 갖는 특징이 있으나 고가이며 정비에 비용과 시간이 많이 드는 단점이 있다. 최근에는 트럭에서 컨테이너를 직접 갠트리 크레인을 통해 바로 작성할 수 있기 때문에 이용도가 떨어지고 있다.

(3) 트랜스테이너

트랜스테이너(transtainer, transfer crane)는 야드 내에 설치된 컨테이너 장치전용의 문형 크레인으로 양륙된 컨테이너를 컨테이너 야드에 장치하거나 화차 또는 샤시에 옮겨 싣는 데 이용되는 장비이다. 통상 전동식이고 작업능력은 시간 당 약 30개 정도의 컨테이너를 처리할 수 있다.

(4) 야드 트랙터

야드 트랙터(yard tractor)는 야드 내에서 샤시에 적재된 컨테이너를 이동하는데 사용되는 작업용 컨테이너 운반트럭으로 일반 컨테이너 트럭과 동일하다.

(5) 윈치 크레인

윈치 크레인(winch crane)은 자체를 이동 및 회전시키면서 컨테이너 트럭이나 flat car로부터 컨테이너를 적재하거나 양하할 때 사용하는 중기이다.

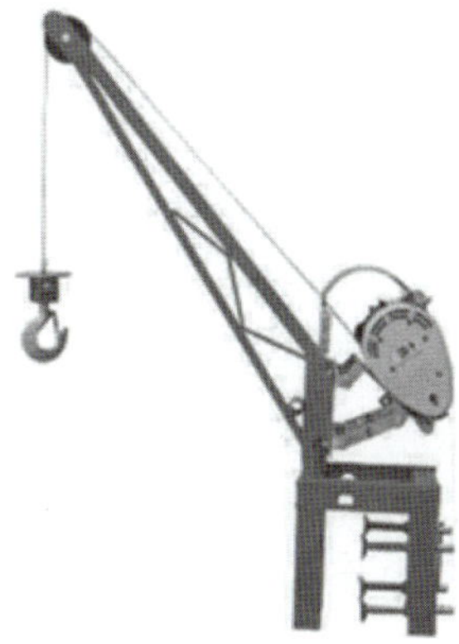

(6) 지게차

지게차(Fork lifter)는 컨테이너 터미널 내에서 트럭이나 flat car로부터 컨테이너를 적재 또는 하역하는 차량을 말한다.

(7) 샤시

샤시(chassis)는 세미 트레일러(semi trailer)에서 컨테이너를 적재하는 부분으로 보기(bogie)와 프레임(frame)으로 구성된다.

2.3 컨테이너 터미널 현황

우리나라 컨테이너 터미널은 그동안 해상운송물동량의 대부분을 차지하고 있는 부산항과 인천항을 중심으로 발전하여 왔다. 현재 운영 중인 컨테이너 터미널은 부산항의 경우 부산북항에 자성대, 신선대, 감만부두, 신감만부두, 7부두(TOC부두)가 있으며 부산신항에는 부산신항국제터미널(PNIT), 부산신항만(PNC), 한진해운신항만(HJNC, 현 한진부산컨테이너터미널), 현대부산신항만(HPNT), 부산신항(BNCT)이 있다. 그 외에도 광양, 인천, 평택, 당진, 울산, 목포, 대산, 포항, 군산에서 소규모로 운영되고 있다.

우리나라에서 컨테이너선을 위한 전용부두가 건설된 것은 1974년 5월로써 인천항의 부두건설이 착공된 지 5년 만에 준공됨으로써 야드 2개가 마련되었으며, 이어 부산항 종합개발사업으로 컨테이너 건설에 착수 1978년 국내 최초로 5만 톤급 컨테이너 선석인 제5부두가 개장되었고, 1983년 부산항 제2단계 개발사업의 일환으로 제6부두가 증설되었다.[4] 현재 부산항은 부산항 개발 제4단계사업의 일환으로 1992년부터 건설이 시작된 이래 1997년 12월 1차공사가 완공되었으며, 이어 4단계 확장부두가 건설되었고, 부산신항에도 많은 선석들이 만들어지고 있다.[5]

부산신항은 공사기간 1995~2020년(26년) 동안에 걸쳐 현재에도 공사 중에 있고 총 사업비는 16조 6,823억원으로 정부 7조 4,551억원 민자 9조 2,272억원이 투입되고 있다. 사업내용으로는 부두 45선석, 방파제 3.89km, 호안 40.3km, 도로 37.7km, 철도 53.5km, 부지조성 19백만 m², 준설 1식, 유류중계기지 및 수리조선 1식 건설을 목표로 하고 있다.

그리고 북항을 재개발하는 북항재개발사업 또한 실시 중에 있다. 사업기간은 2005~2020년까지이고 총 사업비는 1조 8,137억2천만원(정부재정지원 별도)으로 진행 중이며 사업규모는 북항재개발 부지조성 및 상부시설 일부 건축을 목표로 하고 있다. 추진배경 및 사업효과로는 신항건설에 따른 북항 재래부두 기능재편, 항만을 통한 도시성장 및 시민 친수공간 확대와 부산 원도심 기능회복과 지역경제 활성화 유도로 31조 5천억원의 경제적 파급효과 및 12만 명의 고용창출을 기대하고 있다.

한편 광양항 컨테이너 터미널은 1987년 착공 이래 2011년까지 4단계로 구분 시행계획 하에 현재 2단계 사업이 완료되었으며, 2020년까지 완공을 목표로 3단계 사업을 진행 중이며, 전체사업 완공 시 총 24선석 규모의 연간처리능력 528만TEU를 처리할 수 있게 될 것으로 보

4) http://www.hktl.com/sub02/02.php?catetop=0202&lang=ko

5) http://www.busanpa.com/kor/Contents.do?mCode=MN0860

인다.

2011~2020년의 사업기간을 가진 광양항 개발 사업은 사업비 4조 5,978억원으로 호안은 450m이고 2010년 실적으로 총 물동량이 206,691TEU에서 2020년 312,068TEU로 증가할 것으로 예상된다. 광양항은 국가경제성장을 견인하는 복합물류중심 허브항으로 집중육성할 계획이다.

[표 10-2] 항만별 컨테이너 처리 실적

(단위 : 천TEU)

연 도	부산항	인천항	광양항	합 계
2011	16,185	1,998	2,073	20,256
2012	17,046	1,982	2,154	21,182
2013	17,686	2,161	2,285	22,132
2014	18,683	2,335	2,338	23,356
2015	19,469	2,377	2,327	24,173
2016	19,456	2,680	2,250	24,386
2017	20,493	3,048	2,233	25,774
2018	21,663	3,121	2,408	28,970

자료 : http://www.index.go.kr/potal/main/EachDtlPageDetail.do?idx_cd=1267

1. 부산항 컨테이너 터미널

부산항 컨테이너 터미널은 1978년 이전까지는 부산시내 배후 내륙지에 사설 컨테이너 터미널이 무계획적이고 임시적으로 형성되어 급격히 증가하는 컨테이너 물동량을 담당하였고 이러한 물동량이 전량 재래식 부산항부두에서 처리되었다. 정부에서는 뒤늦게 컨테이너 전용부두건설의 중요성을 인식하고 국제부흥개발은행(IBRD)의 차관에 의한 부산항종합개발 1, 2, 3단계 사업계획을 수립하여 1974년 11월에 본격적인 공사에 착수하여 1991년 6월까지 모두 준공하였다.

[표 10-3] 부산의 컨테이너 전용부두 시설 및 운영현황

(2019년 8월 기준)

구 분		자성대 (1, 2단계)	신선대 (3단계)	감만부두 (4단계)	신감만부두	7부두 (TOC부두)
사업기간		1974 - 1996	1985 - 1997	1991 - 1997	1987 - 1997	1974-1978
총사업비		1,084억원 166억 (피더부두)	2,226억원 (1선석 추가 372억원)	4,724억원 (공단 : 3,293, 정부 : 1,431)	1,781억원	-
운영개시		1978.9 (피더 1996.9)	1991.6(1선석 : 1997.9)	1998.4	1998.7	1978
운영회사		한국허치슨 터미널(주)	부산항터미널(주)		동부부산컨테이 너터미널(주)	인터지스(주)
부두길이		1,477m	1,200m	700m	826m	674m
전면수심		15m	16m	15m	15m	7.5~11m
하역능력		1,722천TEU	2,266천TEU	1,600천TEU	819천TEU	잡화 5,001천톤 (컨300천 TEU)
접안능력		5만 톤 : 4척 1만 톤 : 1척	5만 톤 : 4척	5만 톤 : 2척	5만 톤 : 2척 5천 톤 : 1척	15,000 톤급 1척 10,000 톤급 1척 5,000 톤급 2척
부지면적		624천㎡	1,152천㎡	509천㎡	294천㎡	110,000㎡
CY면적		335천㎡	804천㎡	384천㎡	153천㎡	53,608.49㎡
건물면적		7천㎡	82천㎡	25천㎡	3천㎡	1,253㎡
CFS		19천㎡(2동)	229,000㎡	18,180㎡	5.5천㎡(1동)	-
철도인입선		980m	925m	1,032m	-	-
하역 장비 현황	C/C	14기	15기	13기	7기	2기
	T/C	33기	42기	30기	19기	4기
	T/H	9대	5대	2대	-	-
	R/S	5대	7대	8대	3대	5대
	Y/T	85대	83대	54대	39대	-
	F/L	11대	5대	6대	1대	-
	Y/C	337대	174대	154대	64대	-
	H/C	-	-	-	-	3대

비고 : C/C : 컨테이너 크레인, T/C : 트랜스퍼 크레인, T/H : 탑 핸들러, R/S : 리치 스태커, Y/T : 야드 트랙터, F/L : 포크 리프트·프론트 로더, Y/C : 야드 샤시, H/C : 하버 크레인

자료 : https://www.busan.go.kr/ocean/oceanstatus
https://www.hktl.com/sub02/02.php?catetop=0203&lang=ko
http://www.bptc.co.kr/kor/CMS/Contents/Contents.do?mCode=MN010
https://pus.dpct.co.kr/company/company_07.asp
https://www.intergis.co.kr/kor/CMS/Contents/Contents.do?mCode=MN011

구 분		신항1부두 (PNIT)	신항2부두 (PNC)	신항3부두 (HJNC)	신항4부두 (HPNT)	신항5부두 (BNCT)
사업기간		1995~2009		2001~2009	2001~2010	2004~2013
총사업비		1조 746억원		3,881억원	4,118억원	5,180억원
운영개시		2010. 3	2006. 1	2009. 2	2010. 2	2012. 1
운영회사		부산신항 국제터미널	부산신항만 주식회사	한진해운 부산컨테이너 터미널	PSA HPNT	비엔씨티
부두길이		1,200m	2,000m	1,100m	1,150m	1,400m
전면수심		16m	17m	16m (18m 증심 예정)	16m~17m	16~17m
하역능력		2,091천TEU	3,677천TEU	2,310천TEU	1,936천TEU	2,440천TEU
접안능력		5만 톤 : 3척	5만 톤 : 8척	5만 톤 : 6척 2만 톤 : 2척	5만 톤 : 2척 2만 톤 : 2척	5만 톤 : 4척
부지면적		840천m²	1,210천m²	696천m²	553천m²	840천m²
CY면적		282천m²	525천m²	346천m²	213천m²	154천m²
건물면적		19.6천m²	11천m²	15.7천m²	10.3천m²	7.792천m²
CFS		야적장 : 10.319m² 창고 : 856m²	2.5천m²	1.1m²	1.4천m²	959m²
철도인입선		–	1,200m	–	–	–
하역장비현황	C/C	11기	21기	12기	12기	11기
	T/C	30기	66기	42기	38기	38기
	S/C	–	–	–	–	23대
	R/S	2대	4대	3대	3대	2대
	Y/T	66대	130대	96대	85대	10대
	F/L	7대	12대	5대	6대	2대
	샤시	88대	202대	213대	160대	50대
	E/H	4대	13대	3대	2대	2대

비고 : C/C : 컨테이너 크레인, T/C : 트랜스퍼 크레인, S/C : 스트래들 캐리어, R/S : 리치 스태커, Y/T : 야드 트랙터, F/L : 포크 리프트·프론트 로더, E/H : 엠프티 핸들러

자료 : https://www.busan.go.kr/ocean/oceanstatus
https://www.pnitl.com/homepage/webpage/ter_equ.jsp
https://www.pncport.com/kor/index.php?pCode=facilities
http://www.hjnc.co.kr/
http://www.bnctkorea.com/

우리나라 컨테이너 전용부두는 1978년 9월 자성대부두가 개장된 이래 현재 부산 및 광양, 인천항 등에 운영되고 있다. 1996년까지 우리나라의 컨테이너 전용부두는 자성대부두, 신선대부두 2곳에 불과하였으나 1996년 우암부두, 1998년 감만부두와 광양항 1단계가 개장되면서 시설능력이 대폭 확충되었다. 부산항을 통한 화물의 처리는 1997년까지 심각한 부족현상을 보였으나 1998년 감만부두가 개장되면서 어느 정도 여유를 갖게 되었다.

그러나 부산항의 오랜 문제는 배후부지의 부족과 이로 인한 시내에 산재해 있는 항외 CY(off dock CY)의 이용으로 현재 불합리한 유통체제로 인하여 도시교통체증의 가중과 연계 수송시스템의 미흡으로 증가하고 있는 하역능력을 뒷받침하지 못하여 어려움을 겪고 있으며, 불필요한 운송단계 및 이중조작으로 운송비의 추가적인 지출을 초래하는 등 심각한 경제적 손실이 발생되고 있다.

그러나 국내 최대의 내륙컨테이너화물기지인 양산 ICD가 2000년 11월 부터 운영을 개시함에 따라 부산시내에 산재해 있는 42개소의 항외CY 중 부산수영지역 CY 9개소와 사설 CY 4개소 및 2001년까지 임항지역 CY 13개소가 단계적으로 폐쇄됨에 따라 만성적인 부산시내 교통체증이 완화되어 도시환경개선에 크게 기여하였을 뿐만 아니라 부산항 수출입컨테이너화물에 대한 항만·내륙간 수송체계개선을 통해 연간 352억원의 물류비를 절감하였고, 현재 부산신항이 아직 다 개발되지 않은 시점에서 북항의 항외 CY를 폐쇄해서는 안 된다는 의견에 따라 특허연장을 실시하였다[6].

부산항은 컨테이너물동량이 증가할 것으로 예상됨에 따라 이를 원활하게 처리하고 컨테이너화물의 부산항 집중완화를 위하여 전문용역기관의 검토결과에 따라 부산항과 광양항을 2개의 컨테이너 처리 중심항 체제(two ports system)로 개발 운영하기로 하였다.

부산항은 1991년에 완공된 부산항 3단계 개발에 이어 제4단계 개발을 1997년에 완공하여 5만톤급 7개 선석을 추가 확보하고 1995년부터 부산신항 개발을 통해 2018년 기준 4천TEU급 4선석, 2천TEU급 4선석을 확보했다. 광양항의 컨테이너부두는 1987년부터 1997년까지 5만톤급 4개 선석을 확보하고, 이후 개발계획이 완료되어 현재 5만톤급 20선석, 2만톤급 4선석을 확보하고 있다.

6) https://news.naver.com/main/read.nhn?mode=LSD&mid=sec&sid1=102&oid=001&aid=0000010750
https://news.naver.com/main/read.nhn?mode=LSD&mid=sec&sid1=102&oid=015&aid=0000322756
https://news.naver.com/main/read.nhn?mode=LSD&mid=sec&sid1=101&oid=001&aid=0002430577
www.nocutnews.co.kr/news/518135

부산항 컨테이너터미널은 최근 연속적인 시설증가와 운영체제의 다양화 그리고 신규터미널의 연이은 개장에 따라 항만시설이 크게 늘어났고 감만 및 감천부두는 전용터미널이라는 새로운 체제로 바뀌었다. 또한 우암부두는 2014년 5월부로 일반부두로 전환되었으며 부산신항에 1995년부터 2013년까지 5개의 컨테이너 부두가 신설되었고 이후 〈표 10-3〉 부산의 컨테이너 전용부두 시설 및 운영현황과 같이 진행되고 있다.

따라서 부산항은 북항 기준으로는 공공부두와 감만 및 신감만의 전용터미널로 운영방식이 구분되어 운영되고 있다. 입항선박은 대형선은 허치슨 부산컨테이너 터미널, 신선대 컨테이너 터미널, 감만 및 신감만 등에 주로 입항하고 우암 및 일반부두에는 소형, 중형 선박이 주로 입항하고 있다.

[표 10-4] 부산항 컨테이너 터미널 운영체제

구 분	내 용
소유 : 국가(해양수산부)	• 모든 항만시설은 국가소유로 민간이 개발하는 경우라도 국가에 기부체납, 다만 일정기간에 걸쳐 투자비를 회수할 수 있도록 무상 사용 • 민자유치촉진법에 의하여 민간인이 투자하는 경우 사용기간이 50년까지 늘어나고 배후시설에 대한 개발 권한부여 및 일부 시설의 소유 허용
개발 및 관리 : 항만공사	• 컨테이너부두의 개발 및 운영전담 • 국가로부터 컨테이너 터미널 등 부두시설을 무상으로 대부받아 이를 컨테이너 터미널 운영회사에 전대계약을 통해 임대 • 전대사용료 등의 수입은 재투자재원으로 활용
운영 : 컨테이너터미널운영회사	• 자성대부두 : 한국허치슨터미널㈜ • 신선대부두 : 부산항터미널㈜ • 감만부두 : 부산항터미널㈜ • 신감만부두 : 동부부산컨테이너터미널㈜ • 7부두 : 인터지스㈜ • 신항1부두(PNIT) : 부산신항국제터미널 • 신항2부두(PNC) : 부산신항만주식회사 • 신항3부두(HJNC) : 한진해운부산컨테이너터미널(현 한진부산컨테이너터미널 변경) • 신항4부두(HPNT) : PSA HPNT • 신항5부두(BNCT) : 비엔씨티

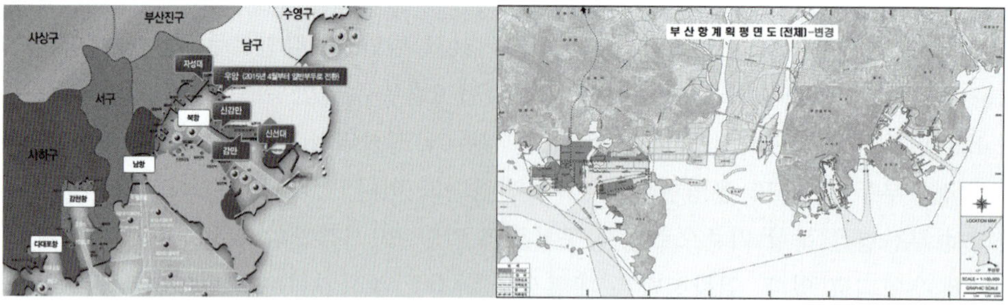

[그림 10-2] 부산항 계획평면도

(1) 자성대부두

우리나라 최초의 부산항 1, 2단계 개발사업에 따라 1982년 완공된 컨테이너 전용부두로 초기에는 부산컨테이너부두공사(BCTOC : Busan Container Terminal Operation Corporation)에서 운영하여 왔으나 정부의 민영화방침에 따라 1999년 5월 현대상선(주), 이후 허치슨 홀딩사가 인수하여 허치슨 부산컨테이너터미널(HBCT) 체제로 현재 운영되고 있다.

허치슨 부산 컨테이너 터미널은 20만평에 이르는 광대한 면적에 5만톤급 대형 선박 4척과 1만톤급 피더 선박 1척이 동시에 접안할 수 있는 길이 1,447m의 안벽과 약 44,681TEU를 동시에 보관할 수 있는 컨테이너장치장 그리고 19,750㎡의 화물집하창고(CFS) 2개 동을 보유하고 있으며, 연간 하역능력은 170만TEU이다.

허치슨 부산컨테이너 터미널은 컴퓨터에 의한 전산처리를 통해 24시간 연중무휴로 운영되고 있으며, 내륙지역 컨테이너화물을 철도를 이용하여 대량으로 수송하기 위한 철도시설을 가지고 있고, 또한 위험품이 내장된 컨테이너를 보관하기 위해 별도의 위험화물 장치구역을 설정하여 위험물컨테이너 장치가 가능토록 하였으며, 하역장비 수리 및 예방정비 점검에 자체 정비공장을 보유하고 있다.

하역장비로는 본선과 야드작업을 위하여 안벽 크레인(Quay Crain) 14기, RTGC(Rubber Tired Gantry Crane) 33대, 중량물과 빈 컨테이너 운반용 리치 스태커(Reach Stackers) 5대, 야드 트랙터(Yard Tractor) 85대, 프론트 로더(Front Loader) 11대, 샤시 337대 등을 운영하고 있다[7].

7) https://www.hktl.com/sub02/02.php?catetop=0202&lang=ko

[표 10-5] 자성대부두 시설 및 장비현황

구 분		규 모
시설 규모	총면적	624천(㎡)
	컨테이너 야드(㎡)	335천㎡
	동시장치능력(TEU)	약 44,681TEU
	안벽길이	1,477m
	수심	15m
	접안능력	5만 톤급 4척 1만 톤급 1척
하역 장비	주요 접안선박	컨테이너
	컨테이너 화물처리 실적	1,867,428TEU(2016년)
	컨테이너 크레인	14기
	트랜스퍼 크레인	33기
	야드 트랙터	85대
	연간 하역 능력	1,722천TEU

자료 : https://www.hktl.com/sub02/02.php?catetop=0202&lang=ko
http://www.busanpa.com/kor/Contents.do?mCode=MN0836

(2) 신선대 컨테이너 터미널

부산항 제3단계 개발사업으로 1985년 12월 부두공사에 착공하여 1991년 6월 개장한 신선대 컨테이너 터미널은 1997년 8월 4번 선석을 추가 완공하였으며, 2016년 1월 15일 BPT(부산항터미널주식회사)로 회사명을 변경해 출범하였다.(CJ대한통운과 부산국제터미널 합병)

신선대 컨테이너터미널은 부두길이 1,500m로 5만톤급 선박 4척이 동시 접안이 가능하고 하역능력은 2,266천TEU에 이르고 있다. 터미널의 총 면적은 1,170,018㎡으로 동시 장치능력은 69,779TEU이며 야드장 컨테이너 장비로서는 트랜스퍼 크레인 42대, 야드 트랙터 83대, 리치 스태커 7대, 포크 리프트 5대, 샤시 153대를 보유하고 있다.

신선대 컨테이너 터미널은 늘어나는 냉동 컨테이너 처리를 위해 냉동 플러그를 1,368개로 늘렸으며, 모든 기능이 전산시스템에 의하여 운영되고 있다.[8)]

8) www.bptc.co.kr/kor/CMS/Contents/Contents.do?mCode=MN013

[표 10-6] 신선대 컨테이너 터미널의 시설과 장비현황

구 분		규 모	능 력	비 고
시설 규모	면적	1,170,018㎡	연간 처리능력 160만 TEU	
	안벽길이	1,200m	5만톤급선박 4척 동시접안	적면수심 16m
	컨테이너 장치장	804,000㎡		
	CFS, CY	229,000㎡		
	철송지역	28,324㎡		
	부대시설	82,000㎡		
하역 장비	장비명	수량	양력	처리능력(대/시간)
	컨테이너 크레인	15대	40.6톤 7대, 50톤 5대, 65톤 3대	45TEU/시간(40.6톤)
	트랜스퍼 크레인	42대	40.6톤 32대, 50톤 5대, 65톤 3대	
	야드 트랙터	83대		
	야드 샤시	153대		
	리치 스택커	7대		
	탑 핸들러	5대		
	포크 리프트	5대		

자료 : https://www.busan.go.kr/ocean/oceanstatus
http://www.bptc.co.kr/kor/CMS/Contents/Contents.do?mCode=MN010

(3) 우암 컨테이너 터미널

1996년 개장되어 2만톤급 1척과 5천톤급 2척이 동시에 접안이 가능한 중소형 컨테이너 전용 부두로 선석통합에 따른 운영을 중단하고 있다.[9]

9) http://www.puam-e.ed.pusan.kr/pusan.kr/puam-pds/upfiles/1/4/1/213-2-5.html

[표 10-7] 우암 컨테이너 터미널 시설과 장비현황

구 분		규 모	능 력	비 고
시설 규모	총면적	182,000㎡	연간 30만TEU처리	
	컨테이너 장치장	60,210㎡	동시장치 4,370TEU	
	안벽길이	500m	2만톤급 1척 5천톤급 2척 접안	전면수심 11m

(4) 감만부두[10)]

1994년부터 1997년까지 부산항 제4단계 개발사업으로 축조되어 최첨단 장비들을 갖추고 신속・정확한 서비스를 제공하고 있으며, 보유장비로는 컨테이너 크레인 13대, 트랜스퍼 크레인 30대를 보유하고 있으며, 부산항터미널주식회사에 의하여 운영되고 있다.[11)]

[표 10-8] 감만부두 시설과 장비현황

구 분		규 모	능 력	비 고
시설 규모	총면적	727,000㎡	연간 160만TEU처리	
	컨테이너 장치장	384,000㎡		
	컨테이너 화물조작장	18,180㎡		
	안벽길이	1,400㎡	5천톤급 4척 동시접안	전면수심 15m
하역 장비	구분	수량	처리능력	비고
	컨테이너 크레인	11대	1,600,000TEU	
	트랜스퍼 크레인	30대		

자료 : https://www.busan.go.kr/ocean/oceanstatus
http://www.bptc.co.kr/kor/CMS/Contents/Contents.do?mCode=MN010

10) 부산항의 컨테이너 물동량 처리를 위하여 1978년 자성대 컨테이너 터미널을 최초로 개장한 이래 부산항의 컨테이너 물동량이 급격히 증가되어 1991년 신선대 컨테이너 터미널을 개장하였음에도 불구하고 부산항의 컨테이너 부두시설이 여전히 부족하여 1991년 부산항 제4단계 개발사업을 착공하여 1997년 12월 완공하여 5만톤급 선박 4척이 동시에 접안할 수 있으며, 연간 156만TEU의 컨테이너를 처리할 수 있는 능력을 갖추고 있다.

11) http://www.bptc.co.kr/kor/CMS/Contents/Contents.do?mCode=MN013

(5) 신감만 부두

신감만 부두는 1997년 12월 한국컨테이너부두공단이 감만 확장 부두 건설 공사 개시하여 2001년 건설이 완료되어 2002년 4월부터 운영을 시작했다. 2001년 3월 동부부산컨테이너터미널(주) 설립(설립 자본금 25억원)된 이후 지금까지 운영되어지고 있다.

[표 10-9] 신감만 부두 시설과 장비현황

구 분		규 모	능 력	비 고
시설 규모	총면적 컨테이너야드 안벽	294,000㎡ 153,000㎡ 826m	연간 81만TEU 처리 5만톤급 2척, 5천톤급 1척 접안	
하역 장비	컨테이너 크레인 트랜스퍼 크레인	7대 19대	819,000TEU	

자료 : https://www.busan.go.kr/ocean/oceanstatus
https://pus.dpct.co.kr/company/company_07.asp

(6) 7부두

7부두는 1974년부터 1978년까지 사업으로 완성되었으며 인터지스(주)는 1978년 북항 7부두 운영 하역사로 선정되어 컨테이너 전용 피더선, 벌크전용선, 세미 컨테이너선 등 다양한 선박의 화물 하역 작업을 성공적으로 수행해왔다.

[표 10-10] 7부두 시설과 장비현황

구 분		규 모	능 력	비 고
시설 규모	총면적	110,000㎡	잡화 5,001천톤 ('컨'300천 TEU)	
	컨테이너 장치장	53,608.49㎡		
	컨테이너 화물조작장	-		
	안벽길이	674m	15,000 톤급 1척, 10,000 톤급 1척, 5,000 톤급 2척 접안 가능	전면수심 7.5~11m
하역 장비	구분	수량	처리능력	비고
	컨테이너 크레인	2기	300,000TEU	
	트랜스퍼 크레인	4대		

자료 : https://www.busan.go.kr/ocean/oceanstatus
https://www.intergis.co.kr/kor/CMS/Contents/Contents.do?mCode=MN011

아래에서는 부산 신항과 관련된 주요 내용들을 기술토록 하겠으며 완료된 사업과 추진 중인 사업은 아래 [표 10-11]과 같다.[12)]

[표 10-11] 부산 신항 완료된 사업과 추진중인 사업

■ 완료된 사업

구분	북'컨'2-1단계	남'컨'2-2단계	서'컨'2-5단계	합계
완공	2009년	2009년	2009년	-
안벽길이	1.1km	1.15km	0.7km	2.95km
선석수	4선석 (4천TEU급×2선석) (2천TEU급×2선석)	4선석 (4천TEU급×2선석) (2천TEU급×2선석)	2선석 (4천TEU급×2선석)	10선석 (4천TEU급×6선석) (2천TEU급×4선석)
수심	DL(-)18.0m	DL(-)16.0~17.0m	DL(-)17.0m 이상	
전경			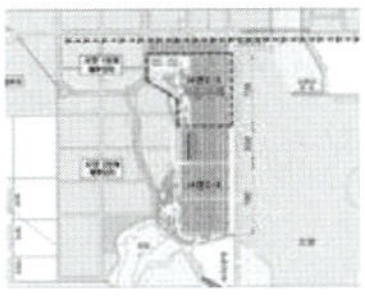	-

■ 추진중인 사업

구분	서'컨'2-5단계(확장)	서'컨'2-6단계	합계
완공	2019년	2020년	-
안벽길이	0.35km	0.7km	1.75km
선석수	1선석 (4천TEU급×3선석)	3선석 (4천TEU급×3선석)	5선석 (4천TEU급×5선석)
수심	DL(-)17.0m 이상	DL(-)21.0m 이상	-
전경	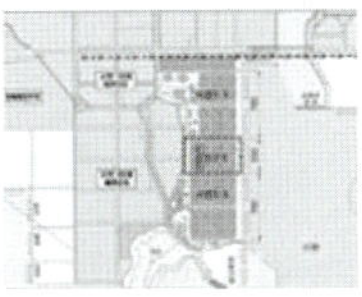	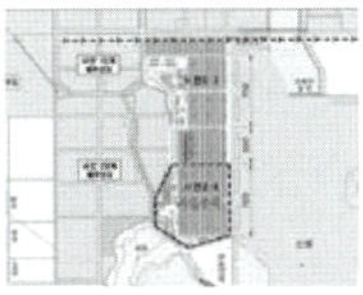	-

12) 부산광역시 강서구 가덕도 북안, 경상남도 창원시 진해구 용원동 및 안골동, 웅동만, 제덕만 일원에 위치해 있으며, 사업기간은 1995~2020년(26년)으로 총 사업비는 16조 6,823억원(정부 7조 4,551억원, 민자 9조 2,272억원)이고 사업내용으로는 부두 45선석, 방파제 3.89km, 호안 40.3km, 도로 37.7km, 철도 53.5km, 부지조성 19백만㎡, 준설 1식, 유류중계기지 및 수리조선 1식을 목표로 하고 있다. 현재 북 컨테이너 2-1단계와 남 컨테이너 2-2단계가 2009년에 완공되었고 서 컨테이너 2-5단계, 서 컨테이너 2-6단계 건설사업 추진 중에 있다.

(7) 신항 1부두

신항 1부두(PNIT)는 2010년부터 부산신항국제터미널에 의해 운영되고 있으며 2016년 6월 누적 화물처리량 1,000만TEU를 달성했다.

[표 10-12] 신항 1부두 시설과 장비현황

구 분		규 모	능 력	비 고
시설 규모	총면적	840,000㎡	일시장치능력 : 62,827TEU	
	컨테이너 장치장	282,000㎡		
	컨테이너 화물조작장	야적장 : 10,319㎡ 창고 : 856㎡		
	안벽길이	1,200m	5만 톤급 3척 접안 가능	전면수심 16m
하역 장비	구분	수량	처리능력	비고
	컨테이너 크레인	11기	2,091,000TEU	
	트랜스퍼 크레인	30기		

자료 : https://www.busan.go.kr/ocean/oceanstatus
https://www.pnitl.com/homepage/webpage/ter_equ.jsp

(8) 신항 2부두

신항 2부두(PNC)는 2006년 1월부터 부산신항만주식회사에 의해 운영되고 있다. 2011년 12월 화물 누계량 1,000만TEU를 돌파했으며 2016년 12월에는 3,000만TEU의 누적을 달성했다.

[표 10-13] 신항 2부두 시설과 장비현황

구 분		규 모	능 력	비 고
시설 규모	총면적	1,210,000㎡	일시장치능력 : 113,181TEU	
	컨테이너 장치장	525,000㎡		
	컨테이너 화물조작장	2,5000㎡		
	안벽길이	2,000m	5만 톤급 6척 접안 가능	전면수심 17m
하역 장비	구분	수량	처리능력	비고
	컨테이너 크레인	21기	3,677,000TEU	
	트랜스퍼 크레인	66대		

자료 : https://www.busan.go.kr/ocean/oceanstatus
https://www.pncport.com/kor/index.php?pCode=facilities

(9) 신항 3부두

신항 3부두(HJNC)는 2009년 완공된 이후 동년 2월부터 한진부산컨테이너터미널에 의해 운영되고 있다. 2015년 12월 터미널 내 LTE기반 시스템을 도입하였고 2017년 6월 한진해운 신항만에서 한진부산컨테이너터미널로 상호를 변경했다.

[표 10-14] 신항 3부두 시설과 장비현황

구 분		규 모	능 력	비 고
시설 규모	총면적	696,300㎡	일시장치능력 : 68,800TEU	
	컨테이너 장치장	346,000㎡		
	컨테이너 화물조작장	11,000㎡		
	안벽길이	1,100m	5만 톤급 6척, 2만 톤급 2척 접안 가능	전면수심 16m (18m 증심예정)
하역 장비	구분	수량	처리능력	비고
	컨테이너 크레인	12기	2,310,000TEU	
	트랜스퍼 크레인	42기		

자료 : https://www.busan.go.kr/ocean/oceanstatus
http://www.hjnc.co.kr/

(10) 신항 4부두

신항 4부두(HPNT)는 2001년부터 2010년까지의 사업기간이 소요되었다. 2010년부터 현대해운신항만에 의해 운영되고 있으며 2016년 현대해운신항만이 PSA에 인수되며 PSA HPNT로 상호를 변경하였다. 2015년에는 누적 1,000만TEU를 달성했다.

[표 10-15] 신항 4부두 시설과 장비현황

구 분		규 모	능 력	비 고
시설 규모	총면적	553,000㎡	일시장치능력 : 53,385TEU	
	컨테이너 장치장	213,000㎡		
	컨테이너 화물조작장	14,000㎡		
	안벽길이	1,150m	5만 톤급 2척 2만 톤급 2척	전면수심 16~17m

하역 장비	구분	수량	처리능력	비고
	컨테이너 크레인	12기	1,936,000TEU	
	트랜스퍼 크레인	38대		

자료 : https://www.busan.go.kr/ocean/oceanstatus
https://www.hpnt.co.kr/homepage/webpage/ter_faci.jsp

(11) 신항 5부두

신항 5부두(BNCT)는 2004년부터 2011년까지의 공사를 통해 완공되었으며 2012년부터 비엔씨티에 의해 운영되고 있다. 2014년 16,000TEU를 장치할 신규 공컨테이너 장치장을 완공했다. 2018년 2월에는 부산항 개항 이후 최대 규모 선박인 CMA CGM ANTOINE DE SAINT EXUPERY : 20,600TEU가 입항했다.

[표 10-16] 신항 5부두 시설과 장비현황

구 분		규 모	능 력	비 고
시설 규모	총면적	840,000㎡	일시장치능력 : 37,585TEU	
	컨테이너 장치장	154,000㎡		
	컨테이너 화물조작장	959㎡		
	안벽길이	1,400m	5만 톤급 4척 접안 가능	전면수심 16~17m
하역 장비	구분	수량	처리능력	비고
	컨테이너 크레인	11기	2,440,000TEU	
	트랜스퍼 크레인	42대		

자료 : https://www.busan.go.kr/ocean/oceanstatus
http://www.bnctkorea.com/

2. 인천항 컨테이너 터미널

인천항의 외항, 남항, 신항에 자리잡고 있는 컨테이너 터미널은 인천컨테이너터미널(ICT), E1컨테이너터미널(E1CT), 선광신컨테이너터미널(SICT), 한진인천컨테이너터미널(HJIT)이 있다. 인천항 컨테이너 터미널은 원래 (주)한진과 대한통운(현, CJ대한통운)이 민자로 개발, 20년동안 무상으로 사용하였으나 기간이 만료되어 1993년말부터 한국컨테이너관리공단이 위탁하여 관리되었으며 2005년 인천항을 개발, 관리 · 운영하는 공기업으로 안천항만공사가 설립되어 운영을 이어받았다.

인천항 컨테이너 터미널의 장비는 30톤급 갠트리 크레인 21대, 트랜스 테이너 76대, 트랙터 119대, 트레일러 522대, 샤시 177대, 게이트 30문, 냉동컨테이너 907대가 운영되어 총 250만톤TEU의 컨테이너화물을 처리할 수 있는 능력을 보유하고 있다.

[표 10-17] 인천항 컨테이너 터미널 시설과 장비현황

	운영업체	면적(천㎡)	안벽(m)	CFS(㎡)	접안능력	처리량
시설 규모	한진	480	1,600	5,443.29	3선석(최대 12,000TEU급 접안 가능)	120만TEU/년
	선광	480	800	6,001	3선석(2,000 TEU)	120만TEU/년
	E1	109	259	7,944	35,000 DWT(재화중량톤수)	30만 TEU/년
	PSAI	249	600		2선석(40,000TEU)	70만TEU/년
	계	1,318	3,259	19,438.29	9선석	340만TEU/년
하역 장비	운영업체	갠트리 크레인	트랜스테이너	트랙터	트레일러	샤시
	한진	7기	28기	41대	522대	46대
	선광	7기	28기	43대		67대
	E1	2기	6기	10대		25대
	PSA	5기	14기	25대		39대
	계	21기	76기	119대	522	177대

자료 : http://www.hjit.co.kr/kor/Contents.do?mCode=MN0009
http://snct.sun-kwang.co.kr/
http://www.sun-kwang.co.kr/new/company/affiliates_03.asp
http://www.e1ct.co.kr/homepage/kor/src/Etc/Brochure.pptx
http://www.e1ct.co.kr/homepage/Kor/center_kor.asp
https://www.psa-ict.co.kr/service/service_Layout.psa
http://www.yonhapnews.co.kr/bulletin/2018/07/07/0200000000AKR20180707036700065.HTML

[표 10-18] 인천항 컨테이너 터미널 시설과 장비현황

(기준 : 2019년)

Items		SICT 남항	ICT 남항	EICT	KEC		HJS 남항
					남항	남항	
부지면적	㎡	225,128	270,000	101,819	15,000	116,179	57,025
일시장치능력	TEU	17,041	21,000	11,500	3,200	8,600	5,189
부두길이	m(선석수)	407(2)	600(2)	260(1)	221(1)	535(2)	625(3)
안벽수심	m	11	14	12	7.5	12	12
RF	Plug	456	96	224	15	68	48
Gate	Lane	10	5	5	2	4	4
G/C	Unit	4	5	2	2	3	3
T/C	Unit	14	14	6	3	4	4
R/S	Unit	3	4	2	2	4	2
YT/YC	Unit	16/29	26/36	10/20	–	–	–

3. 광양항 컨테이너 터미널

광양항은 광활한 수역을 갖추고 있으며 광양항 내에 삼일항도 위치하여 남해화학(주), 광양제철소 등 대형살화물 화주업체 및 신규 조성중인 공단을 배후지로 하고 있어 앞으로 항만화물처리 공간으로서 중요한 역할을 담당하게 될 것으로 전망되는 컨테이너 터미널이다.

특히 세계 컨테이너항로의 간선항로선 상으로부터 이로거리(deviation distance)가 짧은 점, 넓은 항만개발 후보지, 서해안 개발에 따른 컨테이너 물동량 발생권역의 재배치, 경부간 운송능력의 한계성 등의 요인에 따라 컨테이너항만으로의 개발이 불가피한 실정이다.

광양항 컨테이너 터미널은 광양항 개발계획에 따라 4단계로 나누어 완공되었으며, 이 중 1단계 개발은 1987년에 착수하여 1997년 말까지 5만톤급 4선석 처리능력 96만TEU이 완공되었으며, 2단계 개발이 1995년부터 2004년까지 1단계 서측면에 컨테이너 부두가 건설되었다. 또한 2003년 3단계 개발에 들어가 2007년 3단계 1차 컨테이너부두가 준공되었다.

2011년 발표된 건설계획(제3차 전국무역항 기본계획)에 따르면 2011년부터 2020까지 사업비 4조 5,978억원을 들여 시설수급을 할 전망이다.

완료 시 총물동량은 2015년 272,009,000TEU(실적)에서 2020년 294,060,000TEU로, 컨테이너 하역능력은 2015년 3,840,000TEU에서 2020년 3,840,000TEU로 변할 예정이다.[13] 광양

항은 현재 여수광양항만공사, SM상선(SMGT), 허치슨광양(KIT), 장금상선(GWCT)에 의해 운영 중이다.

[표 10-19] 광양항 컨테이너 터미널 시설과 장비현황

시설규모		장비현황	
면적	2,976,000㎡	갠트리 크레인	27기
접안시설	5만톤급 10선석 2만톤급 4선석	트랜스퍼 크레인	49기
선석길이	4,400m	탑 핸들러	4대
하역능력	460만TEU	리치 스택커	14대
부지면적 (CY면적)	2,326,000㎡ (1,359,000㎡)	야드 트렉터	98대
장치능력	247,406TEU	야드 샤시	168대
CFS	31,700㎡	포크 리프트	3대

자료 :http://yeosu.mof.go.kr/service?id=cons_gwncnt_dvl

제 3 절 운송물류거점

3.1 내륙컨테이너기지의 개념

내륙컨테이너기지(inland container depot : ICD)는 항만 또는 공항이 아닌 내륙시설로서 공적 권한(public authority)을 지니고 있으며, 고정설비를 갖추고 내륙운송수단에 의해 미 통과된 상태에서 이송된 여러 종류의 화물(컨테이너 포함)의 일시적 저장과 취급에 대한 서비스를 제공하고, 세관의 통제 하에 수출 및 연계운송을 위하여 일시적 장치, 창고보관, 재수출(re-export), 일시상륙(temporary admission) 등을 담당하는 단체들이 있는 장소를 말한다.[14)]

13) http://www.ygpa.or.kr/kr/yeosu_gwangyang_port/gwangyang_port/development_business/
http://yeosu.mof.go.kr/service?id=cons_gwncnt_dvl

우리나라의 한국컨테이너부두공단법 제2조 제4호 규정에서는 컨테이너화물의 취합·분류·장치 또는 혼재 등을 위하여 내륙에 조성된 지역으로 항만법에 의한 항만구역이 아닌 지역에 항만시설 중 하역장비·하역시설·컨테이너장치장 및 컨테이너조작장을 갖추고 관세법에 의한 보세장치장 등 통관 및 정보제공 기능을 갖춘 컨테이너기지로 정의하고 있다.

내륙컨테이너기지는 국내외 화물이 컨테이너화함에 따라 생산시설과 항만 사이를 연결하여 화물유통을 원활히하기 위한 대규모 물류기지로 그 규모와 기능이 확대될 때에는 복합화물터미널과 같은 역할을 수행하기 때문에 복합화물터미널과 유사어로 사용하는 경우도 있다.

원래 내륙컨테이너기지는 각 운송수단의 연계 및 중계기능을 제외한다면 소량화물을 집화하고 목적지별로 컨테이너 속에 적입한 다음 항만의 컨테이너 터미널까지 운송하는 업무, 즉 혼재업무를 담당하는 일종의 내륙 CFS와 같은 장소를 의미한다.

이러한 내륙컨테이너기지는 본래 내륙통관기지(inland clearance depot)를 뜻하는 것이었으나 화물유통에 있어 컨테이너화의 급속한 확산과 복합운송의 발달과 더불어 내륙컨테이너 터미널 또는 내륙컨테이너기지로서 성장 발전하였으며 통관기능을 그 주요 기능의 하나로 하고 있다.

오늘날의 내륙컨테이너기지는 항만이 아닌 내륙에 설치되어 있는 시설로서 운송기지 또는 운송거점으로서의 역할이 강조되고 있으며 컨테이너화물의 통관, 적재 및 하역, 운송·배송, 보관, 포장, 집화 등 종합물류센터의 기능과 컨테이너의 수리, 화물주선, 재고관리, 내륙운송 등의 기능을 행하여 세관 이외에 선박회사, 운송회사, 운송주선인, 은행, 정비공장, 포장회사 등이 위치하고 있다.

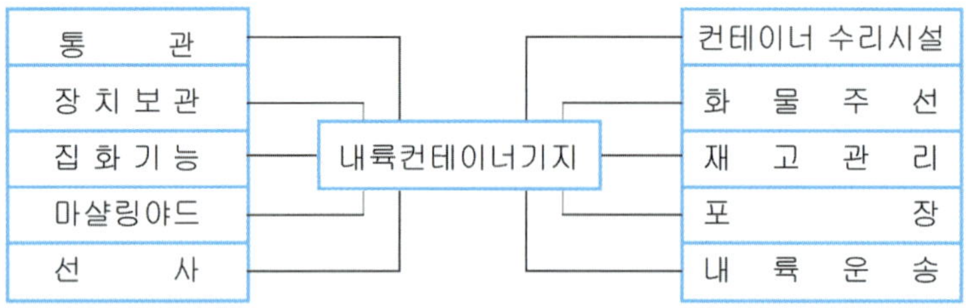

[그림 10-3] 내륙컨테이너기지의 주요 기능

14) UNCTAD, 「*Multimodal Transport*」, Workship Handbook, 1987, p.65.

내륙컨테이너기지는 항만에서 반드시 이루어져야 할 본선작업과 마샬링 기능을 제외한 장치보관기능, 집화분류 등과 같은 전통적인 항만기능이 수행되고 있으며 또한 항만지역에 위치한 많은 관련 서비스시설을 포함하고 있기 때문에 「내륙항만」이라고 불리기도 한다. 위치적으로는 주로 항만터미널 및 내륙운송수단과의 연계가 편리한 주요 산업지역의 인근에 건설되고 있다.

내륙컨테이너기지의 기능을 물류합리화 측면에서 보면 운송거점으로서 대량운송의 실현, 공차율의 감소, 운송회전율의 증가 등을 통해 운송의 합리화와 운송비 및 시간을 크게 감소시키고 신속한 통관을 가능하게 한다. 또한 화물유통을 위한 정보시스템 구축의 한 거점으로서 수출입화물 유통에 요구되는 복잡한 서류의 통관을 간소화시키는데 크게 기여하고 있다.

이 밖에 내륙컨테이너기지 내 물류시스템은 정보시스템의 구축을 기반으로 항만과 국내수입지 및 생산지를 연계시키는 시스템으로 운송·하역·보관·포장·통관 등의 기능도 수행한다.

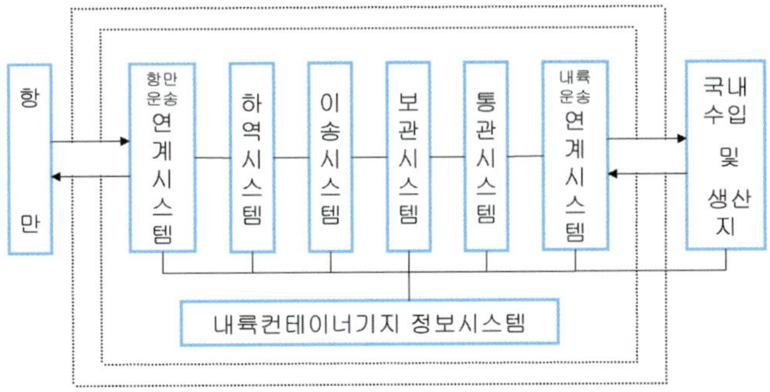

[그림 10-4] 내륙컨테이너기지 내 물류시스템 흐름도

내륙컨테이너기지의 활용시 장점은 다음과 같다.

- 시설면 : 항만지역과 비교하여 창고·보관시설용 토지취득이 용이하고 시설비가 절감되어 창고보관료가 저렴하다.
- 하역면 : 노동력의 안정적 확보와 하역작업의 기계화를 통한 노동생산성의 향상을 가져온다.
- 운송면 : 화물의 대단위에 의한 운송효율의 향상과 항만지역의 교통혼잡을 회피할 수 있어 운송비가 절감된다.

- 포장면 : 통관검사 후 재포장이 필요한 경우 자체보유 포장시설을 이용할 수 있다.
- 통관면 : 항만에서의 통관에 따른 혼잡을 회피하고 통관의 신속화에 따른 시간과 비용을 절약할 수 있다.

3.2 내륙컨테이너기지의 건설 및 현황

1. 내륙컨테이너기지의 건설

최근 수출입화물의 운송적체 현상을 비롯하여 일반적인 도로교통 체증현상 등으로 사회간접 자본의 투자에 대한 논의가 활발하게 진행되어 그 결과 문제해결을 위한 장단기 대책수립이 병행되고 있다. 이러한 흐름의 일환으로 화물의 수집, 하역, 분류, 보관, 통관 등의 기능해소와 물류비절감을 위한 내륙컨테이너기지에 대한 건설이 전국을 5대 권역인 수도권, 부산권, 호남권, 중부권 그리고 영남권으로 구분하여 적극적으로 추진되었다.

내륙컨테이너기지의 사업추진 현황을 보면 1단계 사업은 수도권의 의왕ICD 경우 이미 1991년 조성계획이 확정되어, 1993년 7월 1일부터 제1터미널이 운영되기 시작하였다. 1992년 착공한 부산권의 양산ICD는 2000년 4월 부분 완공되어 4월 1일부터 운영을 개시하고 있다. 현재 2단계 사업으로 추진 중인 호남권의 ICD는 전남 장성군 일대 34만평 규모로 연간 340천TEU의 처리능력을, 중부권 ICD는 충북 청원군과 충남 연기군 일대 약 21만평 규모로 2곳, 세종특별자치시 일대 약 17만㎡ 규모로 운영 중이며 연간 350천TEU의 처리능력을 가졌다. 영남권은 경북 칠곡에 32만평 규모로 2004~2010년의 공사기간을 가졌으며, 연간 330천TEU의 처리능력을 가졌다.

내륙컨테이너기지는 다음과 같은 기준에서 위치가 결정되고 있다.

① 화물을 용이하게 집화하고 분배할 수 있도록 상업지역이나 공업지역과 가까운 곳이어야 한다.

② 고속도로와 철도와 인접한 교통의 요충지이어야 한다.

③ 미래의 물동량 증가에 따른 시설확대를 고려하여 충분한 부지를 확보할 수 있는 지역이어야 한다.

④ 통관업무 및 기타 업무가 원활하게 이루어질 수 있도록 세관이나 기타 관련 기관과 가까운 지역이어야 한다.

[표 10-20] 수도권(의왕), 부산권(양산) 화물기지 사업개요

<table>
<tr><th colspan="2" rowspan="2">구 분</th><th colspan="2">수도권</th><th colspan="2">부산권</th></tr>
<tr><th>의왕내륙컨테이너기지</th><th>군포복합화물터미널</th><th>양산내륙컨테이너기지</th><th>양산복합화물터미널</th></tr>
<tr><td colspan="2">사업주체</td><td>(주)의왕 ICD</td><td>CJ한국복합물류</td><td>(주)양산 ICD</td><td>CJ한국복합물류</td></tr>
<tr><td colspan="2">주주구성</td><td>CJ대한통운, 한진 등 15개 운송업체</td><td>CJ대한통운</td><td>CJ대한통운, 한진 등 16개 운송업체</td><td>CJ대한통운</td></tr>
<tr><td colspan="2">위치</td><td>경기도 의왕시 오봉로 175</td><td>경기도 군포시 번영로 82</td><td>경남 양산시 물금읍</td><td>경남 양산시 물금읍</td></tr>
<tr><td rowspan="2">사업규모</td><td>총부지 면 적</td><td>752,680m^2</td><td>701,571m^2</td><td>719,185m^2</td><td>291,374m^2</td></tr>
<tr><td>시설규모</td><td>CY(387,932m^2)
CFS(10,712m^2)
지원시설(주유소 및 주차장)(29,895m^2)</td><td>화물취급장 : 단층11동(임대면적 45,954m^2)
배송센터 : 복층5층 12동(임대면적 465,642m^2), 복층 2, 3층 3동(임대면적 50,443m^2) CY(임대면적 27,404m^2)</td><td>CY(488,726 m^2)
CFS(56,500 m^2)

지원시설(도로 및 공용시설)(173,959m^2)</td><td>화물취급장 : 7동 (임대면적26,149m^2)
배송센터 : 복층(5층) 4동(임대면적 133,845m^2), 단층2동 (임대면적17,253m^2)
CY(임대면적 20,602m^2)</td></tr>
<tr><td colspan="2">사업비</td><td>320억원</td><td>2,567억중 기반시설 비용 91억</td><td>1,581억원(정부기간시설 : 1,786억원)</td><td>2,634억원 부지 100억 나머지 민자</td></tr>
<tr><td colspan="2">사업기간</td><td>1992~1996년</td><td>1992~1998년</td><td>1994. 12~2010. 1</td><td>1992~1999년</td></tr>
<tr><td rowspan="2">처리능력</td><td>CY·화물 취급장</td><td>컨테이너 137만TEU/년</td><td rowspan="2">1,146만톤/년</td><td>컨테이너 141만TEU/년</td><td rowspan="2">371만톤/년</td></tr>
<tr><td>CFS·배송 센터</td><td>-</td><td>446만R/T/년</td></tr>
</table>

자료 : http://www.uicd.co.kr/10_introduction/10_equip.html
http://www.kift.co.kr/front/business/business_01.asp?leftmenu=1&sub_index=1
http://www.busanpa.com/kor/Contents.do?mCode=MN0845
http://www.ysicd.co.kr/sub01/sub01_03.html
http://www.kift.co.kr/front/business/business_02.asp?leftmenu=2&sub_index=1
국토교통부, 내륙물류기지 통합 브로슈어 (2015),
http://www.molit.go.kr/USR/policyData/m_34681/dtl.jsp?search=%EB%82%B4%EB%A5%99%EB%AC%BC%EB%A5%98%EA%B8%B0%EC%A7%80&srch_dept_nm=&srch_dept_id=&srch_usr_nm=&srch_usr_titl=Y&srch_usr_ctnt=&search_regdate_s=&search_regdate_e=&psize=10&s_category=&p_category=&lcmspage=1&id=3616

2. 내륙컨테이너기지의 현황

(1) 양산 내륙컨테이너기지

양산 내륙컨테이너기지는 처음부터 부산항 주위에 산재해 있는 항외CY의 통합을 목적으로 1992년 착공되었다. 양산 내륙컨테이너기지는 현재 ICD 시설로 CY 10단지(488,726m²), CFS 17동(56,500m²), GATE 10동(369m²), CY 운영사무실 및 부속동 50동(76,699 m²), 컨테이너 세척장 및 부속동 11동(882m²), 세관검사장 1동(207m²), 정비고 및 부속동 11동(4,777m²), 공용시설 12동(3,877m²), 구내도로(폭 20m)(2,385m · 52,578m²), 기타(녹지 등) 1식(34,570m²)를 보유 · 운영 중이며, 정부기간 시설로 물금IC(1.6km), 교량 150m, 영업소 1동(90,709m²), 유수지 1개소 · 배수펌프장 1동(57,127m²), 철송시설(인입선복선 4.5km, 조차장, 49,097m²), 도시계획도로(연장3.47km, 폭 25m, 86,730m²), 진입도로 2.3km(국도확장 1.9km, 교량 1개소, 고가차도 1개소)를 보유 · 운영 중이다.[15)]

양산 내륙컨테이너기지는 1996년 운영개시된 수도권 의왕 내륙컨테이너기지 및 2005년 부분운영개시 예정으로 추진 중인 호남 · 중부 · 영남권 내륙컨테이너기지와 복합연계수송체제를 갖추고, 물류시설을 통합단지화한 규모의 경제를 실현하고 있어 완공 후 20년간 총 1조3천52억원의 경제적 이익이 발생할 뿐만 아니라 현재 부산항에서 처리하는 컨테이너 화물차량으로 인한 부산시내 교통혼잡이 극심한 상태에 있었으나 내륙기지의 운영개시에 따라 수영만 지역의 13개소의 항외CY를 이전 수용하여 수영만 일대의 만성적인 교통난이 상당 부분 해소되었다.[16)]

(2) 의왕 내륙컨테이너기지

의왕 내륙컨테이너기지는 행정구역상 경기도 의왕시 이동에 위치하며 오봉역을 거점으로 하고 있다. 이곳은 원래 1984년 7월 컨테이너운송뿐만 아니라 무역탄, 양회, 일반화물의 철도운송을 위한 종합화물기지로 개발되었다. 이전까지는 수도권역(용산, 영등포, 수원 등)에서 발생하는 화물을 취급해 왔으나 물동량 증가에 따른 교통혼잡과 장치장 부족을 해소할 목적으로 컨테이너기지가 개발되었고, 현재는 컨테이너와 양회만을 취급하고 있다.

의왕 내륙컨테이너기지는 수출입컨테이너 화물의 철도운송, 내륙운송, 내륙통관, 내륙항만 기능을 수행함으로써 화주에게 신속한 물류 서비스를 제공함과 동시에 물류비 절감을 통

15) http://www.ysicd.co.kr/sub01/sub01_03.html

16) https://news.naver.com/main/read.nhn?mode=LSD&mid=sec&sid1=101&oid=001&aid=0003835782

한 경쟁력 향상에 이바지하고 있으며, 부족한 항만시설 보안과 육로를 이용한 화물운송을 철도운송으로 전환하여 사회간접자본의 부족으로 인한 물류난을 해소하는 데 중요한 역할을 하고 있다.

제2터미널 확장공사의 완공으로 컨테이너화물 처리능력이 연간 137만TEU로 증가하여 내륙 컨테이너기지로서 새로운 면모를 갖춘 의왕 내륙컨테이너기지는 태평양시대의 물류중심기지로서 우리나라와 유럽을 연결하는 대륙횡단철도나 남북을 잇는 물류기지로서 중요한 역할을 할 수 있을 것으로 기대되고 있다.

의왕 컨테이너기지의 시설 및 장비현황은 다음과 같다.

[표 10-21] 의왕 컨테이너기지 현황

<table>
<tr><th rowspan="3">시설현황</th><th colspan="3">철도선로</th><th colspan="2">컨테이너 장치장</th><th colspan="2">연간처리실적(TEU)</th></tr>
<tr><td>개수</td><td>M</td><td>수송능력</td><td>CY</td><td>CFS</td><td>반입실적
(2017)</td><td>반출실적
(2017)</td></tr>
<tr><td>11</td><td>6,262</td><td>2,350TEU/
일(최대)</td><td>387,932m²</td><td>10,712m²</td><td>736,408</td><td>692,583</td></tr>
<tr><th rowspan="2">장비현황</th><td>트랜스퍼
크레인</td><td colspan="2">리치스태커</td><td colspan="2">트랙터</td><td colspan="2">트레일러</td></tr>
<tr><td>3대</td><td colspan="2">47대</td><td colspan="2">652대</td><td colspan="2">1800대</td></tr>
</table>

자료 : http://www.uicd.co.kr/10_introduction/10_equip.html
http://www.uicd.co.kr/40_search/40_info2.html

의왕 내륙컨테이너기지는 경인지역(서울 38km, 수원 10km, 안양 14km, 부곡역 4.4km, 경수산업도로 2.4km의 거리에 위치)의 내륙컨테이너기지로서 충분한 입지조건을 지니고 있으나 배후도로망과 부대시설의 미비로 인해 충분히 활용되지 못하고 있는 상태이다. 특히 배후도로망의 결핍은 경수산업도로의 심각한 교통체증을 유발하여 운송시간과 비용을 증대시키는 결과를 가져왔다.

현재 반월과 신갈간 고속도로의 개통으로 다소의 도움을 주고는 있지만 근본적인 해결책은 되지 못하는 실정이며 더욱이 향후 무연탄기지 일대가 컨테이너 장치장으로 활용되면 컨테이너 물동량이 더욱 빠른 속도로 증가될 것이 예상됨에 따라 배후도로망의 확충이 요구되고 있다.

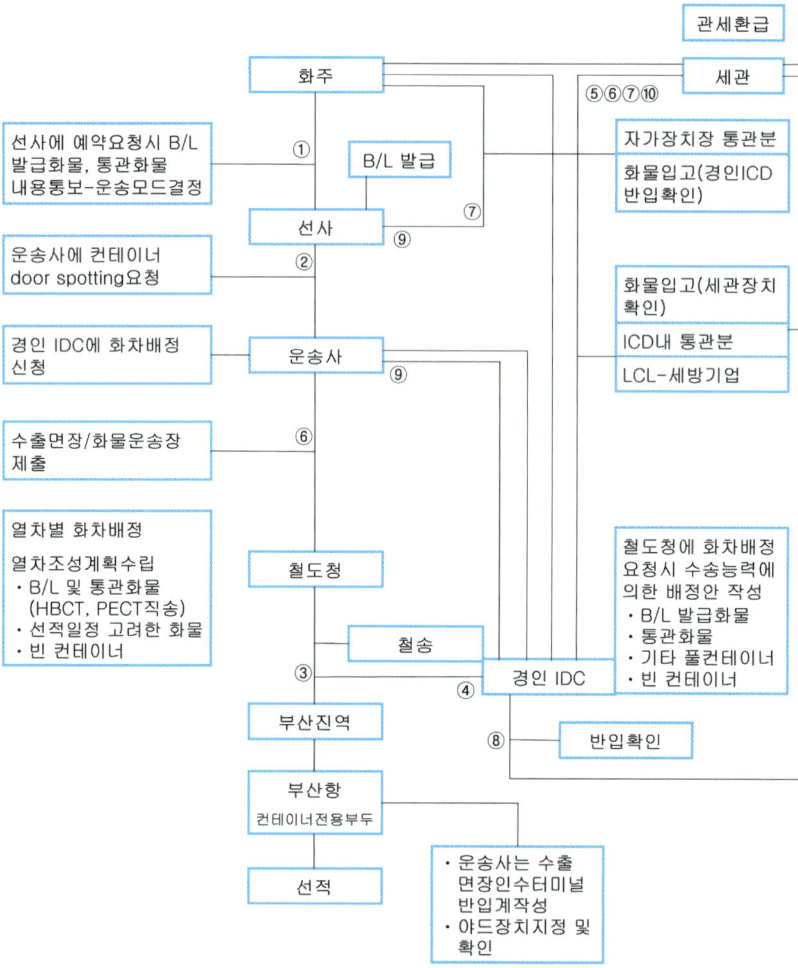

[그림 10-5] 의왕 ICD - 부산항 컨테이너 운송절차도(수출)

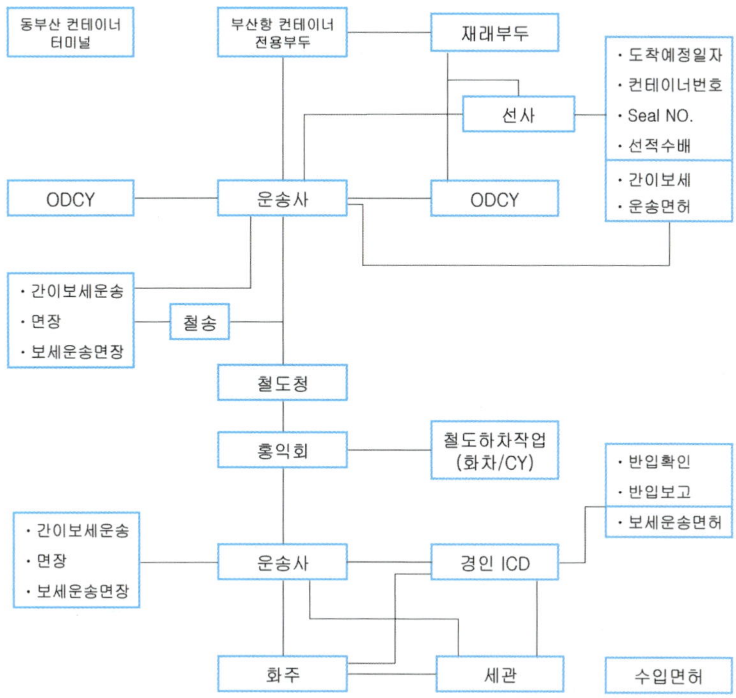

[그림 10-6] 의왕 ICD - 부산항간 컨테이너 운송절차도(수입)

의왕 내륙컨테이너기지의 면적은 오봉역(약 13만평)을 중심으로 북쪽으로 양회기지(약 7만평), 남쪽으로 컨테이너기지(약 13만평), 동쪽으로 무연탄기지(약 7만평)등 총 40여만평이다.

본래 수도권지역의 무연탄 저탄장으로 활용될 예정이었던 무연탄기지는 인근 주민들의 반발과 컨테이너 운송 수요의 증가로 컨테이너 장치장으로 변경되었다. 운영에 있어서 철도청은 16개 철도소운송업체에 분할, 임대해주고 있으며 이 회사들은 자사면적을 컨테이너 장치장의 도로운송을 위하여 사용하고 있다. 그 이유는 철도운송이 적시에 사용될 수 없다는 불편한 점도 있으나 자사소유의 트럭과 장비를 이용하여 보다 큰 이익을 얻을 수 있기 때문이다.

양산 내륙컨테이너기지가 부산항 ODCY의 문제해결을 위한 대체수단으로서 개발의 타당성이 주장되어 왔다면 의왕 내륙컨테이너기지는 컨테이너운송에서 철도운송의 장점을 최대한 살려, 현재 내륙운송에서 제기되는 문제점들을 해결하고 효율적인 철도운송과 내륙운송

연계체제를 갖추기 위해 시설개선 및 운영활성화의 타당성이 주장되어 왔다.

따라서 의왕 내륙컨테이너기지는 철도운송의 활성화를 위한 철송기지로서의 역할을 수행하여야 하며, 그 운영방법은 철도운송 화물의 집화와 마케팅을 강화하고 본선운송의 운영과 개선을 비롯한 철송에 대한 개선을 철도청의 긴밀한 협조하에 부산항과의 연계철도를 구축하여 운영되도록 하여야 할 것이다.

제 4 절 복합화물터미널

4.1 복합화물터미널의 개념

물류체계를 구성하는 주요 요소는 운송경로(link), 운송수단(mode), 물류거점(node)으로 이 중 물류거점은 화물집배송체계의 구축, 운송수단의 적재율 제고, 운송경로 상호간 결합의 효율성, 연계운송체제의 확립을 수행하게 된다.

복합화물터미널은 도로, 철도뿐만 아니라 항만, 공항과도 연계되며, 화물의 집배송, 상하차, 보관, 포장 및 조립가공 등 일련의 물류작업이 이루어지는 물류거점으로 다품종소량생산체제하에서 소량다빈도로 인한 물류비의 급상승 문제를 화물의 집합, 대량화, 체계화, 정보화를 통해 해결하고자 물류활동을 직·간접적으로 보조해 주고 물류 각 활동의 생산성을 증가시키기 위하여 주요 거점지역을 상호연계의 수단으로 건립한 시설이다.

복합화물터미널은 화물터미널, 배송센터, 물류정보센터, 보관시설, 수송수단간 연계시설 및 이러한 활동이 원활하게 이루어질 수 있도록 지원하는 공공편의시설 등이 한 곳에 집적된 종합적인 물류거점을 뜻한다.

복합화물터미널은 순수 물류기능만을 담당하는 물류기지로서 넓은 의미로는 유통가공시설이나 창고단지가 포함되나, 좁은 의미로는 배송센터나 화물터미널 외에 운송수단간의 연계시설, 화물취급장, 화물정보센터, 내륙컨테이너기지까지 포함된다. 복합화물터미널은 기업집단이 건설하는 경우도 있지만 주로 공공기관이나 정부가 직접 항만과 같이 사회간접투자의 일환으로 건설하는 경우가 많다.

복합화물터미널은 이용자와 기능에 따라 공용화물터미널, 전용화물터미널, 복합화물터미널 및 일반화물터미널로 구분된다.

복합화물터미널의 기능은 다음과 같다.

[표 10-22] 화물터미널의 구분

구 분		내 용
이용자에 따른 구분	공용화물터미널	공공이용을 목적으로 설치한 화물터미널
	전용화물터미널	자가목적으로 설치한 화물터미널
기능에 따른 구분	복합화물터미널	2가지 이상 운송수단 간의 연계시설을 할 수 있는 규모와 시설을 갖춘 화물터미널
	일반화물터미널	복합화물터미널 이외의 화물터미널

① 터미널기능의 실현 : 터미널기능으로서 적환기능을 구비하여 출발지에서 도착지까지 운송・보관・하역・포장활동을 통하여 최적단위의 적정화와 기계화 및 자동화 등의 성력화를 실현한다.

② 혼재기능의 강화 : 단위화의 촉진을 위해 소규모 화물의 로봇화를 통하여 혼재기능을 강화한다.

③ 유통보관기능의 구비 : 대량생산체제를 배경으로 수주의 소량분산화에 따라 보관회수의 감소가 운송비를 절감하게 하여 보관활동의 운송과 재고조정의 관점에서 밀착화와 일체화를 가능하게 한다.

④ 트랜스 폼 기능 : 물품의 가공・포장・판매단위에 있어 소량 다종류 상품의 세트 조립 등의 작업을 통하여 상품을 수요구조에 적합하도록 수요형태를 변형시킬 수 있다.

⑤ 정보센터 기능 : 화물정보센터로서의 기능을 강화하여 운송수단의 예약, 탁송화물의 운행, 도착정보, 재고관리 등의 정보를 제공해 준다.

복합화물터미널의 운송수단별 형태는 공로와 공로를 연결하는 유니모달(unimodal) 방식의 트럭터미널, 공로와 철도를 연결하는 내륙복합화물터미널, 공로・철도・항만을 연결하는 해륙복합화물터미널, 육・해・공 복합화물터미널로 구분된다. 이러한 복합화물터미널은 대상지역의 지리적여건, 취급품의 종류와 운송수단의 진입 가능성, 내국화물과 수출화물의 유통상관관계 등에 따라 형태가 결정된다.

[표 10-23] 화물터미널 현황

(2018년 10월 현재)

구 분	위 치	터미널명	위 치	총면적(m²)	공사시행인가일, 운영개시
복합 화물 터미널	경기 (2)	의왕 ICD	의왕시 이동	752,680	
		군포복합 물류터미널	군포시 부곡동	701,571	1997년(운영개시)
	경남 (2)	양산복합 물류터미널	양산시 물금읍	197,849	1999년(운영개시)
		양산 ICD	양산시 물금읍	1,294,222	2000년(운영개시)
	전남	장성복합물류터미널	장성군 서삼면	520,782	2005년(운영개시)
	세종	중부복합물류터미널	세종시 부강면	480,946	2010년(운영개시)
	경북	영남복합물류터미널	칠곡군 지천면	312,026	2010년(운영개시)
		7개소			
일반 화물 터미널	서울 (2)	한국트럭터미널	서초구 양재동	96,017	1990년 03월 31일
		서부트럭터미널	양천구 신정동	112,111	1979년 09월 29일
	부산	부산물류터미널	강서구 녹산산업북로	85,667	1979년 09월 29일
	대구 (3)	서부물류터미널	달서구 월성동	70,022	1996년 01월 12일
		북부물류터미널	북구 매천동	9,878	2001년 04월 21일
		동부물류터미널	동구 용계동	34,510	2006년 01월 20일
	인천 (3)	영창화물터미널	남구 학익동	30,460	1983년 02월 16일
		한진인천전용 화물터미널	중구 항동	43,538	1994년 04월 12일
		인천트럭터미널	남구 도화동	45,985	1999년 02월 04일
	광주 (2)	광주화물자동차 터미널	북구 각화동	35,765	1983년 03월 04일
		풍암물류터미널	서구 매월동	39,304	2004년 07월 29일
	대전 (2)	대전공용화물터미널	대덕구 읍내동	60,242	1990년 09월 20일
		중부대전물류터미널	유성구 대정동	59,556	2001년 12월 03일

울산	울산공용 트럭정류장	울산시 북구 효문동	41,593	1995년 05월 18일
경기 (8)	안산화물터미널	안산시 단원구 성곡동	42,946	1995년 04월 14일
	서부공용화물터미널	시흥시 정왕동	16,500	1996년 07월 15일
	시화공단공용 화물터미널	시흥시 정왕동	50,841	1997년 07월 03일
	중부공용화물터미널	용인시 처인구 백암면 백봉리	160,086	1999년 01월 07일
	안산물류터미널	안산시 단원구 성곡동	35,592	1999년 12월 08일
	한진화물터미널	성남시 분당구 구미동	9,395	2001년 09월 01일
	평택물류터미널	평택시 도일동	16,473	2009년 04월 29일
	한샘물류터미널	시흥시 정왕동	60,086	2012년 10월 17일
강원	–	–	–	–
충북	보은화물터미널	보은군 보은읍 지산리	13,127	1996년 01월 24일
충남 (2)	아산화물터미널	아산시 선장면 선창리	21,475	1997년 07월 10일
	중부화물터미널	천안시 구룡동	33,896	1999년 05월 04일
전북	신익산 화물터미널	익산시 부송동	23,924	1999년 01월 09일
전남 (3)	여천화물터미널	여수시 월하동	11,131	1999년 03월 16일
	여천트럭 화물터미널	여수시 월하동	16,518	2000년 12월 29일
	여수일반 물류터미널	여수시 해산동	51,268	2011년 05월 20일
경북 (2)	구미화물터미널	구미시 오태동	33,148	1996년 03월 25일
	삼일물류터미널	포항시 남구 대송면 옥명리	109,833	2011년 06월 07일
경남	진주화물터미널	진주시 상대동	21,575	1987년 01월 31일
제주	–	–	–	–

	세종	–	–	–	–
		32개소		1,492,462	
ODCY		우암, 감만, 양산 3곳			
합 계		42			

자료 : http://www.kift.co.kr/front/business/business_01.asp?leftmenu=1&sub_index=1
http://nlic.go.kr/nlic/fmTerminal0010.action
http://www.yift.co.kr/kor/company/history.php
국토교통부, 내륙물류기지 통합 브로슈어 (2015),
http://www.molit.go.kr/USR/policyData/m_34681/dtl.jsp?search=%EB%82%B4%EB%A5%99%EB%AC%BC%EB%A5%98%EA%B8%B0%EC%A7%80&srch_dept_nm=&srch_dept_id=&srch_usr_nm=&srch_usr_titl=Y&srch_usr_ctnt=&search_regdate_s=&search_regdate_e=&psize=10&s_category=&p_category=&lcmspage=1&id=3616

4.2 복합화물터미널의 현황

우리나라에서 운영되고 있는 화물터미널은 2018년 10월 현재 복합화물터미널 7개소, 일반화물터미널 32개소, 전용화물터미널 26개소 등 총 65개소로 이중 복합화물터미널(IFT)은 경기지역의 군포 복합화물터미널과 경남지역의 양산 복합화물터미널, 전라남도 장성 복합화물터미널, 경상북도 칠곡 복합화물터미널, 세종시 복합화물터미널 5곳이다.

[표 10-24] 복합화물터미널 건설계획

구 분	내 용
1단계 (1994~1999)	• 위치 : 경기도 군포, 경남 양산 • 규모 : 군포 11만평, 양산 10만평 • 주요시설 : 화물취급장, 배송센터, 관리편익동, 칠송시설 등 • 부대시설 : 주유소, 정비소, 세차장 등
2단계 (1999~2011)	• 위치 : 중부권, 영남권, 호남권 • 기본계획 : 1998년 • 건설 : 1999~2011년
3단계 (2011년 이후)	• 터미널 신축계획 추진 : 수도권(1개소 추가), 부산(1개소 추가) 광양, 익산, 창원, 포항, 강릉, 건설추진
4단계	• 시군단위 점진적 확대

현재 가동 중인 복합화물터미널의 주요 시설 및 규모를 보면 다음과 같다.

[표 10-25] 군포복합화물터미널의 주요 시설 및 규모

- 위치 : 경기도 군포시 번영로(부곡동)
- 부지면적 : 701,571㎡
- 영업개시 : 1997년(확장2012년)
- 처리능력 : 1,146만톤/년
- 진출입IC : 동군포IC, 군포IC
- 주요 시설 및 규모

구 분	동 명	형 태	동 수	면적(㎡)
ITF	화물취급장	단층	11	45,954
	배송센터	복층5층 복층2,3층	12 3	465,642 50,443
	복합창고	복층3,4층	2	53,329
	철도화물취급장	단층	1	2,463
	CY			27,404
총면적				645,235
선로제원	3개 선로			

자료 : ① 한국복합물류, http://www.kift.co.kr/front/business/business_01.asp?leftmenu=1&sub_index=1
② 국토교통부, 내륙물류기지 통합 브로슈어 (2015),
http://www.molit.go.kr/USR/policyData/m_34681/dtl.jsp?search=%EB%82%B4%EB%A5%99%EB%AC%BC%EB%A5%98%EA%B8%B0%EC%A7%80&srch_dept_nm=&srch_dept_id=&srch_usr_nm=&srch_usr_titl=Y&srch_usr_ctnt=&search_regdate_s=&search_regdate_e=&psize=10&s_category=&p_category=&lcmspage=1&id=3616

[표 10-26] 양산복합화물터미널의 주요 시설 및 규모

- 위치 : 경남 양산시 물금읍 제방로
- 면적 : 291,374㎡
- 영업개시 : 1999년
- 처리능력 : 371만톤/년
- 진출입IC : 물금IC
- 주요 시설 및 규모

구 분	동 명	형 태	동 수	면적(㎡)
ITF	화물취급장	단층	7	26,149
	배송센터	복층5층 단층	4 2	133,845 17,253
	CY			20,602
총면적				197,849
선로제원	2개 선로			

자료 : ① http://www.kift.co.kr/Front/business/business_02.asp?leftmenu=2&sub_index=1
② 국토교통부, 내륙물류기지 통합 브로슈어 (2015),
http://www.molit.go.kr/USR/policyData/m_34681/dtl.jsp?search=%EB%82%B4%EB%A5%99%EB%AC%BC%EB%A5%98%EA%B8%B0%EC%A7%80&srch_dept_nm=&srch_dept_id=&srch_usr_nm=&srch_usr_titl=Y&srch_usr_ctnt=&search_regdate_s=&search_regdate_e=&psize=10&s_category=&p_category=&lcmspage=1&id=3616

[표 10-27] 장성복합화물터미널의 주요 시설 및 규모

- 위치 : 전라남도 장성군 서삼면 물류로
- 부지면적 : 520,782㎡
- 영업개시 : 2005년
- 처리능력 : 470만톤/년, 34만TEU/년
- 진출입IC : 장성IC, 장성물류IC
- 주요 시설 및 규모

구 분	동 명	형 태	동 수	면 적(㎡)
ITF	화물취급장	단층	4	17,736
	배송센터	복층5층 단층	5 5	149,588 48,346
ICD	CFS	단층	2	9,000
	CY			89,387
총면적				314,057
선로제원	5개 선로			

자료 : ① http://www.kift.co.kr/Front/business/business_03.asp?leftmenu=3&sub_index=1
② 국토교통부, 내륙물류기지 통합 브로슈어 (2015),
http://www.molit.go.kr/USR/policyData/m_34681/dtl.jsp?search=%EB%82%B4%EB%A5%99%EB%AC%BC%EB%A5%98%EA%B8%B0%EC%A7%80&srch_dept_nm=&srch_dept_id=&srch_usr_nm=&srch_usr_titl=Y&srch_usr_ctnt=&search_regdate_s=&search_regdate_e=&psize=10&s_category=&p_category=&lcmspage=1&id=3616

[표 10-28] 영남복합화물터미널의 주요 시설 및 규모

- 위치 : 경상북도 칠곡군 지천면 금호로 272
- 부지면적 : 321,026㎡
- 영업개시 : 2010년
- 처리능력 : 일반화물 357만톤/년, 컨테이너 33만TEU/년
- 진출입IC : 칠곡물류IC
- 주요 시설 및 규모

구 분	동 명	형 태	동 수	면 적(㎡)
ITF	화물취급장	2층	7	39,400(연면적)
	배송센터	복층5층 복층4층	2 1	81,400(연면적) 32,800(연면적)
	철도화물취급장	복층2층	1	1,130
ICD	CFS	복층2층	1	2,730
	CY			150,500
총면적				
선로제원	1개 선로			

출처 : ① http://www.yift.co.kr/kor/structure/structure.php
② 국토교통부, 내륙물류기지 통합 브로슈어 (2015),
http://www.molit.go.kr/USR/policyData/m_34681/dtl.jsp?search=%EB%82%B4%EB%A5%99%EB%AC%BC%EB%A5%98%EA%B8%B0%EC%A7%80&srch_dept_nm=&srch_dept_id=&srch_usr_nm=&srch_usr_titl=Y&srch_usr_ctnt=&search_regdate_s=&search_regdate_e=&psize=10&s_category=&p_category=&lcmspage=1&id=3616

[표 10-29] 중부복합화물터미널의 주요 시설 및 규모

- 위치 : 세종시 부강면 연청로
- 부지면적 : 480,946㎡
- 영업개시 : 2010년
- 처리능력 : 236만톤/년
- 진출입IC : 남청주IC
- 주요 시설 및 규모

구 분	동 명	형 태	동 수	면적(㎡)
ITF	화물취급장	단층	4	17,779
	배송센터	복층2층 단층	2 2	57,547 16,529
ICD	배송센터	단층	1	16,228
	CFS	단층	1	3,124
	CY			40,378
총면적				151,585
선로제원	5개 선로			

자료 : ① http://www.kift.co.kr/Front/business/business_04.asp?leftmenu=4&sub_index=1
② 국토교통부, 내륙물류기지 통합 브로슈어 (2015),
http://www.molit.go.kr/USR/policyData/m_34681/dtl.jsp?search=%EB%82%B4%EB%A5%99%EB%AC%BC%EB%A5%98%EA%B8%B0%EC%A7%80&srch_dept_nm=&srch_dept_id=&srch_usr_nm=&srch_usr_titl=Y&srch_usr_ctnt=&search_regdate_s=&search_regdate_e=&psize=10&s_category=&p_category=&lcmspage=1&id=3616

이들 복합화물터미널을 이용하는 경우 얻을 수 있는 이점은 다음과 같다.

① 입지조건의 편리성 : 경부, 영동, 서해안 고속도로와의 연결이 용이하고 철도, 항만 및 공항과의 연결이 가능하다.

② 운송수단 선택의 용이성 : 여러 화물운송회사들이 입주해 있으므로 화물의 조건에 따른 운송수단의 선택이 용이하다.

③ 공간의 효율성 : 시설물 배치의 합리화로 공간효율이 증대하고 차량의 대형화에 대비한 차량동선의 확보가 쉽다.

④ 다양한 첨단시설 : 배송센터의 운영, 화물추적 및 매칭시스템 그리고 화물 입출고와 분류가 기계화되어 있다.

⑤ 비용의 저렴성 : 정부지원사업으로 시설이용료가 저렴하고 일관부문에 의한 비용절감이 가능하다.

⑥ 완벽한 부대시설 : 운송부대시설(주유소, 정비소 등)과 복지시설 및 편의시설이 완비되어 있다.

참고문헌

[국내문헌]

강요중, "전자상거래를 통한 경쟁력 기반의 재구축", 「VIP REPORT」, 현대경제연구원, 1998.

강종희, 「편의치적제도 활용방안 연구」, 한국해양수산개발원, 2001.

건설교통부, 2003년 통계연보.

______, 「글로벌 물류기업 국내진출 방안」, 동북아물류실, 2003.

경윤범・이신규, 「운송물류론」, 형설출판사, 2003.

공업진흥청, 「포장・물류KS 핸드북」, 1995.

곽봉환, 「Forwarder의 운송책임과 보험의 문제」, 해운산업연구원, 1993.

교통개발연구원, 「도시 내 배송체제연구」, 1986.

______, "각국의 고속철도 개발현황 및 특성비교", 「월간 교통정보」, 1989.11.

______, "여객 화물수송실적 및 기타 통계", 「교통」, 2000.8.

______, 「장기종합물류정책의 기본방향에 관한 연구」, 1989.

______, 「화물자동차 운송 산업의 현황과 규제완화 방안」, 1994.

김경석, "남북경협 활성화를 위한 통합도로망 구축방안", 「교통」, 통권 29호, 2000.6.

김기억, "한국철도 100년, 철도발상지 경인철도", 「교통안전」, 교통안전공단, 1999.9.

김기홍, "전자상거래 : 새로운 시장의 대두", 산업연구원, 1997.3.

김동기, 「한국의 물류산업」, 매일경제신문사, 1987.

김방희, "부실고속철도 책임 공방 거세진다.", 「시사저널」제393호, 1997.

김웅진・박영태, "철도운송활성화를 위한 고속철도에 관한 소고", 「물류학회지」, 한국물류학회,1997.

______・박종삼, 「국제물류운송론」, 도서출판 두남, 2001.

김원규, "정보화사회를 대비하는 미래 교통시스템 자지능형교통체계(ITS) 구축방안", 「교통」,1998.4.

김유오・박덕우, "전자상거래에 따른 물류의 전략적 제휴에 관한 연구", 「물류학회지」, 한국물류학회, 1999.

김용욱・류재수, 「물류관리론」, 한올출판사, 2002.

김정민, "1998 미 외항해운개혁법 발효에 따른 국내 복합운송업체의 대응", 「해양한국」, 제308호, 재단법인 한국해사문제연구소, 1999.5.

김정환, 「운반・하역론」, 한국물류연수원, 1999.

김철민・신창훈, 「e-로지스틱스」, 도서출판 두남, 2002.

김태일, "유럽연합의 정기선 해운동맹 폐지와 그 영향", KMI, 2006.12.

김한수, "FIATA CT B/L의 성격과 이에 관련된 문제", 「복합운송」, 한국국제복합운송업협회, 1986.

김한태, "경부선 사정과 고속철도 건설(1)", 「한국철도」, 철도청, 1989.10.

노부호 외 10인, 「물류관리의 종합적 이해」, 형설출판사, 2001.

대외경제정책연구소, 「러시아연방 수송체계」, 1993.

대한무역투자진흥공사, 「러시아 TSR거점 지역별 유망분야 및 진출방안」, 2002.7.

대한상공회의소 물류공동화추진위원회, 「항공화물 물류개선과 연안 해송 활성화 방안」, 1995.

______, 「물류공동화 추진메뉴얼」, 1995.

______, 「물류관리편람」, 1990.

______, 「물류표준화 가이드」, 1995.

______, 「물류표준화 활성화를 위한 세미나」, 1995.

______, 「우리나라 기업의 물류표준화 실태조사 보고」, 1993.

______, 「제3자 물류업체의 경영실태 조사」, 1999.

______, 「제조업의 물적유통 개선방안」, 1992.

______, 「화환신용장통일규칙 및 관행(4차개정)」, 1983.

대한선주, 「해운실무용어사전」.

대한항공 교육원, 「항공화물실무」, 1988.

대한항공 일반교육원, 「화물초급(영업운송 00-1)」, 1990.

라홍주, "우리나라 컨테이너화물 유통개선책 소고", 「물류학회지」, 한국물류학회, 1991.

문상원, "택배업의 현황과 전망", 「하주」, 한국무역협회, 1992.9.

문순호, "선진외국의 고속철도 현황과 그 특징", 「철도시설」, No.32, Vol.9, (사)한국철도기술협의회, 1989.7.

박영태 외1, "1998년 미국 외항해운개혁법이 정기선 해운에 마칠 영향에 관한 연구", 「해운학회지」, 한국해운학회, 1999.

朴容燮, 國際複合運送(船荷)證券의 解說, 형설출판사, 1992.

박은규, "한국의 표준파렛트와 물류표준화, 바로 알고 참여하자!", 「Pallet News」, 2000.

朴鎭秀 申勝是컨테이너 터미널 하역시스템 연구, 해운산업연구원, 1993, 12.

반병길, 「교통산업론」, 박영사, 1979

방희석, 「해운론」, 박영사, 1989.

______, 「현대 해상운송론」, 박영사, 1994.

______외1, 「물류관리론」, 동성사, 2001.

백병성 외, "전자상거래와 소비자 보호", OECD정책자료 No.1, OECD 소비자정책 의세분석, 한국소비자 보호원, 1997.

변의석 외 다수, "복합운송체제에서의 물류비용 절감을 위한 물류정보시스템간 연계강화 방안연구", 정보통신부, 1999.

서돈각, 「상법강의(하권)」, 법문사, 1988.

서병론, 「물류의 길」, 물류신문사, 2000.

徐憲濟, 콘테이너 複合運送人의 責任法理, 三知院, 1986.
서현진, 「물류선진기업의 벤치마킹」, 율곡출판사, 1998.
______, 「물류비 철저 삭감기법」, 한국생산성본부, 1997.
______, 「기업물류비의 전략적 관리」, 비 북스, 1995.
서현진 외 3, 「물류관리」, 율곡출판사, 2001.
섭태현, 「21세기를 대비한 SUPPLY CHAIN MANAGEMENT 개념과 사례」, 박영사, 1999,p.19.
손주찬, 「개정상법(상)」, 박영사, 1974.
송계의, 「최신 물류경영론」, 문영사, 2005.
______, 인터넷물류론」, 삼영사, 2002.
______, 「물류경영론」, 문영사, 1998.
______, 「기업의 물류관리」, 재단법인 21세기 한국연구재단, 1996.
송선욱, 「한국 복합운송주선업의 경쟁력 강화방안에 관한 실증적 연구」, 건국대학교 일반대학원 박사 학위 청구논문, 2000.
신승식, 「우리나라 수출입컨테이너의 내륙 기종점 분석 및 시사점」, 한국해양수산개발원,2002.
심상렬, "INTERNET환경하에서의 EDI향후방향", 「무역상무연구」, 제11권, 한국무역상무학회,1998.2.
안병수, "국제전자상거래시대를 대비한 Bolero Project와 TradeCard System", [무역상무연구], 한국무역상무학회, 2002. 2
안승범・김성수・변의석 공저, 「물류정보」, 문영사, 2004.
안승필・김시곤, 「21세기 동북아시대 한반도의 교통」, 교통개발연구원, 1994.
안태호, 「물류개론」, 한국물류관리협의회, 1991.
______, 「물류론」, 범한, 1996.
______, 「한국의 물류산업」, 경제신문사, 1989.
______, 「현대 물류론」, 도서출판 범한, 1996.
梁時權・金順甲, 船舶積貨, 한국해양대학교 海事圖書出版部,1990.
옥선종 외, 「국제복합운송론」, 도서출판 두남, 1997.
______, "국제물류와 물류정보시스템에 대한 연구", 「송면박사 화갑기념논집」, 1989.
玉璿鍾, 國際運送論, 法文社, 1986.
______, 「물류관리론」, 기술, 1995.
______, 海運論, 法文社, 1986.
______, "중국대륙횡단철도(TCR)을 이용한 컨테이너 서비스에 대한 연구", 「무역학회지 제16권」, 한국무역학회, 1991.
______, 추창엽, 「보관하역론」, 경록, 1998.
월간 물류신문, "각광받는 쿠리어 택배와 동향", 1997.10.
유석성・유종관, 「남북한 화물운송체제 구축방안」, 해운산업연구원, 1993.

윤광운 외, 「전자상거래론」, 삼영사, 1999.
윤문규, "물류공동화의 의의화 필요성", 「물류정보」, (주)기술정보, 1996.8.
윤문규, 「물류총론」, 도서출판 범한, 2002.
______, 「물적유통의 이론과 실제」, 성문각, 1985.
이균성, 「국제해상운송법연구」, 삼영사, 1984.
______, 海商法講論, 해운산업연구원, 1988.
이미영, "물류공동화로 한계를 극복하자", 「물류시대」, 코리아쉬핑가제트, 1996.8.
이복남, "국내 고속철도 건설사업 문제점의 해결방안은 없는가?", 「토목」, 통권 제199호, 사단법인 대한토목학회, 1996.11.
이상근, "특송업의 분석과 전망", 한상물류연구소 물류산업 창업세미나 주제발표, 1997.11.12.
李新雨 等, 最新 綜合海運, 教文社,1977.
이위석 한호형 . 양일모, 「로지스틱스 관리론」, 한올출판사, 2000.
이인근, 「국제물류운송론」, 학문사, 1994.
李宙興, 海上運送法, 박영사,1992.
記名式 "선하증권의 讓渡에 관한 判例分析",[海運物流研究], 2004, 6,
이철승・이한희, "전자상거래시대의 물류정보화 대응방안 분석", 정보통신정책연구원 연구보고서, 1998.
이철영, 「알기쉬운 물류・로지스틱스」, 효성출판사, 2000.
인천국제공항, 「인천국제공항편람」, 1999.
임규호, "외국물류단지의 이황과 개발방식", 「물류단지조성 심포지움」, 대한상공회의소, 1993.6.23.
임문택, 「최신 국제물류개론」, 포탑출판사, 2001.
임석민, 「국제운송론」, 유천서원, 1991.
______, 「국제운송론」, 삼영사, 2001.
林錫珉, [전자상거래시대의 물류관리론], 도서출판 두남, 2006.
______, [船荷證券論], 도서출판 두남, 2000.
______譯, [海上貨物運送契約論], (폴 토드 著), 三英社, 1998
______, "부정기선 운항전략에 관한 연구". [海運商業研究], 1985. 6.
______, "改正海商法下에서의 海上運送人의 責任制限에 관한 考察". [경영연구, 창간호], 한신대학교 경영과학연구소, 1994.2.
______, "美鐵道의컨테이너 運送", [韓國海運學會誌], 제19호, 1994. 11.
______, "컨테이너화의 背景 및 그 過程", [韓國海運學會誌], 제20호, 1995.8.
______, "船荷證券의 由來와 變遷過程", [韓國海運學會誌], 제10권, 1995. 11.
______, "컨테이너선의 世代別 변천추이", [韓國海運學會誌], 제21호, 1995. 12.
______, "제3세대 港灣과 항만의 새로운 役割", [韓國海運學會誌], 제24호, 1997. 7.

______, "1998년 美國의 改定海運法", [해양정책 연구], 제13권 2호, 1998. 12.
______, "船荷設券의 提示와 保證渡", [韓國海運學會誌], 제28호, 1999. 7.
______, "金河紡織事件의 判決에 대한 批判", [韓國海運學會誌], 제24권 제2호 한국무역학회, 1999. 10.
______, "유럽대륙의 複合運送", [韓國海運學會誌], 제29호, 1999. 12.
______, "영국의 船荷設券法", [貿易商務研究], 제14권, 한국무역상무학회, 2000, 8.
______, "海上運送狀에 의한 船荷證券의 代替", [韓國貿易學會誌], 2000.12.
______, "유럽연합의 定期船 경쟁규칙의 解釋에 대한 DG4와 同盟의 紛爭", [韓國海運學會誌] 제32호, 한국해운학회, 2001.6.
______, "전자상거래와 한국의 택배산업", [貿易商務研究], 제16권, 2001, 8.
______, "定期船海運의 전자상거래 비즈니스 모델에 대한 眺望", [國際商學], 제19권, 제3호, 韓國國際商學會, 2003, 9.
林浩圭, 韓國의 綜合運送體系, KDI, 1979,
전무, "사이버 물류시장의 동향과 전망", 「KLNet」
전순환, 「국제운송물류론」, 한올출판사, 2004.
전준수, "종류물류에서의 복합운송업자의 역할", 「학술발표대회논문집」, 한국무역학회, 1989.
전창원, 「무역운송실무」, 일신사, 1993.
錢昌源, 標準貿易運送實務, 무역연구원, 1996,
정락인, "물류공동화 기업의 생사결렸다". 「월간 물류정보」, (주)기술정보, 1997.2.
정용상, "전자상거래 입법의 법적 문제", 「상사법연구」 제17권 제3호, 한국상사법학회, 1999.
정희철, 「상법학원론(T)」, 박영사, 1986.
(주)코리아쉬핑가제트, 「물류시대」, 1990.5.
(주)해상무역신문사, 「무역유통실무, 1993.
(주)현대물류, "오토바이 B/C delivery 서비스 실시", 「현대물류뉴스」, 통권 13호, 1997.
조경규, "국내 소화물일관수송(택배)체제의 현황과 전망", 「물류논총」, 창간호, 1992.
조경철, "대한통운의 경쟁력 강화방안", 「1996년도 하반기 학술세미나 논문집」, 한국물류학회,1996.
진형인・백종실, 「화물운송의 효율화를 위한 연계수송 강화방안」, 해운산업연구원, 1994, p.12.
______・조성범, 「종합화물유통제의 확립을 위한 국제복합운송사업의 육성방안』, 해양산업연구원, 1991.
______・정홍주, 「국제물류의 이해」, 박영사, 2003.
崔基元, 商法學新論(上・下), 博英社, 1991,
______, 海商法, 博英社, 1993,
최석범, "글로벌전자무역시에 대비한 전자선화증권의 법률적 대응책", 「무역학회지」, 제24권 제1호, 한국무역학회, 1999.6.
최재선, "국제 화물운송질서 크게 바뀐다" 한국해양수산개발원, 2008.3.

崔峻璿, 國際航空運送法論, 三英社, 1987.
최회균, “지능형교통체계(ITS) 국내 구축방안에 관한 연구”, 「협성논총」, 제9집, 1998.
추창엽, 「복합운송서류에 관한 연구』, 명지대학교 대학원 박사학위논문, 1991.
추창엽 김웅진, 「물적유통론」, 형설출판사, 1999.
______ · 김웅진, 「무역실무론」, 형설출판사, 1994.
한국경제연구센터, 「물적유통에 관한 연구」, 1980.10.
한국경제연구원, 「물류부문의 효율성 제고방안」, 1997.
한국국제물류협회, 프레이트 포워딩 매뉴얼, 개정판, 2010.
한국국제복합운송업협회, 「복운협 12년사」, 1990.
______, 「복합운송기초강좌」, 1993.
한국국제복합운송업협회, 복합운송의 이론과 실제, 개정증보판, 1995.
한국능률협회, 「유통구조와 물적유통」, 1983.
한국무역협회, 「수출기업 물류합리화방안」, 1991.
한국복합운송주선업협회, 복합운송실무, 항공운송실무, 통관실무, 1998.
한국선주협회, 「2001년 해운연보」, 2002.
한국유통교육협회, 「신유통용어사전」, 2000.
한국전산원, 「CALA/EC 도입 · 확산을 위한 정부의 역할」, 1996.
______, 「미들웨어를 이용한 전자상거래 플랫폼 구현방안에 관한 연구–기반의 전자상점을중심으로–」, 1996.12.
한국철도, 「철도화물운송」, 1998.
한국하주협의회, 수출입운송실무, 1998. 11.
한국하주협회, 「수출입화물과 물류관리」, 한국무역협회, 1990.
한국해사문제연구소, 「국제복합운송실무」, 1985.
한국해사문제연구소, 해양한국, 1997~1999.
한국해양수산개발원, 「중국의 항만 및 항만배후지에 대한 외국인 투자 유치정책과 시사점」, 2003.
______, 「동아시아 물류구조 변화와 국제 물류네트워크의 구축방안」, 2003.
______, 「항만투자의 경제적 효과에 관한 연구」, 2000.
______, 「항만개발사업의 경제성 타당성 평가의 개선방안 연구」, 2003.
______, 「21세기 글로벌 해운물류」, 도서출판 두남, 2001.
______, 「항만기본계획 재정비」, 1999.12.
______, 「2003년 KMI 세계 해운 전망」, 2002.
______, 「2001년 해운통계요람」, 2002.
______, “컨테이너항만의 물류경쟁력 국제비교”, 1998.12., p.66.
______, 「우리나라 컨테이너항마의 마케팅전략수립에 관한 연구」, 1998.12.

______, 「컨테이너항만의 물류경쟁력 국제비교」, 1998.12.한국해운항만정보센타, 「해운실무강좌」, 1982.
韓國海運技術院, 港灣運營 效率化 硏究 I, Ⅱ, 1987.9, 1988. 7.
______, 컨테이너의 港灣/內陸輸送合理化方案, 1988, 12.
韓國海運港灣情報센타, 海運實務講座, 1982.
한진교통물류연구원, 「21세기 선진통일시대에 걸 맞는 도로망구축」, 1996.
______, 「교통물류연감」, 1996.
한진그룹 종합물류연구소, "아시아의 대륙횡단철도 현황과 남북철도망 구축의 효과", 「물류연구」, 1994.11.
한진해운, 한진해운 20년사, 1997.
해운무역신문사, 「화물유통」, 1989.
해운산업연구원, 「한・러 직항로와 TSR운송 활성화 방안」, 1992.
해운산업연구원, 우리나라 컨테이너貨物流通構造 改善方案, 1990. 12.
______, 해운항만산업 정책구상, 1996.5.
해운항만청, 「세계 속의 한국해운항만」, '1979.
______, 「컨테이너부두 개발 입지 선정조사」, 1985.
허훈, "남북한 통합 화물운송체계 구축 전망 및 정책 방안", 「로지스틱스 리뷰」, 1995.3.
현대경제연구원 편역, 「전자상거래법 혁명」, 21세기북스, 1999.
현대상선, 현대상선 20년사, 1996.
황근식, 「국제컨테이너운송실제지침」, 한국해사문제연구소, 1982.
______이원철, 「개정 국제복합운송실무」, 한국해사문제연구소, 1985.

[외국문헌]

古川哲次郎, 海運實務の基礎理論, 東京:海文堂, 1975.
谷川久・高田四郎・櫻井玲二, 「改訂コンテナB/L」、經草書房, 1974.
菊池 康也, "共同物流成功の段階", 「月刊 自動認識技術」, (株)尖端, 1997.1.
大崎正瑠, 船荷證券の研究, 東京:白桃書房, 1988.
大崎正瑠, 「FOB条件とCIF条件」 成山堂, 1982.
大木一男, 用船契約の實務的解說, 東京:成山堂書店, 1979.
______, 船荷證券の實務的解說, 東京:成山堂書店, 1983.
渡逸郎, 「コンテナリセーションの理想実際(物流合理化と新交通・絵送システムl)」, 現代工学社, 昭和50年.
物流システム開登センター、「バレトブールシステム」、1978.
飯田秀雄, コンテナー輸送の原点, 東京:成山堂書店, 1971,
______, 最新 コンテナー輸途の理論と實際, 東京:成山堂書店, 1971.

飯田秀雄, 海陸複合輸送の研究, 東京:成山堂書店,1980
山田源次, シッピング實務, 東京:海文堂, 1979.
松本好雄, コンテナーの輸送實務, 東京:成山堂書店, 1968.
松田降盛, 「輸送革新産業(未来産業 ⑧」, 東洋經済新報社, 1972.
市来青也, 「国際物流要論」, 東洋經済新報社, 1989.
_______, 「物流経営論」、ぎょうせい, 1983.
_______, 「海運实務基礎」, 東洋經済新報社,1978, p.143 参照.
阿保営司, 「物流の基礎」, 税務経理協会, 1983.
迪云港经済技術開登区 公共送系部提供資料.
鈴木恭明, 「複合運送設券における運送約款」, 第3回 複合運送基礎講座, 日本海上コンテナ協会, 1984.5.
日本ユンテナ協会 篇, 「国際ユンテナ实務要覧」 成山堂, 1984.
日本海上コンテナー協會, 國際コンテナー實務要覽, 東京:成山堂書店, 1982.
日本海上コンテナ協会, 「コンテナ用語辞典」、東京 : 成山堂, 1974.
_______, 「ユソテナリビーション絽覧」、成山堂, 1978.
長谷川良雄, 「物流合理化の一貫輸送システム」、現代工学社, 1990.
中尾朔郎・數內宏, 國際コンテナー輸送實務指針, 東京:海文堂, 1977.
志村嘉一郎, 「圓設:最新中国国勢要覧」, 教育社, 1979.
織田政夫, 海運經濟論, 東京:成山堂書店, 1977.
コンテナ輸送研究倉, コンテナーゴ輸送マニュアル, 東京:海文堂, 1979.
土井佐有,物流の意義とその實態, 東京:八千代出版, 1983.
土井佐有, 「物流の意義とど実態」、八千代出版, 1986.
浦田楠雄, "ISOコンナ基本的規格の重要性", 「海運」, No.598, 1977.7.
下條哲司,海運場の經濟分析, 神戶:神戶商船大學出版部, 1979.
韓国貿易協会,「海上運送(貿買務Guide)」, 1981.
海上貨物輸送実務研究舎編, 「海上貨物輸送の賞務」,成山堂, 1972.
海上貨物輸送研究會,新訂海上貨物輸送の實務, 東京:成山堂書店, 1982.
海運實務研究會, 海運實務要論, 東京:海文堂, 1964.
鴻常夫,「通レ運送に関する-考察-通レ船苛歴券に関する豫備的研究」, 商法学論報, 有斐閣, 1964. 荒井武雄,「信用状に刁づく船積書類の基礎知識」, 外国爲替貿易研究會, 1982.
黑田英雄,世界海運史,東京:成山堂書店,1979.
Advisory Commission on Conference in Ocean Shipping, Report to the President and the Congress of U.S.A. (1992).
Alderton, P. M., Sea Transport, Thomas Reed Publication Limited, 1984.
Ballow, R.H., *Business Logistics Management.* 4rd ed., Englewood Cliffs, NJ : Prentice-Hall,

Inc, 2004.

Bennett, W. P., The History of and Present Position of the B1J1 of Lading, Cambridge University Press, 1914.

Bes J .. Chartering and Shipping Terms, London : Barker Howard Ltd., 1975.

______, Liner and Tramp Shipping, Onkenhout, Hilversum, 1966.

Branch Alan E., Elements of Shipping, London : Chapman and Hall, 1983.

Bross, Steward R., Ocean Shipping, Cornell Maritime Press, 1956.

Conleg, William L, Ali F. Fartho。mand and Pauline S.P.Hg. "Building an e-Business at Fedex Corporation", Sim Annual Paper Award Competition 2nd Place Winner, 2000.

Cufley, C.F.H., Ocean Freights and Chartering London: Granada, 1964.

D.J.Hill, Freight forwarders London, Stevens & Sons, 1972. Management」, Sec。nd edition, Macmillan Publishing Co., Inc., 1978'

Drewry, Global Containers ; Profit, Perfoemance and Prospects, 2002.

Ernest G.Frankle,「Regulation and Policies of American Shipping, Auburn House Publishing Company, 1982.

F.M. Ventris,「Banker's Documentary Credit, Lloyd's of London Press Ltd., 1980.

G. Vandenburg, Containerization and Other Unit Transport, Hutchincon Benham London, 1975.

Gardiner, Robert, Alastair Couper(edited), The Sipping Revolution – The Modern Merchant Ship. London : Conway Maritime Press Ltd., 1992.

Georges Ferne, "Electronic Commerce" : A New Economic and Policy Area, journal of Internet Banking and commerce, Wysiwyg : *//31 http://www.aπ aydev.com/commerce/jibc/9704-08.html*

Goss, R.O edited, Advances in Maritime Economics, Cambridge University Press, 1974.

Graham M.G., Hughes, D.O., Containerization in the Eighties, London : Lloyd's of London Press Ltd., 1985.

Henry Barfield, Bank Credit and Acceptances, 5th ed., The Ronald Press Company, 1974.

Herman D.Tabak, 「Cargo Container : Their Stowage, handling and Movement, New York Cornell Maritime Press, Inc', 1970.

Hershman, Marc J ., Urban Ports and Harbor Management, New York : Taylor & Francis 1988.

Hill, D. J ., Freight Forwarders, London Stevens Sons, 1972.

http://ie.seokyeong.ac.kr/logistics/subject/hwa/html

http://info.korail.com/mbs/www/jsp/board/view.jsp?boardId=9863273&boardSeq=10459511

https://istore.tistory.com/137
http://logis.korail.go.kr/index.jsp
http://myhome.shinbiro.com/~bbaga58/doc/inlandt.html
http://myhome.shinbiro.com/~dwcij/history/auto_history.html
http://net-in.co.kr/logition/legal/fvtb3/fvb2.html
http://news.naver.com/read?id=2000081100000012043
https://news.naver.com/main/read.nhn?mode=LSD&mid=sec&sid1=101&oid=001&aid=0002430577
https://news.naver.com/main/read.nhn?mode=LSD&mid=sec&sid1=101&oid=001&aid=0003835782
https://news.naver.com/main/read.nhn?mode=LSD&mid=sec&sid1=102&oid=001&aid=0000010750
https://news.naver.com/main/read.nhn?mode=LSD&mid=sec&sid1=102&oid=015&aid=0000322756
http://nlic.go.kr/nlic/fmTerminal0010.action
http://port.co.kr/onel.html
http://portincheon.momaf.go.kr/port/port01-04.htm.
https://pus.dpct.co.kr/company/company_07.asp
http://rsm.krc.ac.kr/
http://snct.sun-kwang.co.kr/
http://user.chollian.net/~kimbros/1999/start808.htm
http://www.airport.or.kr/21st/Main.html
http://www.airportal.go.kr/
http://www.bnctkorea.com/
http://www.bptc.co.kr/kor/CMS/Contents/Contents.do?mCode=MN010
http://www.bptc.co.kr/kor/CMS/Contents/Contents.do?mCode=MN013
https://www.busan.go.kr/ocean/oceanstatus
http://www.busanpa.com/
http://www.busanpa.com/kor/Contents.do?mCode=MN0836
http://www.busanpa.com/kor/Contents.do?mCode=MN0845
http://www.busanpa.com/kor/Contents.do?mCode=MN0860
http://www.bizlove.com/pb4/무역교실/내륙%20운송.html
http://www.cisco.com
http://www.cwyh-e.ed.kyongnam.kr/project/instrument/.../kkm2000.html
http://www.dell.com.
http://www.dhl.co.kr/htm/k_info.htm
http://www.e-ia.co.kr/sonosa/newsletter/201608/column.html
http://www.e1ct.co.kr/homepage/kor/src/Etc/Brochure.pptx

http://www.e1ct.co.kr/homepage/Kor/center_kor.asp
http://www.empas.com/search/text.htmll?i=7567804&w=cc&k
http://www.fedex.com
http://www.hbct.co.kr/hbct/kor/hbet_info/khbct_busequip.html
http://www.hbct.co.kr/hbct/kor/hbct_info/khbct_bushis.html
http://www.hgct.com/kor/gamman/kgt_gamhistory.html
http://www.hjit.co.kr/kor/Contents.do?mCode=MN0009
http://www.hjnc.co.kr/
https://www.hktl.com/sub02/02.php?catetop=0202&lang=ko
http://www.hktl.com/sub02/02.php?catetop=0203&lang=ko
https://www.hpnt.co.kr/homepage/webpage/ter_faci.jsp
http://www.hyundaiexpress.com/company/introduce.html
http://www.icpa.or.kr/content/view.do?menkey=37681〈ontentkey=46
http://www.index.go.kr/potal/main/EachDtlPageDetail.do?idx_cd=1267
https://www.intergis.co.kr/kor/CMS/Contents/Contents.do?mCode=MN011
http://www.itskorea.com/news/itsnews990914.html
http://www.itskorea.or.kr/menu8.html
http://www.jjan.kr/news/articleView.html?idxno=582624
http://www.khrc.or.kr/kor/introduce/i-13.html
http://www.kift.co.kr/front/business/business_01.asp?leftmenu=1&sub_index=1
http://www.kift.co.kr/front/business/business_02.asp?leftmenu=2&sub_index=1
http://www.korail.go.kr:5001/100th/year/main2.html
http://www.koreanair.co.kr:8080/main/promotion/insa/koreatest.html
http://www.kptii.or.kr/in-2.html
http://www.law.go.kr/lsInfoP.do?lsiSeq=178202&efYd=20160630#0000
http://www.logispia.net/news/hasea/1401/list/140110.asp
http://www.mk.co.kr/cgi-bin~
http://www.mo../06&task=numberread&id=94&HOMEPAGENAME=100500
http://www.molit.go.kr/USR/policyData/m_34681/dtl.jsp?search=%EB%82%B4%EB%A5%99%EB%AC%BC%EB%A5%98%EA%B8%B0%EC%A7%80&srch_dept_nm=&srch_dept_id=&srch_usr_nm=&srch_usr_titl=Y&srch_usr_ctnt=&search_regdate_s=&search_regdate_e=&psize=10&s_category=&p_category=&lcmspage=1&id=3616
http://www.monthlymaritimekorea.com/news/articleView.html?idxno=10571
http://www.nlic.go.kr/nlic/WhsGudeHtm9.action

http://www.pect.co.kr/h_intro.html
https://www.pncport.com/kor/index.php?pCode=facilities
https://www.pnitl.com/homepage/webpage/ter_equ.jsp
https://www.psa-ict.co.kr/service/service_Layout.psa
http://www.puam-e.ed.pusan.kr/pusan.kr/puam-pds/upfiles/1/4/1/213-2-5.htm
http://www.pusan.momaf.go.kr/momaf2000/kor
http://www.smotor.com/korean/introduce/history/content8.html
http://www.sun-kwang.co.kr/new/company/affiliates_03.asp
http://www.uicd.co.kr/10_introduction/10_equip.html
http://www.uicd.co.kr/40_search/40_info2.html
http://www.ulplane.com/history.html
http://www.ups.com/about/glance.html
http://www.ygpa.or.kr/kr/yeosu_gwangyang_port/gwangyang_port/development_business/
http://www.ygpa.or.kr/kr/yeosu_gwangyang_port/yeosu_port/development_status/
http://www.yift.co.kr/kor/company/history.php
http://www.yonhapnews.co.kr/bulletin/2018/07/07/0200000000AKR20180707036700065.HTML
http://www.ysicd.co.kr/sub01/sub01_03.html
http://yeosu.mof.go.kr/service?id=cons_gwncnt_dvl
Hughes, A. D. Casebook on Carriage of Goods by Sea, Blackstone Press, 1994.
ICC Brochure No.273.
ICC, Decisions(1975~1979) of the ICC Banking Commission(on quaries relation to Uniform Customs and Practice for Documentary Credit),, ICC Publishing S.A., 1980.
ICC, Guide to Incoterms,, 1980.
Jasper Ridley, The Law of the Carriage of Goods by Land,, Sea & Air, Shaw and Sons Ltd.,1978.
John R.Immer, Cargo Handing, Work Saving International, Washington, 1984,-pp.283~284.
Jung Tai - Yuan, "China as an Intermodal Link between the Far East and Europe." Ph D thesis, Dept of Maritime Studies and International Transport, University of Wales College of Cardiff 1996. 12.
Kendal, Lane C., The Business of Shipping, Cambridge Maryland : Cornell Maritime Press, Inc., London : Lexington Books, 1978.
Laing, E.T., Containers, Conferences and Competition, London : The Economist Intelligence Unit, 1984.
Lim, Seok-Min, "Economies of container ship size-A new evaluation," Maritime Policy &

Management 1994. Vol. 21, No.2.

______, "Round the world service : The rise of Evergreen and the fall of U.S. Lines," Maritime Policy & Management, 1996. Vol. 23, No.2.

______, "Economy of scale in container shipping," Maritime Policy & Management, 1998. Vol. 25, No. 3.

Mangone, Gerad J ., Marine Policy for America, Taylor & Francis 1988.McLaughlin, Jr. Chester B., "The Evolution of the Ocean Bill of Lading", Yale Law Journal, Vol. 35(1925~1926).

Metcalfe, James V., The principles of Ocean Transportation, Simmons Boardman Publishing Corporation, 1959.

Mitchelhill, Alan, Bills of Lading Law and Practl'ce, Chapman and Hall, 1982.

Mocatta, Alan Abraham, Mustill, Michael J., Boyd, Stewart C., Scrutton on Charterparties and Bill of Lading, 19th ed. Sweet & Maxwell, 1984.

Muller, Gerhardt, Intermodal Freight Transportation, 2nd ed., Eno。Foundation for Transportation, 1989.

Murray, Daniel, E., "History and Development of the Bill of Lading", Univerity of Miami Law Review, Vol. 37, 1983.

OECD, Recommendation of the Council Concerning Guidelines for Cryptography Policy, (97)62/FINAL, 1997.

O'keeffe, Joseph, "Understanding Letters of Indemnity," Lecturing draft at the University of Wales, Cardiff, 1997.

Payne, William-Ivamy, E. R. Hardy, Payne ans Ivamy's Carnage of Goods by Sea, 12th ed., London : Butterworth & Co., Ltd., 1985.

Peter Drucker, "The Economy's Dark Continent", Fortune, April, 1962.

Philip Kotler, Marketing Management, 1980.

Phyllis K.Sokol, From DEI to Electronic Commerce, McGraw-Hill Inc., 1995.

Progressive Grocer, The magazine of supermarketing, Vol.53, No.12, American Can Co., 1974, December, p.83.

Reed Business Publishing Ltd., Railway Directory & Yearbook 1989, 1988.

Samir Marnkabady, Some legal aspects of the carriage of goods by container, International and Comparative Law, Vol.23, 1974.

Schmitthoff, Clive, Schmitth off's Export Trade, 7th ed., Stevens & Sons Ltd., 1980.

Shimojo Tetsuji, Economic Analysis of Shipping Freights, Research Institute f。r Economics an~ Business Administration Kobe University, 1979.

Stopford, Martin, Maritime Economics, London : Unwin Hyman, 1988.

T.Lappin, "The Airline of the Internet", Wired, 1996.12.

The Korean Commercial Arbitration Board Journal of Commercial Arbitration, 1982.12.

Todd, Paul Contracts for the carriage of goods by sea, London : BSP Profession al Books, 1988. '

______, Bills of Lading and Bankers Documentary Credits, London: Lloyd's of London Press Ltd. 1993.

UNCTAD, "Guidelines for the Establishment of Multimodal Transport Operators in Developing Countries], UNCTAD/ST/SHIP/4, October 1986.

______, Guidelines on the Introduction of Containerization and Multimodal Transport and on the Modernization and Improvement of the Infrastructure of Developing Countries1,TD/B/C.4/238/Rev.1, 1984.

______, Multimodal Transport, Workship Handbook, 1987.

______, Port Development-A handbook for planners in developing counntries, TD/BC4/175,UN., York, 1970.

William J.Driscoll "The Convention on International Multimodal transport : A Status", Journalof Maritime Law and Commerce, Vol.9, No.4, 1978.

Wilson, John, Carriage of Goods by Sea, London: Pitman Publishing, 1993.

Wood, Donald F.Johnson' James C., Contemporary Transportation, 3rd ed., New York Macmillan Publishing Company, 1989.

www.nocutnews.co.kr/news/518135

한글색인

ㅅ

ㅇ

영문색인

D

E

F

G

H

I

V

W

Y

기타

박 영 태

〈학 력〉

- 동의대학교 상경대학 무역학과 졸업(상학사)
- 중앙대학교 일반대학원 무역학과 졸업(경영학석사, 국제운송・국제물류 전공)
- 중앙대학교 일반대학원 무역학과 졸업(경영학박사, 국제운송・국제물류 전공)
- University of Oxford(英) Visiting Scholar
- University of Michigan(Ann Arbor)(美) Visiting Scholar
- 現) 동의대학교 상경대학 무역・유통학부(무역학 전공) 교수 / 동의대학교 창조무역해양경영융합연구소장

〈경 력〉

- 관세청 이의신청심의위원회 위원
- 교육부 교육과정심의회 심의위원(상업정보에 관한 교과 소위원회)
- 국토교통과학기술진흥원(KAIA) 평가위원 및 자문위원
- 국토교통부 물류표준화추진정책실무위원회 위원
- 국토교통부(한국교통연구원〈KOTI〉) 우수물류기업 인증심사위원
- 국토교통부(한국교통연구원〈KOTI〉) 공동물류 공공지원사업 운영위원회 위원
- 대한상공회의소 무역영어(1급/2급/3급) / 유통관리사(1급/2급/3급) 출제/선정/감수위원
- 대한상사중재원 중재인
- 부산광역시 교육연구정보원 수산해양선박운항 교과 인정도서심의회 심의위원장
- 부산광역시 물류정책위원회 위원
- 부산광역시 인재평생교육진흥원 비상임이사
- 부산지방법원 조정위원
- 부산항만공사(BPA) 배후단지 관리 · 제도 평가위원회 위원 / 청문위원 / 기술자문위원회 위원
- 산업통상자원부 기술표준원 물류표준설비 인증심사위원
- 서울지방항공청 신공항건설심의위원회위원
- 인사혁신처 시험출제과 국가고시출제위원(5급 PSAT〈공직적성평가〉, 7급・9급 객관식시험문제)
- 울산광역시 교육청 상업정보 교과 인정도서심의회 심의위원장
- 정석물류통상연구원(JRI) 초빙연구원
- 제주특별자치도 교육청 기업과경영 교과 인정도서심의회 심의위원장
- 한국교육과정평가원 모의수능 출제위원
- 한국대학교육협의회 표준분류심의위원회 계열위원
- 한국무역협회 국제무역사 자격시험 출제/선정위원
- 한국무역협회 무역아카데미 무역마스터과정 강사
- 한국산업인력공단 관세사(1차 · 2차) / 검수 · 검량 · 감정사(1차 · 2차) / 물류관리사 시험문제 출제/선정위원
- 한국연구재단(KRF) 문화융복합단 RB(Review Board) 전문위원
- 한국해양수산과학기술진흥원(KIMST) 평가위원
- 한솔CSN 물류연구소 선임연구원

〈저서 및 논문〉

- 무역계약과 상사중재론(공저, 한국방송통신대학교출판부, 2014)
- 무역법규(공저, 한국방송통신대학교출판부, 2011)
- 인터넷무역마케팅(공저, 도서출판 두남, 2010)
- 4.0시대 최신 국제무역규칙론(단독, 삼영사, 2020)
- 4.0시대 최신 물류학개론(단독, 삼영사, 2020) 외 다수

- Study on the System Development for Port Logistics System Diagnostics(共同〈FA・CA〉, ICIC Express Letters, ICIC International, 2019)
- 선박의 육상전력과 선박연료비용 비교분석에 관한 연구(共同〈FA・CA〉, 무역학회지, 한국무역학회, 2018)
- A Study on the Green Ship Technology for Sustainable Growth(單獨, INFORMATION- AN INTERNATIONAL INTERDISCIPLINARY JOURNAL, International Information Institute, 2017)
- 울산항만지역의 항만투자와 조세변화의 경제적 효과에 관한 연구(共同〈FA・CA〉, 무역연구, 한국무역연구원, 2016)
- 국내외 물류산업의 사물인터넷(IoT) 현황과 발전방향에 관한 연구(單獨, 경영과 정보연구, 대한경영정보학회, 2015) 외 다수

〈학회 활동〉

- 대한경영정보학회, 한국물류학회, 한국유통경영학회(前, 한국유통정보학회), 한국유통과학회, 한국국제통상학회 부회장 역임
- 한국무역학회 국문 학술지 편집위원장 역임
- 한국물류학회 및 한국유통경영학회(前, 한국유통정보학회) 편집위원장 역임
- 現) 한국무역학회, 한국해운물류학회, 한국국제상학회, 한국경영실무학회 부회장 외 다수

〈주요 출강 대학〉

- 경남대학교, 경원대학교, 동국대학교, 동명대학교, 동아대학교, 부경대학교, 부산대학교, 서울사이버대학교, 성결대학교, 숙명여자대학교, 인천대학교, 중앙대학교, 카톨릭대학교, 한국방송통신대학교, 한국해양대학교 학부 및 대학원 강사 외 다수(특강 포함)

4.0시대 국제운송론

2020년 8월 31일 제1판 1쇄 인쇄
2020년 9월 3일 제1판 1쇄 발행

저 자 박 영 태
발행인 고 성 익
조 판 플 러 스

05027
발행처 서울특별시 광진구 아차산로 335 삼영빌딩
도서출판 三英社
등 록 1972년 4월 27일 제2013-21호
전 화 737-1052・734-8979 FAX 739-2386

정가 36,000원

ISBN 978-89-445-0516-4-93320

이 저서는 2019년 대한민국 교육부와 한국연구재단의 지원을 받아 수행된 연구임 (NRF-2019S1A5A2A03052217)